SCHRIFTEN
zum internationalen und zum öffentlichen
RECHT
Herausgegeben von Gilbert Gornig

Band 68

PETER LANG
Frankfurt am Main · Berlin · Bern · Bruxelles · New York · Oxford · Wien

Markus Günther

Europol

Rechtsschutzmöglichkeiten
und deren Vereinbarkeit mit nationalen
und internationalen Anforderungen

PETER LANG
Europäischer Verlag der Wissenschaften

Bibliografische Information Der Deutschen Bibliothek
Die Deutsche Bibliothek verzeichnet diese Publikation in der Deutschen Nationalbibliografie; detaillierte bibliografische Daten sind im Internet über <http://dnb.ddb.de> abrufbar.

Zugl.: Marburg, Univ., Diss., 2006

Ma 9
ISSN 0943-173X
ISBN 3-631-55710-8

www.peterlang.de

Vorwort

Europol als Kern der unionsweiten Bemühungen zur Bekämpfung der internationalen Schwerstkriminalität wurde geschaffen, um den Unionsbürgern im „Raum der Freiheit, der Sicherheit und des Rechts“ (Präambel EU-Vertrag) ein hohes Maß an Schutz zu gewähren.
Jedoch wird durch diese Zusammenarbeit in erheblichem Maße in die Rechte der Bürger eingegriffen. Daher sind die Rechtsschutzmöglichkeiten für den von der Tätigkeit Europols betroffenen Bürger von zentraler Bedeutung. Aus diesem Grund unterzieht die vorliegende Arbeit die vorhandenen Rechtsschutzmöglichkeiten einer Überprüfung am Maßstab nationaler und internationaler Anforderungen. Dabei kommt sie zu dem Ergebnis, dass sowohl im Hinblick auf internationale Abkommen als auch nach Maßgabe des deutschen Verfassungsrechts die Rechtsschutzsituation unzureichend ist.
Daher bedarf es grundlegender Reformen der Rechtsschutzmöglichkeiten durch die Mitgliedsstaaten der EU.

Diese Schrift wurde im Sommersemester 2006 vom Fachbereich Rechtswissenschaften der Philipps-Universität Marburg als Dissertation angenommen. Ein besonderer Dank gilt meinem Doktorvater Herrn Prof. Dr. Dr. hc. Gilbert Gornig, der mit immer neuen Anregungen und Gedanken die Arbeit begleitet hat. Auch bei Frau Prof. Dr. Monika Böhm möchte ich mich für die zügige Erstellung des Zweitgutachtens bedanken.
Ich danke Miriam Brozio für ihre konstruktive Unterstützung. Sie hat durch ihr Verständnis und ihre Ermutigungen zur Fertigstellung wesentlich beigetragen. Anca Alexandru und Marcel Fritz haben ebenfalls engagiert, gedankenreich und humorvoll mitgewirkt. Daher auch Ihnen ein herzliches Dankeschön.

Ein besonders herzlicher Dank gebührt meinen Eltern, denen ich diese Arbeit widme. Ihre uneingeschränkte Förderung meiner Ausbildung und ihre liebevolle Unterstützung hat die Anfertigung der vorliegenden Arbeit erst ermöglicht.

Düsseldorf, Juni 2006 *Markus Günther*

Inhaltsverzeichnis

Abkürzungsverzeichnis

a.A.	andere Ansicht
a.F.	alte Fassung
Abl.	Amtsblatt
Abs.	Absatz
AEMR	Allgemeine Erklärung der Menschenrechte
AG	Arbeitsgruppe
Alt.	Alternative
Allg. VerwR	Allgemeines Verwaltungsrecht
AöR	Archiv des öffentlichen Rechts
APuZ	Aus Politik und Zeitgeschichte
Art.	Artikel
Az.	Aktenzeichen
BayVBl.	Bayrisches Verwaltungsblatt
Bd.	Band
BDD	Rechtsakt des Rates vom 12.03.1999 zur Festlegung der Bestimmungen über die Übermittlung von personenbezogenen Daten durch Europol an Drittstaaten und Drittstellen
BDSG	Bundesdatenschutzgesetz
BGH	Bundesgerichtshof
BKA	Bundeskriminalamt
BKAG	Bundeskriminalamtgesetz
BMI	Bundesministerium für Inneres
BT	Bundestag
BVerfG	Bundesverfassungsgericht
BVerfGE	Bundesverfassungsgerichtsentscheid, Entscheidungssammlung des BVerfG
bzgl.	bezüglich
bzw.	beziehungsweise
ca.	circa
CR	Computer und Recht
DAAz.	Rechtsakt des Rates vom 3. November 1998 über die Durchführungsbestimmungen für die von Europol geführten Arbeitsdateien zu Anlaysezwecken
ders.	derselbe
DNS	Desoxyribonukleinsäure
DÖV	Die Öffentliche Verwaltung
DRiG	Deutsches Richtergesetz
DRiZ	Deutsche Richterzeitung
Drs.	Drucksache
DuD	Datenschutz und Datensicherheit

DVBl.	Deutsches Verwaltungsblatt
EAG	Europäische Atomgemeinschaft
EDIU	European Drug Intelligence Unit
EDU	European Drug Unit
EDV	Elektronische Datenverarbeitung
EEA	Einheitliche Europäische Akte
EG	Europäische Gemeinschaft
EGBGB	Einführungsgesetz zum Bürgerlichen Gesetzbuch
EGKS	Europäische Gemeinschaft für Kohle und Stahl
EGMR	Europäischer Gerichtshof für Menschenrechte
EGV	EG-Vertrag in der Fassung von Maastricht
EJB	Beschluss des Rates vom 28.02.2002 über die Errichtung von Eurojust zur Verstärkung der Bekämpfung der schweren Kriminalität
EKMR	Europäische Kommission für Menschenrechte
ELOs	Europol Liaison Officers
EMRK	Europäische Menschenrechtskonvention
etc.	et cetera
EU	Europäische Union
EuG	Europäisches Gericht
EuGH	Europäischer Gerichtshof
EuGRZ	Europäische Grundrechte Zeitschrift
EuGVÜ	Übereinkommen über die gerichtliche Zuständigkeit und die Vollstreckung gerichtlicher Entscheidungen in Zivil- und Handelssachen
EuR	Europarecht
EUV	Vertrag über die Europäische Union in der Fassung von Maastricht
EuZW	Europäische Zeitschrift für Wirtschaftsrecht
f.	folgende
FBI	Federal Bureau of Investigation
ff.	fortfolgende
Fn.	Fußnote
FS	Festschrift
GA	Goldammers Archiv
GASP	Gemeinsame Außen und Sicherheitspolitik
GG	Grundgesetz
GMBl.	Gemeinsames Ministerialblatt
GOGK	Geschäftsordnung der Gemeinsame Kontrollinstanz
GOVR	Geschäftsordnung des Verwaltungsrats von Europol
GRC	Grundrechtscharta
Grdz.	Grundzüge

GVG	Gerichtsverfassungsgesetz
HambGesDatPol.	Gesetz über die Datenverarbeitung der Polizei Hamburg
HdP	Handbuch des Polizeirechts
HdStR	Handbuch des Staatsrechts der Bundesrepublik Deutschland
HdVerfR	Handbuch des Verfassungsrechts
HK	Handkommentar
h.M.	Herrschende Meinung
HRiG	Hessisches Richtergesetz
Hrsg.	Herausgeber
Hs.	Halbsatz
HSOG	Hessisches Gesetz über die öffentliche Sicherheit und Ordnung
i.d.S.	in diesem Sinne
i.S.d.	im Sinne des
i.S.v.	im Sinne von
i.V.m.	in Verbindung mit
INPOL	Informationssystem der Polizei
IO	Internationale Organisation
IPbürR	Internationale Pakt über bürgerliche und politische Rechte
IPR	Internationales Privatrecht
IS	Informationssystem
JA	Juristische Arbeitsblätter
Jura	Juristische Ausbildung
JuS	Juristische Schulung
JZ	Juristenzeitung
Kap.	Kapitel
KJ	Kritische Justiz
KritV	Kritische Vierteljahreszeitschrift
lit.	litera
LKA	Landeskriminalamt
m.w.N.	mit weiteren Nachweisen
n.F.	neue Fassung
n.F.	neue Fassung
N.N.	Nomen nescio
NJW	Neue Juristische Wochenzeitschrift
Nr.	Nummer
NStZ	Neue Zeitschrift für Strafrecht, Zeitschrift
NVwZ	Neue Zeitschrift für Verwaltungsrecht
OK	Organisierte Kriminalität
PFA	Schriftenreihe der Polizei-Führungsakademie
PIOS	Personen-Institutionen-Objekte-Sachen
PolG NRW	Polizeigesetz des Landes Nordrhein Westfalen

Rn.	Randnummer
Rs.	Rechtsache
S.	Seite
SDÜ	Schengener Durchführungsübereinkommen
SIRENE	Supplementary Information Request at the National Entry
SIS	Schengener Informationssystem
Slg.	Sammlung
SPUDOK	Spurendokumentation
StGB	Strafgesetzbuch
StPO	Strafprozessordnung
StV	Der Strafverteidiger
TECS	The Europol Computer System
TREVI	Terrorisme, Radicalisme, Extrémisme and Violence Internationale
u.a.	unter anderem
UAbs.	Unterabsatz
UNO	United Nations Organsiation
u.U.	unter Umständen
Var.	Variante
VerwArch.	Verwaltungs-Archiv
vgl.	vergleiche
vgl.	vergleiche
VwGO	Verwaltungsgerichtsordnung
WiB	Woche im Bundestag
WVRK	Wiener Übereinkommen über das Recht der Verträge
z. B.	zum Beispiel
ZaöRV	Zeitschrift für ausländisches öffentliches Recht und Völkerrecht
ZBJI	Zusammenarbeit in den Bereichen Justiz und Inneres
ZgesStrafW	Zeitschrift für die gesamte Strafrechtswissenschaft
Ziff.	Ziffer
ZP	Zusatzprotokoll
ZPO	Zivilprozessordnung
ZRP	Zeitschrift für Rechtspolitik

Literaturverzeichnis

Aden, Hartmut	Polizeipolitik in Europa, 1. Auflage, Wiesbaden 1998, zitiert: Aden, Polizeipolitik
Akmann, Torsten	Die Zusammenarbeit in den Bereichen Justiz und Inneres als „3. Säule" des Maastrichter Unionsvertrages, in: JA 1994, S. 49 – 55
Alber, Siegbert/ Widmaier Ulrich	Die EU-Charta der Grundrechte und ihre Auswirkungen auf die Rechtsprechung, in: EuGRZ 2000, S. 497 – 510
Albrecht, Peter-Alexis	Europäische Informalisierung des Strafrechts, in: StV 2001, S. 69 – 73
Albrecht, Peter-Alexis/ Braum, Stefan	Kontingentes „Europäisches Strafrecht" in acto: Schwerpunkte, Konturen, Defizite, in: KritV 2001, S. 312 – 348
Allkemper, Ludwig	Der Rechtsschutz des einzelnen nach dem EG-Vertrag, 1. Auflage, Baden-Baden 1995, zitiert: Allkemper, Rechtsschutz nach dem EG-Vertrag
Aschmann, Gerrit	Europol aus Sicht der deutschen Länder, 1. Auflage, Frankfurt/Main, Berlin, Bern, Brüssel, New York, Oxford, Wien 2000, zitiert: Aschmann, Europol
Aschmann, Gerrit	Exekutive Befugnisse für Europol?, in: Die Polizei 2002, S. 40 – 46
Atzbach, Rudolf	Polizeiliche Informationsverarbeitung, in: Kriminalistik 2001, S. 323 – 327
Aulehner, Josef	Polizeiliche Gefahren- und Informationsvorsorge, 1. Auflage, Berlin 1998, zitiert: Aulehner, Polizeiliche Gefahren- und Informationsvorsorge

Bachof, Otto	Die Nachprüfbarkeit rechtsgestaltender Verwaltungsakte im Rechtstreit über die vermögensrechtlichen Ansprüche aus dem Beamtenverhältnis, in: JZ 1952, S. 211 – 214
Bahr, Günter Lagebild	Innere Sicherheit in Deutschland und Europa – Konsequenzen für ein neues Sicherheitsdenken, in: Morié/Murck/Schulte: Auf dem Weg zu einer europäischen Polizei, 1. Auflage, Stuttgart 1992 zitiert: Bahr, in: Morié/Murck/Schulte
Baldus, Manfred	Europol und Demokratieprinzip, in: ZRP 1997, S. 286 – 290
Baumbach, Adolf/ Lauterbach, Wolfgang/ Albers, Jan/ Hartmann, Peter	Kommentar zur ZPO, 62. Auflage, München 2004, zitiert: *Bearbeiter,* in: Baumbach/Lauterbach/Albers/Hartmann
Bäumler, Helmut	Polizeiliche Zusammenarbeit und informelle Selbstbestimmung – Aspekte zur Entwicklung eines EU-Datenschutzrechts, in: Theobald, Volkmar: Von der Europäischen Union zur „Europäischen Sicherheitsunion", S. 145 – 161, 1. Auflage, Berlin 1997, zitiert: Bäumler, Polizeiliche Zusammenarbeit
Bäumler, Helmut	Schengener Abkommen und Wirtschaftskriminalität, in: CR 1994, S. 487 – 492
Bäumler, Helmut	Der Auskunftsanspruch des Bürgers gegenüber den Nachrichtendiensten, in: NVwZ 1988, S. 199 – 205
Bernhardt, Rudolf	Die Europäische Menschenrechtskonvention und die deutsche Rechtsprechung, in: EuGRZ 1996, S. 339 – 341
Beulke, Werner	Strafprozessrecht, 7. Auflage, Heidelberg 2004, zitiert: Beulke, StPO

Bieber, Roland — Die Abkommen von Schengen über den Abbau der Grenzkontrollen, in: NJW 1994, S. 294 – 297

Birzele, Frieder — Erfordernisse einer grenzüberschreitenden Kooperation aus Ländersicht, in: Birzele, Die Polizei 1993, S. 145 – 148

Bleckmann, Albert — Völkerrecht, 1. Auflage, Baden-Baden 2001, zitiert: Bleckmann, Völkerrecht

Bleckmann, Albert — Bundesverfassungsgericht versus Europäischer Gerichtshof für Menschenrechte, in: EuGRZ 1995, S. 387 – 390

Bleckmann, Albert — Der Vertrag über die Europäische Union, in: DVBl. 1992, S. 335 – 343

Bleckmann, Albert — Grundprobleme und Methoden des Völkerrechts, 1. Auflage, Freiburg/München 1982, zitiert: Bleckmann, Grundprobleme und Methoden des Völkerrechts

Blumenwitz, Dieter — Die Hess-Entscheidung der Europäischen Menschenrechtskonvention, in: EuGRZ 1975, S. 497 – 498

Boetticher, Axel — Internationale organisierte Wirtschaftskriminalität, in: ZRP 1995, S. 144 – 149

Böse, Martin — Die Immunität von Europol – ein unterschätztes Verfolgungshindernis?, in: NJW 1999, S. 2416 – 2417

Bull, Hans Peter — Das Europäische Polizeiamt – undemokratisch und rechtsstaatswidrig?, in: DRiZ 1998, S. 32 – 42

Bull, Hans Peter — Visionen und Wirklichkeit einer Kriminalpolitik für Europa, in: KritV 1995, S. 313 – 334

Busch, Heiner	Grenzenlose Polizei? – Neue Grenzen und polizeiliche Zusammenarbeit in Europa, 1. Auflage, Münster 1995, zitiert: Busch, Grenzenlose Polizei?
Busch, Heiner	Kleine „Freiheit" durch große „Sicherheit" – Das Europa der Polizei, in: Vorgänge 1992, S. 53 – 63
Busch, Heiner	Europa – ein „Mekka der Kriminalität"?, in: KJ 1990, S. 1 – 13
Callewaert, J.	Die EMRK und die Verfahrensgarantien – Probleme der Anwendung des Art. 6, in: EuGRZ 1996, S. 366 ff.
Callies, Christian	Die Charta der Grundrechte der Europäischen Union – Fragen der Konzeption, Kompetenz und Verbindlichkeit, in: EuZW 2001, S. 261 – 268
Callies, Christian/ Ruffert, Mathias (Hrsg.)	Kommentar des Vertrages über die Europäische Union und des Vertrages zur Gründung der Europäischen Gemeinschaft: EUV/EGV, 2. Auflage, Neuwied u.a. 2002, zitiert: Callies/Ruffert, EUV/EGV
Dahm, Georg	Völkerrechtliche Grenzen der inländischen Gerichtsbarkeit gegenüber ausländischen Staaten, in: FS für Arthur Nikisch, 1. Auflage, Tübingen 1958; zitiert: Dahm, in: FS-Nikisch
Degenhardt, Kerstin	Europol und Strafprozeß, 1. Auflage, Frankfurt 2003, zitiert: Degenhardt, Europol
Denninger, Erhard	Verfassungsrechtliche Grenzen polizeilicher Datenverarbeitung, insbesondere durch das Bundeskriminalamt, in: CR 1988, S. 51 – 60
Di Fabio, Udo	Die "Dritte Säule" der Union – Rechtsgrundlagen und Perspektiven der europäischen Polizei- und Justizzusammenarbeit, in: DÖV 1997, S. 89 – 101

Diederichs, Otto	TREVI – Europas Geheimkabinett für Sicherheit und Ordnung, in: EUROPOL: Die Bullen greifen nach den Sternen – Europäische Gemeinschaft der Inneren Sicherheit; 1. Auflage, Hamburg 1990, zitiert: Diederichs, CILIP vom 25.05.1990
Doehring, Karl	Völkerrecht – Ein Lehrbuch, 2. Auflage, Heidelberg 2004, zitiert: Doehring, Völkerrecht
Dörr, Oliver/ Mager, Ute	Rechtswahrung und Rechtsschutz nach Amsterdam, in: AöR 2000, S. 386 – 427
Dreier, Horst (Hrsg.)	Grundgesetz Kommentar, Band I – Art. 1 – 19, 2. Auflage, Tübingen 2004, zitiert: *Bearbeiter*, in: Dreier, GG
Dreier, Horst (Hrsg.)	Grundgesetz Kommentar, Band III – Art. 83 – 146, 1. Auflage, Tübingen 2000, zitiert: *Bearbeiter*, in: Dreier, GG
Ehlers, Dirk	Die Europäische Menschenrechtskonvention, in: Jura 2000, S. 372 – 383
Ehlers, Dirk	Europäische Grundrechte und Grundfreiheiten, 1. Auflage, Berlin 2003, zitiert: Ehlers, Europäische Grundrechte und Grundfreiheiten
Ehrentraut, Christoph	Die Bekämpfung der Organisierten Kriminalität in der EU, in: Integration 1999, S. 246 – 262
Eiffler, Sven R.	Der Grundrechtsschutz durch BVerfG, EGMR und EuGH, in: JuS 1999, S. 1068 – 1073
Eyermann, Erich/ Fröhler, Ludwig	Kommentar zur Verwaltungsgerichtsordnung, 11. Auflage, München 2000, zitiert: *Bearbeiter*, in: Eyermann/Fröhler, VwGO
Faller, Hans Joachim	Beratungsgeheimnis, „dissenting vote“ und richterliche Unabhängigkeit, in: DVBl. 1995, S. 985 – 992

Fisahn, Andreas	Europol – Probleme der Kontrolle, in: KJ 1998, S. 358 – 371
Fischer, Hans Georg	Die Zusammenarbeit in den Bereichen Justiz und Inneres – die „3. Säule“ des Vertrages über die Europäische Union, in: EuZW 1994, S. 747 – 750
Folz, Hans-Ernst/ Soppe, Martin	Zur Frage der Völkerrechtmäßigkeit von Haftbefehlen gegen Regierungsmitglieder anderer Staaten, in: NStZ 1996, S. 576 – 583
Frank, Daniel	Verantwortlichkeit für die Verletzung der Europäischen Menschenrechtskonvention durch internationale Organisationen: unter besonderer Berücksichtigung der Verantwortlichkeit der EG, EU und von Europol, 1. Auflage, Basel/Genf/München 1999, zitiert: Frank, Verletzung der EMRK
Freyer, Harald	Europol, in: Kriminalistik 2003, S. 80 – 84
Frowein, Jochen Abr./ Krisch, Nico	Der Rechtsschutz gegen Europol, in: JZ 1998, S. 589 – 597
Frowein, Jochen Abr./ Peukert, Wolfgang	Europäische Menschenrechtskonvention, Kommentar, 2. Auflage, Kehl, Straßburg, Airlington 1996, zitiert, *Bearbeiter*, in: Frowein/Peukert, EMRK
Geiger, Rudolf	Kommentar zum EUV/EGV, 4. Auflage, München 2004, zitiert: Geiger, EUV/EGV
Geiger, Rudolf	Grundgesetz und Völkerrecht, 2. Auflage, München 1994, zitiert: Geiger, Grundgesetz und Völkerrecht
Giegerich, Thomas	Luxemburg, Karlsruhe, Straßburg – Dreistufiger Grundrechtsschutz in Europa?, in: ZaöRV 1990, 836 – 868
Gleß, Sabine	Kontrolle über Europol und seine Bediensteten, in: EuR 1998, S. 748 – 766

Gleß, Sabine | Europol, in: NStZ 2001, S. 623 – 628

Gleß, Sabine/ Lüke, Monika | Strafverfolgung über die Grenzen hinweg – Formen der Zusammenarbeit europäischer Länder zur Kriminalitätsbekämpfung, in: Jura 1998, S. 70 – 79

Gleß, Sabine/ Grote, Rainer/ Heine, Günter | Justizielle Einbindung und Kontrolle von Europol – rechtsvergleichendes Gutachten des Max-Planck-Instituts für ausländisches und internationales Strafrecht (Freiburg) und des Max-Planck-Instituts für ausländisches Recht und Völkerrecht (Heidelberg) im Auftrag des Bundesministeriums der Justiz, Band 1: Nationale und europäsiche Strafverfolgung, Ed. Iuscrim, Max-Planck-Institut für ausländisches Strafrecht, Freiburg im Breisgau 2001, zitiert: *Bearbeiter*, in: Gleß/Grote/Heine, Bd. 1

Gleß, Sabine/ Grote, Rainer/ Heine, Günter | Justizielle Einbindung und Kontrolle von Europol – rechtsvergleichendes Gutachten des Max-Planck-Instituts für ausländisches und internationes Strafrecht (Freiburg) und des Max-Planck-Instituts für ausländisches Recht und Völkerrecht (Heidelberg) im Auftrag des Bundesministeriums der Justiz, Band 2: Polizeiliche Ermittlungstätigkeit und Grundrechtsschutz, Ed. Iuscrim, Max-Planck-Institut für ausländisches Strafrecht, Freiburg im Breisgau 2001, zitiert: *Bearbeiter*, in: Gleß/Grote/Heine, Bd. 2

Gleß, Sabine/ Lüke, Monika | Rechtsschutz gegen grenzüberschreitende Strafverfolgung in Europa, in: Jura 2000, S. 400 – 406

Gleß, Sabine | Brauchen neue Vollzugsräume neue Kontrollformen?, in: ZgesStrafW 2002, S. 636 – 656

Gola, Peter/ Schomerus, Rudolf | Kommentar zum Bundesdatenschutzgesetz, 7. Auflage, München 2002, zitiert: Gola/Schomerus, BDSG

Grabenwarter, Christoph	Die Charta der Grundrechte für die Europäische Union, in: DVBl. 2001, S. 1 – 13
Grabitz, Eberhard/ Hilf, Meinhard (Hrsg.)	Das Recht der Europäischen Union, Kommentar, Band 1, 24. Ergänzungslieferung, Stand: September 2004, München, zitiert: *Bearbeiter*, in: Grabitz/Hilf, EUV/EGV
Groeben, Hans von der/ Schwarze, Jürgen	Kommentar zum Vertrag über die Europäische Union und zur Gründung der Europäischen Gemeinschaft, Band 1 Art. 1 – 53 EUV / Art. 1 – 80 EGV, 6. Auflage, Baden-Baden 2003, zitiert: *Bearbeiter*, in: v.d. Groeben/Schwarze, EUV/EGV
Haibach, Georg	Die Rechtsprechung des EuGH zu den Grundsätzen des Verwaltungsverfahrens, in: NVwZ 1998, S. 456 – 462
Hailbronner, Kay	Die Immunität von Europol-Bediensteten, in: JZ 1998, S. 283 – 289
Hailbronner, Kay/ Klein, Eckart/ Magiera, Siegfried/ Müller-Graff, Peter-Christian	Handkommentar zum Vertrag über die Europäische Union (EUV/EGV), 7. Lieferung, Stand November 1998, Köln/Berlin/Bonn/München, zitiert: *Bearbeiter*, in: HK-EUV
Händel, Konrad	Verbrechensbekämpfung in europäischer Dimension, in: NJW 1992, S. 2069 – 2070
Harings, Lothar	Grenzüberschreitende Zusammenarbeit der Polizei- und Zollverwaltungen und Rechtsschutz in Deutschland; 1. Auflage, Berlin 1998, zitiert: Harings, Grenzüberschreitende Zusammenarbeit
Harings, Lothar	Die Zusammenarbeit in den Bereichen Justiz und Inneres, in: Bogdandy, Armin von / Ehlermann, Claus-Dieter: Konsolidierung und Kohärenz des Primärrechts nach Amsterdam, EuR-Beiheft 2, Baden-Baden 1998, S. 81 – 97

Hecker, Jan — Europäisches Verwaltungskooperationsrecht am Beispiel der grenzüberschreitenden polizeilichen Zusammenarbeit, in: EuR 2001, S. 826 – 845

Hemesath, Wolfgang — Das Schengener Informationssystem, in: Kriminalistik 1995, S. 169 – 171

Henrichs, H. — Die Vorrechte und Befreiungen der Beamten der Europäischen Gemeinschaften, in: EuR 1987, S. 75 – 92

Herdegen, Mathias — Europarecht, 5. Auflage, München 2003, zitiert: Herdegen, Europarecht

Hetzel, Helmut — „Europol nimmt offiziell den Kampf gegen das Verbrechen auf", in: Die Welt vom 2.07.1999, zitiert: Hetzel, Die Welt vom 2.07.1999

Hilf, Meinhard — Solange II: Wie lange noch Solange?, in: EuGRZ 1987, S. 1 – 7

Hirsch, Burkhard — Immunität für Europol – eine Polizei über dem Gesetz?, in: ZRP 1998, S. 10 – 13

Hoffmann, Bernd von — Internationales Privatrecht, 7. Auflage, München 2002, zitiert: v. Hoffmann, IPR

Hölscheidt, Sven/ Schotten, Thomas — Immunität für Europol-Bedienstete – Normalfall oder Sündenfall?, in: NJW 1999, S. 2851 – 2855

Horn, Hans-Detlef — „Grundrechtsschutz in Deutschland" – Die Hoheitsgewalt der Europäischen Gemeinschaften und die Grundrechte des Grundgesetzes nach dem Maastricht-Urteil des Bundesverfassungsgerichts, in: DVBl. 1995, S. 89 – 96

Ipsen, Jörn — Staatsrecht I, 16. Auflage, München 2004, zitiert: Ipsen, Staatsrecht I

Ipsen, Knut — Völkerrecht, 4. Auflage, München 1999, zitiert: *Bearbeiter*, in: Ipsen, Völkerrecht

Isensee, Josef/
Kirchhof, Paul (Hrsg.) — Handbuch des Staatesrechts der Bundesrepublik Deutschland Band 2, 2. Auflage, Heidelberg 1998, zitiert: *Bearbeiter*, HdStR II

Isensee, Josef/
Kirchhof, Paul (Hrsg.) — Handbuch des Staatesrechts der Bundesrepublik Deutschland Band 3, 2. Auflage, Heidelberg 1998, zitiert: *Bearbeiter*, HdStR III

Isensee, Josef/
Kirchhof, Paul (Hrsg.) — Handbuch des Staatesrechts der Bundesrepublik Deutschland Band 5, 2. Auflage, Heidelberg 2000, zitiert: *Bearbeiter*, HdStR V

Isensee, Josef/
Kirchhof, Paul (Hrsg.) — Handbuch des Staatesrechts der Bundesrepublik Deutschland Band 6, 2. Auflage, Heidelberg 2001, zitiert: *Bearbeiter*, HdStR VI

Jarass, Hans/
Pieroth, Bodo — Grundgesetz für die Bundesrepublik Deutschland: Kommentar, 7. Auflage, München 2004, zitiert: *Bearbeiter*, in: Jarass/Pieroth, GG

Jekewitz, Jürgen — Zur Konstitutionalisierung der nichtorganisierten Kriminalität durch den Vertrag von Amsterdam, in: GA 1999, S. 307 – 318

Kalk, Klaus-Rainer — Europol – aktueller Stand und Ausblick, in: DuD 1999, S. 442 – 446

Kersten, Ulrich — Die Rolle des Bundeskriminalamtes als Zentralstelle bei der internationalen Zusammenarbeit, in: Die Polizei 1997, S. 337 – 343

Kingreen, Thorsten — Die Gemeinschaftsgrundrechte, in: JuS 2000, S. 857 – 865

Kirchhof, Paul — Verfassungsrechtlicher Schutz und internationaler Schutz der Menschenrechte: Konkurrenz oder Ergänzung?, in: EuGRZ 1994, S. 16 – 44

Kissel, Otto Rudolf/
Mayer, Herbert — Kommentar zum Gerichtsverfassungsgesetz, 4. Auflage, München 2005, zitiert: Kissel, GVG

Kley-Struller, Andreas	Art. 6 EMRK als Rechtsschutzgarantie gegen die öffentliche Gewalt. Die aktuelle Praxis der Konventionsorgane zur Anwendung des Art. 6 EMRK in der Verwaltungsrechtspflege, 1. Auflage, Zürich 1993, zitiert: Kley-Struller, Rechtsschutzgarantie
Knapp, Andreas	Die Garantie des effektiven Rechtsschutzes durch den EuGH im „Raum der Freiheit, der Sicherheit und des Rechts“, in: DÖV 2001, S. 12 – 21
Koch, Ulrich	Bausteine eines europäischen Sicherheitskonzepts, in: Die Polizei 1996, S. 268 – 269
Koenig, Christian/ Pechstein, Mathias	Die Europäische Union: die Verträge von Maastricht und Amsterdam, 3. Auflage, Tübingen 2000, zitiert: Koenig/Pechstein, EU
Koenig, Christian/ Pechstein, Mathias/ Sander, Claude	Einführung in das EG-Prozeßrecht, 2. Auflage, Tübingen 2002, zitiert: Koenig/Pechstein/Sander, EG-Prozeßrecht
Koenig, Christian/ Haratsch, Andreas	Europarecht, 2. Auflage, Tübingen1998, zitiert: Koenig/Haratsch, Europarecht
Kölbach, Jochen Burkhard	Möglichkeiten und Grenzen von Europolauf der Grundlage der Konvention, in: Die Polizei 1996, S. 245 – 253
Kopp, Ferdinand O./ Schenke, Wolf-Rüdiger (Hrsg.)	Kommentar zur VwGO, 13. Auflage, München 2003, zitiert: Kopp/Schenke, VwGO
Kremer, Bernd	Immunität für Europol-Bedienstete?, 1. Auflage, Frankfurt am Main 2003, zitiert: Kremer, Europol
Krevert, Peter	Kriminalität in Europas Städten, in: Kriminalistik 1997, S. 403 – 406
Krüger, Ralf	Innere Sicherheit für Europa, in: Kriminalistik 1994, S. 773 – 779

Kube, Edwin/ Dahlenburg, Rainer	Europol und Kriminaltechnik, in: Kriminalistik 1999, S. 778 – 783
Kübler, Johanna	Die Säulen der Europäischen Union: einheitliche Grundrechte?, 1. Auflage, Baden-Baden 2002, zitiert: Kübler, Einheitliche Grundrechte
Küchenhoff, Dietrich	Grundrechte und europäisches Staatengemeinschaftsrecht, in: DÖV 1963, S. 161 – 168
Kühne, Hans-Heiner	Strafprozessrecht, 5. Auflage, Heidelberg 1999, zitiert: Kühne, StPO
Lavranos, Nikolaos	Datenschutz in Europa – Am Beispiel der Datenschutzrichtlinien des Schengen Information System (SIS) und Europol, in: DuD 1996, S. 400 – 408
Leibholz, Gerhard/ Rinck, Hans-Justus/ Hesselberger, Dieter	Kommentar zum Grundgesetz an Hand der Rechtsprechung des Bundesverfassungsgerichts, 41. Lieferung, Köln, August 2003, zitiert: Leibholz/ Rinck/Hesselberger, GG
Lenz, Carl Otto/ Borchardt, Klaus-Dieter (Hrsg.)	Kommentar zum EU- und EG-Vertrag, 3. Auflage, Köln 2003, zitiert: *Bearbeiter*, in: Lenz/Borchardt, EUV/EGV
Limbach, Jutta	Das Bundesverfassungsgericht und der Grundrechtsschutz in Europa, in: NJW 2001, S. 2913 – 1919
Lindner, Josef Franz	EUROPOL: Baustein europäischen Polizeirechts – Ein Überblick über die rechtlichen Grundlagen und Grundstrukturen, in: BayVBl. 2001, S. 193 – 203
Lisken, Hans	EUROPOL – ein Symptom des Verfassungswandels, in: DRiZ 1998, S. 75 – 78
Lisken, Hans/ Denninger, Erhard (Hrsg.)	Handbuch des Polizeirechts, 3. Auflage, München 2001, zitiert: Lisken/ Henninger, HdP

Lisken, Hans/ Mokros, Reinhard — Europol – wohin?, in: Vorgänge 1997, S. 101 – 108

Mangoldt, Hermann v./ Klein, Friedrich/ Starck, Christian (Hrsg.) — Das Bonner Grundgesetz, Band 1: Präambel, Artikel 1 – 19, 4. Auflage, München 1999, zitiert: Bearbeiter, in: v. Mangoldt/ Klein/Starck

Mangoldt, Hermann v./ Klein, Friedrich/ Starck, Christian (Hrsg.) — Das Bonner Grundgesetz, Band 3 Artikel 79 – 146, 4. Auflage, München 2001, zitiert: Bearbeiter, in: v. Mangoldt/Klein/Starck

Manske, Mirko — Das „Europol-Informations-System" (Europol-IS), in: Kriminalistik 2001, S. 105 – 108

Martinez Soria, José — Die polizeiliche Zusammenarbeit in Europa und der Rechtsschutz der Bürger, in: VerwArch. 1998, S. 400 – 438

Matscher, Franz — Art. 6 EMRK und verfassungsgerichtliche Verfahren, in: EuGRZ 1993, S: 449 – 453

Matz, René Detlef — Europol – Datenschutz und Individualrechtsschutz im Hinblick auf die Anforderungen der EMRK, 1. Auflage, Aachen 2003, zitiert: Matz, Europol

Maunz, Theodor/ Dürig, Günter (Hrsg.) — Grundgesetz, Kommentar Band III Art. 17 – 27, Loseblattsammlung Stand: 2004, München, zitiert: *Bearbeiter*, in: Maunz/Dürig, GG

Maunz, Theodor/ Dürig, Günter (Hrsg.) — Grundgesetz, Kommentar, Band V Art. 70 – 99, Loseblattsammlung Stand: 2004, München, zitiert: *Bearbeiter*, in: Maunz/Dürig, GG

Maunz, Theodor/ Dürig, Günter (Hrsg.) — Grundgesetz, Kommentar, Band VI Art. 100 – 146, Loseblattsammlung Stand: 2004, München, zitiert: *Bearbeiter*, in: Maunz/Dürig, GG

Maurer, Hartmut — Allgemeines Verwaltungsrecht, 15. Auflage, München 2004, zitiert: Maurer, Allg. VerwR

Mayer, Stefanie — Datenschutz und Europol, 1. Auflage, Regensburg 2001, zitiert: Mayer, Europol

Meyer, Jürgen (Hrsg.) — Kommentar zur Charta der Grundrechte der Europäischen Union, 1. Auflage, Baden-Baden 2003, zitiert: *Bearbeiter*, in: Meyer, GRC

Meyer-Goßner, Lutz — Kommentar zur StPO, 47. Auflage, München 2004, zitiert: Meyer-Goßner, StPO

Meyer-Ladewig, Jens — EMRK – Handkommentar, 1. Auflage, Baden-Baden 2003, zitiert: Meyer-Ladewig, EMRK

Meyring, Bernd — Die Reform der Bereiche Justiz und Inneres durch den Amsterdamer Vertrag, in: EuR 1999, S. 309 – 324

Mönninger, Michael — „FBI soll Vorbild für Europol werden“, in: Die Welt vom 21.09.2001

Münch, Ingo von/ Kunig, Philip (Hrsg.) — Grundgesetz-Kommentar, Band 1 – Präambel bis Art. 1 – 19, 5. Auflage, München 2000, zitiert: Bearbeiter, in: v. Münch/Kunig, GG

Münch, Ingo von/ Kunig, Philip (Hrsg.) — Grundgesetz-Kommentar, Band 2 – Art. 20 bis 69, 5. Auflage, München 2001, zitiert: Bearbeiter, in: v. Münch/Kunig, GG

Münch, Ingo von/ Kunig, Philip (Hrsg.) — Grundgesetz-Kommentar, Band 3 – Art. 70 bis 146, 5. Auflage, München 2003, zitiert: Bearbeiter, in: v. Münch/Kunig, GG

N.N. — Strafverfolgung nach dem 11.09.2001 – Entwicklung in Europa, in: DRiZ 2002, S. 1 – 4

N.N. — „Europol ja – Immunitätsregelungen nein", in: DRiZ 1998, S. 140 – 142

Nachbaur, Andreas — Europol-Beamte und Immunität – ein Sündenfall des Rechtsstaats, in: KJ 1998, S: 231 – 238

Nehm, Kay — Zusammenarbeit der Strafverfolgungsorgane in Europa – eine Zwischenbilanz, in: DRiZ 2000, S. 355 – 364

Nelles, Ursula	Europäisierung des Strafverfahrens – Strafprozessrecht für Europa?, in: ZgesStrafw. Band 109, S: 727 – 755
Nicolaus, Helmut	Schengen und Europol – ein europäisches Laboratorium?, in: NVwZ 1996, S. 40 – 43
Oberleitner, Rainer	Schengen und Europol – Kriminalitätsbekämpfung in einem Europa der inneren Sicherheit, 1. Auflage, Wien 1998, zitiert: Oberleitner, Schengen und Europol
Odendahl, Kerstin	Das Kooperationsverhältnis zwischen BVerfG und EuGH in Grundrechtsfragen, in: JA 2000, S. 219 – 224
Ooyen, Monika von/ Schubert, Katina	Repression im Europa der Freizügigkeiten – Die BRD als fast flüchtlingsfreie Zone, in: Vorgänge 1992, S. 17 – 24
Oppermann, Thomas	Europarecht, 2. Auflage, München 1999, zitiert: Oppermann, Europarecht
Ostendorf, Heribert	Europol – ohne Rechtskontrolle?, in: NJW 1997, S. 3418 – 3420
Outrive, Lode van	Polizeiliche Zusammenarbeit und Bürgerrechte in Europa, in: DuD 2000, S. 23 –26
Pache, Eckhard	Das europäische Grundrecht auf einen fairen Prozess, in: NVwZ 2001, S. 1342 – 1347
Palandt	Kommentar zum BGB, 64. Auflage, München 2005, zitiert: Palandt-*Bearbeiter*
Papier, Hans-Jürgen	Richterliche Unabhängigkeit und Dienstaufsicht, in: NJW 1990, S. 8 – 14
Pechstein, Mathias	Die Justiziabilität des Unionsrechts, in: EuR 1999, S. 1 – 26

Pernice, Ingolf	Gemeinschaftsverfassung und Grundrechtsschutz – Grundlagen, Bestand, Perspektiven, in: NJW 1990, S. 2409 – 2420
Petri, Thomas Bernhard	Die Verwirklichung des „Rechtsstaats“prinzips bei Europol, in: KritV 1998, S. 441 – 459
Petri, Thomas Bernhard	Europol, 1. Auflage, Baden-Baden 2001, zitiert: Petri, Europol
Petri, Thomas Bernhard	Grundrechtsbindung von Europol, in: DuD 1998, S. 324 - 329
Peukert, Wolfgang	Die Garantie des „fair trial“ in der Straßburger Rechtsprechung, in: EuGRZ 1980, S. 247 – 269
Peukert, Wolfgang	Die überlange Verfahrensdauer (Art. 6 Abs. 1 EMRK) in der Rechtsprechung der Straßburger Instanzen, in: EuGRZ 1979, S. 261 – 274
Pfeiffer, Gerd	Kommentar zur StPO, 2. Auflage, München 1999, zitiert: Pfeiffer, StPO
Pfeiffer, Gerd (Hrsg.)	Karlsruher Kommentar zur Strafprozessordnung und zum Gerichtsverfassungsgesetz mit Einführungsgesetz, 5. Auflage, München 2003, zitiert: *Bearbeiter*, in: KK
Pfeiffer, Thomas	Rechtsprechungsbegriff, richterliche Neutralität und hessische Wahlprüfung, in: ZRP 2000, S. 378 – 386
Pieroth, Bodo/ Schlink, Bernhard	Staatsrecht II – Grundrechte, 19. Auflage, München 2003, zitiert: Pieroth/Schlink, Staatsrecht II
Pitschas, Rainer	Europäisches Polizeirecht als Informationsrecht, in: ZRP 1993, S. 174 – 177
Pitschas, Rainer	Innere Sicherheit und internationale Verbrechensbekämpfung als Verantwortung des demokratischen Verfassungsstaates, in: JZ 1993, S. 857 – 866

Pitschas, Rainer	Integrationsprobleme des Polizeirechts in Europa, in: NVwZ 1994, S. 625 – 629
Prantl, Heribert	Europol – außer Kontrolle, in: DRiZ 1997, S. 234 – 236
Ress, Georg	Wirkung und Beachtung der Urteile und Entscheidungen der Straßburger Konventionsorgane, in: EuGRZ 1996, S. 350 – 357
Riegel, Reinhard	Europol und Demokratieprinzip, in: ZRP 1998, S. 192
Rogalla, Dieter/ Schweren, Katrin	Die Polizei als Aufgabenfeld der Europapolitik – Aus der Sicht eines Europa-Abgeordneten, in: Morié/Murck/Schulte, Auf dem Weg zu einer europäischen Polizei, 1. Auflage, Stuttgart 1992, zitiert: Rogalla /Schweren, Morié/Murck/Schulte
Roth, Wolfgang	Der Anspruch auf öffentliche Verhandlung nach Art. 6 Abs. 1 EMRK im verwaltungsgerichtlichen Rechtsmittelverfahren, in: EuGRZ 1998, S. 495 – 508
Rupprecht, Reinhard	Brauchen wir Europol? – Zukunftsgedanken an der Schwelle zum neuen Jahr, in: Die Polizei 1991, S. 293 – 299
Rupprecht, Reinhard/ Hellenthal, Markus	Programm für eine Europäische Gemeinschaft der Inneren Sicherheit, in: Innere Sicherheit im Europäischen Binnenmarkt, 1. Auflage, Gütersloh 1992, zitiert: Rupprecht/Hellenthal: Innere Sicherheit im Europäischen Binnenmarkt
Sachs, Michael (Hrsg.)	Grundgesetz Kommentar, 3. Auflage, München 2003, zitiert: *Bearbeiter*, in: Sachs, GG
Sack, J.	Lücken im Rechtsschutzsystem der Europäischen Gemeinschaften und Möglichkeiten, sie zu schließen, in: EuR 1985, S. 319 – 327

Schack, Haimo	Internationales Zivilverfahrensrecht, 3. Auflage, München 2002, zitiert: Schack, IZVR
Schaffer, Wolfgang	Die Unabhängigkeit der Rechtspflege und des Richters, in: BayVBl. 1991, S. 641 – 648
Scheller, Susanne M.	Das Schengener Informationssystem – Rechtshilfeersuchen „per Computer", in: JZ 1992, S. 904 – 911
Schelter, Kurt	Innenpolitische Zusammenarbeit in Europa zwischen Maastricht und Regierungskonferenz 1996, in: APuZ 1996, B 1-2, S. 19 – 26
Schilken, Eberhard	Gerichtsverfassungsrecht, 3. Auflage, Köln u.a. 2003, zitiert: Schilken, Gerichtsverfassungsrecht
Schily, Otto	Die Europäisierung der Innenpolitik, in: NVwZ 2000, S. 883 – 889
Schmidt-Assmann, Eberhard	Europäische Rechtsschutzgarantien – Auf dem Wege zu einem kohärenten Verwaltungsrechtsschutz in Europa, in: FS-Bernhardt, 1. Auflage, Berlin, Heidelberg u.a. 1995, S. 1283 –1303, zitiert: Schmidt-Assmann, FS-Bernhardt
Schmidt-Assmann, Eberhard	Verfahrensgarantien im Bereich des öffentlichen Rechts, in: EuGRZ 1988, S. 577 – 588
Schmidt-Bleibtreu, Bruno/ Klein, Franz (Hrsg.)	Kommentar zum Grundgesetz, 10. Auflage, Neuwied/Kriftel 2004, zitiert: *Bearbeiter*, in: Schmidt-Bleibtreu/Klein, GG
Schoch, Friedrich/ Schmidt-Assmann, Eberhard/ Pietzner, Rainer (Hrsg.)	Kommentar zur Verwaltungsgerichtsordnung, Band 1 §§ 1 – 80b, 10. Lieferung, Stand September 2004, München zitiert: *Bearbeiter*, in: Schoch/Schmidt-Assmann/Pietzner, VwGO
Schönke, Adolf/ Schröder, Horst (Hrsg.)	Kommentar zum StGB, 26. Auflage, München 2001, zitiert: *Bearbeiter*, in: Schönke/Schröder

Schreckenberger, Waldemar — Von den Schengener Abkommen zu einer gemeinsamen Innen- und Justizpolitik (Dritte Säule), in: VerwArch. 1997, S. 389 – 414

Schreiber, Manfred — „Europäische Einigung und innere Sicherheit", in: Peter Badura/ Ruppert Scholz (Hrsg.), Wege und Verfahren des Verfassungslebens, FS-Lerche, München 1993, S. 529ff., zitiert: Schreiber, in: FS-Lerche

Schröder, Meinhard — Das Bundesverfassungsgericht als Hüter des Staates im Prozeß der europäischen Integration, in: DVBl. 1994, S. 316 – 325

Schübel, Eva — Wie gut funktioniert die Strafverfolgung innerhalb Europas?, in: NStZ 1997, S. 105 – 110

Schuster, Leo — Europäisierung der Polizeiarbeit, in: Kriminalistik 2000, S. 74 – 82

Schütz, Charlotte/ Sauerbier, Maik — Die Jurisdiktion des EuGH im Unionsrecht, in: JuS 2002, S. 658 – 664

Schwach, Joachim — Europol – notwendig, aber rechtswidrig?, 1. Auflage, Würzburg 2000, zitiert: Schwach, Europol

Schwarze, Jürgen — EU-Kommentar, 1. Auflage, Baden-Baden 2000, zitiert: *Bearbeiter*, in: Schwarze, EU-Kommentar

Schweitzer, Michael — Zur neueren Entwicklung des Verhältnisses von EG-Recht und bundesdeutschen Grundrechten, in: JA 1982, S. 174 – 180

Schweitzer, Michael/ Hummer, Waldemar — Europarecht: das Recht der Europäischen Union; das Recht der Europäischen Gemeinschaften (EGKS, EG, EAG); mit Schwerpunkt EG, 5. Auflage, Neuwied u.a. 1996, zitiert: Schweitzer/Hummer, Europol

Seidl-Hohenveldern, Ignaz/ Loibl, Gerhard — Das Recht der Internationalen Organisationen einschließlich der supranationalen Gemeinschaften, 6. Auflage, Köln u.a. 1996, zitiert: Seidl-Hohenveldern/Loibl, IO

Seidl-Hohenveldern, Ignaz/ Stein, Torsten — Völkerrecht, 10. Auflage, Köln/Berlin/Bonn/ München 2000, zitiert: Seidl-Hohenveldern/Stein, Völkerrecht

Seiters, Rudolf — Die Politik Innerer Sicherheit im Zeichen des europäischen Zusammenwachsens, in: Die Polizei 1993, S. 1 – 5

Sendler, Horst — Unabhängigkeit als Mythos?, in: NJW 1995, S. 2464 – 2470

Siegele, Gerhard — Von TREVI bis Europol – Die Entwicklung der zwischenstaatlichen Kooperation im Bereich der öffentlichen Sicherheit, in: Morié/Murck/ Schulte: Auf dem Weg zu einer europäischen Polizei, 1. Auflage, Stuttgart 1992, zitiert: Siegele, Von TREVI bis Europol

Simitis, Spiros — Kommentar zum Bundesdatenschutzgesetz, 5. Auflage, Baden-Baden 2003, zitiert: *Bearbeiter*, in: Simitis, BDSG

Stein, Torsten — „Gut gemeint..." – Bemerkungen zur Charta der Grundrechte der Europäischen Union, in: Cremer/Giegerich/Richter/Zimmermann (Hrsg.), FS-Steinberger, S. 1425 – 1436, zitiert: Stein, FS-Steinberger

Stephan, Ulrich — „Zur Verfassungsmäßigkeit anlaßunabhängiger Personenkontrollen", in: DVBl. 1998, S. 81 – 85

Stern, Klaus — Das Staatsrecht der Bundesrepublik Deutschland, Band 2, 1. Auflage, München 1980, zitiert: Stern, Staatsrecht II

Storbeck, Jürgen — Entwicklungstendenzen bei Europol, in: PFA 1/1997, S. 77 – 87

Storbeck, Jürgen	Europol: Chance für eine Verbesserung der gemeinsamen Verbrechensbekämpfung in der Europäischen Union, in: APuZ 1995 B 23, S. 20 – 27
Storbeck, Jürgen	Europol – Sachstand und Ausblick, in: Die Polizei 1993, S. 229 – 234
Storbeck, Jürgen	Aufgaben und Perspektiven von Europol – vom Informationsaustausch zur Ermittlungskompetenz, in: Volkmar Theobald (Hrsg.): Von der Europäischen Union zur „Europäischen Sicherheitsunion"?, 1. Auflage, Berlin 1997
Storbeck, Jürgen	Europol – ein Symbol ihrer Zeit – Ein Bericht über Aufbau und Aufgaben, in: Kriminalistik 1994, S. 201 – 204
Storbeck, Jürgen	Europol – Probleme und Lösungen, in: Kriminalistik 1996, S. 17 – 21
Storbeck, Jürgen	Europol wird volljährig, in: Politische Studien 1998, S. 16 – 25
Storbeck, Jürgen	Die polizeiliche Zusammenarbeit in Europa und die Rolle des Bundeskriminalamtes als kriminalpolizeiliche Zentralstelle Deutschlands in der europäischen Kooperation, in: Zachert: FS 40 Jahre BKA, S. 178 – 192, 1. Auflage, Stuttgart 1991, zitiert: Storbeck, FS BKA
Storbeck, Jürgen	Die Zusammenarbeit der Strafverfolgungsbehörden in Europa, in: DRiZ 2000, S. 481 – 489
Storbeck, Jürgen	Operation E-day im kriminalistischen Visier, in: Kriminalistik 2001, S. 557 – 558
Streinz, Rudolf	Europarecht, 6. Auflage, München 2003, zitiert: Streinz, Europarecht
Streinz, Rudolf	Kommentar EUV/EGV, 1. Auflage, München 2003, zitiert: *Bearbeiter*, in: Streinz, EGV/EUV

Sturm, Joachim	Schengen-Europol-Interpol, Konkurrenz oder Partnerschaft?, in: Kriminalistik 1997, S. 99 – 104
Sturm, Joachim	Das Schengener Durchführungsübereinkommen – SDÜ, in: Kriminalistik 1995, S. 162 – 167
Sule, Satish	Europol und europäischer Datenschutz, 1. Auflage, Baden-Baden 1999, zitiert: Sule, Europol
Tietje, Christian	Europäischer Grundrechtsschutz nach dem Maastricht-Urteil, „Solange III"? – BVerfGE, NJW 1993, 3047, in: JuS 1994, S, 197 – 202
Tobback, Louis	Herausforderungen zeitgemäßer Polizeiarbeit in einem sich vereinigenden Europa, in: Die Polizei 1993, S. 9 – 13
Tolmein, Oliver	Europol, in: StV 1999, S. 108 – 116
Tomuschat, Christian	Die Europäische Union unter der Aufsicht des Bundesverfassungsgerichts, in: EuGRZ 1993, S. 489 – 496
Tonne, Michael	Effektiver Rechtsschutz durch staatliche Gerichte als Forderung des Europäischen Gemeinschaftsrechts, 1. Auflage, Köln/Berlin/Bonn/ München 1997, zitiert: Tonne, Effektiver Rechtsschutz
Umbach, Dieter C./ Clemens, Thomas (Hrsg.)	Grundgesetz – Mitarbeiterkommentar und Handbuch, Band 2 Art. 38 –146 GG, 1. Auflage, Heidelberg 2002, zitiert: *Bearbeiter*, in: Umbach/Clemens, GG
Verdross, Alfred/ Simma, Bruno	Universelles Völkerrecht, 3. Auflage, Berlin1984, zitiert: Verdross/Simma, Universelles Völkerrecht
Wachholz, Rolf-Peter	Europol aus Sicht der Bundesländer, in: Kriminalistik 1995, S. 715 – 719
Waechter, Kay	Demokratische Steuerung und Kontrolle einer europäischen Polizei, in: ZRP 1996, S. 167 –169

Warg, Gunter	Terrorismusbekämpfung in der EU, 1. Auflage, Speyer 2002, zitiert: Warg, Terrorismusbekämpfung in der EU
Wassermann, Rudolf	Zur Bedeutung, zum Inhalt und zum Umfang des Rechts auf Gehör (Art 103 Abs. 1 GG), in: DRiZ 1984, S. 425 – 430
Weichert, Thilo	Europol-Übereinkommen und Datenschutz, in: DuD 1995, S. 450 – 458
Wenzel, Jörg	Innere Sicherheit in Europa – Zur Notwendigkeit eines neuen Sicherheitsdenkens in Europa, in: Die Polizei 1993, S. 5 – 9
Werner, Ulrich	Schengen und Europol, in: CR 1997, S. 34 – 38
Weßlau, Edda	Waffengleichheit mit dem „Organisierten Verbrechen"?, in: KritV 1997, S. 238 – 247
Wilting, Wilhelm Heinrich	Vertragskonkurrenz im Völkerrecht, 1. Auflage, Köln/Berlin/Bonn/ München 1996, zitiert: Wilting, Vertragskonkurrenz im Völkerrecht
Wittinger, Michaela	Die Einlegung einer Individualbeschwerde vor dem EGMR, in: NJW 2001, S. 1238 – 1243
Wittkämper, Gerhard W./ Krevert, Peter/ Kohl, Andreas	Europa und die innere Sicherheit,1. Auflage, Wiesbaden 1996, zitiert: Wittkämper/Krevert/ Kohl, Europa und die innere Sicherheit
Wolf, Manfred	Gerichtsverfassungsrecht aller Verfahrenszweige, 6. Auflage, München 1987, zitiert: Wolf, Gerichtsverfassungsrecht
Wölker, Ulrich	Grundrechtsschutz durch den Gerichtshof der Europäischen Gemeinschaften und nationale Gerichte nach Amsterdam, in: EuR Beiheft 1 1999, S. 99 – 116

Wolters, Jörg	„Ausgleichsmaßnahmen" nach dem Schengener Durchführungsübereinkommen, in: Kriminalistik 1995, S. 172 – 177
Zachert, Hans-Ludwig	Europol – Mehr Schlagkraft gegen das Verbrechen in Europa, in: Kriminalistik 1992, S. 7 – 11
Zachert, Hans-Ludwig	Die Bundesrepublik Deutschland im Visier des Organisierten Verbrechens, in: Zachert: FS 40 Jahre BKA, S. 69 – 81, 1. Auflage, Stuttgart 1991, zitiert: Zachert, FS BKA
Zeiger, Jürgen	Das Europol-Computersystem, in: Kriminalistik 1998, S. 313 – 315
Zieschang, Frank	Der Austausch personenbezogener Daten mittels Europol, in: ZRP 1996, S. 427 – 429
Zimmermann, Hans-Martin	Europol – Anforderungen, Möglichkeiten und Fragen einer europäischen Zentralstelle zur Verbrechensbekämpfung, in: PFA 4/1992, S. 47 – 55
Zimmermann, Hans-Martin	Europa als kriminalgeographischer Raum, in: Morié/Murck/Schulte: Auf dem Weg zu einer europäischen Polizei, 1. Auflage, Stuttgart 1992, zitiert: Zimmermann, in Morié/Murck/Schulte

1. Teil: Einleitung

Die fortschreitende europäische Integration und der damit verbundene Wegfall von Grenzen führen zu immer neuen Herausforderungen für die nationale und internationale Verbrechensbekämpfung. Deshalb wurde, beginnend mit dem Maastrichter Unionsvertrag und fortgesetzt durch die Verträge von Amsterdam und Nizza, die Zusammenarbeit in den Bereichen Justiz und Inneres als Bereich der intergouvernementalen Zusammenarbeit geschaffen. Durch diese inhaltlich und strukturell bislang bedeutendste Reform ist eine neue Stufe der europäischen Integration erreicht worden.

Den Unionsbürgern soll im Raum der Freiheit, der Sicherheit und des Rechts ein hohes Maß an Schutz gewährleistet werden. Zu diesem Zweck wurde Europol geschaffen, das den Kern der unionsweiten Bemühungen zur Bekämpfung der internationalen Schwerstkriminalität darstellt. Europol soll als europäisches Informationszentrum fungieren und durch Sammlung von Informationen sowie deren Analyse nationale Polizeien unterstützen. Bei der konkreten Ausgestaltung Europols kam es jedoch immer wieder zu Problemen, da nicht alle Staaten gleichermaßen bereit waren, ihre Hoheitsgewalt einzuschränken und auf Kompetenzen zu verzichten. Folge dessen waren zum Teil schwerfällige Kompromisse, die sämtlichen mitgliedstaatlichen Interessen und Befindlichkeiten ausreichend Beachtung schenken wollten, umgekehrt aber auch zu Problemen führten.

Angesichts dessen ist es erstaunlich, dass Europol in den allgemeinen Medien nur eine geringe Rolle spielt.[1] Ähnlich verhält es sich mit der Fachpresse. Nach einer anfänglich aktiven Auseinandersetzung mit dem Thema, geriet es in der Folgezeit immer mehr in Vergessenheit. Dabei konzentrierte sich die wissenschaftliche Auseinandersetzung mit dem Thema auf die Gebiete Datenschutz[2], Immunität[3] und demokratische Legitimation[4]. Das Thema Rechtsschutz spielte dagegen bisher nur eine untergeordnete Rolle und wurde meist nur am Rande behandelt.[5]

Dies überrascht angesichts der Bedeutung dieser Frage für die Interessen des von der Tätigkeit Europols betroffenen Bürgers. Bereits durch eine erste grobe

---

1 So finden sich Berichte, die sich umfassend mit der Tätigkeit Europols befassen z. B. in: *Hetzel*, Die Welt vom 2.07.1999; *Mönninger*, Die Welt vom 21.09.2001.

2 *Weichert*, DuD 1995, S. 450 ff.; *Lavranos*, DuD 1996, S. 400 ff.; *Matz*, Europol; *Sule*, Europol; *Mayer*, Europol.

3 Vgl. nur *Hailbronner*, JZ 1998, S. 283 ff.; *N.N.*, DRiZ 1998, S. 140 ff.; *Kremer*, Europol; *Hölscheidt/Schotten*, NJW 1999, S. 2851 ff.; *Böse*, NJW 1999, S. 2416 ff.; *Hirsch*, ZRP 1998, S. 10 ff.

4 Vgl. dazu *Baldus*, ZRP 1997, S. 286 ff.; *Riegel*, ZRP 1998, S. 192; *Waechter*, ZRP 1996, S. 167 ff.

5 Ausnahmen hiervon sind die Beiträge von *Frowein/Krisch*, JZ 1998, S. 589 ff. und *Matz*, Europol.

Betrachtung wird klar, dass beispielsweise ein noch so guter Datenschutzstandard dem Betroffenen nicht zu helfen vermag, wenn er seine Rechte nicht in entsprechenden Verfahren durchsetzen kann.
Aus diesem Grund nimmt sich diese Arbeit der Problematik an und untersucht die Tätigkeit Europols unter dem Aspekt des Rechtsschutzes.
Im ersten Teil der Arbeit werden dazu zunächst die Entstehungsgeschichte Europols sowie die Aufgaben und Befugnisse der europäischen Polizeibehörde dargestellt. Dadurch soll es dem Leser ermöglicht werden, die politischen, gesellschaftlichen und geschichtlichen Hintergründe für die Schaffung und Ausgestaltung Europols zu verstehen. Berücksichtigt wird dabei nicht nur die Schaffung von Europol selbst, sondern, soweit für die spätere Entwicklung relevant, auch deren Vorläufer. Diese Herausarbeitung ist notwendig, um zu verstehen, gegen welche Handlungen Europols der Betroffene Rechte geltend machen können muss.
Anschließend werden im zweiten Teil dieser Arbeit die Rechte bzw. Ansprüche des Betroffenen gegenüber Europol eingehend geprüft. Daran schließt sich als weiterer Schwerpunkt eine Untersuchung der Kontrollverfahren an. Dabei werden die verschiedenen nationalen und europäischen Einrichtungen dahingehend untersucht, inwieweit durch sie eine effektive Kontrolle der Arbeit Europols ermöglicht werden kann.
Die Untersuchungen des dritten Teils der Arbeit erstrecken sich zunächst auf verschiedene internationale Abkommen und nationale Quellen, denen sich Anforderungen an ein rechtstaatliches Verfahren entnehmen lassen. Nach deren Feststellung wird die Vereinbarkeit der Verfahren zur Durchsetzung der Ansprüche des Betroffenen gegenüber Europol und den Mitgliedstaaten mit diesen Anforderungen überprüft. Dabei werden auch die Ausgestaltung der Institution Europol und die Rechte der Betroffenen berücksichtigt.
Abschließend werden die Untersuchungsergebnisse kurz zusammengefasst und dahingehend beurteilt, ob die Verfahren mit den nationalen und internationalen Anforderungen an einen effektiven Rechtsschutz vereinbar sind und welche Maßnahmen zu ergreifen wären, wenn dies nicht der Fall sein sollte.

2. Teil: Entwicklung von Europol

A. TREVI-Kooperation

Mit der sogenannten TREVI-Zusammenarbeit[6] wurden die Eckdaten für die polizeiliche Zusammenarbeit der europäischen Staaten gesetzt.[7] Mit der Aufnahme in den Maastrichter Vertrag stellt sie noch heute die Grundlage für die weitere Zusammenarbeit im Rahmen der Dritten Säule[8] dar.[9] Aus diesem Grund soll im Folgenden die Zusammenarbeit genauer beleuchtet und dabei die Vorbildfunktion der TREVI-Kooperation für eine spätere polizeiliche Zusammenarbeit herausgestellt werden.

I. Historische Entwicklung

Anfang der 70er Jahre sah sich Europa mit dem Problem eines sich ständig ausbreitenden innerstaatlichen, aber auch international agierenden Terrorismus von palästinensischen und westeuropäischen Gruppierungen konfrontiert.[10] Diese verübten zahlreiche Anschläge auf staatliche Einrichtungen und bedrohten damit die Stabilität der betroffenen Staaten. Vor diesem Hintergrund wurde erstmals die Forderung nach einer europäischen Polizeibehörde laut.[11] Aufgegriffen wurde diese Forderung aber erst Mitte der 70er Jahre und ist u.a. auf eine Weigerung Interpols, auf dem Gebiet der Terrorismusbekämpfung tätig zu werden, zurückzuführen.[12] So wurde auf Vorschlag der britischen Regierung vom Europäischen Rat in Rom am 1.12.1975 eine engere Zusammenarbeit bei der Terrorismusbekämpfung beschlossen[13], welche durch die zuständigen Innen- und

---

6 Die Bedeutung des Begriffs TREVI ist nicht eindeutig. So wird TREVI als Abkürzung für „Terrorisme, Radicalisme, Extrémisme und violence internationale" verwendet, wird aber auch nach dem Ort der Verhandlungen an der Fontana di TREVI in Rom benannt (vgl. nur *Nicolaus*, NVwZ 1996, S. 40/42; *Busch*, Vorgänge 1992, S. 53/59).

7 *Warg*, Terrorismusbekämpfung in der EU, S. 55.

8 Das sogenannte Säulen-Modell soll das Verhältnis zwischen der Union und den Europäischen Gemeinschaften erklären. Dabei wird zumeist von drei Säulen ausgegangen, welche die Grundlagen der Europäischen Union bilden. Dabei stellen sich die drei Säulen wie folgt dar: Als Erste Säule gibt es die nunmehr noch zwei bestehenden Europäischen Gemeinschaften, welche durch die beiden Formen der Zusammenarbeit GASP und ZBJI als Zweite und Dritte Säule ergänzt wird. Über diesen drei Säulen liegt als Dach die Europäische Union, vgl. dazu ausführlich *Koenig/Pechstein*, EU Rn. 93.

9 *Gleß/Lüke*, Jura 1998, S. 70/72.

10 *Diederichs*, CILIP vom 25.05.1990, S. 8; *Siegele*, Von TREVI bis Europol, S. 132f.; *Ooyen/Schubert*, Vorgänge 1992, S. 17/20; *Akmann*, JA 1994, S. 49/51.

11 *Sule*, Europol, S. 19.

12 *Aden*, Polizeipolitik, S. 77; wohl auch *Bäumler*, Polizeiliche Zusammenarbeit, S. 148.

13 *Kremer*, Europol, S. 143; *Harings*, Grenzüberschreitende Zusammenarbeit, S. 46; *Degenhardt*, Europol, S. 21; *Sule*, Europol, S. 19; *Frank*, Verletzung der EMRK, S. 13;

Justizminister auf ihrer Luxemburger Tagung vom 29.06.1976 mit der Gründung der TREVI-Kooperation umgesetzt wurde.[14] Dabei wurde eine Zusammenarbeit in den Bereichen Terrorismusbekämpfung, Austausch von Polizeibeamten, Luftsicherheit, Sicherung von Kernkraftanlagen sowie Naturkatastrophen vereinbart.[15] Diese erfolgte auf der Ebene souveräner Regierungen der Mitgliedstaaten und sollte ein gemeinsames Konzept gegen Terrorismus, Radikalismus, Extremismus und das Internationale Verbrechen hervorbringen.[16] Auf Grund einer Vielzahl von nationalen Vorbehalten konnten am Ende der Beratungen allerdings zunächst nur allgemeine Vereinbarungen getroffenen und Erfahrungen ausgetauscht werden.[17] Trotz seiner Mängel wurde mit TREVI eine neue, zunächst auf die Terrorismusbekämpfung in Westeuropa konzentrierte Form der Polizeikooperation verwirklicht.

Die entscheidenden Impulse für den Aufbau eines Europäischen Polizeiamtes kamen allerdings nicht von dieser Terrorismusbekämpfung, denn als Anfang der 80er Jahre die Zahl der terroristischen Anschläge abnahm, verminderte sich die Aktivität der an TREVI Beteiligten drastisch.[18] Dies sollte sich erst Mitte der 80er Jahre wieder ändern, als die Bestrebungen zur europäischen Einigung durch die Verabschiedung der Einheitlichen Europäischen Akte[19] (EEA) konkrete Formen annahm. Die darin vorgesehene Verwirklichung des europäischen Binnenmarktes sah u.a. einen Abbau der Grenzkontrollen vor. Dieser Abbau von Grenzkontrollen ließ vor allem Polizei- und Innenpolitiker in Deutschland befürchten, man sei auf ein derartiges Zusammenwachsen nicht vorbereitet und die unkontrollierte Zuwanderung und grenzüberschreitende Kriminalität könne zu einer ernsthaften Bedrohung werden.[20] Solche Befürchtungen wurden auch von anderen europäischen Ländern geteilt, so dass es zu einer Reaktivierung der TREVI-Gruppe mit zusätzlichen Aufgaben kam.[21] Durch die so erreichte Erweiterung der Aufgabenbereiche wurde die TREVI-Gruppe zum wichtigsten Entwicklungsfaktor der Polizeikooperation in Westeuropa.[22] Die Bemühungen, den durch eine Grenzöffnung bedingten Gefahren zu begegnen, führten zur Verabschiedung des Palma-Dokumentes, das eine Reihe von Ausgleichsmaßnahmen

---

Busch, Grenzenlose Polizei?, S. 306; *Rupprecht/Hellenthal*, Innere Sicherheit im Europäischen Binnenmarkt, S. 151.

14 *Kremer*, Europol, S. 143 f.; *Kübler*, Einheitliche Grundrechte, S. 98; *Sule*, Europol, S. 19.

15 *Busch*, Grenzenlose Polizei?, S. 307; *Fisahn*, KJ 1998, 358/359; *Ooyen/Schubert*, Vorgänge 1992, S. 1720.

16 *Frank*, Verletzung der EMRK, S. 13; *Schreckenberger*, VerwArch. 1997, S. 409.

17 *Oberleitner*, Schengen und Europol, S. 99.

18 *Aden*, Polizeipolitik, S. 79.

19 Einheitliche Europäische Akte (EEA) vom 28.02.1986, BGBl. II, S. 1104 ff.

20 *Aden*, Polizeipolitik, S. 79 f.; *Degenhardt*, Europol, S. 23.

21 So wohl auch *Busch*, KJ 1990, S. 1/6; *Krüger*, Kriminalistik 1994, S. 773/774.

22 *Aden*, Polizeipolitik, S. 81.

für den Grenzkontrollabbau vorsah.[23] Hierzu gehörte auch die Schaffung einer zentralen, europäischen Intelligence-Dienststelle für Rauschgiftangelegenheiten (EDIU, European Drug Intelligence Unit).[24] Erste konkrete Schritte zur Verwirklichung einer solchen Dienststelle wurden vor allem mit der Erarbeitung eines Berichts in den Jahren 1989 bis 1991 unternommen, welcher auch dem Europäischen Rat bei seinen Beratungen über die Schaffung der europäischen kriminalpolizeilichen Zentralstelle Europol vorlag.[25] Dabei sollten die bestehenden bi- und multilateralen Formen der grenzüberschreitenden polizeilichen Zusammenarbeit unter einem Dach zusammengefasst werden.[26] Daher entschloss man sich mit dem Vertrag von Maastricht[27] einen anderen Weg der Kooperation einzuschlagen und die bestehende Zusammenarbeit im Rahmen von TREVI, unter Wahrung des erreichten Besitzstandes[28], durch den Rat der Justiz- und Innenminister abzulösen.[29]

II. Organisation und Struktur der Zusammenarbeit

Zur Gewährleistung der Effektivität von TREVI einigte man sich über eine Zusammenarbeit auf drei Ebenen. Auf oberster Ebene tagten die zuständigen Minister der Mitgliedstaaten, die als Leitungsorgan die politischen Beschlüsse trafen,[30] welche durch die Mitgliedstaaten umgesetzt wurden[31].
Der eigentliche Schwerpunkt der Zusammenarbeit erfolgte jedoch im Rahmen der zweiten und dritten Ebene. Beide Ebenen bestanden aus Experten der verschiedenen Bereiche. Während auf der Ebene der Hohen Beamten die für Polizeifragen zuständigen Staatssekretäre tätig wurden[32], rekrutierte sich die dritte Ebene vornehmlich aus Vertretern von Geheimdiensten und Polizeibehörden der beteiligten Staaten.[33] Als zweite Ebene unterhalb der Ministerebene wurde ein

---

23 *Busch*, Grenzenlose Polizei?, S. 333; *Zimmermann*, PFA 1992, S. 47/50.

24 *Degenhardt*, Europol, S. 24; *Oberleitner*, Schengen und Europol, S. 99 f.; *Albrecht*, StV 2001, S. 69/70; *Storbeck*, FS BKA, S. 188; *Storbeck*, PFA 1997, S. 77/77.

25 *Degenhardt*, Europol, S. 24; *Wachholz*, Kriminalistik 1995, S. 715/716. Dieser Bericht wiederum wurde durch eine weitere Übereinkunft aus dem Jahre 1991 konkretisiert, welche ihrerseits explizit den Aufbau von Europol vorsah (*Köhlbach*, Die Polizei 1996, S. 245/246).

26 *Degenhardt*, Europol, S. 24.

27 „Vertrag über die Europäische Union" in der Fassung vom 7.02.1992, BGBl. II, S. 1253, in Kraft getreten am 1.11.1993, vgl. BGBl. II, S. 1947.

28 *Harings*, Grenzüberschreitende Zusammenarbeit, S. 47; *Mayer*, Europol, S. 114.

29 *Fisahn*, KJ 1998, S. 359/361 f.; *Storbeck*, APuZ 1995 B23, S. 20/23.

30 *Sule*, Europol, S. 20; *Diederichs*, CILIP vom 25.05.1990, S. 8; *Busch*, Vorgänge 1992, S. 53/59.

31 *Wittkämper/Krevert/Kohl*, Europa und die innere Sicherheit, S. 131 f.

32 *Busch*, KJ 1990, S. 5; *Ooyen/Schubert*, Vorgänge 1992, S. 17/20; *Busch*, Vorgänge 1992, S. 53/59; *Lisken/Denninger*, HdP, Kap. O Rn. 183.

33 *Diederichs*, CILIP vom 25.05.1990, S. 8.

Ausschuss hoher Beamter eingesetzt, in dem die Arbeit der Minister vorbereitet und die Umsetzung der dort gefassten Beschlüsse überwacht wurde.[34] Dazu setzten die Beamten im Auftrag der Minister verschiedene Arbeitsgruppen ein[35], gaben diesen die Themen zur Bearbeitung vor und bereiteten deren Ergebnisse für Diskussionen in den Ministerrunden auf[36]. In diesen Arbeitsgruppen wurden auf polizeifachlicher Ebene Konzepte zur Erleichterung der Zusammenarbeit entwickelt[37] und so die konkrete Kooperation vorbereitet.[38]

Wies diese Zusammenarbeit zunächst noch eine relativ bescheidene organisatorische Zusammenarbeit auf, wurde sie von Mitte der 80er Jahre an stetig ausgeweitet.[39]

Nachdem 1991 eine Eingliederung in die Kooperation nach Titel VI des EU-Vertrages beschlossen wurde, gliederte man die Ebene des Ausschusses der Hohen Beamten in Form des Koordinierungsausschusses nach Art. K.4 EUV (sogenannter K4-Ausschuss[40]) in den EU-Vertrag ein.[41] Mit Inkrafttreten des Amsterdamer Vertrages wurde dieser in Art. 36 EU normiert.[42] Auch die Einrichtung der TREVI-Minister wurde nach dem Maastrichter Vertrag in Form des Rates der Innen- und Justizminister fortgeführt.[43]

---

34 *Harings*, Grenzüberschreitende Zusammenarbeit, S. 46; *Kremer*, Europol, S. 144; *Warg*, Terrorismusbekämpfung in der EU, S. 52; *Rupprecht/Hellenthal*, Innere Sicherheit im Europäischen Binnenmarkt, S. 151; *Akmann*, JA 1994, S. 49/51; *Lisken/Denninger*, HdP, Kap. O Rn. 183.

35 *Busch*, Grenzenlose Polizei?, S. 307 f.; *Kremer*, Europol, S. 145.

36 *Diederichs*, CILIP vom 25.05.1990, S. 8.

37 *Wittkämper/Krevert/Kohl*, Europa und die innere Sicherheit, S. 131.

38 *Aden*, Polizeipolitik, S. 78; *Wachholz*, Kriminalistik 1995, S. 715/717.

39 So wurde 1985 beschlossen, dass sich die Minister statt wie bisher jährlich, in der Folgezeit zweimal jährlich trafen und auch die Aufgabenbereiche wurden erweitert (vgl. *Busch*, Grenzenlose Polizei?, S. 307). Ferner wurde 1987 der schrittweise Aufbau einer lockeren Verwaltungsstruktur beschlossen, dessen erstes Stadium die bisherige halbjährlich wechselnde Präsidentschaft um eine Troika ergänzte, welche die laufenden Geschäfte auf allen drei Ebenen führen sollte (*Busch*, Grenzenlose Polizei?, S. 309). Diese Troika bestand aus dem Staat, der nach dem Rotationsprinzip die Präsidentschaft innehatte sowie dessen Vor- und Nachfolger. Auf Grund des Beschlusses über den Binnenmarkt wurde 1989 eine Verstetigung der Verwaltungsstrukturen beschlossen, bei der u.a. die Troika auf fünf Mitglieder erweitert wurde, um so eine größere Kontinuität und Beteiligung der Mitgliedsländer zu erreichen (vgl. dazu *Aden*, Polizeipolitik, S. 78; *Busch*, KJ 1990, S. 5; *Busch*, Grenzenlose Polizei?, S. 309).

40 *Wachholz*, Kriminalistik 1995, S. 715/717.

41 *Harings*, Grenzenlose Zusammenarbeit, S. 47.

42 *Kremer*, Europol, S. 145.

43 *Lisken/Denninger*, HdP, Kap. O Rn. 185 ff.

III. Tätigkeitsbereiche

Die Entwicklung der TREVI-Kooperation spiegelte sich auch in den Arbeitsgruppen wider. Bestanden mit TREVI I und II zunächst nur spezielle Arbeitsgruppen zum Zwecke der Terrorismusbekämpfung, so kamen in der Folgezeit mit der Aufgabenerweiterung immer neue Arbeitsgruppen hinzu. Im Einzelnen handelte es sich dabei um:

1. TREVI I – Terrorismusbekämpfung

Diese Gruppe befasste sich mit der Problematik des grenzüberschreitenden und internationalen Terrorismus in Europa. Sie diskutierte Bedrohungsszenarien und empfahl Maßnahmen zu deren Bekämpfung.[44] Dazu wurden u.a. seit dem Jahre 1977 Informationen über Sachen und Personen ausgetauscht, Analysen getätigt und zentrale Koordinierungsstrukturen geschaffen. Neben Planungs- und Koordinierungsaufgaben fand über TREVI I also auch ein Informationsaustausch auf bilateraler Ebene statt[45], der sich zum wesentlichsten Aspekt der Zusammenarbeit entwickelte.[46] Ziel war es, einen durch Terrordelikte betroffenen Staat kurzfristig, d.h. innerhalb von 24 Stunden, über die Gefahren informieren zu können.[47] Deshalb wurden Verbindungsbeamte ausgetauscht und speziell geschützte Nachrichtenwege zwischen den obersten Polizeibehörden der Mitgliedstaaten errichtet.[48] Damit besaß TREVI neben politischen Konsultationen auch eine operative Struktur.[49] Wenig später wurden anhand dieser Daten erstmals auch gemeinsame Lage- und Bedrohungsbilder erstellt.[50] Insofern kam es also bereits im Rahmen von TREVI zum Austausch fall- und personenbezogener Informationen, wie dies auch bei der späteren Kooperationsform Europol der Fall sein sollte. Allerdings fand dies nur zwischen den einzelnen Mitgliedstaaten statt.

2. TREVI II – Polizeiausbildung und -technik

Gegenstand der TREVI II-Zusammenarbeit war der Informationsaustausch und die Zusammenarbeit in allgemeinen Polizeiangelegenheiten.[51] Diese umfasste zunächst die Bereiche Polizeiausrüstung, polizeiliche Kommunikations- und Informationsverarbeitung, polizeiliche Ausbildung einschließlich Sprachschu-

---

44 *Rupprecht/Hellenthal*, Innere Sicherheit im Europäischen Binnenmarkt, S. 151; *Wittkämper/Krevert/Kohl*, Europa und die Innere Sicherheit, S. 132; *Warg*, Terrorismusbekämpfung in der EU, S. 53.

45 *Schwach*, Europol, S. 111.

46 *Busch*, Grenzenlose Polizei?, S. 310.

47 *Diederichs*, CILIP vom 25.05.1990, S. 8.

48 Vgl. *Busch*, KJ 1990, S. 1/6.

49 *Busch*, Vorgänge 1992, S. 53/60.

50 *Busch*, Grenzenlose Polizei?, S. 313; *Aden* Polizeipolitik, S. 78.

51 *Lisken/Denninger*, HdP, Kap. O Rn. 183.

lung, Polizei- und Kriminaltechnik sowie Polizeiforschung.[52] Dadurch sollten Kosten minimiert und durch grenzüberschreitende Anwendungen eine Verdoppelung der Tätigkeiten vermieden werden. Dazu wurden allen beteiligten Polizeien Verfahren und aufgebaute Datensammlungen zur Verfügung gestellt.[53] Erst mit den zunehmenden Krawallen in den Fußballstadien wurde die Tätigkeit auf einen permanenten Informationsaustausch über schwer wiegende Störungen der öffentlichen Ordnung ausgedehnt.[54] Damit blieb TREVI II nicht nur auf Servicefunktionen im technischen und Ausbildungsbereich beschränkt, sondern entfaltete auch praktische Aktivitäten.[55]

3. TREVI III – Organisierte Kriminalität

Von besonderer Bedeutung für die Schaffung Europols war die 1985 begründete Zusammenarbeit von TREVI III zur Verbesserung der Kooperation in den Bereichen der Schwerkriminalität und der international organisierten Kriminalität.[56] Dieser neu eingerichteten Arbeitsgruppe gehörten insbesondere hochrangige Beamte der Kriminalpolizeien an.[57] Im Vordergrund stand vor allem die Bekämpfung des illegalen Rauschgifthandels.[58] Zum Erreichen dieser Ziele wurden für TREVI III, wie schon im Rahmen von TREVI I, nationale Verbindungsstellen geschaffen, mittels derer in dringenden oder komplexen Fällen ein Sofortkontakt zwischen den Beteiligten hergestellt werden konnte.[59] Außerdem wurde ein Informationsaustausch über Ermittlungsmethoden und Taktiken zur Bekämpfung des Schwerverbrechens sowie die gemeinsame Nutzung von Drogen-Verbindungsbeamten vereinbart.[60]

Ihre besondere politische Bedeutung jenseits des allgemeinen Erfahrungsaustausches erlangte TREVI III im Jahre 1989 durch den Vorschlag, nationale Drogen-Intelligence-Einheiten aufzubauen.[61] Daraufhin wurde 1990 innerhalb der TREVI III-Kooperation die ad-hoc-Arbeitsgruppe „European Drug Intelligence -

---

52 *Rupprecht/Hellenthal*, Innere Sicherheit im Europäischen Binnenmarkt, S. 152.

53 *Busch*, Grenzenlose Polizei?, S. 315; *Aden*, Polizeipolitik, S. 79.

54 *Wittkämper/Krevert/Kohl*, Europa und die innere Sicherheit, S. 132.

55 *Busch*, Grenzenlose Polizei?, S. 317.

56 *Akmann*, JA 1994, S. 49/51; *Aden*, Polizeipolitik, S. 80; *Siegele*, Von TREVI bis Europol, S. 134.

57 *Diederichs*, CILIP vom 25.05.1990, S. 8.

58 *Akmann*, JA 1994, S. 49/51; *Rupprecht/Hellenthal*, Innere Sicherheit und Europäischer Binnenmarkt, S. 152. Dazu arbeiteten die TREVI-Staaten bereits seit 1988 daran, eine gemeinsame Intelligence-Arbeit zur Unterstützung der Verbrechensbekämpfung in Europa zu begründen (*Storbeck*, Die Polizei 1993, S. 229/229).

59 Ein solcher Kontakt war bisher wegen der Eigenständigkeit der nationalen Polizeien nicht möglich. *Busch*, Grenzenlose Polizei?, S. 318.

60 *Busch*, Grenzenlose Polizei?, S. 318 f.; *Wittkämper/Krevert/Kohl*, Europa und die innere Sicherheit, S. 133.

61 *Oberleitner*, Schengen und Europol, S. 100; *Di Fabio*, DÖV 1997, S. 89/97.

Unit“ (EDIU) mit der Prüfung dieses Vorschlages beauftragt.[62] Unabhängig und parallel dazu wurde im Juni 1991 von Deutschland und Frankreich der Vorschlag zum Aufbau von Europol eingebracht. Nachdem im Dezember 1991 dieser Vorschlag angenommen wurde, verschmolzen beide Initiativen miteinander. Die ursprüngliche ad-hoc-Arbeitsgruppe „EDIU“ wurde in „Europol“ umbenannt und mit dem Aufbau des Europäischen Polizeiamtes Europol betraut.[63] Im Gegensatz zu TREVI I spielte TREVI III zu keinem Zeitpunkt die geforderte praktische Rolle[64], was u.a. auf die unterschiedlichen Sprachen und nationalen Gesetzgebungen zurückzuführen war.[65]

4. TREVI IV bzw. TREVI '92 – Ausgleichsmaßnahmen

Schließlich gab es im Rahmen der Zusammenarbeit von TREVI noch eine vierte Arbeitsgruppe. 1988 beauftragte die TREVI-Ministerkonferenz eine ad-hoc-Arbeitsgruppe namens TREVI '92 mit der Prüfung von Ausgleichsmaßnahmen hinsichtlich möglicher, durch den Abbau der Binnenmarktgrenzkontrollen entstehender Sicherheitsverluste.[66] Aus dieser ad-hoc-Arbeitsgruppe ging die spätere Arbeitsgruppe TREVI IV hervor, die u.a. den Probelauf für die Durchsetzung der Schengener Verträge in Westeuropa überwachte.[67] Des Weiteren wurde durch TREVI '92 im Herbst 1989 ein Grundsatzpapier erarbeitet, in dem als Ausgleichsmaßnahmen ein europäisches Informationssystem, eine verstärkte Kontrolle der Außengrenzen und die Harmonisierung von Rechtsvorschriften vorgesehen waren. Auch die bereits oben erwähnte Idee einer Drogen-Intelligence-Einheit wurde ihm Rahmen dieser Arbeitsgruppe erarbeitet.[68]

IV. Rechtsnatur

Obwohl der Kreis der TREVI-Minister identisch mit dem späteren Rat der Innen- und Justizminister innerhalb der Europäischen Union war, handelte es sich bei den TREVI-Ministern nicht um eine Organisation innerhalb der Union.[69] Grund hierfür war das Fehlen von gemeinschaftsrechtlichen Kompetenzen. Weder auf supranationaler noch auf nationaler Ebene existierten spezielle rechtliche

---

62 *Busch*, Grenzenlose Polizei?, S. 319.

63 *Wittkämper/Krevert/Kohl*, Europa und die innere Sicherheit, S. 133; *Akmann*, JA 1994, S. 49/51; *Rupprecht/Hellenthal*, Innere Sicherheit im Europäischen Binnenmarkt, S. 153; *Storbeck*, Die Polizei 1993, S. 229/229.

64 *Busch*, Grenzenlose Polizei?, S. 318.

65 *Diederichs*, CILIP vom 25.05.1990, S. 9.

66 *Sule*, Europol, S. 20; *Aden*, Polizeipolitik; S. 80; *Lisken/Denninger*, HdP, Kap. O 183.

67 *Diederichs*, CILIP vom 25.05.1990, S. 9.

68 *Busch*, Grenzenlose Polizei?, S. 334.

69 *Warg*, Terrorismusbekämpfung in der EU, S. 52.

Grundlagen.[70] Damit handelte es sich bei der TREVI-Kooperation um eine besondere Form der intergouvernementalen Zusammenarbeit der EU-Staaten, die auf einer rein zwischenstaatlichen Ebene angesiedelt war. Es war ein multilaterales Gremium hochrangiger Exekutivbeamter.[71] Charakteristisch für diese Zusammenarbeit war die Unverbindlichkeit der dort gefassten Beschlüsse. Es handelte sich bei den Maßnahmen von TREVI durchweg nicht um verbindliches Völkervertragsrecht, sondern um sogenannte internationale „gentlemen agreements".[72] Die Gründe für diese Ausgestaltung von TREVI außerhalb der Gemeinschaftsstrukturen lagen in der mangelnden Bereitschaft der Mitgliedstaaten diese Tätigkeit der Kontrolle durch die EG-Organe, namentlich dem Europäischen Parlament und dem EuGH, zu unterwerfen.[73] Mit dieser Entscheidung waren die Weichen für eine intergouvernementale Zusammenarbeit im Bereich des Völkerrechts auf dem Gebiet der Innen- und Justizpolitik gestellt, die auch bei zukünftigen Einrichtungen immer wieder gewählt wurde.

B. Schengener Abkommen

I. Historische Entwicklung

Einen weiteren Schritt hin zu einer Ausweitung der Polizeikooperation in Europa und damit zur Erweiterung der Polizeiaktivitäten auf einer zentralen Ebene erfolgte durch die Schengener Übereinkommen Schengen I[74] und Schengen II[75], welche erheblich zu einer neuen Dynamik in der Europäisierung der Polizeiarbeit beitrugen.[76] Grundlage für die Schengener Abkommen war die mit der Einheitlichen Europäischen Akte beschlossene Verwirklichung des Binnenmarktes und der damit verbundene Abbau von Grenzkontrollen und anderer Handelshemmnisse. Allerdings herrschte von Anfang an Uneinigkeit darüber, wie weit dieser Abbau von Grenzkontrollen gehen sollte. Während die späteren Schengen-Staaten Art. 7a II EGV dahingehend interpretierten, dass die Abschaffung aller innergemeinschaftlichen Grenzkontrollen verlangt sei, vertraten vor allem das Vereinigte Königreich von Großbritannien und Nordirland sowie Dänemark

---

70 *Degenhardt,* Europol, S. 22.

71 *Frank,* Verletzung der EMRK, S. 13.

72 *Lisken/Denninger*, HdP, Kap. O Rn. 184; *Gleß/Lüke*, Jura 1998, S. 70/72.

73 *Frank*, Verletzung der EMRK, S. 13.

74 „Übereinkommen betreffend den schrittweisen Abbau der Grenzkontrollen an den Gemeinsamen Grenzen" vom 14.06.1985, Bekanntgabe des BMI vom 29.01.1986, GMBl. 1986, S. 79 ff.

75 „Übereinkommen zur Durchführung des Übereinkommens von Schengen vom 14. Juni 1985 zwischen den Regierungen der Staaten der Benelux-Wirtschaftsunion, der Bundesrepublik Deutschland und der Französischen Republik betreffend den schrittweisen Abbau der Kontrollen an den gemeinsamen Grenzen" vom 19.06.1990, abgedruckt in Sartorius II Nr. 280.

76 *Aden*, Polizeipolitik, S. 85.

die Ansicht, dass nur der freie Personenverkehr entsprechend der Vorschriften des EGV gewährleistet werden sollte.[77] Letztere waren nicht bereit, ihre Handlungsfreiheit in diesem sensiblen Bereich aufzugeben. Auf Grund dieser unterschiedlichen Auffassungen entschieden sich einige Staaten, diesen Aspekt aus der gemeinschaftlichen Ordnung herauszunehmen und eine Einigung auf völkerrechtlicher Ebene zu suchen.[78] Hieraus ging am 14.06.1985 das erste Schengener Abkommen hervor, indem die Staaten Deutschland, Frankreich, Belgien, Niederlande und Luxemburg den schrittweisen Abbau von Kontrollen an den gemeinsamen Grenzen vereinbarten.[79] Die hierbei vorgesehene Verlagerung der Grenzkontrollen an die Außengrenzen wurde allerdings nicht als ausreichend erachtet.[80] Auch waren die Regelungen über die Öffnung der Grenzen und den Sicherheitsausgleich nicht verbindlich, sondern stellten lediglich ein ratifizierungsbedürftiges Verwaltungsabkommen dar.[81] Daher wurde auf dieses Abkommen aufbauend am 19.06.1990 mit Schengen II ein Durchführungsabkommen beschlossen, das Ausgleichsmaßnahmen für den schrittweisen Abbau von Grenzkontrollen vorsah.[82] Diesem Übereinkommen traten 1990 Italien, 1991 Spanien und Portugal, 1992 Griechenland[83], 1995 Österreich und 1996 die skandinavischen Länder Dänemark, Schweden und Finnland bei.[84] Mit Norwegen und Island wurde wegen der Passunion mit den nordischen Staaten, die Mitglieder der EU waren, ein Assoziierungsabkommen geschlossen.[85] Es sollte Vorläufer und Modell für Regelungen zwischen allen Mitgliedstaaten der Europäischen Gemeinschaft sein.[86] Nach seiner Ratifizierung trat das Übereinkommen für die fünf Gründerstaaten am 1.09.1993 in Kraft. Auf Grund von Art. 139 SDÜ, der ein Inkrafttreten erst nach Lösung aller rechtlichen, politischen und technischen Probleme vorsah, konnte das Abkommen aber erst am 26.03.1995 praktisch verwirklicht werden.[87]

---

77 *Oberleitner*, Schengen und Europol, S. 54 Fn. 186.

78 *Matz*, Europol, S. 7; *Harings*, Grenzüberschreitende Zusammenarbeit, S. 63.

79 *Oberleitner*, Schengen und Europol, S. 55; *Fischer*, EuZW 1994, S. 747/748.

80 *Sule*, Europol, S. 21; *Bieber*, NJW 1994, S. 294/294.

81 *Schwach*, Europol, S. 95.

82 *Harings*, Grenzüberschreitende Zusammenarbeit, S. 63; *Schübel*, NStZ 1997, S. 105/105; kritisch *Nelles*, ZgesStrafw Bd. 109, S. 727/735 f., die den wahren Grund in der Herstellung migrationsfester Außengrenzen sieht; wohl auch *Bäumler*, CR 1994, S. 487/489.

83 *Oberleitner*, Schengen und Europol, S. 57.

84 *Harings*, Grenzüberschreitende Zusammenarbeit, S. 63.

85 *Matz*, Europol, S. 7 Fn. 25.

86 *Pitschas*, ZRP 1993, S. 174/175; *Rupprecht/Hellenthal*, Innere Sicherheit im Europäischen Binnenmarkt, S. 165.

87 *Oberleitner*, Schengen und Europol, S. 56 f.; *Schübel*, NStZ 1997, S. 105/105.

Mit Inkrafttreten des Amsterdamer Vertrages am 1.09.1999 wurde der Schengen-Besitzstand in das Regelwerk der Europäischen Union übernommen.[88] Nach Art. 1 Satz 2 des Schengener Protokolls[89] soll die Zusammenarbeit in den Bereichen der Binnengrenzkontrollen und notwendiger Ausgleichs- und Sicherungsmaßnahmen zukünftig innerhalb des institutionellen und rechtlichen Rahmens der Europäischen Union und unter Beachtung der entsprechenden Bestimmungen des EU- und des EG-Vertrages erfolgen. Durch den Amsterdamer Vertrag wurde der Schengen-Besitzstand von der rein völkerrechtlichen Ebene gelöst und in das institutionelle Gefüge der Europäischen Verträge übertragen. Damit gelangten eine Reihe wertvoller Erfahrungen und Errungenschaften in den Zusammenarbeitsverbund des Dritten Pfeilers, so dass von einem Modellcharakter für die Zukunft der Europäischen Union gesprochen werden kann.[90]

II. Ausgleichsmaßnahmen auf dem Gebiet der polizeilichen Zusammenarbeit

Mit dem SDÜ wurde eine Reihe von Durchführungsmaßnahmen beschlossen, die im Folgenden kurz dargestellt werden.

1. Polizeiliche Amtshilfe, Art. 39 SDÜ

Durch die polizeiliche Amtshilfe nach Art. 39 SDÜ sollte eine Verbesserung der polizeilichen Kommunikation im Bereich der vorbeugenden Bekämpfung und der Aufklärung von Straftaten erreicht werden.[91] Von entscheidender Bedeutung hierfür waren die Zentralstellen der Mitgliedstaaten, über die in der Regel der Informationsaustausch stattfinden sollte.[92] Daneben konnte nach Art. 39 SDÜ in Eilfällen auch ein direkter Kontakt zwischen den betroffenen Polizeidienststellen hergestellt werden. Die früher erforderliche Anfrage bei Justizbehörden oder Außenministerien wurde dadurch überflüssig.[93] Im Rahmen dieser Amtshilfe konnten nach Art. 46 SDÜ auch sogenannte Spontaninformationen ohne vorhe-

---

88 *Van Outrive*, DuD 2000, S. 23/24.

89 „Protokoll zur Einbeziehung des Schengen-Besitzstandes in den Rahmen der Europäischen Union“, abgedruckt in Sartorius II, Nr. 151.

90 So auch *Schelter*, APuZ 1996, B 1-2, S. 19/20; *Nelles*, ZgesStrafw. Bd. 109, S. 727/735.

91 *Harings*, Grenzüberschreitende Zusammenarbeit, S. 70.

92 *Schübel*, NstZ 1997, S. 105/108; für Deutschland nimmt diese Rolle das BKA wahr. Durch die Rechtshilfeverpflichtung des Art. 39 Abs. 1 SDÜ, wobei allerdings, wie die Absätze 2 und 3 zeigen, vor allem die Informationsübermittlung gemeint war (so auch *Bäumler*, CR 1994, S. 487/489), wurde dessen Rolle noch verstärkt. Auch wenn diese Verpflichtung bei der Zulässigkeit unter dem Vorbehalt des nationalen Rechts stand (*Harings*, Grenzüberschreitende Zusammenarbeit, S. 70), lag hierin doch eine erhebliche Befugniserweiterung gegenüber früherer Tätigkeiten.

93 *Sule*, Europol, S. 22.

riges Ersuchen eines Staates übermittelt werden, wenn diese für die vorbeugende Bekämpfung von Straftaten von Bedeutung sein könnten. Diese Möglichkeit stellte, wenn sie auch vielfach bereits praktisch vollzogen wurde, ebenfalls ein Novum in der polizeilichen Zusammenarbeit dar.[94] Gerade am Beispiel dieser Spontaninformationen wird deutlich, wie weit die Zusammenarbeit seit den Anfängen von TREVI fortgeschritten war. Standen zunächst noch nationale Souveränitätsinteressen im Vordergrund, so setzte sich immer mehr die Erkenntnis durch, dass nur eine gemeinsame Verbrechensbekämpfung zum Ziel führen könne.

2. Grenzüberschreitende Observation, Art. 40 SDÜ

Die grenzüberschreitende Observation nach Art. 40 SDÜ gehörte zu den bedeutendsten Bereichen der polizeilichen Zusammenarbeit im Rahmen des SDÜ. Der Grund für die Einführung dieser grenzüberschreitenden polizeilichen Einsätze lag in der Erkenntnis, dass die Fortsetzung einer polizeilichen Operation auf fremdem Territorium effizienter sei, als die Übernahme der Operation durch den Gebietsstaat.[95] Trotz seiner Bedeutung findet sich im SDÜ keine Definition des Begriffs. Nach deutschem Verständnis ist die Observation eine länger andauernde heimliche Beobachtung von Personen durch Polizeibehörden, somit also nicht auf die Festnahme, sondern allein auf die Überwachung der Tätigkeiten von Personen und die Feststellung deren Ziele und Vorhaben gerichtet.[96] Das SDÜ kannte dabei zwei Situationen, an die unterschiedliche Anforderungen gestellt werden: die Observation im Regelfall und die Observation im Dringlichkeitsfall.

Voraussetzung für die Zulässigkeit einer Observation im Regelfall waren das Bestehen eines Verdachts, eine observierte Person werde an einer auslieferungsfähigen Straftat beteiligt sein sowie die vorherige Zustimmung des Schengen-Staates, auf dessen Territorium die Observation fortgesetzt werden soll.[97] Da weder das Schengen I noch das Schengen II-Abkommen Aussagen hinsichtlich der auslieferungsfähigen Straftaten enthielten, richtete sich der Begriff einer auslieferungsfähigen Straftat nach dem Europäischen Auslieferungsabkommen vom 13.09.1957 bzw. des Benelux-Übereinkommens über Auslieferung und Rechtshilfe in Strafsachen vom 27.06.1962 in der Fassung des Protokolls vom 11.05.1974. Das jeweilige Rechtshilfeersuchen war zwecks Erlaubnis an eine in Art. 40 Abs. 5 SDÜ aufgeführte Behörde zu richten.[98]

---

94 *Wolters*, Kriminalistik 1995, S. 172/175.

95 *Hecker*, EuR 2001, S. 826/835 f.

96 *Oberleitner*, Schengen und Europol, S. 68.

97 *Oberleitner*, Schengen und Europol, S. 68.

98 Diese Rolle nimmt für Deutschland das BKA wahr, welches das Ersuchen an die zuständige Stelle weiterleitet, vgl. *Wolters*, Kriminalistik 1995, S. 172/174. Daneben hat-

Dagegen konnte nach Art. 40 Abs. 2 SDÜ in einem dringenden Fall auf die vorherige Zustimmung verzichtet werden, wenn es um eine Straftat im Sinne von Art. 40 Abs. 7 SDÜ ging[99]. In diesem Fall hatten die verfolgenden Dienststellen aber noch während der Observation den betroffenen Staat über ihr Vorgehen in Kenntnis zu setzen und dieses zu begründen.[100] Versagte daraufhin der ersuchte Staat die Zustimmung, so war die Observation nach Art. 40 Abs. 2 lit. b) UAbs. 2 SDÜ sofort einzustellen.

Stellte die Observation im Dringlichkeitsfall ursprünglich eine ultima ratio dar[101], wurde sie in der Praxis zum Regelfall.[102] Während der Observation war der Beamte nach Art. 42 SDÜ den Beamten des Vertragsstaates in Bezug auf die Straftaten, denen sie zum Opfer fielen oder die sie begingen, gleichgestellt. Den ausländischen Beamten sollte der gleiche Schutz, aber auch die gleiche strafrechtliche Verantwortung, wie den eigenen Beamten eingeräumt werden.[103] In dieser Form der grenzüberschreitenden Zusammenarbeit lag eine gänzlich neue Qualität. Durch das SDÜ wurde es Hoheitsträgern erstmals erlaubt, ihre Tätigkeit auf fremdem Staatsgebiet auszuüben.[104] Trotz dieser enormen Neuerungen traf die Zusammenarbeit auch hier auf hoheitsrechtliche Vorbehalte. So wollten die Mitgliedstaaten die mit den Neuerungen verbundene Aufgabe von Hoheitsrechten minimieren, was sich sowohl in einer Begrenzung der Observation als auch der noch zu erörternden Nacheile auf den repressiven Bereich und in den umstrittenen Verhandlungen um die Aufnahme einer Eilfallregelung zeigte.[105]

---

ten die observierenden Beamten bei der Observation eine Reihe weiterer Pflichten, wie z. B. die Beachtung des nationalen Rechts oder die Möglichkeit des Nachweises einer Zustimmung zur Überwachung, zu erfüllen (*Harings*, Grenzüberschreitende Zusammenarbeit, S. 76; *Hecker*, EuR 2001, S. 826/835).

99 Dazu zählen insbesondere Mord, Totschlag, Vergewaltigung, Schwerer Diebstahl, Raub, Erpressung, Entführung und Geiselnahme, Unerlaubter Verkehr mit Betäubungsmitteln sowie Waffen- und Sprengstoffdelikte.

100 *Oberleitner*, Schengen und Europol, S. 68.

101 *Rupprecht/Hellenthal*, Innere Sicherheit im europäischen Binnenmarkt, S. 167.

102 *Wolters*, Kriminalistik 1995, S. 172/173 f.

103 *Harings*, Grenzüberschreitende Zusammenarbeit, S. 79.

104 *Harings*, Grenzüberschreitende Zusammenarbeit, S. 70 f.

105 Vgl. *Wolters*, Kriminalistik 1995, S. 172/174. Die auf Grund dieser Vorbehalte getroffenen Regelungen des SDÜ wurden daher auch vielfach als umständlich und bürokratisch empfunden, vgl. dazu *Sule*, Europol, S. 23; *Schübel*, NStZ 1997, S. 105/108; *Krüger*, Kriminalistik 1994, S. 773/775. Andererseits wurde aber auch bemängelt, dass Art. 40 SDÜ als Rechtsgrundlage für Eingriffe in das Persönlichkeitsrecht des Betroffenen, insbesondere bei einer Observation fremder Beamter nicht ausreiche und es daher an einer erforderlichen Rechtsgrundlage fehle (vgl. dazu *Sule*, Europol, S. 23; *Busch*, Grenzenlose Polizei?, S. 325 f.).

3. Nacheile, Art. 41 SDÜ

Eine weitere wesentliche Neuerung auf dem Gebiet der grenzüberschreitenden Zusammenarbeit im Polizeibereich stellte die Nacheile nach Art. 41 SDÜ dar, die auch ein Festnahmerecht auf fremdem Territorium ermöglichen konnte.[106] Wie auch die grenzüberschreitende Observation, war die Nacheile auf den repressiven Bereich beschränkt.[107] Grundvoraussetzung für die Nacheile war nach Art. 41 SDÜ entweder, dass eine Person bei Begehung einer Straftat erwischt und anschließend verfolgt wurde, oder die Verfolgung einer aus der Untersuchungshaft bzw. Strafhaft flüchtigen Person. Dabei wurden an die Straftat, wegen der eine Person verfolgt wurde, besondere Anforderungen gestellt. Nach Art. 41 Abs. 4 SDÜ wurden nur solche Straftaten erfasst, die auslieferungsfähig waren bzw. besondere Katalogtaten, die im Wesentlichen denen des Art. 40 Abs. 7 SDÜ entsprachen. Welche Straftaten unter diese Kategorie der „entsprechenden Straftaten" fallen sollten, legten die Vertragsstaaten in einer gesonderten Erklärung fest. Für die Nacheile bedurfte es in der Regel, wie auch bei der grenzüberschreitenden Observation, einer vorherigen Zustimmung des Gebietsstaates. Darauf konnte nur verzichtet werden, wenn die zuständige Behörde nicht rechtzeitig informiert werden konnte, um die Verfolgung zu übernehmen.[108] Verweigerte diese daraufhin die Zustimmung, so war auf Verlangen der Vertragspartei die Nacheile einzustellen.[109] Dadurch sollte sichergestellt werden, dass die Verfolgung und das Anhalten primär durch die örtlich zuständigen Polizeibehörden erfolgte.[110] Wie bei der grenzüberschreitenden Observation waren die verfolgenden Beamten an die einschlägigen Bestimmungen des SDÜ und das Recht der Vertragsparteien, auf deren Hoheitsgebiet sie tätig wurden, gebunden.[111] Hinsichtlich der Rechtsstellung der nacheilenden Beamten kann wegen Art. 42 SDÜ auf die entsprechenden Ausführungen im Rahmen der grenzüberschreitenden Observation verwiesen werden.[112]

Damit wurde auch mit der grenzüberschreitenden Nacheile ein beachtenswerter Fortschritt auf dem Gebiet der grenzüberschreitenden Zusammenarbeit erreicht. Erstmals wurde eine Regelung getroffen, nach der Polizisten die Strafverfolgung

---

106 *Hecker*, EuR 2001, S. 826/835.

107 *Harings*, Grenzüberschreitende Zusammenarbeit, S. 72.

108 In diesem Fall war die zuständige Stelle spätestens beim Grenzübertritt zu informieren.

109 *Harings*, Grenzüberschreitende Zusammenarbeit, S. 77 f.

110 *Sule*, Europol, S. 24.

111 Dabei ist allerdings zu beachten, dass sich im SDÜ keine einheitlichen Befugnisse oder Grenzen des Nacheilerechts finden lassen. Grund hierfür war, dass man sich auf eine einheitliche und unbeschränkte Nacheile nicht einigen konnte (vgl. dazu ausführlich *Oberleitner*, Schengen und Europol, S. 72 f.). Daher bedurfte es hierfür einer besonderen Erklärung der Vertragsparteien, die zusammen mit den Straftatenübereinkommen getroffen wurde, vgl. Art. 41 Abs. 9 i.V.m. Abs. 2, 3, 4 SDÜ.

112 Siehe dazu 2. Teil: B.II.2.

nicht automatisch an den Grenzen abbrechen mussten. Im Gegensatz zu klassischen Rechtshilfemaßnahmen leistete der ersuchte Staat keine aktive Hilfe, sondern duldete eigenständige Ermittlungsmaßnahmen gebietsfremder Polizisten. Da jedoch nach wie vor erhebliche nationale Souveränitätsvorbehalte bestanden, war ein Eingreifen fremder Hoheitsträger nur möglich, wenn die Polizisten des ersuchten Staates nicht rechtzeitig zur Stelle sein konnten.[113] Außerdem war durch die Möglichkeit des Festlegens von Befugnissen der nacheilenden Beamten eine Reihe uneinheitlicher Regelungen entstanden.[114] Daher wurde die Regelung trotz der neuen Möglichkeiten auch als ineffizient und wenig praxisgerecht kritisiert.[115]

4. Schengener Informationssystem (SIS), Art. 92 ff. SDÜ

Das wohl bedeutendste Instrumentarium der grenzüberschreitenden polizeilichen Fahndung und zugleich die wichtigste technische Ausgleichsmaßnahme, die im Rahmen des SDÜ vereinbart wurde, stellte aber das Schengener Informationssystems (SIS) dar. Dabei handelte es sich um ein gemeinsames Fahndungssystem der Schengen-Staaten, welches durch seine schnelle Datenübertragung im Hinblick auf Sachen oder Personen zu einer Fahndungsunion führen sollte.[116] Die in Art. 99 Abs. 2 SDÜ vorgesehene Verarbeitung von personenbezogenen Daten sollte vor allem[117] die Verhinderung und Verfolgung von überwiegend schweren oder außergewöhnlich schweren Straftaten dienen. Mit dem Aufbau des SIS wurden qualitativ neue Wege auf dem Gebiet der Polizeikooperation beschritten.[118] Auf Grund seiner Bedeutung wurde das SIS auch als „Herzstück" der notwendigen Ausgleichsmaßnahmen bezeichnet.[119]

a) Aufbau und Betrieb des SIS

Durch das SIS sollte die öffentliche Sicherheit und Ordnung im Bereich des Personenverkehrs auf dem Hoheitsgebiet der Vertragsstaaten gewährleistet werden.[120] Es handelte sich dabei um ein elektronisches, computergestütztes Erfassungs- und Abfragesystem zur Personen- und Sachfahndung.[121] Gemäß Art. 92 SDÜ bestand das SIS aus einer zentralen technischen Unterstützungseinheit (C-SIS) in Straßburg und den bei jeder Vertragspartei eingerichteten nationalen

---

113 *Schübel*, NStZ 1997, S. 105/108.
114 *Di Fabio*, DÖV 1997, S. 89/94.
115 Vgl. nur *Krüger*, Kriminalistik 1994, S. 773/775.
116 *Rupprecht/Hellenthal*, Innere Sicherheit im europäischen Binnenmarkt, S. 169.
117 Vgl. aber auch die Zwecke der Art. 97 f. SDÜ.
118 *Hecker*, EuR 2001, S. 826/835; *Busch*, Grenzenlose Polizei?, S. 326.
119 So z. B. *Pitschas*, ZRP 1993, S. 174/175.
120 Vgl. Art. 93 Abs. 1 SDÜ.
121 *Di Fabio*, DÖV 1997, S. 89/94.

Teilen (N-SIS). Damit stellte das SIS, wie auch das deutsche INPOL-System, ein sternförmiges Verbundsystem dar, in dessen Zentrum das C-SIS stand.[122] Dieses C-SIS sollte den Bestand an Ausschreibungen von Personen- und Sachdaten zur Informationsübermittlung gewährleisten und so die nationalen Bestände inhaltlich identisch halten.[123] Die hierfür erforderlichen Daten wurden ausschließlich durch die von den Vertragsparteien bestimmten nationalen Stellen angeliefert.[124] Dabei war die nationale Stelle jedoch bezüglich Art und Umfang an bestimmte Grundsätze gebunden.[125] Bei den vom N-SIS bereit gestellten Daten handelte es sich um sogenannte „harte Daten", die keiner Analyse mehr bedurften. Ergänzende Daten konnten nur übermittelt werden, wenn der Vertragstext dies, wie z. B. in Art. 95 Abs. 1 SDÜ, ausdrücklich vorsah.[126] Die so bereit gestellten Daten wurden in sekundenschnelle von der übermittelnden N-SIS über die Zentraleinheit in die anderen N-SIS-Komponenten übertragen.[127] Auf das SIS haben gemäß Art. 101 SDÜ alle Polizeidienststellen, Grenz-, Zoll- und Ausländerbehörden Zugriff. In Deutschland standen etwa 8.000 Terminals für einen Direktzugriff auf das SIS zur Verfügung.[128] Bei maximaler Ausnutzung konnten im SIS ca. neun Millionen Datensätze gespeichert werden.[129] Durch die identisch gehaltenen Daten erhielten die Exekutivbeamten aller Schengen-Staaten, in denen das SIS Anwendung fand, binnen kürzester Zeit alle dort verfügbaren Informationen bezüglich eines Fahndungsstandes.[130]

Allerdings wies das SIS trotz seiner erheblichen Vorteile auch einige Schwächen auf. So handelte es sich beim SIS um ein klassisches hit / no-hit-System, durch

---

122 *Busch*, Grenzenlose Polizei?, S. 326; *Bäumler*, CR 1994, S. 487/490; *Nelles*, ZgesStraf, Bd. 109, S. 727/736.

123 *Oberleitner*, Schengen und Europol, S. 74; *Schübel*, NStZ 1997, S. 105/108.

124 Vgl. Art. 108 Abs. 2 SDÜ. Für Deutschland wird diese Aufgabe durch das BKA wahrgenommen (*Schwach*, Europol, S. 103).

125 So dürfen Personen nur dann zur Fahndung ausgeschrieben werden, wenn dies zum Zwecke der Auslieferung (Art. 95 SDÜ), zur Einreiseverweigerung (Art. 96 SDÜ), zur vorläufigen Ingewahrsamnahme (Art. 97 SDÜ), zur Aufenthaltsermittlung von Zeugen (Art. 98 SDÜ) und zur verdeckten Registrierung oder gezielten Kontrolle (Art. 99 SDÜ) erfolgt. Nach Art. 100 SDÜ können auch Sachen zur Sicherstellung oder Beweissicherung im SIS ausgeschrieben werden.
Aus datenschutzrechtlichen Gründen sind bei der Datenübermittlung gemäß Art. 94 Abs. 3 SDÜ vom Mitgliedstaat lediglich Name und Vorname, besondere unveränderliche physische Merkmale, Geburtsort und -datum, Geschlecht, Staatsangehörigkeit, Ausschreibungsgrund, die zu ergreifende Maßnahme sowie die Hinweise „bewaffnet" und „gewalttätig" in das SIS einzugeben.

126 *Sule*, Europol, S. 25.

127 *Busch*, Grenzenlose Polizei?, S. 327.

128 *Hemesath*, Kriminalistik 1995, S. 169/170.

129 Bereits am 26.03.1995 waren etwa zwei Millionen Datensätze im SIS enthalten, vgl. *Aulehner*, Polizeiliche Gefahren- und Informationsvorsorge, S. 155.

130 *Schübel*, NStZ 1997, S. 105/108.

welches dem Benutzer lediglich mitgeteilt wurde, ob eine Ausschreibung vorlag und welche Maßnahmen zu treffen waren, was nicht immer sehr ergiebig war. Zur Effektivitätssteigerung und um eventuell an weiter gehende Informationen gelangen zu können, wurde daher das System „Supplementary Information Request at the National Entry" (SIRENE) eingeführt.[131] Im Falle einer positiven Antwort im SIS konnte der Benutzer so an sämtliche ergänzende Informationen, die nach der Sofortmaßnahme nötig waren, wie Trefferermittlung, Übersendung weiterer Unterlagen, Fingerabdruckblätter und weitere Konsultationen, gelangen.[132] Dieser weitere notwendige Verkehr verlief nach den herkömmlichen Rechtsnormen, insbesondere der Rechts- und Amtshilfevorschriften. Für diesen bilateralen Informationsaustausch hatte jeder Vertragsstaat ein SIRENE-Büro einzurichten, welches die übrigen Vertragsstaaten auf konventionellem Wege mit zusätzlichen Informationen, die nicht im SIS gespeichert werden durften, versorgen konnte.[133]

Das mit dem SIS erstmals praktizierte Errichten einer Datenzentrale diente auch bei der späteren Europol-Zusammenarbeit als Vorbild. Darauf wird zu einem späteren Zeitpunkt genauer einzugehen sein.[134]

b) Ablauf des Datenaustausches

Beim Datenaustausch hatte die ausschreibende Stelle nach Art. 94 Abs.1 Satz 2 SDÜ zu überprüfen, ob die Bedeutung eines Falles die Ausschreibung überhaupt rechtfertigte. Dies war der Fall, wenn ein begründeter Verdacht oder eine konkrete Gefahrensituation vorlag.[135] Weiter hatte der ausschreibende Mitgliedstaat zu prüfen, ob eine beabsichtigte Maßnahme nach dem Recht des ersuchten Staates überhaupt zulässig war. Bekam der ersuchende Mitgliedstaat bei dieser vorverlagerten Prüfung Zweifel an der Zulässigkeit einer solchen Maßnahme, war er verpflichtet, die betroffenen Partner zu konsultieren.[136] Ergab diese Konsultation die Zulässigkeit der Übermittlung, kam es zur Ausschreibung. Diese war grundsätzlich nur im gesamten Gebiet der Schengen-Staaten möglich, eine Beschränkung auf einzelne Staaten war nicht vorgesehen.[137]

Auf diese Ausschreibung hin hatte der ersuchte Mitgliedstaat zwei Möglichkeiten zu reagieren. War er der Auffassung, dass eine Ausschreibung mit seinem nationalen Recht, internationalen Verpflichtungen oder anderen wesentlichen Verpflichtungen nicht vereinbar war, konnte er gemäß Art. 94 Abs. 4 SDÜ die

131 *Oberleitner*, Schengen und Europol, S. 77.

132 *Sturm*, Kriminalistik 1995, S. 162/166 f.

133 *Harings*, Grenzüberschreitende Zusammenarbeit, S. 83 f.

134 Vgl. zum Informationssystem von Europol 2. Teil: C.IV.4.a)aa).

135 *Petri*, Europol, S. 53.

136 Vgl. Art. 95 Abs. 2 SDÜ; zu den daraus resultierenden Problemen vgl. *Scheller*, JZ 1992, S. 904/906.

137 *Hemesath*, Kriminalistik 1995, S. 169/171.

Ausschreibung in seinem nationalen Teil des SIS dergestalt kennzeichnen, dass die Maßnahme von den eigenen Behörden nicht vollzogen wurde. Er konnte vom ersuchten Staat aber auch nach Art. 95 Abs. 3 SDÜ verlangen, dass dieser die automatische Kennzeichnung vornahm. Dadurch konnte er verhindern, dass er eine Ausschreibung ohne vorherige eigene Überprüfung vornehmen musste. Ein weiterer Vorteil einer Ausschreibung nach Art. 95 SDÜ lag darin, dass eine Fahndung in anderen Schengen-Staaten nicht behindert und die Ausschreibung zur Festnahme bei einer fehlenden oder noch nicht abgeschlossenen Prüfung als eine Ausschreibung zur Aufenthaltsermittlung behandelt wurde.[138]
Gleichzeitig mit der Ausschreibung hatte die ausschreibende Stelle nach Art. 95 Abs. 2 SDÜ dem ersuchten Staat die für den zugrundeliegenden Sachverhalt wesentlichen Informationen zu übermitteln.[139] In der Praxis sah dieser Vorgang so aus, dass die Daten von der örtlich zuständigen Behörde erfasst und an die nationale Stelle weitergegeben wurden, welche die Daten in das N-SIS eingab. Sobald die entsprechenden Daten dort eingegeben worden waren, wurden diese über das C-SIS in Straßburg an alle anderen N-SIS weitergegeben und standen diesen zur Verfügung. Dieser Vorgang wurde dahingehend kritisiert, dass so über das C-SIS automatisch Daten anderer Vertragsparteien in die N-SIS gelangen würden, die möglicherweise nach nationalem Recht überhaupt nicht erhoben oder gespeichert werden dürfen. Somit läge zumindest nach deutschem Verständnis ein Eingriff in das informationelle Selbstbestimmungsrecht vor.[140] Insgesamt, so die Kritiker, führe die Ausgestaltung des SIS zu einer Überkompensation des Wegfalls der Grenzkontrollen.[141]

c) Datenschutz im SIS

Um den Datenschutz im SIS gewährleisten zu können, enthielt das SDÜ zwei Kapitel, die sich mit dieser Problematik befassten. Während die Art. 102 bis 118 SDÜ den Datenschutz im SIS regelten, fanden sich in Art. 126 bis 130 SDÜ Regelungen zum sonstigen Informationsaustausch im Rahmen des Abkommens. Gerade die Bestimmungen im Bereich des SIS sind sehr umfangreich.[142]
Für den Datenschutz im SIS von besonderer Relevanz waren die Kontrollinstanzen, von denen es zwei gab und die in jeweils getrennten Bereichen tätig wurden. So hatte gemäß Art. 114 SDÜ jede Vertragspartei eine Kontrollinstanz zu

---

138 *Oberleitner*, Schengen und Europol, S. 76.

139 Vgl. dazu *Aulehner*, Polizeiliche Gefahren- und Informationsvorsorge, S. 157.

140 Vgl. zur Problematik auch *Nicolaus*, NVwZ 1996, S. 40/41 m.w.N.

141 *Werner*, CR 1997, S. 34/35.

142 So finden sich hier neben besonderen Grundsätzen wie beispielsweise dem Grundsatz der Zweckbindung in Art. 102 SDÜ oder dem Besitzerprinzip in Art. 106 SDÜ, insbesondere die Rechte auf Auskunft (Art. 109 SDÜ), Berichtigung und Löschung von Daten (Art. 110 SDÜ), Schadensersatz (Art. 116 SDÜ) und die Einrichtung von Kontrollinstanzen (Art. 114 f. SDÜ).

bezeichnen, die nach Maßgabe des jeweiligen nationalen Rechts den Bestand des N-SIS unabhängig zu überwachen hatte und prüfen musste, ob durch dessen Verwendung die Rechte des Betroffenen verletzt wurden. Zur Aufgabenerfüllung hatte sie Zugriff auf das gesamte N-SIS und konnte von jedem Betroffenen um Überprüfung der zu seiner Person gespeicherten Daten und deren Nutzung ersucht werden. Zur Kontrolle der technischen Unterstützungseinheit des C-SIS in Straßburg wurde dagegen gemäß Art. 115 SDÜ eine Gemeinsame Kontrollinstanz eingerichtet. Diese setzte sich aus je zwei Vertretern der nationalen Kontrollinstanzen zusammen. Neben der Überprüfung der richtigen Anwendung von Bestimmungen des SDÜ waren sie auch für die Prüfung von Anwendungs- und Auslegungsfragen im Zusammenhang mit dem Funktionieren des SIS und der Erarbeitung harmonisierter Vorschläge im Hinblick auf gemeinsame Lösungen für bestehende Fragen zuständig. Dazu hatte sie Zugriff auf den zentralen Datenbestand. Trotz detaillierter Vorschriften blieb jedoch der Grundsatz bestehen, dass sich sowohl Ausschreibung als auch deren Durchführung nach dem jeweiligen nationalen Recht richteten, soweit das SDÜ keine gesonderten Voraussetzungen vorsah.[143]
Um seine Rechte durchsetzen zu können, räumte das SDÜ dem Betroffenen neben der Beschwerde bei den Kontrollinstanzen durch Art. 111 SDÜ auch die Möglichkeit ein, vor jedem nach dem nationalen Recht zuständigen Gericht bzw. jeder Behörde eines Mitgliedstaates, Klage zu erheben.
Dieses Modell der getrennten Kontrollbereiche wurde später auch für Europol übernommen.

III. Rechtsnatur

Im Gegensatz zu Schengen I, das nur ein bloßes Regierungsübereinkommen war, handelte es sich beim SDÜ um einen ratifikationsbedürftigen Vertrag.[144] Dieser wies einen engen Bezug zur EG auf, was insbesondere durch Art. 140 SDÜ deutlich wird, nach dem als Beitrittsländer nur diejenigen Staaten in Betracht kamen, die auch Mitglied der EG waren. Nach der erforderlichen Umsetzung trat das Schengener Durchführungsabkommen am 1.09.1993 in Kraft.

C. Europäisches Polizeiamt Europol

Die Institution Europol ist die Folge einer konsequenten Fortführung der Institutionalisierung des Bereiches „Justiz und Inneres" als sogenannte „Dritte Säule" im Vertrag von Maastricht aus dem Jahr 1992. Die Polizeibehörde wurde in Art. K.1 Nr. 9 EUV als Angelegenheit des gemeinsamen Interesses im Rahmen des Maastrichter Unionsvertrages vom 7.02.1992 bezeichnet und damit in den Titel

---

143 Art. 104 Abs. 1 SDÜ.
144 *Oberleitner*, Schengen und Europol, S. 56.

VI der Reglungen über die „Zusammenarbeit Justiz und Inneres“ eingegliedert.[145] Um die zukünftigen Aufgaben und Kompetenzen Europols zu präzisieren, wurde dem Maastrichter Vertrag eine „Erklärung zur polizeilichen Zusammenarbeit“[146] angefügt. Die Bemühungen der Justiz- und Innenminister zur Schaffung von Europol führten dazu, dass sich die innenpolitischen Belange der Mitgliedstaaten sowie der Europäischen Union anglichen und mittels des Europol-Übereinkommens auf eine gemeinsame unionsrechtliche Grundlage gestellt wurden.[147]

I. Gründe für die Errichtung Europols

Anfang der 90er Jahre stieg die Drogenkriminalität und mit ihr die Zahl der Gewaltverbrechen, Geldwäsche, Wirtschaftskriminalität, das illegale Glücksspiel und der Handel mit gestohlenen Kraftfahrzeugen und Kunstwerken in einem besorgniserregenden Ausmaß an.[148] Infolgedessen wuchs in der Bevölkerung ein Verlangen nach mehr Sicherheit.[149] Dieses beruhte nicht nur auf einem Mangel an „gefühlter Sicherheit“, der oft irrational und daher wenig aussagekräftig ist, sondern wurde auch durch Kriminalitätsstatistiken belegt[150].
Die Ursachen dafür lassen sich in den historischen, politischen und gesellschaftlichen Ereignissen dieser Zeit finden. Hier ist zunächst ein mit der Öffnung des Ostens und dem Wegfall des „Eisernen Vorhangs“ immer stärker zusammenwachsendes Europa und der damit verbundene Grenzabbau[151] zu nennen.[152] Dies

---

145 *Harings*, Grenzüberschreitende Zusammenarbeit, S. 113.

146 Schlussakte der Maastrichter Konferenz mit Erklärungen, abgedruckt in Sartorius II, Nr. 148 - „Erklärung zur polizeilichen Zusammenarbeit“, Nr. 32.

147 „Rechtsakt des Rates vom 26.07.1995 über die Fertigstellung des Übereinkommens auf Grund von Art. K.3 des Vertrages über die Europäische Union über die Errichtung eines Europäischen Polizeiamtes (Europol-Übereinkommen)“, in: ABl. der EG vom 27.11.1995, C 316, S. 1 ff.

148 *Wenzel*, Die Polizei 1993, S. 5/7.

149 *Tobback*, Die Polizei 1993, S. 9/9; *Krevert*, Kriminalistik 1997, S. 403/403.

150 In Belgien hat die Zahl von Überfällen, Diebstählen und Einbrüchen von 1990 zu 1991 deutlich zugenommen, Überfälle mit Einwirkung von Waffen oder Drohungen sogar um 53% (*Tobback*, Die Polizei 1993, S. 9/9); in Deutschland stieg die Zahl der Fälle illegalen Handels mit Heroin von 5.576 im Jahr 1986 auf 11.772 Fälle im Jahr 1990 an. Im gleichen Zeitraum stieg die Anzahl von Fällen illegaler Einfuhr von Kokain von 179 auf 436 an (vgl. dazu *Rupprecht*, Die Polizei 1991, S. 293/293).

151 Die Bedeutung der Grenzkontrollen für die Kriminalitätsbekämpfung war seit je her umstritten. Während die Befürworter solcher Kontrollen in ihr die Vorteile der Möglichkeit zur Festnahme zahlreicher Krimineller und anderer gesuchter Personen, den Abschreckungseffekt für potentielle Täter durch abgeschnittene Rückzugsmöglichkeiten und die Verhinderung der illegalen Einreise sahen und bei deren Wegfall eine Überschwemmung durch ausländische Straftäter befürchteten (*Bull*, KritV 1995, S. 313/315; *Schreiber*, in: FS Lerche, S. 529 ff.; *Storbeck*, FS BKA, S. 178/182 ff.), war die Wirkung bei den Kritikern sehr umstritten (vgl. dazu insbesondere *Busch*, Vorgänge 1992,

war gerade im zentral gelegenen Deutschland spürbar.[153] Durch die daraus resultierende Zunahme der internationalen Beziehungen zwischen den Staaten wurden auch die internationalen Kommunikations- und Reisemöglichkeiten immer weiter erleichtert. Gleichzeitig bestand aber zwischen West- und Osteuropa sowie Südost- und Nordeuropa ein gewaltiges Wohlstandsgefälle, das wie ein Magnet auf kriminelle Energien wirkte.[154] Durch diese Konstellation erreichte das wirtschaftliche und gesellschaftliche Leben in Westeuropa ein hohes Maß an Internationalität.[155] Folge dessen war eine Zunahme von Touristen und Emigranten, mit denen aber auch in erhöhtem Maß Verbrecher die Staatsgrenzen überschritten.[156] Diese nutzten die in der Übergangszeit von der Plan- zur Marktwirtschaft entstandene Unsicherheit, Wirtschaftsnot und Schwäche der staatlichen Gewalt aus, um im Westen zu agieren.[157] Dabei passten sie sich äußerst schnell und pragmatisch den neuen, für sie zum Teil sogar vorteilhaften Rahmenbedingungen an.[158] Aber auch das weltweit rauer gewordene soziale Klima, das zu sozialen, teils auch religiös oder kulturell gefärbten Spannungen und zu Migrationströmen aus den ärmeren Teilen der Erde nach Europa führte, war für den Kriminalitätszuwachs mitverantwortlich.[159] Daneben fand in den Staaten der Europäischen Union ein ungeheurer Wertewandel statt, der sich in der Veränderung von Moral und Ethik sowie einer zunehmenden Bedeutungslosigkeit von politischen Ideologien und Christentum widerspiegelte. Durch diese Umstände sank die Widerstandsfähigkeit gegen die organisierte Kriminalität.[160]

S. 53/54 f.; *ders.* KJ 1990, S. 1 ff.; *Bäumler*, CR 1994, S. 487/489; vgl. dazu ausführlich *Busch*, Grenzenlose Polizei?, S. 37 ff.). Nach ihrer Auffassung würden durch die Grenzkontrolle allenfalls Kleinkrimelle erwischt, von denen jedoch nur eine geringe Gefahr ausgehe (so wohl auch *Busch*, KJ 1990, S. 1/2). Sie sahen daher in den Grenzkontrollen ein bloßes Instrument der Ausländerpolitik (so *Busch*, Vorgänge 1992, S. 53/56; vgl. zu dieser Problematik ausführlich, *Rupprecht/Hellenthal*, Innere Sicherheit im Europäischen Binnenmarkt, S. 129 ff.).

152 *Rupprecht*, Die Polizei 1991, S. 293/293; *Kersten*, Die Polizei 1997, S. 337/337; *Birzele*, Die Polizei 1993, S. 145/145; *Koch*, Die Polizei 1996, S. 268/268.

153 *Kersten*, Die Polizei 1997, S. 337/337.

154 *Schelter*, APuZ 1996 B 1-2, S. 19/23.

155 *Krüger*, Die Kriminalistik 1994, S. 773/773.

156 *Storbeck*, APuZ 1995, B23, S. 20/20; *Krüger*, Die Kriminalistik 1994, S. 773/773; *Rupprecht*, Die Polizei 1991, S. 293/293; *Sturm*, Kriminalistik 1997, S. 99/99.

157 So stieg beispielsweise allein in Baden-Würtemberg die Zahl der ost- und südosteuropäischen Tatverdächtigen von ca. 5.000 im Jahr 1990 auf über 17.000 im Jahr 1993. Vgl. dazu *Birzele*, Die Polizei 1993, S. 145/145.

158 *Koch*, Die Polizei 1996, S. 268/268.

159 *Koch*, Die Polizei 1996, S. 268/268; *Bahr*, in: Morié/Murck/Schulte, S. 119/122 f.; *Kersten*, Die Polizei 1997, S. 337/337; bzgl. Migration auch *Schuster*, Kriminalistik 2000, S. 74/74.

160 *Storbeck*, APuZ 1995 B 23, S. 20/20.

Gleichzeitig mit dieser steigenden Kriminalität und den wachsenden Angstgefühlen nahm auch das Vertrauen der Bevölkerung in die Polizei ab, was nicht zuletzt auf die geringen Aufklärungsquoten zurückzuführen war.[161] Grund hierfür war, dass Europa trotz der Grenzkontrollen für international operierende organisierte Verbrecher zu einer kriminalgeographischen Einheit zusammengewachsen war.[162] Dadurch stand den internationalen Rauschgiftkartellen in Europa ein einheitlicher Absatzmarkt zur Verfügung.[163] Im Gegensatz dazu war den nationalen Polizeibeamten mit Grenzübertritt jegliche Möglichkeit genommen, der Täter habhaft zu werden. Gegenüber dieser zunehmenden Professionalisierung und Internationalisierung der Kriminalität und der damit verbundenen deutlichen Zunahme von Aktivitäten der transnational organisierten Kriminalität erwiesen sich die bestehenden rechtlichen Steuerungsinstrumente der Strafverfolgung als unvollständig und schwerfällig.[164] All diese Umstände führten dazu, dass in Europa ein „Mekka der Organisierten Kriminalität" [165] gesehen wurde.
Zur Lösung dieser Problematik erachtete man eine enge internationale polizeiliche Zusammenarbeit als unerlässlich,[166] da nationale Alleingänge allenfalls zu einer Standortverlagerung der Kriminalität führten, niemals jedoch zu einer Beseitigung.[167] Diese Zusammenarbeit sollte mittels inter- und supranational organisierter Sicherheitsbehörden erfolgen, um aus den daraus resultierenden Synergieeffekten[168] eine Art „Waffengleichheit" mit dem organisierten Verbrechen herstellen zu können.[169]

II. Historische Entwicklung

Auf Grund dieser Einsichten wurde die Idee einer europäischen Polizeibehörde geboren. Neu war diese Idee allerdings nicht. Bereits Anfang der 70er Jahre wurde die Idee einer europäischen Polizeibehörde von politischen und polizeili-

---

161 *Tobback*, Die Polizei 1993, S. 9/9; *Pitschas*, JZ 1993, S. 857/859.

162 *Storbeck*, Die Polizei 1993, S. 229/229; *Koch*, Die Polizei 1996, S. 268/268.

163 *Wenzel*, Die Polizei 1993, S. 5/7; vgl. dazu ausführlich *Zimmermann*, in: Morié/Murck/Schulte, S. 76 ff.

164 *Koch*, Die Polizei 1996, S. 268/268; *Storbeck*, APuZ 1995 B 23, S. 20/20.

165 *Busch*, KJ 1990, S.1/2.

166 *Wachholz*, Kriminalistik 1995, S. 715/716; *Händel*, NJW 1992, S. 2069/2069; für eine weltweite Zusammenarbeit, da Kriminalität nicht nur auf Europa beschränkt ist: *Pitschas*, JZ 1993, S. 857/861; *Bull*, KritV 1995, S. 313/328; wohl auch *Rogalla/Schweren*, in: Morié/Murck/Schulte, S. 64/67.

167 Zachert spricht in diesem Zusammenhang von nationalen Maßnahmen nach dem St.-Florians-Prinzip, vgl. *Zachert*, FS BKA, S. 69/80.

168 *Bull*, KritV 1995, S. 313/313; *Ehrentraut*, Integration 1999, S. 246/246.

169 Dabei ist die Herstellung einer Waffengleichheit mit der organisierten Kriminalität aber auch immer mit der Einschränkung der Rechte aller Bürger verbunden. Insofern besteht ein Spannungsverhältnis. Vgl. zu dieser Problematik der Waffengleichheit *Weßlau*, KritV 1997, S. 238 ff.

chen Visionären ins Gespräch gebracht.[170] Aber erst die Dynamik des europäischen Einigungsprozesses führte schließlich dazu, dass der damalige deutsche Bundeskanzler Helmut Kohl mit Unterstützung seines französischen Amtskollegen Francois Mitterand auf einer Tagung der Staats- und Regierungschefs vom 28./29.06.1991 in Luxemburg seinen Kollegen die Errichtung eines europäischen Polizeiamtes vorschlug.[171] Beide wollten damit die schleppenden Verhandlungen um das Palma-Dokument voranbringen.[172] Als Grundlage dienten ihnen dabei Vorschläge der britischen und deutschen Polizeipraxis.[173] Zur Bekämpfung des internationalen Drogenhandels und des organisierten Verbrechens sollte nach ihren Vorstellungen eine vertragliche Festlegung auf die vollständige Einrichtung einer Europäischen Kriminalpolizeilichen Zentralstelle (Europol) geschaffen werden. Das Aufgabengebiet Europols sollte dabei stufenweise entwickelt werden. Zunächst sollte Europol bis zum 31.12.1993 eine Art Relaisstation für den Informations- und Erfahrungsaustausch sein und erst in einem zweiten Schritt seine Befugnisse auch innerhalb der Mitgliedstaaten erhalten. In seiner endgültigen Form sollte Europol dann eine Art „europäisches FBI" mit eigenen Exekutivbefugnissen sein.[174] Außerdem sollte der Bereich der Zusammenarbeit vergemeinschaftet werden. Die Zielsetzung dieses Vorschlages fand bei den übrigen Staatschefs großen Anklang. So wurde noch auf derselben Tagung beschlossen, die zuständigen Innen- und Justizminister zu beauftragen, im Rahmen der TREVI-Zusammenarbeit ein konkretes Konzept zu erarbeiten[175] und dabei die Vorschläge insbesondere hinsichtlich einer notwendigen Revision des Unionsvertrages zu überprüfen.[176]
Diese schlugen am 4.12.1991 in ihrem Abschlussbericht dem Europäischen Rat den mehrstufigen Aufbau Europols vor, der zunächst die Errichtung einer Europäischen Drogeninformationsstelle vorsah.[177] Daneben sollten die mittlerweile zahlreichen bi- und multilateralen Formen der grenzüberschreitenden Zusam-

---

170 *Zachert*, Kriminalistik 1992, S. 7; *Busch*, Grenzenlose Polizei?, S. 303. Ein polizeilicher Berufsverband in Deutschland machte diese Idee Mitte der 70er sogar zum Gegenstand ihrer Forderungen (*Busch*, Grenzenlose Polizei?, S. 304).

171 *Seiters*, Die Polizei 1993, S. 1/4; *Storbeck*, FS BKA, S. 178/190; *Oberleitner*, Schengen und Europol, S. 100.

172 *Rupprecht/Hellenthal*, Innere Sicherheit im Europäischen Binnenmarkt, S. 172.

173 *Aden*, Polizeipolitik in Europa, S. 97.

174 *Di Fabio*, DÖV 1997, S. 89/96 f.

175 *Storbeck*, APuZ 1995, B 23, S. 20/23.

176 *Martinez Soria*, VerwArch. 1998, S. 400/416 f. Nur kurze Zeit nach dieser Tagung stellte das deutsche Bundeskriminalamt auf seiner jährlichen Herbsttagung ein Konzept zur Schaffung eines Europäischen Kriminalpolizeiamtes vor, das konkrete Vorstellungen über Aufgaben und Befugnisse enthielt und sich an der vorgeschlagenen zweistufigen Entwicklung orientierte. Teile dieses 10-Punkte Programms wurden in die spätere Europolkonvention übernommen (vgl. *Matz*, Europol, S. 39 f.).

177 *Aulehner*, Polizeiliche Gefahren- und Informationsvorsorge, S 161.

menarbeit unter einem Dach zusammengeführt werden.[178] Wurden diese Vorschläge von allen Beteiligten positiv aufgenommen, kam es bei der Frage nach der Form einer solchen Zusammenarbeit zu Meinungsverschiedenheiten. Nach langen Diskussionen entschloss man sich schließlich auf dem Maastrichter Gipfel der Staats- und Regierungschefs am 9./10.12.1991 dazu, Europol ohne eigene Handlungsbefugnisse im Rahmen einer intergouvernementalen Zusammenarbeit zu errichten.[179]
Der Aufgabenbereich Europols sollte sich vor allem auf die Speicherung, Analyse und Übermittlung personenbezogener Daten erstrecken.[180] Auf Grund der hiermit verbundenen Gefahren war man sich darüber einig, dass eine umfassende völkerrechtliche Konvention als rechtliche Grundlage für Europol erarbeitet und ratifiziert werden müsse.[181] Diese wurde vom Europäischen Rat auf seiner Tagung in Lissabon am 26./27.06.1992 beschlossen.[182] Auf Grund dieses Beschlusses nahm ein Europol-Aufbaustab, über den die TREVI Ad-hoc-Gruppe-Europol die Kontrolle innehatte, am 1.09.1992 in Straßburg seine Arbeit auf.[183]
Bereits kurz nach Verhandlungsbeginn wurde jedoch deutlich, dass sich die Verhandlungen über einen längeren Zeitraum hinziehen würden. Um nicht noch mehr Zeit bei der Kriminalitätsbekämpfung zu verlieren und um bereits vor dem formellen Inkrafttreten eines Europol-Übereinkommens über eine organisierte

---

178 *Degenhardt*, Europol, S. 24; *Albrecht/Braum*, KritV 2001, S. 312/342.

179 *Lindner*, BayVBl. 2001, S. 193/194; *Freyer*, Kriminalistik 2003, S. 80/80. Daran wird aber bereits deutlich, dass sich die ursprünglichen Vorstellungen Deutschlands und Frankreichs in zentralen Punkten nicht durchsetzen konnten. So wurde weder die Idee übernommen, Europol mit eigenen Handlungsbefugnissen innerhalb der einzelnen Mitgliedstaaten auszustatten, noch wurde die Polizeibehörde zu einem Teil der EG. Grund für diese Veränderungen waren im Wesentlichen die Souveränitätsvorbehalte einiger Länder. Insbesondere auf den Widerstand des Vereinigten Königreichs von Großbritannien und Nordirland ist es zurückzuführen, dass Europol nicht über das Stadium einer Relaisstation zur Sammlung und Auswertung von Daten hinausgekommen ist. Während beispielsweise Deutschland eine Art europäisches FBI mit eigenen Exekutivbefugnissen vorschwebte vertrat das Vereinigte Königreich die Auffassung, eine effektivere Gestaltung der bekannten Formen der Zusammenarbeit würde ausreichen. Es wollte so sicherstellen, dass die Vollstreckung des Strafrechts sowie die polizeiliche Überwachung in der Zuständigkeit der Mitgliedstaaten bleibt (*Zachert*, Kriminalistik 1992, S. 7/11; *Storbeck*, Kriminalistik 1994, S. 201/203; *Storbeck*, in: Theobald, Von der EU zur Sicherheitsunion, S. 109).

180 *Storbeck*, Kriminalistik 1994, S. 201/201.

181 *Aulehner*, Polizeiliche Gefahren- und Informationsvorsorge, S 162; *Busch*, Grenzenlose Polizei?, S. 339.

182 Vgl. dazu den Erwägungsgrund Nr. 5 zu der Gemeinsamen Maßnahme vom 10.03.1995, in: ABl. der EG vom 20.03.1995, L 62, S. 1/1.

183 *Busch*, Grenzenlose Polizei?, S. 337; *Aden*, Polizeipolitik in Europa, S. 98; *Lisken/Mokros*, Vorgänge 1997, S. 101/102.

Form der Zusammenarbeit verfügen zu können,[184] entschloss man sich zu einer Kombination der dänischen Initiative einer europäischen Rauschgiftzentrale (EDIU) in Verbindung mit dem Palma-Dokument und der deutschen Initiative zur Schaffung von Europol.[185] Dies war die Geburtsstunde für die Europäische Drogeneinheit (European Drugs Unit = EDU). Wie auch Europol war die EDU vorrangig als Datensammel- und -analysestelle konzipiert.[186] Mit EDU wurde eine Institution geschaffen, die als Knotenpunkt für notwendige Informationssammlungen und deren Transfer fungieren sollte.[187] Da die EDU aber im Gegensatz zum späteren Europol lediglich auf einer nicht rechtsverbindlichen Ministervereinbarung (sogenanntes „ministerial agreement") der TREVI-Minister vom 2.06.1993 basierte[188], wurden beim Austausch von Informationen sowie bei der Erarbeitung allgemeiner Lageberichte und Verbrechensanalysen keine personenbezogenen Informationen verwendet. Auch eine zentrale Speicherung personenbezogener Daten durch die EDU war unzulässig.[189]

Am 3.01.1994 konnte EDU im niederländischen Den Haag seine Tätigkeit aufnehmen.[190] Die Tätigkeiten der EDU beschränkten sich dabei zunächst auf die Bekämpfung der internationalen Rauschgiftkriminalität und der damit zusammenhängenden Geldwäsche, was darauf zurückzuführen ist, dass auf diesen Gebieten zahlreiche bi- und multilaterale Abkommen zur Zusammenarbeit bestanden, auf die man zurückgreifen konnte. Außerdem galt der internationale Drogenhandel als einer der Schwerpunkte der grenzüberschreitenden internationalen Kriminalität, so dass ein gemeinsames Vorgehen hier als besonders dringlich empfunden wurde.[191] Schon bald führten die guten Erfahrungen dazu, dass der Aufgabenbereich stetig ausgeweitet wurde. Trotz ihrer Bedeutung verfügte

---

184 *Oberleitner*, Schengen und Europol, S. 101; *Storbeck*, Die Polizei 1993, S. 229/230; *Storbeck*, Kriminalistik 1994, S. 201/201.

185 *Oberleitner*, Schengen und Europol, S. 102; *Kölbach*, Die Polizei 1996, S. 245/246.

186 *Gleß*, EuR 1998, S. 748/750.

187 *Kube/Dahlenburg*, Kriminalistik 1999, S. 778/781.

188 Die Ministervereinbarung vom 2.06.1993 wurde durch die Gemeinsamen Maßnahmen vom 10.03.1995 und 16.12.1996 abgelöst.

189 *Storbeck*, Kriminalistik 1994, S. 201/202; *Ehrentraut*, Integration 1999, S. 246/247; *Zieschang*, ZRP 1996, S. 427/427. In der Nichtverwendung von personenbezogenen Daten lag ein wesentlicher Unterschied zwischen EDU und EUROPOL.

190 *Zieschang*, ZRP 1996, S. 427/427; *Lindner*, BayVBl. 2001, S. 193/195; *Kube/Dahlenburg*, Kriminalistik 1999, S. 778/778. Der ursprünglich anvisierte Termin konnte durch zahlreiche Verzögerungen bei der politischen Umsetzung nicht eingehalten werden. Grund für diese verspätete Arbeitsaufnahme EDUs war, dass man sich nicht über den vorläufigen EDU-Standort einigen konnte (*Storbeck*, Kriminalistik 1994, S. 201/202).

191 *Matz*, Europol, S. 45 f.

die EDU über kein eigenes Personal. Alle dort tätigen Beamten wurden von den Mitgliedstaaten zur Verfügung gestellt.[192]
Bestand über diese erste Stufe Europols von Anfang an Einvernehmen zwischen den Mitgliedstaaten,[193] war die weitere Perspektive dieser Zusammenarbeit jedoch heftig umstritten. Integrationsbefürworter, die Europol umfassende Kompetenzen zugestehen wollten, und Kritiker, welche eine die nationale Souveränität betonende Auffassung vertraten und Europol auf die Rolle eines Informationsvermittlers zurückdrängen wollten, standen sich gegenüber.[194] Die Erfolge der EDU führten aber dazu, dass die Staats- und Regierungschefs am 19.12.1994 einen Beschluss fassten, in dem sie die Ratifizierung der Europol-Übereinkommen bis zum Europäischen Rat in Cannes am 26./27.06.1995 vereinbarten,[195] was jedoch nicht gelang.[196] Trotz zäher Verhandlungen konnte man sich nicht über die Rolle des EuGH als verbindliche Vorabentscheidungsinstanz in Bezug auf die Auslegung der Konvention einigen. Als Kompromiss einigte man sich schließlich auf einen zeichnungsfähigen Konventionsentwurf.[197] Dieser sah eine sogenannte "Opting-In-Klausel" vor, die es jedem Mitgliedstaat ermöglichen sollte, die Zuständigkeit des EuGH anzuerkennen, oder falls eine solche Erklärung nicht vorläge, diese abzulehnen.[198] Nach dieser Entscheidung des Europäischen Rates wurde am 24.07.1996 von den Mitgliedern des Ausschusses der Ständigen Vertreter der EU-Staaten ein entsprechendes Protokoll unterzeichnet.[199] Nach Ratifikation des Europol-Übereinkommens durch alle

---

192 Der Status des deutschen Personals beruhte dabei auf der deutsch-niederländischen Vereinbarung über den vorläufigen Status des zu Europol in Den Haag abgeordneten deutschen Personals vom 3.02.1995, BGBl. II 1995, S. 215.

193 *Busch*, Grenzenlose Polizei?, S. 337.

194 *Weichert*, DuD 1995, S. 450/451.

195 *Lavranos*, DuD 1996, 400/404; *Kremer*, Europol, S. 150.

196 *Kölbach*, Die Polizei 1996, S. 245/247; *Lisken/Mokros*, Vorgänge 1997, S. 101/103.

197 *Kölbach*, Die Polizei 1996, S. 245/247; *Wachholz*, Kriminalistik 1995, S. 715/715; *Nicolaus*, NVwZ 1996, S. 40/42; *Lavranos*, DuD 1996, 400/404. Insbesondere das Vereinigte Königreich von Großbritannien und Nordirland befürchtete durch eine Gewährung des Rechts der Vorabentscheidung für den EuGH eine Einschränkung der Souveränität der eigenen Gerichte (*Oberleitner*, Schengen und Europol, S. 106). Die inhaltliche Auseinandersetzung um die Funktion des EuGH konnte dagegen erst im Juni 1996 auf einer Tagung des Europäischen Rats in Florenz beigelegt werden, nachdem insbesondere die Benelux-Staaten erkennen ließen, dass für sie eine Ratifikation des Übereinkommens ohne vorherige Festlegung der Zuständigkeiten des EuGH nicht erfolgen könne (*Harings*, Grenzüberschreitende Zusammenarbeit, S. 113).

198 *Oberleitner*, Schengen und Europol, S. 107.

199 Protokoll auf Grund von Art. 31 des Vertrages über die Europäische Union betreffend die Auslegung des Übereinkommens über die Errichtung eines Europäischen Polizeiamtes durch den Gerichtshof der Europäischen Gemeinschaften im Wege der Vorabentscheidung vom 27.07.1997, abgedruckt in Sartorius II, Ordnungsnummer 301.

Mitgliedstaaten konnte es schließlich am 1.10.1998 in Kraft treten.[200] Da die EDU von Anfang an nur als Übergangslösung gedacht war, endete ihre Tätigkeit gemäß Art. 45 Abs. 5 Satz 1 Europol-Übereinkommen mit der Tätigkeitsaufnahme durch Europol am 1.07.1999. Seit dieser Zeit sammelt und analysiert Europol Daten und gibt diese an die zuständigen Stellen der Mitgliedstaaten weiter.[201] Nach Art. 45 Abs. 5 Satz 2 Europol-Übereinkommen erhielt Europol mit der Auflösung der EDU sämtliche Ausstattungsgegenstände der Vorläuferbehörde, einschließlich sämtlicher Archive und der eigenständig verwalteten Datenbestände der EDU. Im Jahr 2003 arbeiteten bei Europol 299 Europol-Bedienstete.[202] Als Direktor Europols wurde zunächst der Deutsche Jürgen Storbeck gewählt. Nachfolger dessen ist durch Beschluss des Rates der Justiz- und Innenminister vom 24.02.2005 Max-Peter Ratzel.

III. European Drugs Unit (EDU)

Mit der Schaffung der EDU wurde ein wesentlicher Zwischenschritt auf dem schwierigen Weg zu einer gemeinsamen Verbrechensbekämpfung in Europa vollzogen.[203] Aus diesem Grund wird diese einer genaueren Betrachtung unterzogen.

1. Zielvorgaben der EDU

Aufgabe der EDU war es, in der Übergangszeit bis zur Arbeitsaufnahme von Europol, die Polizeien und andere Behörden der Mitgliedstaaten bei der wirksamen Bekämpfung - in speziell zugewiesenen Aufgabenbereichen - zu unterstützen.[204] Man wollte damit dem als dringend eingestuften Handlungsbedarf bei der Kriminalitätsbekämpfung begegnen, da die Schaffung von Europol noch auf sich warten ließ.[205] Dazu sollte die Verbesserung des Datenaustausches durch

---

200 Deutschland stimmte mit dem Gesetz zu dem Übereinkommen vom 26.07.1995 auf Grund von Art. 31 des Vertrages über die Europäische Union über die Errichtung eines Europäischen Polizeiamtes (Europol-Gesetz), abgedruckt im Sartorius II, Ordnungsnummer 300a, das am 16.12. 1997 ausgefertigt wurde, dem Europol-Übereinkommen zu.

201 *Gleß*, NStZ 2001, S. 623/623.

202 Darin eingeschlossen sind 13 örtliche Bedienstete, 3 Mitglieder des Verwaltungsrates und 2 Finanzkontrolleure. Nicht eingeschlossen sind dagegen 63 Europol-Verbindungsbeamte, 25 Sicherheitskräfte, 5 in den Organen tätige, 12 abgeordnete Sachverständige, 9 Praktikanten und 16 Bedienstete auf Zeit (vgl. dazu Europol-Jahresbericht 2003, Ratsdokument 8858/04).

203 So auch *Schelt*er, APuZ 1996, B 1-2, S. 19/23 f.

204 *Zieschang*, ZRP 1996, S. 427/427; *Oberleitner*, Schengen und Europol, S. 110; *Gleß/Lüke*, Jura 1998, S. 70/76.

205 Vgl. *Gleß*, EuR 1998, S. 748/750.

die Sendung von Verbindungsbeamten erreicht werden.[206] Nach der ursprünglichen Konzeption der Europäischen Drogenstelle beschränkte sich die Unterstützung der nationalen Behörden auf die Bekämpfung des internationalen Drogenhandels. Zu diesem Zweck wurde gemäß einer Vereinbarung des Rats der Justiz- und Innenminister vom 2.06.1993 zunächst festgelegt, dass sich das Mandat lediglich auf den illegalen Drogenhandel erstrecken sollte.[207] Im Laufe der weiteren Zusammenarbeit wurde vom Rat der Europäischen Union die Zielsetzung immer wieder ausgeweitet. So wurde zunächst durch Art. 2 Abs. 2 lit. b) bis d) der Gemeinsamen Maßnahme vom 10.03.1995[208] als Ziel die Bekämpfung des illegalen Handels mit radioaktiven und nuklearen Materialien, die Schleuserkriminalität und die Verschiebung von Kraftfahrzeugen hinzugefügt. In einer weiteren Gemeinsamen Maßnahme vom 16.12.1996[209] wurde schließlich die Zielsetzung auf die Bekämpfung des Menschenhandels, insbesondere des Kindesmissbrauchs sowie auf die daran beteiligten kriminellen Vereinigungen und auf die mit diesen Deliktfeldern verbundene Geldwäsche ausgeweitet. Damit war EDU bereits in allen Bereichen tätig, die Europol nach dem Übereinkommen wahrnehmen sollte.[210]
Als Nebeneffekt verfolgten die Verantwortlichen mit der Schaffung der EDU aber auch das Ziel, die Erleichterung der Polizeiarbeit zu verdeutlichen, um so die Errichtung eines Europäischen Polizeiamtes möglichst populär zu machen.[211]

2. Aufgaben

Zum Erreichen einer besseren Zusammenarbeit zwischen den Mitgliedstaaten wurden mehrere Aufgaben vereinbart. Dazu gehörte im Wesentlichen neben dem Austausch von Informationen auch die Analyse. Zur Erfüllung dieser Aufgaben wurde der Austausch von Verbindungsbeamten vereinbart, die als Vertreter der sie entsendenden Behörden nach Den Haag abgeordnet wurden.[212] Diese waren in der Regel Polizei- oder Zollbeamte. Tätig werden konnten diese Verbindungsbeamten jedoch erst, wenn mindestens zwei Staaten betroffen waren,

---

206 *Bäumler*, Polizeiliche Zusammenarbeit, S. 149.

207 *Aulehner*, Polizeiliche Gefahren- und Informationsvorsorge, S. 163.

208 „Gemeinsame Maßnahme vom 10. März 1995 bezüglich der Europol-Drogenstelle, vom Rat auf Grund von Artikel K.3. des Vertrages über die Europäische Union beschlossen", in: ABl. der EG vom 20.03.1995, L 62, S. 1 ff.

209 „Gemeinsame Maßnahme vom 16. Dezember 1996 - vom Rat auf Grund von Artikel K.3. des Vertrages über die Europäische Union angenommen - zur Ausdehnung des der Europol-Drogenstelle erteilten Mandats", in: ABl. der EG vom 31.12.1996, L 342, S. 4.

210 *Hirsch*, ZRP 1998, S. 10/10.

211 *Sule*, Europol, S. 35.

212 *Storbeck*, Kriminalistik 1994, S. 201/202.

eine organisierte Struktur existierte und die Notwendigkeit einer grenzüberschreitenden Zusammenarbeit bestand.[213]
Mit EDU wurde das Schema der Verbindungsbeamten in der internationalen Polizeiarbeit etabliert.[214]

a) Informationsaustausch

Der Informationsaustausch bei EDU erfolgte ausschließlich auf zweiseitiger Grundlage. Daher konnten die personenbezogenen Informationen nur allein zwischen den Verbindungsbeamten des ersuchenden und des Auskunft gebenden Landes übermittelt werden. Die Verbindungsbeamten hatten dabei vor einer solchen Übermittlung ihre nationalen gesetzlichen und sonstigen Rechtsvorschriften sowie ministeriellen Weisungen zu beachten.[215] Neben ihren nationalen Vorschriften waren vom Empfänger aber auch eventuelle Verwendungsbeschränkungen vom liefernden Mitgliedstaat zu berücksichtigen.[216] Eine Weitergabe personenbezogener Informationen an Nichtmitgliedstaaten und internationale Organisationen war ausdrücklich untersagt.[217] Art. 3 Abs. 1 Satz 2 der Gemeinsamen Maßnahme sah vor, dass diese sogenannten ELOs (Europol-Liaison-Officers) Zugang zu allen kriminalpolizeilichen Datenbeständen ihrer Mitgliedstaaten hatten. Auch konnten sie auf die erweiterten Datenbestände zurückgreifen, welche für polizeiliche Recherchen nutzbar waren und Daten hinsichtlich Täter bzw. Tätergruppen, Adressen, Verdachtsmomente, Telefonnummern, aber auch über bloße Kontaktpersonen enthielten.[218] Somit konnten auch personenbezogene Daten im Rahmen eines konkreten Ermittlungsverfahrens in den der EDU zugeordneten Bereichen weitergegeben werden. Diese Daten umfassten auch die sogenannten „weichen Daten“, die noch nicht ausermittelt sind und einer Bewertung durch die Polizei bedürfen.[219] Damit ging der Datenzugriff über denjenigen des SIS weit hinaus. Ein Informationsaustausch via EDU stellte sich wie folgt dar:
Jegliche Anfragen oder auch Antworten wurden bei EDU ausschließlich rechnergestützt bearbeitet (sogenannte PC-Lösung).[220] Nachfragen konnten grundsätzlich nur von oder über die zentralen nationalen Dienststellen gestellt werden. Erfolgte die Anfrage dagegen ausnahmsweise von einer anderen Stelle, so waren

---

213 Art. 2 Abs. 1 Europol-Übereinkommen.
214 *Busch*, Grenzenlose Polizei?, S. 340.
215 *Busch*, Grenzenlose Polizei?, S. 339; *Köhlbach*, Die Polizei 1996, S. 245/248; *Gleß/Lüke*. Jura 1998, S. 70/76.
216 *Matz*, Europol, S. 51.
217 Art. 4 Abs. 2 Satz 1 der Gemeinsamen Maßnahme.
218 *Storbeck*, APuZ 1995, B 23, S. 20/24.
219 *Storbeck*, DRiZ 2000, S. 481/485; *Zeiger*, Kriminalistik 1998, S. 313/315; *Storbeck*, Kriminalistik 1996, S. 17/18.
220 *Weichert*, DuD 1995, S. 450/451.

die Verbindungsbeamten dazu verpflichtet, dies der Zentralstelle mitzuteilen. Nach Eingang der Anfrage eines Mitgliedstaates an ihren Verbindungsbeamten leitete dieser, nach Umschreibung der Anfrage auf das gemeinschaftliche Datennetz und unter Zuhilfenahme eines speziellen Mail-Programms, sie zur Beantwortung an die betroffenen Verbindungsbeamten der anderen Mitgliedstaaten weiter. Diese sorgten ihrerseits für die Übersetzung und Anpassung an die eigenen nationalen Gegebenheiten.[221] Erhielt der Verbindungsbeamte eine solche Anfrage seines Kollegen, gab es verschiedene Möglichkeiten diese zu beantworten. Hatten die Verbindungsbeamten direkten Zugriff auf die nationalen Informationssysteme (sogenanntes Online-Verfahren), wie z. B. in Deutschland, Belgien oder Finnland, so konnten sie selbst die ersuchten Daten ermitteln und übersenden. Verfügten die Verbindungsbeamten über keinen solchen Zugang, so sandten sie das Ersuchen per E-Mail an ihre zentrale Behörde. Diese fragten ihre Systeme ab und übermittelten die so erhaltenen Informationen an ihren Verbindungsbeamten,[222] der die Informationen wieder an den anfragenden Verbindungsbeamten übermittelte.[223] Die so gewonnenen Daten wurden nach dem Erhalt und der Weitergabe aus Gründen des Datenschutzes von Verbindungsbeamten gespeichert und den Datenschutzbeauftragten zum Zwecke der Nachprüfung zur Verfügung gestellt. Ein Rückgriff auf diese Informationen war nicht mehr möglich, so dass bei einem erneuten Bedarf die gesamte Befragung wiederholt werden musste.[224]
Ebenso untersagte Art. 4 Abs. 2 Satz 3 der Gemeinsamen Maßnahme die Speicherung personenbezogener Informationen. Dabei spielte es keine Rolle, ob diese in automatisierten Dateien oder in sonstiger Weise erfolgte. Die EDU arbeitete damit nicht mit den bei Europol einzurichtenden zentralen Informationsdateien.[225] Stattdessen fand der Informationsaustausch allein im Rahmen der bisherigen bilateralen Zusammenarbeit statt.[226] Insoweit bot sie ein organisatorisch-logistisches Dach, unter dem die Zusammenarbeit zwischen den Mitgliedstaaten stattfand.[227] Die Vorteile dieser Zusammenarbeit lagen darin, dass durch die räumliche Nähe und die Beseitigung von Sprachbarrieren die Effektivität des gemeinsamen Informationsaustausches erhöht wurde.[228] Auch mit der schnellen Übermittlung, welche die neuen Technologien ermöglichte, erfolgte eine Effektivitätssteigerung.

---

221 *Boetticher*, ZRP 1995, S. 144/148.

222 *Storbeck*, Kriminalistik 1996, S. 17/18.

223 *Storbeck*, ApuZ 1995, B 23, S. 20/24.

224 *Boetticher*, ZRP 1995, S. 144/148.

225 *Köhlbach*, Die Polizei 1996, S. 245/248; *Zieschang*, ZRP 1996, S. 427/427; jedoch solche mit Sachdaten (vgl. *Weichert*, DuD 1995, S. 450/451).

226 *Busch*, Grenzenlose Polizei?, S. 339; *Storbeck*, Die Polizei 1993, S. 229/230.

227 *Ehrentraut*, Integration 1999, S. 246/247.

228 *Storbeck*, Die Polizei 1993, S. 229/230.

b) Analysetätigkeit und Erstellen von Lagebildern

Den zweiten Schwerpunkt der Zusammenarbeit im Rahmen von EDU bildet die Erstellung von Verbrechensanalysen und Lagebildern. Hierfür standen der EDU spezielle Analytiker zur Verfügung. Auf Grund der fehlenden rechtlichen Grundlage durften hierbei keine personenbezogenen Daten zentral gespeichert werden.[229] Daher konnte die Analysearbeit nur in einem begrenzten Maße und auf Grundlage der nationalen Gesetze der Mitgliedstaaten stattfinden.[230] Dennoch reichte diese Zusammenarbeit aus, um beispielsweise verschiedene strategische Berichte über die Hauptaufgabe der Drogenbekämpfung zu verfassen. So wurden zwei EU-Lageberichte über die Drogenherstellung und den illegalen Drogenhandel, Statistiken über Drogenbeschlagnahmungen und -preise verfasst sowie Expertentagungen über kontrollierte Lieferungen und grenzüberschreitende Überwachungsaktionen organisiert.[231] Darüber hinaus erarbeiteten Analytiker strategische Analysen über das rechtliche und technische Instrumentarium der Rauschgiftbekämpfungsbehörden in den Mitgliedstaaten oder über neue Rauschgiftschmuggelrouten und Methoden der Geldwäsche.[232] Hinzu kamen taktische Analysen, die Informationen über den modus operandi bestimmter Organisationen enthielten oder Auskunft über Preise und Reinhaltsgehalt einzelner Drogen in bestimmten Bereichen der EU gaben.[233] Mit zunehmendem Bekanntheitsgrad der EDU wurde der Wunsch der nationalen Polizei- und Zollbehörden nach operativen Analysen immer lauter. Die EDU folgte diesem Begehren, wobei jedoch nur anonymisierte Personendaten verwendet wurden.[234] Eine Ausnahme war nur möglich, wenn ein Analytiker kurzweilig den ermittlungsführenden Behörden zur Unterstützung zugewiesen wurde.[235] Allerdings waren solche Maßnahmen weder in der ursprünglichen Ministervereinbarung noch in der Gemeinsamen Maßnahme ausdrücklich vorgesehen, so dass mangels einer entsprechenden Regelung solche Handlungen stets rechtswidrig waren. Allerdings waren die Mitarbeiter Beamte der Mitgliedstaaten und wurden der EDU nur zur Verfügung gestellt. Die Personalhoheit lag damit bei den Entsendestaaten. Daher musste es möglich sein, dass diese ihre Beamten nach Maßgabe des nationalen Rechts in Verbindung mit entsprechenden bi- und multilateralen - Abkommen einer ermittlungsführenden Behörde zuweisen konnten. Gestützt wird dieses Ergebnis durch die Gemeinsame Maßnahme selbst. So sah Art. 2

---

229 *Matz,* Europol, S. 48; *Martinez Soria,* VerwArch. 1998, S. 400/418; *Zieschang*, ZRP 1996, S. 427/427.

230 *Hirsch*, ZRP 1998, S. 10/10.

231 *Oberleitner*, Schengen und Europol, S. 115.

232 *Storbeck*, Aufgaben und Perspektiven von Europol, S. 112; *Ehrentraut;* Integration 1999, S. 246/247.

233 *Storbeck,* Aufgaben und Perspektiven von Europol, S. 112.

234 *Matz,* Europol, S. 51; *Zieschang,* ZRP 1996, S. 427/427.

235 *Storbeck*, Kriminalistik 1996, S. 17/19.

Abs. 3 Satz 2 der Gemeinsamen Maßnahme eine Vereinbarkeitsklausel vor, indem es andere Formen bi- oder multilateraler Zusammenarbeit zur Kriminalitätsbekämpfung neben der Zusammenarbeit mit der EDU ausdrücklich unberührt ließ. Daher war diese Zuweisung der Analytiker auch als rechtmäßig anzusehen.[236]

c) Operationelle Unterstützung

Auf Grund der operativen Analysetätigkeit wurde eine Reihe von operativen Einsätzen nationaler Polizei- und Zollbehörden durchgeführt, woran auch EDU beteiligt war.[237] Die Beteiligung rührte von einer informationellen Unterstützung der Verbindungsbeamten her, um so konkrete Ermittlungen in den Mitgliedstaaten zu koordinieren und die Zusammenarbeit der zuständigen nationalen Polizeibehörden zu ermöglichen. Aber auch in Form von Beratungen nationaler Behörden bei schwierigen Ermittlungen durch EDU-Bedienstete erfolgte eine solche operationelle Unterstützung.[238] So wurden beispielsweise sogenannte kontrollierte Lieferungen von Rauschgift durchgeführt.[239] Als solches wird eine Ermittlungstechnik bezeichnet, die verdächtige oder illegale Sendungen von Waren nicht an der Grenze beschlagnahmt, sondern weiter überwacht, bis sie an ihrem Bestimmungsort ankommen. Anstatt an der Grenze lediglich Kuriere oder Mittelspersonen zu ergreifen, können so Warenbewegungen, Hauptakteure und Verteilerwege ermittelt werden.[240] Gegen die von EDU geleistete operationelle Unterstützung wurde heftige Kritik geübt. So wurde bemängelt, dass diese Form der Zusammenarbeit weit über die Befugnisse Europols und damit erst recht auch von EDU hinausgeht.[241] Da diese Problematik auch im Rahmen der Tätigkeit von Europol auftaucht und sich diese Arbeit mit der Tätigkeit Europols beschäftigt, soll eine Auseinandersetzung mit dieser Problematik auch erst dort erfolgen.[242] Festzuhalten bleibt aber, dass sich gerade durch diese technische und organisatorische Unterstützung die grenzüberschreitende Zusammenarbeit der nationalen Strafverfolgungsbehörden entscheidend verbesserte.

d) Sonstige Aufgaben

Neben den Hauptaufgaben des Informationsaustausches und der Analyse kam der EDU eine Reihe weiterer Aufgaben zu. Neben Hilfe bei der Vorbereitung

---

236 So auch *Schwach*, Europol, S. 134 f.

237 *Storbeck*, Aufgaben und Perspektiven von Europol, S. 112; *Storbeck*, APuZ 1995, B 23, S. 20/25.

238 Vgl. dazu *Storbeck*, Kriminalistik 1996, S. 17/19.

239 *Storbeck*, APuZ 1995, B 23, S. 20/25.

240 *Kremer*, Europol, S. 150.

241 *Tolmein*, StV 1999, S. 108/114.

242 Vgl. dazu später 2. Teil: C.IV.4.d) und 2. Teil: C.IV.4.e).

für das spätere Europol lassen sich diese Tätigkeiten als Repräsentation und Werbung für die internationale Zusammenarbeit zusammenfassen. So wurden Behörden- und Parlamentsvertreter empfangen, um ihnen EDU zu präsentieren und deren Aufgaben zu erläutern. Daneben bereisten Bedienstete laufend nationale Dienststellen und internationale Konferenzen, um so für die Idee des Europäischen Polizeiamtes zu werben und gegebenenfalls vorhandene Vorbehalte zu beseitigen.
Eine besondere Bedeutung kam aber der Teilnahme von EDU-Mitarbeitern an der Arbeitsgruppe Europol zur Entwicklung des Europol-Übereinkommens zu. Sie ließen die wichtigen ersten Erfahrungen in die Zusammenarbeit einfließen und trugen so zur Fertigstellung der Durchführungsbestimmungen für das Europol-Übereinkommen und zur Einführung eines Computerprogramms für die Zusammenarbeit der Verbindungsbeamten bei.[243]
Exekutive Befugnisse, wie sie etwa im deutschen Vorschlag zur Schaffung eines Europäischen Polizeiamtes vorgesehen waren, standen der EDU zu keinem Zeitpunkt zu. Damit reihte sich die EDU in eine Reihe von Vorschlägen für Einrichtungen ohne Exekutivkompetenzen ein.

3. Rechtsgrundlage

Politische und rechtliche Grundlage für die Aktivitäten von EDU war zunächst eine Ministervereinbarung über die Errichtung der Europol-Drogeneinheit durch die Innen- und Justizminister der TREVI-Staaten vom 2.06.1993, in Kraft getreten am 30.10.1993. In ihr wurde festgelegt, dass die Verbindungsbeamten die Ersuchen und Informationen auf Grundlage der nationalen Regelungen entgegennehmen, bearbeiten und weiterleiten.[244] Ziel dieses "ministerial agreements" war es, zunächst den Austausch von Informationen zwischen den Mitgliedstaaten zu ermöglichen, ohne dass es einer Vereinbarung in Form einer internationalen Konvention bedurfte.[245] Es handelte sich hierbei letztlich um eine politische Absichts- und Verpflichtungserklärung.[246]
Diese Ministervereinbarung wurde nach Inkrafttreten des Maastrichter Vertrages am 1.11.1993 durch eine Gemeinsame Maßnahme[247] nach Art. K.3 Abs. 2 lit. b) EUV vom 10.03.1995, in Kraft getreten am 20.03.1995, ersetzt und wurde damit

243 *Oberleitner*, Schengen und Europol, S. 116.
244 *Storbeck*, Kriminalistik 1994, S. 201/202. In Deutschland wurde diese Ministervereinbarung erst im Februar 1995 durch eine Bekanntmachung des Bundsministeriums vom 29.12.1994 im Bundesgesetzblatt veröffentlicht (BGBl. II 1995, S. 154 ff.). Im Amtsblatt der EG wurde die Ministervereinbarung sogar nie veröffentlicht.
245 *Matz*, Europol, S. 47.
246 *Ostendorf*, NJW 1997, S. 3418/3419.
247 „Gemeinsame Maßnahme vom 10. März 1995 bezüglich der Europol-Drogenstelle, vom Rat aufgrund von Artikel K.3. des Vertrages über die Europäische Union beschlossen“, in: ABl. der EG vom 20.03.1995, L 62, S. 1 ff.

funktionslos[248]. Wie ein Vergleich beider Abkommen zeigt, wurden durch die Gemeinsamen Maßnahmen (Joint Actions) die Regelungen der Ministervereinbarung weit gehend übernommen.[249] Die Änderungen beschränkten sich auf den Wortlaut, die Erweiterung der Kriminalitätsfelder sowie einige Regelungen hinsichtlich der Aufsicht über die EDU, die aus der Tatsache resultierten, dass es sich bei der Gemeinsamen Maßnahme um ein Handlungsinstrument des EUV handelte.

In der Folgezeit wurden noch zwei weitere Gemeinsame Maßnahmen für die EDU erlassen. So wurden die Aufgaben der EDU durch eine Gemeinsame Maßnahme[250] vom 16.12.1996, in Kraft getreten am 31.12.1996, ausgedehnt. Ferner wurde der EDU mittels einer weiteren Maßnahme[251] vom 29.11.1996, in Kraft getreten ebenfalls am 31.12.1996, die Erstellung und Führung eines Verzeichnisses aufgetragen, das besondere Fähigkeiten und Fachkenntnisse der Mitgliedstaaten auf Gebieten der in den Gemeinsamen Maßnahmen beschriebenen Kriminalitätsfeldern zusammenfassen sollte.[252]

Trotz all dieser Übereinkünfte hatte die EDU jedoch zu keinem Zeitpunkt Rechtspersönlichkeit erlangt und stellt somit eine nicht rechtsfähige Einrichtung der Mitgliedstaaten dar.[253] Angesichts der weit gehenden Tätigkeiten der EDU wurde stets Kritik an den Rechtsgrundlagen laut. Diese reichte von der Nichtvorsehung der Ministervereinbarung im EU-Vertrag von Maastricht bis hin zur Unzulänglichkeit bei Individualeingriffen.[254]

4. Personal und Organisation

An der Spitze der EDU stand gemäß Art. 5 der Gemeinsamen Maßnahme ein Koordinator. Dieses Amt wurde durch den Deutschen Jürgen Storbeck wahrgenommen.[255] Er war für den laufenden Betrieb verantwortlich und gegenüber den

---

248 *Tolmein,* StV 1999, S. 108/109.

249 Vgl. dazu insbesondere Art. 1, 3 und 4 der Gemeinsamen Maßnahme.

250 „Gemeinsame Maßnahme vom 16. Dezember 1996 – vom Rat auf Grund von Artikel K.3 des Vertrags über die Europäische Union angenommen – zur Ausdehnung des der Europol-Drogenstelle erteilten Mandats“, in: ABl. der EG 1996, L 342, S. 4.

251 „Gemeinsame Maßnahme vom 29. November 1996 – vom Rat auf Grund von Artikel K.3 des Vertrags über die Europäische Union angenommen – betreffend die Erstellung und Führung eines Verzeichnisses der besonderen Fähigkeiten und Fachkenntnisse auf dem Gebiet der Bekämpfung der internationalen organisierten Kriminalität, mit dem die Zusammenarbeit zwischen den Mitgliedstaaten der Europäischen Union in der Strafverfolgung erleichtert werden soll“, in: ABl. der EG 1996, L 342, S. 2 f.

252 Siehe Art. 1 Gemeinsame Maßnahme vom 29.11.1996.

253 *Oberleitner*, Schengen und Europol, S. 109.

254 Vgl. dazu ausführlich *Schwach*, Europol, S. 136 ff.; *Di Fabio,* DÖV 1997, S.89/97 ff.; *Nachbaur,* KJ 1998, S. 231/232.

255 *Matz,* Europol, S. 49; Sule, S. 35.

Beamten insoweit weisungsbefugt, wie es deren nationales Recht zuließ.[256] Dem Koordinator waren bis zu zwei stellvertretende Koordinatoren und zwei weitere Mitglieder beigeordnet, die hierarchisch mit dem Koordinator verbunden waren und einen klar abgegrenzten Aufgabenbereich besaßen. Ebenso wie dieses Leitungsgremium war auf der gleichen Ebene eine Stabsstelle, bestehend aus einer Stelle für Planung und Entwicklung sowie einem Vertreter des Gastlandes angegliedert. Hierunter war eine Arbeitsebene angesiedelt, die aus den Sektoren Informationsaustausch, Kriminalitätsanalyse sowie Informationsdienst und Verwaltung bestand.[257]
Innerhalb dieser Sektoren war der Personalbestand zu Beginn des Jahres 1997 auf 119 Mitarbeiter angewachsen. Zu diesen Mitarbeitern zählten 45 Verbindungsoffiziere und diverse technische Assistenten.[258] Da die EDU jedoch in der vorkonventionellen Phase über keine eigene Rechtspersönlichkeit oder den Status einer zwischenstaatlichen Organisation verfügte, konnte sie auch keine eigenen Bediensteten anstellen.[259] Insoweit handelte es sich bei den Mitarbeitern nicht um EDU-eigenes Personal, sondern um Beamte, die von ihren bisherigen Behörden nach Den Haag entsandt und der gemeinsamen Zusammenarbeit zur Verfügung gestellt wurden.[260]
Die Fach- und Rechtsaufsicht über diese nationalen Verbindungsbeamten wurde von den zuständigen Ministern ausgeübt. Neben dieser Einzelaufsicht bestand aber gemäß Art. 6 der Gemeinsamen Maßnahme auch eine gemeinsame allgemeine Aufsicht aller Minister über die Tätigkeit der EDU. Zu diesem Zweck hatte der Koordinator dem Rat der Innen- und Justizminister alle sechs Monate einen Tätigkeitsbericht vorzulegen und bei Bedarf auch weitere Informationen zu geben.
Während dem Rat der Innen- und Justizminister eine umfassende Kontrollfunktion zuerkannt wurde, war eine entsprechende Beteiligung des Europäischen Parlamentes in der Gemeinsamen Maßnahme nicht vorgesehen. Aber auch eine demokratische Kontrolle durch die nationalen Parlamente konnte faktisch kaum stattfinden, da sich der Aufbau der EDU allein auf ministerieller und damit exekutiver Ebene, ohne entsprechende innerstaatliche gesetzgeberische Umsetzung, vollzog. Dies war letztlich auch der Grund für die Kritik an der rechtlichen Grundlage von EDU und führte zur Aussage, dass die EDU im rechtsfreien Raum agiere.[261]

---

256 *Gleß/Lüke*, Jura 1998, S. 70/76 & Fn. 110.
257 *Köhlbach*, Die Polizei 1997, S. 245/247.
258 *Oberleitner*, Schengen und Europol, S. 117; *Storbeck*, Politische Studien 1998, Heft 359, S. 16/16.
259 *Storbeck*, PFA 1997, S. 77/80.
260 *Storbeck*, Kriminalistik 1996, S. 17/19.
261 Vgl. dazu auch *Tolmein*, StV 1999, S. 108/109; *Weichert*, DuD 1995, S. 450/451.

5. Finanzierung und Haushalt

Nach Art. 7 der Gemeinsamen Maßnahme kamen die Mitgliedstaaten gemeinsam für die Kosten der Einrichtung und Unterhaltung der EDU auf. Dabei richtete sich die Höhe des zu zahlenden Beitrages eines Mitgliedstaates nach dessen Bruttosozialprodukt und einem dem Gesamthaushaltsplan der Europäischen Gemeinschaften folgenden Schlüssel. Im Laufe der Jahre wuchs dieser Haushalt beinahe stetig an, was nicht zuletzt auf die Aufgabenerweiterung zurückzuführen war. Wurde im Jahr 1994 der Haushalt noch mit 2.065.000 ECU beziffert, so wuchs er bis zu 6.722.000 ECU im Haushaltsjahr 1998 an. Ab dem Haushaltsjahr 1996 kamen weitere jährliche Kosten für die Errichtung des Europol-Computer Systems TECS, die zwischen 1,4 Millionen ECU und 3,26 Millionen ECU betrugen, hinzu.[262]

Die nicht rechtsfähige Institution EDU verfügte damit zwar über einen Haushalt, konnte ihn jedoch nicht selbst verwalten. Daher wurden sämtliche Vertragsabschlüsse für die EDU vom niederländischen Justizministerium abgeschlossen, das die Rechnungen bezahlte und die Gegenstände der EDU zur Verfügung stellte.[263] Letztlich entschieden aber die Koordinatoren darüber, was angeschafft werden sollte. Das niederländische Justizministerium war dabei lediglich eine Art Ausführungsorgan.

IV. Europäisches Polizeiamt Europol

1. Gesetzliche Grundlage

Im Vertrag von Maastricht über die Europäische Union wurde das Europäische Polizeiamt in die neu geschaffene Dritte Säule verortet, in der eine intergouvernementalen Zusammenarbeit stattfindet. Diese Einteilung wurde auch durch den Vertrag von Amsterdam beibehalten. Um die Behörde in diese Struktur einzupassen, bedarf es eines völkerrechtlichen Übereinkommens.[264] Diese Rechtsgrundlage findet sich im Europol-Übereinkommen vom 26.07.1995 wieder.[265]

---

262 *Oberleitner*, Schengen und Europol, S. 117 f. Aus dem allgemeinen Haushalt wurden beispielsweise die Beschäftigten der EDU bezahlt, obwohl sie rechtlich gesehen Bedienstete der Mitgliedstaaten waren (*Storbeck*, Politische Studien 1998, Heft 359, S. 16/16). Hinzu kamen aber nach Art. 7 Satz 1 der Gemeinsamen Maßnahme auch die Kosten für die Ausstattung der eigenen Bediensteten, welche von den jeweiligen Mitgliedstaaten selbst zu tragen waren.

263 *Storbeck*, PFA 1997, S. 77/80.

264 Vgl. nur *Storbeck*, Politische Studien 1998, Heft 359, S. 16/17.

265 „Übereinkommen auf Grund von Artikel 31 des Vertrags über die Europäische Union über die Errichtung eines Europäischen Polizeiamts (Europol-Übereinkommen)“, in: ABl. der EG 1995, C 316, S. 1 ff. Im Anhang dieser Liste befindet sich ergänzend eine Liste sonstiger schwer wiegender Formen der internationalen Kriminalität sowie eine Erklärung zu Art. 40 Abs. 2 der Konvention.

Es wurde, wie Art. K.1. Nr. 9 EUV vorsah, entsprechend Art. K.3. Abs. 2 lit. c) EUV vom Rat ausgearbeitet. Nach Ratifikation des Übereinkommens durch alle EU-Mitgliedstaaten im Sommer 1998 trat sie nach Ablauf der international üblichen Frist von drei Monaten schließlich am 1.10.1998 in Kraft.[266] Dabei wurde das Europol-Übereinkommen von Beginn an unter dem Aspekt der demokratischen Legitimation bemängelt.[267]
Neben dieser Konvention wurden in Titel VI, Art. 30 Abs. 2 a-c des Amsterdamer Vertrages zudem weitere Erklärungen über künftige Kompetenzen Europols hinzugefügt.[268]

2. Ziele von Europol

Mit Europol sollte ein bedeutender Beitrag zu den Strafverfolgungsmaßnahmen der Europäischen Union geschaffen werden[269], dessen Ziele in Art. 2 Europol-Übereinkommen festgehalten sind. Danach soll Europol im Rahmen der Zusammenarbeit der Mitgliedstaaten die Leistungsfähigkeit der zuständigen Behörden verbessern. Die Zusammenarbeit beschränkt sich jedoch nach Art. 2 Europol-Übereinkommen auf bestimmt Tätigkeitsbereiche.[270] Daneben sah Art. 2 Abs. 2 Europol-Übereinkommen vor, dass der Rat weitere Deliktsbereiche

---

266 *Storbeck*, Politische Studien 1998, Heft 359, S. 16/17.

267 Vgl. dazu *Lisken*, DRiZ 1998, S. 75/77 f.; *Nachbaur*, KJ 1998, S. 231/231 f.; *Petri*, KritV 1998, S. 441/443 ff. So wird kritisiert, das Europäische Parlament sei weder zum Entwurf der Konvention angehört worden, noch hätte es in irgendeiner anderen Form an der Ausarbeitung mitgearbeitet. Eine solche Anhörung wäre jedoch nach Art. K.6 EUV vorgeschrieben gewesen. Da eine Nichtanhörung des Parlaments auf unionsrechtlicher Ebene keinerlei Sanktionen mit sich zieht, konnte die Konvention dennoch in Kraft treten. Eine substantielle Mitwirkung der nationalen Parlamente hätte nicht stattgefunden, da diese die Europol-Übereinkommen nur als Einheit annehmen oder ablehnen konnten (*Petri*, KritV 1998, S. 441/444). Im Ergebnis verfolgte daher das nach Art. 59 Abs. 2 Satz 1 GG notwendige Vertragsgesetz nur den Zweck, die Exekutive zum völkerrechtlichen Vertragsschluss zu ermächtigen und dem Inhalt die notwendige innerstaatliche Geltung zu verleihen (vgl. zur Funktion des Vertragsgesetzes *Jarass/Pieroth*, GG, Art. 59 Rn. 18 ff.).

268 *Tolmein*, StV 1999, S. 108/109.

269 *Degenhardt*, Europol, S. 147.

270 Nach Art. 2 Abs. 1 Europol-Übereinkommen sind dies die Verhütung und Bekämpfung des Terrorismus, des illegalen Drogenhandels und sonstiger schwer wiegender Formen der internationalen Kriminalität. Dazu gehört nach Art. 2 Abs. 2 der Europol-Übereinkommen auch der illegale Handel mit nuklearen und radioaktiven Substanzen, die Schleuserkriminalität, der Menschenhandel, die Kraftfahrzeugskriminalität und die durch terroristische Handlungen begangenen Straftaten gegen Leben, körperliche Unversehrtheit, persönliche Freiheit und Sachen. Bei all diesen Straftaten ist Europol nach Art. 2 Abs. 3 Europol-Übereinkommen auch zuständig für die mit diesen Kriminalitätsformen oder ihren spezifischen Ausprägungen verbundene Geldwäsche und die damit in Zusammenhang stehenden Straftaten.

festlegen kann, für die Europol zuständig sein soll.[271] Durch diese dem Rat eingeräumte Möglichkeit kann flexibel auf zukünftige Entwicklungen in anderen Bereichen der Kriminalität reagiert werden, so dass neue Tätigkeitsfelder Organisierter Kriminalität zum Gegenstand der Aufgaben Europols gemacht werden können. Im Ergebnis verfolgt Europol damit das Ziel einer koordinierten Zusammenführung und Auswertung der in den einzelnen EU-Mitgliedstaaten vorhandenen Informationen über bestimmte Kernbereiche der Organisierten Kriminalität. Der Auftrag Europols ist also inhaltlich auf die drei Schwerpunkte Terrorismus, illegaler Drogenhandel und sonstige Formen der internationalen Kriminalität konzentriert, worin sich auch die Entwicklung Europols widerspiegelt.[272] Darüber hinaus wurde die Zielsetzung gegenüber der von EDU durch Hinzufügen einzelner Kriminalitätsformen oder die Doppelfunktion Europols zur Strafverfolgung und Gefahrenabwehr erheblich ausgeweitet.[273] Letzteres ergibt sich aus Art. 2 Abs. 1, Art. 3 Abs. 1 oder Art. 7 Abs. 1, die keine Trennung zwischen repressiver und präventiver Tätigkeit kennen. Dort wird stets von „im Rahmen seiner Ziele" oder „zur Erfüllung seiner Aufgaben" gesprochen. Gerade diese Verweisung auf die Ziele und Aufgaben Europols führte dazu, dass die Europol-Übereinkommen als unvereinbar mit dem Bestimmtheitsgrundsatz angesehen wurden.[274]

---

271 Von dieser Möglichkeit wurde auch bereits Gebrauch gemacht, indem in einem Anhang zum Europol-Übereinkommen festgeschrieben wurde, dass Europol unter Einhaltung der durch die Konvention festgelegten Ziele mit den Straftaten gegen Leben, körperliche Unversehrtheit und Freiheit, Straftaten gegen fremdes Vermögens, staatliches Eigentum und Betrug sowie mit dem illegalen Handel und Straftaten gegen die Umwelt befasst werden kann.

272 So entstammen die kriminalpolitischen Prämissen der Vereinigungsmenge aus den Bedrohungsszenarien der 70er, 80er und 90er Jahre: Terrorismus und Organisierte Kriminalität. Vgl. dazu *Albrecht/Braum*, KritV 2001, S. 312/343. So sind die Schwerpunkte nicht zuletzt identisch mit denen, wie sie die EDU am Ende ihrer Tätigkeit hatte.

273 *Lindner*, BayVBl. 2001, S. 193/195.

274 Befürworter sehen in Art. 2 Europol-Übereinkommen eine qualitative und quantitative Einschränkung der in Betracht kommenden Kriminalitätsbereiche. Die Möglichkeit einer Zuständigkeit Europols auf die Verbrechensbekämpfung im Allgemeinen oder den Bereich der polizeilichen Gefahrenabwehr wird dadurch ausgeschlossen (vgl. dazu *Aschmann*, Europol, S. 126; *Hailbronner*, in: HK-EUV, Art. K EUV, Rn. 64). Diese Gefahr eines nicht mehr einzugrenzenden Aufgabenkreises wird aber gerade von den Kritikern ins Feld geführt. Sie befürchten, dass die Polizeilich-Justizielle Zusammenarbeit in Strafsachen auf sämtliche Kriminalitätsformen der sogenannten Organisierten wie auch nichtorganisierten Kriminalität ausgeweitet werden kann (vgl. dazu *Zieschang*, ZRP 1996, S. 427/428; zum Begriff der organisierten Krimminalität allgemein *Jekewitz*, GA 1999, S. 307 ff.).
Diese Annahme einer klaren Abgrenzung und somit Beschränkung der Tätigkeit Europols ist nicht haltbar, denn gerade die Möglichkeit, durch einen Beschluss das Tätigkeitsfeld auszuweiten, kann das Mandat umfassend auf sämtliche Kriminalitätsbereiche ausweiten. Von dieser Möglichkeit ist ja wie bereits oben gezeigt wurde auch schon

3. Rechtsnatur von Europol

Durch Art. 26 Abs. 1 der Europol-Übereinkommen wird dem Europäischen Polizeiamt Rechtspersönlichkeit verliehen. Dabei ist diese nach Abs. 2 so auszugestalten, dass Europol die weitest gehende Rechts- und Geschäftsfähigkeit eines Mitgliedstaates genießt.

Allerdings weist Europol die Besonderheit auf, dass es institutionell an den völkerrechtlichen Verbund der EU und im Wege der Organleihe präintegrativ an die EG als supranationale Organisation gebunden ist.[275] Daher stellt sich die

---

Gebrauch gemacht worden. Eine deutliche Tendenz, den Aufgabenbereich konstant zu erweitern, ist damit auch zu erkennen. Dies spiegeln nicht zuletzt auch die Änderungen im Bereich der Polizeilich-Justiziellen Zusammenarbeit durch den Amsterdamer Vertrag wider. So beschränkt sich z. B. Art. 29 EU nicht mehr, wie noch seine Vorgängervorschrift, auf bestimmte schwer wiegende Formen internationaler Kriminalität. Gleiches gilt auch für die sogenannten Zusammenhangsstraftaten nach Art. 2 Abs. 3 Satz 1 Europol-Übereinkommen. Hier besteht die Gefahr, im Wege der Auslegung, nahezu jede Straftat hierunter subsumieren zu können. Belegt wird dies durch die Mandatserweiterung vom 1.01.2002, nach der Europol auch für die im Anhang aufgeführten Straftaten zuständig ist. Damit erstreckt sich die Tätigkeit Europols nahezu auf alle Formen der schweren Kriminalität, solange sie nur grenzüberschreitend und einen OK-Hintergrund hat *(Freyer*, Kriminalistik 2003, S. 80/80). Daher besteht wohl die Gefahr den Aufgabenkreis von Europol in der Praxis kaum mehr eingrenzen zu können.

Somit bleibt allein die Möglichkeit einer Einschränkung aus den übrigen Voraussetzungen des Art. 2 Abs. 1 Europol-Übereinkommen. Danach kann eine Einschaltung Europols nur erfolgen, wenn tatsächliche Anhaltspunkte für eine kriminelle Organisationsstruktur vorliegen und mindestens zwei Mitgliedstaaten dergestalt betroffen sind, dass ein gemeinsames Vorgehen unerlässlich ist. In diesen Voraussetzungen spiegelt sich der aus dem Gemeinschaftsrecht bekannte Gedanke der Subsidiarität wider (vgl. hierzu *Matz*, Europol, S. 59 ff.; *Aschmann*, Europol, S. 125 f.).

Aber auch hier ist fraglich, ob das Subsidiaritätsprinzip in dieser Ausprägung überhaupt geeignet ist, der Ausweitung der Kriminalitätsbereiche zu begegnen. So sind die durch das Subsidiaritätsprinzip begründeten Kriterien in Art. 2 Abs. 1 der Europol-Übereinkommen („tatsächliche Anhaltspunkte", „kriminelle Organisationsstruktur", etc.) weder definiert noch erläutert worden. Durch die Konturlosigkeit dieser Begriffe begründen sie mit den vielfältigen Auslegungsmöglichkeiten ihrerseits eine relativ weit gefasste Zuständigkeit des Europäischen Polizeiamtes (*Kremer*, Europol, S. 167). Hinzu kommt, dass es sich bei den zu Art. 2 im Anhang der Europol-Übereinkommen aufgeführten Delikten lediglich um nationale Delikte handelt, die in den einzelnen Mitgliedstaaten tatbestandlich unterschiedlich normiert sind (*Petri*, Europol, S. 46 ff.).

Somit ist es also nicht möglich den Tätigkeitsbereich Europols wirksam einzuschränken. Durch diese Unbestimmtheit verstößt der Europol zugewiesene Mandatsbereich gegen das im deutschen Recht geltende Gebot der Normenklarheit. Die Einhaltung ist aber aus deutscher Sicht unabdingbar, da es sich bei dem Gebot der Normenklarheit um eine Ausprägung des in Art. 20 Abs. 3 GG verankerten Rechtsstaatsprinzips handelt (vgl. zur Normenklarheit BVerfG, Beschluss vom 9.04.2003 – 1 BvL 1/01, 1 BvR 1749/01 - BVerfGE 108, S. 52/75).

275 *Lindner*, BayVBl. 2001, S. 193/196.

Frage nach dem Verhältnis Europols zur Europäischen Union und damit verbunden, ob die durch Art. 26 Europol-Übereinkommen normierte Rechtssubjektivität auch angesichts der Vorgaben des EUV Bestand gegenüber Dritten haben kann.

So ist beispielsweise Zieschang der Meinung, dass es sich bei Europol, trotz der Regelung des Art. 26 Europol-Übereinkommen, um keine eigenständige, unabhängig von der Unionsebene wirkende internationale Organisation handele. Vielmehr stelle Europol ein bloßes Instrument der intergouvernementalen Zusammenarbeit dar.[276] Eine Begründung dieser These gibt er aber nicht. Sie dürfte aber aus dem systematischen Widerspruch zwischen der nur intergouvernemtalen Architektur der Zusammenarbeit im Rahmen der Dritten Säule und der Institutionalisierung von Europol mit eigenen Befugnissen ihren Ursprung haben.[277] Dieser Konflikt wird dergestalt gelöst, dass dem „höheren" Recht Vorrang eingeräumt wird. Da dies der EU-Vertrag ist, wäre die Annahme Zieschangs nur folgerichtig.

Allerdings spricht gegen diesen Ansatz der klare Wortlaut des Art. 26 Europol-Übereinkommen, was für ein europäisches Polizeiamt als eigenständiges Zurechnungssubjekt spräche.[278]

Da die Entscheidung für die Fragestellung dieser Arbeit aber von elementarer Bedeutung ist, erfolgt an dieser Stelle eine Klärung der Frage, ob es sich bei Europol um eine selbstständige Institution handelt. Unter einer intergouvernementalen Organisation ist der auf einer völkerrechtlichen Willenseinigung beruhende, mitgliedschaftlich strukturierte Zusammenschluss von mindestens zwei Subjekten des Völkerrechts zu verstehen, der mit eigenen handlungsfähigen Organen selbstständig Angelegenheiten von gemeinsamem Interesse wahrnimmt. Dieser Zusammenschluss ist dabei auf Dauer gegründet und soll nicht nur vorübergehend eine Tätigkeit ausüben.[279]

a) Vorliegen einer völkerrechtlichen Willenseinigung

Eine völkerrechtliche Willenseinigung zwischen den Mitgliedstaaten der EU findet sich im Europol-Übereinkommen vom 26.07.1995. Da alle Mitgliedstaaten, die selbstverständlich auch Völkerrechtssubjekte sind, an der Konvention beteiligt waren, ist auch das Erfordernis einer multilateralen Zusammenarbeit erfüllt. Hierin liegt ein Unterschied zur Zusammenarbeit im Rahmen von EDU, die noch rein bilateral war.[280]

---

276 *Zieschang*, ZRP 1996, S. 427/427; ebenso *Oberleitner*, Schengen und Europol, S. 120.

277 So auch *Di Fabio*, DÖV 1997, S. 89/101.

278 So auch *Petri*, Europol, S. 25; *Lindner*, BayVBl. 2001, S. 193/195 f.; *Harings*, EuR-Beiheft 1998, S. 81/85.

279 *Epping*, in: Ipsen, Völkerrecht, § 6 Rn. 1 ff.

280 Vgl. dazu den Aufgabenbereich von EDU 2. Teil: C.III.2.

Allerdings existieren einige Besonderheiten. So ist das Europol-Übereinkommen nicht nur das unmittelbare Ergebnis von autonomen Vertragsverhandlungen der Mitgliedstaaten, sondern findet ihren Ausgangspunkt bereits im Unionsvertrag von Maastricht. Dort ist in Art. K.1 Ziff. 9 des EUV das Ziel des „Aufbau(s) eines unionsweiten Systems zum Austausch von Informationen im Rahmen eines Europäischen Polizeiamtes (Europol)" festgeschrieben. Daneben wird in der Präambel zum Europol-Übereinkommen Bezug auf den EUV genommen, in dem die „Errichtung eines Europäischen Polizeiamts vereinbart worden ist". Daraus ließe sich der Schluss ziehen, Europol sei ein Werkzeug der intergouvernementalen Zusammenarbeit im Rahmen der Dritten Säule des EU-Vertrages.
Allerdings wurde Art. K.1. EUV durch den Amsterdamer Vertrag wesentlich verändert. So ist im Amsterdamer Vertrag von einer „engeren Zusammenarbeit der Polizei-, Zoll- und anderer zuständiger Behörden in den Mitgliedstaaten, sowohl unmittelbar als auch unter Einschaltung des Europäischen Polizeiamts (Europol)" die Rede[281]. In Art. 29 EU wird also nicht mehr die Schaffung Europols vereinbart, sondern vielmehr bereits vorausgesetzt. Daraus ließe sich der Schluss ziehen, dass sich im Unionsvertrag gerade keine Grundlage für die Schaffung von Europol finden lassen sollte, denn den Mitgliedstaaten wird nicht zu unterstellen sein, dass sie beabsichtigten, Europol seiner Grundlage zu berauben. In letzter Konsequenz widerspräche dies der Annahme eines intergouvernementalen Werkzeugs der Dritten Säule. Allerdings war zum Zeitpunkt der Vertragsverhandlungen über den Amsterdamer Vertrag das Europol-Übereinkommen bereits unterzeichnet, so dass die Tätigkeitsaufnahme von Europol nur eine Frage der Zeit war. Als Zeitpunkt ging man von 1998 aus, also vor Inkrafttreten des Amsterdamer Vertrages. Deshalb war man gezwungen, dieser Entwicklung im Rahmen des Titels VI EU Rechnung zu tragen. Grund für die Änderungen war also allein die Anpassung an die Strukturen. Art. 29 Abs. 2 EU bildet somit die (EU-) vertragliche Grundlage Europols.
Allerdings vermag dies nichts am rein völkerrechtlichen Charakter der Europol-Übereinkommen zu ändern. In Art. K.3 Abs. 2 lit. c) EUV wird deutlich, dass für eine innerstaatliche Wirkung des Europol-Übereinkommens, eine Transferierung nach Maßgabe des jeweiligen nationalen Verfassungsrechts erforderlich ist. Aber auch im Europol-Übereinkommen selbst zeigt sich der rein völkerrechtliche Charakter. So darf nach Art. 43 Abs. 1 Europol-Übereinkommen der Rat zwar Änderungen zum Europol-Übereinkommen beschließen, doch kann er diese den Mitgliedstaaten nur zur Annahme empfehlen. Die endgültige Entscheidung über die Annahme der Änderung obliegt, wie Art. 45 Abs. 1 Europol-Übereinkommen eindeutig feststellt, den Mitgliedstaaten nach Maßgabe ihrer verfassungsrechtlichen Vorschriften.

---

281 Vgl. Art. 29 UAbs. 2 Spiegelstrich 1 EU.

Im Ergebnis liegt mit dem Europol-Übereinkommen eine völkerrechtliche Willenseinigung der EU-Staaten vor.

b) Zusammenschluss auf Dauer

Es kann auch davon ausgegangen werden, dass es sich bei Europol um eine auf Dauer angelegte Organisation handelt. Festzuhalten ist, dass sich eine zeitliche Begrenzung für die Tätigkeit weder im EU-Vertrag noch im Europol-Übereinkommen selbst finden lässt. Schon diese Tatsache weist auf eine unbegrenzte Tätigkeitsausübung hin. Dafür spricht aber auch das Bedrohungsszenarium der Internationalen Kriminalität, das in den letzten Jahren immer bedrohlicher geworden ist und von dem nicht ausgegangen werden kann, dass es sich ändern wird. Hiervon gehen wohl auch die Mitgliedstaaten aus, was insbesondere in der Kompetenz Europols zur Aufgabenausweitung nach Art. 30 Abs. 2 lit. a) und b) EU-Vertrag deutlich wird. Aber auch die langen und kontroversen Verhandlungen zum Abschluss der Europol-Übereinkommen stützen diese These. Die Mitgliedstaaten hätten kaum diese langwierigen Verhandlungen auf sich genommen, wenn sie davon ausgegangen wären, dass diese Art der Zusammenarbeit nicht erfolgreich und nur von kurzer Dauer wäre.

c) Vorliegen eigener Organe

Ferner müsste Europol, um als Internationale Organisation zu gelten, über eigene Organe verfügen. Auch dieses Erfordernis ist, wie aus Art. 27 Europol-Übereinkommen hervorgeht, erfüllt. Dort werden als Organe Europols Verwaltungsrat, Direktor, Finanzkontrolleur und Haushaltsausschuss genannt. Die Aufgaben dieser Organe werden in Art. 28 f. und 35 Europol-Übereinkommen festgelegt. Die Eigenständigkeit dieser Organe gegenüber den Mitgliedstaaten geht insbesondere aus Art. 30 Abs. 1 Europol-Übereinkommen hervor, wonach die Organe und sonstigen Bediensteten Europols keine Weisungen von Regierungen, Behörden oder sonstigen Organisationen entgegennehmen dürfen.

d) Wahrnehmung eigener Aufgaben

Europol müsste jedoch auch mit der selbstständigen Wahrnehmung eigener Aufgaben betraut sein. Europol wurde durch Art. 2, 3, 7 ff. Europol-Übereinkommen mit eigenen Kompetenzen zur Datenverarbeitung ausgestattet. Es wurde vereinbart, ein System zum Austausch und zur Analyse von kriminalpolizeilich relevanten Daten zu schaffen.

Als problematisch könnte sich in diesem Zusammenhang jedoch die Tatsache erweisen, dass Europol durch die Einbeziehung der Organe und der Verfahren nach Titel VI EU eng mit der Europäischen Union verbunden ist. Dabei ist der Rat der Europäischen Union, dem vom Europol-Übereinkommen eine ganze

Reihe von Mitwirkungsmöglichkeiten eingeräumt werden, für die Tätigkeit Europols von ganz besonderer Bedeutung.[282] Würden durch diese Mechanismen des EU-Vertrages die Geschicke Europols derart beeinflusst, dass die Tätigkeiten durch die Organe Europols nur Makulatur wären und die eigentliche Aufgabenerfüllung durch andere Stellen erfolgt, läge eine eigenständige Aufgabenwahrnehmung nicht vor. Sollte dies der Fall sein, wäre Europol nicht als internationale Organisation anzusehen.

aa) Rat der EU als Organleihe von Europol

Eine eigene Aufgabenwahrnehmung läge allerdings vor, wenn der Rat der EU im Rahmen einer Organleihe für Europol tätig wird. Dies wäre der Fall, wenn das Organ eines Rechtssubjektes von einem anderen Rechtssubjekt in Anspruch genommen würde und dadurch eine Änderung der Zurechnung des Organhandelns auf das entleihende Rechtssubjekt erfolgt.[283] Hätte sich Europol also im Rahmen der Organleihe des Rates der Europäischen Union bedient, wäre dessen Handeln als Handeln Europols und nicht Tätigwerden für eine andere Institution zu werten. Dann läge eine Wahrnehmung eigener Aufgaben vor.
Gegen eine Organleihe wird die Tätigkeit des Rates der Europäischen Union nach Art. 2 Abs. 2 Europol-Übereinkommen angeführt. Darin sind die Aufgabenerweiterung für Europol und der Erlass von Durchführungsbestimmungen vorgesehen. Die Zulässigkeit dieser Tätigkeit wird mit dem Argument verneint, dass Europol als internationale Organisation die Kompetenz-Kompetenz zu einem solchen Schritt fehle und dies nur durch die Mitgliedstaaten im Rahmen der intergouvernementalen Zusammenarbeit stattfinden kann. Insofern könne das Handeln des Rates auch nicht Europol zugerechnet werden.[284]
Gegen die Annahme einer Organleihe spricht ferner, dass der Rat der Europäischen Union nicht als Organ in Art. 27 Europol-Übereinkommen aufgeführt ist. Damit fehlt es bereits an einem Anknüpfungspunkt für eine Organleihe, wie sie beispielsweise in Art. 5 EU vorliegt.[285]
Zudem spricht gegen die Annahme einer Organleihe die Art der Mitwirkung des Rates der Europäischen Union. Gemeinhin kann aus dem Charakter der Organleihe geschlossen werden, dass es sich hierbei um eine Art Hilfeleistung handelt, bei der das entsprechende Organ als Werkzeug fungiert. Angesichts der Tatsache, dass der Rat der Europäischen Union den Aufgabenbereich Europols festlegt (Art. 2 Abs. 2), die Regeln zur Datenübermittlung bestimmt (Art. 18 Abs. 2

---

282 Vgl. z. B. Art. 2 Abs. 2 Satz 3, 4; 10 Abs. 4; 18 Abs. 2 Satz 1; 29 Abs. 1, 6; 35 Abs. 5; 36 Abs. 3, 5; 40 Abs. 1; 42 Abs. 2 Satz 2; 43 Abs. 1, 3.

283 Zur Organleihe im Europarecht siehe *Koenig/Haratsch*, Europarecht, Rn. 606 ff.

284 So *Matz*, Europol, S. 79.

285 In diesem Zusammenhang wird ebenfalls diskutiert, ob eine Organleihe seitens der Europäischen Union vorliegt (vgl. hierzu *Callies/Ruffert*, EUV/EGV, Art. 5 Rn. 7 f.).

Satz 1) oder den Direktor ernennt bzw. entlässt (Art. 29 Abs. 1 und 6), kann aber von einem solchen Werkzeugcharakter nicht gesprochen werden.
Entscheidend für die Frage des Vorliegens einer Organleihe ist aber letztlich der Aspekt der Vereinfachung. Lohnt sich die Einrichtung eines eigenen Organs wegen des geringen Aufwandes oder einer zeitlich begrenzten Tätigkeit nicht, so kommt eine Organleihe in Betracht.[286] Angesichts der umfangreichen Tätigkeiten, die dem Rat der Europäischen Union durch die Europol-Übereinkommen eingeräumt werden, kann aber nicht von einem geringen Aufwand gesprochen werden. Auch eine zeitlich begrenzte Tätigkeit liegt nicht vor. Daher ist eine Organleihe des Rates durch Europol abzulehnen. Das Vorliegen einer internationalen Organisation ist unter diesem Aspekt zu verneinen.

bb) Unterordnung Europols

Nachdem eine Organleihe abzulehnen ist, stellt sich die Frage, ob durch die mannigfaltigen Mitwirkungsmöglichkeiten des Rates der Europäischen Union die Tätigkeit Europols derart bestimmt wird, dass man von einer Unterordnung Europols unter die Mechanismen des EU-Vertrages sprechen kann und daher eine eigenständige Wahrnehmung von Aufgaben durch Europol nicht besteht. Eine derart intensive Einflussnahme ist jedoch abzulehnen. Der Schwerpunkt des europäischen Polizeiamtes liegt, wie Art. 3 Abs. 1 Europol-Übereinkommen zeigt, im Bereich der Informationssammlung und des Informationsaustausches. Zu diesem Zweck bestimmen die Art. 7 Abs. 1, 10 Abs. 1 Europol-Übereinkommen ausdrücklich die Aufgabe Europols zur Führung der entsprechenden Systeme. Dabei ist Europol z. B. durch Art. 7 Abs. 2 Europol-Übereinkommen für die technische und betriebliche Sicherheit des Systems selbst verantwortlich. Dem steht auch nicht die Festlegung der Zuständigkeit Europols für bestimmte Kriminalitätsformen durch den Rat oder dessen Beteiligung an der Verabschiedung verschiedener Durchführungsabkommen entgegen. Diese geben lediglich den Rahmen vor, in dem Europol eigenständig tätig werden kann.[287] Jedoch kann Europol selbst innerhalb dieses Rahmens entscheiden, ob, mit wem und wie es einen Datenaustausch pflegen will.[288] In diesem Rahmen ist Europol nach Art. 26 Europol-Übereinkommen auch befugt, selbstständig Verträge abzuschließen.
Ähnliches gilt für das Personal Europols. Dieses wird, mit Ausnahme der Verbindungsbeamten, vom Europol-Direktor eingestellt und entlassen.[289] Auf die

---

286 *Koenig/Pechstein*, EU, Rn. 184.
287 Ein Beispiel für eine solche Rahmenbestimmung findet sich auch in der Regelung des Art. 18 Abs. 2 Satz 1 Europol-Übereinkommen, wonach der Rat Regelungen hinsichtlich der Beziehungen Europols zu Drittstaaten und -stellen festlegt.
288 Vgl. Art. 10 Abs. 4 Europol-Übereinkommen.
289 Vgl. Art. 30 Abs. 2 Europol-Übereinkommen.

Auswahl des Personals hat der Rat keinen Einfluss. Gerade diese Auswahl ist aber für die Selbstständigkeit eines Organs von entscheidender Bedeutung, kann doch hierdurch maßgeblich auf die Aufgabenerfüllung Einfluss genommen werden. Dies gilt umso mehr, als nach Art. 30 Abs. 1 Europol-Übereinkommen der Direktor, seine Stellvertreter, wie auch alle sonstigen Bediensteten keine Weisungen von Außen entgegen nehmen dürfen. Dadurch soll eine Einflussnahme durch die Mitgliedstaaten vermieden werden.
Schließlich spricht für eine Selbstständigkeit Europols auch der Umstand, dass Europol nach Art. 3 Abs. 3 Europol-Übereinkommen im Rahmen seines eigenen Ermessens entscheiden kann, ob es Aufgaben im Bereich der Beratung und Forschung wahrnimmt.
Ferner darf die Kommission der Europäischen Gemeinschaften zwar nach Art. 28 Abs. 4 Europol-Übereinkommen an den Sitzungen des Verwaltungsrats von Europol teilnehmen, verfügt allerdings über kein Stimmrecht und kann somit keinen Einfluss auf die Tätigkeit Europols ausüben.
Dem Europäischen Polizeiamt verbleiben somit weit gehend eigene Aufgabenbereiche. Eine Unterordnung Europols unter die Entscheidungsmechanismen der Europäischen Union liegt nicht vor. Im Ergebnis ist von einer selbstständigen Aufgabenwahrnehmung seitens Europols auszugehen. Gestützt wird dieses Ergebnis letztlich auch durch Art. 26 Abs. 1 und 2 Europol-Übereinkommen. Dieser stimmt nahezu wörtlich mit Art. 281 EG überein. Durch Art. 281 EG wird allgemein die Völkerrechtsfähigkeit der EG begründet und somit ihre Fähigkeit als Trägerin von völkerrechtlichen Rechten und Pflichten bejaht.[290] Da die Vertragsstaaten von Europol und der EG identisch sind, kann davon ausgegangen werden, dass diese auch hier die gleiche Rechtsfolge beabsichtigten. Damit ist Europol die erste und einzige Behörde mit eigener Rechtspersönlichkeit innerhalb des Bereichs der intergouvernementalen Zusammenarbeit.[291]
Im Ergebnis stellt Europol somit eine mit eigener Rechtspersönlichkeit ausgestattete internationale zwischenstaatliche Organisation dar.

4. Aufgaben von Europol

Entscheidend für die Frage nach den erforderlichen Rechtsschutzmöglichkeiten ist zunächst, welche Amtshandlungen Europol bzw. deren Bedienstete ausführen können. Soweit dadurch in Rechte des Betroffenen eingegriffen wird, muss dieser sowohl nach deutschem als auch nach europäischem Verständnis die

---

290 Ganz h.M., vgl. nur *Ukrow*, in: Callies/Ruffert, EUV/EGV, Art. 281 EGV, Rn. 1 ff.; *Oppermann*, Europarecht, Rn. 155; *Herdegen*, Europarecht, Rn. 73 ff.; *Streinz*, Europarecht, Rn. 590 ff.; für den früheren Art 210 EGV *Schweitzer/Hummer*, Europarecht, Rn. 627 ff.; EuGH, Urteil vom 9.08.1994, Rs. 327/91, Französische Republik ./. Kommission, Slg. 1994, I-3641/3674 Rn. 24.

291 So auch *Storbeck*, DRiZ 2000, S. 481/482; *Kremer*, Europol, S. 153.

Möglichkeit haben, Rechtsschutz dagegen zu suchen. Darum werden im Folgenden die auf Grundlage des Europol-Übereinkommens und seiner Durchführungsbestimmungen zugewiesenen Aufgaben und Befugnisse untersucht. Schon auf den ersten Blick fällt auf, dass der Europäischen Polizeibehörde zunächst keine klassischen Ermittlungskompetenzen, wie die Durchsuchung, Vernehmung oder Festnahme zukommen. Vielmehr bedient sich Europol bei der Bekämpfung der internationalen Kriminalität modernster Informationstechnologien.[292] Die einzelnen Aufgabenbereiche Europols werden durch Art. 3 Abs. 1 - 3 Europol-Übereinkommen in detaillierter Form festgelegt. Dabei findet sich in dieser Vorschrift eine Abstufung nach Prioritäten der Aufgabenwahrnehmung. Dies wird bereits durch den Wortlaut deutlich, da in dessen Absatz 1 von einer „vorrangigen" Aufgabenwahrnehmung die Rede ist, während Europol nach Absatz 2 „darüber hinaus folgende weitere Aufgaben" wahrnehmen soll.[293] Art. 3 Abs. 3 Europol-Übereinkommen steht dagegen unter dem Vorbehalt ausreichender personeller und finanzieller Ressourcen. Die Ausführung dieser Aufgaben ist nicht zwingend, wie sich zweifelsfrei aus dem Wort „kann" ergibt.[294] Damit ist das primäre Aufgabenfeld und der Schwerpunkt der Tätigkeit im kognitiven Bereich des Art. 3 Abs. 1 Europol-Übereinkommen zu finden.[295] Durch die Sammlung von Informationen, Analyseergebnissen und Erfahrungen, deren Weitergabe an die Strafverfolgungsbehörden der Mitgliedstaaten erfolgt, fungiert Europol als Koordinationsstelle.

Daher ist zunächst die Sammlung von Informationen, der Austausch von Erfahrungen und die zentrale Auswertung dieser Informationen zu untersuchen (sogenannte Intelligence-Arbeit)[296]. Daneben wird aber auch auf die übrigen Aufgaben eingegangen. Dabei setzt sich die Untersuchung insbesondere mit der Einschätzung auseinander, ob es sich sowohl de iure als auch de facto bei Europol lediglich um eine gewaltige, in weiten Teilen mit dem deutschen BKA ver-

---

292 *Degenhardt*, Europol, S. 156.

293 Hierbei sind die ersten beiden Gruppen von Aufgaben in jedem Fall wahrzunehmen. Dies ergibt sich aus dem Wort „hat". Dennoch haben diese nicht die gleiche Priorität, wie sich aus dem Wort „vorrangig" ergibt (vgl. hierzu ausführlich *Oberleitner*, Schengen und Europol, S. 126).

294 Dieser Aufbau ergibt sich aus der Einteilung in Aufgaben, welche die Existenz grundsätzlich bedingen. Dabei wird zwischen gewünschten und assoziativen Aufgaben, die hilfsweise wahrgenommen werden können, unterschieden. Dieser Aufbau findet sein Vorbild in der Regelung der Aufgabengebiete des deutschen BKA und ist Ausdruck dafür, dass sich Deutschland bei den Verhandlungen in diesem Bereich der Konvention durchsetzen konnte bzw. die anderen Mitgliedstaaten in diesem Bereich von der bereits bestehenden deutschen Regelung überzeugen konnte (*Oberleitner*, Schengen und Europol, S. 126).

295 *Matz*, Europol, S. 66.

296 „Intelligence-Arbeit" ist die Sammlung und Auswertung von Informationen (vgl. dazu *Zachert*, Kriminalistik 1992, S. 7/9).

gleichbare[297] Datensammlungs- und -verarbeitungseinheit handelt, die keine unmittelbaren Auswirkungen gegenüber den Betroffenen entfalten kann. Diese Einschätzung ist kritisch zu hinterfragen, wenn man von Europol als nicht zu unterschätzende Informations- und Analysezentrale ausgeht.[298]

a) Datenverarbeitung

Die Methode der Informationsverarbeitung, der sich Europol bedient und die gemeinhin als Informationsarchitektur[299] bezeichnet wird, beruht auf drei Säulen: dem Informationssystem, den Arbeitsdateien zu Analysezwecken und dem Indexsystem. Diese bilden das Herzstück der Europol-Kooperation.[300] Für diese Informationsarchitektur wurde mit TECS (The Europol Computer System) ein eigenes Computersystem für Europol konzipiert. Im Gegensatz zum SIS stellt TECS allerdings kein polizeiliches Fahndungssystem dar, sondern ist vielmehr als aktives Recherche- und Verknüpfungssystem zu sehen. Dadurch wird Europol in die Lage versetzt, frühzeitig Tatzusammenhänge sowie allgemeine Strukturen der internationalen Kriminalität zu erkennen.

aa) Informationssystem

(1) Struktur des Systems

Nach Art. 6 Abs. 1 Nr. 1 i.V.m. Art. 7 Abs. 1 Europol-Übereinkommen hat Europol zur Erfüllung seiner Aufgaben ein automatisiert geführtes Informationssystem zu errichten, das den schnellen Nachweis über die bei den Mitgliedstaaten und Europol vorhandenen Informationen ermöglichen soll. Diese zentrale Sammlung enthält ausgewählte personen- und fallbezogene Daten und ist damit eine Art erweiterter Kriminalaktennachweis[301]. Ausgelegt ist das Informationssystem auf etwa eine Million Datensätze.[302] Zweck des Informationssystems ist es festzustellen, ob zu einer Person in einem Mitgliedstaat oder bei Europol Daten existieren.[303] Die Informationen können dabei nach Art. 7 Abs. 1 Europol-Übereinkommen auf zweierlei Wegen in das Informationssystem gelangen. Entweder werden sie direkt vom Mitgliedstaat, vertreten durch die nationalen Stellen und die Verbindungsbeamten, unter Beachtung des innerstaatlichen Verfahrens in das System eingespeist[304] oder von Europol selbst zur Verfügung

---

297 *Manske*, Kriminalistik 2001, S. 105/105; *Bull*, DRiZ 1998, S. 32/32.
298 *Fisahn*, KJ 1998, S. 358/363.
299 So z. B. *Bull*, DRiZ 1998, S. 32/33; *Kübler*, Einheitliche Grundrechte, S. 106.
300 *Petri*, Europol, S. 52.
301 *Köhlbach*, Die Polizei 1996, S. 245/248.
302 *Weichert*, DuD 1995, S. 450/452.
303 *Weichert*, DuD 1995, S. 450/452.
304 Vgl. Art. 9 Abs. 3 i.V.m. Art. 7 Abs. 1, Art. 5 Europol-Übereinkommen.

gestellt. Letzteres kann entweder durch eine Übermittlung von Drittstaaten bzw. -stellen[305] oder durch die eigene Analysetätigkeit erfolgen. Ergibt sich während einer Analyse der Verdacht, eine Person werde ein Verbrechen begehen, so wird im Informationssystem eine Datei darüber angelegt. Problematisch daran ist, dass zur Analyse auch sogenannte „weiche" Daten verwendet werden. Diese nicht ausermittelten Daten weisen ein nicht unerhebliches Risiko bezüglich ihrer Zuverlässigkeit auf. Es ist möglich, dass eine Person auf Grund falscher Daten in das Informationssystem aufgenommen wird und dadurch mit Sanktionen in den Mitgliedstaaten rechnen muss. Dies ist bedenklich, da auf das Informationssystem sehr viele Personen zugreifen können. Einen unmittelbaren Zugriff auf die Daten im Informationssystem haben nach Art. 7 Abs. 1 Europol-Übereinkommen die nationalen Stellen, die Verbindungsbeamten, der Direktor und seine Stellvertreter sowie die dazu ordnungsgemäß ermächtigten Europol-Bediensteten. Hierin liegt auch ein Unterschied zur Vorgängerorganisation EDU. Anders als bei der EDU[306] können bei Europol nicht nur deren Mitarbeiter, sondern auch die zentralen nationalen Verbindungsstellen auf die Informationsdateien zugreifen[307]. Allerdings haben die örtlichen Polizeistellen, im Gegensatz zum SIS, keinen direkten Zugriff[308] auf das Informationssystem.[309]
Aus dieser Konstruktion ergibt sich auch die Verantwortung hinsichtlich der Funktionsfähigkeit und Sicherheit, die jeweils zwischen Europol und den einzelnen Vertragsstaaten aufgeteilt wird.
So hat beispielsweise Europol nach Art. 7 Abs. 2 Europol-Übereinkommen dafür zu sorgen, dass die Bestimmungen über die Zusammenarbeit und Führung des Informationssystems eingehalten werden und ist darüber hinaus in technischer und betrieblicher Hinsicht für das ordnungsgemäße Funktionieren des Informationssystems verantwortlich. Konkretisiert werden diese doch recht vagen Formulierungen durch einen Verweis auf Art. 21 und 25 Europol-Übereinkommen. Dort werden zum Teil sehr detaillierte Regelungen getroffen,

---

[305] Vgl. zum Datenaustausch mit Drittstaaten und -stellen ausführlich 2. Teil: C.IV.4.c).

[306] Vgl. zum Vorgehen bei der EDU 2. Teil: C.III.2.a).

[307] Allerdings unterliegen die nationalen Stellen der Einschränkung nach Art. 7 Abs. 1 UAbs. 2 Europol-Übereinkommen. Bezüglich des Zugriffes durch Europolmitarbeiter ist Art. 9 Abs. 1 Europol-Übereinkommen zu beachten.

[308] Problematisch aus deutscher Sicht war, dass die LKAs keinen direkten Zugriff auf die Datenbestände bei Europol hatten. Damit lag ein Verstoß gegen das Grundgesetz vor, nachdem grundsätzlich die Länder für die Polizei verantwortlich sind. Konnte man sich auch völkerrechtlich auf keine Föderalismusklausel einigen, so wurden die LKAs durch § 3 Abs. 1 Satz 1 Europol-Gesetz ermächtigt über das BKA eigene Daten direkt einzugeben und abzurufen. Vgl. dazu ausführlich *Wachholz*, Kriminalistik 1995, S. 715/717 f.; *Weichert*, DuD 1995, S. 450/454 f.

[309] *Martinez Soria*, VerwArch. 1998, S. 400/422 f.

die durch Europol einzuhalten sind[310]. Des Weiteren wird durch Art. 6 Abs. 2 Europol-Übereinkommen ein Anschluss der automatisierten Informationssammlungen, zu denen nach Art. 6 Abs. 1 Europol-Übereinkommen auch das Informationssystem gehört, an andere EDV-Systeme als die der nationalen Stellen ausdrücklich untersagt. Grund für die strenge Abschottung sind rechtliche Gründe.[311] Da es sich um höchst sensible Daten handelt, muss der Zugriff beschränkt werden.[312] Daneben soll aber auch die Zahl der Zugangsstellen möglichst gering gehalten werden, um so die Sicherung der Systeme zu ermöglichen[313].
Dagegen kommt den Mitgliedstaaten nach Art. 7 Abs. 3 Europol-Übereinkommen die Verantwortung für die Kommunikation mit dem Informationssystem zu. Explizit erfasst werden hiervon die Sicherheitsmaßnahmen nach Art. 25 Europol-Übereinkommen hinsichtlich der im eigenen Hoheitsgebiet genutzten Datenverarbeitungsanlagen, die Überprüfung nach Art. 21 Europol-Übereinkommen und gegebenenfalls weitere nationale Bestimmungen.

(2) Inhalt

Der Umfang des Inhaltes der Europol-Datenbank ist in Art. 8 Europol-Übereinkommen geregelt. Dieser beinhaltet neben Angaben zum betroffenen Personenkreis und der zu speichernden Daten auch Regelungen bezüglich der Verfahrensweise mit zusätzlichen Daten und eine spezielle Löschungsregelung. Wie im Folgenden zu sehen sein wird, ist die Qualität der Daten im Informationssystem mit der des deutschen INPOL-Informationssystems vergleichbar. Im Informationssystem sind sämtliche Ermittlungsergebnisse zu den führenden kriminellen Organisationen und deren Mitgliedern elektronisch gespeichert. Es enthält die Kerndaten der nationalen Ermittlungen aller EU-Mitgliedstaaten zur international organisierten Kriminalität.[314] Daneben können die Verbindungsbeamten weiter gehende Informationen aus anderen Mitgliedstaaten einholen. Das

310 Insbesondere Art. 25 Abs. 2 Europol-Übereinkommen legt Europol und den Mitgliedstaaten auf, konkrete Maßnahmen zu ergreifen. Vorgesehen ist z. B. eine einzurichtende Zugangskontrolle (Nr. 1), Sicherstellung der Möglichkeit der Wiederaufbereitung (Nr. 9), etc.

311 *Zeiger*, Kriminalistik 1998, S. 313/314.

312 Dies zeigt sich vor allem am Analysesystem. Die dortigen Dateien erlauben auch in ihrem Innern keinen automatischen gegenseitigen Zugriff auf die Informationen der einzelnen Analyseteams. Vgl. *Zeiger*, Kriminalistik 1998, S. 313/314.

313 So reicht es beispielsweise für einen unbefugten Zugriff aus, dass ein einziger Computer ungeschützt ist. Über diesen Computer könnten sich u.U. Hacker im gesamten System frei bewegen und alle dort vorhandenen Daten lesen, verändern oder löschen. Naturgemäß bestehen Netzwerke aus einer Vielzahl solcher Computer, so dass dadurch die Möglichkeit des unerlaubten Zugriffs um ein Vielfaches steigen würde.

314 *Storbeck*, Politische Studien 1998, Heft 359, S. 16/18.

Informationssystem ist durch diese Verbindungsbeamten und deren Möglichkeiten mehr als nur die Summe der Informationen der nationalen Dienststellen.[315]

(a) Betroffener Personenkreis

Das Europol-Übereinkommen unterscheidet in dieser Frage zwischen zwei Personenkreisen. So werden zum einen Daten über Personen gespeichert, die nach Maßgabe des nationalen Rechts des betreffenden Mitgliedstaates einer Straftat oder der Beteiligung an einer Straftat, für die Europol nach Art. 2 Europol-Übereinkommen zuständig ist, verdächtigt werden oder die wegen einer solchen Straftat verurteilt worden sind.[316]
Eine zweite Gruppe umfasst jene Personen, bei denen bestimmte schwer wiegende Tatsachen[317] nach Maßgabe des nationalen Rechts die Annahme rechtfertigen, dass sie Straftaten begehen werden, für die Europol nach Art. 2 Europol-Übereinkommen zuständig ist.[318] Damit handelt es sich um einen relativ überschaubaren Personenkreis.

(b) Sachlicher Anwendungsbereich

Die im Informationssystem enthaltenen Daten über Personen enthalten nach Abs. 1:

- Angaben über Namen, Geburtsnamen, Vornamen, gegebenenfalls Aliasnamen,
- Geburtsdatum und Geburtsort,
- Staatsangehörigkeit,
- Geschlecht,
- und, soweit erforderlich, andere zur Identitätsfeststellung geeignete Merkmale, insbesondere objektive und unveränderliche körperliche Merkmale.

Zusammenfassend lässt sich sagen, dass es sich allein um Daten zur Identitätsfeststellung handelt, die insbesondere objektive und unveränderliche körperliche Merkmale enthalten sollen, aber auch die Möglichkeit einer Verarbeitung von subjektiven Merkmalen bieten.[319] Hierbei handelt es sich z. B. um Bezeichnungen wie geisteskrank, Prostitution oder Betäubungsmittel-Konsument, Buchhaltertyp, auffällig oder o-beinig.[320]

---

315 So auch *Storbeck*, DRiZ 2000, S. 481/484.

316 Vgl. Art. 8 Abs. 1 Nr. 1 Europol-Übereinkommen.

317 Welche Umstände allerdings „bestimmte schwer wiegende Tatsachen" darstellen, wird durch das Übereinkommen nicht näher erläutert. Daraus folgt ein weiter Ermessensspielraum der Beamten.

318 Vgl. Art. 8 Abs. 1 Nr. 2 Europol-Übereinkommen.

319 So auch *Tolmein*, StV 1999, S. 108/111.

320 *Tolmein*, StV 1999, S. 108/111 Fn. 31.

Anders als die in Art. 8 Abs. 1 Europol-Übereinkommen enthaltene Formulierung „nur" vermuten lässt, sind die im Informationssystem enthaltenen Daten nicht auf Personenangaben beschränkt. Nach Art. 8 Abs. 3 Europol-Übereinkommen können für diesen Personenkreis neben den eben genannten Daten des Absatzes 2 auch Informationen über:

- Straftaten, Tatvorwürfe, Tatzeiten und Tatorte,
- Tatmittel, die verwendet wurden oder verwendet werden könnten,
- die aktenführenden Dienststellen und deren Aktenzeichen,
- Verdacht der Zugehörigkeit zu einer kriminellen Organisation,
- Verurteilungen, soweit sie Straftaten betreffen, die nach Art. 2 Europol-Übereinkommen in den Zuständigkeitsbereich von Europol fallen,

gespeichert, verändert und genutzt werden.
Es können also auch Daten im Informationssystem gespeichert werden, die keinen Personenbezug enthalten. Dies ist denkbar in Fällen, in denen keine konkreten Verdachtsmomente existieren und damit auch keine verdächtigen Personen auszumachen sind.[321] Durch Art. 8 Abs. 3 Europol-Übereinkommen wird damit der Umfang der speicherbaren Daten erheblich ausgeweitet.[322]

(3) Ablauf des Informationsaustausches

Um den Ablauf des Informationssystems zu verdeutlichen, sollen im Folgenden Beispiele für eine Abfrage sowie für eine Eingabe von Daten dargestellt werden, wie sie in Deutschland stattfinden würde:

(a) Abruf

Nach Art. 9 Abs. 1 Europol-Übereinkommen haben die nationalen Stellen, die Verbindungsbeamten, der Europol-Direktor und seine Stellvertreter sowie die dazu ermächtigten Europol-Bediensteten das Recht, Daten aus dem Informationssystem abzurufen. Aus dem eingegrenzten Kreis der Zugriffsberechtigten

321 *Matz*, Europol, S. 171.

322 Über die Informationen im Informationssystem hinaus ist es aber auch denkbar, dass noch weitere Quellen existieren. Dies wird insbesondere durch Art. 8 Abs. 4 Europol-Übereinkommen deutlich. Danach können weitere Informationen über die betroffenen Personen auf Antrag von Europol oder den nationalen Stellen übermittelt werden. Dazu sind nach Art. 8 Abs. 4 UAbs. 2 Europol-Übereinkommen die im Informationssystem vorhandenen Daten mit einem Hinweis zu versehen, dass es bei Europol oder den nationalen Stellen weitere Informationen gibt. Allerdings befinden sich diese Daten nicht in den Datenbanken des Informationssystems. Es handelt sich vielmehr um Daten, die nicht einer der Kategorien des Art. 8 Europol-Übereinkommen entsprechen und daher nicht mit den automatisierten Informationssammlungen verknüpft sind, sondern entweder konventionell in Akten aufbewahrt oder in anderen Datenbänken abgelegt werden müssen.

ergibt sich auch ein wesentlicher Unterschied zum SIS, auf dessen nationalen Teil nach Art. 101 Abs. 1 SDÜ auch Polizei- und Zollbeamte des jeweiligen Vertragsstaates bei Kontrollen zurückgreifen konnten.[323]
Die Voraussetzungen zur Datenabfrage richten sich fast ausschließlich nach nationalem Recht. Allein das wenig aussagekräftige Merkmal der Erforderlichkeit wird durch das Europol-Übereinkommen vorgegeben. Wünscht eine örtliche Polizeidienstelle in Deutschland eine Information aus dem Informationssystem abzurufen, so muss sie sich zunächst an das zuständige LKA[324] wenden. Dieses überprüft den Antrag der Dienststelle zunächst auf dessen Zulässigkeit und übermittelt im Fall eines positiven Ergebnisses die Anfrage. Dabei gibt es aus deutscher Sicht zwei Möglichkeiten, wie das LKA vorgeht. Entweder es wendet sich nach § 3 Abs. 1 Europol-Gesetz über das BKA an Europol in Den Haag und gibt dort die Daten in das Informationssystem ein, oder es wendet sich nach § 2 Abs. 4 Europol-Gesetz direkt an den deutschen Verbindungsbeamten, um Daten nach § 5 Abs. 3 Nr. 1 und 2 Europol-Übereinkommen auszutauschen. Dazu muss allerdings eine Beschleunigung dieses Geschäftsweges erforderlich und ein nationaler Koordinierungsbedarf nicht erforderlich sein.[325] Auch der Verbindungsbeamte muss jedoch nach Art. 5 Abs. 2 Europol-Übereinkommen die Anfrage auf die Vereinbarkeit mit den eigenen nationalen Datenschutzbestimmungen hin überprüfen, was gemäß Art. 9 Abs. 1 Satz 2 Europol-Übereinkommen auch die Frage der Erforderlichkeit einschließt. Entspricht die Anfrage diesen Bestimmungen, so führt er die Anfrage aus und überprüft das Informationssystem hinsichtlich der benötigten Informationen. Die so erhaltenen Informationen übermittelt er dann über das BKA dem LKA, welches wiederum die Informationen an die örtliche Polizeidienststelle weitergibt.[326]

---

323 *Harings*, Grenzüberschreitende Zusammenarbeit, S. 121.

324 Diese Modifikation des Europol-Übereinkommen durch die Bundesrepublik Deutschland ist auf Grund ihrer föderalen Struktur unabdingbar. Innerstaatlich kommt den LKAs die Befugnis durch Art. 2 § 3 Abs. 1 Europol-Gesetz zu. Davon unberührt bleibt das BKA im Außenverhältnis weiterhin für alle Daten verantwortlich.

325 Diese Erfordernisse legen die Vermutung nahe, dass hiermit eine Ausnahmeregelung geschaffen werden sollte. Allerdings steht zu befürchten, dass diese zum Regelfall wird. Dies wird deutlich, wenn man sich die zu erlangenen Informationen, die über die einzelnen Wege zu erlangen sind, anschaut. So haben nach Art. 7 Abs. 1 UAbs. 2 Europol-Übereinkommen die nationalen Stellen bei Personen nach Art. 8 Abs.1 Nr. 2 Europol-Übereinkommen einen unmittelbaren Zugriff nur im Rahmen der nach Art. 8 Abs. 2 Europol-Übereinkommen zu speichernden Daten. Alle anderen im Informationssystem gespeicherten Daten können die nationalen Stellen nur auf Antrag von ihren Verbindungsbeamten bekommen. Da dies mit einem gewissen Mehraufwand verbunden ist, steht zu befürchten, dass in der Praxis die nationale Stelle umgangen und sich das LKA direkt an den Verbindungsbeamten wenden wird.

326 Darüber hinaus können über das deutsche INPOL-System Daten aus dem Informationssystem von TECS abgefragt werden. So führt jede Personenabfrage im deutschen INPOL-System automatisch zu einer Recherche im Informationssystem von Europol

(b) Eingabe, Berichtigung, Ergänzung und Löschung von Daten

Auch zur Eingabe, Berichtigung, Ergänzung oder Löschung von Daten sind nach Art. 9 Abs. 1 Satz 1 Europol-Übereinkommen nur die nationale Stelle, der Verbindungsbeamte, der Direktor und seine Stellvertreter sowie der ordnungemäß ermächtigte Europol-Bedienstete berechtigt. Wünscht daher eine nationale Polizeistelle in Deutschland eine Information in das Informationssystem einzugeben, so muss sie sich ebenfalls zunächst an das LKA wenden. Nach einer entsprechenden Überprüfung leitet dieses die Eingabe in einem automatisierten Verfahren nach § 3 Abs. 1 Europol-Gesetz über das BKA, als nationale Stelle, an das Informationssystem weiter.

Mit der Eingabe geht die datenschutzrechtliche Verantwortung i.S.v. Art. 9 Abs. 3 Europol-Übereinkommen auf die eingebende Stelle über. Nach Art. 9 Abs. 2 Europol-Übereinkommen hat nur diese das Recht, die Daten zu verändern, zu berichtigen oder zu löschen. Möchte eine andere Stelle im Laufe der Zeit die Daten ergänzen oder hat sie Hinweise darauf, dass bestehende Informationen nicht mehr stimmen, so hat sie dies der eingebenden Stelle unverzüglich mitzuteilen. Diese wiederum ist durch Art. 9 Abs. 2 Europol-Übereinkommen dazu verpflichtet, die neuen Informationen zu überprüfen und gegebenenfalls die notwendigen Änderungen vorzunehmen. Eine Ausnahme liegt vor, wenn es sich um Daten nach Art. 8 Abs. 3 Europol-Übereinkommen handelt.[327] In diesem Fall kann jede nationale Stelle die vorhandenen Daten ergänzen, ohne vorab die eingebende Stelle zu verständigen. Erst wenn es zu einem Widerspruch zu bereits existierenden Daten im Informationssystem kommen sollte, haben sich die betroffenen Stellen miteinander abzustimmen.

Kommt eine eingebende Stelle im Laufe ihrer Ermittlungen zu dem Entschluss, die Informationen zu löschen und haben auch andere Stellen Informationen zu dieser Person hinterlegt, so hat sie derjenigen Stelle, die als nächstes Daten zu dieser Person eingegeben hat, über die beabsichtigte Löschung zu informieren.[328] Möchte diese die bestehenden Daten noch im Informationssystem belassen, geht die datenschutzrechtliche Verantwortung und damit das Recht zur

---

(*Kremer*, Europol, S. 182). Das BKA und die LKAs können sich so im Trefferfall unmittelbar und europaweit einschlägige Fundstellen und sofort verwertbare Fallinformationen beschaffen. Allerdings ist der direkte Zugriff auf das BKA und die LKAs beschränkt. Örtliche Polizeistellen zählen nicht zum Kreis der direkt Zugriffsberechtigten (*Zeiger*, Kriminalistik 1998, S. 313/314).

327 Also solchen zu Straftaten, Tatvorwürfen, Tatzeiten und -orten sowie (potentiell) verwendeten Tatmitteln oder über die aktenführende Dienststelle und deren Aktenzeichen. Außerdem fallen hierunter Informationen über den Verdacht der Zugehörigkeit zu einer kriminellen Organisation und über Verurteilungen, soweit sie Straftaten betreffen, die nach Art. 2 Europol-Übereinkommen in den Zuständigkeitsbereich Europols fallen.

328 Vgl. Art. 9 Abs. 2 Europol-Übereinkommen.

Veränderung, Ergänzung, Berichtigung oder Löschung auf sie über. In dieser Handhabung kommt ein hierarchisches Besitzerprinzip zum Ausdruck.[329]

(1) Problem der unbestimmten Rechtsbegriffe

Die Zusammenarbeit der Mitgliedstaaten im Rahmen des Informationssystems erfolgt auf der Grundlage einer Ansammlung von unkonturierten Rechtsbegriffen. Insofern könnte hier ein unbestimmter Rechtsbegriff vorliegen. Dies sind all diejenigen Begriffe, die im Gegensatz zu den Klassenbegriffen Wertbegriffe sind. Ihre Anwendung auf einen konkreten Sachverhalt setzt eine Wertung voraus, die sich im Nachvollzug der Wertung des Normgebers widerspiegelt. Im Gegensatz dazu stehen Klassenbegriffe, welche abstrakte Merkmale enthalten, unter die sich ein Sachverhalt subsumieren lässt.[330] Das Problem dieser Wertbegriffe liegt darin, dass sich die Wertung des Normgebers im Wortlaut nicht widerspiegelt, so dass man den konkreten Gehalt der Norm nicht erkennen kann. Daher besteht auch ein ständiges Spannungsverhältnis zum verfassungsrechtlichen Grundsatz der Bestimmtheit. Es stellt sich somit die Frage nach der Vereinbarkeit mit dem Bestimmtheitsgrundsatz.

Bedenklich weit gefasst ist beispielsweise Art. 8 Abs. 1 Nr. 1 Var. 1 Europol-Übereinkommen, wonach bereits die bloße Verdächtigung einer Person ausreichen soll, um Informationen über sie im Informationssystem speichern zu dürfen. Das Europol-Übereinkommen enthält hierzu keine Aussagen, sondern überlässt eine Regelung den einzelnen Mitgliedstaaten[331]. Hieraus kann eine Reihe von Problemen entstehen. So können zum einen auf europäischer Ebene zahlreiche unterschiedliche Intensitätsstufen zur Annahme eines begründeten Verdachts und dadurch unterschiedliche Maßstäbe bestehen,[332] zum anderen ist schon auf nationaler Ebene nicht klar, welche Maßstäbe anzuwenden sind. So lässt sich den deutschen Regelungen nicht entnehmen, ob der einfache Anfangsverdacht[333] oder gar ein dringender[334] bzw. hinreichender Tatverdacht[335] die Grundlage des polizeilichen Handelns bilden soll.[336] Damit fehlt dem Begriff der

329 Wohl auch *Weichert*, DuD 1995, S. 450/452.

330 *Bleckmann*, Grundprobleme und Methoden des Völkerrechts, S. 211 f.

331 Auch an diesem nationalen Vorbehalt macht sich wieder das Souveränitätsdenken der einzelnen Mitgliedstaaten bemerkbar. Oberleitner merkt hierzu an, dass „die Rückverweisung auf das jeweilige nationale Recht (...) dabei politisch bedingt (ist), da auf europäischer Ebene zu diesem Aspekt keine ausreichenden Regelungen bestehen und auch im Zuge der Europol-Übereinkommen eine nähere Bestimmung" erfolgt ist (*Oberleitner*, Schengen und Europol, S. 133 f.).

332 So auch *Oberleitner*, Schengen und Europol, S. 133.

333 Z. B. in § 152 Abs. 2 StPO verlangt.

334 Z. B. in §§ 81 Abs. 2, 112 StPO verlangt.

335 Z. B. in § 203 StPO verlangt.

336 *Degenhardt*, Europol, S. 174.

Verdächtigung jeglicher objektiver Gehalt und ist daher nicht sinnvoll einzuschränken. Der Begriff des Verdachts erfährt so eine unangemessene Subjektivierung.[337] Zur Lösung des Problems ist diese Vorschrift daher einschränkend und im Zusammenhang mit der Zielbestimmung des Art. 2 Europol-Übereinkommen auszulegen, die tatsächliche Anhaltspunkte für eine kriminelle Organisationsstruktur verlangt.[338] Im Ergebnis muss also ein durch Tatsachen erhärteter, begründeter Verdacht vorliegen.
Problematisch ist auch die Leitlinie einer Prognose der bestimmten schwer wiegenden Tatsachen aus Art. 8 Abs. 1 Nr. 2 Europol-Übereinkommen. Was hierunter zu verstehen ist, ergibt sich weder aus dem Europol-Übereinkommen selbst, noch aus seiner Denkschrift. Art. 8 Abs. 1 Nr. 2 Europol-Übereinkommen stellt die Annahme bestimmter schwer wiegender Tatsachen unter den Vorbehalt des nationalen Rechts.[339]
Das Tatbestandsmerkmal der Tatsache ist nach deutschem Verständnis von bloßen Vermutungen und Annahmen abzugrenzen. Daraus folgt, dass die polizeiliche Mutmaßung einen realen - nicht nur vermuteten Hintergrund - aufweisen muss.[340] Ungeklärt bleibt aber dennoch, wann eine solche Tatsache „bestimmt" und „schwer wiegend" ist. Hinweise für eine entsprechende Auslegung des Rechtsbegriffs der bestimmten schwer wiegenden Tatsachen könnten sich z. B. aus der Rechtsprechung des Bundesverfassungsgerichts zum G-10-Gesetz[341] ergeben[342].
Im Rahmen dieser Rechtsprechung hatte sich das Bundesverfassungsgericht in diversen Verfassungsbeschwerden u.a. mit den Befugnissen des Bundesnachrichtendienstes zur Überwachung, Aufzeichnung und Auswertung des Telekommunikationsverkehrs sowie zur Übermittlung der daraus erlangten Daten an andere Behörden auseinander zusetzen. Dabei ging es auch um die Frage der Vereinbarkeit von § 3 Abs. 3 Satz 1 des G-10-Gesetzes mit dem Grundgesetz. Nach dieser Vorschrift durften entsprechend den durch das G-10-Gesetz festgelegten Voraussetzungen, personenbezogene Daten zur Verhinderung, Aufklärung oder Verfolgung von bestimmten festgelegten Straftaten verwendet werden, wenn „tatsächliche Anhaltspunkte für den Verdacht bestehen", dass jemand

337 *Petri*, KritV 1998, 441/447.
338 So auch *Petri*, Europol, S. 52.
339 Vgl. dazu den Wortlaut von Art. 8 Abs. 1 Nr. 2: (...) "bestimmte schwerwiegende Tatsachen nach Maßgabe des nationalen Rechts" (...).
340 Vgl. zum Tatsachenbegriff im deutschen Polizeirecht *Lisken/Denninger*, HdP, Kap. C Rn. 116 ff.
341 „Gesetz zur Beschränkung des Brief-, Post- und Fernmeldegeheimnisses (Gesetz zu Artikel 10 Grundgesetz) (G 10)" vom 13.08.1968 (BGBl. I, S. 949 ff.), zuletzt geändert durch das „Gesetz zur Änderung von Vorschriften über parlamentarische Gremien" vom 17.06.1999 (BGBl. I, S. 1334).
342 BVerfG, Beschluss vom 5.07.1995 - 1 BvR 2226/94 - BVerfGE 93, S. 181 ff.; BVerfG, Urteil vom 14.07.1999 - 1 BvR 2226/94, 2420, 2437/95 - BVerfGE 100, S. 313 ff.

eine der vorgenannten Straftaten plant, begeht oder begangen hat. Somit weist diese Vorschrift eine gewisse Ähnlichkeit im Anwendungsbereich mit der hier in Frage stehenden Regelung des Art. 8 Abs. 1 Nr. 2 Europol-Übereinkommen auf. Angesichts der ähnlichen Lebenssachverhalte in beiden Fällen sind die Ausführungen des Bundesverfassungsgerichts auf den vorliegenden Fall übertragbar.

Das Bundesverfassungsgericht hat in seinem Beschluss zunächst festgestellt, dass die ursprüngliche Fassung des G-10-Gesetzes trotz des Fehlens konkreter Verdachtsgründe eine erhebliche Zahl von Grundrechtsträgern betreffen wird.[343] Damit ist die tatsächliche Basis, welche die Annahme eines Tatverdachts rechtfertigt, im Vergleich z. B. von der des § 100a StPO relativ niedrig angesetzt. Während nämlich § 100a StPO das Vorliegen „bestimmter Tatsachen" fordert, reicht es für die Übermittlung nach § 3 Abs. 5 i.V.m. Abs. 3 G-10-Gesetz bereits aus, dass „tatsächliche Anhaltspunkte" vorliegen. Dies ist schon deshalb problematisch, als die Regelungen des G-10-Gesetzes auch das Planungsstadium, das dem strafbaren Versuch gemäß § 100a StPO vorausgeht erfasst und damit ein kaum begrenztes Vorfeld der Begehung von Straftaten umfasst.[344] Folglich wären die Anforderungen an die Rechtmäßigkeit einer Übermittlung zur Verhinderung möglicher Rechtsgutverletzungen geringer als in solchen Fällen, in denen eine Verletzung bereits eingetreten ist. Dies ist aber schon deshalb bedenklich, da in diesen Fällen der korrigierende Nexus zwischen Normenbestimmtheit und Verhältnismäßigkeit zerstört wird. Zur Prüfung von „Geeignetheit", „Erforderlichkeit" und „Angemessenheit" von gefahrenabwehrenden Maßnahmen muss nämlich zumindest ein gewisses Maß an Konkretheit der Gefahr vorliegen. Besteht aber, wie durch die Formulierung der bestimmten schwer wiegenden Tatsachen, Unklarheit darüber, mit welcher Schadenswahrscheinlichkeit ein Rechtsgut bedroht wird, ist diese Interessenabwägung nicht möglich.[345] Außerdem ist zu beachten, dass bei der Gefahrenabwehr deutlich mehr Personen von einer Maßnahme betroffen sind und dabei nicht mit Sicherheit feststeht, ob es zu einer Verletzung Dritter kommt.

Zudem ist es im Falle der Strafverfolgung bereits zu einer Verletzung des Rechtsguts gekommen und es geht nunmehr um die Sanktion. Daher ist es nicht gerechtfertigt, die Übermittlungsschwelle für personenbezogene Daten unter diejenige abzusenken, welche auch sonst bei der Strafverfolgung für Eingriffe in das Fernmeldegeheimnis nach § 100a StPO gilt. Angesichts der Schwere des Eingriffes ist es bei einer Datenübermittlung im Vorfeld unabdingbar, eine Tatsachenbasis für den Verdacht vorzuschreiben, die der des § 100a StPO entspricht. Dies ist nicht zuletzt vor dem Hintergrund erforderlich, dass ansonsten

---

343 BVerfG, Beschluss vom 5.07.1995 - 1 BvR 2226/94 - BVerfGE 93, S. 181/191 f.

344 So entsprechend auch BVerfG, Urteil vom 14.07.1999 - 1 BvR 2226/94, 2420, 2437/95 - BVerfGE 100, S. 313/393 f.

345 Vgl. *Denninger*, CR 1988, S. 51/57.

der Kreis der betroffenen Grundrechtsträger nicht ausreichend eingeschränkt werden kann.[346]
Auf Grund des Vorbehalts nationalen Rechts in Art. 8 Abs. 1 Nr. 2 Europol-Übereinkommen muss sich daher die Frage nach dem Vorliegen bestimmter schwer wiegender Tatsachen an § 100a StPO orientieren. Solche Tatsachen liegen vor, wenn Umstände existieren, die nach der Lebenserfahrung - auch der kriminalistischen Erfahrung - in erheblichem Maße darauf hindeuten, dass jemand als Täter oder Teilnehmer eine Katalogtat begangen hat.[347] Aus einem Umkehrschluss folgt daher, dass bloße Vermutungen nicht ausreichen, sondern konkrete und in einem gewissen Umfang verdichtete Umstände erforderlich sind.[348]
Für dieses Ergebnis sprechen auch die englisch-, bzw. französischsprachigen Fassungen des Europol-Übereinkommens. So spricht Art. 8 Abs. 1 Nr. 2 Europol-Übereinkommen in der englischen Fassung von „serious grounds". Darunter wird gemeinhin etwas Ernsthaftes, Erlaubtes bzw. Glaubwürdiges verstanden. Daran wird deutlich, dass nicht jeder Grund ausreichen kann, sondern eine gewisse Bestimmtheit vorliegen muss. Ähnlich verhält es sich mit der französischen Fassung. In dieser werden „certain faits graves" verlangt. Auch in dieser Fassung wird deutlich, dass nicht jeder Grund ausreicht und daher bestimmte Anforderungen zu stellen sind. Dies verdeutlicht, dass es in keinem Fall zu einer willkürlichen Entscheidung über das Vorliegen der Voraussetzungen kommen darf. Die Ansicht von Matz, dass die englische und französische Fassung keine klarstellenden Anhaltspunkte liefere, kann daher nicht überzeugen.[349] Eine klare Grenze liegt dort, wo die Willkürlichkeit beginnt. Damit ist es aus deutscher Sicht durchaus möglich, den Begriff der bestimmten schwer wiegenden Tatsachen hinreichend zu konkretisieren.[350]
Dennoch kann es nicht ausgeschlossen werden, dass es zu Unterschieden in der Anwendung dieser Vorschrift durch die verschiedenen Mitgliedstaaten kommt.[351] Dies liegt nicht zuletzt daran, dass die Grenze zur Willkürlichkeit in den einzelnen Mitgliedstaaten unterschiedlich gezogen werden kann. Es ist

---

346 BVerfG, Urteil vom 14.07.1999 - 1 BvR 2226/94, 2420, 2437/95 - BVerfGE 100, S. 313/394.
347 *Pfeiffer*, StPO, § 100a Rn. 6.
348 Vgl. für das G10-Gesetz auch BVerfG, Urteil vom 14.07.1999 - 1 BvR 2226/94, 2420, 2437/95 - BVerfGE 100, S. 313/395.
349 *Matz*, Europol, S. 170.
350 A.A. Degenhardt, die allerdings in der StPO kein vergleichbares Tatbestandsmerkmal findet. Da sich der Begriff auch sprachlich nicht ausreichend erfassen lasse, sei der Begriff völlig unbestimmt und das Vorliegen der Voraussetzungen hänge allein vom ermittelnden Beamten ab. Der Bürger und seine individuelle Freiheit unterliege nur noch dem Kontrollvorbehalt der Exekutive (*Degenhardt*, Europol, S. 176 f.). Wohl auch *Albrecht/Braum*, KritV 2001, S. 312/344, der allerdings keine Begründung liefert.
351 So auch *Oberleitner*, Schengen und Europol, S. 133; *Matz*, Europol, S. 168.

durchaus möglich, dass in vergleichbaren Fällen die Grenze für die Annahme eines solchen Verdachts in dem einen Vertragsstaat bereits erreicht wäre, während dies in einem anderen Mitgliedstaat noch nicht der Fall ist. Aus dieser Möglichkeit der unterschiedlichen Auslegung kann es zu einer Vielzahl von unterschiedlichen Handhabungen kommen, aus denen sich keine klare Linie ziehen lässt. Dies gilt gerade im Hinblick auf die Vielzahl der Vertragsstaaten. Abhilfe für diese Problematik könnte die Möglichkeit einer Entscheidung des EuGH bieten. So haben sich vierzehn der fünfzehn Mitgliedstaaten[352] in einem Auslegungsprotokoll[353] darauf geeinigt, die Auslegung des Europol-Übereinkommens dem EuGH im Rahmen eines Vorabentscheidungsverfahrens zu überlassen. Dieselben Staaten haben sich durch Art. 40 Abs. 2 i.V.m. der Erklärung zu Art. 40 Abs. 2 Europol-Übereinkommen dazu verpflichtet, Streitigkeiten über die Auslegung des Europol-Übereinkommens systematisch dem EuGH vorzulegen. Indem all diese Streitigkeiten durch den EuGH verbindlich entschieden werden, kann dieser als weisungsfreies und unabhängiges Organ für eine weit gehend klarstellende Auslegung des Begriffs der bestimmten schwer wiegenden Tatsachen sorgen. Allerdings sind diesbezügliche Entscheidungen durch den EuGH bisher noch nicht getroffen worden.

(2) Zusammenfassung und Bewertung des Informationssystems

Mit der Einführung des Informationssystems von Europol wurde der bereits bestehende Datenaustausch zur Kriminalitätsbekämpfung weiter ausgebaut und effektiver gestaltet. Dadurch sind neue Möglichkeiten aber auch Gefahren für Rechtspositionen der Betroffenen entstanden.
War der Informationsaustausch bereits im Rahmen des SIS möglich, weist das Informationssystem Europols einen unvergleichbar höheren Grad der Institutionalisierung auf. So ist das Informationssystem nicht nur, wie das SIS, eine bloße Verbindung nationaler Datensysteme, sondern ein von Europol selbst verwalteter, eigener Datenbestand gemeinsamer Informationen.[354] Mit dieser Institutionalisierung treten die nationalen Interessen ein Stück weit zurück und das Gesamtinteresse kann im Informationssystem Europols eine wesentlich wichtigere Rolle spielen als noch im SIS.

---

352 Dieses Protokoll wurde von allen Mitgliedstaaten außer dem Vereinigten Königreich von Großbritannien und Nordirland unterzeichnet, das durch die Anerkennung der Zuständigkeit des EuGH eine zu starke Institutionalisierung der Zusammenarbeit befürchtete (vgl. dazu 2. Teil: C.II). Näheres zu dieser Zuständigkeit: 3. Teil: B.I.3.a)cc).

353 „Protokoll auf Grund von Art. 31 des Vertrages über die Europäische Union betreffend die Auslegung des Übereinkommens über die Errichtung eines Europäischen Polizeiamtes durch den Gerichtshof der Europäischen Gemeinschaften im Wege der Vorabentscheidung", vom 24.07.1996, abgedruckt in Sartorius II Nr. 301.

354 Vgl. Art. 7, 10 Europol-Übereinkommen; so auch *Schreckenberger*, VerwArch. 1997, S. 389/410 f.

Hinzu kommt, dass der Rahmen der zu speichernden Daten im Informationssystem den des SIS überschreitet. War das SIS noch auf die Einspeisung von Fahndungsdaten beschränkt, so besteht diese Beschränkung für das Informationssystem nicht mehr.[355] Des Weiteren ist es durch die Verwendung von unbestimmten Rechtsbegriffen nicht möglich, eine eindeutige Einschränkung auf den Personenkreis, von dem eine Datenspeicherung zulässig ist, festzulegen.

Aber nicht nur aus den unbestimmten Rechtsbegriffen im Europol-Übereinkommen entsteht ein beträchtliches Gefährdungspotential. Auch die Möglichkeit der Verarbeitung subjektiver Merkmale zur Identitätsfeststellung bietet vielfache Eingriffsmöglichkeiten in die Rechte der Betroffenen. Dies wird umso deutlicher, wenn man sich bewusst macht, was ein subjektives Merkmal ist.[356] So ergibt sich aus dem Zusammenhang von Art. 8 Abs. 1 und 2 Europol-Übereinkommen, dass es sich um alle Daten handeln kann, die der Identifizierung der Gesuchten dienen. Daher sind auch Angaben über andere Personen, wie z. B. ständige Begleiter, die durchaus zur Identifizierung beitragen könnten, nicht mehr vom Zweck der Identitätsfeststellung gedeckt, sondern wären vielmehr dem Kreis der Daten zur Analyse zuzuordnen. Eine Beschränkung auf objektive Merkmale, wie sie Schwach annimmt, lässt sich der Vorschrift nicht entnehmen. Zwar verweist Art. 8 Abs. 2 Europol-Übereinkommen ausdrücklich auf objektive und unveränderliche körperliche Merkmale, doch lässt sich daraus noch keine Beschränkung entnehmen. Dies wird zum einen durch das Wort „insbesondere“ deutlich, was auf einen Beispielcharakter hindeutet, zum anderen soll durch diese zusätzlichen Merkmale ausgeschlossen werden, dass versehentlich gegen Personen mit gleichem Namen ermittelt wird.[357] Daher sind natürlich gerade die objektiven und unveränderbaren Merkmale geeignet, aber eben nicht nur diese. Eine Beschränkung der Vorschrift, wie sie Schwach vornimmt, ist folglich abzulehnen.

Diese ständige Erweiterung der Zuständigkeit auf neue Kriminalitätsformen verbunden mit den zu speichernden Daten führt dazu, dass der Kreis potentiell und tatsächlich erfasster Personen kontinuierlich steigt und damit zwangsläufig immer mehr personenbezogene Daten in das Informationssystem eingestellt werden. Damit steigt zugleich die Zahl der Fälle, in denen in das Recht auf informelle Selbstbestimmung des Einzelnen eingegriffen wird.

Wegen dieser zusätzlichen Speicherungsmöglichkeiten erscheint das Informationssystem auch aus praktischen Erwägungen heraus als problematisch. Wegen der Ähnlichkeit zum deutschen Vorbild INPOL besteht die Gefahr, dass es dem enormen Datenzuwachs durch die Internationalität der Kriminalitätsbekämpfung

---

355 *Schwach*, Europol, S. 234. Dies ist auf den Umstand zurückzuführen, dass Europol auf dem Weg zu einem umfassenden Datenspeicher- und Übermittlungssystem zur Kriminalitätsbekämpfung ist.

356 Vgl. dazu ausführlich 2. Teil: C.IV.4.a)aa)(2)(b).

357 So auch *Schwach*, Europol, S. 234 f.

nicht gewachsen sein könnte.[358] Zwar können im Informationssystem viele Informationen gespeichert werden, doch besteht immer auch die Gefahr, dass die Polizei zwar über viele Daten verfügt, jedoch weit davon entfernt ist, einen Überblick über diese Bestände zu haben.[359] So könnten eine Reihe von Rechtsverletzungen vorliegen, ohne dass die Verantwortlichen diese bemerken würden. Beachtenswert ist auch der Datenabruf. Wie bereits oben dargestellt, richtet sich dieser nach Maßgabe der nationalen Rechts- und Verfahrensvorschriften. Allerdings reichen die jeweiligen Befugnisse der einzelnen innerstaatlichen Behörden in Bezug auf die Datenerhebung unterschiedlich weit.[360] In Europol-Übereinkommen und Europol-Gesetz lassen sich zwar eine Reihe von Regelungen bezüglich der Eingabe von Informationen finden, jedoch keine bezüglich der Zulässigkeit eines Abrufes. Insbesondere fehlt es an einer Regelung, welche die abrufende Stelle dazu verpflichtet, zu überprüfen, ob sie selbst auf innerstaatlichem Wege zur Erhebung dieser Daten befugt wäre.[361] Dies birgt die Gefahr, dass eine abrufende Stelle über das Informationssystem an Informationen gelangt, welche sie selbst auf Grund der ihr innerstaatlich zustehenden Befugnisse nie hätte erheben dürfen.
Daher ist das Informationssystem dahingehend zu kritisieren, dass es zu einer unüberschaubaren Internationalisierung der Daten zum Nachteil der Betroffenen führt, wodurch diese zum Objekt eines internationalen und zentral organisierten Dateninformationssystems degradiert werden. Angesichts dieser Unübersichtlichkeit des Datenaustauschs läuft das Recht auf informelle Selbstbestimmung der als unschuldig geltenden Person weit gehend leer.[362]
Dem kann weder entgegengehalten werden, dass das Recht auf informelle Selbstbestimmung nicht grenzenlos gewährt wird, noch dass im Informationssystem Europols nur sogenannte harte Daten gespeichert sind. Hierbei handelt es sich um Daten, die in der Regel das Resultat von polizeilichen Ermittlungen oder von Verwaltungsverfahren sind und zumindest einen gewissen Grad an Zuverlässigkeit aufweisen.[363] Hinzu kommt, dass Art. 7 Europol-Übereinkommen wegen der Sensibilität der im Informationssystem enthaltenen Daten eine Beschränkung des Zugriffs auf nur wenige zugriffsberechtigte Stellen beinhaltet.[364] Damit wird der Umfang möglicher Verletzungen einge-

---

358 Aus diesem Grund wurde das bestehende System auch durch den Nachfolger INPOL-neu verbessert. Dieses wird seit August 2003 verwendet (Pressemitteilung des BMI vom 18.08.2003). Ob es auch in der Praxis die Erwartungen erfüllen wird, bleibt aber abzuwarten.

359 Vgl. für das INPOL-System *Atzbach*, Kriminalistik 2001, S. 323/324.

360 *Matz*, Europol, S. 176.

361 So auch *Martinez Soria*, VerwArch. 1998, S. 400/425.

362 So auch *Zieschang*, ZRP 1996, S. 427/428.

363 *Sule*, Europol, S. 39.

364 Jedoch besteht im Grundsatz die Gefahr, dass diese Regelung durch eine innerstaatliche Ausgestaltung des Zugriffs i.S.v. Art. 4 Abs. 2 Satz 2 Europol-Übereinkommen ausge-

schränkt, Verletzungen können aber dennoch nicht gänzlich ausgeschlossen werden.
Zwar ist im Gegenzug die große Bedeutung einer solchen Informationssammlung zu berücksichtigen. Mittels moderner Techniken können Informationen in großen Mengen erhoben und gespeichert werden und so ein breites Feld für die vielfältige Verknüpfung von Daten geschaffen werden, durch das mehr Transparenz geschaffen wird. Allerdings können umgekehrt auch physische und soziale Detektions- und Beweisbarrieren problemlos überwunden werden.[365] So bietet ein Abruf von Daten aus dem Informationssystem mangels einer Regelung zur Zulässigkeit die Möglichkeit, nationale Erhebungsverbote zu umgehen.
Auch darf nicht vergessen werden, dass durch die Zusammenführung und zentrale Speicherung von Informationen aus unterschiedlichen Quellen bzw. Ländern im Informationssystem diese eine neue Qualität erhalten.[366] Durch die Zusammenlegung von diversen Datenbeständen kann bereits im Informationssystem ein relativ umfassendes Persönlichkeitsprofil erstellt werden. So lässt sich mit Hilfe der nach Art. 8 Abs. 2 und 3 Europol-Übereinkommen zu speichernden Daten ein umfassendes Bild über Aussehen und Kleidungsgewohnheiten erstellen. Es lassen sich über die Aufnahme von Tatort und Tatzeiten sogar Rückschlüsse auf Aufenthaltsorte ziehen sowie Bewegungsmuster erstellen. Daraus ergibt sich ein erhebliches Gefährdungspotential für die Rechte des Betroffenen.

bb) Analysedateien

Neben dem Informationssystem existieren auch noch sogenannte Arbeitsdateien zu Analysezwecken im TECS. Dabei handelt es sich um eine Zwischenform der deutschen PIOS- und SPUDOK-Dateien.

(1) Einführung

Vorschriften zu den Analysedateien lassen sich in Art. 10 ff. Europol-Übereinkommen sowie in einem vom Verwaltungsrat ausgearbeiteten Durchführungsabkommen[367] finden. Bei diesen Analysedateien handelt es sich um Dateien, die nach Art. 10 Abs. 1 Europol-Übereinkommen neben nicht personenbe-

---

hebelt wird und es dadurch zu einem faktischen direkten Zugriff aller innerstaatlichen Dienststellen kommt. Diese Gefahr zeigt sich insbesondere in § 3 Abs. 1 Satz 1 Europol-Gesetz, wonach die Landeskriminalämter die Möglichkeiten haben, selbst Daten in das Informationssystem einzugeben oder abzurufen.

365 *Degenhardt*, Europol, S. 158.

366 So auch *Kremer*, Europol, S. 185.

367 „Rechtsakt des Rates vom 3.11.1998 über die Durchführungsbestimmungen für die von Europol geführten Arbeitsdateien zu Analysezwecken", in: ABl. der EG vom 30.01.1999, C 26, S. 1 ff.

zogenen Daten auch solche Daten enthalten, die einen Personenbezug aufweisen. Personenbezogene Daten sind alle Informationen bezüglich einer bestimmten oder bestimmbaren Person. Bestimmbar ist diese, wenn sie direkt oder indirekt identifiziert werden kann, insbesondere durch Zuordnung zu einer Kennnummer oder zu einem oder mehreren spezifischen Elementen, die Ausdruck ihrer physischen, physiologischen, psychischen, wirtschaftlichen, kulturellen oder sozialen Identität sind.[368]

Entsprechend Art. 1 lit. c) DAAz. ist unter der Analyse die Zusammenstellung, Verarbeitung oder Nutzung von Daten zwecks Unterstützung der kriminalpolizeilichen Ermittlung nach Art. 10 Abs. 2 Europol-Übereinkommen zu verstehen. Unter einer Verarbeitung i.d.S. ist nach Art. 1 lit. d) DAAz. jeder mit oder ohne Hilfe automatisierter Verfahren ausgeführte Vorgang oder jede Vorgangsreihe im Zusammenhang mit personenbezogenen Daten wie das Erheben, Speichern, die Organisation, Aufbewahrung, Anpassung oder Veränderung, das Auslesen, Abfragen, die Benutzung, Weitergabe durch Übermittlung, Verarbeitung oder jede andere Form der Bereitstellung, Kombination oder Verknüpfung sowie das Sperren, Löschen oder Vernichten zu verstehen.

Diese Form der Analyse verfolgt nach Art. 10 Abs. 2 Europol-Übereinkommen den Zweck der Unterstützung der kriminalpolizeilichen Ermittlungen. Im Gegensatz zu Interpol wird Europol erlaubt, eine Analyse auf Grundlage einer systematisch erhobenen Datenbasis durchzuführen.[369] Durch diese Art der Datenverarbeitung soll es Europol ermöglicht werden, Hintergründe einzelner Tatbegehungen und allgemeine Strukturen der internationalen organisierten Kriminalität zu durchleuchten[370] und mittels der daraus gewonnenen Erkenntnisse den Mitgliedstaaten bei der Bekämpfung grenzüberschreitender Kriminalität zu helfen.[371] Mit Hilfe der Analysedateien wird Europol in die Lage versetzt, eine moderne Auswertungsarbeit zu leisten, deren Methodenansatz ursprünglich dem

---

368 Art. 1 lit. a) DAAz.

369 *Schuster*, Kriminalistik 2000, S. 74/78.

370 *Petri*, KritV 1998, S. 441/447; *Petri*, DuD 1998, S. 324/328; *Aden*, Polizeipolitik in Europa, S. 99. In der Vergangenheit wurden gerade Spuren, die ins Ausland gingen und über die bei intensiver Recherche die Hintermänner identifiziert werden konnten, aus Mangel an Ressourcen und genügender internationaler Erfahrung nicht nachgegangen. Diese Defizite nationaler Polizeiarbeit sollen durch Europol begegnet werden. Vgl. dazu ausführlich *Storbeck*, DRiZ 2000, S. 481/484 f.

371 Allerdings wird dadurch die traditionelle Aufgabenverteilung der Strafverfahrensordnungen der meisten Mitgliedstaaten in Frage gestellt. Danach obliegt in der Regel einer Justizbehörde die Herrschaft über das Vorverfahren. Dieses Verhältnis wird im Kompetenzbereich von Europol in Frage gestellt. Dies betrifft insbesondere die Stellung der Staatsanwaltschaft. Eine Rolle dieser als Beteiligte oder gar als Herrin des Vorverfahrens ist vom Europol-Übereinkommen gar nicht vorgesehen.

geheimdienstlichen Bereich entstammt.[372] Diese neuen Methodenansätze machen nach Ansicht der Europol-Befürworter den „kriminalpolizeilichen Mehrwert“ des Datensammlungs- und Austauschsystems aus.[373]
Die Europol-Kritiker bemängeln dagegen, eine solche Zweckbestimmung sei derart nichtssagend und unbestimmt, dass durch sie im Einzelfall die Datenverarbeitungsbefugnis nicht näher eingegrenzt werden kann.[374] Dem ist zuzustimmen. So kann unter eine Unterstützung der kriminalpolizeilichen Ermittlung alles subsumiert werden, was die Arbeit auch nur im Geringsten fördert. Im Extremfall also auch die Erkenntnis, dass eine Person aus dem Umfeld nichts mit den möglichen kriminellen Aktivitäten des Verdächtigen zu tun hat. Auch der in Art. 10 Abs. 1 Europol-Übereinkommen enthaltene Verweis auf die allgemeine Aufgabenbestimmung von Art. 2 Europol-Übereinkommen vermag die Zweckbestimmung der Analysedateien nicht näher zu bestimmen. Wie bereits oben dargestellt wurde, ist diese Aufgabenbestimmung derart unbestimmt gehalten, dass sie den Tätigkeitsbereich Europols nicht wirksam einschränken kann und damit gegen den Bestimmtheitsgrundsatz verstößt.[375]
Allerdings könnte dieser ungenügenden Zweckbestimmung durch eine Regelung in den Errichtungsanordnungen entgegengewirkt werden. Nach Art. 12 Abs. 1 Nr. 2 Europol-Übereinkommen ist nämlich festzulegen, zu welchem Zweck eine neue Analysedatei angelegt werden soll. Ob diese Möglichkeit allerdings ausreicht, um die Mängel zu beseitigen, ist fraglich. Zum einen können sich diese Zweckbestimmungen im Rahmen der Vorgaben des Europol-Übereinkommens bewegen und werden, da die Arbeit mit Analysedateien eine große Menge von Informationen benötigt, eher allgemeiner Natur sein. Zum anderen muss beachtet werden, dass diese Errichtungsanordnungen nicht den Rang eines förmlichen Gesetzes besitzen. Folge dessen ist, dass selbst bei einer präzisen Zweckbestimmung in einer Errichtungsanordnung fraglich wäre, ob diese auch verbindlich ist, was aber schon wegen des Grundsatzes vom Vorbehalt des Gesetzes unabdingbare Vorsaussetzung wäre.[376] So bedarf jeder Eingriff in ein Recht des Betroffenen seitens des Staates einer formal-gesetzlichen Grundlage. Dieses Kriterium kann eine Errichtungsanordnung, trotz der benötigten Zustimmung des Verwaltungsrates, wegen dessen Organstatus bei Europol, nicht erfüllen.

---

372 Gleß/Lüke sprechen bei dieser Tätigkeit gar von einer „echte(n) Innovation“; vgl. dazu *Gleß/Lüke*, Jura 1998, S. 70/77.

373 *Sule*, Europol, S. 40; *Martinez Soria*, VerwArch. 1998, S. 400/425; *Lindner*, BayVBl. 2001, S. 193/199; *Tolmein*, StV 1999, S. 108/111; *Petri*, DuD 1998, S. 324/327; *Zeiger*, Kriminalistik 1998, S. 313/313.

374 *Degenhardt*, Europol, S. 184.

375 Vgl. diesbezüglich bereits 2. Teil: C.IV.2.

376 *Degenhardt*, Europol, S. 185.

Dem Grundsatz der Zweckbindung wurde daher innerhalb des Analysesystems nicht Rechnung getragen.[377]

(2) Errichtung von Analysedateien

Eine Arbeitsdatei zu Analysezwecken wird auf Initiative Europols oder auf Antrag eines informationsliefernden Mitgliedstaates errichtet und kann entweder einen bestimmten Fallkomplex oder eine verdächtige kriminelle Organisation betreffen. Dazu wird nach Art. 10 Abs. 2 Europol-Übereinkommen für jedes Analyseprojekt eine eigene Analysegruppe gebildet. Diese besteht aus Analytikern und sonstigen von Europol bestellten Beamten sowie den Verbindungsbeamten und/oder Sachverständigen der Mitgliedstaaten, von denen die Informationen stammen oder die von der Analyse betroffen sind.[378] Allerdings sind nach Art. 10 Abs. 2 Nr. 1 Europol-Übereinkommen allein die Europol-Analytiker befugt, Daten in die jeweilige Analysedatei einzugeben oder abzurufen. Im Umkehrschluss besteht eine entsprechende Befugnis der sonstigen Beteiligten, insbesondere der Verbindungsbeamten nicht. Dementsprechend obliegt Europol die datenschutzrechtliche Verantwortung für die Daten aus den Analyseergebnissen sowie aller Daten, sobald diese in das Analysesystem eingespeist wurden. Den Mitgliedstaaten obliegt zu diesem Zeitpunkt die Verantwortung über die Richtigkeit bzw. die Richtigstellung der Daten.[379]
Bevor diese Analysegruppe ihre Arbeit aufnehmen kann, bedarf es einer sogenannten Errichtungsanordnung.[380] Diese wird in der Regel auf Antrag Europols oder eines Mitgliedstaates durch den Verwaltungsrat erlassen. Dabei steht diesem die Gemeinsame Kontrollinstanz zur Seite, welche vom Europol-Direktor unverzüglich über den Entwurf einer solchen Errichtungsanordnung unterrichtet wird und gegebenenfalls eine Stellungnahme hierzu abgeben kann.[381] Dazu ist der Gemeinsamen Kontrollinstanz vom Verwaltungsrat eine Frist von zwei Monaten einzuräumen. Zweck dieser Einbindung der Gemeinsamen Kontrollinstanz ist es, die Kontrolle der Verarbeitung personenbezogener Daten zu erleichtern,

---

377 So auch *Degenhardt*, Europol, S. 186; *Albrecht/Braum*, KritV 2001, S. 312/344.

378 Eine Regelung, wann ein Mitgliedstaat betroffen ist, findet sich in Art. 10 Abs. 6 Europol-Übereinkommen. Handelt es sich danach um allgemeine und strategische Analysen, so werden alle Mitgliedstaaten von den Ergebnissen in Kenntnis gesetzt. Behandelt die Analyse dagegen Einzelfälle und dient unmittelbar operativen Zwecken, so dürfen nur einzelne Vertreter teilnehmen. Diese haben ihren Bedarf jedoch gesondert zu begründen.

379 Art. 15 Abs. 1 Europol-Übereinkommen.

380 Vgl. Art. 12 Europol-Übereinkommen i.V.m. Art. 5 DAAz. Mit der Errichtungsanordnung soll bei der Anlage der in den Analysedateien gespeicherten Informationen ein einheitliches und vergleichbares Vorgehen gewährleistet werden. Dadurch soll die Kontrolle hinsichtlich der Verarbeitung der gespeicherten personenbezogenen Informationen erleichtert werden.

381 Art. 12 Abs. 1 Europol-Übereinkommen i.V.m Art. 12 Abs. 2 DAAz.

indem bereits in diesem frühen Stadium mögliche rechtliche Hindernisse erkannt und beseitigt werden können.
Ist es dagegen aus Gründen der Dringlichkeit nicht möglich, die Zustimmung des Verwaltungsrates rechtzeitig einzuholen, kann in Ausnahmefällen der Direktor aus eigenem Antrieb oder auf Anfrage von Mitgliedstaaten die Errichtung einer Datei anordnen.[382] Der Direktor hat diese Entscheidung zu begründen und sie zusammen mit der Begründung sofort den Mitgliedern des Verwaltungsrates vorzulegen, so dass diese umgehend in dem üblichen Verfahren die Entscheidung überprüfen können. Sobald dieses Verfahren eingeleitet wurde, kann Europol mit der Analysetätigkeit beginnen, die Ergebnisse aber erst dann übermitteln, nachdem der Verwaltungsrat seine Zustimmung zur Errichtung dieser Dateien gegeben hat. Ist dies nicht der Fall, so sind alle Daten wieder unverzüglich zu löschen.[383] Jedoch handelt es sich bei diesem Übermittlungsverbot, wie Art. 12 Abs. 3 UAbs. 4 DAAz. zeigt, um kein Absolutes. So kann eine Übermittlung auch ohne vorherige Zustimmung des Verwaltungsrates erfolgen, wenn eine Übermittlung zur Wahrung der grundlegenden Interessen der betroffenen Mitgliedstaaten im Rahmen der Ziele Europols als absolut notwendig angesehen wird oder der Abwendung einer drohenden ernsten Gefahr dient. In diesen Fällen wird die Genehmigung des Direktors schriftlich niedergelegt und an den Verwaltungsrat sowie die Gemeinsamen Kontrollinstanz weitergeleitet. Was unter diesen Ausnahmefällen zu verstehen ist, kann dem DAAz. ebenso wenig entnommen werden, wie dem Europol-Übereinkommen. Deutlich wird aber der absolute Ausnahmecharakter der einschlägigen Vorschriften. Diese Unbestimmtheit ist aber schon deswegen problematisch, da bereits mit dem, wenn auch nur vorübergehenden Anlegen einer Arbeitsdatei, bereits in die Rechte des Betroffenen eingegriffen wird.
In jeder dieser Errichtungsanordnungen ist nach Art. 5 DAAz. festzulegen, welche der in Art. 6 DAAz. genannten Datenkategorien für die einzelne Analysedatei erforderlich sind und daher gespeichert werden dürfen. Außerdem ist dort festzulegen, ob Daten i.S.d. Art. 6 Satz 1 des Übereinkommens des Europarates vom 28.01.1981 zum Schutz des Menschen bei der automatischen Verarbeitung personenbezogener Daten gespeichert werden dürfen und warum diese Daten für die entsprechenden Arbeitsdateien unbedingt erforderlich sind. Sollen darüber

382 Art. 12 Abs. 2 Europol-Übereinkommen.

383 Art. 12 Abs. 3 DAAz. Durch diese Regelung soll ein Kompromiss zwischen dem Erfordernis der effektiven Arbeit von Europol einerseits und dem Schutz der Rechte des Betroffenen andererseits gefunden werden. Während Europol seine Arbeit durch diese Regelung frühzeitig aufnehmen kann, soll der Umfang der Verletzung von Rechten Betroffener möglichst gering gehalten werden, indem der Umlauf der Daten bis zur Entscheidung des Verwaltungsrates beschränkt werden soll. Dies ist schon deshalb nötig, da gerade bei kurzfristigen Entscheidungen eine intensive Prüfung schwer möglich und daher die Wahrscheinlichkeit einer unzulässigen Speicherung naturgemäß um ein Vielfaches größer ist.

hinaus Daten über Personen i.S.v. Art. 10 Abs. 1 Nr. 1 - 5 Europol-Übereinkommen gespeichert werden, so ist dies unter Angabe der spezifischen Gründe ebenfalls in der Errichtungsanordnung anzugeben.[384] Aber auch der Personenkreis und die Voraussetzungen, unter denen in der Datei gespeicherte personenbezogene Daten an welche Empfänger und in welchem Verfahren übermittelt werden dürfen, müssen in der Errichtungsanordnung festgelegt werden. Das Gleiche gilt auch für die Bezeichnung und den Zweck der Datei.
Sollte sich im Verlauf der Analysetätigkeit herausstellen, dass zusätzliche Informationen erforderlich sind, so muss die Errichtungsanordnung geändert werden. Im Falle einer solchen Änderung ist nach Art. 12 Abs. 4 DAAz. das Verfahren nach Art. 12 Europol-Übereinkommen i.V.m. Art. 12 DAAz. entsprechend neu durchzuführen.
Bei den so entstehenden Daten handelt es sich um eine neue, von den ursprünglichen Informationen unabhängige Datenkategorie. Diente die bisherige Speicherung personenbezogener Daten primär dem Zweck, diese dem Nutzer zur Verfügung zu stellen, so hat sich dieser mit der Arbeit in den Analysedateien grundlegend verändert. Ziel ist nunmehr eine Neugewinnung von Informationen zu ermöglichen. Diese umfasst sowohl die Verdachtsgewinnung als auch die Verdachtsverdichtung. Dazu müssen umfangreiche Informationen über einen möglichst großen Kreis von Personen mit möglichst detaillierten Einzelangaben erfasst werden. Die dafür erforderlichen Daten werden in erster Linie aus dem Datenmaterial des Informationssystems bezogen.[385]

(3) Dateneingabe und Speicherung

Die für die Analysetätigkeit erforderlichen Daten werden von den nationalen Stellen auf jede geeignete Weise und damit sowohl in papier- als auch in elektronischer Form an Europol übermittelt. Eine entsprechende Übermittlung erfolgt dabei entweder auf Ersuchen Europols[386] oder in Eigeninitiative der Mitgliedstaaten[387]. Dabei kommt den Mitgliedstaaten eine Verpflichtung zur Informationsübermittlung zu. Von der Verpflichtung werden diese nur befreit, wenn we-

---

384 Art. 12 Abs. Nr. 4 Europol-Übereinkommen i.V.m. Art. 5 Abs. 2 DAAz.

385 *Lindner*, BayVBl. 2001, S. 193/199.

386 Europol besitzt also ein Initiativrecht, um die nationalen Ermittlungsbehörden zu einem bestimmten Verhalten aufzufordern. Zudem besteht für die nationalen Stellen u.a. nach Art. 4 Abs. 4 Nr. 2 Europol-Übereinkommen die Verpflichtung, Informations-, Erkenntnis- und Beratungsanfragen von Europol zu beantworten. Da sich aber so die europäische Polizeiarbeit unabhängig von staatsanwaltschaftlichen Anweisungen und Kontrollen vollziehen kann, ist aus deutscher Sicht zu befürchten, dass die Sachleitungsbefugnis der nationalen Staatsanwaltschaften in Frage gestellt wird. Dies gilt umso mehr, als dass nur die Europol-Analytiker und sonstigen Bediensteten berechtigt sind, die Daten einzugeben und abzurufen.

387 Vgl. Art. 10 Abs. 3 Europol-Übereinkommen.

sentliche nationale Sicherheitsinteressen betroffen sind, der Erfolg einer laufenden Ermittlung bzw. die Sicherheit einer Person gefährdet würde oder Informationen betroffen sind, die von den Nachrichtendiensten oder deren Tätigkeiten stammen und die innere Sicherheit betreffen.[388] Ferner besteht die Verpflichtung der Mitgliedstaaten nach Art. 10 Abs. 3 Europol-Übereinkommen nur, soweit eine Verarbeitung nach dem jeweiligen nationalen Recht zu Zwecken der Verhütung, Bekämpfung oder Analyse von Straftaten zulässig ist. Durch diese Einschränkungen der Übermittlungsverpflichtung soll sichergestellt werden, dass die Mitgliedstaaten nicht gezwungen werden können, auf Grund eines völkerrechtlichen Abkommens, entgegen der eigenen Rechtsordnung in die Rechte ihrer Bürger einzugreifen.[389]

Werden die Daten durch einen Mitgliedstaat übermittelt, so hat dieser gemäß Art. 3 Abs. 1 DAAz. Europol den Grund der Datenübermittlung und jegliche Beschränkungen bezüglich der Verwendung, Löschung oder Vernichtung einschließlich allgemeiner oder spezifischer Zugriffsbeschränkungen mitzuteilen. Dies kann mit der Datenübermittlung erfolgen, aber auch zu jedem späteren Zeitpunkt. Nach Eingang dieser Informationen bei Europol wird so bald wie möglich festgestellt, ob und welche dieser Daten Eingang in die Analysedateien finden. Diese Einordnung kann allein durch den datenliefernden Mitgliedstaat oder einen ordnungsgemäß ermächtigten Europol-Analytiker erfolgen, da diesen das alleinige Zugriffsrecht zugestanden wird. Bis zu dieser Entscheidung unterliegen alle übermittelten Daten der uneingeschränkten Verantwortung des Mitgliedstaates, der sie übermittelt hat und dessen Rechtsvorschriften.[390]

Werden die Daten in die Analysedateien übernommen und dort verarbeitet, geht die Verantwortung nach Art. 15 Abs. 1 Nr. 2 Europol-Übereinkommen auf Europol über.[391] Allerdings betrifft dies nur die Ergebnisse bzw. die Verarbeitung. Für die Richtigkeit, Rechtmäßigkeit und Aktualität der ursprünglichen Daten

---

388 Art. 4 Abs. 4 i.V.m. Abs. 5 Europol-Übereinkommen.

389 Eine solche Folgerung ergibt sich, wenn man sich die Folgen für den Schutz der Rechte von Betroffenen anschaut. Definieren die deutschen Polizeigesetze in der Regel kein Datenprofil, das von den Polizeien zur Gefahrenabwehr gespeichert werden darf, muss sich die polizeiliche Datenverarbeitung am Grundsatz der Erforderlichkeit orientieren (Ausnahmen finden sich nur in § 11 PolG NRW und § 13 Abs. 5 Satz 2 HSOG). Angesichts der Gefahr und den praktischen Schwierigkeiten bei der Bekämpfung, die sich insbesondere im weiteren Anstieg der Kriminalitätszahlen in diesem Bereich widerspiegelt, wird sich die Erforderlichkeit nicht schwer begründen lassen. A.A. aber wohl *Martinez Soria*, VerwArch. 1998, S. 400/426.

390 Art. 3 Abs. 2 DAAz.

391 Mit der Verarbeitung der Daten werden die so neu entstehenden Daten zu Europol-Daten, für die nur Europol allein die datenschutzrechtliche Verantwortung trägt. Auf Grund dieses Umstandes befürchten Datenschützer, die Stelle könnte über diesen Weg als „Datenwaschanlage“ fungieren. Vgl. *Gleß/Lüke*, Jura 1998, S. 70/77 Fn. 139.

sind nach Art. 15 Abs. 1 Nr. 1 Europol-Übereinkommen weiterhin die Mitgliedstaaten verantwortlich.
In jedem Fall werden die übermittelten Informationen, d.h. sowohl alle aufgenommenen als auch die übrigen Daten, separat gespeichert bzw. aufbewahrt.[392]
Bezüglich der nicht in die Arbeitsdateien zu Analysezwecken aufgenommenen Daten gilt gemäß Art. 3 Abs. 3 DAAz., dass den liefernden Mitgliedstaaten die alleinige datenschutzrechtliche Verantwortung obliegt. Problematisch hieran ist, dass durch eine solche Regelung faktisch alle Informationen aufgehoben werden können. Eine Beschränkung gibt es hier nicht. Selbst auf das im Europol-Übereinkommen häufig genannte Kriterium der „Erforderlichkeit"[393] wurde gänzlich verzichtet. Damit wird gravierend in das Recht der informellen Selbstbestimmung eingegriffen.[394]
An den Mitgliedstaat zurückgegeben, gelöscht oder vernichtet werden können diese Informationen allerdings nach Art. 3 Abs. 4 DAAz. erst, wenn sie zum Zweck der Kriminalitätsbekämpfung nicht mehr benötigt werden. Dies hat in jedem Fall zu geschehen, wenn eine Analysedatei geschlossen wird.
Darüber hinaus kann Europol, soweit es erforderlich und gerechtfertigt ist, über die von den Mitgliedstaaten gelieferten Informationen hinaus verschiedene Drittstaaten und -stellen um die Übermittlung entsprechender Informationen ersuchen. Auch darf Europol Informationen entgegennehmen, wenn diese von den genannten Stellen aus eigener Initiative heraus übermittelt werden[395], oder

392 Art. 3 Abs. 3 DAAz. Auf diese Dateien darf im Folgenden zugegriffen werden, um sie zu einem späteren Zeitpunkt aufzunehmen oder zu prüfen, ob die bereits aufgenommenen Daten auch der Richtigkeit entsprechen und relevant sind. Weiter kann überprüft werden, ob die im Europol-Übereinkommen und den Durchführungsbestimmungen enthaltenen Anforderungen erfüllt wurden. Ferner besteht die Möglichkeit des Zugriffs noch für den Fall, dass ein schutzwürdiges Interesse des Betroffenen besteht. In diesem Fall ist aber dessen Einverständnis einzuholen.

393 Vgl. nur Art. 4 Abs. 3, Art. 8 Abs. 1, Art. 8 Abs. 2 Nr. 5, Art. 10 Abs. 1 Europol-Übereinkommen. In all diesen Vorschriften wird das Kriterium der Erforderlichkeit ausdrücklich erwähnt. Da dies hier aber gerade nicht der Fall ist, kann daraus geschlossen werden, dass dieses Erfordernis hier nicht erforderlich ist, da es nicht genannt ist.

394 Gleichzeitig stellt sich die Frage nach dem Sinn einer derartigen Speicherung. Auf den ersten Blick vermag es sinnvoll und vor allem praktisch sein, gleich vor Ort auf die gewünschten Daten Zugriff zu nehmen. Notwendig ist dies allerdings nicht. So kann nicht gesagt werden, ob diese Daten jemals nötig und damit dem Ziel Europols dienlich sein könnten. Dies gilt gerade vor dem Hintergrund, dass der Umfang der in den Analysedateien zu speichernden Daten enorm ist. Wenn dies aber der Fall ist, so stellt sich bereits die grundsätzliche Frage, warum diese Daten überhaupt gespeichert werden. Hinzu kommt, dass die entsprechenden Daten, sollten sie dennoch einmal von Bedeutung sein, jederzeit von den Mitgliedstaaten erneut übermittelt werden könnten. Es darf wohl angenommen werden, dass die von den Mitgliedstaaten übermittelten Daten auch in einer nationalen Datenbank vorhanden sind, nachdem sie an Europol übermittelt wurden.

395 Art. 10 Abs. 4 Europol-Übereinkommen.

selbst auf deren Informationssysteme zurückgreifen, wenn ihr die Befugnis hierzu eingeräumt wurde[396].[397]

(4) Zugriffsberechtigung und Weitergabe

Sind die Informationen in die Analysedatei aufgenommen und verarbeitet worden, stellt sich die Frage, wer Zugriff auf die Daten hat und an wen die Ergebnisse weitergegeben werden dürfen. Während beim Informationssystem noch jede nationale Stelle, jeder Verbindungsbeamte oder dazu berechtigte Europol-Bedienstete einschließlich der Europol-Leitung auf die Daten zugreifen konnte, ist der Zugriff auf die im Analysesystem gespeicherten Daten erheblich eingeschränkt worden. So dürfen nur die für die einzelnen Dateien zuständigen Analytiker Daten eingeben oder abrufen.[398] Diese erhebliche Zugriffsbeschränkung erfolgte aus polizeifachlichen Erwägungen und vor allem aus Gründen des Datenschutzes und der Datensicherheit, da in den Analysedateien in weitaus größerem Umfang personenbezogene und damit sensible Daten verarbeitet werden dürfen.[399]

Die Frage der Zulässigkeit einer Weitergabe richtet sich nach der Beteiligung einzelner Mitgliedstaaten an der Analyse. Bei dieser Beteiligung differenziert das Analysesystem zwischen zwei Arten von Arbeitsdateien[400], den allgemeinen/strategischen Analysen und den einzelfallbezogenen Analysen. Allgemeine oder strategische Dateien sind nach Art. 10 lit. a) DAAz. solche, die der Verarbeitung wichtiger Informationen über ein besonderes Problem, der Weiterentwicklung oder Optimierung von Initiativen der zuständigen Behörden i.S.v. Art. 2 Abs. 4 Europol-Übereinkommen dienen. Sie bilden z. B. die Grundlage für Analysen von Kriminalitätslagen oder den allgemeinen Täterprofilen. Dagegen werden in den einsatzbezogenen Dateien Informationen über eine oder mehrere der in Art. 2 Europol-Übereinkommen genannten Straftaten, bezogen auf einen

---

396 Art. 10 Abs. 5 Europol-Übereinkommen.

397 Ein solches Vorgehen ist sinnvoll, da das Verbrechen sich längst nicht auf Europa beschränkt oder an dessen Grenzen halt macht. Vielmehr operiert die organisierte Kriminalität weltweit. Dies zeigt insbesondere die Rauschgiftkriminalität, bei der das Rauschgift beispielsweise aus Afghanistan über den Balkan oder Russland in die EU gelangt (vgl. dazu *Zimmermann*, in: Morié/Murck/Schulte, S. 76/88). Auf die Möglichkeit des Informationsaustausches mit Drittstaaten und -stellen soll aber noch zu einem späteren Zeitpunkt intensiv eingegangen werden (vgl. dazu 2. Teil: C.IV.4.c).

398 Art. 10 Abs. 2 Nr. 1 Europol-Übereinkommen. Insbesondere Frankreich konnte sich dagegen mit seiner Forderung, dass alle Europol-Mitarbeiter einen direkten Zugang auf sämtliche Daten bei Europol bekommen sollten nicht durchsetzen. Vgl. hierzu *Bull*, KritV 1995, 313/325.

399 *Matz*, Europol, S. 189; *Storbeck*, Politische Studien 1998, Heft 359, S 16/18.

400 Diese Unterscheidung war schon im Rahmen von EDU vorzunehmen. Dies war auf den Umstand zurückzuführen, dass bei EDU operative Analysen nicht zulässig waren, da personenbezogene Daten nicht gespeichert werden durften.

speziellen Fall, eine Person oder Organisation gespeichert. Dies soll der Einleitung, Unterstützung und dem Abschluss bilateraler oder multilateraler Ermittlungen mit grenzüberschreitendem Charakter dienen.[401]
Handelt es sich daher um allgemeine und strategische Analysen, so sind alle Mitgliedstaaten in der Analysegruppe vertreten und erhalten daher auch die aus dieser Arbeit resultierenden Berichte. Handelt es sich dagegen um Analysen in Einzelfällen, die nicht alle Mitgliedstaaten betreffen, so dürfen nur die betroffenen Mitgliedstaaten an der Analyse teilnehmen und erhalten die so gewonnenen Informationen.[402] Allerdings hat jeder Mitgliedstaat nach Art. 10 Abs. 7 Europol-Übereinkommen die Möglichkeit, zusätzlich einen Informationsbedarf anzumelden und schriftlich zu begründen. In diesem Fall wird dessen Verbindungsbeamter zur Teilnahme zugelassen, soweit nicht ein anderer Teilnehmer der Analysegruppe Einwände dagegen vorbringt.[403] Dieses Vorgehen ist deswegen so bedeutend, da über solche Analysen, die weit über die gewöhnliche Datensammlung hinausgehen, sowohl allgemeine Gefahrenlagen oder Bedrohungsszenarien definiert wie auch spezielle Spuren und Verbindungen nachgezeichnet und die nationalen Ermittlungsbehörden zu weiteren Schritten veranlassen könnten.[404]
Aber nicht nur Mitgliedstaaten können an die Ergebnisse dieser Analysedateien gelangen. Nach Art. 18 Europol-Übereinkommen können diese Daten auch an Drittstaaten und -stellen übermittelt werden, wenn dies in Einzelfällen zur Verhütung oder Bekämpfung von Straftaten erforderlich ist, der entsprechende Staat oder die entsprechende Stelle einen angemessenen Datenschutzstandard besitzt und besondere Regelungen eingehalten wurden, welche die Parteien in einem besonderen Abkommen vereinbarten.[405] Handelt es sich darüber hinaus um besonders heikle Informationen, die der Geheimhaltung bedürfen, so bedarf es nach Art. 18 Abs. 6 Europol-Übereinkommen eines zusätzlichen Geheimschutzabkommens zwischen Europol und dem Empfänger. Sollen dagegen nicht die Ergebnisse einer Analyse, sondern nur einzelne von Seiten der Mitgliedstaaten gelieferte Daten übermittelt werden, darf Europol dies nur nach Zustimmung des betreffenden Mitgliedstaates tun. Eine derartige Zustimmung kann im Vorfeld, aber auch zu jedem späteren Zeitpunkt erteilt werden.[406]

---

401 Art. 10 Abs. 2 Europol-Übereinkommen i.V.m. Art. 10 lit. b) DAAz.

402 Art. 10 Abs. 6 Europol-Übereinkommen.

403 Sollte dies in Ausnahmefällen der Fall sein, so ist das in Art. 10 Abs. 7 Europol-Übereinkommen aufgeführte Vermittlungsverfahren durchzuführen. Dieses dauert maximal 19 Tage und endet mit einem im Konsens gefassten Beschluss. Bis zum Zeitpunkt einer Einigung bleibt der betroffene Verbindungsbeamte von der Analyse ausgeschlossen.

404 So auch *Fisahn*, KJ 1998, S. 359/363.

405 Art. 18 Abs. 1 Europol-Übereinkommen.

406 Art. 18 Abs. 4 Europol-Übereinkommen.

(5) Personenkreis

Im Gegensatz zum Personenkreis der Dateien im Informationssystem ist der Kreis der Personen, über die Daten in den Analysedateien gespeichert werden dürfen, um einiges größer. Nach Art. 10 Abs. 1 Europol-Übereinkommen sind davon folgende Personengruppen erfasst:

- Personen nach Art. 8 Abs. 1 Europol-Übereinkommen,
- Personen, die bei Ermittlungen zu den betreffenden Straftaten oder bei einer künftigen Strafverfolgung als Zeugen in Betracht kommen,[407]
- Personen, die Opfer einer der betreffenden Straftaten waren oder bei denen bestimmte Tatsachen die Annahme rechtfertigen, dass sie Opfer einer solchen Straftat werden können,
- Kontakt- und Begleitpersonen,[408]
- Personen, die Informationen über die betreffende Straftat liefern können. Als Zielpersonen dieser letzten Gruppe sind in erster Linie V-Leute und Informanten gemeint. Dies ergibt sich schon aus der Art der zu speichernden Daten. So darf einerseits die Frage der Entlohnung[409] gespeichert werden, andererseits aber auch, ob bereits negative Erfahrungen[410] mit der betroffenen Person gemacht wurden. Beide Vorschriften machen aber nur Sinn, wenn die betroffenen Personen zu einer Zusammenarbeit mit der Polizei bereit sind, was bei V-Leuten und Informanten der Fall ist.[411]

Nach Art. 6 Abs. 3 DAAz. stehen die Gruppe der Kontakt- und Begleitpersonen einerseits und alle anderen Gruppen andererseits in einem formellen Subsidiaritätsverhältnis zueinander. Ist ein Betroffener Zeuge, so kann er in derselben Sache begrifflich nicht Kontaktperson sein.[412] Allerdings sind die Personen-

---

407 Was allerdings unter dem Begriff Zeugen zu verstehen ist, wird weder durch das Europol-Übereinkommen noch durch die Durchführungsbestimmungen festgelegt. Allerdings dürfte darunter nach den im Wesentlichen übereinstimmenden mitgliedstaatlichen Definitionen eine Person verstanden werden, die in einem strafrechtlichen Ermittlungsverfahren Auskunft über die Wahrnehmung von Tatsachen geben kann, ohne selbst Beschuldigter zu sein. Vgl. dazu ausführlich *Petri,* Europol, S. 58.

408 Dabei handelt es sich nach Art. 6 Abs. 3 DAAz. um Personen, die nicht nur zufällig mit Personen nach Art. 8 Abs. 1 Europol-Übereinkommen in Kontakt stehen und bei denen ausreichende Gründe für die Annahme bestehen, dass über sie Informationen beschafft werden können, die für die Arbeit an den Analysedateien relevant sind.

409 Art. 6 Abs. 6 lit. g) DAAz.

410 Art. 6 Abs. 6 lit. h) DAAz.

411 *Petri,* Europol, S. 59.

412 *Petri*, Europol, S. 59. Problematisch ist allerdings, dass die hier beschriebene Eingriffsschwelle der „ausreichenden Gründe“ wenig aussagekräftig ist. Diese Ungenauigkeit wird darüber hinaus noch dadurch verstärkt, dass sich die Zulässigkeit der Speicherung auf der Rechtsfolgenseite an dem Kriterium der Erforderlichkeit orientiert (*Kremer,* Europol, S. 206). Aus dieser zumindest unklaren Abgrenzung lässt sich daher die Kritik äußern, diese Personengruppe sei so vage umschrieben, dass praktisch jeder, der aus

gruppen nur exemplarisch zu verstehen. Da Art. 10 Nr. 5 Europol-Übereinkommen allein auf die Möglichkeit des Betroffenen zu einer Informationsweitergabe abstellt, ohne dies genauer zu umschreiben, kann potentiell jeder in den Arbeitsdateien zu Analysezwecken datenmäßig erfasst werden.
Ein Unterschied zum Informationssystem besteht darin, dass sich dessen Daten auf Personen beschränken, die selbst eine Straftat begangen haben bzw. einer solchen verdächtigt wurden, während die Arbeitsdateien neben diesen Daten auch solche über Personen aus dem persönlichen Umfeld der Täter bzw. aus dem Umfeld seiner Straftaten enthalten. Damit geht die Datenerfassungsbefugnis über das bisherige Maß weit hinaus.

(6) Sachdaten

Das Europol-Übereinkommen legt nicht eindeutig fest, welche Daten in sachlicher Hinsicht gespeichert werden dürfen. Aus Art. 10 Abs. 1 Europol-Übereinkommen geht lediglich hervor, dass es sich dabei um personen- und nichtpersonenbezogene Daten handelt, die der Erreichung der Ziele Europols i.S.d. Art. 2 Abs. 1 Europol-Übereinkommen dienen, sich auf eine Straftat nach Art. 2 Abs. 2 beziehen und dem spezifischen Analysezweck dienlich sind. Durch Art. 6 DAAz., der einen umfassenden Katalog darüber enthält, welche Daten zu den einzelnen Personengruppen gespeichert werden dürfen, wird diese allgemeine Bestimmung spezifiziert. Dazu muss zunächst jede Arbeitsdatei mit einem Vermerk über den von der Speicherung betroffenen Personenkreis versehen werden.[413] Anhand dieser Klassifizierung der Datei kann genau überprüft werden, welche Daten gespeichert werden dürfen.

(a) Daten über Personen i.S.v. Art. 8 Abs. 1 Europol-Übereinkommen

Die Arbeitsdateien mit dem größten Umfang der zu speichernden Daten stellen diejenigen über Personen nach Art. 8 Abs. 1 Europol-Übereinkommen dar. Das sind Personen, die einer Straftat oder der Beteiligung an einer solchen verdächtigt werden bzw. diesbezüglich verurteilt wurden oder die in Verdacht stehen, dass sie eine solche begehen werden. Über diese Personengruppe dürfen in den Arbeitsdateien zu Analysezwecken nach Art. 6 Abs. 2 DAAz. Informationen aus bis zu 69 Kategorien gespeichert werden[414] und betreffen fast sämtliche Lebens-

---

Sicht der Polizei im Umfeld eines Verdächtigten auftaucht, europaweit gespeichert werden kann.

413 Art. 6 Abs. 1 DAAz.

414 Gespeichert werden dürfen danach Angaben zur Person, körperliche Merkmale, Identifizierungsmittel, wie Bildmaterial und sonstige Informationen zum äußeren Erscheinungsbild sowie Informationen für die kriminaltechnische Identifizierung wie Fingerabdrücke, DNS-Untersuchungsergebnisse, Stimmenprofil, Blutgruppe und Gebiss, Beruf und Qualifikation, Informationen über die wirtschaftlichen und finanziellen Verhält-

bereiche des Betroffenen, seien es nun berufliche oder wirtschaftliche Verhältnisse, Lebensgewohnheiten oder soziale Kontakte.
Bereits dieser erste Überblick lässt erahnen, wie umfangreich und damit hochsensibel diese Analysedateien sein können. Es ist leicht nachvollziehbar, dass aus einer Kombination dieser Kategorien ein umfassendes Persönlichkeitsprofil angefertigt werden kann. Es drängt sich unweigerlich das Bild eines gläsernen Menschen auf[415].

(b) (Potentielle) Zeugen

Der Umfang der zu speichernden Daten über Personen, die bei Ermittlungen in den betreffenden Straftaten oder bei einer künftigen Strafverfolgung als Zeuge in Betracht kommen, wird in Art. 6 Abs. 5 DAAz. festgelegt.[416] Darüber hinaus

---

nisse, Informationen zum Verhalten, wie z. B. Lebensweise und Gewohnheiten, Ortswechsel, regelmäßig aufgesuchte Orte, Gefährlichkeit, Mitführen von Waffen und anderer gefährlicher Instrumente, spezifische Gefahren wie Fluchtrisiko, Einsatz von Doppelagenten, Verbindungen zu Mitarbeitern von Strafverfolgungsbehörden, kriminalitätsbezogene Eigenschaften und Profile (z. B. Persönlichkeits-, Charakter-, Bewegungsprofile etc.) sowie Drogenmissbrauch. Weiter gespeichert werden können Informationen über Kontakte und Begleitpersonen einschließlich der Art und Beschaffenheit der Kontakte oder Verbindungen, verwendete Kommunikations- und Verkehrsmittel, Informationen über kriminelle Aktivitäten, für die Europol nach Art. 2 Europol-Übereinkommen zuständig ist und Angaben über andere Datenbänke, über die Informationen bzgl. der betroffenen Person bezogen worden sind (z. B. Europol, Polizei-/Zollbehörden, sonstige Strafverfolgungsbehörden, internationale Organisationen, öffentliche und private Stellen). Weiterhin gespeichert werden können Informationen über juristische Personen, die mit Angaben zu den wirtschaftlichen und finanziellen Verhältnissen sowie den Informationen über kriminelle Aktivitäten in Zusammenhang stehen, wie z. B. Name und Anschrift der juristischen Person, Kapital, Tätigkeitsbericht, Tochtergesellschaften in In- und Ausland und Verbindungen zu Banken.

415 Bei der Ratifizierung hatten die Bundesrepublik Deutschland und Österreich in der Erklärung zu Art. 10 Abs. 1 Europol-Übereinkommen im Anhang des selbigen noch bekräftigt, sie werden Sorge dafür tragen, dass bei Daten über Personen nach Art. 10 Abs. 1 Satz 1 Nr. 1 Europol-Übereinkommen, die über den Umfang von Art. 8 Abs. 2, 3 Europol-Übereinkommen hinausgehen, diese nur gespeichert werden dürfen, wenn wegen der Art oder Ausführung einer Tat oder sonstiger Erkenntnisse Grund zu der Annahme besteht, dass gegen diese Personen Strafverfahren zu führen sind, für die Europol nach Art. 2 Europol-Übereinkommen zuständig ist. Da sich eine solche Einschränkung in den später erlassenen Durchführungsbestimmungen aber nicht mehr findet, kann davon ausgegangen werden, dass sich eine solche Beschränkung durch eine Prognoseentscheidung nicht durchzusetzen vermochte.

416 Gespeichert werden dürfen danach Angaben zur Person i.S.v. Art. 6 Abs. 2 lit. a), Angaben über körperliche Merkmale i.S.v. Art. 6 Abs. 2 lit. b) und Angaben über Identifizierungsmittel i.S.d. Art 6 Abs. 2 lit. c) (Identitätsdokumente, Nummern des nationalen Personalausweises/Reisepasses und soweit vorhanden nationale Identifizierungsnummern) sowie alle von der Person gelieferten straftatbezogenen Informationen, ein-

dürfen nach Art. 6 Abs. 5 DAAz. aber auch andere Daten i.S.d. Art. 2 Abs. 2 DAAz. gespeichert werden, sofern dies für die Analyse der Rolle der Betroffenen als Zeuge notwendig ist. Die alleinige Grenze der Zulässigkeit findet sich hier in dem wenig aussagekräftigen Merkmal der Erforderlichkeit. Über diese Generalklausel ist es Europol daher grundsätzlich möglich, alle Daten zu speichern, die Europol auch über tatsächliche oder potentielle Straftäter hätte speichern dürfen. Denkbar ist ferner, dass über (potentielle) Zeugen im Vergleich zu verurteilten/potentiellen Straftätern bzw. Verdächtigen weiter gehende personenbezogene Informationen gespeichert und verarbeitet werden.[417] Aber gerade für diese Personengruppe ist die Erforderlichkeit einer derart umfangreichen Speicherung fraglich. So sind beispielsweise die persönlichen Daten dieser Personengruppe weder für die automatisierte Auswertung der strategischen noch für die der einzelfallbezogenen Analyse erforderlich.[418] Sollte dies aber im Einzelfall dennoch erforderlich sein, so kann ein Kontakt auch über die ermittlungsführende Behörde des jeweiligen Mitgliedstaates vor Ort hergestellt werden. Diese kennen die für die jeweiligen Straffälle wichtigsten Zeugen und stehen mit diesen in Kontakt. Eine doppelte Speicherung im System Europols ist daher nicht erforderlich.
Außerdem wird durch das DAAz. nicht präzisiert, was unter straftatbezogenen Daten zu verstehen ist. Da nämlich sowohl nach Art. 10 Abs. 1 Europol-Übereinkommen als auch nach Art. 6 Abs. 5 lit. a) DAAz. alle in den Arbeitsdateien zu Analysezwecken gespeicherten Daten straftatbezogen sein müssen, findet keine begriffliche Eingrenzung statt. Somit kann der Aussage Petris, Europol sei de facto in der Lage, Informationen jedweder Art über alle Personen verarbeiten zu können, sofern sie diese Informationen als Zeugenaussage deklariert, zugestimmt werden. Dieser Wertungswiderspruch zu Art. 6 Abs. 4 und 6 DAAz. könnte nur durch eine restriktive Auslegung dahingehend vermieden werden, dass die zu verarbeitenden Informationen die für andere Personenkategorien gezogenen Grenzen nicht überschreiten.[419]

(c) (Potentielle) Opfer

Der Umfang, der über (potentielle) Opfer zu speichernden Daten, richtet sich grundsätzlich nach Art. 6 Abs. 4 DAAz.[420] Darüber hinaus können, soweit er-

---

schließlich jener über ihre Beziehung zu anderen in der Arbeitsdatei geführten Personen. Daneben können Informationen zum Erfordernis einer Anonymitätswahrung, der Gewährung von Schutz und über die schutzgewährende Stelle, das Vorliegen einer neuen Identität und die mögliche Teilnahme an einer Gerichtsverhandlung gespeichert werden.

417 *Kremer*, Europol, S. 204.

418 *Degenhardt*, Europol, S. 193.

419 So schon *Petri*, Europol, S. 62.

420 Zu speichern sind folglich nach Art. 6 Abs. 2 a-c) DAAz. Daten zur Identifizierung des Opfers, Gründe der Viktimisierung, Schaden (körperlicher/ finanzieller/ psychologi-

forderlich, auch andere Daten i.S.v. Art. 6 Abs. 2 DAAz. gespeichert werden, sofern sie zur Analyse der Rolle des Betroffenen als Opfer oder mögliches Opfer notwendig sind. Da sich die Vorschriften hinsichtlich der zu speichernden Daten von Opfern weit gehend mit denen bzgl. der Zeugen decken, kann hier auf die obigen Problematiken der zu speichernden Daten im Vergleich zu verurteilten oder potentiellen Straftätern verwiesen werden. Gleiches gilt hinsichtlich der Frage, was unter straftatbezogenen Daten zu verstehen ist sowie zur Frage der Erforderlichkeit einer solchen Datenspeicherung.[421]

(d) Kontakt- und Begleitpersonen

Bezüglich der zu speichernden Informationen von Kontakt- und Begleitpersonen kennt Art. 6 Abs. 3 DAAz. im Gegensatz zu den übrigen Personengruppen keine konkreten Kategorien. Vielmehr dürfen für diese Personen alle Daten nach Art. 6 Abs. 2 DAAz. gespeichert werden, sofern sie für die Analyse der Rolle der Betreffenden als Kontakt und Begleitpersonen erforderlich sind. Daneben ist aber gemäß Art. 6 Abs. 3 DAAz. bei der Verarbeitung der Informationen zu beachten, dass

- die Beziehung dieser Personen zu den in Art. 6 Abs. 2 DAAz. bezeichneten Personen so rasch wie möglich geklärt wird,
- bei Unbegründetheit einer Annahme gemäß Art. 6 Abs. 2 UAbs. 1 DAAz. die Daten unverzüglich gelöscht werden,
- alle Daten nach Art. 6 Abs. 2 DAAz. gespeichert werden dürfen, wenn eine Person einer Straftat verdächtigt wird, für die Europol nach Art. 2 Europol-Übereinkommen zuständig ist, sie einer solchen Straftat überführt wurde oder es nach nationalem Recht ernste Gründe für die Annahme gibt, dass sie eine solche Straftat begehen wird,
- in Fällen, in denen vorstehende Aspekte nicht geklärt werden können, dieser Umstand bei der Entscheidung über Notwendigkeit und Umfang der Speicherung für die Zwecke der weiteren Analyse berücksichtigt werden muss und
- Daten über weitere Kontakt- und Begleitpersonen von Kontakt- und Begleitpersonen nicht gespeichert werden dürfen.[422]

Diese recht allgemein gehaltenen Vorgaben dürften darauf zurückzuführen zu sein, dass es gerade bei dieser Personengruppe schwierig ist, ihre genaue Bedeu-

---

scher/ anderer Art), Erfordernis, die Anonymität zu wahren, Möglichkeit der Teilnahme an einer Gerichtsverhandlung sowie von den oder über die genannten Personen gelieferte straftatbezogene Informationen, einschließlich Informationen über ihre Beziehung zu anderen Personen, soweit dies zur Identifizierung der in Abs. 2 Europol-Übereinkommen bezeichneten Personen erforderlich ist.

421 Vgl. 2. Teil: C.IV.4.a)bb)(6)(b).

422 Allerdings sind von diesem Verbot wiederum diejenigen Daten ausgeschlossen, die Informationen über Art und Beschaffenheit ihrer Kontakte oder Verbindungen zu Personen i.S.v. Art. 8 Abs. 1 Europol-Übereinkommen enthalten.

tung in einem konkreten Fall zu erfassen. So wird es schwer zu klären sein, ob sie eher als Opfer oder Zeugen in Betracht kommen, oder ob es sich bei ihnen um einen eventuellen Mittäter handelt. Um dennoch die Effektivität der polizeilichen Zusammenarbeit gewährleisten zu können, dürfte eine derart weit reichende Regelung getroffen worden sein. Allerdings ist mit dieser Regelung auch verbunden, dass eine große Anzahl von Personen unter diese Kategorie fallen können.[423]

(e) Informanten / Hinweisgeber

Als letzte Personengruppe, über die Daten gespeichert werden dürfen, nennt Art. 10 Abs. 1 Europol-Übereinkommen alle Personen, die Informationen über die betreffende Straftat liefern können. Der Rahmen, der über diese Personengruppe zu speichernden Daten richtet sich nach Art. 6 Abs. 6 DAAz.[424]
Auch hinsichtlich dieser Gruppe können all jene Informationen gespeichert werden, die notwendig sind, um die Rolle der Betroffenen als Informanten zu analysieren. Diese Generalklausel entspricht damit exakt derjenigen, wie sie bei den (potentiellen) Opfern und Zeugen besteht. Damit können auch über diese Personen sämtliche Daten gespeichert werden, die sonst nur über (potentielle) Straftäter bzw. Verdächtigte gespeichert werden dürfen. Dies umfasst auch die höchstpersönlichen Daten, wie DNS-Untersuchungsergebnisse. Die daraus resultierenden Probleme wurden bereits behandelt.[425]

(f) Daten i.S.d. Art. 6 Übereinkommen des Europarates zum Schutz des Menschen bei der automatischen Verarbeitung personenbezogener Daten

Neben den nach dem Durchführungsabkommen zu speichernden Daten kann Europol auch Daten i.S.d. Art. 6 Satz 1 des Übereinkommens des Europarates zum Schutz des Menschen bei der automatischen Verarbeitung personenbezogener Daten erheben, speichern und verarbeiten, wenn die entsprechenden Daten zur Erreichung des Dateizwecks unbedingt notwendig sind und die in den Analysedateien enthaltenen Informationen ergänzen. Eine Speicherung von Daten einer in Art. 10 Abs. 1 Europol-Übereinkommen aufgeführten Personengruppe

---

423 Im Ergebnis auch *Zieschang*, ZRP 1996, S. 427/429.

424 Gespeichert werden dürfen neben den Angaben von Art. 6 Abs. 2 a-c) DAAz. auch verschlüsselte Angaben zur Person, über die Art der gelieferten Information, über das Erfordernis einer Anonymitätswahrung sowie Angaben über die Gewährung von Schutz und die schutzgewährende Stelle. Darüber hinaus werden von dieser Regelung Angaben über das Vorliegen einer neuen Identität sowie die Möglichkeit der Teilnahme an einer Gerichtsverhandlung und über negative Erfahrungen und eine Entlohnung (finanziell/Vergünstigungen) erfasst.

425 Vgl. nur 2. Teil: C.IV.4.a)bb)(6)(b) und 2. Teil: C.IV.4.a)bb)(6)(c).

unter Verletzung der Zweckbestimmung ist dagegen strikt untersagt, da es sich bei diesen Daten um besonders schutzbedürftige, höchst sensible Daten handelt[426].

Problematisch an der Aufnahme solcher Informationen in das Analysesystem ist, dass in der Praxis - wie die Untersuchung des betroffenen Personenkreises gezeigt hat - jeder in die Gefahr geraten kann, dass solche Daten über ihn gespeichert werden. Zudem wird kritisiert, dass solch sensible Daten zur Kriminalitätsbekämpfung nicht erforderlich sind und dass die konkrete Qualität der möglichen Daten nicht hinreichend bestimmt ist.[427] Diese Argumentation ist allerdings nicht stichhaltig. So sind durchaus Konstellationen denkbar, in denen diese Daten eine große Rolle spielen können. Nimmt man beispielsweise an, es geht um Pornografie mit Minderjährigen[428], so liegt es geradezu auf der Hand, dass die Aufnahme pädophiler Neigungen und damit Informationen über das Sexualleben des Betroffenen fallspezifisch sinnvoll und notwendig sind. Aber auch Fälle, in denen die Rasse eine Rolle spielen kann, sind bei der Bekämpfung von Rassismus und Fremdenfeindlichkeit[429] unerlässlich. Der Kritik der Unbestimmtheit kann durch die umfangreichen Regelungen in den Durchführungsbestimmungen begegnet werden.[430] Der Wertung des Europol-Übereinkommens kann somit dahingehend zugestimmt werden, dass eine Speicherung hoch sensibler Daten nicht per se rechtwidrig ist.

Die Zulässigkeit der Speicherung bedarf jedoch wegen des extrem persönlichen Charakters solcher Daten einer Einschränkung. Eine solche findet sich nicht auf der Tatbestandsebene in Art. 10 Abs. 1 Europol-Übereinkommen. Eine Möglichkeit der Begrenzung könnte daher allenfalls auf der Rechtsfolgenseite durch das Merkmal der „unbedingten Notwendigkeit" erfolgen, was für den Schutz des Betroffenen absolut unzureichend ist.[431] Wirkt dieses Merkmal zunächst wie ein strikter Erforderlichkeitsgrundsatz, so entpuppt es sich bei näherem Hinsehen als unbrauchbar, da die Verarbeitung grundsätzlich erlaubt und die Einschränkung durch das Merkmal der unbedingten Notwendigkeit steuerbar ist. So kann Europol selbst den Zweck der betreffenden Datei frei festlegen und damit die Maßstäbe, die an die Notwendigkeit zu stellen sind, selbstständig festlegen. Dies gilt

---

426 Im Einzelnen sind dies Informationen über die rassische Herkunft, die politische oder religiöse Anschauung, die eine andere Überzeugung erkennen lassen, die Gesundheit und das Sexualleben.

427 *Bull*, DRiZ 1998, S. 32/33.

428 Eine Zuständigkeit Europols für diesen Bereich findet sich im Anhang betreffend Art. 2 Europol-Übereinkommen. Danach ist die sexuelle Gewalt gegenüber Minderjährigen ein Unterfall des Menschenhandels.

429 Eine Zuständigkeit Europols für diesen Bereich findet sich ebenfalls im Anhang betreffend Art. 2 Europol-Übereinkommen. Danach ist Rassismus und Fremdenfeindlichkeit ein Unterfall der Straftaten gegen Leben, Freiheit und körperliche Unversehrtheit.

430 Vgl. dazu nur die Regelung des Art. 6 DAAz.

431 *Kremer*, Europol, S. 212; *Petri*, DuD 1998, S. 324/328.

auch vor dem Umstand, dass trotz der ansonsten zum Teil detaillierten Einzelregelungen, sowohl der Gegenstand der Analysen selbst als auch die Bildung der jeweiligen Analysegruppen weder im Europol-Übereinkommen noch in den diesbezüglichen Durchführungsbestimmungen präzisiert wird.[432] Daher ist die Frage nach der „unbedingten Notwendigkeit" stets eine offene und eine Beschränkung des jeweiligen Umfangs der Datenspeicherungen in den einzelnen Analyseprojekten ist dadurch nicht möglich.[433]

Die Notwendigkeit eines ausreichenden Kriteriums besteht aber umso mehr, wenn man sich die Gefahren für den Betroffenen anschaut, die aus einer derartigen Datenverarbeitung resultieren. Eine Verarbeitung derart sensibler Daten ermöglicht nämlich die Erstellung von umfassenden Persönlichkeitsbildern der Betroffenen, die erfahrungsgemäß als Anknüpfungspunkt für Diskriminierung jeglicher Art dienen können.[434]

Im Ergebnis wird durch die Voraussetzung des strikten Erforderlichkeitsgrundsatzes ein nur unzureichender Schutz für den Betroffenen gewährleistet.[435]

(7) Zusammenfassung und Bewertung der Analysedateien

Die Arbeit mit einem Analysesystem ist in der europäischen Zusammenarbeit zur Kriminalitätsbekämpfung ein Novum. Es stellt nicht nur wie bisherige Informationssysteme eine bloße Informationsansammlung dar, sondern soll durch deren Verarbeitung Hintergründe aufdecken und Rückschlüsse für die weitere Polizeiarbeit ermöglichen. Damit gehen Umfang und Qualität der zu speichernden Daten weit über den inhaltlichen Anwendungsbereich früherer polizeilicher Datenbanken, wie z. B. das SIS, hinaus.[436] Allerdings birgt diese Zusammenarbeit auch ein erhebliches Gefährdungspotential für den Betroffenen. Angesichts eines extrem weit gefassten Kreises (potentiell) betroffener Personen, des Umfangs der zu speichernden Informationen und äußerst vager Voraussetzungen für die Zulässigkeit einer Datenspeicherung im Analysesystem sind die Betroffenen für die Dauer der Analyse faktisch schutzlos.[437]

Wie die Darstellung des Europol-Analysesystems gezeigt hat, ist der Personenkreis über den Informationen in den Europol-Datenbanken gespeichert werden können, kaum eingrenzbar[438] und geht weit über den Rahmen des Informationssystems hinaus. So können unter dem Vorbehalt der Erforderlichkeit selbst von

432 Vgl. dazu Art. 12 Europol-Übereinkommen sowie Art. 5, 12 DAAz.

433 So auch *Degenhardt*, Europol, S. 182; *Kübler*, Einheitliche Grundrechte, S. 110 f.

434 Vgl. *LfD-Bayern*, 17. Tätigkeitsbericht, Punkt 5.16 (über www.datenschutz-bayern.de - Stand: 28.02.2005); *Sule*, Europol, S. 50. Wohl aus diesem Grund war die Aufnahme von diesen Daten in das SIS nach Art. 94 Abs. 3 Satz 2 SDÜ ausdrücklich untersagt.

435 So auch *Petri*, DuD 1998, S. 324/328.

436 Vgl. dazu auch *Petri*, Europol, S. 60.

437 Vgl. auch *Petri*, Europol, S. 61.

438 So auch *Kübler*, Einheitliche Grundrechte, S. 110; *Weichert*, DuD 1995, S. 450/454.

Unschuldigen und Nichtverdächtigen höchstpersönliche und sensible Daten in umfassender Weise im Analysesystem gespeichert werden und jeder kann zumindest potentiell Gefahr laufen, in den Arbeitsdateien zu Analysezwecken datenmäßig erfasst zu werden. Damit kommt es bereits im frühen Stadium der Entscheidung, wessen Informationen in den Analysedateien verarbeitet werden dürfen, zu erheblichen Unsicherheiten. Es besteht die Gefahr der möglichen Ausforschung ganzer Personengruppen.[439] Zugleich wird im Vergleich zum Informationssystem in sachlicher Hinsicht der Umfang der Arbeitsdateien zu Analysezwecken erheblich erweitert.
Solche Unsicherheiten sowie der erhebliche Umfang der Datenspeicherungen verschärfen die Möglichkeit einer Rechtsverletzung, weshalb eine detailliertere Begriffsbildung zwingend erforderlich gewesen wäre. Zum einen fehlt es auf der Tatbestandsseite an jeglicher Regelung bezüglich der Zulässigkeit einer Speicherung, zum anderen ist mit dem Merkmal der Erforderlichkeit auf der Rechtsfolgenseite eine in ihrer Bestimmtheit unklare Begrenzung der Datenverarbeitungsbefugnis geschaffen worden.[440] Dies wirkt umso schwerer, als im Analysesystem auf eine klare Zweckbestimmung zur Datenerhebung verzichtet wurde und entgegen dem SIS[441] in den Arbeitsdateien zu Analysezwecken auch sogenannte weiche Daten gespeichert werden dürfen.[442] Naturgemäß weisen gerade weiche Daten ein nicht unerhebliches Maß an Ungenauigkeiten auf, da diese noch nicht polizeilich ausermittelt worden sind. Daher ist es problematisch, eine Bewertung über die weitere Verwendung solcher Daten nicht durch die Polizei vornehmen zu lassen, welche den Fall kennt, sondern allein von Europol. Dabei ist auch zu berücksichtigen, dass die Strafverfolgungsbehörden in den Mitgliedstaaten keine Möglichkeiten haben, die vom Analysesystem erhobenen Informationen auf ihre Richtigkeit hin zu untersuchen. So weisen die Analysedateien keinerlei Datenfelder auf, durch welche der ermittelnde Beamte Aufschluss über die konkreten Tatumstände bzw. -begebenheiten bekommen könnte. Auch hat die zuständige Polizei weder die Möglichkeit zu prüfen und zu entscheiden, welche weitere Analysen sie für erforderlich hält, noch kann sie die Analyse selbst überprüfen, da sie keinen Zugang zu den Arbeitsdateien zu Analysezwecken hat.[443] Mangels weiterer eingrenzender Tatbestandsvoraussetzungen beruhen letztlich Qualität und Richtigkeit dieser Daten allein auf der persönlichen

---

439 Vgl. auch *Matz*, Europol, S. 199.
440 *Kremer*, Europol, S. 213.
441 Das SIS ist ausschließlich als Fahndungssystem konzipiert worden und enthält ausschließlich Datenkategorien, die für die in den Art. 95 – 100 SDÜ normierten Ausschreibungszwecke erforderlich sind. Dies sind z. B. Ausschreibungen zur Festnahme, Aufenthaltsfeststellung und Einreiseverweigerung.
442 *Storbeck*, Kriminalistik 1994, S. 201/202.
443 Stattdessen beschränkt sich das Europol-Übereinkommen bei dieser Frage auf die Schaffung interner Kriterien, mit deren Hilfe sowohl die Quelle als auch die erfassten Datenbestände selbst zu bewerten sind, vgl. dazu Art. 11 Abs. 1 DAAz.

Einschätzung der übermittelnden Polizeibehörde sowie der beurteilenden Beamten bei Europol.
Dies wiederum hat zur Folge, dass kaum mehr zu erkennen ist, ob Daten gespeichert werden dürfen. Damit weist das Europol-Übereinkommen in diesem Bereich keinen ausreichend hohen Grad an Bestimmtheit auf. Soweit Waechter dem widerspricht und dies damit begründet, dass ein Eingriff in das Recht auf informationelle Selbstbestimmung nicht die gleiche Intensität aufweist, wie klassische Eingriffe der polizeilichen Gewalt in Freiheit, Eigentum oder Gesundheit,[444] vermag diese Argumentation nicht zu überzeugen. Von einem weniger intensiven Eingriff kann bereits im Hinblick auf die Qualität der Daten sowie der Praxis der Datenverbreitung und der damit verbundenen Auswirkungen auf die nationalen Strafverfolgungsbehörden nicht ausgegangen werden. Außerdem kann der alleinige Hinweis darauf, dass ein Eingriff in den Bereich informationeller Tätigkeit weniger schwer wiegend sei, nicht ausreichend sein, um die Voraussetzungen an die Bestimmtheit abzuschwächen. Bei dem Recht auf informationelle Selbstbestimmung handelt es sich genauso um ein Grundrecht, wie bei dem Recht auf körperliche Unversehrtheit, Freiheit oder Eigentum. Es gibt keine Rangfolge oder gar Klassifizierung von Grundrechten. Daher müssen bei Vorliegen eines Eingriffs in den Schutzbereich auch die zusätzlichen Anforderungen an die Rechtfertigungsebene in vollem Umfang erfüllt werden. Die Ansicht Waechters ist daher abzulehnen.
Zwar sehen auch deutsche Polizeigesetze mögliche Befugnisse nicht nur gegenüber dem Störer vor, sondern orientieren sich am Grundsatz der Erforderlichkeit, ohne das Datenprofil abschließend zu definieren.[445] Ein entscheidender Unterschied zu Europol liegt jedoch im Aufgabenbereich. Dieser ist für Europol, wie bereits oben gezeigt wurde, völlig unzureichend und praktisch nicht einschränkbar gestaltet worden. Eine Einschränkung auf den präventiven Bereich, wie dies bei den Polizeigesetzen der Länder der Fall ist, existiert im Europol-Übereinkommen nicht.[446] Es wurde Abschied vom polizeirechtlichen Gefahrenbegriff genommen, der im SIS zumindest noch im Grundsatz Eingriffsvoraus-

---

444 *Waechter*, ZRP 1996, S. 176/168 f.

445 So kann nach § 13 Abs. 1 Nr. 3 HSOG die Gefahrenabwehr- und die Polizeibehörde personenbezogene Daten zur Erfüllung ihrer Aufgaben erheben, auch wenn es sich um andere Personen als die in den §§ 6 und 7 HSOG genannten handelt. Weiter sieht § 16 Abs. 3 HambGesDatPol. vor, dass die Speicherung, Nutzung und Veränderung personenbezogener Daten von Kontakt- und Begleitpersonen, bei der tatsächliche Anhaltspunkte die Annahme rechtfertigen, dass sie künftig Straftaten begehen wird, zulässig ist. Schließlich können nach § 8 Abs. 4 BKAG ebenfalls Daten von Zeugen, Opfern, Begleit- und Kontaktpersonen gespeichert, verändert und genutzt werden, soweit dies zur Verhütung oder zur Vorsorge für die künftige Verfolgung einer Straftat mit erheblicher Bedeutung erforderlich ist.

446 *Lisken/Mokros*, Vorgänge 1997, S. 101/104.

setzung für ein präventives Handeln war.[447] Folge dieser Herabsetzung der Eingriffsschwelle ist, dass nicht nur Störer oder Straftäter hiervon betroffen sind, sondern praktisch jedermann.[448]
Des Weiteren gehen deutsche Vorschriften, wie z. B. § 8 BKAG, zumindest im Grundsatz davon aus, dass diese Daten nur mit Einwilligung des Betroffenen gespeichert werden dürfen.[449] Eine Ausnahme kommt nur in Betracht, wenn das Bekannt werden der Speicherungsabsicht den mit der Speicherung verfolgten Zweck gefährden würde.[450] In den entsprechenden Regelungen im Europol-Übereinkommen oder den Durchführungsvorschriften wurde dagegen gänzlich auf die Notwendigkeit der Einwilligung verzichtet.
Bei den übrigen Einschränkungen darf nicht verkannt werden, dass es sich bei diesen einschränkenden Maßnahmen nur um sehr vage Mittel zum Schutz der Betroffenen handelt, zumal ein ausdrückliches Verbot der Verarbeitung bzw. die damit verbundene Löschung der Daten nur in den Fällen besteht, in denen sich herausstellt, dass die betroffene Person keine Kontakt- oder Begleitperson ist. Ansonsten reicht es nach Art. 6 Abs. 3 DAAz. zur Speicherung aus, wenn die Annahme begründet ist und die Speicherung zur Zweckerreichung erforderlich ist.
Weitere Bedenken ergeben sich aus dem Umstand, dass selbst erhebliche Bedenken nicht zwangsläufig zu einem Verwertungsverbot führen.[451] Das Bewertungssystem dient daher allein der formalen Kategorisierung, zieht aber keine rechtlichen Folgen hinsichtlich der zu erfassenden Datenbestände nach sich. Außerdem können mit dieser Art von Informationen umfassende Charakter- und Persönlichkeitsprofile der Betroffenen erstellt werden, welche für die Betroffenen weit reichende Rechtsfolgen haben können.
Die Datenverarbeitung von Europol bewegt sich zudem außerhalb strafprozessualer Ermächtigungsgrundlagen sowie der dort geregelten Befugnisse. Sie geht daher über den mit der Analysetätigkeit notwendigerweise verbundenen Eingriff in das Recht auf informationelle Selbstbestimmung weit hinaus.[452]

---

447 Vgl. dazu Art. 99 Abs. 2 SDÜ.

448 So auch *Albrecht/Braum*, KritV 2001, S. 312/344 f.; *Petri*, KritV 1998, S. 441/448; *Albrecht*, StV 2001, S. 69/70. Zu ähnlichen Tendenzen im innerstaatlichen Bereich der Bundesrepublik Deutschland vgl. beispielsweise die Kritik von *Stephan*, DVBl. 1998, S. 81 ff.

449 § 8 Abs. 4 Satz 3 BKAG.

450 § 8 Abs. 4 Satz 4 BKAG.

451 Haben die Beamten Bedenken an der Richtigkeit, so wird ihnen nur vorgeschrieben, sich mit dem betreffenden Mitgliedstaat auseinanderzusetzten. Kann in der Folge kein Einvernehmen hergestellt werden, so ist die betroffene Information nach Art. 11 Abs. 4 Europol-Übereinkommen mit dem Vermerk „Die Verlässlichkeit der Quelle kann nicht beurteilt werden" zu versehen. Daraus folgt aber im Umkehrschluss, dass ein Verbot der Aufnahme bzw. Verwertung gerade nicht besteht.

452 Vgl. auch *Albrecht/Braum*, KritV 2001, S. 312/345; *Tolmein*, StV 1999, S. 108/112.

Aber nicht nur hinsichtlich der Qualität der zu verarbeitenden Daten erscheint das Analysesystem von Europol problematisch. Auch die Mengen der zu speichernden Daten sowie die Art und Weise, wie mit diesen Daten umgegangen wird, verstärken solche Bedenken. Angesichts der kaum zu überschaubaren Datenmengen besteht auch im Analysesystem die Gefahr einer Verletzung der Betroffenen in ihren Rechten, ohne dass es den verantwortlichen Stellen bei Europol auffällt. Verstärkt werden diese Bedenken durch die Möglichkeit einer automatischen Auswertung im Europol-Analysesystem.[453] So kann ein Computerprogramm beim Herausfiltern der Informationen nicht entscheiden, ob dies rechtlich zulässig ist. Auch dieses Herausfiltern stellt einen Eingriff in die Rechte des Betroffenen dar.
Im Ergebnis sind somit im Analysesystem eine Vielzahl von Konstellationen möglich, durch die es zu einer Verletzung von Rechten Betroffener kommen kann.

cc) Indexsystem

Neben Informations- und Analysedateien besteht das Europol-Computersystem noch aus einer dritten Komponente, dem Indexsystem. Dieses wird in Art. 11 Europol-Übereinkommen geregelt und von Europol für die in den Arbeitsdateien zu Analysezwecken nach Art. 10 Europol-Übereinkommen gespeicherten Daten eingerichtet.
Es handelt sich um ein Fundstellennachweissystem über die dort gespeicherten Daten, welches so auszugestalten ist, dass der abrufende Verbindungsbeamte anhand der abgerufenen Daten ersehen kann, ob die Dateien Informationen enthalten, die den ihn entsendenden Mitgliedstaat betreffen. Ziel dieses Indexes ist es, dem Verbindungsbeamten alle erforderlichen Informationen zu geben, damit dieser einen weiteren Informationsbedarf nach Art. 10 Abs. 6 und 7 Europol-Übereinkommen geltend machen kann und damit in die entsprechenden Analysedateien eingebunden wird.

---

453 Europol hat mit seinem Eurint-Analysesystem ein weltweit einzigartiges elektronisches Analysesystem geschaffen, mit dem bestehende Sprach- und Mengenbarrieren beseitigt werden sollen, indem automatisch alle wichtigen Informationen aus der Vielzahl von Daten herausgefiltert werden. Um dies zu ermöglichen, wurden die technischen und methodischen Neuerungen des Aventinus-Sensus-Projekts mit seiner multilingualen elektronischen Analyse in das Europol-Analysesystem integriert. Bei dem Aventinus-Sensus-Projekt handelt es sich um eine Arbeit, die von Universitäten, der Industrie sowie Polizei- und Sicherheitsbehörden durchgeführt wird. Unterstützt wird es durch Gelder der Europäischen Kommission. Damit wird die Polizei am Ende in die Lage versetzt, fremdsprachige Texte sowie audio- und visuelle Daten zu übersetzen, zu verarbeiten und grafisch im online-Verfahren darzustellen. Aventinus-Sensus soll der Polizei auf Anfrage, unabhängig von der Sprache, der Form oder des Ortes, sekundenschnell die angeforderten Antworten liefern (vgl. dazu ausführlich *Kremer*, Europol. S. 215 f.).

Gleichzeitig sollen ihm aber Verknüpfungen oder gar Rückschlüsse auf den Inhalt der Dateien nicht möglich sein.[454] Der Benutzer darf keine materiellen Informationen, sondern höchstens einen Hinweis auf die von den Analytikern gewonnenen Erkenntnisse erhalten.[455] Damit findet mit der Abfrage im Indexsystem eine ähnliche Abfrage statt wie im SIS.[456] Der Informationsgehalt dieser Dateien ist auf Grund seiner Funktion eher als gering zu erachten.[457] Entsprechend weit gefasst ist daher der Kreis der zugriffsberechtigten Personen, welcher gemäß Art. 11 Abs. 2 Satz 1 Europol-Übereinkommen den Europoldirektor und seine Stellvertreter, die ordnungsgemäß ermächtigten Europol-Beamten und die Verbindungsbeamten umfasst. Keine Zugriffsberechtigung haben lediglich die nationalen Stellen.[458]

Problematisch könnte sein, dass es für die Europol-Mitarbeiter keine wie für Verbindungsbeamten geltenden Beschränkungen i.S.v. Art. 11 Abs. 2 Satz 2 und 3 Europol-Übereinkommen gibt. Daraus schließt Matz, dass über das Indexsystem für diese Gruppe Rückschlüsse auf den Inhalt der Analysedateien zumindest nicht ausgeschlossen werden können.[459] Dem ist jedoch nicht zuzustimmen. Bei Europol existiert nur ein einziges Indexsystem. Etwas anderes lässt sich dem Europol-Übereinkommen nicht entnehmen. Eindeutige Hinweise darauf, dass für die Zugriffsberechtigten unterschiedliche Maßstäbe gelten sollen, ergeben sich nicht aus dem Europol-Übereinkommen. Soll dies aber der Fall sein, so wäre angesichts der Sensibilität der in den Analysedateien enthaltenen Daten eine entsprechende Regelung getroffen worden.

Da in der Regel nur die Verbindungsbeamten über das Indexsystem einen eventuellen Anspruch zur Mitarbeit in den Analysedateien geltend machen möchten, sind auch nur diese in Art. 11 Abs. 2 Europol-Übereinkommen aufgeführt. Die übrigen Europol-Bediensteten, üblicherweise die Analysten, haben nach Art. 10

---

454 Art. 11 Abs. 2 Europol-Übereinkommen. Daneben sieht Art. 11 Abs. 3 Europol-Übereinkommen die nähere Ausgestaltung des Indexsystems durch einen vom Verwaltungsrat gefassten Beschluss vor. Dieser Umstand lässt den Rückschluss zu, dass die obigen Regelungen noch nicht als ausreichend erachtet wurden (vgl. dazu *Oberleitner*, Schengen und Europol, S. 140). Trotzdem wurde ein entsprechender Beschluss bis heute nicht gefasst. Dies ist nur so zu erklären, dass die anfänglich in der Theorie vermutete Problematik durch die Ausgestaltung in der Praxis nicht bestand und man daher keinen Handlungsbedarf mehr sah.

455 *Mayer*, Europol, S. 135; *Kübler*, Einheitliche Grundrechte, S. 112; *Martinez Soria*, VerwArch. 1998, S. 400/426.

456 Dies verläuft nach dem sogenannten hit/no-hit-System, wobei die abfragende Stelle im Indexsystem jedoch keine dem SIRENE-Verfahren nachempfundene Möglichkeit der weiteren Informationsbeschaffung erhalten soll (*Oberleitner*, Schengen und Europol, S. 140).

457 So auch *Petri*, Europol, S. 63; *Petri*, KritV 1998, S. 441/447; *Albrecht/Braum*, KritV 2001, S. 312/343.

458 Vgl. auch *Harings*, Grenzüberschreitende Zusammenarbeit, S. 122.

459 *Matz*, Europol, S. 204.

Abs. 2 Satz 2 Europol-Übereinkommen ohnehin einen unmittelbaren Zugang zu den entsprechenden Dateien, denen sie zugeteilt werden. Somit ist diese ungenaue Formulierung als Unachtsamkeit der Verantwortlichen zu werten, der keine gesonderte Bedeutung zuzurechnen ist. Daher gelten für alle Zugriffsberechtigten die gleichen Maßstäbe.

b) Beratung, Fortbildung und Forschung

Nach Art. 3 Abs. 2 und 3 Europol-Übereinkommen wird der Bereich der automatisierten Informationsverarbeitung durch die Aufgabenbereiche Beratung, Fortbildung und Forschung ergänzt[460]. Dadurch soll die Ermittlungstätigkeit der mitgliedstaatlichen Strafverfolgungsbehörden unterstützt werden, um so deren Leistungsfähigkeit bei der Erfüllung der Ziele Europols zu steigern. Allerdings sind diese Aufgaben zum Teil nur subsidiär zur Informationsarbeit auszuüben, was insbesondere in den Formulierungen des Art. 3 Abs. 3 Europol-Übereinkommen deutlich wird. Dort heißt es, dass die Aufgaben „nach Maßgabe seiner personellen und haushaltsmäßigen Möglichkeiten" wahrgenommen werden sollen. Da hierdurch jedoch nicht in Rechtspositionen des Bürgers eingegriffen wird, soll auf diesen Bereich nicht näher eingegangen werden.

c) Datenaustausch mit Drittstaaten und -stellen

Wie bereits mehrfach angedeutet besteht für Europol die Möglichkeit des Datenaustausches mit den in Art. 10 Abs. 4 Europol-Übereinkommen definierten

---

[460] Im Einzelnen handelt es sich dabei um Beratung bei Ermittlungstätigkeiten sowie das Vertiefen von spezifischen Kenntnissen, Übermittlung strategischer Erkenntnisse, um auf nationaler Ebene den Einsatz operativer Aufgaben zu fördern, Anfertigung von Gesamtberichten, Beratung und Forschung bei Fortbildungen von Bediensteten der nationalen Strafverfolgungsbehörden der Mitgliedstaaten, Beratung und Forschung auf dem Gebiet der Organisation und materiellen Ausstattung dieser Behörden, Beratung und Forschung über Methoden zur Verhütung von Straftaten, Beratung und Forschung auf dem Gebiet der kriminaltechnischen und -wissenschaftlichen Methoden sowie Ermittlungsmethoden.
Unklar ist jedoch, was mit dem Begriff Beratung gemeint ist. Dies beruht insbesondere auf dem in der englischen Fassung verwendeten Begriff „advice", der bei Verabschiedung des Übereinkommens auf Vorschlag der britischen Delegation mit Zustimmung aller gewählt wurde. Damit entschloss man sich gegen den Begriff „support". Im Gegensatz zum Begriff „support", der weiter gehend auch als Unterstützung und Hilfeleistung verstanden werden kann, erfasst der Begriff „advice" nur den Rat, Ratschlag bzw. die Beratung. Damit wird der Begriff aber nach Meinung Storbecks nicht der Tätigkeit Europols gerecht und sei völlig unzureichend. Diese Auslegung der Begriffs „advice" ist allerdings unzulässig (vgl. dazu ausführliche *Matz,* Europol, S. 64 ff.).

Drittstaaten[461] und -stellen[462]. Art. 18 Abs.1 Europol-Übereinkommen verlangt für die Zulässigkeit einer solchen Übermittlung, dass dies in Einzelfällen der Verhütung oder Bekämpfung von Straftaten, für welche Europol nach Art. 2 Europol-Übereinkommen zuständig ist, erforderlich ist, dort ein angemessener Datenschutzstandard gewährleistet wird und dies nach den allgemeinen Regelungen[463] i.S.d. Abs. 2 Europol-Übereinkommen zulässig ist.
Dieser Austausch umfasst sowohl die Möglichkeit für Europol, Daten von Drittstaaten bzw. -stellen, die außerhalb der Europäischen Union liegen, zu erhalten als auch eigene Daten an diese Stellen zu übermitteln. Diese Möglichkeit ist ausschlaggebend für die Optimierung der Leistungsfähigkeit Europols, begründet gleichzeitig aber auch die Gefahr empfindlicher Eingriffe in die Rechte des Einzelnen, weshalb diese Tätigkeit von zentraler Bedeutung für die Rechtsposition des Betroffenen ist. Zugleich spiegelt sich hierin die Eigenständigkeit Europols wider.
Nach Art. 18 Abs. 2 Europol-Übereinkommen i.V.m. Art. 2 Abs. 1, 2 der Durchführungsbestimmungen für Datenübermittlungen kann Europol personenbezogene Daten entweder auf Grund einer ausdrücklichen Vereinbarung oder auf Grund einer Einzelermächtigung durch den Europoldirektor an Dritte übermitteln. Ein solches Abkommen i.S.v. Art. 2 Abs. 1 lit. a) des Ratsbeschlusses zur Datenübermittlung an Drittstaaten[464] muss gemäß Art. 3 BDD Bestimmungen hinsichtlich des Empfängers der Daten, der Art der zu übermittelnden Daten und des Zwecks, zu dem die Daten übermittelt oder verwendet werden dürfen, enthalten. Geht es um eine Vereinbarung mit einem Drittstaat, so kann nur der

461 So sind beispielsweise Abkommen mit Polen (vgl. Ratsdokument. 11696/01 vom 11.09.2001), Ungarn (vgl. Ratsdokument 11697/01 vom 11.09.2001) und Estland (vgl. Ratsdokument. 11698/01 vom 11.09.2001) geschlossen worden. In einer Erklärung zu Art. 42 Europol-Übereinkommen hat der Rat der Europäischen Union darüber hinaus bestimmt, dass Europol vorrangig Beziehungen zu den Staaten aufnehmen sollte, mit denen die Europäische Gemeinschaften und ihre Mitgliedstaaten einen strukturierten Dialog unterhalten. Zu diesen Staaten gehören zurzeit vor allem die Mittel- und Osteuropäischen Staaten mit denen sogenannte Europaabkommen geschlossen wurden. Im Einzelnen sind dies Bulgarien, Estland, Litauen, Polen, Rumänien, Tschechische und Slowakische Republik, Slowenien und Ungarn. Vgl. dazu *Herdegen,* Europarecht, Rn. 454.

462 Hierbei handelt es sich beispielsweise um Interpol, aber auch andere Institutionen der EG.

463 Diese allgemeinen Regelungen zu Übermittlung von Daten an Drittstaaten und -stellen werden vom Rat im Verfahren nach Titel VI des Vertrages über die EU unter Berücksichtigung der in Art. 18 Abs. 3 Europol-Übereinkommen genannten Umstände einstimmig beschlossen. Vorbereitet werden diese Beschlüsse vom Verwaltungsrat unter Anhörung der Gemeinsamen Kontrollinstanz nach Art. 24 Europol-Übereinkommen.

464 „Rechtsakt des Rates vom 12.03.1999 zur Festlegung der Bestimmungen über die - Übermittlung von personenbezogenen Daten durch Europol an Drittstaaten und Drittstellen", in: ABl. der EG 1999, C 88, S. 1 ff. (im Folgenden nur BDD).

Rat, nicht aber Europol selbst, einstimmig festlegen, mit welchen Staaten und Nicht-EU-Stellen Verhandlungen aufgenommen werden sollen. Dagegen liegt die entsprechende Entscheidungskompetenz hinsichtlich möglicher EU-Stellen als Verhandlungspartner beim Verwaltungsrat Europols. Die konkrete Durchführung der Verhandlungen obliegt dem Europoldirektor, doch muss er vorab über den Verwaltungsrat eine Stellungnahme der Gemeinsamen Kontrollinstanz einholen. Die endgültige Entscheidung über den Abschluss einer entsprechenden Vereinbarung obliegt dem Rat bzw. dem Verwaltungsrat.[465]
Dagegen erfolgt die Übermittlung personenbezogener Daten in den in Art. 2 Abs. 1 lit. b) des BDD normierten Ausnahmefällen allein auf Grund einer Entscheidung des Europoldirektors. Voraussetzung für eine solche Entscheidung ist, dass er die Datenübermittlung für unerlässlich hält, um die grundlegenden Interessen der betreffenden Mitgliedstaaten im Rahmen der Ziele von Europol zu wahren und um eine unmittelbar drohende kriminelle Gefahr abzuwenden.[466] Allerdings handelt es sich hierbei um unbestimmte Rechtsbegriffe, die einen relativ weit gehenden Beurteilungsspielraum gewähren, der zudem nach dem geltenden Europol-Übereinkommen nicht justiziabel ist. In Folge dessen können sensible personenbezogene Daten auf Grund dieser relativ weit gefassten alleinigen Entscheidungsbefugnis des Direktors an Drittstaaten und -stellen übermittelt werden. Darüber hinaus können seit dem 1.01.2002 derartige Daten nach Genehmigung durch den Europoldirektor von der Drittstelle weitergegeben werden.[467] Dies umfasst auch die besonders schutzbedürftigen personenbezogenen Daten i.S.v. Art. 6 des Übereinkommens des Europarates vom 28.01.1998, sofern diese unbedingt erforderlich sind.[468]

aa) Angemessener Datenschutzstandard

Weder Art. 18 Europol-Übereinkommen noch andere Vorschriften enthalten eine ausdrückliche Definition der Angemessenheit noch inhaltliche oder verfahrensrechtliche Anforderungen an die Rechtsordnung oder die Rechtsnormen des Dritten. Welche Anforderungen daher an das Kriterium des „angemessenen" Datenschutzstandards zu stellen sind, bleibt unklar. Lediglich in Art. 18 Abs. 3 Europol-Übereinkommen werden als besonders wichtige Beispiele für einen angemessenen Datenschutzstandard die Art der Daten, die Zweckbestimmung und die Dauer der Speicherung aufgeführt. Dabei handelt es sich aber eben nur um Beispiele. Letztlich ist die Angemessenheit unter Berücksichtigung aller

[465] Art. 3 Abs. 1 bis 4 des BDD.
[466] Art. 18 Abs. 2 Europol-Übereinkommen i.V.m. Art. 2 Abs. 2 des BDD.
[467] *Kremer*, Europol, S. 270.
[468] Art. 6 Abs. 1 UAbs. 2 des BDD. Erfasst werden Daten zu rassischer Herkunft, politischen und religiösen Überzeugungen, Sexualleben, Gesundheit, etc.

Umstände der Datenübermittlung zu beurteilen.[469] Es lässt sich somit nicht abstrakt festlegen, was in diesem Zusammenhang als angemessen zu bezeichnen ist.[470] Damit verbunden ist eine nicht unerhebliche Gefahr der Rechtsunsicherheit.

bb) Verhütung und Bekämpfung von Straftaten

Durch Art. 18 Abs. 1 Europol-Übereinkommen wird als normierte Voraussetzung die Datenübermittlung zur Verhütung und Bekämpfung von Straftaten angeführt. Was damit konkret gemeint ist, lässt sich dem Abkommen jedoch nicht entnehmen. Die daraus resultierende Rechtsunsicherheit wiegt angesichts des Umfangs der zu übermittelnden Daten sogar noch schwerer. So dürfen nach Art. 17 Abs. 1 Europol-Übereinkommen personenbezogene Daten von Europol oder den Mitgliedstaaten nur abgerufen werden, wenn die Daten zur Verhütung und Bekämpfung der in den Zuständigkeitsbereich Europols fallenden Kriminalität dienen. Damit wird auf die Aufgabenerfüllung nach Art. 3 Europol-Übereinkommen Bezug genommen, die sich wiederum an den Zielvorgaben des Art. 2 Europol-Übereinkommen orientiert. Allerdings weisen diese Vorschriften, wie bereits zuvor gezeigt wurde, zahlreiche unbestimmte Rechtsbegriffe auf, wodurch das Problem der Unbestimmtheit weiter verschärft wird.

Im Ergebnis bedeutet dies, dass die Speicherung oder Nutzung der erhobenen Daten nicht an den speziellen Zweck der Erhebung gebunden ist. Europol hat somit einen sehr weiten Freiraum, um Drittstaaten und -stellen mit Europol be-

---

469 Vgl. Art. 19 Abs. 3 Europol-Übereinkommen. In jedem Fall kann die Angemessenheit nicht als Vergleichbarkeit des europäischen Datenschutzes ausgelegt werden. In diesem Fall hätte der Konventionsgeber wohl kaum auf die für eine solche Beurteilung wichtigsten Merkmale, wie z. B. gesetzlichen Eingriffvorbehalt, effektive Kontrollmöglichkeiten usw. verzichtet (so auch *Sule,* Europol, S. 89). So wurde auch kritisiert, dass es keinen verbindlichen Mindeststandard für die Datenübermittlung gibt. Damit wird die Zulässigkeit der Übermittlung allein in das Ermessen der zuständigen Europolstellen gelegt. Dies wird nicht zuletzt auch durch Art. 18 Abs. 2 Europol-Übereinkommen i.V.m. Art. 4 Abs. 2 der Bestimmungen über die Übermittlung von personenbezogenen Daten durch Europol an Drittstaaten und -stellen belegt, wonach der Direktor von Europol das Vorliegen dieser Voraussetzungen beurteilt, indem er das entsprechende Datenschutzniveau beim Datenempfänger in Anbetracht der Umstände der Übermittlung sowie angesichts der damit verbundenen Ziele, der Art der zu übermittelnden Daten und des Zwecks, zu denen diese Daten übermittelt wurden, untersucht. Es ist es daher durchaus vorstellbar, dass zwar ein angemessenes, aber dennoch im Vergleich zum Europol-Übereinkommen geringeres Datenschutzniveau bei einem Dritten vorliegt und daher die Datenübermittlung durch Europol zulässig ist.

470 So auch *Oberleitner*, Schengen und Europol, S. 148, der darüber hinaus die Vorgabe eines zu den Regelungen der Europol-Übereinkommen gleichwertigen Schutzes für angebracht hält, um so Auslegungsprobleme hinsichtlich der Angemessenheit anderer Bestimmungen zu vermeiden.

kannten Daten zu versorgen.[471] Auf Grund der Verwendungsregelung in Art. 17 Europol-Übereinkommen stünde damit grundsätzlich der gesamte Datenbestand von Europol zur Übermittlung an Dritte bereit und es besteht eine unbeschränkte Variationsmöglichkeit von Rechtsverletzungen. Daher vermag diese Voraussetzung keine angemessene Beschränkung der Datenübermittlungsbefugnis darzustellen.

cc) Zustimmungsvorbehalt

Eine Einschränkung der Datenübermittlung könnte sich jedoch durch Art. 18 Abs. 4 Europol-Übereinkommen ergeben. Danach steht die Übermittlung unter einem Zustimmungsvorbehalt, wenn die zu übermittelnden Daten von einem Mitgliedstaat stammen. Dieses Vetorecht kann bereits im Vorfeld ausgeübt werden und ist jederzeit widerrufbar. Es könnte daher argumentiert werden, dass über die nationalen Verpflichtungen, wie z. B. den verfassungsrechtlichen Schutz der Privatsphäre, die Mitgliedstaaten dazu verpflichtet sind, Übermittlungen an Stellen ohne einen vergleichbaren Datenschutzstandard zu untersagen. Dadurch könnte man im Zustimmungsvorbehalt eine Art mittelbare Schutzfunktion sehen.[472] Eine solche Schutzfunktion hängt jedoch sehr von der praktischen Handhabung durch den einzelnen Mitgliedstaat ab. Nach Art. 18 Abs. 4 Europol-Übereinkommen besteht keine ausdrückliche Verpflichtung in bestimmten Fällen die Zustimmung zu verweigern. Zudem befinden sich die Mitgliedstaaten bei der Zweckfestlegung stets in einem Spannungsverhältnis zwischen einer effektiven Zusammenarbeit, die eine möglichst einfache und unbürokratische Handhabung erfordert, einerseits[473] und dem Schutz der Betroffenen andererseits[474]. Hinsichtlich der Beurteilung möglicher Gefahren kann allerdings nicht darauf abgestellt werden, wie eine Regelung gehandhabt wird, sondern entscheidend ist allein, welches Gefahrenpotential eine Regelung enthält. Es erscheint zumindest nicht völlig undenkbar, dass vielfach eine allgemeine und umfangreiche Zustimmung zur Übermittlung erfolgt und damit der Zustimmungsvorbehalt faktisch leer liefe. Der Zustimmungsvorbehalt stellt damit keine ausreichende Schutzfunktion dar, die eine andere Bewertung der Gefahrenlage bei der Datenübermittlung an Dritte zu rechtfertigen vermag.[475]

---

471 So wohl auch *Oberleitner*, Schengen und Europol, S. 148.

472 *Sule*, Europol, S. 89.

473 Dies könnte erreicht werden, indem der Mitgliedstaat eine möglichst allgemeine und damit umfangreiche Zustimmung zur Übermittlung erteilt.

474 So besteht bei einer weiten Zustimmung auch die Gefahr, dass die Daten an Stellen gelangen, an die der einzelne Mitgliedstaat keine Daten übermitteln möchte.

475 Diese Gefahr sieht wohl auch Weichert, wenn er feststellt, dass hierdurch die Verfügungsmöglichkeit der eingebenden Stellen endgültig verloren gehe (*Weichert*, DuD 1995, S. 450/453).

Stammen die Daten dagegen nicht von den Mitgliedstaaten, sondern beispielsweise aus der Analysearbeit, so muss sich Europol vor der Übermittlung vergewissern, dass die in der Zuständigkeit der Mitgliedstaaten liegenden Aufgaben und dessen öffentliche Sicherheit und Ordnung nicht gefährdet werden oder andere Nachteile entstehen können. Durch diese Handhabung soll auf die Bedürfnisse der Mitgliedstaaten eingegangen werden. Es stellt sich jedoch die grundsätzliche Frage, ob Europol überhaupt zu einer Beurteilung, was unter dem Begriff der „öffentlichen Sicherheit und Ordnung" zu verstehen ist, in der Lage ist.[476] Daher handelt es sich bei dieser Regelung um ein kaum zu handhabendes Instrument.

dd) Zweckbindungserfordernis

Eine Einschränkung könnte sich aus der Zweckbindung des Art. 18 Abs. 5 Europol-Übereinkommen ergeben. Danach dürfen die Daten durch Drittstaaten oder -stellen nur zu dem Zweck verwendet werden, zu dem sie von Europol übermittelt wurden. Auch kann nach Art. 18 Abs. 6 Europol-Übereinkommen das Vorliegen eines Geheimschutzabkommens notwendig sein, wenn es sich um äußerst sensible Daten handelt. Im Europol-Übereinkommen lassen sich allerdings keine weiter gehenden Bestimmungen über inhaltliche (Mindest-) Anforderungen dieser Abkommen finden.[477] Einschränkend wirkt jedoch die Geheimschutzregelung für Europol-Informationen[478]. Dieses Abkommen legt die Sicherheitsmaßnahmen fest, die für alle Informationen gelten und die von oder über Europol innerhalb der Organisation verarbeitet werden.[479] Für die Einhaltung dieser Bestimmungen hat Europol Sorge zu tragen.[480]

Bedenken bestehen jedoch hinsichtlich der diesbezüglichen Möglichkeiten Europols, denn obwohl durch eine rechtswidrige Datenübermittlung bzw. -verwendung weit reichende Rechtsfolgen für die Betroffenen entstehen können, findet sich weder im Europol-Übereinkommen noch in den Durchführungsbestimmungen für Datenübermittlung eine Verpflichtung Europols, in den Abkommen Vereinbarungen über Kontrollbefugnisse und/oder Sanktionsmöglichkeiten zugunsten von Europol zu treffen. Ohne entsprechende Befugnisse ist es Europol aber nicht möglich, eine Pflichterfüllung oder gar Pflichtverletzung kontrollieren und gegebenenfalls sanktionieren zu können. Das Fehlen derartiger Kontroll- und Sanktionsmöglichkeiten bestätigt auch der Inhalt der Durchführungsbestimmungen für Datenübermittlungen. Dort heißt es in Art. 5 ff., dass

---

476 Vgl. dazu ausführlich *Sule*, Europol, S. 89.

477 Vgl. dazu ausführlich *Kremer,* Europol, S. 271 ff.

478 „Rechtsakt des Rates vom 3. November 1998 über die Geheimschutzregelung für Europol-Informationen", in: ABl. der EG vom 30.01.1999, C 26, S. 10 ff.

479 Vgl. Art. 2 Abs. 1 Geheimschutzregelung für Europol-Informationen.

480 Vgl. Art. 6 Abs. 2 BDD.

Europol dafür „sorgen“ soll oder sich etwas „zusichern“ lassen soll. Diese Formulierungen zeigen, dass keine konkreten und wirkungsvollen Mechanismen zur Verfügung stehen.[481] Sind die Daten erst einmal in den Datensammlungen des Drittstaates oder der Drittstelle enthalten, so entziehen sich diese völlig der Kontrolle Europols, das keinen Einfluss mehr auf diese Daten nehmen kann. So wird beispielsweise ein Drittstaat seine nationalen Sicherheitsinteressen nicht zurückstellen und fremden Personen Zugang zu seinen höchst sensiblen Datenbeständen gewähren, um eine Kontrolle zu ermöglichen. Letztlich wird Europol nur auf die Vertragstreue des Kooperationspartners vertrauen können.
Aber auch im Hinblick auf den umgekehrten Übermittlungsweg, also vom Drittstaat bzw. der Drittstelle an Europol, erscheint diese Zweckbindungsregelung bedenklich. Sie gilt nämlich für diesen Fall nicht.[482] Somit können sämtliche Daten eines Dritten von Europol frei von jeglichen Beschränkungen[483] verarbeitet werden. Besonders heikel wird dies in Fällen, in denen Daten eines Mitgliedstaates, die einer Beschränkung unterliegen, über eine Drittstelle oder einen Drittstaat an Europol zurückgelangen. Diese könnten dann, da sie keiner Zweckbindung unterliegen, frei verwendet werden. Dadurch könnte die Verwendungsbeschränkung i.S.d. Art. 17 Abs. 2 Europol-Übereinkommen eines Mitgliedstaates umgangen werden.

ee) Zusammenfassung und Bewertung des Datenaustauschs mit Drittstaaten und -stellen

Neben dem Informationsaustausch mit anderen Europol-Vertragsstaaten, ist Europol zur Übermittlung personenbezogener Daten von potentiell jeder Person an einen Drittstaat oder eine Drittstelle berechtigt. Dies umfasst auch höchstpersönliche und damit äußerst sensible Daten. Darüber hinaus können diese Daten nach vorheriger Zustimmung durch den Europol-Direktor von Dritten an weitere Empfänger übermittelt werden. Ergebnis dessen ist die Möglichkeit einer weltweiten Verteilung dieser Daten, in deren Folge die Gefahr besteht, dass die betroffenen Personen den Überblick über ihre Daten verlieren.
Dies ist bedenklich, da die Übermittlung personenbezogener Daten an Drittstaaten oder -stellen für die Betroffenen schwer wiegende und irreversible Folgen haben kann und gilt sowohl im Hinblick auf die Verwendung durch Drittstaaten und -stellen als auch durch die Verwendung durch Europol, nach Übermittlung der Daten durch Dritte.

---

481 So auch *Matz*, Europol, S. 196.

482 Art. 18 Abs. 5 Satz 3 Europol-Übereinkommen.

483 Natürlich mit Ausnahme derer, die vom Europol-Übereinkommen selbst für Europol festgelegt werden. Dies könnten z. B. Vorschriften hinsichtlich der in den Analysedateien zu speichernden Daten sein.

Problematisch ist zunächst die bestehende Unklarheit, was als angemessener Datenschutz i.S.d. Art. 18 Europol-Übereinkommen zu erachten ist. Das Europol-Übereinkommen verzichtet diesbezüglich auf klarstellende Formulierungen, so dass letztlich auf den Einzelfall abzustellen ist. Dies ist schon deshalb bedenklich, da eine wirksame Beschränkung der Datenübermittlung nicht besteht. Eine solche lässt sich weder dem Zustimmungserfordernis noch dem Zweckbindungsgebot oder der Voraussetzung einer Datenübermittlung zur Verhütung und Bekämpfung von Straftaten entnehmen. Damit können alle bei Europol gespeicherten Daten an den Drittstaat oder -stelle übersendet und so empfindlich in Rechtspositionen des Betroffenen eingegriffen werden.[484]

d) Operative Unterstützung

Der Begriff der „operativen" bzw. „operationellen" Unterstützung taucht in der Konvention nicht auf. Doch lässt sich die Unterstützungstätigkeit mittelbar aus der Regelung des Art. 3 Abs. 2 Nr. 2 i.V.m. Nr. 4 Europol-Übereinkommen herauslesen.[485] Was darunter konkret zu verstehen ist, bleibt aber offen. Bei Europol selbst versteht man darunter die „professionelle Unterstützung in allen Bereichen der nationalen Prävention und Strafverfolgung"[486], wobei diese Unterstützung in weitest gehender Weise erfolgt[487]. Angesichts dessen stellt sich die Frage, ob die von Europol praktizierte Unterstützung vom Europol-Übereinkommen gedeckt wird. Entscheidend für die Beantwortung dieser Frage ist zunächst, was unter dem Begriff „operativ" zu verstehen ist.

aa) Erläuterung des Begriffs „operativ"

Eine Legaldefinition des Begriffs „operativ" lässt sich dem Europol-Übereinkommen nicht entnehmen. Lediglich in der Regelung des Art. 3 Abs. 2 Nr. 2 Europol-Übereinkommen wird der Begriff verwendet[488]. Darüber hinaus wurde der Begriff „operativ" durch den Amsterdamer Vertrag in den Vertrag

---

484 So auch *Gleß*, in: Gleß/Grote/Heine, Bd. 1, S. 685.

485 *Tolmein*, StV 1999, S. 108/113.

486 So Storbecks schriftliche Stellungnahme an den Bundestagsinnenausschuss, zitiert nach *Tolmein*, StV 1999, S. 108/113. Als Beispiele werden u.a. die Bereitstellung von technischem Personal in nationalen Verfahren, Bereitstellung von fachlich versiertem Personal für Arbeitsbesprechungen der nationalen Strafverfolgungsbehörden, Koordination der Ermittlungen, koordinierte Unterstützung der Durchführung kontrollierter Lieferungen, etc. genannt.

487 *Storbeck*, Politische Studien 1998, Heft 359, S. 16/17.

488 Vgl. die Formulierung in Art. 3 Abs. 2 Nr. 2 Europol-Übereinkommen (...) „strategische Erkenntnisse zu übermitteln, um einen wirksamen und rationellen Einsatz der auf nationaler Ebene für operative Aufgaben vorhandenen Ressourcen zu erleichtern und zu fördern.".

über die Europäische Union aufgenommen.[489] Eine genauere Bezeichnung was hierunter zu verstehen ist, enthält aber auch der EU-Vertrag nicht. Dies ist nicht zuletzt die Folge langer Diskussionen über die Begrifflichkeiten „operative Befugnisse" und „exekutive Befugnisse" und deren Inhalte.[490]
Bei der Umschreibung des Europol-Analyse-Prozesses wird in diesem Zusammenhang der Begriff „Intelligence" verwendet. Darunter ist die projektbezogene Informationsbeschaffung- und -auswertung, d.h. das Sammeln, Aufbereiten, Systematisieren und Auswerten von Informationen aus unterschiedlichen Quellen sowie die Strukturierung, Evaluierung und Verarbeitung durch Europol zu verstehen[491], um diese aufbereiteten Daten den sachbearbeitenden nationalen Dienststellen wieder zur Verfügung zu stellen. Im polizeilichen Bereich wurde er seit den 70er Jahren verwendet, als man sich entschloss, polizeiliches Handeln nicht mehr nur ausschließlich reaktiv zu gestalten, sondern zunehmend auch eine gezielte Informationsbeschaffung und -auswertung eigenständig initiieren wollte. Dazu wurde auch auf die im geheim- und nachrichtendienstlichen Bereich praktizierten Ermittlungsmethoden zurückgegriffen.[492] Seitdem werden im polizeilichen Sprachgebrauch diese Maßnahmen auch als operative Ermittlungsmethoden bezeichnet.[493] Somit ist unter dem Begriff „operativ" die planvoll lenkende bzw. strategische Informationsbeschaffung zu verstehen.

bb) Operative Unterstützung durch (personenbezogene) Datenverarbeitung?

In der Vergangenheit wurde wiederholt behauptet, Europol werde in keiner Weise operativ tätig. Erst durch die Umsetzung der in Art. 30 Abs. 2 Europol-

---

489 So wird beispielsweise in Art. 30 Abs. 1 lit. a) EU von einer operativen Zusammenarbeit und in dem für die Fortentwicklung der Aufgaben und Befugnisse Europols maßgeblichen Regelung des Art. 30 Abs. 2 lit. a) EUV von operativen Aktion gesprochen.

490 Dabei ging es im Wesentlichen um die Auslegung der Begrifflichkeiten „operativ" bzw. „operationell", die von den Regierungen unterschiedlich ausgelegt wurden. So kritisierte insbesondere die Regierung des Vereinigten Königreichs von Großbritannien und Nordirland die von der deutschen Seite favorisierte weit reichende Interpretation dieses Begriffs. Man befürchtete, durch die extensive Auslegung würde sich Europol zu einer operativ tätigen Polizei entwickeln, was aber der Intention der Kritiker widerspräche, die Europol weiter ausschließlich als eine Informations- und Datenverarbeitungszentrale sehen wollte (vgl. dazu *Kremer,* Europol, S. 307). Somit lässt sich auch dem EU-Vertrag eine genaue Begriffsbestimmung nicht entnehmen. Vielmehr kann dieser Begriff sowohl im Sinne einer restriktiven Position als auch im Sinne einer extensiven Position ausgelegt werden.

491 *Storbeck,* Die Polizei 1993, S. 229/230.

492 Dabei handelt es sich z. B. um den Einsatz von Informanten, V-Leuten, Under-Cover-Agenten, Lockspitzeln, Telefonüberwachungen, visuelle und akustische Überwachungen, verdeckte Observationen, kontrollierte Lieferungen, etc.

493 So auch *Kremer*, Europol, S. 308.

Übereinkommen normierten Regelungen erhalte Europol operative Befugnisse.[494] Ob diese Aussage stimmt, soll Gegen-stand der folgenden Untersuchung sein.
Verstünde man unter dem Begriff „operativer Tätigkeit“ ein konkretes Einschreiten von Exekutivbeamten vor Ort und Elemente wie Schusswaffengebrauch usw., dann wäre diese Ansicht zutreffend. Allerdings sagt die Tatsache, dass es vorläufig keine Europol-Beamten als Ermittler vor Ort geben wird, nichts über die Eingriffsqualität des Datensammelns und deren Nutzung aus.[495] Auch wird eine derartige, auf klassische polizeiliche Befugnisse beschränkte, Definition der stetig anwachsenden Bedeutung einer polizeilich automatisierten Informationsverarbeitung nicht gerecht.[496] Dies gilt vor allem unter dem Aspekt, dass Europol durch diese Analysen das Vorgehen der mitgliedstaatlichen Behörden nicht nur unterstützen, sondern faktisch sogar lenken kann.[497] In dieses Bild passt schließlich auch, dass der Begriff „operativ“ vor seiner Einführung im Zusammenhang mit Europol bei den Polizeibehörden der Mitgliedstaaten für Befugnisse verwendet wurde, die auf Grund der jeweiligen verfassungsrechtlichen und spezialgesetzlichen Grundlage für Eingriffe in Bürgerrechte gelten.[498]
Im Ergebnis bleibt somit festzuhalten, dass die bereits heute von Europol durchgeführte Datenverarbeitung eine operative Tätigkeit darstellt.

cc) Operative Unterstützung durch die Koordinierung von Ermittlungen, insbesondere durch kontrollierte Lieferungen

Eine wesentliche Rolle für die Arbeit von Europol spielt die Durchführung von sogenannten kontrollierten Lieferungen[499]. Die Zulässigkeit einer solchen kon-

---

494 So auch *Lindner*, BayVBl. 2001, S. 193/198; *Wenzel*, Die Polizei 1993, S. 5/8; *Akmann*, JA 1994, S. 49/54. In Deutschland ist nach übereinstimmender Auffassung der Innenministerien von Bund und Ländern hierzu ein einheitliches oder zumindest aber harmonisiertes Straf- und Strafverfahrensrecht in der EU erforderlich (*Kersten*, Die Polizei 1997, S. 337/338).

495 *Lisken/Denninger*, Kap. K Rn. 234.

496 So auch *Kremer*, Europol, S. 309.

497 Wohl auch *Lisken/Denninger*, Kap. K Rn. 230.

498 *Lutz*, BT-Innenauschuss-Drs. 13/177, S. 9.

499 So wurden allein im Jahr 1999 mehr als 100 dieser Lieferungen von Rauschgift und anderen illegalen Gütern organisiert und koordiniert (*Storbeck*, DRiZ 2000, S. 481/486). Bedeutung, Umfang und Rechtsfolgen der operativen Unterstützungstätigkeit Europols soll durch ein Beispiel aus dem Jahr 2000 verdeutlicht werden, an dem Europol maßgeblich beteiligt war. So bezog sich in einem Fall der Informationsaustausch auf eine von Finnland durchgeführte Maßnahme, die eine weitere Ermittlung auslöste, die von der Polizei in Garbsen (Deutschland) eingeleitet wurde. Die Ermittlungen konzentrierten sich auf Einzelpersonen, die im Verdacht standen, beträchtliche Mengen Haschisch von Spanien über Frankreich nach Hannover zu schmuggeln. Als Ergebnis dieser von Europol unterstützten Intelligence-Aktion wurden vier Verdächtige festgenommen, 112 Ki-

trollierten Lieferung lässt sich ausdrücklich weder dem EU-Vertrag noch dem Europol-Übereinkommen selbst entnehmen. Daher stellt sich die Frage, was aus rechtlicher Sicht genau unter der Bezeichnung der kontrollierten Lieferung zu verstehen ist.

(1) Begriff der „kontrollierten Lieferung"

Da es sich um ein internationales Abkommen handelt, verbietet sich hier eine Interpretation anhand nationaler Vorschriften.[500] Es lassen sich jedoch auf europäischer Ebene eine Reihe von Abkommen finden, die sich mit den kontrollierten Lieferungen befassen. So wurde beispielsweise durch Art. 73 SDÜ eine derartige Vorgehensweisen bezüglich der Betäubungsmittelkriminalität verrechtlicht. Eine Legaldefinition lässt sich hier aber ebenso wenig finden, wie im Rechtshilfeübereinkommen in Strafsachen, welches die Durchführung von kontrollierten Lieferungen im Rahmen von strafrechtlichen Ermittlungen regelt[501]. Allein der erläuternde Bericht zum Übereinkommen über gegenseitige Amtshilfe und Zusammenarbeit der Zollverwaltungen grenzt den Begriff ein. Danach ist unter einer kontrollierten Lieferung eine Ermittlungstätigkeit zu verstehen, bei der verdächtige oder illegale Sendungen von Waren nicht an der Grenze beschlagnahmt, sondern überwacht werden, bis sie ihren Bestimmungsort erreicht haben.[502] In Anlehnung dazu lässt sich für die Tätigkeit von Europol folgern, dass unter kontrollierten Lieferungen Aktivitäten zu verstehen sind, die durch Europol von außen koordiniert und technisch überwacht werden[503].

(2) Zulässigkeit der Durchführung

Aus dem Europol-Übereinkommen selbst lässt sich eine ausdrückliche Ermächtigung für die Durchführung von kontrollierten Lieferungen nicht entnehmen. Daher wird versucht, eine Ermächtigung aus Art. 3 Abs. 1 Nr. 1 i.V.m. Art. 3 Abs. 3 Nr. 4 Europol-Übereinkommen herzuleiten.[504]

---

logramm Haschisch, eine hohe Summe Bargeld und mehrere Autos beschlagnahmt (vgl. dazu Ratsdokument 7267/01, S. 23).

500 So aber der Versuch von *Degenhardt*, Europol, S. 161.

501 Im Gegensatz zum SDÜ wird hier der Anwendungsbereich sogar generell auf alle auslieferungsfähigen Straftaten ausgeweitet.

502 Art. 22, 22.1 des Erläuternden Berichts über das Übereinkommen auf Grund von Art. K.3 des Vertrages über die Europäische Union über die gegenseitige Amtshilfe und Zusammenarbeit der Zollverwaltungen, in: ABl. der EG vom 17.06.1998, C 189, S. 1 ff.

503 Dadurch sollen Erkenntnisse über Schmuggelrouten oder Hintermänner gewonnen werden. Die daraus resultierenden Erkenntnisse werden dann an die mitgliedstaatlichen Polizeibehörden weitergereicht.

504 Vgl. dazu Ratsdokument 8325/00 vom 8.05.2000, S. 2. Dagegen sehen Lisken/Mokros die kontrollierten Lieferungen durch Art. 3 Abs. 2 Nr. 1 Europol-Übereinkommen („Beratung bei den Ermittlungen") gedeckt. *Lisken/Mokros*, Vorgänge 1997, S. 101/104.

Diese Bestimmungen vermögen jedoch keinen geeigneten gesetzlichen Rahmen für die Koordination kontrollierter Lieferungen zu schaffen. Zwar wird im Verlauf der Aktion eine Reihe von Informationen zwischen Europol und den Behörden der Mitgliedstaaten ausgetauscht[505], Basis einer derartigen Tätigkeit bleibt aber die Informationsverarbeitung. Europol verfügt auf Grund seiner aus der Analysetätigkeit gewonnenen eigenen Informationen und Intelligence gegenüber den mitgliedstaatlichen Behörden über einen gewaltigen Informationsvorsprung. Dieser versetzt Europol in die Lage, durch seine operative Unterstützungstätigkeit im Rahmen seiner Koordinierungsfunktion nationale Ermittlungen bzw. Ermittlungsmaßnahmen in den einzelnen Mitgliedstaaten zu steuern und letztlich auch zu initiieren.[506] Damit übernimmt Europol de facto die Leitung einer solchen Aktion. Dies kann nicht mehr als bloße Unterstützung, Sammlung und Analyse gewonnener Erkenntnisse gewertet werden, geht somit über den enumerativen Aufgabenbereich von Art. 3 Europol-Übereinkommen hinaus und ist damit weder durch das Europol-Übereinkommen, noch durch den EU-Vertrag gedeckt.
Schwach führt weiter an, dass einer Ermächtigung aus Art. 3 Abs. 1 Nr. 1 i.V.m. Art. 3 Abs. 3 Nr. 4 Europol-Übereinkommen nicht Art. 30 Abs. 2 lit. b) EU entgegenstehe. Dieser beinhalte lediglich eine Zielvorgabe zur Festlegung von Maßnahmen über das Ersuchen von mitgliedstaatlichen Behörden zur Durchführung von Ermittlungen durch Europol. Dadurch sei aber nicht ausgeschlossen, dass auch vor einer Aufgabenerweiterung durch die Übermittlung von Informationen, Ermittlungen initiiert werden könnten.[507] Zwingend ist dieses Argument gleichwohl nicht. Es lässt sich umgekehrt argumentieren, dass es einer entsprechenden Formulierung im EUV nicht bedarf, wenn die operative Unterstützung bereits durch die bestehenden Vorschriften des Europol-Übereinkommens gedeckt wäre. Eine solche Absicht wäre aber bestimmt deutlicher hervorgehoben bzw. anders formuliert worden. Dies gilt umso mehr, als dass diese Vorschrift durch den Vertrag von Nizza nicht geändert wurde. Wenn also eine operative Unterstützung nach den Bestimmungen des Amsterdamer EU-Vertrages erst ermöglicht werden soll, so kann eine entsprechende Aufgabenzuweisung über bestehende Vorschriften der Europol-Übereinkommen gerade nicht erfolgen. Es kann davon ausgegangen werden, dass die unterzeichnenden Mitgliedstaaten bei

---

505 Denkbar sind hier nicht zuletzt Informationen betreffend der Personen, Transportmittel, etc. Gerade die Erleichterung eines solchen Informationsaustausches wird auch durch Art. 3 Abs. 1 Nr. 1 Europol-Übereinkommen gedeckt. Liegen Europol also wichtige Informationen vor, soll es diese unverzüglich an die betroffenen Staaten übermitteln und beratend tätig werden.

506 So auch *Tolmein,* StV 1999, S. 108/113 f.; *Degenhardt,* Europol, S. 163; *Weichert*, DuD 1995, S. 450/453; *Zachert,* Kriminalistik 1992, S. 7/9.

507 *Schwach*, Europol, S. 165.

der Unterzeichnung nicht davon ausgingen, dass ein solches Vorgehen bereits zulässig sein sollte.
Schließlich ergeben sich Bedenken gegen die Herleitung einer solchen Befugnis aus dem Bestimmtheitsgrundsatz. Durch eine kontrollierte Überwachung wird massiv in die Rechte des Betroffenen eingegriffen. Es lässt sich jedoch aus Art. 3 Abs. 1 Nr. 1 i.V.m. Art. 3 Abs. 3 Nr. 4 Europol-Übereinkommen nicht erkennen, wann eine derartige Überwachung zulässig sein soll und welche rechtlichen Anforderungen gestellt werden. Es ist also für den Betroffenen aus diesen Normen nicht ersichtlich, ob, wann und wie er in seinen Rechten beschnitten werden kann. Damit sind aber die Anforderungen des Bestimmtheitsgrundsatzes nicht erfüllt, eine Herleitung einer entsprechenden Befugnis verbietet sich daher.

dd) Zusammenfassung und Bewertung einer operativen Unterstützung

Ausgehend von einem Verständnis der operativen Tätigkeit als planvoll lenkende bzw. strategische Informationsbeschaffung ist festzustellen, dass Europol bereits heute in weitest gehender Form operative bzw. operationelle Unterstützung leistet, welche zumindest nicht in vollem Unfang durch die Befugnisse des Europol-Übereinkommens gedeckt ist.[508] Dies gilt sowohl in Hinsicht auf die personenbezogene Datenverarbeitung als auch im Hinblick auf die Durchführung kontrollierter Lieferungen. Ist die Handlung der Europäischen Polizeibehörde aber nicht vom Europol-Übereinkommen gedeckt, so stellt jede entsprechende Handlung einen rechtswidrigen Eingriff in den Rechtskreis des Betroffenen dar, gegen den sich dieser wehren können muss.

e) Hoheitliche / Exekutive Tätigkeit

Wie bereits oben dargestellt, wurde bei den Diskussionen über die Errichtung eines Europäischen Polizeiamtes die Einräumung von eigenen Exekutivbefugnissen diskutiert. Im Gegensatz zum Begriff der Operativbefugnisse handelt es sich hier um einen Begriff mit klaren Konturen. Im Polizeibereich fallen darun-

[508] Dies scheint nunmehr auch die Leitung von Europol so zu sehen. So äußerte sich anlässlich einer Vorstellung des Europäischen Polizeiamtes in Berlin der damalige stellvertretende Europol-Direktor Peter Vowé dahingehend, „dass die operativen Hilfen seiner Behörde so noch nicht von der Europol-Konvention abgesegnet sind“ (vgl. dazu *Krempl*, http://www.heise.de/tp/deutsch/inhalt/te/1955/1.html - Stand: 17.03.2005). Ähnlich ist wohl auch folgende Aussage des damaligen Europol-Direktors Jürgen Storbeck zu werten: „Die Unterstützung durch Europol im Informationsaustausch erfolgt im Vorfeld zur formellen justiziellen Rechtshilfe in Strafsachen. Genau hierin liegt der besondere Nutzen des Instruments (...). Allerdings müssen nach dem Recht mehrerer Mitgliedstaaten die über Europol gewonnenen Informationen, sollen diese formell in das natioanle Strafverfahren eingeführt werden, auf dem Rechtshilfeweg nacherhoben werden.“ (Vgl. dazu *Storbeck*, BT-Innenausschuss-Drs. 13/177, S. 17).

ter alle Tätigkeiten, bei denen der Beamte ausführend bzw. vollziehend tätig wird. Als Beispiel sind hier Durchsuchungen, Verhaftungen, Festnahmen und Verhöre zu nennen.[509] Eigene Exekutivbefugnisse, sowohl der Organe als auch der zu Europol entsandten Verbindungsbeamten, bestehen aber nach einer weit verbreiteten Ansicht gegenwärtig nicht.[510] Ob diese Auffassung zutreffend ist, soll im Folgenden näher untersucht werden.

aa) Hoheitliche Befugnisse

Zum Teil wird ein exekutives Handeln Europols mit dem Argument abgelehnt, es werde nicht hoheitlich tätig. Da sich die Tätigkeit auf die Sammlung von Informationen sowie deren Auswertung und Übermittlung beschränke, bleibe ein hoheitliches Tätigwerden gegenüber dem Bürger den jeweiligen nationalen Polizeibehörden überlassen. Die bloße Sammlung und Analyse von Informationen durch Europol vermöge daher keine unmittelbare Rechtswirkung im innerstaatlichen Bereich zu entfalten. Das Vorliegen eines hoheitlichen Handelns sei damit abzulehnen.[511]

Dem ist jedoch zu entgegnen, dass unter Hoheitsrechten im Sinne des deutschen Grundgesetzes Befugnisse einer zwischenstaatlichen Einrichtung zum Erlass von Rechtssätzen und Einzelfallregelungen verstanden werden, deren Adressaten unmittelbar die Rechtssubjekte und Rechtsanwendungsorgane der staatlichen Rechtsordnung sind.[512] Nach geltendem Europol-Übereinkommen ist Europol dazu befugt, personenbezogene Daten zu sammeln und zu weiter gehenden Persönlichkeits- und Charakterprofilen der Betroffenen zu verarbeiten. Durch diese Verarbeitung greift Europol aber in das grundgesetzlich geschützte Recht auf informationelle Selbstbestimmung ein.[513] Daher wird hier, zumindest aus deutscher Sicht[514], zweifelsfrei Hoheitsgewalt ausgeübt.[515]

Eine andere Argumentationslinie setzt dagegen an der Tätigkeit Europols als Datenverarbeitungszentrale an. Da nach geltendem Europol-Übereinkommen Europol ausschließlich auf dem Gebiet der Datenverarbeitung tätig wird, sei diese Tätigkeit lediglich als begrenzter Eingriff bzw. als beschränkte Ausübung

509 *Aschmann*, Die Polizei 2002, S. 40/42.

510 *Storbeck*, Aufgaben und Perspektiven von Europol, S. 115; *Matz*, Europol, S. 56; *Martinez Soria*, VerwArch. 1998, S. 400/421; *Storbeck*, PFA 1997, S. 77/77.

511 *Aschmann*, Europol, S. 146.

512 *Randelzhofer*, in Maunz/Dürig, GG, Art. 24 I Rn. 30.

513 *Kremer*, Europol, S. 316.

514 Damit nimmt das deutsche Recht allerdings eine Sonderstellung ein. Die „bloße Datenverarbeitung" ist im Einklang mit der traditionellen Betrachtungsweise einiger nationaler Rechtsordnungen noch nicht als eine für den Betroffenen erhebliche Maßnahme anzusehen. Dies sind zumeist Maßnahmen, die nicht die Intensität beispielsweise einer sogenannten „Rasterfahndung" erreichen (*Gleß*, in: Gleß/Grote/Heine Bd. 1, S. 682).

515 Vgl. auch *Waechter*, ZRP 1996, S. 167/168 f.

öffentlicher Gewalt zu bewerten.[516] Dem scheint auch Waechter zuzustimmen. Seiner Ansicht nach ist die Tätigkeit Europols zwar auf einem klassischen Gebiet der Ausübung von Hoheitsrechten, nämlich der Polizeigewalt, angesiedelt, doch hätten die Eingriffe in das Recht auf informationelle Selbstbestimmung nicht die gleiche Intensität wie die herkömmlichen Eingriffe seitens der Polizei.[517] Diese Auffassung vermittelt jedoch den Eindruck, dass es Grundrechte unterschiedlicher Qualität gebe. Dies ist aber nicht haltbar. Zwar stellt das Grundgesetz unterschiedliche Anforderungen an die Rechtfertigung eines Eingriffes, indem es ein Grundrecht unter verschiedene Schrankenvorbehalte stellt[518]; ihnen ist aber gemein, dass ein Eingriff der Rechtfertigung bedarf. Von diesem Grundsatz weicht die dargestellte Argumentation ab. Sie stellt das Erfordernis der Rechtfertigung in Abhängigkeit von der Intensität des Eingriffs. Folge dessen wäre eine Einteilung der Grundrechte in Grundrechte erster und zweiter Klasse. Eine derartige Einteilung der einzelnen Grundrechte ist dem Grundgesetz jedoch völlig fremd.[519] Daher ist dieses Argument abzulehnen.
Hinzu kommt, dass diese Argumentation dem Datenpool von Europol nicht gerecht wird. Zuvor wurde bereits dargelegt, dass Europol durch seine Analysetätigkeit zumindest potentiell in die Lage versetzt wird, nationale Ermittlungen in den Mitgliedstaaten zu steuern oder sogar zu initiieren.[520] Damit könnte Europol, wie bei einer mittelbaren Täterschaft, kraft überlegenen Wissens und daraus resultierender faktischer Sachherrschaft durch die mitgliedstaatlichen Behörden exekutive Ermittlungsmaßnahmen zielgerichtet durchführen bzw. durchführen lassen.[521] Dies wird besonders an den Folgen einer Benachrichtigung durch Europol deutlich. Erhält Europol Informationen über kriminelle Aktivitäten in einem Mitgliedstaat, so übersendet Europol diese an ihn. Den nationalen Polizeibehörden wird sich ein konkreter Verdacht bezüglich eines Verbrechens aufdrängen, an die sich eine Ermittlungs- und Gefahrenabwehrtä-

---

516 *Hailbronner*, BT-Innausschuss-Prot. 13/75, S. 18.
517 *Waechter*, ZRP 1996, S. 167/168 f.
518 Vgl. z. B. für die Grundrechte mit Ausgestaltungs- bzw. Regelungsvorbehalt Art. 16a Abs. 3 Satz 1, Abs. 4 Satz 2, Art. 14 Abs. 1 Satz 2, Art. 12 Abs. 1 Satz 2 und Art. 4 Abs. 3 Satz 2 GG; für die Grundrechte mit verfassungsunmittelbaren Schranken Art. 13 Abs. 3 1. Hs. und Art. 9 Abs. 2 GG; einen einfachen Gesetzesvorbehalt enthalten dagegen Art. 10 Abs. 2 Satz 1 und Art. 9 Abs. 2 GG; ein qualifizierter Gesetzesvorbehalt findet sich dagegen in Art. 16 Abs. 2 Satz 2, Art. 11 Abs. 2, Art. 6 Abs. 3, Art. 5 Abs. 2 1. Alt. GG und die verfassungsimmanenten Schranken von Art. 4 Abs. 1 GG.
519 Dies zeigt sich insbesondere an Art. 4 Abs. 1 GG. Obwohl das Grundgesetz selbst keinen Gesetzesvorbehalt etc. vorsieht, ist Art. 4 GG nach ganz h.M. an den übrigen Vorschriften des Grundgesetzes zu messen. Dies folgt nicht zuletzt aus der Funktion des Grundgesetzes als Werteordnung.
520 Vgl. dazu 2. Teil: C.IV.4.d)cc)(2).
521 Vgl. auch *Weichert*, DuD 1995, S. 450/453.

tigkeit anschließt.[522] Die Polizei ist zum Handeln verpflichtet. Ein Ermessensspielraum der Polizei besteht nicht. Insofern ist hierin eine Art von Werkzeug sehen[523]. Auch aus Sicht des Betroffenen stellt die Datenverarbeitung Europols keinen Unterschied gegenüber der herkömmlichen polizeilichen Tätigkeit dar. Die Rechtsfolgen sind für ihn stets dieselben.

Festzuhalten bleibt somit, dass auch die bloße Datenverarbeitung durch Europol, zumindest aus deutscher Sicht, als hoheitliches Handeln zu qualifizieren ist. Es handelt sich nicht um einen nur begrenzten Eingriff oder eine beschränkte Ausübung öffentlicher Gewalt. Dem Argument, Europol habe keine exekutiven Befugnisse, weil es nicht hoheitlich handle, kann nicht gefolgt werden.

bb) Exekutive Befugnisse

In der Vergangenheit wurde wiederholt behauptet, Europol besitze weder exekutive Funktionen noch habe es exekutive Befugnisse.[524] Vielmehr soll es sich bei Europol um eine bloße internationale Datensammelzentrale handeln.[525] Dies wurde vor allem damit begründet, dass im Amsterdamer Vertrag erstmals die Einräumung von operativen Befugnissen für Europol festgeschrieben worden sei.[526] Bis es aber zu einer Einräumung von eigenen operativen Ermittlungsbefugnissen für Europol kommt, ist als Zwischenschritt die Einrichtung von sogenannten „Task-Forces" geplant. Dabei handelt es sich um Mitglieder aus unterschiedlichen Strafverfolgungsbehörden, die sich bei umfangreichen und schwierigen Ermittlungen zusammen tun, um Befugnisse, Kenntnisse und technische Möglichkeiten gemeinsam zu nutzen. Diese könnten vorübergehend oder even-

---

522 So würde in Deutschland eine Tätigkeit auf Grund des sogenannten Ermittlungsgrundsatzes erfolgen. Der Ermittlungsgrundsatz begründet die Verpflichtung der Strafverfolgungsbehörden, den Sachverhalt von Amts wegen zu erforschen und aufzuklären (vgl. dazu *Beulke*, StPO, Rn. 21). Dazu muss die Staatsanwaltschaft und über § 163 StPO auch die Polizei bei Verdacht einer strafbaren Handlung den Sachverhalt hinsichtlich der belastenden und entlastenden Umstände von Amts wegen erforschen (*Kühne*, StPO, Rn. 299). Zur Eröffnung eines Ermittlungsverfahrens reicht in Deutschland bereits das Vorliegen eines Anfangsverdachts, also die Möglichkeit der Tatbegehung aus (*Beulke*, StPO, Rn. 114). Nur wenn das Geschehene keine strafbare Handlung betrifft, braucht die Polizei nicht tätig zu werden (*Kühne*, StPO, Rn. 343).

523 So im Ergebnis wohl auch *Grote*, in: Gleß/Grote/Heine, Bd. 2, S. 619 f.

524 Vgl. *Hailbronner*, JZ 1998, S. 283/288; *Mayer*, Europol, S. 138 f.; *Schwach*, Europol, S. 164 f.; *Bull*, KritV 1995, S. 313/324; *Ostendorf*, NJW 1997, S. 3418/3419; *Storbeck*, Kriminalistik 2001, S. 557/557; *Schily*, NVwZ 2000, S. 883/886; *Weichert*, DuD 1995, S. 450/453; *Ehrentraut*, Integration 1999, S. 246/256; *Zieschang*, ZRP 1996, S. 427/427; *Bull*, DRiZ 1998, S. 32/33.

525 *Kübler*, Einheitliche Grundrechte, S. 103.

526 Vgl. Art. 30 Abs. 2 lit. a) und b) EU.

tuell auch in späterer Folge bei Europol ansässig sein und die dortige Infrastruktur sowie das Personal nutzen.[527]
Operative Befugnisse sind jedoch nicht mit exekutiven Befugnissen zu verwechseln. Europol soll jedenfalls keine Festnahmen oder Durchsuchungen selbst vornehmen dürfen.[528] Zu untersuchen ist nun, ob diese Auffassung zutreffend ist, da sie von maßgeblicher Relevanz für die Rechtsschutzmöglichkeiten ist, hängt doch von ihr ab, gegen welche Maßnahmen Rechtsschutz gewährt werden muss.

(1) Zulässigkeit nach Europol-Übereinkommen

Entscheidend ist zunächst die Zulässigkeit exekutiven Handelns nach dem Europol-Übereinkommen bzw. dem EU-Vertrag. Findet sich dort keine Ermächtigung zu einem derartigen Handeln, so wäre jegliches exekutive Handeln Europols ein rechtswidriger Eingriff in die Rechtspositionen des Betroffenen, gegen die dem Betroffenen Rechtsschutz zugestanden werden muss. Im Europol-Übereinkommen wird weder die Befugnis zu exekutivem Handeln ausdrücklich bejaht, noch lässt sich eine solche Befugnis aus den Aufgaben Europols herleiten. Auch der Unionsvertrag lässt solche exekutiven Befugnisse nicht zu.

(2) Wahrnehmung exekutiver Befugnisse durch praktische Tätigkeit

Des Weiteren müsste Europol auch exekutiv handeln. Dazu ist zunächst zu klären, was unter exekutiven Befugnissen zu verstehen ist. In einem nächsten Schritt ist dann die Tätigkeit Europols zu untersuchen.
Weder das Europol-Übereinkommen noch der EU-Vertrag enthalten eine Konkretisierung des Begriffs der exekutiven Befugnisse. Der damalige Bundesinnenminister Manfred Kanther beschrieb den Begriff dahin gehend, dass Europol „sich auf Anforderung oder bei großen Fällen auch selbst einbringt und direkt mitwirkt. Das könnte zum Beispiel durch Ratgebung, Datenangebot, durch Datenzulieferung und auftragsgemäßen Abgleich mit anderen Daten, mit Zurückgabe von Lagebildern und daraus entwickelten Ratschlägen zusätzlich unterstützt werden".[529] Genau diese Anforderungen an ein exekutives Handeln werden durch die Analysetätigkeit bei Europol erfüllt. So erfolgt die ermittlungsinitiierende Analyse bei Europol in drei Schritten. Zunächst wird die Kriminalitätslage in der Europäischen Union umfassend analysiert, um dann in einem zweiten Schritt spezielle, besonders gefährliche kriminelle Organisationen zu identifizieren und ihre Arbeitsweise zu beschreiben. Schließlich dient ein dritter Schritt dazu, die Haupttäter und Schlüsselfunktionen zu identifizieren, um so genügend

527 *Storbeck*, APuZ 1995 B 23/26.
528 *Schwach*, Europol, S. 164.
529 Zitiert nach *Kremer*, Europol, S. 320.

Anhaltspunkte für die Eröffnung nationaler Ermittlungsverfahren zu haben. Die Analyse erfolgt dabei proaktiv, d.h. die Analytiker holen sich die nötigen Informationen von den nationalen Zentralstellen und stehen mit diesen im ständigen Kontakt.[530] Damit hat Europol zumindest partiell eigene Ermittlungsbefugnisse mit Eingriffscharakter und damit partiell exekutive Kompetenzen.
Dem wird zum Teil mit dem Argument begegnet, bei den Befugnissen Europols handele es sich um keine echten Exekutivbefugnisse. Dies sei darauf zurückzuführen, dass die Befugnisse nach Art. 3 Europol-Übereinkommen ausschließlich auf kognitivem Gebiet lägen.[531] Diese Argumentation vermag jedoch nicht zu überzeugen. Eine Differenzierung zwischen echten und unechten Exekutivbefugnissen ist dem deutschen Recht völlig fremd. Mit einer gegenteiligen Einteilung in echte und unechte Exekutivbefugnisse ist zudem eine rechtliche Abwertung der Europoltätigkeit verbunden. Europol wird durch seine Tätigkeit in die Lage versetzt, eine faktische Sachherrschaft in nationalen Ermittlungen auszuüben und vergleichbar einem mittelbaren Täter strafprozessuale Ermittlungmaßnahmen vorzunehmen.[532] Bei diesen handelt es sich daher zweifelsfrei um Exekutivmaßnahmen.

cc) Zusammenfassung und Bewertung einer hoheitlichen / exekutiven Tätigkeit

Festzuhalten bleibt, dass Europol entgegen der vielfachen Beteuerungen schon heute mit exekutiven Befugnissen tätig wird, welche weder durch das Europol-Übereinkommen noch durch den EU-Vertrag gedeckt sind.
Die exekutiven Befugnisse ergeben sich aus den proaktiven Analysen, denn die Analytiker holen sich die nötigen Informationen von den nationalen Zentralstellen und stehen mit diesen im ständigen Kontakt. Damit hat Europol zumindest partiell eigene Ermittlungsbefugnisse mit Eingriffscharakter, bringt sich selbst ein und wirkt direkt mit. Dem kann nicht entgegengehalten werden, Europol handele nicht hoheitlich. So handelt es sich nicht etwa nur um Eingriffe in das Recht auf informationelle Selbstbestimmung, sondern auch um Eingriffe in weitere grundrechtlich geschützte Rechtspositionen, wie die allgemeine Handlungsfreiheit, die körperliche Unversehrtheit, etc. Zwar erfolgt eine solche Verletzung nicht unmittelbar, doch ist auf Grund der Besonderheit der Datenverarbeitung und der damit verbundenen Möglichkeit einer Sachherrschaft über die Ermittlung eine mittelbare Begehungsweise möglich. Mit einer solchen Daten-

---

530 Storbeck, DRiZ 2000, S. 481/485. Dass Europol in dieser Form auch schon tätig geworden ist, zeigt u.a. der offizielle Europol-Jahresbericht 2000. Danach hat Europol selbst im Jahr 2000 mehrere proaktive Initiativen eingeleitet, die zu zahlreichen bedeutenden operativen Erfolgen führten (Ratsdokument 7267/01 vom 20.03.2001, S. 9 f.).

531 *Di Fabio*, DÖV 1997, S. 89/96.

532 Vgl. dazu bereits 2. Teil: C.IV.4.d).

verarbeitung bei Europol sind daher eine Vielzahl von Rechtsverletzungen verbunden, gegen welche der Betroffene die Möglichkeit zum Einschreiten haben muss.

5. Ausblick

Die Vorhersage einer künftigen Entwicklung einer Organisation ist schwierig, birgt sie doch die Gefahr der puren Spekulation. Dies gilt insbesondere auch für eine internationale Organisation wie Europol. Gerade hier handelt es sich um einen höchst sensiblen Tätigkeitsbereich, bei dem nur schwer eine konkrete Entwicklung vorhergesagt werden kann. Dennoch soll im Folgenden versucht werden, auf Grund von Absichtserklärungen, geplanten Rechtsakten und Äußerungen der Verantwortlichen eine zukünftige Entwicklung Europols aufzuzeigen.

Es kann davon ausgegangen werden, dass die Zusammenarbeit weiter ausgebaut und Europol mit eigenen Ermittlungsbefugnissen ausgestattet wird. Gerade von deutscher Seite wird darauf gedrängt, Europol mit eigenen operativen Befugnissen auszustatten.[533] Zudem soll Europol einen substantiellen Beitrag zur Bekämpfung der schwer wiegenden internationalen Kriminalität leisten. Die Erreichung dieses Ziels würde aber erheblich erschwert, wenn Europol bei jeder Ermittlungsmaßnahme auf die Rechtshilfe einer der nunmehr 25 mitgliedstaatlichen Polizeibehörden mit jeweils unterschiedlichen Regelungen angewiesen wäre. Zumindest auf lange Sicht wird es daher kaum vorstellbar sein, dass die Durchführung eigener Ermittlungen den Mitgliedstaaten Europols vorbehalten bleibt.[534]

Die Weichenstellung hierzu wurde bereits mit dem Amsterdamer Vertrag gelegt und durch den Vertrag von Nizza fortgeführt. In Art. 30 Abs. 2 lit. a) und b) EU wird deutlich, dass Europol keine Datensammelzentrale bleiben werde, sondern sich zu einer zur Mitwirkung an konkreten Ermittlungsverfahren geeigneten Europäische Polizeibehörde entwickeln soll.[535] Damit enthält Art. 30 Abs. 2 EU ein Arbeitsprogramm für den Rat der Europäischen Union.[536]

---

533 *Harings*, Grenzüberschreitende Zusammenarbeit, S. 119.

534 So auch *Di Fabio,* DÖV 1997, S. 89/96; vorsichtiger *Pitschas,* NVwZ 1994, S. 625/626.

535 Dies wird beispielsweise im „Aktionsplan des Rates und der Kommission zur bestmöglichen Umsetzung der Bestimmungen des Amsterdamer Vertrages über den Aufbau eines Raumes der Freiheit, der Sicherheit und des Rechts vom Rat (Justiz und Inneres)" (Wiener Aktionsplan vom 3.12.1998, in: ABl. der EG vom 23.01.1999, C 19, S. 1 ff.) deutlich, in dem die in Art. 30 Abs. 2 EU enthaltenen Zielvorgaben weiter präzisiert wurden. Es wurde vereinbart, die im Vertrag von Amsterdam enthaltenen Möglichkeiten zur Bekämpfung der Organisierten Kriminalität voll auszuschöpfen und mit der Verwirklichung so bald wie möglich zu beginnen. Dazu sollte innerhalb einer Zweijahresfrist die Ausrichtung der Dokumentationsarbeit von Europol auf die operative Tätigkeit erfolgen, damit die Analysen von Europol so oft wie möglich in operative Schlussfolge-

Diese Entwicklung spiegelt sich auch in den Beschlüssen von Tampere wider, durch die, so der ehemalige Europol-Direktor Storbeck, der Charakter, die Befugnisse sowie die Aufgaben von Europol verändert und erweitert werden sollen.[537] So wurde beschlossen, dass die gemeinsamen Ermittlungsteams, wie sie bereits im Vertrag von Amsterdam vorgesehen waren, unverzüglich eingerichtet werden sollen. Dabei soll es Europol ermöglicht werden, sich an diesen Teams unterstützend zu beteiligen.[538] Weiter soll Europol operative Daten von den Mitgliedstaaten erhalten und ermächtigt werden, diese unter Beachtung der gerichtlichen Kontrolle der einzelnen Staaten um die Einleitung, Durchführung oder Koordinierung von Ermittlungen oder die Einsetzung gemeinsamer Ermittlungsteams zu ersuchen.[539] Dass es sich bei diesen Beschlüssen nicht nur um bloße Absichtserklärungen handeln soll, zeigt die am 30.11.2000 vom Rat verabschiedete Empfehlung,[540] in der er zahlreiche Möglichkeiten zur Unterstützung der gemeinsamen Ermittlungsteams durch Europol darstellt[541]. Bereits hier wird deutlich, dass Europol in den Grenzen seiner Zuständigkeit zunehmend in die konkrete Polizeiarbeit der Behörden in den Mitgliedstaaten einbezogen werden soll.

Auf Grund der vielfachen Kritik an den Beschlüssen von Tampere und deren Umsetzung kam der Rat auf seiner Tagung am 27./28.09.2001 darüber überein, die Beteiligung von Europol-Bediensteten an Aktionen gemeinsamer Teams zum Zwecke der Unterstützung durch eine Änderung des Europol-Übereinkommens verbindlich zu regeln.[542] Aufbauend auf einer Initiative Belgiens und Spaniens für ein Protokoll zur Änderung des Europol-Übereinkommens[543] erzielte der Rat im April 2002 eine Einigung über die Teil-

---

rungen münden. Allerdings stellte sich bald heraus, dass einige der nach dem Wiener Aktionsplan neu zu schaffenen Aufgaben bereits von der Zentralstellenfunktion Europols erfasst wurden (Ratsdokument 6245/99, S. 2). Im Ergebnis auch *Grote,* in: Gleß/Grote/Heine, Bd. 2, S. 623.

536 *Geiger,* EUV/EGV, Art. 30 EUV Rn. 20.

537 *Storbeck,* DRiZ 2000, S. 481/481.

538 Vgl. Ziff. 43 der Schlussfolgerungen von Tampere, NJW 2000, S. 339/339.

539 Vgl. Ziff. 45 der Schlussfolgerungen von Tampere, NJW 2000, S. 339/340.

540 „Empfehlung des Rates vom 30. November 2000 an die Mitgliedstaaten in Bezug auf die Unterstützung der von den Mitgliedstaaten gebildeten gemeinsamen Ermittlungsteams durch Europol", in: ABl. der EG 2000, C 357, S. 7 ff.

541 Dabei handelt es sich um die Zurverfügungstellung der Erkenntnisse von Europol, eine Unterstützung bei der Koordinierung von operativen Tätigkeiten, Beratung in technischen Fragen sowie Hilfe bei der Analyse von Straftaten.

542 Kritisiert wurde vor allem die Unverbindlichkeit und Unklarheit der Beschlüsse. Vgl. dazu nur *Jour-Schröder,* in: v.d.Groeben/Schwarze, Art. 30 Rn. 56.

543 Initiative des Königreichs Belgien und des Königreichs Spanien im Hinblick auf die Annahme eines Rechtsaktes des Rates zur Änderung des Übereinkommens über die Errichtung eines Europäischen Polizeiamtes (Europol-Übereinkommen), des Protokolls betreffend die Auslegung des Einkommens über die Auslegung des Übereinkommens

nahme von Europol an gemeinsamen Teams[544], die zu einem Rechtsakt zur Änderung des Europol-Übereinkommens führte[545]. Darin ist eine Änderung dahingehend vorgesehen, dass es Europol-Bediensteten gestattet werden soll, sich an gemeinsamen Ermittlungsteams zu partizipieren, sofern diese Gruppen Ermittlungen im Zusammenhang mit Straftaten führen, für die Europol zuständig ist. Dabei können die Europol-Bediensteten an allen Tätigkeiten teilnehmen, die im Einklang mit den Rechtsvorschriften des Mitgliedstaates stehen, auf dessen Staatsgebiet der Einsatz erfolgt. Ausgenommen hiervon ist jedoch die Vornahme eigener Zwangshandlungen.[546] Parallel zu dieser Befugniserweiterung wird die Immunitätenverleihung dahingehend beschränkt, dass Europol-Bedienstete in diesem Fall keine Immunität mehr genießen.[547] Weiter sieht das Protokoll zur Änderung des Europol-Übereinkommens vor, dass Europol ermächtigt werden soll, die Mitgliedstaaten um Führung von Ermittlungen oder die Einsetzung gemeinsamer Ermittlungsteams zu ersuchen. Eine Verpflichtung zum Tätigwerden der Mitgliedstaaten besteht danach aber nicht. Allerdings soll Europol über das Ergebnis einer Prüfung des Tätigwerdens informiert werden, damit es weiß, ob Ermittlungen durchgeführt werden oder nicht.[548] Damit werden die Schlussfolgerungen von Tampere in ein konkretes Protokoll eingebettet, so dass es nach der Paraphierung nur noch einer Ratifizierung durch die Mitgliedstaaten nach Maßgabe des jeweiligen nationalen Rechts bedarf.[549]
Diese Ratifizierung wird erfolgen, denn führte bislang die Übertragung von hoheitlichen Befugnissen immer wieder zu Souveränitätsvorbehalten der Mitgliedstaaten, werden diese mit dem Ansteigen der Organisierten Kriminalität und durch die Terroranschläge in den USA und Europa neu zu überdenken sein.[550] Dass es sich hierbei nicht nur um eine Vermutung handelt, zeigen die

über die Errichtung eines Europäischen Polizeiamtes durch den Gerichtshof der Europäischen Gemeinschaften im Wege der Vorabentscheidung und des Protokolls über die Vorrechte und Immunitäten für Europol, die Mitglieder der Organe, die stellvertretenden Direktoren und die Bediensteten von Europol, in: ABl. der EG 2002, C 42, S. 8 ff.

544 Vgl. dazu Ratsdokument 6791/02.

545 Rechtsakt des Rates vom 28.11.2002 zur Erstellung eines Protokolls zur Änderung des Übereinkommens über die Errichtung eines Europäischen Polizeiamtes (Europol-Übereinkommen) und des Protokolls über die Vorrechte und Immunitäten für Europol, die Mitglieder der Organe, die stellvertretenden Direktoren und die Bediensteten von Europol, in: ABl. der EG 2002, C 312, S. 1 ff.

546 Vgl. Art. 1 Nr. 2 lit. a) Rechtsakt zur Änderung des Europol-Übereinkommens (Fn. 545).

547 Vgl. Art. 2 Rechtsakt zur Änderung des Europol-Übereinkommens (Fn. 545).

548 Vgl. Art. 1 Nr. 2 lit. b) Rechtsakt zur Änderung des Europol-Übereinkommens (Fn. 545).

549 Vgl. zum Abschluss völkerrechtlicher Verträge *Doehring*, Völkerrecht, Rn. 333 ff.

550 Dies zeigt sich auch am Beispiel der Währungsunion. Die Verwirklichung einer Währungsunion war vor wenigen Jahren noch kaum vorstellbar. Auch in diesem Kernbereich staatlicher Souveränität wurden eigene Hoheitsrechte aufgegeben. Es scheint also, dass

Fortschritte, die sich nach dem 11.09.2001 und den Anschlägen von Madrid am 11.03.2004 eingestellt haben.
So wurde bereits am 21.09.2001 ein Ratsbeschluss zu einer Empfehlung vom 27.08.2001 gefasst, nach dem für einen verlängerbaren Zeitraum von sechs Monaten eine Anti-Terror-Einheit mit Spezialkräften aus den Mitgliedstaaten geschaffen wird, in der auch Vertreter von Europol tätig sein werden.[551] Aufgabe dieser Spezialeinheit ist die Sammlung relevanter Informationen zur Beurteilung der Terrorgefahr und die Analyse möglicher Anschlagsziele. Mit Schaffung dieser Anti-Terror-Einheit wurde eine erste gemeinsame Ermittlungseinheit ins Leben gerufen. Mit dem Protokoll zur Änderung des Europol-Übereinkommens wird sich dieses Instrument in der internationalen Polizeiarbeit etablieren.
Daneben darf nicht vergessen werden, dass bereits bei den Verhandlungen über die Schaffung eines Europäischen Polizeiamtes, vor allem auf deutscher Seite, die Verleihung exekutiver Befugnisse eine wesentliche Rolle gespielt[552] und sich angesichts der obigen Entwicklungen nach und nach auch bei anderen Europäischen Staaten und Organen der EU durchzusetzen scheint. Daher wird es wohl spätestens dann zu einer Ausweitung der Befugnisse kommen, wenn die Erfahrungsberichte Europols ergeben, dass die Zusammenarbeit der Verbindungsbeamten und das Initiativrecht Europols nicht ausreicht[553], um die europaweite Schwerkriminalität ausreichend zu bekämpfen.[554]

---

nationale Hoheitsrechte an Bedeutung verlieren, je mehr auch die Staatsgrenzen an Bedeutung verlieren werden.

551 N.N. DRiZ 2002, S. 1/3.

552 Vgl. dazu die Entwicklung von Europol 2. Teil: C.II.

553 Dass es zu einem solchen Bericht kommen könnte, lässt sich aus einer Äußerung des ehemaligen Europol-Direktors schließen. Danach leiden die Europol-Dateien unter zu geringer Nutzung sowie quantitativ und qualitativ sehr unterschiedlichen Daten (vgl. dazu *Storbeck*, DRiZ 2000, S. 481/482).

554 So auch *Kalk*, DuD 1999, S. 442/446.

3. Teil: Rechtsschutzmöglichkeiten des Bürgers

Angesichts der umfangreichen Möglichkeiten, die Europol zur Verfügung stehen oder in Zukunft zur Verfügung stehen werden, stellt sich die Frage nach den Möglichkeiten des Bürgers, sich gegen diese zur Wehr zu setzen. In einem ersten Schritt ist dabei zu klären, welche Rechte bzw. Ansprüche der Betroffene hat.

A. Rechte des Bürgers

Als „Betroffenenrechte" nennt das Europol-Übereinkommen die Ansprüche auf Auskunft bzw. Löschung unrechtmäßig gespeicherter oder falscher Daten sowie den Schadensersatzanspruch.

I. Anspruch auf Auskunft und Überprüfung, Art. 19 Europol-Übereinkommen

Datenschutzrechtlicher Rechtsschutz ist nur möglich, wenn dem Betroffenen der informationelle Vorgang bekannt ist. Die Kenntnis der Datenerhebung ist damit unabdingbares Erfordernis eines effektiven Grundrechtsschutzes. Ohne diese Kenntnis vermag der Betroffene weder die Unrechtmäßigkeit der Datenerfassung noch ein Recht auf Löschung oder Berichtigung geltend zu machen.[555] Aus diesem Grund gewährt das Europol-Übereinkommen mit Art. 19 Europol-Übereinkommen jeder Person einen unentgeltlichen Anspruch auf Auskunft hinsichtlich der über sie gespeicherten Daten oder zumindest deren Überprüfung. Dem Betroffenen steht dabei ein Wahlrecht zu.[556] Beide Ansprüche können unabhängig von der Nationalität des Betroffenen[557] in jedem Mitgliedstaat geltend gemacht werden.

1. Auskunftsanspruch

Um den Auskunftsanspruch geltend zu machen, muss der Betroffene gemäß Art. 19 Abs. 1 Europol-Übereinkommen einen kostenlosen Antrag bei der zuständi-

---

555 Vgl. BVerfG, Urteil vom 14.07.1999 - 1 BvR 2226/94, 2420, 2437/95 - BVerfGE 100, S. 313/361.

556 *Martinez Soria*, VerwArch. 1998, S. 400/428.

557 Ausgehend vom Wortlaut des Art. 19 Abs. 1 Europol-Übereinkommen „Jeder" ist davon auszugehen, dass eine Differenzierung nach der Staatsangehörigkeit nicht stattfindet und daher nicht nur jeder EU-Bürger, sondern auch jeder Drittstaatsangehörige den Auskunftsanspruch geltend machen kann. Abzulehnen ist daher die Ansicht Oberleitners, nach der für Nicht-EU-Staatler das Recht der Niederlande als Sitzstaat von Europol entscheidend sein soll (*Oberleitner*, Schengen und Europol S. 150 Fn. 506).

gen Behörde eines Mitgliedstaates stellen.[558] Diese Behörde hat den Antrag unverzüglich an Europol weiterzuleiten, das nach Antragstellung drei Monate Zeit hat, um den Antrag zu prüfen.[559] Kommt Europol dieser Verpflichtung nicht nach, so hat der Betroffene die Möglichkeit, bei der Gemeinsamen Kontrollinstanz eine Art Säumnisklage zu erheben.[560] Die Prüfung eines Auskunftsrechts richtet sich nach dem Recht des Mitgliedstaates, in dem der Antrag gestellt wird[561]. Wird danach ein indirektes Auskunftsrecht gewährt, wird ein solcher von Europol und den betroffenen Mitgliedstaaten geprüft. Garantiert dagegen die nationale Rechtsordnung ein direktes Auskunftsrecht, so ist diese Forderung zu überprüfen.[562] Der Auskunftsanspruch beschränkt sich allerdings nicht auf die Daten im Informations- bzw. Analysesystem, sondern erstreckt sich nach Art. 19 Abs. 8 Europol-Übereinkommen auch auf Daten, die in Karteien enthalten sind.

Ein nach nationalem Recht zu gewährender Anspruch kann von Europol verweigert werden, soweit dies für die ordnungsgemäße Erfüllung der Aufgaben Europols, zum Schutz der Sicherheit der Mitgliedstaaten und der öffentlichen Ordnung oder zur Bekämpfung von Straftaten und zum Schutz der Rechte und Freiheiten Dritter erforderlich ist.[563]

Hinsichtlich des Verfahrens zur Erteilung einer Auskunft ist nach Art. 19 Abs. 4 Europol-Übereinkommen zwischen Daten des Informationssystems und solchen des Analysesystems zu unterscheiden. Handelt es sich um Daten aus dem Informationssystem, so darf eine Auskunftserteilung erst nach vorheriger Stellungnahme der betroffenen Mitgliedstaaten erfolgen. Diese Stellungnahme kann bis hin zur Untersagung der Auskunftserteilung reichen.[564] Betroffen ist ein Mitgliedstaat, wenn er entweder die Daten selbst eingegeben hat oder seine Sicherheit und Ordnung durch die Auskunftserteilung zumindest potentiell gefährdet ist.[565] Handelt es sich dagegen um Daten aus dem Analysesystem, so bedarf es nach Art. 19 Abs. 4 Europol-Übereinkommen einer Konsensentscheidung Europols, der am Analyseprojekt beteiligten Mitgliedstaaten und der durch die Mit-

---

558 In Deutschland ist hierfür das Bundeskriminalamt zuständig, vgl. Art. 2 § 1 Europol-Gesetz.

559 Art. 19 Abs. 2 Europol-Übereinkommen.

560 Diese ist mit der in Deutschland zur Verfügung stehenden Untätigkeitsklage zu vergleichen (*Oberleitner*, Schengen und Europol, S. 149).

561 Für einen Auskunftsanspruch in Deutschland ist insofern § 19 BDSG heranzuziehen. § 19 Abs. 1 Satz 1 BDSG sieht vor, dass der Betroffene neben dem Inhalt auch Auskunft über die Herkunft und vor allem die Empfänger und den Zweck der Speicherung der zu seiner Person gespeicherten Daten erhält.

562 *Kölbach,* Die Polizei 1996, S. 245/248.

563 Art. 19 Abs. 3 Europol-Übereinkommen.

564 Art. 19 Abs. 3 Europol-Übereinkommen. In diesen Fällen steht den Beteiligten ein Vetorecht zu.

565 Art. 19 Abs. 4 Europol-Übereinkommen.

teilung betroffenen Staaten. In diesem Zusammenhang ist eine Konsensentscheidung die ausdrückliche Zustimmung aller betroffenen Staaten und Europol zur Erteilung der Auskunft.[566]
Kommt es zu keiner solchen Entscheidung, teilt Europol dem Betroffenen lediglich mit, dass eine Überprüfung stattgefunden hat. In der Benachrichtigung dürfen jedoch keine Hinweise enthalten sein, die Rückschlüsse darüber zulassen, ob tatsächlich Daten über den Antragsteller gespeichert worden sind.[567]

2. Anspruch auf Überprüfung

Neben dem Auskunftsanspruch gewährt Art. 19 Abs. 1 Europol-Übereinkommen auch ein Recht auf Überprüfung der bei Europol gespeicherten Daten. Das Verfahren hierzu richtet sich nach Art. 19 Abs. 5 Europol-Übereinkommen. Sieht das national geltende Recht eine Mitteilung über die Daten nicht vor oder handelt es sich um einen einfachen Antrag auf Überprüfung, so nimmt Europol zusammen mit den betroffenen nationalen Behörden die Überprüfung vor und teilt dem Antragsteller mit, dass die Überprüfung vorgenommen worden ist, ohne dabei Hinweise zu geben, denen der Antragsteller entnehmen könnte, dass zu seiner Person Daten vorliegen. Im Übrigen kann auf die Ausführungen zum Auskunftsanspruch verwiesen werden.

3. Bewertung

Angesichts der zahlreichen Möglichkeiten für Eingriffe in Rechte des Betroffenen kommt der Ausgestaltung des Auskunftsanspruchs eine zentrale Bedeutung zu. Da die Arbeit Europols ohne Wissen des Betroffenen erfolgt, dieser zugleich aber nur bei Kenntnis aller Umstände in umfassender Weise seine Rechte geltend machen kann, ist der Auskunftsanspruch Ausgangspunkt für jedes weitere Vorgehen des Betroffenen. In Anbetracht dieser Bedeutung ist es bedenklich, dass die Ausgestaltung des Auskunftsanspruchs insgesamt als ungenügend anzusehen ist.

---

566 Dies ergibt sich aus einem Vergleich mit den weiteren Bestimmungen des Art. 19 Abs. 4 Europol-Übereinkommen. Dort hat jeder Staat unabhängig von anderen Beteiligten das Recht, eine Stellungnahme, die bis hin zur Ablehnung reichen kann, abzugeben. Wenn aber schon hier das Veto eines Mitgliedstaates ausreicht, um eine Auskunftserteilung zu verweigern, muss das für die Informationen aus dem Analysesystem erst recht gelten. Die hier enthaltenen Daten sind von höherer Bedeutung für den einzelnen Staat, stellen doch die Analysedateien den Mehrwert der Zusammenarbeit dar. Ein gemeinsames Abstimmungsverfahren im Rahmen der Analysedatei erscheint auch auf Grund einer dort stattfindenden engen Zusammenarbeit der Mitgliedstaaten und Europols als sinnvoll.

567 Art. 19 Abs. 4 Europol-Übereinkommen.

Positiv ist zunächst zu bewerten, dass Europol durch Art. 19 Abs. 2 Europol-Übereinkommen eine Frist von drei Monaten zur Antragsbearbeitung auferlegt wird. Dadurch wird Europol eine Frist für ein Verfahren gesetzt, das sich ansonsten wegen seiner Komplexität und der Menge von Informationen unter Umständen über einen langen Zeitraum hinziehen würde. Dem Betroffenen wird es dadurch grundsätzlich ermöglicht, relativ zeitnah zu klären, ob über ihn Informationen bei Europol gespeichert sind und diese gegebenenfalls überprüfen zu lassen.

Mit dem Wahlrecht des Betroffenen darüber, wo er sein Auskunftsrecht ausüben will, wird dieser darüber hinaus nicht durch Sprachbarrieren, große Entfernungen oder völlig unbekannte rechtliche Voraussetzungen an der Wahrnehmung seines Auskunftsrechts gehindert. Er kann schließlich in jedem beliebigen Land, so auch seinem eigenen Heimatland oder dem Staat, in dem er gerade lebt, den Anspruch geltend machen.[568]

Diese grundsätzlich positiven Regelungen werden jedoch durch das Europol und den Mitgliedstaaten aus Art. 19 Abs. 3 Europol-Übereinkommen zustehende Vetorecht beschnitten, wenn nicht gar ausgehöhlt, da die dort genannten Ausnahmegründe sehr weit gefasst sind. So kann beispielsweise eine Auskunftsverweigerung auf Art. 19 Abs. 3 Nr. 1 Europol-Übereinkommen gestützt werden, wenn Europol seine Aufgaben nicht mehr ordnungsgemäß erfüllen kann. Wie aber die bisherige Bearbeitung gezeigt hat, sind die Aufgaben durch Art. 3 Europol-Übereinkommen nur sehr allgemein umschrieben worden.[569] Hinzu kommt, dass sich die Maßstäbe nicht auf eine konkrete Gefährdung des jeweiligen Ermittlungszwecks beziehen, sondern generalklauselartig die Tätigkeit Europols schützen wollen.[570] Eine Auskunftsverweigerung ließe sich so unter Berufung auf die Beeinträchtigung der Aufgabenwahrnehmung in vielen Fällen ohne Weiteres begründen.[571] Durch diese extensiv normierte Befugnis zur Auskunftsverweigerung wird aber eine so dehnbare Interpretationsmöglichkeit geschaffen, dass die Befugnis zur Versagung einer Auskunft einer Blankovollmacht gleichkommt, die den Auskunftsanspruch praktisch aushöhlt.

Ähnlich verhält es sich mit dem in Art. 19 Abs. 3 Nr. 2 Europol-Übereinkommen enthaltenen Begriff der öffentlichen Ordnung. Eine Klarstellung, was hierunter zu verstehen ist, findet sich nicht im Europol-Übereinkommen. Auch durch eine Parallele zu dem in Art. 64 Abs. 1 EG und Art. 33 EU enthaltenen „Ordre-Public-Vorbehalt" lässt sich keine Einschränkung erreichen. Ein Rückgriff auf Art. 64 Abs. 1 EG verbietet sich bereits auf Grund seines supranationalen Charakters. Dem Europol-Übereinkommen fehlt es gerade an einem solchen supranationalen Charakter. Insbesondere die Veror-

---

568 Vgl. zur Kritik an dieser Regelung *Kübler*, Einheitliche Grundrechte, S. 118, Fn. 492.

569 So ist dort etwa von „erleichtern" oder „unterstützen" die Rede.

570 *Degenhardt*, Europol, S. 247.

571 So auch *Matz*, Europol, S. 234 f.

tung in die Dritte Säule zeigt, dass die Mitgliedstaaten die Verantwortung nicht abgegeben wollten, da Art. 29 ff. EU Bereiche betreffen, die Kernbestand der nationalen Souveränität sind.[572] Daher kann Art. 64 Abs. 1 EG nicht herangezogen werden.
In Betracht kommt daher allein Art. 33 EU. Dieser verfügt, wie auch die Europol-Bestimmungen, über keinen supranationalen Charakter. Der Wortlaut allein würde die Vorschrift zunächst als eine Nichtberührungsklausel zugunsten der Kompetenz der Mitgliedstaaten darstellen lassen. Folge dessen wäre, dass die Begriffe allein von den jeweiligen Mitgliedstaaten anhand der eigenen Rechtsordnung auszulegen sind. Dies würde jedoch zu einer Reihe unterschiedlicher Interpretationen führen. Zudem kann nicht allein entscheidend sein, ob ein polizeiliches Handeln vorliegt oder angezeigt ist. In diesem Fall wären die Mitgliedstaaten in weiten Teilen des Titels VI EU-Vertrag von einer Rechtsbindung befreit.[573] Dass dies aber nicht beabsichtigt ist, zeigt sich bereits in Art. 29 ff. EU, die auf eine umfassende Verbesserung der Justizzusammenarbeit auf europäischer Ebene durch eine enge Zusammenarbeit der zuständigen Behörden einschließlich erweiterter Kompetenzen für Europol sowie auf eine Annäherung der Strafvorschriften abzielen.[574] Art. 33 EU ist daher als Ausnahmevorschrift zu werten.[575] Damit unterliegt die Auslegung dieses Begriffes europarechtlichen Vorgaben. Dieses Ergebnis wird durch die Kompetenz des EuGH aus Art. 35 EU gestützt. Im Ergebnis sind somit die Begrifflichkeiten unionsrechtlich auszulegen, doch kommt den Staaten dabei ein weiter Einschätzungs- und Beurteilungsspielraum zu.[576] Dieser Spielraum führt aber, trotz einer gewissen Orientierung an unionsrechtlichen Vorgaben, zu mannigfaltigen Interpretationsmöglichkeiten. Ob dies ausreicht, um eine Gefahr der Aushöhlung des Auskunftsanspruches anzunehmen, bleibt abzuwarten und hängt entscheidend von der Handhabung der Verweigerungsmöglichkeiten und der Praktikabilität des Beschwerderechts sowie seiner Behandlung durch die Gemeinsame Kontrollinstanz ab.[577]
Problematisch erscheint diese Regelung aber auch unter dem Gesichtpunkt der Interessenabwägung.[578] Im Rahmen dieser Abwägung ist zu überprüfen, ob

572 Vgl. dazu *Jour-Schröder*, in: v.d.Groeben, EUV/EGV, Art. 33 Rn. 1.
573 Vgl. dazu *Geiger*, EUV/EGV, Art. 33 Rn. 2.
574 *Jour-Schröder*, in: v.d.Groeben/Schwarze, EUV/EGV, Art. 33 Rn. 1.
575 So auch *Satzger*, in: Streinz, EUV/EGV, Art. 33 EUV Rn. 2.
576 Vgl. *Brechmann*, in: Callies/Ruffert, EUV/EGV, Art. 33 Rn. 1.
577 So auch *Sule*, Europol, S. 88.
578 Dieses Erfordernis ergibt sich aus der in Art. 19 Abs. 3 Europol-Übereinkommen enthaltenen Formulierung „soweit dies erforderlich ist". Entgegen der Ansicht von Matz (*Matz,* Europol, S. 237) kommt Europol dabei allerdings nur ein Ermessen hinsichtlich der Frage zu, ob Informationen zurückgehalten werden können, nicht jedoch darüber, in welchem Umfang die Daten zurückgehalten werden. Dafür spricht, dass der Wortlaut nicht zwingend im Sinne von Matz interpretiert werden muss. So könnte der Begriff „soweit" auch als ein Synonym für den Begriff „wenn" stehen. In diesem Fall aber wäre

gerade wegen des Auskunftsverweigerungsgrundes das Interesse des Betroffenen hinter dem von Europol zurücktreten muss. Ob bei dieser Abwägung allerdings die Belange der Betroffenen angemessen berücksichtigt werden, erscheint angesichts der strikten Orientierung am Grundsatz der Effektivität durch Europol fraglich. Matz kritisiert in diesem Zusammenhang, dass kaum erkennbar sei, wie das Einzelinteresse gegenüber den bedeutsamen Allgemeininteressen „Schutz der Öffentlichen Ordnung" oder der „Aufgabenerfüllung Europols" überwiegen solle.[579] Die hier geäußerte Kritik ist zwar zu pauschal, denn wenn auch den Rechten der Betroffenen sehr hohe Rechtsgüter gegenüber stehen, zeigen doch nicht zuletzt die Erfahrungen mit den nationalen Regelungen, dass auch in diesen Fällen eine interessengerechte Abwägung möglich ist. So ist auch in den nationalen Polizei- und Sicherheitsgesetzten eine Abwägung zwischen den Interessen des Einzelnen und dem Staat vorzunehmen.[580] Allerdings darf in diesem Zusammenhang auch nicht verkannt werden, dass die für die Abwägung relevanten Ausnahmefälle des Art. 19 Abs. 3 Europol-Übereinkommen mannigfaltige Auslegungsmöglichkeiten zulassen und sich Europol stets an der Erforderlichkeit orientieren wird. Insofern könnte man von einer tendenziellen Neigung Europols ausgehen, die eigenen Interessen höher zu bewerten. Angesichts dieser Möglichkeiten kann Europol sehr häufig einen, dem Betroffenen nach nationalem Recht zustehenden Auskunftsanspruch vereiteln.
Dieses Defizit wird dadurch verstärkt, dass der Betroffene zwar Nachricht darüber erhält, dass eine Untersuchung stattgefunden hat und die entsprechenden Vorschriften eingehalten worden sind. Ob allerdings eine ihn betreffende Datei existiert und welche Daten gespeichert wurden, weiß der Betroffene dadurch

---

ein Bezug auf einen Teil der gespeicherten Informationen verwehrt. Für eine solche Auslegung spricht auch die Systematik dieser Vorschrift. Art. 19 Abs. 4 Europol-Übereinkommen schreibt vor, dass nach Auskunftsverweigerung durch einen Mitgliedstaat oder Europol der Betroffene nicht erfahren darf, dass „zu seiner Personen Daten vorliegen". Dies impliziert aber, dass der Betroffene auch nicht über das Vorliegen von Daten, die einer Ermessensprüfung nicht standhalten, informiert werden darf. Dafür spricht auch, dass Art. 19 Abs. 4 Europol-Übereinkommen nur von einer Mitteilung über „die Daten" im Allgemeinen spricht und keine Formulierung wie „die erforderlichen Daten" enthält. Würden dem Anfragenden aber nicht entscheidungsrelevante Informationen mitgeteilt, so wüsste ein um Auskunft ersuchender Straftäter, dass über ihn Informationen gespeichert wurden. Daraus könnte er schließen, dass er beobachtet wird. Dies würde aber die Regelung des Art. 19 Abs. 4 Europol-Übereinkommen überflüssig machen. Daher wird nur diese Interpretation dem Sinn und Zweck von Art. 19 Abs. 3 Europol-Übereinkommen, der Sicherung der Ermittlungstätigkeit der mitgliedstaatlichen Behörden bzw. Europols, gerecht. Somit sprechen die besseren Argumente dafür, den Begriff „soweit" als Synonym für „wenn" anzusehen. Damit hat Europol, entgegen der von Matz vertretenen Ansicht, keinen Ermessensspielraum hinsichtlich des Umfangs der zu übermittelnden Informationen.

579 *Matz*, Europol, S. 237.

580 Vgl. nur § 11 HSOG.

nicht. Weder enthält die Nachricht Europols eine nähere Ausgestaltung der Verweigerungsgründe, noch ist eine Begründung vorgeschrieben. Darauf wurde aus Sicherheitsgründen verzichtet.[581] Insofern wird dem Betroffenen durch dieses Vorgehen in keiner Weise geholfen. Von maßgeblicher Bedeutung ist daher die Ausgestaltung des Rechtsschutzes zugunsten des Betroffenen.[582]

II. Anspruch auf Berichtigung und Löschung von Daten sowie deren Fristen

Möchte ein Betroffener gegen die über ihn gespeicherten Informationen vorgehen, so steht ihm mit Art. 20 Europol-Übereinkommen ein Berichtigungs- und Löschungsanspruch zu. Unabhängig davon besteht für Europol die Verpflichtung zur Überprüfung der Daten und gegebenenfalls zur Löschung.[583] Da auch die Unterlassung einer solchen Löschung Gegenstand des Anspruchs aus Art. 20 Europol-Übereinkommen sein kann, sollen diese Ansprüche hier gemeinsam überprüft werden.

1. Berichtigungs- und Löschungsanspruch

Europol obliegt die Verpflichtung zur selbstständigen Berichtigung von fehlerhaften bzw. zur Löschung von unrechtmäßigen Daten. Stellt sich heraus, dass die gespeicherten Daten falsch sind oder im Widerspruch zum Europol-Übereinkommen stehen, so kann darüber hinaus jede Person eine Untersuchung der Daten anstoßen.[584] Werden die Informationen von einem Mitgliedstaat direkt bei Europol eingegeben, so hat dieser, in Abstimmung mit Europol, die Daten zu berichtigen oder zu löschen. In allen anderen Fällen[585] wird die Berichtigung oder Löschung durch Europol in Abstimmung mit den betroffenen Mitgliedstaa-

---

581 *Lavranos*, DuD 1996, S. 400/405.

582 Vgl. dazu 3. Teil: B.

583 *Kölbach*, Die Polizei 1996, S. 245/248.

584 Vgl. Art. 20 Abs. 4 Europol-Übereinkommen. Daneben existiert für Informationen, die in Akten gespeichert werden, ein eigener Berichtigungs- und Aktenvernichtungsanspruch (vgl. Art. 22 Abs. 2 und 3 Europol-Übereinkommen). Auf diesen Anspruch soll aber nicht eingegangen werden, da die Aufbewahrung von Informationen in Dateien die Regel darstellt.

585 Wenn z. B. unrichtige Daten in einer anderen geeigneten Weise übermittelt werden oder die Unrichtigkeit der von einem Mitgliedstaat gelieferten Daten auf einer fehlerhaften oder im Widerspruch mit dem Europol-Übereinkommen stehenden Übermittlung beruhen oder wenn Daten in unrichtiger oder im Widerspruch stehender Weise eingegeben, berücksichtigt oder gespeichert werden. Als Fälle, in denen die Speicherung im Widerspruch zum Europol-Übereinkommen steht, sind insbesondere Art. 8 Abs. 5 und Art. 21 Europol-Übereinkommen zu nennen.

ten vorgenommen.[586] Handelt es sich um Daten, die von einem Drittstaat oder einer Drittstelle stammen, so sind diese ebenfalls durch Europol zu löschen.[587] Stellt Europol einen solchen Verstoß fest, werden zugleich alle Empfänger dieser Daten unverzüglich unterrichtet. Diese sind daraufhin durch das Europol-Übereinkommen verpflichtet, die betroffenen Daten ebenfalls zu berichtigen oder zu löschen.[588] Anschließend unterrichtet Europol den Antragsteller von der Berichtigung oder Löschung der ihn betreffenden fehlerhaften Daten. Ist der Antragsteller mit der Antwort nicht zufrieden oder hat er innerhalb von drei Monaten keine Antwort erhalten, kann er die Gemeinsame Kontrollinstanz anrufen.[589]

2. Löschungsfristen

Nach Art. 21 Europol-Übereinkommen dürfen die Daten bei Europol grundsätzlich nur so lange gespeichert werden, wie dies zur Aufgabenerfüllung erforderlich ist. Eine Überprüfung dieser Voraussetzung hat spätestens drei Jahre nach Speicherung der Information zu erfolgen. Damit soll eine Speicherung auf Vorrat vermieden werden. Dabei ist zu unterscheiden, ob es sich um Daten aus dem Informationssystem oder sonstigen Dateien handelt.[590]
Die im Informationssystem enthaltenen Informationen werden durch die eingebende Stelle überprüft bzw. gelöscht. Dazu informiert Europol die Mitgliedstaaten automatisch drei Monate vor Ablauf der Überprüfungsfrist. In den sonstigen Dateien wird die Überprüfung und gegebenenfalls die Löschung durch Europol selbst vorgenommen.[591]
Ist eine weitere Speicherung für die Aufgabenerfüllung Europols erforderlich, so bleiben die Daten weiterhin gespeichert, anderenfalls werden sie automatisch gelöscht.[592] Eine Ausnahme besteht jedoch für personenbezogene Daten der Gruppe von (potentiellen) Straftätern, deren Speicherung einen Zeitraum von insgesamt drei Jahren nicht überschreiten darf. Allerdings beginnt diese Frist jedes Mal neu zu laufen, wenn der Datei neue Informationen hinzugefügt werden. Ist dies der Fall, so ist die Erforderlichkeit der Speicherung in jährlichen

586 Art. 20 Abs. 2 Europol-Übereinkommen. Diese komplizierte Struktur folgt aus den Bemühungen, den Anspruchsgegner entsprechend seiner datenschutzrechtlichen Verantwortung zu ermitteln, ohne jedoch die anderen Beteiligten zu übergehen (*Kübler*, Einheitliche Grundrechte, S. 118 Fn. 494).

587 Art. 20 Abs. 1 Europol-Übereinkommen.

588 Art. 20 Abs. 3 Europol-Übereinkommen.

589 Art. 20 Abs. 4 i.V.m. Art. 19 Abs. 6, 7 Europol-Übereinkommen.

590 Bei den sonstigen Dateien handelt es sich in erster Linie um Dateien aus dem Analyse- und Indexsystem. Aber auch Dateien, die keinem der Informationssysteme angehören, können hiervon erfasst werden.

591 Art. 21 Abs. 1 Europol-Übereinkommen.

592 Art. 21 Abs. 2 Europol-Übereinkommen.

Abständen zu überprüfen.[593] Dabei muss Europol ihr Interesse an der Aufgabenerfüllung mit dem Datenschutzinteresse der Betroffenen abwägen.[594]
Trotzdem ist angesichts der vielen Speicherungsmöglichkeiten innerhalb der Analysedateien zu befürchten, dass durch erneute Datenspeicherungen nahezu unbegrenzte Speicherungsfristen zustande kommen können. Dadurch würde die Höchstgrenze der Speicherdauer faktisch wirkungslos. Um dies korrigieren zu können, sieht Art. 7 Abs. 3 Satz 3 DAAz. die Unterrichtung der Gemeinsamen Kontrollinstanz vor, damit diese den Vorgang untersuchen kann. Allerdings kommt der Gemeinsamen Kontrollinstanz keine Weisungskompetenz zu, so dass sie zwar das Vorgehen beanstanden kann, Europol hierauf jedoch nicht reagieren muss. Zugleich ist festzustellen, dass Art. 21 Abs. 3 Europol-Übereinkommen eine Höchstgrenze der Speicherungsfrist nur für die Personengruppe der (potentiellen) Straftäter kennt. Eine entsprechende Regelung für andere Personengruppen des Art. 10 Abs. 1 Europol-Übereinkommen fehlt dagegen.
Unabhängig von diesem automatischen Vorgang muss Europol darüber hinaus tätig werden, wenn ein Mitgliedstaat in seinen nationalen Dateien Daten löscht, die zuvor an Europol übermittelt wurden. Er hat Europol diesbezüglich zu informieren, woraufhin Europol die Daten seinerseits zu löschen hat. Eine Ausnahme ist nur möglich, wenn Europol ein weiter gehendes Interesse an den Erkenntnissen hat. Dieses muss auf Informationen beruhen, die über das Wissen der Mitgliedstaaten hinausgeht. In diesem Fall hat Europol die weitere Speicherung dem Mitgliedstaat anzuzeigen.[595] Damit wird zwar der Grundsatz der Datenverantwortlichkeit durchbrochen, doch handelt es sich hierbei um Daten aus den Analysedateien, die auf Grund der Vermischung mit anderen Daten Rückschlüsse auf einzelstaatliche Daten ohnehin nahezu unmöglich machen.[596]

---

593 Art. 21 Abs. 3 Europol-Übereinkommen.

594 Art. 7 Abs. 1 UAbs. 1 DAAz. Bei der Abwägung hat Europol den Abschluss eines konkreten Ermittlungsverfahrens, eine endgültige gerichtliche Entscheidung, insbesondere einen Freispruch, eine Rehabilitation, eine Straftilgung, eine Amnestie sowie das Alter der erfassten Person zu berücksichtigen (vgl. dazu Art. 7 Abs. 1 UAbs. 3 DAAz.). Bei (potentiellen) Straftätern hat eine solche Untersuchung nach Art. 7 Abs. 2 DAAz. auch stattzufinden, wenn eine gerichtliche oder sonstige Entscheidung rechtskräftig abgeschlossen wurde. Allerdings muss eine solche Entscheidung, obwohl das Verfahren eingestellt wird, nicht automatisch zur Löschung der Dateien bei Europol führen. In Ausnahmefällen kann Europol - wenn stichhaltige Gründe vorliegen, dass die Daten immer noch relevant sind - die Löschung verweigern und stattdessen die Datei lediglich um den Hinweis auf die Entscheidung erweitern.

595 Art. 21 Abs. 4 Europol-Übereinkommen.

596 Dies folgt aus einem Rückschluss aus Art. 21 Abs. 1 Europol-Übereinkommen. Dort ist von Daten aus dem Informationssystem und sonstigen Dateien die Rede. Das Informationssystem Europols kennt neben dem Informationssystem aber nur noch das Analysesystem und den Index. Daher können mit sonstigen Dateien auch nur solche gemeint sein.

Daneben sieht Art. 21 Abs. 5 Europol-Übereinkommen in allen Fällen der Löschung eine Überprüfung vor, ob schutzwürdige Interessen eines Betroffenen beeinträchtigt werden. Kommt eine solche Überprüfung zu einem positiven Ergebnis, so dürfen die Daten nur noch mit ausdrücklicher Genehmigung des Betroffenen verwendet werden.[597] Dadurch soll vermieden werden, dass Europol durch das Löschen von Informationen einen Anspruch des Betroffenen (wissentlich) verhindert.

3. Bewertung

Bei einer Bewertung im Hinblick auf die Löschung von Daten und den diesbezüglichen Fristen ist zwischen Daten aus dem Informationssystem und solchen aus dem Analysesystem zu unterscheiden.
Hinsichtlich der Daten im Informationssystem ist sichergestellt, dass ein Berichtigungsanspruch besteht, wenn die Informationen falsch oder rechtswidrig sind. Unabhängig von der konkreten innerstaatlichen Ausgestaltung der Rechtsschutzmöglichkeiten führt die Feststellung der unzulässigen Datenerhebung in diesen Fällen dazu, dass der Mitgliedstaat diese Daten auf Grund seiner datenschutzrechtlichen Verantwortung ohne weiteres löschen kann.
Anders stellt sich die Situation dagegen dar, wenn es sich um Informationen aus dem Analysesystem handelt. Hier greift die Ausnahmeregelung des Art. 21 Abs. 4 Europol-Übereinkommen ein. Diese weist allerdings ein mangelndes Maß an Bestimmtheit hinsichtlich dessen auf, was unter Erkenntnissen, welche über die der Mitgliedstaaten hinausgehen, konkret zu verstehen ist. Zwar werden diese durch Art. 7 Abs. 2 DAAz. als stichhaltige Gründe, die einen Anhaltspunkt geben, dass sie für die Analysedateien immer noch relevant sind, konkretisiert, doch wird der Bereich dadurch nicht wesentlich eingeschränkt. Mit dieser Definition lässt sich jedenfalls nicht eingrenzen, was unter solchen Erkenntnissen zu verstehen ist.
Darüber hinaus wird Europol in der Regel immer über weiter gehende Informationen verfügen als der einzelne Mitgliedstaat. Dies folgt aus der Natur der Ana-

597 Problematisch ist an dieser Stelle jedoch, was unter einem schutzwürdigen Interesse zu verstehen ist. Abstrakt gesehen kann die Speicherung nämlich immer einem schutzwürdigen Interesse des Betroffenen dienen, kann er doch damit unter Umständen nachweisen, dass die Speicherung rechtswidrig war. Dies kann entscheidend sein, wenn der Betroffene beispielsweise einen Schadensersatzanspruch nach Art. 38 Europol-Übereinkommen geltend machen will. Allerdings würde eine solche Sichtweise dem Art. 21 Europol-Übereinkommen widersprechen. Wäre nämlich ein solches abstraktes Interesse ausreichend, dürften die Daten niemals gelöscht werden und eine Überprüfung wäre überflüssig. Daher kann hier nur ein konkretes schutzwürdiges Interesse ausreichen, um das Löschungsverbot zu begründen. Ein solches wird in der Regel gegeben sein, wenn der Betroffene einen Anspruch bereits geltend gemacht hat. In einem solchen Fall kann der Genehmigungsvorbehalt des Betroffenen eingreifen.

lysedateien, da dort die Informationen aller Mitgliedstaaten zusammenfließen und verarbeitet werden. Damit wird das, was als Ausnahmeregelung gedacht war, zur Regel und es droht die Datenlöschung von Daten in den Analysedateien.[598] Der Mitgliedstaat hat in einem solchen Fall keine Möglichkeit, die Löschung selbst zu veranlassen.
Weiter wird kritisiert, dass Art. 21 Europol-Übereinkommen im Gegensatz zu Art. 20 Abs. 3 Europol-Übereinkommen keine Verpflichtung zur Benachrichtigung aller betroffenen Stellen festschreibe.[599] Da Europol die Daten auch an Drittstaaten und -stellen weiterzugeben vermag, bestünde die Gefahr, dass der Löschungsanspruch ins Leere laufe, da sich die von Europol zu löschenden Daten weiterhin bei diesen befinden könnten.[600] Denkbar sei daher, dass diese Informationen zu einem späteren Zeitpunkt erneut in den Besitz Europols gelangen könnten.[601]
Dem ist jedoch nicht zu folgen. Zwar ist Art. 21 Europol-Übereinkommen eine solche Verpflichtung nicht direkt zu entnehmen, doch stehen Art. 20 und Art. 21 Europol-Übereinkommen in einem engen Zusammenhang zueinander, so dass die Pflicht zur Benachrichtigung aus Art. 20 Europol-Übereinkommen auch für die Fälle des Art. 21 Europol-Übereinkommen besteht. Für dieses Ergebnis spricht, dass Europol aus Art. 20 Abs. 1 Europol-Übereinkommen die Verpflichtung obliegt, selbstständig eine Überprüfung und Löschung vorzunehmen. Diese Verpflichtung wäre aber unnötig, wenn es zwischen Art. 20 und Art. 21 Europol-Übereinkommen keinen engen Zusammenhang gäbe. Anderenfalls gäbe es für Europol keinen Grund, selbstständig tätig zu werden und eine Überprüfung vorzunehmen. Während Art. 21 Europol-Übereinkommen sich nur mit Speicherungs- und Löschungsfristen, also den Zeiträumen befasst, wird die Löschung ausdrücklich in Art. 20 Europol-Übereinkommen geregelt. Insofern ist Art. 20 Europol-Übereinkommen hinsichtlich des Löschens lex specialis zu Art. 21 Europol-Übereinkommen. Kommt also Europol im Rahmen einer Überprüfung der Speicherung nach Art. 21 Europol-Übereinkommen zum Ergebnis, dass eine Information gelöscht werden muss, so richtet sich deren Löschung nach Art. 20 Europol-Übereinkommen. Dort ist mit Art. 20 Abs. 3 Europol-Übereinkommen auch eine Benachrichtigungsverpflichtung festgeschrieben worden, die ausdrücklich auf Art. 20 Abs. 1 Europol-Übereinkommen verweist. Daher obliegt Europol eine Benachrichtigungsverpflichtung aller betroffenen Stellen über eine vorgenommene Berichtigung oder Löschung. Eine Aushöhlung des Löschungsanspruchs ist unter diesem Gesichtspunkt nicht zu befürchten.
Hinsichtlich der Speicherungsfristen ist aber zu bemängeln, dass nicht vorgeschrieben ist, was mit Daten geschehen soll, deren Erforderlichkeitsprüfung

598 So wohl auch *Kübler*, Einheitliche Grundrechte, S. 119.
599 *Matz*, Europol, S. 217.
600 *Martinez Soria*, VerwArch. 1998, S. 400/429.
601 *Matz*, Europol, S. 217.

i.S.d. Art. 21 Abs. 1 Europol-Übereinkommen positiv ausgefallen ist. Kommen keine weiteren Daten zur bestehenden Datei hinzu, so ist keine erneute Überprüfung vorgesehen. Somit ist denkbar, dass diese Informationen unbeschränkt gespeichert bleiben, da grundsätzlich keine Höchstgrenze zur Dauer der Datenspeicherung besteht.

Eine Ausnahme besteht nach Art. 21 Abs. 3 Europol-Übereinkommen allein hinsichtlich der Daten von (potentiellen) Straftätern. Allerdings gelten diese Höchstgrenze und die alljährliche Überprüfungsfrist nur für diese tatnahen Personen. Wenn aber schon Daten tatnaher Personen einer Höchstgrenze unterliegen, müsste dies erst recht für die Daten tatferner Personengruppen gelten. Zweifelsohne ist die Speicherung hochsensibler Informationen tatferner Personen unter dem Aspekt der öffentlichen Sicherheit oder zur Verhütung einer Straftat einem größeren Rechtfertigungszwang ausgesetzt, als die tatnaher Personengruppen.[602] Stattdessen werden durch das Europol-Übereinkommen aber tatferne Personengruppen benachteiligt. Als Begründung hierfür kann nicht angeführt werden, dass über die tatnahen Personen umfangreichere Informationen gespeichert werden dürfen. Wie bereits gezeigt wurde, können auch über tatferne Personengruppen, wie z. B. Zeugen, praktisch alle Informationen gespeichert werden.[603]

Ohnehin ist die bestehende dreijährige Höchstgrenze zur Speicherung von Daten, wie gezeigt wurde, keine absolute. Vielmehr kann diese Frist durch die Neuaufnahme von Informationen nahezu unbegrenzt verlängert werden. Damit besteht die Gefahr einer Aushöhlung der Speicherfristen. Auch die alljährliche Prüfpflicht nach Art. 21 Abs. 3 Europol-Übereinkommen, durch die eine zeitnahe Überprüfung sichergestellt wird, vermag hieran nichts zu ändern. Zwar obliegt Europol in Folge dessen einem gewissen Rechtfertigungsdruck, da dokumentiert werden muss, ob und warum die Daten weiterhin gespeichert bleiben. Allerdings ist dieser nicht groß genug, um der Gefahr einer endlosen Speicherung durch Hinzufügen von Informationen wirksam entgegen zu wirken. Selbst wenn auf Grund der erforderlichen Dokumentation und der Überwachung durch die Gemeinsame Kontrollinstanz bestehende Defizite aufgedeckt werden könnten, wäre weder die Gemeinsame Kontrollinstanz, noch der von ihr zu informierende Verwaltungsrat in der Lage, einen konkreten Einfluss auf die Tätigkeit Europols zu nehmen. Dies wäre allenfalls durch den Rat möglich, der den Europol-Direktor mit einer Zweidrittelmehrheit entlassen könnte. Eine Entlassung wegen einer nicht eingehaltenen Löschungsfrist ist aber unwahrscheinlich. Angesichts dessen ist nur von einem geringen Rechtfertigungsdruck auszugehen. Allenfalls ist er daher als Abminderung der Aushöhlungsgefahr zu werten.[604]

---

602 So auch *Matz*, Europol, S. 210.

603 Vgl. dazu 2. Teil: C.IV.4.a)bb)(7).

604 Vgl. dazu 5. Teil: So im Ergebnis aber ohne Begründung auch *Petri*, KritV 1995, S. 441/456.

Schließlich ergeben sich auch aus praktischer Sicht erhebliche Bedenken hinsichtlich der Effektivität der Fristenregelung. Das TECS ist auf eine Kapazität von einer Million Datensätze konzipiert. Diese müssen von Europol und seinen derzeit etwa 300 Mitarbeitern überprüft werden. Angesichts dieses Verhältnisses stellt sich die Frage, ob Europol in der Lage ist, diese Aufgabe neben den anderen Aufgaben, insbesondere der Unterstützung bei der Verbrechensbekämpfung, wirksam zu erfüllen. Eine Prüfung ist angesichts dieses Verhältnisses allenfalls anhand der in der DAAz. aufgeführten Kriterien möglich. Ob aber die gespeicherten Daten für den Fall entscheidend sind, wird Europol nicht ausführlich prüfen können. Eine ausreichende Überprüfung im Rahmen der Löschungsfristen ist daher nicht möglich. Daher wird hierdurch den Interessen der Betroffenen nicht Genüge getan.
Es bleibt somit festzuhalten, dass zwar Ansprüche zur Datenlöschung bestehen, die aber auf Grund ihrer Ausgestaltung nicht effektiv ausgestaltet worden sind.

III. Schadensersatzanspruch

Wird der Betroffene in einem seiner Rechte verletzt, so hat er die Möglichkeit Schadensersatzansprüche geltend zu machen. Die Voraussetzungen dafür richten sich nach der Ursache der Verletzung. Beruht die Rechtsverletzung auf einer fehlerhaften oder rechtswidrigen Datenverarbeitung, so richtet sich der Anspruch nach Art. 38 Europol-Übereinkommen, in allen anderen Fällen nach Art. 39 Europol-Übereinkommen. Daneben ist eine direkte Haftung der Organe oder einzelner Bediensteter Europols in Betracht zu ziehen.

1. Haftung auf Grund von Art. 38 Europol-Übereinkommen

Beruht der Schaden auf einer fehlerhaften Datenverarbeitung bei Europol,[605] so richtet sich der Schadensersatz gemäß Art. 38 Europol-Übereinkommen nach den Vorschriften des Mitgliedstaates, in dem der Schaden eingetreten ist.[606]

605 Nicht erfasst sind also solche Handlungen, bei denen die Daten nicht in den Einflussbereich von Europol gelangt sind. Entscheidend ist also, dass die Daten dort verarbeitet oder bearbeitet wurden. Verbleiben die Daten im nationalen Bereich, werden sie also nicht an Europol weitergeleitet, liegen die tatbestandlichen Voraussetzungen des Art. 38 Europol-Übereinkommen nicht vor und eine Haftung des Mitgliedstaates auf Grund von Art. 38 Europol-Übereinkommen greift nicht ein. Dies dürfte vor allem dann der Fall sein, wenn weiter gehende Informationen über die Verbindungsbeamten bei Europol ausgetauscht werden. Dies gilt auch dann, wenn diese Übermittlung erst auf Grund einer Zusammenarbeit bei Europol ausgetauscht wird. Dies ist darauf zurückzuführen, dass nach Art. 5 Abs. 1 Europol-Übereinkommen die Verbindungsbeamten dem nationalen Recht des sie entsendenden Mitlgliedstaates unterstellt sind und dessen Interessen wahrnehmen sollen. Sie sind damit nicht Teil von Europol.

606 Dagegen ist dem Einzelnen ein unmittelbarer Rechtsschutz gegen Europol weitest gehend verwehrt. Dies liegt vor allem daran, dass kein internationales Gericht, auch nicht

Damit soll der Nachteil kompensiert werden, dessen Eintritt durch die Datenschutzregelungen gerade verhindert werden sollte.[607] Der Schadensersatzanspruch steht neben den Berichtigungs- und Löschungsanspruch nach Art. 20 Abs. 4 Europol-Übereinkommen und erfasst die Daten aus allen Bereichen der Datenspeicherung.
Daneben kommt dem Schadenersatzanspruch auch eine (eingeschränkt) präventive Funktion zu. Jeder Mitgliedstaat ist zunächst allein haftungsverpflichtet.[608] Der Auffassung von Frowein/Krisch, wonach sich der Betroffene auch direkt gegen Europol wenden kann[609], ist dagegen nicht haltbar. So legt Art. 38 Abs. 1 Satz 2 Europol-Übereinkommen ausdrücklich fest, dass der Betroffene „eine Schadensersatzklage nur gegen den Mitgliedstaat" einlegen kann, in dem der Schaden eingetreten ist; gleichgültig ist, ob dieser auch der Verursacher ist. Entscheidend ist allein, dass die Daten bei Europol gespeichert werden. Die Haftung ist zudem nach dem Wortlaut verschuldensunabhängig.[610] Art. 38 Abs. 1 Europol-Übereinkommen knüpft nur an die Verursachung des Schadens, nicht aber an ein Fehlverhalten an. Auch der Verzicht auf eine Exkulpationsmöglichkeit deutet auf den Verzicht einer Verschuldens- zugunsten einer Gefährdungshaftung hin. Dadurch wird auf alle Beteiligten ein wechselseitiger Druck zur Einhaltung der datenschutzrechtlichen Bestimmungen im Europol-Übereinkommen ausgeübt. Dies gilt auch für Europol selbst. Solange die Mitgliedstaaten nämlich zunächst selbst haften müssen, werden sie ihren politischen Einfluss geltend machen, um so Europol zur Einhaltung des Europol-Übereinkommens zu bewegen. Aber auch Europol selbst hat durch Art. 38 Abs. 2 Europol-Übereinkommen ein eigenes substantielles Interesse, vor einer finanziellen Inanspruchnahme bewahrt zu bleiben, da nach dieser Vorschrift Europol den Mitgliedstaaten zum Regress verpflichtet ist.
Zwischen den Partnern der polizeilichen Zusammenarbeit im Rahmen von Europol besteht mit Art. 38 Abs. 2 Europol-Übereinkommen eine interne Haftungsausgleichsverpflichtung. Damit wird es dem schadensersatzleistenden Mitgliedstaat ermöglicht, den eigentlich verantwortlichen Mitgliedstaat oder auch Europol in Regress zu nehmen. Kommt es dabei zu Meinungsverschiedenheiten, so entscheidet der Verwaltungsrat mit Zweidrittelmehrheit über den entspre-

---

der EuGH, zuständig ist. In Folge dessen ist der Betroffene dazu gezwungen, denjenigen Mitgliedstaat zur Verantwortung zu ziehen, auf dessen Hoheitsgebiet der Schaden eingetreten ist.

607 *Matz*, Europol, S. 243.

608 Ist beispielsweise der Schaden auf dem Gebiet der Bundesrepublik Deutschland eingetreten, so haftet der Bund, vertreten durch das Bundeskriminalamt in Wiesbaden (Art. 2 § 6 Abs. 5 Satz 1 EuopolG). Dabei kann sich der Betroffene auch nur an diesen Mitgliedstaat wenden.

609 Vgl. *Frowein/Krisch*, JZ 1998, S. 589/591.

610 Vgl. Art. 38 Abs. 1 Europol-Übereinkommen.

chenden Fall. Dies betrifft sowohl die Frage des Verschuldens als auch die Höhe des zu ersetzenden Schadens.[611]

Da sich Art und Umfang des zu ersetzenden Schadens mit der Einschränkung einer verschuldensunabhängigen Haftung nach dem jeweiligen nationalen Recht richtet, ist in Deutschland § 8 Abs. 1 BDSG als einschlägige Haftungsnorm heranzuziehen. Danach wird dem Betroffenen gegenüber öffentlichen Stellen ein verschuldensunabhängiger Schadensersatzanspruch eingeräumt. Nach § 8 Abs. 2 BDSG umfasst dieser Anspruch auch die Erstattung eines Nichtvermögensschadens, der allerdings auf 130.000 Euro beschränkt ist.[612]

2. Haftung auf Grund von Art. 39 Europol-Übereinkommen

Neben Art. 38 Europol-Übereinkommen enthält das Europol-Übereinkommen mit Art. 39 eine weitere Vorschrift für alle anderen Haftungsfragen. Dabei ist zwischen der vertraglichen Haftung nach Art. 39 Abs. 1 und der außervertraglichen Haftung nach Art. 39 Abs. 2 Europol-Übereinkommen zu unterscheiden.

---

[611] Art. 38 Abs. 2, 3 Europol-Übereinkommen. Auf Grund der föderalen Struktur besteht für Deutschland hier eine Besonderheit. Liegt der Schadensfall nämlich in der Verantwortung eines Bundeslandes, so ist dieses dem Bund im Innenverhältnis zum Ausgleich verpflichtet (Art. 2 § 6 Abs. 5 Satz 2 Europol-Gesetz).

[612] § 8 Abs. 3 BDSG. Fraglich ist daher, ob darüber hinaus auch noch weitere Anspruchsgrundlagen existieren. In der vorherigen Fassung des Bundesdatenschutzgesetzes war mit § 7 BDSG, dem Vorläufer des heutigen § 8 BDSG, in § 7 Abs. 7 BDSG ein weiter gehender Schadensersatzanspruch ausdrücklich zugelassen worden. Eine entsprechende Regelung findet sich in § 8 BDSG nicht mehr. Daher könnte man davon ausgehen, dass die Schadensersatzregelung des § 8 BDSG abschließend ist und andere Vorschriften keinen Anspruch begründen können. Eine weiter gehende Haftung beispielsweise aus Art. 34 GG i.V.m. § 839 BGB schiede damit aus. Dem kann aber auf Grund der dreifachen Einschränkung des Schadensersatzanspruches aus § 8 BDSG nicht zugestimmt werden. Zwar sind die Betroffenen nicht den Unwägbarkeiten einer Verschuldenshaftung ausgesetzt, doch steht ihnen nur ein Anspruch zu, der sowohl der Höhe nach als auch im Hinblick auf die Gewährung von Schmerzensgeld und der Festlegung des Ersatzpflichtigen an klare Grenzen gebunden ist (Vgl. dazu § 8 Abs. 1 –3 BDSG). Da der Betroffene so Gefahr läuft, einen Schaden nicht vollständig ersetzt zu bekommen, muss der Grundsatz gelten, dass sich der Betroffene auf jede Regelung berufen kann, die ihm eine bessere Möglichkeit zum Schadensausgleich bietet (*Simitis,* in: Simitis, BDSG, § 8 Rn. 35). Einer besonderen gesetzlichen Bestimmung bedarf es hierzu nicht. Vielmehr hätte der Gesetzgeber, wenn er weiter gehende Ansprüche hätte ausschließen wollen, dies ausdrücklich festschreiben müssen (*Simitis*, in: Simitis, BDSG, § 7 Rn. 51). So gesehen garantiert § 8 BDSG nur einen Mindestanspruch. Eine weiter gehende Haftung ist damit nicht ausgeschlossen (so auch Mayer und Harings, die eine Haftung auch nach Art. 34 GG i.V.m. § 839 BGB als zulässig erachten, vgl. dazu *Mayer*, Europol, S. 144; *Harings,* Grenzüberschreitende Zusammenarbeit, S. 130).

a) Vertragliche Haftung

Die vertragliche Haftung richtet sich nach dem Recht, das auf den entsprechenden Vertrag anzuwenden ist.[613] Die Vertragsparteien können also, wie es im Internationalen Schuldvertragsrecht allgemein üblich ist, das für ihre Vertragsbeziehung maßgebliche Recht selbst bestimmen (Parteiautonomie).[614] Dies kann sowohl durch eine ausdrückliche Rechtswahl der Parteien im jeweiligen Vertrag als auch durch eine stillschweigende Rechtswahl erfolgen.[615] Lässt sich auch im Wege der ergänzenden Vertragsauslegung auf Grundlage der von beiden Parteien angenommenen Bewertungsmaßstäbe eine Rechtswahl nicht ermitteln, ist auf die gesetzlichen Dispositivvorschriften zurückzugreifen.[616]
Als Anwendungsfälle des Art. 39 Abs. 1 Europol-Übereinkommen wäre beispielsweise eine Haftung gegenüber Lieferanten von Ausrüstung oder sonstigen Verbrauchsmaterialien denkbar. Zuständig für die Durchsetzung solcher Ansprüche sind nach Art. 39 Abs. 4 Europol-Übereinkommen die nach Maßgabe des EuGVÜ[617] zuständigen nationalen Gerichte.
Nach Art. 53 EuGVÜ richtet sich die örtliche Zuständigkeit nach dem Wohnsitz des Beklagten. Der Sitz einer juristischen Person wird dem Wohnsitz natürlicher Personen gleichgesetzt. Somit kann Europol als juristische Person[618] mit Sitz in Den Haag zumindest vor den niederländischen Gerichten verklagt werden. Art. 5 Nr. 1 EuGVÜ ermöglicht darüber hinaus aber auch die Klageerhebung vor den Gerichten des Vertragsstaates, in dem die individuelle Verpflichtung erfüllt wurde oder zu erfüllen gewesen wäre. Zwar dürfte dies zumeist auch Den Haag sein, da hier der einzige Sitz Europols liegt und daher in der Regel auch dort die Leistung zu erfüllen sein wird. Gleichwohl wird deutlich, dass vom Grundsatz her keine ausschließliche internationale Zuständigkeit der niederländischen Gerichte besteht.

b) Außervertragliche Haftung

Daneben ist Europol zu einer außervertraglichen Haftung für den durch das Verschulden seiner Organe, stellvertretenden Direktoren oder sonstigen Bediensteten entstandenen Schaden verpflichtet. Der Anspruch aus Art. 39 Abs. 2

---

613 Art. 39 Abs. 1 Europol-Übereinkommen.
614 *V. Hoffmann*, IPR, § 10 Rn. 26.
615 Vgl. beispielsweise für das deutsche IPR Art. 27 Abs. 1 EGBGB.
616 Vgl. dazu für Deutschland die entsprechende Dispositivvorschrift des Art. 28 EGBGB.
617 Übereinkommen über die gerichtliche Zuständigkeit und die Vollstreckung gerichtlicher Entscheidungen in Zivil- und Handelssachen vom 27.09.1968, abgedruckt in Sartorius II Nr. 160. Allerdings ist dieses Übereinkommen nunmehr durch die Verordnung (EG) Nr. 44/2001 des Rates über die gerichtliche Zuständigkeit und die Anerkennung und Vollstreckung von Entscheidungen in Zivil- und Handelssachen vom 22.12.2000, abgedruckt in Sartorius II Nr. 161, weitest gehend ersetzt worden.
618 Vgl. dazu 2. Teil: C.IV.3.

Europol-Übereinkommen entspricht in seiner Konzeption dem deutschen Amtshaftungsanspruch nach Art. 34 GG i.V.m. § 839 BGB. Auch der deutsche Amtshaftungsanspruch bewirkt eine Verlagerung des Anspruchs vom deliktisch verantwortlichen Beamten auf den Staat bzw. die Anstellungskörperschaft. Diese Haftung lässt darüber hinausgehende Schadensersatzansprüche nach Art. 38 Europol-Übereinkommen oder nach Maßgabe des nationalen Rechts ausdrücklich unberührt.[619] Damit handelt es sich bei Art. 39 Abs. 2 Europol-Übereinkommen um einen eigenen Haftungstatbestand. Eine Inanspruchnahme Europols ist danach möglich, wenn eine der dort genannten Personen oder Organe schuldhaft in Ausübung ihres Amtes einen Schaden verursacht. Rein private Tätigkeiten sind hiervon ausdrücklich ausgeschlossen.[620] Europol hat dabei in der Höhe für den Schaden einzustehen, in dem der Schaden der Tätigkeit Europols zuzurechnen ist. Eine Haftungshöchstgrenze existiert nicht.
Strittig ist aber, ob von Art. 39 Abs. 2 Europol-Übereinkommen auch Schäden als Folge unzulässiger oder unrichtiger Datenverarbeitung erfasst sind. In der Regel wird nämlich die unrichtige oder unzulässige Speicherung bzw. Bearbeitung von personenbezogenen Informationen nicht Folge technischer Abläufe, sondern menschlichen Fehlverhaltens seitens eines Europol-Bediensteten sein. Die fehlerhafte Eingabe wird im Allgemeinen fahrlässig erfolgt sein und die Folge, beispielsweise eine Verhaftung, zurechenbar sein.
Mayer und Harings vertreten für diesen Fall die Ansicht, dass Europol auch für Fehler bei der Datenverarbeitung, insbesondere bei unrichtiger Datenübermittlung, nach Art. 39 Abs. 2 Europol-Übereinkommen haften soll.[621] Europol wäre dann über Art. 39 Abs. 2 Europol-Übereinkommen einer unmittelbaren Haftung ausgesetzt. Eine Begründung hierfür liefern beide allerdings nicht. Dem widerspricht Matz, da seiner Ansicht nach eine derartige unmittelbare Haftung der Konzeption des Art. 38 Europol-Übereinkommen, nach der Europol in diesem Bereich gerade keiner unmittelbaren Haftung unterliegen solle, widerspräche. Schließlich würden nach Art. 38 Abs. 1 Europol-Übereinkommen allein die Mitgliedstaaten zum Schadensersatz verpflichtet, Europol sei nur im Innenverhältnis regresspflichtig.[622]
Allerdings verkennt Matz, dass seinem systematischen Argument der klare Wortlaut des Art. 39 Abs. 2 Europol-Übereinkommen entgegensteht. Dort wird ausdrücklich klargestellt, dass der Anspruch unabhängig von Art. 38 Europol-Übereinkommen zu gewähren ist. Die Vertragsparteien scheinen einen möglichen Konflikt also gesehen zu haben und dergestalt lösen wollen, dass dem Bürger zwei Ansprüche zur Seite gestellt wurden. Anderenfalls hätte der Gesetzge-

619 Vgl. dazu Art. 39 Abs. 2 S. 1 und 2 Europol-Übereinkommen.
620 Darunter fallen etwa Ansprüche aus der deutschen straßenverkehrsrechtlichen Gefährdungshaftung.
621 *Mayer*, Europol, S. 144; *Harings*, Grenzüberschreitende Zusammenarbeit, S. 131.
622 So *Matz*, Europol, S. 250.

ber eine klare Regelung dahingehend getroffen, dass ein Anspruch wegen unrichtiger Datenverarbeitung nach Art. 39 Europol-Übereinkommen ausgeschlossen sein soll. Dieser klaren Wertung des Normgebers widerspricht die Auslegung von Matz. Ihr kann daher nicht gefolgt werden.
Für einen Ausschluss der Haftung bei fehlerhafter Datenverarbeitung sprächen nach Matz ferner die amtlichen Überschriften, die nicht in eine „Haftung der Mitgliedstaaten“ und eine „Haftung Europols“ gegliedert seien. Stattdessen werde dort an das schadensbegründende Verhalten angeknüpft, in dem einerseits von „Haftung wegen unzulässiger oder unrichtiger Datenverarbeitung“, anderseits von „sonstiger Haftung“ gesprochen werde.[623] Diese Einteilung lässt sich jedoch auch dahingehend erklären, dass sich die Normgeber der Reichweite des Handelns von Europol nicht bewusst waren. So wurde von den Verantwortlichen, wie bereits festgestellt wurde, stets angenommen, dass die Tätigkeit Europols auf die Datenverarbeitung beschränkt sei, operative oder gar exekutive Befugnisse Europol also gar nicht zustünden. Daher können folgerichtig die Schäden nur auf einer solchen Handlung beruhen. Mit der Einfügung der sonstigen Haftung durch Art. 39 Europol-Übereinkommen sollte letztlich nur ein Auffangtatbestand für Handlungen geschaffen werden, die von Art. 38 Europol-Übereinkommen nicht erfasst werden. Diese Auslegung wird ebenfalls durch die amtlichen Überschriften gedeckt. Dafür spricht auch, dass in der Denkschrift zum Europol-Übereinkommen als Beispiel Handlungen aufgeführt werden, die nur mittelbar etwas mit der eigentlichen Tätigkeit Europols zu tun haben. Da die Aufzählung aber weder abschließend noch verbindlich ist, können auch alle anderen Tätigkeiten hiervon erfasst werden. Dies schließt auch die Haftung für eine unzulässige oder falsche Datenverarbeitung ein. Schließlich würde Europol damit auch dem völkerrechtlichen Grundsatz eines effektiven Rechtsschutzes gerecht werden.
Das Argument, die von Mayer/Harings vertretende Gegenansicht ließe den Art. 38 Europol-Übereinkommen weit gehend überflüssig werden, wenn Europol über Art. 39 Abs. 2 Europol-Übereinkommen doch direkt in Anspruch genommen werden könne[624], vermag ebenfalls nicht zu überzeugen. Art. 38 Europol-Übereinkommen wird in keiner Weise überflüssig, handelt es sich doch um die speziellere Vorschrift, wenn es um die Datenverarbeitung geht. Daher ist zunächst auf Art. 38 Europol-Übereinkommen und dessen interne Regressregelung zurückzugreifen. Erst wenn der Betroffene hierdurch keinen Schadenersatz erlangen kann, steht ihm der Weg über Art. 39 Europol-Übereinkommen offen.
Daher entspricht nur diese Auslegung den Wertungen des Europol-Übereinkommens. Im Ergebnis können daher Schadensersatzansprüche wegen

[623] So *Matz*, Europol, S. 250.
[624] So *Matz*, Europol, S. 250.

einer fehlerhaften oder unzulässigen Datenverarbeitung auch über Art. 39 Europol-Übereinkommen geltend gemacht werden.
Auch hier richtet sich nach Art. 39 Abs. 4 Europol-Übereinkommen die Zuständigkeit der Gerichte nach dem EuGVÜ. Dieses kennt neben der Grundnorm des Art. 2 EuGVÜ auch die besonderen Gerichtsstände.[625] Danach gilt nach Art. 5 Nr. 3 EuGVÜ für unerlaubte Handlungen die Zuständigkeit der Gerichte des Ortes, an dem das schädigende Ereignis eingetreten ist (forum deliciti commissi). Daher begründen Handlungs- und Erfolgsort in diesen Fällen die Zuständigkeit. Als Handlungsort wird dabei jeder Ort bezeichnet, an dem für den Deliktstatbestand zumindest wesentliche Teilhandlungen verwirklicht werden.[626] Dagegen wird unter dem Erfolgsort jener Ort verstanden, an dem die Rechtsverletzung eingetreten ist.[627] Soweit Europol in Den Haag Handlungen vornimmt, kann dort als Handlungsort geklagt werden. Denkbar wäre hier beispielsweise die normale Analysetätigkeit, aber auch jeder Informationsaustausch. Darüber hinaus ist aber auch eine Klage in jedem Mitgliedstaat als Erfüllungsort denkbar.[628] Beispiel hierfür wäre eine Unterstützung der nationalen Behörden bei denen Europol die Koordination übernommen hat und damit als mittelbarer Täter fungiert. Aber auch wenn Europol einmal eigene Exekutivbefugnisse erhalten sollte, wären die nationalen Gerichte zuständig.

3. Widerrufs- / Unterlassungsanspruch

Nach Art. 39 Abs. 3 Europol-Übereinkommen steht dem Geschädigten darüber hinaus auch ein Unterlassungs- und Widerrufsanspruch gegenüber Europol zu. Dieser ist ebenfalls bei den nationalen Gerichten zu erheben.[629] Nach deutschem Recht ist zwischen einem privaten und einem öffentlichen Widerrufs- und Unterlassungsanspruch zu unterscheiden. Ob der jeweilige privatrechtliche oder öffentlich-rechtliche Widerrufsanspruch greift, hängt davon ab, in welcher Funktion der Beamte handelt. Handelt er als Privatmann, so besteht ein privatrechtlicher Widerrufsanspruch, anderenfalls ist der öffentlich-rechtliche Anspruch geltend zu machen.[630] In Deutschland sind demnach in der Regel die Verwaltungsgerichte zuständig, soweit nicht der Rechtsweg nach §§ 23 ff. EGGVG beschritten werden muss.[631] Der Kläger kann seinen Anspruch im We-

---

625 *Harings*, Grenzüberschreitende Zusammenarbeit, S. 294.

626 Vgl. dazu *Schack*, IZVR, Rn. 296 ff.

627 *Schack*, IZVR, Rn. 304.

628 Vgl. hierzu ausführlich *Harings*, Grenzüberschreitende Zusammenarbeit, S. 333 ff.

629 Art. 39 Abs. 4 Europol-Übereinkommen.

630 Zur Problematik des Widerrufs und der Unterlassung von Äußerungen eines Beamten vgl. auch *Maurer*, Allg. VerwR, § 3 Rn. 23 und § 20 Rn. 44.

631 Dies ist durchaus möglich, da Europol sowohl präventiv als auch repressiv tätig werden kann. Dies ergibt sich aus dem Wortlaut von Art. 2 Abs. 2 Europol-Übereinkommen („Verhütung und Bekämpfung von Straftaten“).

ge einer allgemeinen Leistungsklage geltend machen. Aber auch der privatrechtliche Anspruch kann vor den zuständigen nationalen Gerichten geltend gemacht werden, da nach Art. 8 Abs. 1 Nr. 1 Immunitätsprotokoll privatrechtliches Handeln nicht von der Immunität umfasst ist.

4. Persönliche Haftung von Europol-Bediensteten

Im Folgenden soll kurz auf die Möglichkeit der eigenen Haftung für Schäden eingegangen werden, die ein Europol-Bediensteter in Ausübung seiner Tätigkeit verursacht.

Das Europol-Übereinkommen selbst schweigt zu dieser Frage. Daher könnte sich eine Haftung allenfalls aus dem nationalen Recht ergeben. Es soll in dieser Arbeit jedoch nicht auf die einzelnen Rechtsordnungen und deren Möglichkeiten eingegangen werden. Nach deutschem Recht käme jedenfalls eine persönliche Haftung nach § 839 BGB in Betracht.[632] Allerdings steht einer Inanspruchnahme der Europol-Bediensteten Art. 8 Abs. 1 Nr. 1 des Immunitätsprotokolls[633] entgegen. Danach genießen Organe, wie auch das gesamte übrige Personal, Immunität vor jeglicher Gerichtsbarkeit hinsichtlich der von ihnen in Ausübung ihres Amtes vorgenommenen mündlichen und schriftlichen Äußerungen sowie ihrer übrigen Handlungen. Dies gilt auch für den Zeitraum nach Beendigung ihrer Tätigkeit. Eine Ausnahme hiervon besteht nach Art. 9 Immunitätsprotokoll nur für den Fall eines Zivilverfahrens wegen erlittener Schäden aus einem Verkehrsunfall, der durch einen Europol-Bediensteten verursacht wurde.

Die Verurteilung eines Organs oder Europol-Bediensteten zum Schadensersatz ist daher nur über die Aufhebung der Immunität nach Maßgabe der Art. 12 f. Immunitätsprotokoll zu erreichen. Voraussetzung hierfür ist die Feststellung eines Missbrauchs der gewährten Vorrechte und Immunitäten.[634] Damit geht die durch das Immunitätsprotokoll garantierte Immunität der Europol-Bediensteten und Europol-Organe weit über die gewöhnliche völkerrechtliche Immunität hinaus.[635] So kann ein Europol-Bediensteter nur in den Fällen eines Verstoßes gegen eine in § 8 Europol-Gesetz genannte Straftat[636] verfolgt werden. Des Wei-

---

632 BGH, Urteil vom 10.05.2001 – Az.: III ZR 111/99 - NJW 2001, S. 2626/2629; *Palandt-Sprau*, § 839 Rn. 88 ff.

633 „Protokoll auf Grund von Art. 31 des Vertrages über die Europäische Union und von Art. 41 Abs. 3 des Europol-Übereinkommens über die Vorrechte und Immunitäten für Europol, die Mitglieder der Organe, die stellvertretenden Direktoren und die Bediensteten von Europol", abgedruckt in Sartorius II, Nr. 302

634 Art. 12 Abs. 5 Immunitätsprotokoll.

635 *Lisken*, DRiZ 1998, S. 75/76 f.; vgl. zur Immunität ausführlich 3. Teil: B.II.1.b).

636 Bei den Straftaten handelt es sich im Einzelnen um die Verletzung von Privatgeheimnissen (§§ 203 Abs. 2 Satz 1 Nr. 1, Satz 2, Abs. 4 und 5, 205 StGB), Verwertung fremder Geheimnisse (§§ 204, 205 StGB) sowie die Verletzung von Dienstgeheimnisses (§ 353b Abs. 1 Satz 1 Nr. 1, Satz 2, Abs. 3 und 4 StGB).

teren muss zuvor nach Art. 12 Abs. 2 Europol-Übereinkommen die Immunität durch den Europoldirektor aufgehoben werden. Allerdings sind die Voraussetzungen für die Aufhebung nur vage umschrieben und auch eine justizielle Überprüfung der Entscheidung ist nicht vorgesehen.[637] Neben diesem Strafverlangen des Direktors muss des Weiteren auch der Mitgliedstaat die Ermächtigung zur Strafverfolgung erteilen. Ein solcher Fall dürfte jedoch angesichts der eigenen Disziplinarordnung Europols[638] kaum auftreten.[639] Daher ist zu befürchten, dass im Ergebnis nur in Ausnahmefällen eine direkte Inanspruchnahme von Europol-Bediensteten zwecks Geltendmachung von Schadensersatzansprüchen in Betracht kommt.

5. Bewertung

Neben den Primäransprüchen auf Auskunft, Löschung oder Berichtigung besteht mit dem Schadensersatzanspruch ein weiteres Recht des Betroffenen. Auf diesen ist zurückzugreifen, wenn sich die Rechtsfolgen durch eine Geltendmachung der Primäransprüche nicht mehr beseitigen lassen. Er ist daher für den Betroffenen von grundlegender Bedeutung. Trotz positiver Ansätze, die einen effektiven und bürgerfreundlichen Anspruch begründen könnten, ist die Ausgestaltung als ungenügend zu bewerten, da sich gleichzeitig sogar gravierende Lücken bei der Geltendmachung auftun.

Positiv könnte die Regelung zunächst dahingehend bewertet werden, dass ein Schadensersatzanspruch nach Art. 38 Europol-Übereinkommen nur vor dem Mitgliedstaat geltend gemacht werden kann, in dem der Schaden eingetreten ist. Damit wurde eine bürgerfreundliche Regelung geschaffen, denn die Anerkennung Europols als Völkerrechtssubjekt stellt sich zunächst für Drittstaaten und damit vergleichbar auch für den Bürger als erheblicher Nachteil dar. War bis zur Errichtung Europols jede Handlung eines Mitgliedstaates diesem eindeutig zurechenbar und waren daher dessen nationale Gerichte zuständig, so tritt nun Europol an deren Stelle und müsste haften. Da aber weder die nationalen Gerichte noch ein internationales Gericht für den Rechtsschutz gegen Hoheitsakte von Europol bestimmt wurde, hätte der Betroffene keine Möglichkeit des Rechtsschutzes.[640] Mit der Regelung des Art. 38 Europol-Übereinkommen wurde dieser Schleier der juristischen Person durchstoßen.[641] Daneben birgt diese Regelung den Vorteil, dass dem Betroffenen nicht die Schwierigkeit aufgebürdet

637 *Gleß*, EuR 1998, S. 748/753.

638 Vgl. insbesondere Kapitel 8 vom „Rechtsakt des Rates vom 3.12.1998 zur Festlegung des Statuts der Bediensteten von Europol“, in: ABl. der EG 1999, C 26, S. 23 ff.

639 *Petri*, Europol, S. 44.

640 Vgl. dazu allgemein *Seidl-Hohenveldern/Loibl*, IO, Rn. 1358.

641 *Martinez Soria*, VerwArch. 1998, S. 400/429 f.

wird, den Verursacher zu finden oder gar ein Verschulden nachzuweisen, um seinen Anspruch geltend zu machen.
Nicht zuzustimmen ist dagegen der Kritik Kölbachs, der die Regelung des Art. 38 Europol-Übereinkommen für unbefriedigend hält, da der Betroffene im Zweifelsfall lange Zeit warten müsse, bis der Verantwortliche für die Verletzung gefunden worden sei. Zur Stützung dieser These beruft er sich auf Art. 38 Abs. 3 Europol-Übereinkommen.[642] Dabei verkennt er jedoch, dass sich diese Vorschrift allein auf Art. 38 Abs. 2 Europol-Übereinkommen und damit auf die im Innenverhältnis bestehende Regressverpflichtung bezieht. Davon unberührt bleibt der Schadenersatzanspruch des Betroffenen nach Art. 38 Abs. 1 Europol-Übereinkommen. Auf Grund dessen erhält der Betroffene somit zeitnah seinen Schadensersatz. Daneben ist für den Betroffenen irrelevant, wie der Ausgleich im Anschluss daran geregelt wird.
Dagegen leistet die Möglichkeit der Geltendmachung eines Schadensersatzanspruchs nach Art. 38 ff. Europol-Übereinkommen aber zugleich einer Rechtszersplitterung Vorschub.[643] So können zum einen in den einzelnen Mitgliedstaaten sehr unterschiedliche Anforderungen an einen Anspruch bestehen, zum anderen können die einzelnen Anforderungen des Europol-Übereinkommens durch die jeweiligen nationalen Gerichte höchst unterschiedlich ausgelegt werden. So besteht die Gefahr, dass ein und dasselbe Verhalten in dem einen Staat einen Schadensersatzanspruch begründen kann, in einem anderen Staat der gleiche Anspruch aber abgelehnt wird. Negativ wirkt sich hierbei aus, dass der Betroffene, anders als beim Auskunftsanspruch[644], kein Wahlrecht bezüglich des Orts der Geltendmachung eines Schadensersatzanspruchs hat. Sieht Art. 2 des Auslegungsprotokolls zum Europol-Übereinkommen die Möglichkeit der gerichtlichen Vorlage an den EuGH im Wege des Vorabentscheidungsverfahrens vor, kann eine Vereinheitlichung der Rechtsprechung auf diesem Wege dennoch nicht erreicht werden, da das Protokoll nicht von allen Mitgliedstaaten unterschrieben wurde.[645]
Eine Lücke im System der Schadensersatzansprüche besteht sogar, wenn der Schaden nicht in einem Mitgliedstaat der EU eintritt.[646] In diesen Fällen kann ein Schadensersatzanspruch in keinem Mitgliedstaat geltend gemacht werden;

---

642 *Kölbach*, Die Polizei 1996, S. 245/250.
643 So auch *Petri*, KritV 1998, S. 441/458.
644 Vgl. dazu 3. Teil: A.I
645 So wurde das Protokoll bis heute nicht vom Vereinigten Königreich von Großbritannien und Nordirland unterschrieben.
646 Europol kann nach Art. 42 Europol-Übereinkommen Abkommen über die Zusammenarbeit mit Drittstaaten und -stellen abschließen. Darauf basierend kann es auch zum Austausch von Informationen kommen. Auf Grund dieses Informationsaustausches besteht aber auch in diesen Staaten die Möglichkeit eines Schadenseintritts. So könnte beispielsweise einem Geschäftsmann die Einreise aus Sicherheitsgründen verweigert werden. Diesem könnte daraufhin ein lukrativer Geschäftsabschluss entgehen.

Art. 38 Abs. 1 Europol-Übereinkommen findet keine Anwendung. Zwar könnte ein Bezug auf das Handeln eines Mitgliedstaates oder Europols hergestellt werden, doch besteht weiter das Problem des fehlenden Schadenseintritts. Schließlich steht einem Regressanspruch des Betroffenen entgegen, dass Europol keiner direkten Haftung nach Art. 38 Europol-Übereinkommen unterliegt.[647]
Im Vergleich zum Anspruch aus Art. 38 Abs. 1 Europol-Übereinkommen ist die Gefahr einer Schlechterstellung einzelner Betroffener im Rahmen der außervertraglichen Haftung nach Art. 39 Abs. 2 Europol-Übereinkommen eher gering. Zwar muss sich der Betroffene auch hier an die nationalen Gerichte wenden, doch besteht mit Art. 39 Abs. 2 Europol-Übereinkommen eine eigene Anspruchsgrundlage. Ein Rückgriff auf nationales Recht ist daher nicht möglich. Zu bemängeln ist jedoch, dass entgegen der Ansicht von Matz[648] eine einheitliche Anwendung dieser Vorschrift über die Vorlage an den EuGH nicht gesichert ist. Dies ist darauf zurückzuführen, dass nicht alle Mitgliedstaaten das Auslegungsprotokoll unterschrieben und damit die entsprechenden Kompetenzen des EuGH anerkannt haben. Divergierende Entscheidungen sind daher, wenn auch nicht sehr wahrscheinlich, dennoch möglich.
Zu berücksichtigen ist ferner, dass die Geltendmachung der Ansprüche nach Art. 38 f. Europol-Übereinkommen entscheidend vom Auskunftsrecht nach Art. 19 Europol-Übereinkommen abhängt, denn die Betroffenen können einen Schadensersatzanspruch nur dann geltend machen, wenn sie auch um die Verletzung ihrer Rechte wissen. Da die Ausgestaltung des Auskunftsrechts jedoch erhebliche Mängel aufweist, wirkt sich dies negativ auf die Möglichkeit einer Geltendmachung der Ansprüche nach Art. 38 f. Europol-Übereinkommen aus.
Hinzu kommen weitere praktische Probleme, wie z. B. Hindernisse bei der gerichtlichen Sachverhaltsaufklärung auf Grund einer Unverletzlichkeit der Archive Europols[649] und der Immunität von Europol-Beamten[650]. Insgesamt erscheinen daher die Erfolgsaussichten des Bürgers, einen Anspruch auf Schadensersatz geltend machen zu können, als gering.

B. Ausgestaltung des Rechtsschutzes

Wenn der Betroffene keinen Einfluss darauf hat, ob seine personenbezogenen Daten gespeichert oder verarbeitet werden, kommt es für ihn entscheidend darauf an, dass er von der Verarbeitung oder Speicherung erfährt, ihren Inhalt über-

---

647 Dem Betroffenen bliebe nur die Möglichkeit eine Rechtsverletzung vor den Gerichten des Landes einzuklagen, in dem der Schaden eingetreten ist. Inwiefern der Betroffene hier allerdings einen entsprechenden Schutz erfährt, ist angesichts der höchst unterschiedlichen Gestaltungen der Rechtssysteme völlig offen.

648 *Matz,* Europol, S. 256.

649 Vgl. zur Immunität der Archive 3. Teil: B.II.1.b)bb).

650 Vgl. dazu 3. Teil: B.II.1.b)aa).

prüfen und gegebenenfalls Berichtigungen oder die Löschung der Daten durchsetzen kann. Von entscheidender Bedeutung ist daher eine effektive Kontrolle, welche die Einhaltung der gesetzlichen Vorgaben überprüft. Diese erfolgt bei Europol sowohl auf europäischer als auch auf nationaler Ebene.

I. Kontrolle auf Europäischer Ebene

1. Gemeinsame Kontrollinstanz

Art. 24 Abs. 1 Europol-Übereinkommen sieht für die Durchsetzung der Auskunftsansprüche von Privatpersonen, die sich auf ihre bei Europol gespeicherten persönlichen Daten beziehen, ebenso wie für die Geltendmachung von möglichen Berichtigungs- und Löschungsansprüchen, die sich aus der Tätigkeit von Europol ergeben, einen besonderen Rechtsschutzmechanismus in Gestalt der Gemeinsamen Kontrollinstanz vor. Diese tagt bei Bedarf, mindestens jedoch viermal jährlich zu den anfallenden Fragen.[651] Die Gemeinsame Kontrollinstanz ist gemäß Art. 27 Europol-Übereinkommen kein Organ von Europol, sondern ein externes Kontrollgremium.[652]

a) Aufbau

Die Gemeinsame Kontrollinstanz setzt sich aus höchstens zwei Mitgliedern oder Vertretern jeder nationalen Kontrollinstanz zusammen, die von Stellvertretern unterstützt werden können.[653] Deren Mitglieder werden von jedem Mitgliedstaat auf fünf Jahre ernannt, wobei es sich jedoch um keine Höchstgrenze handelt, denn gemäß Art. 4 Abs. 1 GOGK ist eine erneute Wiederwahl möglich.
Alle Mitglieder müssen jede Gewähr für Unabhängigkeit sowie die für die Tätigkeit nötige Befähigung besitzen und sind bei der Wahrnehmung ihrer Aufgaben an keinerlei Weisungen gebunden, sondern allein dem Gesetz verpflichtet.[654] Um Juristen muss es sich jedoch nicht handeln.[655] Nach Art. 4 Abs. 2 GOGK mangelt es an der Unabhängigkeit, wenn jemand neben seiner Tätigkeit in der Gemeinsamen Kontrollinstanz gleichzeitig Mitglied eines anderen nach dem Übereinkommen eingesetzten Gremiums oder Mitglied des Personals von Europol ist. Kommt es darüber hinaus in anderen Fällen zu Interessenkonflikten,

---

651 Art. 6 Abs. 1 GOGK.

652 So schon *Harings*, Grenzüberschreitende Zusammenarbeit, S. 329.

653 Art. 24 Abs. 1 Satz 3 Europol-Übereinkommen. In Deutschland werden diese Mitglieder gemäß § 6 Abs. 2 Europol-Gesetz vom Bundesinnenminister ernannt, wobei das Vorschlagsrecht für einen Vertreter beim Datenschutzbeauftragten und für den zweiten beim Bundesrat liegt.

654 Art. 24 Abs. 1 Satz 4 Europol-Übereinkommen i.V.m. Art. 4 Abs. 2 Satz 1 GOGK.

655 *Frowein/Krisch*, JZ 1998, S. 589/590; *Gleß*, ZgesStrafW 2002, S. 636/639. Mit § 6 Abs. 3 Europol-Gesetz wurde aber zumindest für die deutschen Vertreter in der Gemeinsamen Kontrollinstanz die Befähigung zum Richteramt vorgeschrieben.

so sind diese durch den Betroffenen offen zu legen. Er darf darauf hin nicht mehr an den Beratungen und der Beschlussfassung teilnehmen. Erfolgt dies nicht freiwillig, so kann er im Notfall nach vorheriger Anhörung mit der Stimmenmehrheit vom weiteren Verfahren ausgeschlossen werden. An seiner Stelle kann sein Stellvertreter an dem weiteren Verfahren teilnehmen.[656]

Nach Art. 24 Abs. 9 Europol-Übereinkommen ist die Gemeinsame Kontrollinstanz hinsichtlich des sie betreffenden Teils des Haushaltsplans zu konsultieren. Ihre Stellungnahme ist dem jeweiligen Entwurf des Haushaltsplans beigefügt. Damit soll der Gefahr einer finanziellen Abhängigkeit der Gemeinsamen Kontrollinstanz von Europol begegnet werden.

Die Mitgliedschaft in der Gemeinsamen Kontrollinstanz endet gemäß Art. 4 Abs. 5 GOGK entweder mit dem Rücktritt der betroffenen Person oder mit deren Ausscheiden aus der nationalen Kontrollinstanz. In letzterem Fall ist eine Ausnahme möglich, wenn das Mitglied durch den ihn entsendenden Mitgliedstaat erneut bestätigt wird und dies im Einklang mit den nationalen Rechtsvorschriften steht.

An der Spitze der Gemeinsamen Kontrollinstanz steht ein Präsident, der von der Gemeinsamen Kontrollinstanz aus ihren Reihen ernannt wird.[657] Dieser überwacht den ordnungsgemäßen Tätigkeitsablauf, organisiert und leitet ihre Sitzungen.[658] Außerdem ist er neben der Mehrheit der Gemeinsamen Kontrollinstanz nach Art. 5 Abs. 5 GOGK dazu berechtigt, die Anwesenheit des Europol-Direktors im Rahmen einer Sitzung der Gemeinsamen Kontrollinstanz zu verlangen und Europol-Bedienstete, nationale Sachverständige, Verbindungsbeamte und sonstige Personen zu diesen einzuladen.

Unterstützt wird die Gemeinsame Kontrollinstanz bei ihrer Aufgabenwahrnehmung durch ein Sekretariat.[659] Dieses ist eine ständige Einrichtung, deren Mitarbeiter ausschließlich im Interesse der Gemeinsamen Kontrollinstanz handeln, völlig unabhängig von Europol sind und auch von keiner anderen Behörde Weisungen entgegen nehmen dürfen. Das Sekretariat unterliegt der Dienstaufsicht des Vorsitzenden der Gemeinsamen Kontrollinstanz. Wird es dagegen für den Beschwerdeausschuss tätig, so unterliegt es der Dienstaufsicht des Vorsitzenden des Beschwerdeausschusses.[660] Zu den Aufgaben des Sekretariats gehört beispielsweise die Anfertigung eines Protokollentwurfs unter Aufsicht des Vorsitzenden der Gemeinsamen Kontrollinstanz[661], die Sicherstellung der Erfüllung

656 Art. 4 Abs. 2 GOGK.

657 Art. 24 Abs. 1 Satz 6 Europol-Übereinkommen; in der GOGK wird er dagegen als Vorsitzender bezeichnet, vgl. Art. 5 GOGK.

658 Art. 5 Abs. 2 GOGK.

659 Art. 24 Abs. 10 Europol-Übereinkommen.

660 Vgl. dazu z. B. Art. 29 Abs. 2 GOGK.

661 Art. 9 GOGK.

der Verpflichtungen nach Art. 32 Europol-Übereinkommen[662] sowie die Erarbeitung von Vorschlägen für den Haushalt der Gemeinsamen Kontrollinstanz[663]. Außerdem kann die Gemeinsame Kontrollinstanz aus ihren Reihen eine oder mehrere Kommissionen einsetzten. Dabei handelt es sich ausschließlich um interne Kommissionen, deren Mandat und Zusammensetzung allein von Europol bestimmt wird.[664] Als Beispiel ist eine interne Untersuchungskommission zu nennen. Teil der Gemeinsamen Kontrollinstanz ist, trotz einer gewissen Trennung, auch der Beschwerdeausschuss nach Art. 24 Abs. 7 Europol-Übereinkommen. Dieser ist zwingend von der Gemeinsamen Kontrollinstanz einzusetzen.[665]

Insgesamt ist die Gemeinsame Kontrollinstanz daher nicht als richterliches, sondern als sachverständiges Gremium konzipiert. Sie ist in ihrer Struktur den in verschiedenen Mitgliedstaaten bestehenden Datenschutzstellen vergleichbar, aus deren Mitgliedern sie sich zusammensetzt.[666]

b) Aufgaben

Primäre Aufgabe der Gemeinsamen Kontrollinstanz ist die Überprüfung der Tätigkeit Europols nach Maßgabe des Europol-Übereinkommens in Hinblick auf eine mögliche Verletzung von Rechten der betroffenen Personen. Daneben ist sie Rechtsmittelinstanz gegen ablehnende Auskunfts- und Berichtigungsansprüche, wird rechtsberatend tätig und ist zuständig für die Prüfung von Anwendungs- und Auslegungsfragen im Zusammenhang mit der Tätigkeit Europols. Zur Erfüllung dieser Aufgaben werden ihr die Befugnisse zur Auskunftseinholung von Europol, zum ungehinderten Zutritt zu allen Diensträumen Europols sowie zur Einsichtnahme in alle Unterlagen und Akten erteilt.[667] Dies darf allerdings nicht dahingehend verstanden werden, dass die Gemeinsame Kontrollinstanz berechtigt ist, entsprechende Untersuchungsmaßnahmen unangemeldet durchzuführen.[668] Weiterhin ist Europol verpflichtet, die gemeinsame Kontrollinstanz bei der Erfüllung ihrer Aufgaben zu unterstützen.[669]

---

662 Art. 29 Abs. 3 GOGK.

663 Art. 31 Abs. 1 GOGK.

664 Art. 24 Abs. 8 Europol-Übereinkommen i.V.m. Art. 3 Abs. 2 GOGK.

665 Dies folgt aus der Formulierung „setzt (...) sein“, vgl. Art. 24 Abs. 7 i.V.m. Art. 3 Abs. 1 GOGK.

666 So auch *Grote*, in: Gleß/Grote/Heine, Bd. 2, S. 613.

667 Art. 24 Abs. 2 Nr. 1 und 2 Europol-Übereinkommen. Letzteres umfasst nach Art. 2 Abs. 2 GOGK auch Informationen über Hardware und Software und den Zugriff hierauf, wenn dies erforderlich werden sollte.

668 *Degenhardt*, Europol, S. 230. Diese wäre jedoch aus Gründen einer effektiven Überwachung von Europol erforderlich gewesen (so auch *Petri*, KritV 1998, S. 441/454).

669 Art. 24 Abs. 2 Europol-Übereinkommen.

aa) Kontrolle von Europol

Die Kontrolle Europols wird durch die Gemeinsame Kontrollinstanz entweder aus eigenem Antrieb oder auf Antrag eines Betroffenen durchgeführt. So räumt Art. 24 Abs. 4 Europol-Übereinkommen jeder Person das Recht ein, die Gemeinsame Kontrollinstanz um die Zulässigkeit und Richtigkeit einer etwaigen Speicherung, Erhebung, Verarbeitung und Nutzung sie betreffender Daten zu ersuchen.

(1) Kontrolle im Informationssystem

(a) Kontrolle der Datenspeicherung

Zu den datenschutzrechtlichen Kontrollaufgaben der Gemeinsamen Kontrollinstanz gehört u.a. die Rechtmäßigkeitsüberprüfung der Datenspeicherung. Auf Grund der bei Europol angewandten Praxis ist es ihr jedoch nicht möglich, hinsichtlich dieser Datenspeicherungen im Informationssystem eine umfassende Datenschutzkontrolle vorzunehmen.
Um die Überprüfung wirksam vornehmen zu können, bräuchte die Gemeinsame Kontrollinstanz einen Zugang zu allen entsprechenden Unterlagen, wie z. B. den Ermittlungsakten. Derart detaillierte Informationen über Einzelfälle stehen ihr jedoch nicht zur Verfügung, da diese nur bei den mitgliedstaatlichen Polizeidienststellen, die für das jeweilige Ermittlungsverfahren zuständig sind, gespeichert sind.[670] Damit wird die Gemeinsame Kontrollinstanz in der Praxis zwar einzelne Daten im Informationssystem einsehen können, detaillierte Kenntnisse über die den Speicherungen zugrunde liegenden Fälle stehen ihr jedoch nicht zur Verfügung. Da eine umfassende rechtliche Beurteilung damit nicht möglich ist, weist die datenschutzrechtliche Kontrolle bereits an dieser Stelle eine erhebliche Schwachstelle auf.

(b) Kontrolle der Datenabfrage

Nach Art. 9 Abs. 3 Europol-Übereinkommen obliegt die Verantwortung für die Zulässigkeit der Abfragen zwar den abrufenden Stellen. Nach Art. 16 Satz 2 Europol-Übereinkommen dürfen die Protokolldaten aber auch der Gemeinsamen

---

670 *Werner*, CR 1997, S. 34/37. Daraus resultieren aus deutscher Sicht erhebliche Probleme. Auf Grund der föderalistischen Struktur in Deutschland geben in der Regel die örtlichen Länderpolizeidienststellen und nicht das BKA die Daten ein *(Degenhardt*, Europol, S. 165 f.; vgl. dazu Art. 2 § 3 Abs. 1 Europol-Gesetz). Damit fehlen aber dem als Zentralstelle verantworlichen BKA zentrale Hintergrundinformationen, die es ihm ermöglichen, die Richtigkeit, Zulässigkeit und Vollständigkeit der Datenspeicherung zu gewährleisten. Daher obliegt die Überprüfung der örtlichen Polizeidienststellen auch den Datenschutzbeauftragten der jeweiligen Länder, deren Zuständigkeit durch das Europol-Gesetz unberührt bleibt (vgl. Art. 2 § 6 Abs. 1 Europol-Gesetz).

Kontrollinstanz zur Zweckerfüllung zur Verfügung gestellt werden. Da Protokolldateien dem Zweck dienen, die Zulässigkeit einer Datenspeicherung oder Abfrage zu ermöglichen, muss der Gemeinsamen Kontrollinstanz somit im Umkehrschluss eine entsprechende Befugnis zur Kontrolle der Datenabfrage zustehen. Um aber einen möglichen Konflikt mit den Nationalen Kontrollinstanzen zu vermeiden beschränkt sich diese auf Abfragen von Europol selbst. Für alle anderen Stellen sowie die Empfänger der Daten besteht für sie keine weiter gehende Überprüfungsmöglichkeit.
Um eine Überprüfung zu ermöglichen hat Europol jede Abfrage von Informationen der durch Art. 9 Abs. 1 Europol-Übereinkommen dazu ermächtigten Stellen zu protokollieren.[671] Weitere Anforderungen an diese Protokollierungspflicht lassen sich dem Europol-Übereinkommen nicht entnehmen. Nach Art. 16 S. 3 Europol-Übereinkommen obliegt die Festlegung solcher Standards dem Verwaltungsrat, der zu diesem Zweck die Gemeinsame Kontrollinstanz anhören soll. Auch zu der Frage, ob Europol zum Einschreiten verpflichtet ist, wenn der Verdacht einer unzulässigen Datenabfrage besteht, schweigt das Europol-Übereinkommen. Zumindest besteht aber keine Berechtigung der Gemeinsamen Kontrollinstanz dahin gehend, dass der Empfänger vom Abrufverfahren ausgeschlossen werden kann.[672]
Damit kann die Gemeinsame Kontrollinstanz, trotz der Protokollierungspflicht nach Art. 16 Europol-Übereinkommen, die Abfrage von Informationen aus dem Informationssystem nicht wirksam kontrollieren bzw. die Rechtmäßigkeit der Abfragen sicherstellen.

(c) Kontrolle von Datenlöschungen

Nach Art. 8 Abs. 5 Europol-Übereinkommen müssen die Informationen über Personen, deren Strafverfahren endgültig eingestellt worden ist oder die rechtskräftig freigesprochen wurden, gelöscht werden. Diese Löschung ist gemäß Art. 21 Abs. 1 Satz 3 Europol-Übereinkommen von der eingebenden Stelle vorzunehmen.[673] Da eine nicht vorgenommene Löschung die Rechtspositionen des Betroffenen berührt, stellt sich die Frage, inwieweit die Gemeinsame Kontrollinstanz für die Kontrolle zuständig ist.
Eine Berechtigung der Gemeinsamen Kontrollinstanz zur Überprüfung von Datenlöschungen der Mitgliedstaaten ist im Europol-Übereinkommen weder

---

671 Art. 16 Europol-Übereinkommen.

672 Vgl. dazu *Degenhardt*, Europol, S. 236.

673 Eingabeberechtigt sind aus Sicht der Mitgliedstaaten nur die nationalen Stellen und Verbindungsbeamten. Den örtlichen Polizeistellen kommt keine Eingabeberechtigung zu (vgl. Art. 7 Abs. 1 Europol-Übereinkommen). Aus deutscher Sicht sind dazu das BKA als nationale Stelle (§ 1 Nr. 1 Europol-Gesetz) und die Landeskriminalämter über § 3 Abs. 1 Europol-Gesetz berechtigt.

ausdrücklich noch konkludent vorgesehen.[674] Nach Art. 4 Abs. 1 Nr. 3 Europol-Übereinkommen ist es Aufgabe der nationalen Stellen, die Informationen und Erkenntnisse der Mitgliedstaaten zu aktualisieren. Auch Art. 23 Abs. 1 Europol-Übereinkommen schreibt ausdrücklich fest, dass den nationalen Kontrollinstanzen die Überprüfung dieser Daten obliegt.[675] Dies schließt auch die Frage ein, ob die Daten überhaupt (noch) zu speichern sind. Daher steht einer entsprechenden Kompetenz der Gemeinsamen Kontrollinstanz zur Überprüfung von Datenlöschungen der Mitgliedstaaten das Europol-Übereinkommen selbst entgegen.[676] Anders verhält es sich dagegen mit Daten, die von Europol in das Informationssystem eingeben wurden. Da in diesem Fall Europol selbst die eingebende Stelle ist, muss die Überprüfung nach Art. 21 Abs. 1 Europol-Übereinkommen auch von Europol selbst durchgeführt werden. Dafür ist nach Art. 24 Abs. 1 Europol-Übereinkommen die Gemeinsame Kontrollinstanz zuständig. Allerdings beruhen die Daten, die Europol in das Informationssystem stellen kann, entweder aus seiner Analysetätigkeit oder der Übermittlung von Drittstaaten und –stellen. Diese können von der Gemeinsamen Kontrollinstanz nicht effektiv kontrolliert werden.[677] Folge dessen ist, dass auch die sich daran anschließende Kontrolle der Datenlöschungen nicht ausreichend sein kann.

(2) Kontrolle im Analysesystem

Da die Gemeinsame Kontrollinstanz die Arbeit von Europol in jeder Hinsicht kontrolliert, obliegt ihr auch die Datenschutzkontrolle im Analysesystem, die jedoch schon ein grundsätzliches Defizit aufweist.

Eine effektive Kontrolle der Tätigkeit im Analysesystem von Europol erfordert eine umfassende Protokollierung aller getätigten Eingaben, Abrufe und Übermittlungen personenbezogener Daten.[678] Nur durch ein solches Konzept kann eine effektive datenschutzrechtliche Kontrolle gewährleistet werden, denn nur so können die einzelnen Wege lückenlos nachvollzogen werden. Art. 16 Abs. 1 Europol-Übereinkommen i.V.m. Art. 15 Abs. 4 DAAz. sehen dagegen vor, dass in den Analysedateien lediglich mindestens jeder zehnte Abruf protokolliert werden muss. Damit wurde, auch wenn eine entsprechend niedrigere Anzahl von Abrufen als protokollierungspflichtig festgelegt werden kann, auf eine um-

674 Vgl. Art. 21 Abs. 1 Europol-Übereinkommen i.V.m. Art. 24 Abs. 1 Europol-Übereinkommen.

675 Vgl. zur Kontrolle durch die nationale Kontrollinstanz 3. Teil: B.II.2.

676 Aber selbst, wenn man der Gemeinsamen Kontrollinstanz eine solche Kompetenz zuerkennen wollte, wäre deren Wirksamkeit stark begrenzt, da sie keinerlei Zugriff auf die Informationsbestände der örtlichen Polizeien hat (vgl. dazu 3. Teil: B.I.1.b)aa)(1)(a)).

677 Vgl. zur Kontrolle der Daten aus der Analysetätigkeit 3. Teil: B.I.1.b)aa)(2)(a); zur Kontrolle der Informationen aus der Übermittlungstätigkeit 3. Teil: B.I.1.b)aa)(2)(b).

678 So auch *Weichert*, DuD 1995, S. 450/456.

fassende Protokollierungspflicht verzichtet.[679] Auf Grund dieses Verzichts kann die Gemeinsame Kontrollinstanz den Verlauf des Datenaustausches nicht mehr nachvollziehen und damit auch nicht alle Verstöße aufdecken bzw. beseitigen. Verstärkt wird diese Problematik durch die Speicherungsdauer der Protokollierungsdateien. Während nämlich die in den Analysedateien gespeicherten Daten über mehrere Jahre hinweg gespeichert werden können, sind die Protokolldaten bereits nach sechs Monaten zu löschen. Ein Nachvollziehen der Abrufe ist damit nicht mehr möglich.[680] Folglich fehlt es an der Möglichkeit einer effektiven Kontrolle.

(a) Kontrolle im Rahmen der Analysetätigkeit

Die in den Analysedateien enthaltenen Informationen stammen von den Mitgliedstaaten, welche diese im Rahmen ihrer Verpflichtungen an Europol übermittelt haben.[681]
Es besteht allerdings das Problem, dass die Gemeinsame Kontrollinstanz über keinerlei Ermittlungs- oder sonstige Akten verfügt und ihr eigene Ermittlungsbefugnisse bei den nationalen Behörden nicht zustehen. Auch eine mögliche Zusammenarbeit mit den nationalen Stellen ist durch das Europol-Übereinkommen nicht vorgesehen. Soweit diesbezüglich z. B. Art. 19 Abs. 7 Europol-Übereinkommen dazu Stellung nimmt, gilt dies nur für den Beschwerdeausschuss. Dies ergibt sich aus dem Wortlaut, der von der Einlegung einer Beschwerde nicht von einer Kontrolle spricht. Für die Beschwerde ist aber der Beschwerdeausschuss zuständig.[682] Indem das Europol-Übereinkommen für den Beschwerdeausschuss eine solche Möglichkeit vorsieht, es aber an einer entsprechenden Regelung für die Kontrolle der Gemeinsamen Kontrollinstanz fehlt, ist davon auszugehen, dass die Vertragsparteien eine solche Möglichkeit für die Gemeinsame Kontrollinstanz eben nicht vorgesehen haben.
Hinzu kommt, dass die deliktneutrale Erfassung der Datenbestände im Analysesystem die eigene datenschutzrechtliche Kontrolle der Gemeinsamen Kontrollinstanz nahezu unmöglich werden lässt. Während der Umfang der zu speichernden personenbezogenen Daten äußerst detailliert ist[683], enthalten die Analysedateien keine Datenfelder, die z. B. Aufschluss über die konkreten Tatvorwürfe,

679 Dass es sich hierbei nicht um ein Versehen handelt, zeigt nicht zuletzt ein Antrag der Ratsarbeitsgruppe Europol („AG-Europol“) zum DAAz. aus dem Jahre 1996, der eine strikte Protokollierung für Abrufe aus dem Analysedateien vorsah. Dieser Antrag konnte sich jedoch nicht durchsetzen (*Kremer*, Europol, S. 160).

680 Einzige Ausnahme ist nach Art. 16 Satz 2 Europol-Übereinkommen das Vorliegen eines Erfordernisses für die weitere Kontrolle. Dies setzt jedoch voraus, dass ein Verstoß bereits festgestellt worden ist.

681 Art. 10 Abs. 3 i.V.m. Art. 4 Abs. 4, 5 Europol-Übereinkommen.

682 Art. 19 Abs. 7 Europol-Übereinkommen i.V.m. Art. 11 Abs. 1 GOGK.

683 Vgl. dazu Art. 6 DAAz.

die exakte Bezeichnung des Straftatbestandes oder die zuständige Ermittlungsbehörde geben. Daher wird es der Gemeinsamen Kontrollinstanz in solchen Fällen kaum möglich sein, festzustellen, ob die rechtlichen Voraussetzungen für eine Speicherung der Daten vorlagen.

(b) Kontrolle der Daten von Drittstaaten bzw. -stellen

Wie bereits angesprochen, ist Europol dazu befugt, Drittstaaten oder -stellen um erforderliche Informationen zu ersuchen.[684] Auch in diesen Bereichen obliegt der Gemeinsamen Kontrollinstanz die Aufgabe der Kontrolle.[685] In diesem Zusammenhang stellt sich insbesondere die Frage, ob die übermittelten Daten überhaupt in rechtlich zulässiger Weise erhoben wurden.
Losgelöst von der konkreten Ausgestaltung dieser Abkommen dürfen auf keinen Fall Daten gespeichert werden, die unter offensichtlicher Verletzung gespeichert wurden.[686] Jedoch hat die Gemeinsame Kontrollinstanz weder Zugriff auf die entsprechenden Datenbanken oder Akten der Partner, noch stehen ihr in diesen Fällen irgendwelche Untersuchungsmöglichkeiten vor Ort zu.[687] Die Umstände der fraglichen Informationserhebung sind für sie daher nicht nachvollziehbar. Insofern dürften sich die möglichen Rechtsverstöße von der Gemeinsamen Kontrollinstanz nicht aufdecken lassen, womit es an einer effektiven Kontrollmöglichkeit fehlt.[688]

(c) Kontrolle der Prüffristen und Speicherungsdauer

Auch die Überprüfung der Speicherungsdauer und der Einhaltung der Überprüfungszeiträume gehört zu den Aufgaben der Gemeinsamen Kontrollinstanz.
Sollen die Daten über die Speicherungsdauer hinaus gespeichert werden, ist die Gemeinsame Kontrollinstanz darüber zu informieren, welche die Voraussetzungen für eine weitere Speicherung voll überprüfen kann. Dies schließt auch die von Europol vorzunehmende Interessenabwägung zwischen dem Interesse Europols an der Erfüllung seiner Aufgaben und dem Interesse der betroffenen Personen ein. Zwar enthält weder das Europol-Übereinkommen noch ein sonstiges Abkommen hierüber eine explizite Regelung, doch ergibt sich eine solche Befugnis aus dem Sinn und Zweck des Art. 24 Abs. 1 Europol-Übereinkommen. Dieser liegt im Schutz der Rechte des Betroffenen in Bezug auf die Tätigkeit

---

684 Vgl. dazu Art. 10 Abs. 4 Europol-Übereinkommen.

685 Art. 18 Abs. 5 Europol-Übereinkommen i.V.m. Art. 1 Abs. 2 lit. c) GOGK.

686 Art. 4 Abs. 4 des Rechtsakts des Rates vom 3.11.1998 über Bestimmungen über die Entgegennahme der von Dritten gelieferten Informationen von Europol, in: ABl. der EG vom 30.01.1999, C26, S. 17 f.

687 Vgl. die entsprechenden Ausführungen zu den Datenbeständen der Mitgliedstaaten 3. Teil: B.I.1.b)aa)(1)(b).

688 So auch *Degenhardt*, Europol, S. 240.

von Europol.[689] Um diesem Zweck gerecht zu werden, muss die Gemeinsame Kontrollinstanz alle Umstände, die zur Speicherung führen, überprüfen können. Dies gilt auch für die Abwägungsentscheidung Europols, die als Rechtfertigung für die Speicherung fungiert.

Allerdings kommt bei dieser Ermessensentscheidung den Gerichtsentscheidungen, wie z. B. einem Freispruch, keine zwingende Wirkung zu. Sie sind in der Abwägung lediglich zu berücksichtigen.[690] Damit bestehen für die Entscheidung keine festen Grenzen für eine Entscheidung. Somit können mittels dieser Ermessensentscheidungen die im Europol-Übereinkommen vorgesehenen Speicherungshöchstgrenzen von drei bzw. fünf Jahren[691] faktisch ausgehebelt werden. Darüber hinaus sind auch die fehlenden effektiven Sanktionsmöglichkeiten der Gemeinsamen Kontrollinstanz zu bemängeln.[692]

bb) Beschwerdeinstanz

Die Rechtmäßigkeit von Beschwerden prüft die Gemeinsame Kontrollinstanz nicht selbst, sondern hat dazu nach Art. 24 Abs. 7 Europol-Übereinkommen einen Ausschuss einzusetzen. Dieser Ausschuss hat die Aufgabe, die Beschwerden nach Art. 19 Abs. 6, 7 und 9, Art. 20 Abs. 4 und Art. 22 Abs. 3 Europol-Übereinkommen in jeder geeigneten Weise zu prüfen. Die in diesem Rahmen getroffenen Entscheidungen sind gegenüber allen betroffenen Parteien rechtskräftig, das heißt sie sind nicht justiziabel und binden selbst die nationalen Gerichte.[693] Damit hat der Beschwerdeausschuss die Funktion einer Rechtsinstanz.

(1) Zusammensetzung

Der Beschwerdeausschuss setzt sich aus je einem Mitglied jeder in der Gemeinsamen Kontrollinstanz enthaltenen Partei zusammen, dass sich einen Stellvertreter nehmen kann. Beide werden nach der Delegierung durch ihren Mitgliedstaat von der Gemeinsamen Kontrollinstanz für fünf Jahre in den Beschwerdeausschuss benannt. Auch hier ist eine erneute Benennung möglich.[694] Ihre Mitgliedschaft im Beschwerdeausschuss endet mit ihrem Rücktritt oder dem Ausscheiden aus der Gemeinsamen Kontrollinstanz.[695] Allerdings sind die Mitgliedstaaten bei der Benennung nicht völlig frei von Vorgaben. So schreibt Art. 12 Abs. 2 GOGK vor, dass die zu ernennenden Mitglieder des Beschwerdeausschusses

689 Vgl. dazu die Formulierung in Art. 24 Abs. 1 Europol-Übereinkommen: „(...) daraufhin zu überprüfen, ob (...) die Rechte der Personen verletzt werden".

690 Art. 7 Abs. 1 DAAz.

691 Art. 7 Abs. 3 DAAz.

692 Vgl. zu dieser Frage 3. Teil: B.I.1.c).

693 So z. B. auch *Gleß*, NStZ 2001, S. 623/625; *Frowein/Krisch*, JZ 1998, 589/591.

694 Art. 12 Abs. 1 GOGK.

695 Art. 12 Abs. 4 GOGK.

und ihre Stellvertreter die Befähigung zur Prüfung der Beschwerden und zu deren Entscheidung besitzen. Davon erfasst sind auch juristische Fachkompetenz und Erfahrung zur Lösung von Konflikten im Datenschutz. Um ausgebildete Juristen muss es sich dagegen auch hier nicht handeln.[696]
Jede Delegation im Beschwerdeausschuss hat bei Abstimmungen eine Stimme. Der ernannte Ausschuss wählt aus seinen Reihen für einen Zeitraum von zwei Jahren einen Vorsitzenden und einen stellvertretenden Vorsitzenden. Beide können darüber hinaus für maximal ein Jahr wiedergewählt werden.[697] Der Vorsitzende überwacht den ordnungsgemäßen Ablauf der Arbeiten des Beschwerdeausschusses und organisiert und leitet die Sitzungen des Ausschusses.[698]
Im Rahmen ihrer Tätigkeit sollen die Mitglieder des Beschwerdeausschusses und ihre Stellvertreter nach Art. 13 Abs. 1 GOGK unparteilich und unabhängig, nicht an Weisungen der Gemeinsamen Kontrollinstanz gebunden und nur dem Gesetz verpflichtet sein. Daher dürfen sie, ebenso wie die Mitglieder der Gemeinsamen Kontrollinstanz, während ihrer Amtszeit keine Tätigkeit aufnehmen, die im Widerspruch zu ihrer Unparteilich- bzw. Unabhängigkeit steht. Besteht dennoch die Möglichkeit der Beeinträchtigung dieser Unparteilichkeit, so hat der Betroffene dies offen zu legen und zurückzutreten.[699] Wird dagegen die Unparteilichkeit von einer Verfahrenspartei angezweifelt, so werden alle Parteien dazu angehört. Anschließend entscheidet der übrige Beschwerdeausschuss in Abwesenheit des Betroffenen über die Ablehnung.[700] Scheidet in einem dieser beiden Fälle der Betroffene aus dem Beschwerdeausschuss aus, so wird er durch seinen Stellvertreter ersetzt.[701]
Weder das Europol-Übereinkommen, noch die Geschäftsordnung der Gemeinsamen Kontrollinstanz (kurz: GOGK) stellen irgendwelche Anforderungen an das Verfahren zur Ernennung oder die Ausgestaltung der Unabhängigkeit. Dies ist darauf zurückzuführen, dass sich gemäß Art. 24 Abs. 1 Satz 3 Europol-Übereinkommen die Mitglieder der Gemeinsamen Kontrollinstanz aus den nationalen Kontrollinstanzen zusammensetzen. Deren Zusammensetzung obliegt allein den einzelnen Mitgliedstaaten.[702] Dabei haben diese über die Regelungen

696 Art. 24 Abs. 1 Satz 4 Europol-Übereinkommen.
697 Art. 14 Abs. 1 GOGK.
698 Art. 14 Abs. 2 GOGK.
699 Art. 13 Abs. 2 GOGK.
700 Art. 13 Abs. 3 GOGK.
701 Art. 13 Abs. 4 GOGK.
702 Die deutschen Vertreter in der Gemeinsamen Kontrollinstanz sind bei der Wahrnehmung ihrer Aufgaben unabhängig und nur dem Gesetz unterworfen. Um dies zu gewährleisten, sind sie einer Dienstaufsicht nur insoweit unterworfen, als durch sie die Unabhängigkeit nicht beeinträchtigt wird. Dies führt dazu, dass ein Vertreter nur auf Grund einer gerichtlichen Entscheidung gegen seinen Willen von seinen Aufgaben enthoben werden kann (vgl. § 6 Abs. 3 Satz 3 – 6 Europol-Gesetz). Dadurch wurde die Unabhängigkeit der deutschen Vertreter gestärkt. Ob allerdings eine ähnliche Bekräftigung der

der Berufung und Abberufung einen erheblichen Einfluss auf die Mitglieder und damit deren Unabhängigkeit.

(2) Verfahren

Das Verfahren vor dem Beschwerdeausschuss teilt sich in die Abschnitte Vorprüfung, Anhörung, abschließende Erklärung und Entscheidung auf.
Es beginnt mit der Einreichung eines schriftlichen Antrages durch den Betroffenen beim Sekretariat der Gemeinsamen Kontrollinstanz.[703] Dazu, aber auch während des weiteren Verfahrens, kann der Betroffene einen Rechtsanwalt oder sonstigen Berater zur Unterstützung heranziehen.[704] Dieser Antrag muss die Grundzüge der Beschwerde darlegen und alle verfügbaren Unterlagen enthalten.[705] Zudem muss er, ebenso wie das gesamte Verfahren, grundsätzlich in einer vom Antragsteller gewählten Amtssprache der Europäischen Union verfasst werden. Beherrscht der Antragsteller keine dieser Sprachen, so darf er den Antrag auch in jeder anderen Sprache einschließlich seiner eigenen Muttersprache stellen. In diesem Fall muss er jedoch eine Zusammenfassung seines Antrages in einer der Amtssprachen beifügen.[706] Der Antrag muss vom Beschwerdeführer innerhalb von drei Monaten nach Eingang der anzugreifenden Entscheidung Europols oder bei Untätigkeit von Europol ebenfalls innerhalb von drei Monaten nach Ablauf der Frist, in der Europol hätte antworten müssen, eingereicht werden.[707] Wird diese Frist nicht eingehalten, ist der Anspruch als unzulässig zu verwerfen, anderenfalls nach Maßgabe der Art. 18 ff. GOGK zu prüfen.
Ist die Frist eingehalten worden, schließt sich hieran die sogenannte Vorprüfung an. In diesem Stadium holt der Beschwerdeausschuss alle nötigen Informationen ein, um sich einen Überblick über den Sachverhalt zu verschaffen. Dazu übermittelt der Beschwerdeausschuss die vorliegende Beschwerde an Europol, damit es binnen einer Frist von vier bzw. sechs Wochen eine Stellungnahme hierzu abgeben kann. Nach Eingang der Stellungnahme Europols bzw. Ablauf der Frist

---

Unabhängigkeit auch in anderen Staaten gewährleistet wird, soll und kann hier nicht beurteilt werden.

703 Art. 17 Abs. 1 Satz 1 GOGK.

704 Macht er hiervon Gebrauch und wird sein Vertreter wegen schwer wiegenden Fehlverhaltens von den weiteren Beratungen ausgeschlossen, so sind diese solange auszusetzen, bis der Antragsteller einen neuen Vertreter benannt hat oder eine vom Ausschussvorsitzenden festgelegte Frist verstrichen ist (vgl. Art. 15 Satz 1 und 2 GOGK).

705 Art. 17 Abs. 2 GOGK.

706 Art. 16 Abs. 2 GOGK.

707 Art. 17 Abs. 1 GOGK. Daneben bestehen Zweifel hinsichtlich der Fristeinhaltung zugunsten des Antragstellers. Kann der Antragsteller darüber hinaus die Nichteinhaltung der Frist durch besondere Umstände rechtfertigen, so kann die Beschwerde ebenso angenommen werden, vgl. Art. 17 Abs. 5 Satz 2 GOGK.

muss der Beschwerdeausschuss den Antrag innerhalb von drei Monaten bearbeiten. Darüber hinaus kann der Beschwerdeausschuss im Rahmen der Überprüfung von Amts wegen jede andere Stelle ersuchen, weitere Informationen, Bemerkungen oder Beweismittel zu übermitteln. Ist daraufhin eine Sachverhaltsaufklärung immer noch nicht möglich, kann der Beschwerdeausschuss die Ermittlung bei Europol vor Ort beschließen.
Auch die einzelnen Parteien können einen gewissen Einfluss auf die Sachverhaltsaufklärung nehmen. So dürfen sie beispielsweise Beweisanträge stellen oder dem Ausschuss Vorschläge zur Beweiserhebung unterbreiten.[708] Allerdings ist der Beschwerdeausschuss nicht an diese Anträge gebunden. Da er den Anträgen lediglich „in dem für die Prüfung des Falles relevanten Maße“[709] nachkommen muss, wird ihm ein Ermessensspielraum eingeräumt, der soweit reicht, dass er mangels Eignung von der beantragten Beweiserhebung gänzlich absehen kann.[710] Dem Beschwerdeausschuss stehen somit weit reichende und umfassende Mittel zur Sachverhaltsaufklärung zur Verfügung.[711]
Dagegen haben die Parteien zwar grundsätzlich während des gesamten Verfahrens einen Anspruch auf Einsichtnahme in die Verfahrensakten, dieser kann jedoch verwehrt werden, soweit dies für die ordnungsgemäße Erfüllung der Aufgaben von Europol, zum Schutz der öffentlichen Sicherheit und Ordnung in den Mitgliedstaaten oder zur Bekämpfung von Straftaten sowie zum Schutz der Rechte und Freiheiten Dritter erforderlich ist. Über die Verweigerung des Zugangs entscheidet der Beschwerdeausschuss. Dabei kann er sich über die Weigerung von Europol, den nationalen Stellen und Kontrollinstanzen nur hinwegsetzen, wenn zulässige Verweigerungsgründe fehlen und die Entscheidung des

708 Art. 19 Abs. 1, 2 GOGK.

709 So der Wortlaut des Art. 19 Abs. 1 Satz 3 GOGK.

710 *Matz*, Europol, S. 266 f. Dadurch wird in diesem Fall das Beweisantragsrecht, das letztlich Ausfluss des Anspruchs auf rechtliches Gehör ist, zur bloßen Anregung zur Beweiserhebung degeneriert.

711 Allerdings gehen die Befugnisse nicht mehr, wie noch von Matz angenommen, sogar über die Aufklärungsbefugnisse eines deutschen Verwaltungsgerichts hinaus (vgl. dazu *Matz*, Europol S. 267). Nach Matz können unter den Voraussetzungen des § 99 Abs. 1 VwGO den Verwaltungsgerichten Informationen durch die Behörden vorenthalten werden. Zur Verweigerung reichte es danach aus, dass die Behörden dem Gericht die Möglichkeit gaben, die Verweigerung auf offensichtliche Fehler hin zu untersuchen. Der vollständige Sachverhalt musste dem Gericht danach nicht zugänglich gemacht werden. Dieses wurde aber vom Bundesverfassungsgericht wegen einer Verletzung von Art. 19 Abs. 4 GG verworfen (BVerfG, Beschluss vom 27.10.1999, Az.: 1 BvR 385/90, DVBl. 2000, S. 346 ff.). Daraufhin wurde in einer Neuregelung des § 99 VwGO das sogenannte „in camera“-Verfahren eingeführt. Danach überprüft das Gericht in einem Zwischenverfahren jetzt unter Vorlage sämtlicher Akten, ob die Verweigerungsgründe im konkreten Fall einschlägig sind. Der Betroffene selbst erfährt jedoch nicht, welche Gründe zur Auskunftsverweigerung geführt haben (vgl. dazu *Kopp/Schenke*, VwGO, § 99 Rn. 20 ff.).

Beschwerdeausschusses einstimmig erfolgt. Kommt eine solche Entscheidung nicht zustande und besteht daher kein Recht auf freien Zugang zu den Verfahrensakten, so kann der Beschwerdeausschuss nur verlangen, dass dem Betroffenen eine Zusammenfassung zur Verfügung gestellt wird oder ihm zumindest bestimmte Informationen zugänglich gemacht werden.[712] Damit wird der Beschwerdeausschuss dem Betroffenen in der Regel keinen Zugang zu seinen Daten verschaffen können. Er führt stattdessen die Untersuchung an seiner Stelle durch.[713]

Nach Art. 21 GOGK ergehen die Entscheidungen über eine Beschwerde grundsätzlich ohne mündliche Verhandlung. Hiervon kann abgewichen werden, wenn der Beschwerdeausschuss dies für die Prüfung des Falles als notwendig erachtet. Dabei kommt ihm bezüglich der Eröffnung eines solchen Anhörungsverfahrens ein Ermessensspielraum zu. Die Anhörungen sind grundsätzlich öffentlich, doch kann aus Gründen der öffentlichen Sicherheit die Öffentlichkeit auf Antrag ausgeschlossen werden. In diesem Anhörungsverfahren werden zudem auf Antrag einer Partei mögliche Zeugen oder Sachverständige angehört.[714]

Ist das Anhörungsverfahren abgeschlossen, fordert der Beschwerdeausschuss die Parteien auf, ihre Schlussbemerkungen vorzubringen. Anschließend trifft er seine Entscheidung.[715] Dabei ist zwischen Informationen, die von den Mitgliedstaaten in das Informationssystem eingeben wurden, und Informationen, die von Europol in das Informationssystem eingegeben wurden bzw. in den Analysedateien enthalten sind, zu unterscheiden.

Geht es um Informationen, die von den Mitgliedstaaten in das Informationssystem eingegeben wurden, so fällt der Beschwerdeausschuss seine Entscheidung nach Maßgabe des jeweiligen nationalen Rechts. Dabei kann er die Entscheidung Europols in vollem Umfang überprüfen[716], wobei er bei der Beurteilung des Sachverhalts und der Anwendung der materiellen Bestimmungen völlig frei ist. Ausnahmen von dieser Beurteilungsfreiheit bestehen für die Gebundenheit der Gemeinsamen Kontrollinstanz an eine Ablehnung der Mitgliedstaaten sowie für den Fall, dass die Rechtsordnung der Mitgliedstaaten keinen Anspruch auf Auskunftserteilung enthält. Da es den Mitgliedern des Beschwerdeausschusses jedoch unmöglich ist, alle Rechtsordnungen der Mitgliedstaaten zu kennen, können sie diesbezüglich die jeweilig zuständigen nationalen Kontrollinstanzen oder nationalen Gerichte konsultieren. Diese überprüfen stellvertretend für den Beschwerdeausschuss, ob die Voraussetzungen für eine Auskunftsverweigerung vorliegen.[717] An deren Feststellungen ist der Beschwerdeausschuss allerdings

---

712 Art. 20 Abs. 1, 2 GOGK.

713 So auch *van Outrive,* DuD 2000, S. 23/25.

714 Vgl. Art. 22 GOGK.

715 Art. 23 GOGK.

716 *Schwach*, Europol, S. 185.

717 Art. 19 Abs. 7 UAbs. 2 Europol-Übereinkommen.

nicht gebunden. Dies ergibt sich schon aus dem Wortlaut, der nur von „in engem Benehmen“ spricht. Zudem stellt Art. 19 Abs. 7 Europol-Überkommen ausdrücklich klar, dass der Beschwerdeausschuss die Entscheidung trifft.
Anders verhält es sich dagegen, wenn es um eine Entscheidung über Daten geht, die von Europol in das Informationssystem eingestellt wurden bzw. die Gegenstand der Analysedateien sind. Teilt der Beschwerdeausschuss in diesen Fällen die Auffassung von Europol nicht, so kann er sich über eine Auskunftsverweigerung Europols nur mit einer Zweidrittelmehrheit seiner Mitglieder hinwegsetzen. Kommt bei einer Abstimmung im Beschwerdeausschuss diese Mehrheit nicht zustande, so bleibt es bei der Auskunftsverweigerung. In diesem Fall wird der Beschwerdeführer lediglich darüber informiert, dass seine Beschwerde überprüft wurde, doch darf der Betroffene nicht erkennen können, ob personenbezogene Daten über ihn gespeichert wurden.[718] Kann dagegen statt eines direkten Auskunftsanspruchs nur ein Anspruch auf Überprüfung geltend gemacht werden, so überprüft der Beschwerdeausschuss die ordnungsgemäße Durchführung der Datenspeicherung.[719] Auch in diesen Fällen erhält der Beschwerdeführer lediglich eine unbegründete Mitteilung darüber, dass die Überprüfung stattgefunden hat. Entsprechendes gilt nach Art. 19 Abs. 8 Europol-Übereinkommen auch für nicht automatisierte Daten.
Schließlich hat der Beschwerdeausschuss auch über Beschwerden zu Ansprüchen auf Berichtigung und Löschung zu entscheiden. Im Rahmen dessen kann er unabhängig von der datenschutzrechtlichen Verantwortung darüber befinden, ob die Speicherung zulässig war oder ob die Daten zu löschen bzw. zu berichtigen sind.[720] Fraglich ist allerdings, welche Mehrheitsverhältnisse dazu erforderlich sind. Im Gegensatz zum Auskunftsanspruch nach Art. 19 Europol-Übereinkommen enthalten diese Ansprüche hierzu keine detaillierten Angaben. Daher könnte man, ebenso wie Frowein/Krisch, die Ansicht vertreten, dass eine solche Entscheidung des Beschwerdeausschusses keiner Zweidrittelmehrheit bedürfe.[721] Dem könnte jedoch entgegenstehen, dass es nicht im Sinne der Europol-Vertragspartner sein kann, dass ein schwerer Eingriff in die Funktionalität Europols, wie z. B. die Löschung, leichter vorzunehmen wäre, als leichtere Eingriffe, wie die einfache Auskunftserteilung. Gerade diese Orientierung an der Funktionalität von Europol ist ein wesentlicher Aspekt des Europol-Übereinkommens, der sich an verschiedenen Stellen finden lässt.[722] Gestützt wird die Ansicht von Frowein/Krisch jedoch durch die GOGK, nach der vom

---

718 Art. 19 Abs. 7 UAbs. 2 Europol-Übereinkommen.
719 Art. 19 Abs. 7 UAbs. 3, 4 Europol-Übereinkommen.
720 Dies ist möglich, weil eine Beschränkung der Prüfungskompetenz weder dem Art. 20 Abs. 4 Europol-Übereinkommen noch dem Art. 11 GOGK zu entnehmen ist.
721 *Frowein/Krisch*, JZ 1998, S. 589/591.
722 Dies zeigt sich an den zahlreichen Vorschriften, die auf die Effektivität abstellen. Vgl. z. B. nur Art. 3 Abs. 2, Art. 4 Abs. 3 Europol-Übereinkommen.

Grundsatz her von einer einfachen Mehrheit auszugehen ist, wenn nicht im Europol-Übereinkommen oder der GOGK etwas anderes festgelegt wird.[723] Gerade weil aber im Gegensatz zum Auskunftsanspruch für Ansprüche auf Berichtigung und Löschung keine Zweidrittelmehrheit gefordert wird, kann daraus gefolgert werden, dass diese nicht erforderlich sein sollte. Ansonsten hätte der Normgeber dies ausdrücklich festgehalten oder zumindest einen Verweis eingefügt. Im Ergebnis ist daher von dem Erfordernis einer einfachen Mehrheit auszugehen.
Die Entscheidung des Beschwerdeausschusses ist endgültig, eine Anfechtung ist deshalb nicht vorgesehen. Nach Art. 24 Abs. 2 Nr. 3 Europol-Übereinkommen obliegt Europol die Verpflichtung, die Entscheidungen der gemeinsamen Kontrollinstanz und damit auch des Beschwerdeausschusses über Beschwerden nach Art. 19 Abs. 7 und Art. 20 Abs. 4 auszuführen. Die Nichtbefolgung einer solchen Entscheidung stellt daher einen Verstoß gegen das Europol-Übereinkommen dar.[724]

cc) Beratungsfunktionen

Neben der Kontrolle im Einzelfall nimmt die Gemeinsame Kontrollinstanz auch Beratungsaufgaben im Rahmen der Tätigkeit von Europol wahr. So nimmt sie beispielsweise Stellung zur Errichtung von Dateien[725] und zu den vom Rat festzusetzenden Bedingungen für die Datenweitergabe an Drittstaaten und -stellen[726]. Damit wird sie zusätzlich in die Verwaltungstätigkeit von Europol eingebunden.[727]

dd) Prüfung von Anwendungs- und Auslegungsfragen

Die Gemeinsame Kontrollinstanz ist weiterhin für die Prüfung von Anwendungs- und Auslegungsfragen im Zusammenhang mit der Tätigkeit von Europol bei der Verarbeitung und Nutzung personenbezogener Daten, für die Prüfung von Fragen im Zusammenhang mit den von den nationalen Kontrollinstanzen der Mitgliedstaaten unabhängig vorgenommenen Kontrollen, der Geltendmachung des Auskunftsanspruchs sowie für die Erarbeitung harmonisierter Vorschläge im Hinblick auf gemeinsame Lösungen für die bestehenden Probleme zuständig.[728] In der Praxis wird die Gemeinsame Kontrollinstanz zur Beilegung von Auslegungsproblemen einen Vorschlag an den Direktor richten. Nach Wei-

---

723 Art. 25 Abs. 2 GOGK.
724 So auch ausdrücklich Art. 8 Satz 3 GOGK.
725 Art. 12 Abs. 1 Europol-Übereinkommen.
726 Art. 18 Abs. 2 Europol-Übereinkommen.
727 *Frank*, Verletzung der EMRK, S. 319.
728 Art. 24 Abs. 3 Europol-Übereinkommen.

terleitung an den Verwaltungsrat wird das Problem, sollte es bis dahin zu keiner Einigung gekommen sein, in den Tätigkeitsbericht aufgenommen.

ee) Erstellung von Tätigkeitsberichten

Nach Art. 24 Abs. 6 Europol-Übereinkommen hat die Gemeinsame Kontrollinstanz darüber hinaus in regelmäßigen Abständen einen Tätigkeitsbericht anzufertigen. Der Tätigkeitsbericht hat nach Art. 10 GOGK spätestens alle zwei Jahre zu erscheinen. Ferner ist er vor der Übersendung an den Rat dem Verwaltungsrat von Europol zuzuleiten, damit dieser dazu Stellung nehmen kann. Die Stellungnahme des Verwaltungsrates wird anschließend dem Bericht beigefügt und an den Rat übersandt. Sinn dessen ist es, angesichts der Sensibilität der Tätigkeit Europols, im Interesse aller Beteiligten eine interne Lösung zu finden. Falls der Tätigkeitsbericht veröffentlicht werden soll, muss dies durch die Gemeinsame Kontrollinstanz jedes Mal neu beschlossen werden.[729] Kommt es zur Veröffentlichung, so führt dies zu einer unumgänglichen Befassung des Rates und damit zu einer öffentlichen Diskussion.

c) Durchsetzung der Sanktionen

Stellt die Gemeinsame Kontrollinstanz Verstöße gegen die Bestimmungen des Europol-Übereinkommens fest, so richtet sie entsprechende, von ihr als notwendig angesehene Bemerkungen an den Direktor von Europol und fordert ihn auf, innerhalb einer von ihr festgelegten Frist auf diese Bemerkungen zu reagieren. Der Direktor ist allerdings nicht verpflichtet, die Missstände zu beseitigen.[730] So sind Ordnungswidrigkeiten oder Straftatbestände ebenso wenig vorgesehen[731] wie Weisungsrechte oder Kassationsbefugnisse[732]. Damit kann sie zwar einen Rechtsverstoß feststellen, doch fehlt es ihr an Möglichkeiten, diesen abzustellen.[733] So ist es denkbar, dass Europol lediglich zur Aufhebung des ablehnenden Bescheids verpflichtet wird, nicht aber gezwungen werden kann, die Entscheidung auch durchzuführen.[734] Die in Art. 24 Abs. 2 Nr. 3 Europol-

729 Art. 10 Abs. 2 GOGK.

730 So auch *Harings*, Grenzüberschreitende Zusammenarbeit, S. 319; *Martinez Soria*, VerwArch. 1998, S. 400/431.

731 *Fisahn*, KJ 1998, S. 358/367.

732 *Mayer*, Europol, S. 147; *Martinez Soria*, VerArch 1998, S. 400/431.

733 Damit gleichen die Möglichkeiten der Gemeinsamen Kontrollinstanz denen der deutschen Behörden. Auch der in Deutschland tätige Bundesbeauftragte für Datenschutz kann gemäß § 25 Abs. 1 BDSG n.F. die Mängel bei der Datenverarbeitung nur beanstanden und zur Stellungnahme auffordern. Darüber hinaus gehende Eingriffsbefugnisse stehen ihm nicht zu Verfügung. Daher kann auch er letztlich eine Weigerung, der Beanstandung abzuhelfen, nicht angreifen.

734 *Kübler*, Einheitliche Grundrechte, S. 120.

Übereinkommen enthaltene Verpflichtung Europols, die Entscheidung der Gemeinsamen Kontrollinstanz auszuführen, reicht daher allein nicht aus.[735]
Treten diesbezüglich Probleme auf, kann die Gemeinsame Kontrollinstanz den Verwaltungsrat mit der Angelegenheit befassen.[736] Ein konkretes Verfahren darüber, wie im Falle eines Vorliegens von Mängeln bei der Datenverarbeitung vorzugehen ist, existiert jedoch nicht. Stattdessen kann der (politisch) besetzte Verwaltungsrat einen beliebigen Beschluss über das weitere Vorgehen treffen. Hierbei ist zu berücksichtigen, dass die Mitglieder dieses Gremiums nicht über vergleichbare datenschutzrechtliche Kenntnisse wie die Mitglieder der Gemeinsamen Kontrollinstanz verfügen müssen. Daher besteht die Gefahr, dass ihre Beanstandungen als bloße Hinweise gewertet werden, da eine Beseitigung der festgestellten Verstöße nicht zwingend vorgeschrieben ist.[737]
Der Durchsetzung von Entscheidungen des Beschwerdeausschusses steht auch das Erfordernis einer Zweidrittelmehrheit für jene Fälle entgegen, in denen es um einen Auskunftsanspruch bezüglich der Daten aus dem Analysesystem oder von durch Europol in das Informationssystem eingegebenen Daten geht. Durch das Erfordernis dieser Mehrheit wird die Durchsetzung der Ansichten des Beschwerdeausschusses erheblich erschwert. Kann nämlich diese Mehrheit nicht erreicht werden, bleibt es bei der bestehenden Ablehnung von Europol.
Schärfste Waffe der Gemeinsamen Kontrollinstanz ist somit die Veröffentlichung der Missstände in ihren Tätigkeitsberichten. Damit steht ihr nach Harings ein nicht unwichtiges Druckmittel zur Mobilisierung der Öffentlichkeit zur Verfügung.[738] Allerdings dürfte deren Wirkung angesichts einer wenig ausgeprägten europäischen Öffentlichkeit entsprechend gering sein.[739] Außerdem kann mit einem Tätigkeitsbericht kein Einfluss auf ein konkretes Verfahren ausgeübt werden, da dieser in vielen Fällen erst nach Abschluss eines Verfahrens veröffentlicht wird.
Eine weitere Schwäche des datenschutzrechtlichen Kontrollsystems von Europol ist in der Beratungsfunktion der Gemeinsamen Kontrollinstanz zu finden. So kommt ihr beispielsweise nach Art. 12 DAAz. bei der Errichtung von Arbeitsdateien zu Analysezwecken lediglich ein Anhörungs-, aber kein Mitbestimmungsrecht zu. Kommen ihr bei der Errichtung einer entsprechenden Datei rechtliche Bedenken bezüglich der Zulässigkeit einer solchen Datei, so ist Europol nicht gezwungen, diese Kritik zu beachten. Die Gemeinsame Kontrollinstanz ist damit auch hier nicht in der Lage, einem möglichen Rechtsverstoß wirksam zu begegnen.

---

735 A.A. aber wohl *Gleß*, EuR 1998, S. 748/759.
736 Art. 24 Abs. 5 Europol-Übereinkommen.
737 Vgl. auch *Matz*, Europol, S. 261.
738 *Harings*, Grenzüberschreitende Zusammenarbeit, S. 125.
739 So auch *Fisahn*, KJ 1998, S. 358/367.

2. Verwaltungsrat

Neben der Gemeinsamen Kontrollinstanz steht mit dem Verwaltungsrat nach Art. 28 Europol-Übereinkommen ein weiteres internes Kontrollsystem zur Verfügung. Es handelt sich hierbei um das Kontrollorgan der Mitgliedstaaten über Europol,[740] welches die gewünschten politischen Leitlinien für die Tätigkeit Europols festlegen soll.[741] Der Verwaltungsrat setzt sich gemäß Art. 28 Abs. 2 Europol-Übereinkommen aus je einem Vertreter pro Mitgliedstaat zusammen[742], der über eine Stimme verfügt. Dem Vertreter können Sachverständige zur Seite gestellt werden, die eine beratende Funktion ausüben.[743] Ebenso wie die Gemeinsame Kontrollinstanz verfügt auch der Verwaltungsrat über eine eigene Geschäftsordnung[744], durch die er mit allen erforderlichen Befugnissen ausgestattet wird.[745] Diese lassen sich in nachfolgende Kategorien aufteilen.

a) Entscheidungsbefugnisse

Eine dieser Kategorien sind die sogenannten Entscheidungsbefugnisse, die dem Verwaltungsrat hinsichtlich der internen Struktur von Europol zukommen. Der Verwaltungsrat ist das höchste Entscheidungsgremium von Europol[746], zu dessen wichtigsten Befugnissen die Ausarbeitung der Errichtungsanordnungen zu den Datenverarbeitungssystemen zählt[747]. Dazu gehört neben der Ausarbeitung von Durchführungsbestimmungen zu den Arbeitsdateien zu Analysezwecken[748]

740 *Matz*, Europol, S. 67.

741 *Gleß*, in: Gleß/Grote/Heine, Bd. 1, S. 650; *Gleß*, NStZ 2001, S. 623/624. Möglich wird dies, da er als Organ von Europol nach Art. 27 Europol-Übereinkommen eng mit dessen interner Struktur verknüpft ist.

742 Jedes dieser Mitglieder darf sich gemäß Art. 28 Abs. 3 Europol-Übereinkommen von einem Stellvertreter vertreten lassen. Dieser tritt dann an seine Stelle und verfügt damit ebenfalls über eine Stimme. Bei den Vertretern wird es sich grundsätzlich um Regierungsvertreter höheren Ranges handeln, die gerade im Polizeibereich über große Erfahrungen und umfassende Kenntnisse verfügen müssen und deshalb zumeist die Leiter der Polizeiabteilungen oder zentraler Behörden sein werden.

743 Art. 28 Abs. 5 Europol-Übereinkommen.

744 Vgl. „Beschluss des Verwaltungsrates von Europol vom 1.10.1998 zur Festlegung seiner Geschäftsordnung“, in: ABl. der EG vom 30.01.1999, C26, S. 82 ff. (im Folgenden kurz: GOVR).

745 Art. 1 Abs. 1 GOVR.

746 *Matz*, Europol, S. 67.

747 Vgl. hierzu nur Art. 28 Abs. 1 Nr. 6 i.V.m. Art. 11 Europol-Übereinkommen; Art. 28 Abs. 1 Nr. 10 i.V.m. Art. 16 Europol-Übereinkommen; Art. 28 Abs. 1 Nr. 4 i.V.m. Art. 10 Abs. 1 Europol-Übereinkommen.

748 Als problematisch wird hieran erachtet, dass die inhaltliche Ausgestaltung dieses Datenverarbeitungssystems gemäß Art. 45 Abs. 4 i.V.m. Art. 10 Abs. 1 Europol-Übereinkommen dem Rat überlassen wird, dessen Entscheidung auf der Tätigkeit des Verwaltungsrates basiert. Während also die Exekutive ihre eigenen Ermächtigungs-

auch die Festlegung der Rechte und Pflichten von Verbindungsbeamten, der Bestimmungen für die externen Beziehungen von Europol zu EU-Stellen[749] sowie die Verabschiedung des Finanzplans von Europol[750] und die Ernennung des Finanzkontrolleurs einschließlich dessen Überwachung[751].
Darüber hinaus hat der Verwaltungsrat die Befugnis zur Entscheidung über Streitigkeiten zwischen den Mitgliedstaaten bzw. einem Mitgliedstaat und Europol.[752] Daher entspricht die Rolle auch eher der einer Schlichtungsstelle als der einer Kontrollinstanz. Insbesondere unter dem Aspekt der Unabhängigkeit ergeben sich diesbezüglich erhebliche Bedenken. So kann hieran gezweifelt werden, wenn man sich bewusst macht, dass der Verwaltungsrat als Organ von Europol selbst Teil eines der Verfahrensbeteiligten sein kann. Dessen ungeachtet ist eine nachträgliche Überprüfung einer solchen Entscheidung, beispielsweise durch den EuGH, nicht vorgesehen.[753] Schon deshalb ist nicht von einer effektiven Kontrolle Europols durch den Verwaltungsrat auszugehen.

b) Mitwirkungsrechte

Des Weiteren stehen dem Verwaltungsrat Befugnisse aus dem Bereich der Mitwirkungsrechte zu. So arbeitete er z. B. gemäß Art. 28 Abs. 1 Nr. 14 i.V.m. Art. 18 Abs. 2, Art. 31 Abs. 1 Europol-Übereinkommen am Erlass von Geheimschutzbestimmungen[754] und gemäß Art. 28 Abs. 1 Nr. 4 i.V.m. Art. 18 Abs. 2, Art. 10 Abs. 4 Nr. 4, Art. 42 Abs. 2 Europol-Übereinkommen an den Bestimmungen zur Übermittlung personenbezogener Daten an Drittstaaten[755] mit. Aber auch bei der Erweiterung der Zielbestimmungen Europols[756] und bei Änderun-

---

grundlagen ausgestaltet, sind die Parlamente gleichzeitig hiervon ausgeschlossen. Dieser Umstand dürfte daher nur schwerlich mit dem „Vorbehalt des Gesetzes“ und dem „Wesentlichkeitsprinzip“ vereinbar sein (vgl. dazu *Petri*, KritV 1998, S 441/450; *Degenhardt*, Europol, S. 224).

749 Vgl. „Beschluss des Verwaltungsrates von Europol vom 15.10.1998 über die Rechte und Pflichten der Verbindungsbeamten“, in: ABl. der EG vom 30.01.1999, C 26, S. 86 ff.; „Beschluss des Verwaltungsrates von Europol vom 15.10.1998 zur Festlegung der Bestimmungen für die externen Beziehungen von Europol zu EU-Stellen“, in: ABl. der EG vom 30.01.1999, C 26, S. 89 ff.

750 Art. 28 Abs. 1 Nr. 16 i.V.m. Art. 35 Abs. 4 Europol-Übereinkommen.

751 Art. 28 Abs. 1 Nr. 17 i.V.m. Art. 35 Abs. 7 Europol-Übereinkommen.

752 Art. 28 Abs. 1 Nr. 21 i.V.m. Art. 38 Abs. 3 Europol-Übereinkommen.

753 *Degenhardt*, Europol, S. 225.

754 Vgl. „Rechtsakt des Rates vom 3.11.1998 über die Geheimschutzregelung für Europol-Informationen“, in: ABl. der EG vom 30.01.1999, C 26, S. 10 ff.

755 Vgl. „Rechtsakt des Rates vom 12.03.1999 zur Festlegung der Bestimmungen über die Übermittlung von personenbezogenen Daten durch Europol an Drittstaaten und Drittstellen“, in: ABl. der EG vom 30.03.1999, C 88, S. 1 ff.

756 Art. 28 Abs. 1 Nr. 1 i.V.m. Art. 2 Abs. 2 Europol-Übereinkommen.

gen des Europol-Übereinkommens[757] wirkt der Verwaltungsrat mit. In der Praxis ist diese Mitwirkung mit der Vorbereitung der entsprechenden Rechtsakte gleichzusetzen.[758]
Eine Kontrollbefugnis des Verwaltungsrates ist jedoch in der Befugnis zur Überwachung der Europol-Leitung zu sehen. Zwar entscheidet allein der Rat über die Ernennung bzw. Entlassung des Europol-Direktors, doch wirkt der Verwaltungsrat dabei mit[759]. In diesem Zusammenhang ist auch Art. 24 Abs. 5 Europol-Übereinkommen zu sehen. Danach ist der Verwaltungsrat einzuschalten, wenn es zwischen der Gemeinsamen Kontrollinstanz und dem Europol-Übereinkommen zu Konflikten kommt. Solche sind denkbar, wenn der Direktor nicht oder zu spät auf die Bemerkungen der Gemeinsamen Kontrollinstanz antwortet. Da der Direktor dem Verwaltungsrat rechenschaftspflichtig ist[760], kann der Verwaltungsrat über den daraus resultierenden Druck eine gewisse Kontrolle erreichen, denn der Direktor kann sich ihm gegenüber nicht auf seine Unabhängigkeit nach Art. 30 Abs. 1 Europol-Übereinkommen berufen. Diese soll ihn nur vor nationalen Einflussnahmen schützen.[761] Allerdings ist zu beachten, dass sich der Einzelne zwecks Überprüfung der ihn betreffenden Daten nicht an den Verwaltungsrat wenden kann. Daher kann keine Kontrolle Europols durch den Verwaltungsrat erfolgen.

c) Tätigkeitsbericht

Schließlich hat der Verwaltungsrat diverse Tätigkeitsberichte zu veröffentlichen. Dabei handelt es sich zum einen um den Bericht über die Tätigkeit Europols während des vergangenen Jahres, zum anderen hat der Verwaltungsrat einen Bericht über die voraussichtlichen Tätigkeiten Europols, der dem operativen Bedarf der Mitgliedstaaten und den Auswirkungen auf den Haushalt und den

---

757 Art. 28 Abs. 1 Nr. 22 i.V.m. Art. 43 Europol-Übereinkommen.

758 Damit wird dem Verwaltungsrat auch bei der Ausgestaltung der erweiterten Ermächtigungsgrundlagen ein erheblicher Einfluss zuteil. Ob dagegen die an der Ratifizierung des Abkommens beteiligten Parlamente hierbei einen maßgeblichen Einfluss ausüben können, erscheint fraglich. So ist die Abänderung einzelner Bestimmungen eines völkerrechtlichen Vertrages durch die mitgliedstaatlichen Parlamente nicht möglich, da dieser nur als ganzes abgelehnt oder angenommen werden kann. Ob dies angesichts der bisherigen Erfahrungen mit dem Europol-Übereinkommen der Fall sein dürfte, ist fraglich. Auch hierin liegt eine Aushöhlung des Grundsatzes vom „Vorbehalt des Gesetzes“. Vgl. dazu *Degenhardt*, Europol, S. 226 f.

759 Art. 28 Abs. 1 Nr. 12 i.V.m. Art. 29 Abs. 6 Europol-Übereinkommen.

760 Art. 29 Abs. 4 Europol-Übereinkommen.

761 *Oberleitner*, Europol, S. 161. Insofern ist die Aussage von Kalk unverständlich, der unter Berufung auf die Unabhängigkeit des Art. 30 Abs. 1 Europol-Übereinkommen Zweifel aufkommen lässt, inwieweit der Verwaltungsrat die Amtsführung des Direktors im Einzelfall tatsächlich beeinflussen kann (vgl. hierzu *Kalk*, DuD 1999, S. 442/442 f.).

Personalbestand von Europol Rechnung trägt, vorzulegen.[762] Darüber hinaus hat der Verwaltungsrat durch den Vorsitz des Rates dem Europäischen Parlament einen jährlichen Sonderbericht vorzulegen.[763]
Eine wirkliche Kontrolle kann hierdurch jedoch nicht erreicht werden. So erscheinen diese Tätigkeitsberichte erst nach Bekannt werden eines Vorfalls. Daher kann Europol durch einen Tätigkeitsbericht nicht unmittelbar zu einem anderen Vorgehen bewegt werden. Auch darf nicht vergessen werden, dass der Europol-Direktor selbst als Verantwortlicher der überprüften Stelle den Tätigkeitsbericht verfasst.[764] Dies legt den Verdacht nahe, dass diese Berichte „geschönt" sein könnten. Auch gehen die Überprüfungsmöglichkeiten nicht so weit, dass die faktische Tätigkeit von Europol überprüft werden könnte. Damit ist es dem Verwaltungsrat durch die Tätigkeitsberichte lediglich möglich, die Arbeit von Europol transparenter zu machen.[765] Die Möglichkeit einer effektiven Kontrolle besteht dagegen nicht.

3. Europäischer Gerichtshof (EuGH)

Als mögliche Kontroll- oder Rechtsschutzinstanz könnte ferner der EuGH in Betracht kommen.

a) Zuständigkeit des EuGH

aa) Europol-Übereinkommen

Eine Kompetenzzuweisung für den EuGH lässt sich dem Europol-Übereinkommen nicht entnehmen. Lediglich im Anhang zum Europol-Übereinkommen findet sich eine Erklärung der Mitgliedstaaten, in der sich diese, mit Ausnahme des Vereinigten Königreichs von Großbritannien und Nordirland, dazu verpflichten, eventuelle Streitigkeiten dem EuGH vorzulegen. Allerdings bezieht sich diese Erklärung, wie auch dem Wortlaut zu entnehmen ist, allein auf Art. 40 Abs. 2 Europol-Übereinkommen. Dort wird nur die Beilegung von Streitigkeiten zwischen Mitgliedstaaten geregelt. Daher handelt es sich bei dieser Erklärung um eine Festlegung des EuGH als letzte Instanz für Streitigkeiten zwischen den Mitgliedstaaten über die Auslegung und Anwendung des Europol-Übereinkommens. Normadressaten sind allein die Mitgliedstaaten, nicht aber die nationalen Gerichte oder gar der einzelne Bürger. Dieses Ergebnis wird ebenfalls durch den Wortlaut von Art. 40 Abs. 1 und 2 Europol-Übereinkommen gedeckt. Anders als noch im deutschen Entwurf zum Europol-Übereinkommen lässt sich dem Europol-Übereinkommen selbst nicht die Aufgabe des EuGH

[762] Art. 28 Abs. 10 Europol-Übereinkommen.
[763] Art. 34 Europol-Übereinkommen i.V.m. Art. 10 Abs. 3 GOVR.
[764] Art. 10 Abs. 1 GOVR.
[765] So auch *Degenhardt*, Europol, S. 228.

entnehmen, Streitigkeiten zwischen Personen und Europol zu entscheiden. Im ursprünglichen deutschen Entwurf war vorgesehen, für solche Klagen das Gericht erster Instanz zu betrauen. Zudem sollte dieses Gericht gemäß Art. 37 Abs. 4 des Entwurfs auch über Streitigkeiten des von Europol aus außervertraglicher Haftung zu leistenden Schadensersatzes entscheiden können. In diesem Fall war nach Art. 37 Abs. 6 des Entwurfs sogar ein auf Rechtsfragen beschränktes Rechtsmittel beim EuGH vorgesehen.[766] Diese Ausgestaltung des EuGH bzw. des EuG als Klageinstanz gegen Entscheidungen der Gemeinsamen Kontrollinstanz oder nationaler Gerichte scheiterte jedoch am Widerstand einiger Mitgliedstaaten, insbesondere des Vereinigten Königsreichs von Großbritannien und Nordirland, das eine Gefährdung der Souveränität ihrer nationalen Gerichte befürchtete.[767]

Daher wird diese zwischenstaatliche Streitbeilegung nur mittelbar dem Individualrechtsschutz zu Gute kommen können. Dieser Mechanismus fände nur im Fall eines Streits über die Auslegung des Europol-Übereinkommens zwischen mehreren Mitgliedstaaten auf Grund eines konkreten Falles Anwendung. Ob es dazu in der Praxis allerdings tatsächlich kommt, ist angesichts der fehlenden Vorlageverpflichtung fraglich.[768] Damit ist dem Europol-Übereinkommen eine Zuständigkeit des EuGH nur für Bereiche außerhalb des Individualrechtsschutzes zu entnehmen.[769]

bb) Zuständigkeit des EuGH über Art. 46 EUV

Der EuGH ist gemäß Art. 7 Abs. 1 EG ein Organ der Europäischen Gemeinschaft.[770] Hiervon zu unterscheiden ist das Recht des Unionsvertrages, das gegenüber den Gemeinschaftsverträgen eine selbstständige Rechtsmasse darstellt.[771] Schon deshalb kann ihm keine originäre Rechtsschutzfunktion im Hinblick auf Maßnahmen von Europol zukommen. Erst durch Art. 5 EU wird dem EuGH im Wege der Organleihe oder Doppelorganschaft eine Funktion im Rahmen des Unionsvertrages zugewiesen.[772] Damit wurde u.a. die intergouverne-

---

766 Vgl. dazu *Matz*, Europol, S. 280.

767 Siehe dazu 2. Teil: C.II.

768 Vgl. Art. 1 i.V.m. Art. 2 Auslegungsprotokoll.

769 Neben dem bereits erwähnten Bereich von Streitigkeiten zwischen den Mitgliedstaaten ist der EuGH nach Art. 40 Abs. 3 Europol-Übereinkommen auch für Personalstreitigkeiten zuständig.

770 Die EG ist in diesem Zusammenhang stellvertretend für alle europäischen Gemeinschaften zu verstehen.

771 *Dörr/Mager*, AöR 2000, S. 386/403; *Pechstein*, EuR 1999, S. 1/1; *Schütz/Sauerbier*, JuS 2002, S. 658/658.

772 So auch *Lindner*, BayVBl. 2001, S. 193/202.

mentale Säule in begrenztem Umfang der Jurisdiktion des EuGH unterworfen.[773] Auf Grund des in Art. 5 EU enthaltenen Grundsatzes der begrenzten Einzelermächtigung findet sich die erforderliche zentrale Übergangsnorm für den EuGH in Art. 46 EU.[774] Allerdings erfolgt die Anwendbarerklärung von Art. 46 lit. b) EU nur „nach Maßgabe" von Art. 35 EU. Daraus folgt, dass sich die konkrete Zuständigkeitsausdehnung auf den EU-Vertrag allein nach Art. 35 EU richtet.

Art. 35 Abs. 6 EU ermöglicht es den dort genannten Klägern, Sekundärrechtsakte i.S.v. Art. 34 Abs. 2 lit. b) und c) EU auf ihre Rechtmäßigkeit hin überprüfen zu lassen.[775] Auf diesem Weg kann der EuGH über die Gültigkeit und Auslegung von Rahmenbeschlüssen und Beschlüssen i.S.v. Art. 34 Abs. 2 EU sowie über die Auslegung von Übereinkommen nach Titel VI entscheiden. Voraussetzung hierfür ist allerdings die Erklärung eines Mitgliedstaates, in der er die Zuständigkeit des EuGH zur Auslegung generell anerkennt.[776] Dies zeigt, dass dem EuGH über Art. 35 EU lediglich die Befugnis zur Überprüfung von bestimmten Rechtsakten zukommt. Ob hierunter auch das Europol-Übereinkommen fällt, ist fraglich.

Für eine Einbeziehung des Europol-Übereinkommens spräche, dass Art. 35 EU gerade eine stärkere Einbeziehung des EuGH bezweckt. Erstreckt sich aber die Zuständigkeit des EuGH gerade nicht auf Europol als Kern der polizeilichen Kooperation, so würde dieser Zweck weit gehend leer laufen. Auch die mit der Streichung des Art. K.3 Abs. 2 (c) EUV a.F. beabsichtigte Vereinheitlichung der Unionsarchitektur würde durch die Annahme der Spezialität des Europol-Übereinkommens nicht erreicht.[777]

Dagegen spricht aber Art. 35 Abs. 5 EU, wonach der EuGH ausdrücklich nicht für die Überprüfung von Maßnahmen der mitgliedstaatlichen Polizeibehörden zuständig sein soll. Der Grund für diesen Ausschluss von Individualklagen vor dem EuGH könnte in den Erwägungen liegen, dass Rechtsakte des „Dritten Pfeilers" keine unmittelbaren bürgerlichen Grundfreiheiten tangieren. Daher können sich lediglich die Mitgliedstaaten gemäß Art. 35 EU an den EuGH wenden, während dem einzelnen Bürger diese Möglichkeit verwehrt bleibt.[778] Da es nach Art. 34 Abs. 2 EU unmittelbar wirksames Unionsrechts nicht geben soll,

---

773 *Pechstein*, in: Streinz EUV/EGV, Art. 46 EU Rn. 7; *Cremer*, in: Callies/Ruffert, Art. 46 Rn. 22.

774 Dieser eröffnet dem EuGH einen Aufgabenbereich jenseits des Gemeinschaftsrechts, neue Verfahrenszuständigkeiten werden durch diese Norm jedoch nicht begründet. Diese richten sich allein nach Art. 225 ff. EG (*Dörr/Mager*, AöR 2000, S. 386/405).

775 Dabei ist dieses Verfahren der Nichtigkeitsklage gemäß Art. 230 EG nachgebildet. Daneben ermöglicht das Verfahren nach Art. 35 Abs. 7 EU dem EuGH, Streitigkeiten über die Auslegung und Anwendung von Sekundärrechtsakten nach Art. 34 Abs. 2 EU zu entscheiden.

776 *Matz*, Europol, S. 32.

777 *Bank/Krisch*, in: Gleß/Grote/Heine, Bd. 2, S. 23.

778 So auch *van Outrive*, DuD 2000, S. 23/26.

kann es im Falle des Art. 35 Abs. 5 EU nur um den staatlichen Vollzug von unionsdeterminierten nationalen Rechts gehen. Somit soll eine mittelbare Kontrolle nationalen Rechts bzw. die Entwicklung von Vorgaben für die Auslegung und Anwendung von Sekundarrecht durch den EuGH verhindert werden.[779] Gerade diese Gefahr besteht aber, wenn das Europol-Übereinkommen der Jurisdiktion des EuGH nach Art. 35 EU unterworfen würde. Zwar handelt es sich bei Europol nicht um eine nationale Polizei- oder sonstige Strafverfolgungsbehörde, doch ist durch die Überprüfung von Europol auch eine inzidente Überprüfung der Maßnahmen nationaler Polizeibehörden möglich. Denkbar sind hier Konstellationen, in denen der EuGH eine Maßnahme von Europol für rechtswidrig erklärt, auf die sich eine Maßnahme der nationalen Polizei stützt (z. B. die Verhaftung auf Grund eines Hinweises von Europol). Wäre die Maßnahme von Europol rechtswidrig gewesen, hätte die nationale Polizei diese nicht verwenden dürfen. Dies gilt umso mehr, als die Zusammenarbeit im Rahmen von Europol derart miteinander verknüpft ist, dass in vielen Fällen eine Trennung zwischen Europol und nationalen Polizeien gar nicht mehr möglich ist.
Zudem enthält das Europol-Übereinkommen eigene Regelungen zur gerichtlichen Zuständigkeit beim Individualrechtsschutz, zum Vorabentscheidungsverfahren und dem Streitverfahren zwischen den Mitgliedstaaten[780], die von Art 35 EU abweichen. Daher ist das Europol-Übereinkommen als lex specialis zu Art 35 EU zu betrachten, das die Anwendung des EU-Vertrags ausschließt, auch wenn dieser der spätere Vertrag ist.
Aber auch der Wille der Mitgliedstaaten dürfte hierfür sprechen. Zwar war besonders an der Dritten Säule in der Fassung des Vertrages von Maastricht die fehlende Kontrolle durch den Gerichtshof kritisiert worden, doch bestanden auch erhebliche Bedenken gegen eine Einbeziehung des EuGH im Hinblick auf dessen Rolle bei der Entwicklung des Gemeinschaftsrechts zu einer eigenen Rechtsordnung.[781] Ein Kompromiss konnte nicht gefunden werden, weshalb man sich in Art. 35 EU letztlich nur auf eine Fakultativklausel einigte. Aus einer solchen Fakultativklausel lässt sich eine Zuständigkeit des EuGH jedoch nicht herleiten. Damit handelt es sich beim Europol-Übereinkommen nicht um ein Abkommen i.S.d. Art. 34 Abs. 2 lit. d) EU[782] und Art. 35 Abs. 5 EU verbietet dem EuGH die direkte Überprüfung von Europol.

---

779 *Dörr/Mager*, AöR 2000, S. 386/415.

780 Siehe zum Individualrechtsschutz Art. 19 ff., 38 f. Europol-Übereinkommen; zum Streitverfahren zwischen den Mitgliedstaaten Art. 40 Europol-Übereinkommen i.V.m. den Erklärungen von 14 Mitgliedstaaten und zum Vorabentscheidungsverfahren das Protokoll auf Grund von Art. 31 des Vertrags über die Europäische Union betreffend die Auslegung des Übereinkommens über die Errichtung eines Europäischen Polizeiamts durch den Gerichtshof der Europäischen Gemeinschaften im Wege der Vorabentscheidung, abgedruckt in Sartorius II Nr. 301.

781 Vgl. dazu *Meyring*, EuR 1999, S. 309/319.

782 So auch *Knapp*, DÖV 2001, S. 12/16.

Dieses Ergebnis wird auch durch Art. 46 lit. c) EU gestützt, wonach die Prüfungskompetenz des EuGH in Bezug auf Eingriffe in den Grund- und Menschenrechtsbestand auf die durch die Gemeinschaftsverträge eingeräumten Einzelermächtigungen beschränkt bleibt. Damit kann der EuGH die Zulässigkeit und Verhältnismäßigkeit von Maßnahmen der nationalen Polizeien und anderer Exekutivorgane der Mitgliedstaaten nicht überprüfen.[783]
Eine Kompetenz des EuGH zur gerichtlichen Überprüfung von Europol-Maßnahmen lässt sich dem EU-Vertrag daher nicht entnehmen.

cc) Auslegungsprotokoll

Eine Zuständigkeit des EuGH für den Individualrechtsschutz könnte sich jedoch aus dem Auslegungsprotokoll zum Europol-Übereinkommen ergeben.
Das Auslegungsprotokoll basiert auf der Erklärung der Mitgliedstaaten zu Art. 40 Abs. 2 Europol-Übereinkommen.[784] In diesem Übereinkommen haben sich, mit Ausnahme des Vereinigten Königsreichs von Großbritannien und Nordirland, alle Mitgliedstaaten dazu verpflichtet, die Zuständigkeit des EuGH für alle Auslegungsfragen zum Europol-Übereinkommen anzuerkennen. Im Vereinigten Königsreich von Großbritannien und Nordirland dagegen bleiben weiterhin allein die nationalen Gerichte für die Auslegung zuständig. Die mit Art. 2 Abs. 2 Auslegungsprotokoll gefundene Regelung zur Vorlage durch die nationalen Gerichte weist eine erhebliche Ähnlichkeit mit den Bestimmungen des Art. 234 Abs. 2 und 3 EG auf. Allerdings enthält die Reglung im Auslegungsprotokoll, anders als Art. 234 Abs. 3 EG, keine Verpflichtung der letztinstanzlichen Gerichte, fragliche Verfahrensfragen dem EuGH vorzulegen.
Mit der Annahme dieses Auslegungsprotokolls allein wird eine Zuständigkeit des EuGH ohnehin noch nicht begründet. Dazu bedarf es einer weiteren Erklärung, in der durch jeden Mitgliedstaat festgelegt wird, ob er allen innerstaatlichen Gerichten oder nur den letztinstanzlichen Gerichten eine Vorlageberechtigung einräumt.[785] Da es sich bei dem Auslegungsprotokoll um ein Fakultativprotokoll handelt, können die Mitgliedstaaten aber auch ganz auf diese „opting-in-Möglichkeit“ verzichten.[786] Die meisten der Mitgliedstaaten haben sich dafür entschieden, allen Gerichten eine Vorlageberechtigung einzuräumen.[787]

---

783 *Gleß*, EuR 1998, S. 748/763.
784 *Oberleitner*, Europol, S. 170.
785 Prinzip der sogenannten „opting-in clause“ (*Harings*, Grenzüberschreitende Zusammenarbeit, S. 59).
786 So auch Frank, der darin ein Manko des Auslegungsprokolls sieht (vgl. dazu *Frank*, Verletzung der EMRK, S. 321 f.).
787 *Knapp*, DÖV 2001, S. 12/16; *Martinez Soria*, VerwArch. 1998, S. 400/434 f. In Deutschland wurde gemäß Art. 2 Abs. 1 des Gesetzes zum Protokoll vom 24.07.1996 auf Grund von Art. 31 des Vertrags über die Europäische Union betreffend die Auslegung des Übereinkommens über die Errichtung eines Europäischen Polizeiamts durch

Diese Auslegungskompetenz des EuGH dürfte besonders für Schadensersatzklagen nach Art. 38 f. Europol-Übereinkommen entscheidend sein, da in diesem Bereich den nationalen Gerichten eine Entscheidungskompetenz ausdrücklich zukommt. Dem einzelnen Bürger hingegen wird kein direkter Zugang zum EuGH gewährt, um dort seine Interessen verteidigen zu können.[788] Der EuGH wird daher die Rechtmäßigkeit einzelner Maßnahmen von Europol nicht überprüfen können.[789] Daher wird durch das Auslegungsprotokoll allenfalls eine Vereinheitlichung der Rechtsprechung zum Europol-Übereinkommen erreicht werden können. Einen individualrechtlichen Rechtsschutz bietet es hingegen nicht.

dd) Herleitung einer Zuständigkeit aus dem Grundsatz des effektiven Grundrechtsschutzes

Schließlich könnte sich eine Zuständigkeit des EuGH als Rechtsschutzinstanz aus Art. 6 EU herleiten lassen. Danach achtet die Europäische Union die Grundrechte, wie sie in der EMRK gewährleistet sind und sich aus den Verfassungen der Mitgliedstaaten als Grundsätze des Gemeinschaftsrechts ergeben. Diese Formulierung lehnt sich sehr eng an die Bezugsformel des EuGH zur Begründung von Gemeinschaftsgrundrechten an.[790] Diese sich immer weiter festigende

---

den Gerichtshof der Europäischen Gemeinschaften im Wege der Vorabentscheidung vom 17.12.1996, abgedruckt in Sartorius II Nr 301a (Europol-Auslegungsgesetz), sämtlichen Gerichten eine Vorlageberechtigung eingeräumt. Vorlagefähig sind alle Fragen, von denen in einem schwebenden nationalen Gerichtsverfahren die Entscheidung abhängt. In jedem Fall ist aber erforderlich, dass dem vorlegenden Gericht eine Entscheidung des EuGH für den Erlass eines Urteils unerlässlich erscheint (Oberleitner, Europol, S. 171). Darüber hinaus legt Art. 2 Abs. 2 Europol-Auslegungsgesetz eine Vorlageverpflichtung für die letztinstanzlichen Gerichte fest.

788 *Frank*, Verletzung der EMRK, S. 98 f.

789 So auch *Lindner*, BayVBl. 2001, S. 193/202.

790 Vgl. etwa EuGH, Urteil vom 14.05.1974, Rs. 4/73 - Nold ./. Kommission, Slg.1974, I-491/507, Rn. 13; *Kübler*, Einheitliche Grundrechte, S. 140. Im Bereich des EG-Rechts war eine Überprüfung der Vereinbarkeit von nationalem Recht mit EG-Recht lange Zeit nicht vorgesehen und wurde daher vom EuGH wegen mangelnder Zuständigkeit abgelehnt. Der EuGH ging dabei davon aus, dass es sich beim Grundrechtsschutz um eine rein nationale Angelegenheit handelt (EuGH, Urteil vom 4.02.1950, Rs. 1/58 – Stork ./. Hohe Behörde der Europäischen Gemeinschaft für Kohle und Stahl, Slg. 1958/59, I-43/63 f.; EuGH, Urteil vom 15.07.1960, Rs. 36/59, 37/59, 38/59, 40/59 – Ruhrkohlen-Verkaufsgesellschaft u.a. ./. Hohe Behörde der Europäischen Gemeinschaft für Kohle und Stahl, Slg. 1960, I-885/920 f.). Von dieser ablehnenden Rechtsprechung rückte der EuGH jedoch in Laufe der Zeit ab. Ende der 60er Jahre sah er die Grundrechte als allgemeine Rechtsgrundsätze im Gemeinschaftsrecht verankert. Maßgeblich für diese Kehrtwende war die Erkenntnis, dass nicht nur die Mitgliedstaaten sondern auch der Einzelne ein Rechtssubjekt des Gemeinschaftsrechts ist (EuGH, Urteil vom 5.02.1963, Rs. 26/62 - van Gend & Loos ./. Niederländische Finanzverwaltung, Slg. 1963, I-1/24 f.)

Rechtsprechung des EuGH zur Entwicklung und zum Schutz der Gemeinschaftsgrundrechte, welche ein Bemühen des EuGH erkennen lässt, trotz unterschiedlicher Verfassungstraditionen einen optimalen Grundrechtsschutz zu gewährleisten, hat sein derzeitig vorläufiges Ende in Art. 6 Abs. 2 EU gefunden. Mit dieser Vorschrift ist die Kompetenz des EuGH zur Gewährung eines Grundrechtsschutzes auf Unionsebene primärrechtlich festgeschrieben worden.[791]

Wenn der EuGH aber die Grundrechte, zu denen sich die EU in Art. 6 Abs. 2 EU bekennt, zu wahren hat, so müsste ihm auch die Möglichkeit zugestanden werden, diese effektiv zu schützen. Dies gilt umso mehr, als sich die EU in Art. 6 Abs. 1 EU ausdrücklich zur Rechtsstaatlichkeit bekennt und hierzu auch das Gebot des effektiven Rechtsschutzes[792] gehört. Auch die Stellung des Art. 6 EU in den „Gemeinsamen Bestimmungen" des EU-Vertrages, die für alle drei Säulen der Union gelten[793], spräche hierfür.

Allerdings sollen dem Wortlaut des Art. 6 Abs. 2 EU zufolge die Grundrechte zwar beachtet werden, eine explizite Zuständigkeit des EuGH für diesen Bereich lässt sich dem aber nicht entnehmen. Umgekehrt ist die Zuständigkeit des EuGH

---

und daher auch der Einzelne unmittelbar durch das Gemeinschaftsrecht betroffen sei und wegen des Anwendungsvorrangs des Gemeinschaftsrechts ein dem nationalen Grundrechtsstandard entsprechender Grundrechtsschutz nötig sei. In der Entscheidung Stauder aus dem Jahr 1969 räumte er die abstrakte Möglichkeit des Grundrechtsschutzes durch seine Rechtsprechung ein. Darin stellte er fest, dass die Grundrechte einer Person zu den allgemeinen Rechtsgrundsätzen der Gemeinschaftsrechtsordnungen gehören, die er zu wahren hat. Auf ein bestimmtes Grundrecht berief er sich dabei jedoch noch nicht (vgl. EuGH, Urteil vom 12.11.1969, Rs. 29/69 – Stauder ./. Ulm, Slg. 1969 I-419/425 Rn. 7). In seinen späteren Entscheidungen konkretisierte der EuGH diese Entscheidung weiter, womit seine Rechtsprechung immer mehr an Bedeutung gewann. So begründete er diese Zuständigkeit mit dem Bedürfnis nach einheitlicher Anwendung des Gemeinschaftsrechts und bezog sich dabei erstmals auf die gemeinsamen Verfassungsüberlieferungen der Mitgliedstaaten (EuGH, Urteil vom 17.12.1970, Rs. 11/70 – Internationale Handelsgesellschaft ./. Einfuhr- und Vorratsstelle Getreide, Slg. 1970, I-1125/1135 Rn. 4). Darüber hinaus bezog er später auch internationale Verträge über den Schutz der Menschenrechte in die grundrechtliche Substanz des Gemeinschaftsrechts ein. Außerdem stellte er klar, dass keine Maßnahme rechtlich anerkannt werden kann, die mit den, von den Verfassungen der Staaten anerkannten geschützten Grundrechten unvereinbar ist (EuGH, Urteil vom 14.05.1974, Rs. 4/73 – Nold ./. Kommission, Slg. 1974, I-491/507 Rn. 13). Nach und nach präzisierte sich diese, wurde dogmatisch vertieft und es wurde ein im Wesentlichen lückenloser Grundrechtskatalog geschaffen (*Kingreen*, JuS 2000, S. 857/857).

791 *Kübler*, Einheitliche Grundrechte, S. 143.

792 So für deutsches Recht *Jarass/Pieroth*, GG, Art. 19 Rn. 35 ff.; BVerfG, Beschluss vom 17.04.1991 – 1 BvR 419/81 und 213/82 - BVerfGE 84, S. 34/49 f.; für das EG-Recht: *Wegener*, in: Callies/Ruffert Art. 220 EG Rn. 29 f.; EuGH, Beschluss vom 13.07.1990, Rs. C-2/88 – Zwartveld u.a ./. Kommission , Slg. 1990 I-3365/3373 Rn. 22 ff.

793 *Kübler*, Einheitliche Grundrechte, S. 143.

aber auch nicht explizit ausgeschlossen. Somit hilft der Wortlaut für die Beantwortung der Frage nicht weiter.
Für eine Zuständigkeit des EuGH könnte jedoch Art. 46 lit. d) EU sprechen. Im Bereich des Unionsrechts ergeben sich die Kompetenzen des EuGH allein aus Art. 46 EU, der insofern eine Spezialvorschrift ist. Für Materien, die hier nicht aufgeführt sind, besitzt der EuGH keine Kompetenz.[794] Erforderlich ist also eine im EGV oder EUV anderenorts zugewiesene Kompetenz. Eine solche könnte mit Art. 6 Abs. 2 EU vorliegen. Durch den Bezug auf Art. 6 Abs. 2 EU wird klargestellt, dass der EuGH zur Wahrung des Grundrechtsschutzes zuständig ist. Dies spräche für eine Zuständigkeit des EuGH. Dem ist jedoch zu entgegnen, dass mit Art. 35 EU eine spezielle Vorschrift für den Bereich des Titels IV EU geschaffen worden ist.[795] Damit ist für die Anwendung von Art. 46 lit. d) EU kein Raum mehr vorhanden.
Zudem entfaltet Art. 46 lit. d) EU seine konstitutive Wirkung und aktiviert Art. 6 Abs. 2 EU als richterlichen Prüfungsmaßstab nur, um Verstöße durch Handlungen der Organe gegen die dort definierten Grundrechte gerichtlich überprüfbar zu machen. Als Organe werden in diesem Zusammenhang die Organe der Union i.S.v. Art. 24 Abs. 6 EU bezeichnet.[796] Europol gehört jedoch nicht zu diesen Organen. Insoweit ist Art. 46 lit. d) EU nicht auf Europol anwendbar.
Schließlich ließe sich aber möglicherweise aus Art. 6 Abs. 4 i.V.m. Abs. 2 EU eine Zuständigkeit des EuGH herleiten lassen. Nach Art. 6 Abs. 4 EU kann sich die Union mit allen Mitteln ausstatten, die zur Erreichung ihrer Ziele erforderlich sind. Da sich die Vertragsstaaten nach Art. 6 Abs. 2 EU ausdrücklich die Achtung der Grundrechte auferlegt haben, wäre es nur konsequent, diese auch durchzusetzen und sich dazu die erforderlichen Mittel zu verschaffen. Wäre dies der Fall, dann käme der EU durch Art. 6 Abs. 4 EU aber eine Kompetenz-Kompetenz zu. Eine solche Generalermächtigung enthält Art. 6 Abs. 4 EU jedoch nicht, was sich schon aus der Systematik der Kompetenzzuweisungen ergibt. So widerspräche eine solche Annahme dem in Art. 5 EU verankerten Grundsatz der begrenzten Einzelermächtigung.[797] Würde man in Art. 6 Abs. 4 EU eine Generalermächtigung sehen, so würde ein solches kompetenzbegrenzendes Prinzip keinen Sinn machen.
Schließlich sind die Besonderheiten der Zusammenarbeit in der Dritten Säule zu beachten. Die Vertragsstaaten wollten die GASP und ZBJI gerade nicht in die Entscheidungsstrukturen der Gemeinschaften eingliedern, sondern im EU-

---

794 *Kingreen*, in: Callies/Ruffert, EUV/EGV, Art. 6 Rn. 32.

795 Dieses Spezialitätsverhältnis ergibt sich aus der in 46 lit. b) EU gewählten Formulierung „die Bestimmungen des Titels VI nach Maßgabe des Art. 35".

796 *Cremer*, in: Callies/Ruffert, EUV/EGV, Art. 46 Rn. 8.

797 Danach können die Organe nur in den Bereichen tätig werden, die ihnen die Verträge im Einzelnen zuweisen (vgl. für den EUV, *Wichard*, in: Callies/Ruffert, EUV/EGV, Art. 5 Rn. 3.

Vertrag gesondert regeln und damit diese Politiken weit gehend auf der Ebene intergouvernementaler Zusammenarbeit belassen.[798] Diese Abstufungen in der Zusammenarbeit würde aber ebenfalls ihren Sinn verlieren, sähe man in Art. 6 Abs. 4 EU eine Kompetenz-Kompetenz-Vorschrift. Abgesehen davon, dass dies wohl kaum im Interesse der einzelnen Mitgliedstaaten läge, widerspräche es auch Art. 6 Abs. 3 EU, der festschreibt, dass die nationale Identität der Mitgliedstaaten zu achten ist.[799]

Im Ergebnis wird mit Art. 6 Abs. 2 EU zwar ein einheitlicher Rahmen für die Achtung der Grundrechte geschaffen, eine Kompetenz des EuGH für den Bereich der Dritten Säule lässt sich daraus aber nicht entnehmen.[800]

b) Umfang der Auslegungskompetenz

Um einer unterschiedlichen Rechtsprechung der nationalen Gerichte der Mitgliedstaaten entgegenzuwirken, soll es dem EuGH durch Zuweisung einer Vorabentscheidungskompetenz ermöglicht werden, auch im Rahmen der Europol-Übereinkommen für eine Rechtsvereinheitlichung zu sorgen.[801]

Problematisch daran ist, dass gemäß Art. 24 Abs. 3 Europol-Übereinkommen auch die Gemeinsame Kontrollinstanz für die Prüfung von Anwendungs- und Auslegungsfragen im Zusammenhang mit der Tätigkeit von Europol bei der Verarbeitung und Nutzung personenbezogener Daten zuständig ist.[802] Angesichts einer solchen parallelen Zuständigkeit von EuGH und Gemeinsamer Kontrollinstanz sind Konflikte zu befürchten. Dennoch enthält das Europol-Übereinkommen keinerlei Regelungen für eine Lösung in diesen Fällen.

Voraussetzung für das Entstehen einer solchen Konfliktsituation wäre allerdings, dass der nationale Rechtsweg eröffnet ist. Nur dann bestünde die Möglichkeit, dass auch der EuGH mit einer solchen Frage konfrontiert wird. Dies dürfte jedoch nur in Ausnahmefällen der Fall sein, denn der erforderliche Individualrechtsschutz soll durch die Verfahren vor der Gemeinsamen Kontrollin-

---

798 So auch *Puttler*, in: Callies/Ruffert, EUV/EGV Art. 6 Rn. 222.

799 Aber selbst wenn man annähme, aus Art. 6 Abs. 4 i.V.m. Abs. 2 EU eine Kompetenz herleiten zu können, so wäre der Weg für eine Zuständigkeit des EuGH nicht frei. Zu beachten wäre Art. 46 EU, der die alleinige Zuständigkeitsvorschrift im EU-Vertrag darstellt. Auf Grund seiner Spezialität würde er Art. 6 Abs. 4 EU verdrängen. Dies gilt vor allem auch deswegen, weil in Art. 46 EU kein Bezug auf Art. 6 Abs. 4 EU genommen wird.

800 So auch *Kübler*, Einheitliche Grundrechte, S. 145 bzw. S. 178 f.; wohl auch *Wölker*, EuR-Beiheft 1, 1999 S. 99/103. Die Bedeutung des Art. 6 EU beschränkt sich damit auf eine politisch-programmatische Absichtserklärung (so für Art. F Abs. 3 EUV BVerfG, Urteil vom 12.10.1993 – 2 BvR 2134, 2159/92 - BVerfGE 89, 155/194 f.; *Tomuschat*, EuGRZ 1993, S. 489/492).

801 *Oberleitner*, Europol, S. 171.

802 Vgl. dazu 3. Teil: B.I.1.b)dd).

stanz gewährt werden.[803] Die Vertragsstaaten wollten den Rechtsweg zum EuGH, anders als im Europäischen Gemeinschaftsrecht, eben nicht zugunsten des Individualrechtsschutzes öffnen, sondern zur Sicherung einer einheitlichen Rechtsanwendung und -auslegung. So wird sich diese Problematik wohl nur in Fällen einer sofortigen Geltendmachung von Sekundäransprüchen aus Art. 38 f. Europol-Übereinkommen vor den nationalen Gerichten stellen, ohne das die Gemeinsame Kontrollinstanz zuvor angerufen wurde.[804]
Liegt dagegen eine Entscheidung der Gemeinsamen Kontrollinstanz vor, wurde bereits über alle Aspekte des Europol-Übereinkommens und der diesbezüglichen Auslegungsfragen entschieden. Diese Entscheidungen sind gegenüber allen Beteiligten rechtskräftig und binden auch die nationalen Gerichte. Daraus lässt sich schließen, dass diese Bindungswirkung auch für den EuGH gilt, da dieser in einer ähnlichen Position zur Gemeinsamen Kontrollinstanz steht, wie die nationalen Gerichte. Ansonsten würde diese Bindungswirkung von Entscheidungen der Gemeinsamen Kontrollinstanz ausgehebelt, was aber angesichts der klaren Formulierung nicht beabsichtigt war.
Wurde die Gemeinsame Kontrollinstanz dagegen nicht im Vorfeld mit dem konkreten Fall befasst, so ist der EuGH bei der Auslegung völlig frei. Dadurch besteht die Gefahr sich widersprechender Entscheidungen, zumal eine Bindung der Gemeinsamen Kontrollinstanz an vorherige Entscheidungen des EuGH nicht existiert.[805] Dies ist darauf zurückzuführen, dass der EuGH nicht allgemeinverbindlich, sondern nur im Ausgangsstreit entscheidet.[806] Widersprüche bezüglich der Auslegung lassen sich daher nur vermeiden, wenn sich beide Instanzen an der Rechtsprechung des anderen orientieren.

4. Direktor als interne Datenschutzüberwachungsinstanz

Im Folgenden soll untersucht werden, inwieweit der Direktor dazu geeignet ist, als interne Datenschutzüberwachungsinstanz zu fungieren.
Dem Direktor obliegt gemäß Art. 29 Abs. 1 Europol-Übereinkommen die Leitung Europols. Seine Hauptfunktion besteht in der Verwaltung und Vertretung Europols. Daneben nimmt er auch die Stellung eines Vorgesetzten wahr und trifft Personalentscheidungen.[807] Ausgenommen hiervon sind die Verbindungsbeamten, welche Vertreter der Mitgliedstaaten bleiben.[808] Auf Grund seiner Stellung als oberster Vorgesetzter der Europol-Bediensteten kann ihm eine ge-

803 Siehe dazu 3. Teil: B.II.1.a).
804 So auch *Knapp*, DÖV 2001, S. 12/17.
805 So auch *Harings*, Grenzüberschreitende Zusammenarbeit, S. 133; a.A. aber ohne nähere Begründung *Knapp*, DÖV 2001, S. 12/17.
806 *Schwach*, Europol, S. 180.
807 Art. 30 Abs. 1, 2 Europol-Übereinkommen.
808 Dies folgt aus Art. 5 Abs. 1, 2 Europol-Übereinkommen.

wisse Kontrollfunktion nicht abgesprochen werden. Dieser dürfte jedoch nur begrenzt zur effektiven Kontrolle Europols beitragen können. Zwar trifft er alle erforderlichen Maßnahmen, um den geltenden Datenschutzvorschriften nachzukommen und hat zu diesem Zweck ein erfahrenes Mitglied des Personals auszuwählen, das ihm unmittelbar verantwortlich ist. Welche Kompetenzen diesem Mitglied jedoch zustehen und nach welchen Kriterien es vorzugehen hat, bleibt offen.[809] So wird weder der Europol-Direktor noch sein Vertreter die Zeit haben, die einzelnen Vorgänge zu überwachen und so die Arbeit effektiv zu kontrollieren. Ein Tätigwerden wird sich daher auf solche Fälle beschränken, in denen der Direktor von einem Dritten, beispielsweise der Gemeinsamen Kontrollinstanz, auf einen Vorgang aufmerksam gemacht wird. Dann wird er auf Grund seiner Weisungsbefugnis die Berichtigung des Vorgangs anordnen können.[810]
Sicher ist allerdings auch dies nicht. So dürfen Direktor, stellvertretende Direktoren und Bedienstete Europols von nicht Europol angehörigen Personen keine Weisungen entgegennehmen oder anfordern, sondern sind ausschließlich den Zielen und Aufgaben des Europäischen Polizeiamtes verpflichtet.[811] Folge dieser unabhängigen Leitungsfunktion des Direktors ist, dass weder aus Rechtsgründen noch aus Zweckmäßigkeitserwägungen Einzelweisungen zur Abänderung einer durch den Direktor getroffenen Maßnahme erteilt werden können. Infolgedessen genießt Europol eine Sonderstellung.[812] Eine Ausnahme hiervon gilt nur hinsichtlich des Verwaltungsrats, nicht aber für die Gemeinsame Kontrollinstanz, der die ordnungsgemäße Ausführung durch den Direktor zu überwachen hat[813] und dem der Europol-Direktor verantwortlich und rechenschaftspflichtig ist[814]. Aber auch der Verwaltungsrat kann den Europol-Direktor nicht selbst entlassen. Dieses Recht steht allein dem Rat der EU zu, dem der Direktor allerdings keine Rechenschaft ablegen muss.[815] Auf Grund dessen ist nicht sichergestellt, dass der Direktor entsprechende Maßnahmen durchführt.

5. Finanzkontrolleur, Haushaltsausschuss und Gemeinsamer Prüfungsausschuss

Nach Art. 35 Abs. 7 i.V.m. Abs. 1 Europol-Übereinkommen obliegt die Kontrolle über die Bindung und Zahlung der Ausgaben sowie über die Feststellung und Einziehung der Einnahmen dem Finanzkontrolleur. Seine Befugnisse erge-

---

809 Vgl. dazu *Petri*, KritV 1998, S. 441/453.
810 *Fisahn*, KJ 1998, S. 358/366.
811 Art. 30 Abs. 1 Europol-Übereinkommen.
812 *Kremer*, Europol, S. 154.
813 Art. 28 Abs. 1 Nr. 12 Europol-Übereinkommen.
814 Art. 29 Abs. 4 Europol-Übereinkommen.
815 Art. 29 Abs. 6 Europol-Übereinkommen. Vgl. zur Schwierigkeit der Entlassung des Europol-Direktors 3. Teil: B.I.8.

ben sich aus der vom Rat erlassenen Finanzordnung.[816] Im Rahmen seiner Aufgaben hat der Finanzkontrolleur insbesondere für die Einhaltung der Vorgaben betreffend Mittelbindungen, Zahlungen und Einnahmen von Europol zu sorgen sowie die Wirtschaftlichkeit und Angemessenheit der bei Europol angewandten Systeme und Verfahren zu überprüfen. Die Ergebnisse seiner Tätigkeit werden in einem Bericht festgehalten, der dem Verwaltungsrat vorgelegt wird.[817] Der Finanzkontrolleur ist somit eine Art interne Revisionsabteilung für den Bereich der Finanzen, der vom Verwaltungsrat ernannt wird und diesem gegenüber rechenschaftspflichtig ist.[818]

Daneben existiert der Haushaltausschuss. Dieser hat im Wesentlichen die Aufgabe, die Beratungen von Rat und Verwaltungsrat in Haushalts- und Finanzfragen vorzubereiten und setzt sich aus je einem mit Haushaltsfragen vertrauten Vertreter jedes Mitgliedstaates zusammen.[819] Aus diesem Grund hat der Europoldirektor, der die Entwürfe des Haushaltsplans aufstellen muss, diese vor Weiterleitung an den Verwaltungsrat zunächst dem Haushaltsausschuss vorzulegen.[820] Obwohl es sich dabei um eine rein vorbereitende Tätigkeit handelt, findet die eigentliche Überprüfung des zu verabschiedenden Haushaltsplans in diesem Gremium statt. Zwar entscheidet letztlich der Rat darüber, ob ein Haushalt genehmigt wird,[821] doch wird sich dieser in der Praxis den Empfehlungen des Haushaltsausschusses wegen dessen Sachverstands nicht widersetzen. Darüber hinaus übernimmt der Haushaltsausschuss gemäß Art. 12 Abs. 3 FinanzordnungEuropol Aufgaben, die ihm im Zusammenhang mit seiner Tätigkeit in Haushalts- und Finanzfragen vom Verwaltungsrat oder dem Rat übertragen werden.

Bereitet der Haushaltsausschuss die Verabschiedung des Haushaltsplanes vor, obliegt dessen korrekte Umsetzung dem Gemeinsamen Prüfungsausschuss. Dieser setzt sich aus drei Mitgliedern des Europäischen Rechnungshofes der Europäischen Gemeinschaften zusammen, die auf Vorschlag seines Präsidenten ernannt werden. Um eine gewisse Kontinuität dieser Arbeit gewährleisten zu können, werden die Mitglieder nicht gleichzeitig, sondern jährlich nur durch ein

---

816 Rechtsakt des Rates vom 18.01.1999 über die Finanzordnung für den Haushalt von Europol, in: ABl. der EG 1999, C 25, S. 1 ff. – im Folgenden als FinanzordnungEuropol bezeichnet.

817 Art. 20 Abs. 4 FinanzordnungEuropol.

818 Art. 35 Abs. 7 i.V.m. Art. 28 Nr. 17 Europol-Übereinkommen i.V.m. Art. 20 Abs. 2 Finanzordnung-Europol. Ferner sieht Art. 49 Abs. 4 FinanzordnungEuropol neben seiner disziplinarischen Verantwortung sogar einer Verpflichtung zum Schadensersatz vor, wenn er im Rahmen seiner Aufgabenwahrnehmung grob fahrlässig gehandelt hat oder die Haushaltsmittelsätze überschritten werden.

819 Art. 35 Abs. 8 Europol-Übereinkommen.

820 Art. 35 Abs. 3 Europol-Übereinkommen.

821 Art. 35 Abs. 5 Europol-Übereinkomemn.

Mitglied ersetzt.[822] Die Haushaltsüberwachung unterliegt den Anforderungen, welche die Mitgliedstaaten an die Institutionen ihrer Rechnungsprüfung stellen.[823] Daher ist er von Europol unabhängig, was sich auch in der externen Bestellung widerspiegelt. Aber auch die Tatsache, dass der Direktor dem gemeinsamen Prüfungsausschuss alle Auskünfte und jegliche erforderliche Hilfe zukommen lassen muss, deutet auf eine gewisse Unabhängigkeit hin.[824]
Somit können diese Institutionen, insbesondere der Gemeinsame Prüfungsausschuss, auf Grund ihres Einflusses „nur" auf den Haushalt von Europol eine mittelbare Kontrolle ausüben.[825] Eine direkte oder mittelbare Überprüfung der Datenverarbeitung bei Europol ist dagegen nicht vorgesehen und dürfte auch über die Kontrolle der Finanzen nicht zu erwarten sein.

6. Europäisches Parlament

Das Europäische Parlament ist vom Rat regelmäßig über die im Rahmen der polizeilichen und justiziellen Zusammenarbeit durchgeführten Arbeiten zu informieren. Daneben besitzt es in Fällen, in denen der Rat Rahmenbeschlüsse treffen oder Übereinkommen erstellen will, ein Anhörungsrecht. Schließlich kann das Europäische Parlament Anfragen oder Empfehlungen an den Rat richten.[826] Damit stehen dem Europäischen Parlament bezüglich der Arbeit von Europol die gleichen Befugnisse zu, wie auch bei allen anderen Tätigkeiten im Zusammenhang mit der Dritten Säule.[827]
Hierbei handelt es sich jedoch um die schwächsten Formen der Mitwirkungsrechte, zumal der Rat nicht verpflichtet ist, die Auffassungen des Europäischen Parlaments zu berücksichtigen.[828] Allerdings darf auch nicht vergessen werden, dass die Arbeit von Europol im Rahmen einer intergouvernementalen Zusammenarbeit stattfindet und eine Beteiligung des Europäischen Parlaments, die über seine bloße Anhörung und Unterrichtung hinausginge, mit dieser Struktur nicht zu vereinbaren wäre.[829]

---

822 Art. 36 Abs. 2 Europol-Übereinkommen.

823 Vgl. z. B. Art. 114 Abs. 2 GG; anders dagegen der Cour de comptes nach Art. 47 der Verfassung Frankreichs. Dieser hat nicht den Status eines unabhängigen Gerichts („La Cour de compte juge des comptes et non des comtables").

824 So auch *Petri*, Europol, S. 33; Zur Verpflichtung vgl. Art. 36 Abs. 4 Europol-Übereinkommen.

825 *Gleß*, ZgesStrafW 2002, S. 636/638.

826 Art. 39 Abs. 3 EU.

827 *Storbeck*, Politische Studien 1998, Heft 359, S. 16/24.

828 *Petri*, KritV 1998, S. 441/451 f.; *Brechmann*, in: Callies/Ruffert, EUV/EGV Art. 39 Rn. 1.

829 So wohl auch auch *Mayer*, Europol, S. 160; *Martinez Soria*, VerwArch. 1998, S. 400/433 f.; *Waechter*, ZRP 1996, S. 167/168.

Darüber hinaus wird dem Europaparlament vom Rat ein jährlicher Sonderbericht über die von Europol durchgeführten Arbeiten übermittelt.[830] Hierbei ist jedoch zu beachten, dass die Reichweite der Berichtspflicht des Rates im Ermessen des Verwaltungsrates von Europol liegt, welcher der eigentliche Autor dieses Sonderberichts ist.[831] Er hat bei der Verfassung des Berichts einen weiten Ermessenspielraum.[832] Damit besteht die Gefahr, dass grundrechtsrelevante Tätigkeiten von der Informationspflicht ausgeklammert werden[833] und der Sonderbericht nur einen beschränkten Aussagegehalt besitzt. Eine wirksame Kontrollmöglichkeit besitzt das Europäische Parlament somit nicht, denn dazu müsste es über sämtliche Tätigkeiten von Europol im Detail informiert sein.[834]
Eine solche parlamentarische Kontrolle wäre aber schon deshalb unerlässlich, da die nationalen Parlamente das Handeln der nationalen Stellen und Verbindungsbeamten kontrollieren, diese Kontrollmöglichkeiten aber auf Grund der Vorgaben im Europol-Übereinkommen und der Aufgaben von Europol beschränkt sind. Dies wird besonders im Hinblick auf die Arbeit in den Analysedateien deutlich. Dort werden die nationalen Daten dergestalt miteinander vermischt, dass aus den nationalen Informationen neue Erkenntnisse entstehen, die dem Handeln einer bestimmten nationalen Stelle nicht mehr zugeordnet werden können. Damit geht auch die nationale datenschutzrechtliche Verantwortung verloren, so dass den nationalen Parlamenten eine Überprüfung der so gewonnenen Erkenntnisse über ihre nationalen Stellen nicht mehr möglich ist.[835]
Schließlich könnte das Europäische Parlament möglicherweise eine Kontrolle über sein Haushaltsrecht erreichen. Allerdings existiert für Europol ein eigener Haushalt abseits des Haushaltes der EU, der durch Beiträge der Mitgliedstaaten und anderen gelegentlichen Einnahmen finanziert wird.[836] Daher hat das Europa-Parlament auch diesbezüglich keine Einflussmöglichkeiten.

---

830 Art. 34 Abs. 1 Europol-Übereinkommen. Dabei muss nach Art. 34 Abs. 2 Europol-Übereinkommen der Rat seiner Verschwiegenheits- und Geheimhaltungspflicht nachkommen.

831 *Degenhardt*, Europol, S. 227 f.

832 Vgl. Art. 10 Abs. 3 i.V.m. Abs. 2 GOVR. Danach muss der Sonderbericht lediglich Auszüge über die Themengebiete Stand der Verwirklichung der Ziele im Berichtsjahr, Tätigkeiten oder Personal- und Mittelbedarf enthalten; Vollständigkeit ist dagegen nicht gefordert. Andere wesentliche Aspekte, wie z. B. die Prüfung künftiger Ziele oder mittelfristige Ausgaben müssen dem Europäischen Parlament nicht mitgeteilt werden.

833 *Petri*, Europol, S. 100.

834 So auch *Petri*, KritV 1998, S. 441/451. Dass diese Form der Unterrichtung auch vom Europäischen Parlament als unzureichend empfunden wird, zeigt sich in dessen dauernder Kritik darüber, dass die Übermittlung der Berichte nur unvollständig, selektiv, zu spät oder gar nicht erfolgt (vgl. dazu *Nelles*, ZgesStrafw. Bd. 109, S. 727/733).

835 *Oberleitner*, Europol, S. 166 f.

836 Art. 35 Abs. 2 Europol-Übereinkommen.

7. Europäische Staatsanwaltschaft / Eurojust

Zu untersuchen ist, ob Europol einer justiziellen Kontrolle unterliegt. Im Zusammenhang mit einer solchen europäischen justiziellen Einrichtung, welche die staatsanwaltschaftlichen Ermittlungen oder jedenfalls eine justizielle Kontrolle übernehmen könnte, taucht immer wieder die Institution Eurojust auf.[837]
Ziel von Eurojust ist es, die Stellung der Strafjustiz auf europäischer Ebene zu verstärken, indem es als Pendant zu Europol aufgebaut wird.[838] Durch Eurojust sollen die strafrechtlichen Ermittlungen und Verfolgungsmaßnahmen zwischen den Mitgliedstaaten gefördert, koordiniert und verbessert werden.[839] Dazu wird Eurojust, entsprechend des in Art. 5 ff. EJB enthaltenen Aufgabenkatalogs unterstützend[840] tätig. Darüber hinaus soll die Zusammenarbeit mittels der Information von Mitgliedstaaten über nationale Ermittlungen und Strafverfolgungsmaßnahmen[841] sowie die Übermittlung von Rechtshilfeersuchen[842], verbessert werden. Zudem kann Eurojust die Datenbanken des Europäischen Justiziellen Netzes benutzen und diese durch eigene Beiträge ergänzen.[843] Kontrollbefugnisse von Eurojust gegenüber Europol enthält der Eurojust-Beschluss derzeit allerdings nicht.
Allerdings könnten sich solche Befugnisse aus einer Rolle Eurojusts als europäische Staatsanwaltschaft ergeben. Wäre dies der Fall, so käme Eurojust eine Sachleitungsbefugnis zu, denn wer die Aufnahme einer Ermittlungshandlung veranlassen kann, der muss eine solche im Umkehrschluss auch beenden können. Eine solche Sachleitungsbefugnis könnte sich aus den Art. 6 lit. a), Art. 7 lit. a) EJB ergeben. Dort ist von einem Ersuchen die Rede, wobei der Begriff sowohl als höfliche Bitte als auch als höfliche Aufforderung verstanden werden

837 Vgl. nur *Nehm*, DRiZ 2000, S. 355/360; *Degenhardt*, Europol, S. 290 ff.; N.N., DRiZ 2002, S. 1/4. Die Einrichtung einer justiziellen Stelle namens Eurojust wurde vom Europäischen Rat auf seiner Tagung im finnischen Tampere beschlossen, vgl. Schlussfolgerungen von Tampere vom 15./16.10.1999, Nr. 46, abgedruckt in NJW 2000, S. 339/340. Nach Beschluss des Rates vom 28.02.2002 hat es im Dezember 2002 seine Arbeit in Den Haag aufgenommen, vgl. dazu Beschluss des Rates vom 28.02.2002 über die Errichtung von Eurojust zur Verstärkung der Bekämpfung der schweren Kriminalität, in: ABl. der EG vom 6.03.2002, L 63, S. 1 ff. – im Folgenden nur EJB.

838 Zu diesem Zweck soll Eurojust, unter Wahrung der mitgliedstaatlichen Souveränität, als ständige, aber nicht vergemeinschaftete Einrichtung in der Dritten Säule angesiedelt werden (*Degenhardt*, Europol, S. 290). Eurojust sollen nach Maßgabe des nationalen Rechts je ein Vertreter eines jeden Vertagstaates angehören, der die Eigenschaften eines Staatsanwaltes, Richters oder Polizeibeamten mit gleichwertigen Befugnissen besitzt, vgl. Art. 2 Abs. 1 EJB.

839 Vgl. Art. 3 EJB.

840 Vgl. z. B. Art. 6 lit. c), d), f), Art. 7 lit. c), d), g) EJB.

841 Vgl. z. B. Art. 6 lit. b), Art. 7 lit. b) EJB.

842 Vgl. z. B. Art. 6 lit. g) EJB.

843 Vgl. z. B. Art. 6 lit. e), 7 lit. e) EJB. Dort ist von einer Verbesserung der Datensammlung die Rede.

kann. Der Wortlaut führt hier somit nicht weiter. Dagegen soll Eurojust nach Art. 7 lit. f) EJB Europol Beistand leisten und betont an weiteren Stellen eine enge Zusammenarbeit zwischen Europol und Eurojust.[844] Schon diese Art der Zusammenarbeit spricht eher gegen eine Kontrollfunktion von Eurojust. Auch die Mitgliedstaaten wollten keine Kontrollbefugnisse Eurojusts gegenüber Europol.[845] Daher ist eine Sachleitungsbefugnis und damit verbunden die Rolle von Eurojust als europäische Staatsanwaltschaft abzulehnen. Im Ergebnis ist Eurojust somit derzeit nicht in der Lage, Europol effektiv zu kontrollieren.

8. Rat der Europäischen Union

Dem Rat der EU obliegt die politische Gesamtkontrolle über die Tätigkeit Europols. In der Praxis werden jedoch die meisten Entscheidungen von den Justiz- und Innenministern im Rat Justiz und Inneres getroffen.[846] Dabei nimmt er die Stellung eines Parlaments ein.[847] Er hat das Budgetrecht[848], ist für die Normensetzung verantwortlich[849] und übt maßgebliche Kontrollfunktionen hinsichtlich anderer Organe und Institutionen Europols[850] aus. Zudem sorgt er für eine, je nach Mitgliedstaat unterschiedlich stark ausgeprägte, demokratische Rückkoppelung zu den mitgliedstaatlichen Parlamenten.[851] Damit verfügt der Rat zwar über eine Reihe von Möglichkeiten, einen effektiven Rechtsschutz vermag er gleichwohl nicht zu gewährleisten.

Auf Grund seines Budgetrechts könnte er einen nicht unerheblichen Einfluss geltend machen. Er hat aber angesichts der Entwicklungen in der internationalen Kriminalität ein ureigenes Interesse an der Arbeit Europols, so dass er sich sehr genau überlegen wird, ob er Finanzmittel streicht und damit die Bekämpfung der internationalen Kriminalität erschwert oder gar unmöglich macht. Ein Streichen der Finanzmittel wird zumindest so lange nicht erfolgen, wie nur eine be-

---

844 Vgl. dazu nur Art. 26 Abs. 1 EJB; Erwägungsgrund Nr. 12.

845 Vgl. z. B. Art. 6 der „Initiative der Portugiesischen Republik, der Französischen Republik, des Königreichs Schweden und des Königreichs Belgiens im Hinblick auf die Annahme eines Beschlusses des Rates über die Einrichtung von Eurojust zur Verstärkung der Bekämpfung der schweren organisierten Kriminalität", in: ABl. der EG vom 24.08.2000, C 243, S. 15 ff.; Art. 2 Abs. 2 der „Initiative der Bundesrepublik Deutschland im Hinblick auf die Annahme eines Beschlusses des Rates zur Einrichtung eines Stabes Eurojust", in: ABl. der EG vom 19.07.2000, C 206, S. 1 ff.

846 *Storbeck*, Politische Studien 1998, Heft 359, S. 16/19 f.

847 *Petri*, Europol, S. 34.

848 Vgl. Art. 35 Abs. 5, Art. 36 Abs. 3 und 5 Europol-Übereinkommen.

849 Vgl. z. B. Art. 2 Abs. 2 UAbs. 3, Art. 10 Abs. 1 UAbs. 4, Art. 18 Abs. 2, Art. 24 Abs. 7 Satz 2, Art. 30 Abs. 3, Art. 31 Abs. 1 Satz 2, Art. 35 Abs. 9, Art. 41 Abs. 3, Art. 42 Abs. 2 Satz 2 und Art. 43 Abs. 1 Europol-Übereinkommen.

850 Vgl. nur Art. 29 Abs. 1 Europol-Übereinkommen.

851 *Petri*, Europol, S. 34.

schränkte Zahl von Fällen auftaucht. Für die Betroffenen ist dies allerdings ungenügend.

Ein ähnliches Dilemma existiert bei den Kontrollfunktionen gegenüber Organen des Europäischen Polizeiamtes. So kann der Rat zwar den Europoldirektor gemäß Art. 29 Abs. 6 Europol-Übereinkommen entlassen, doch wird er es sich auch hier genau überlegen, ob er angesichts „einiger weniger Fälle“ von seinem Recht Gebrauch macht und damit einen Konflikt zwischen den Mitgliedstaaten heraufbeschwört. Hinzu kommt, dass er für die Entlassung eine Mehrheit von Zweidrittel seiner Mitglieder benötigt. Eine solche Mehrheit wird in der Praxis aber nur selten zu erreichen sein, zumal sich das Europol-Übereinkommen in der Frage der Zulässigkeit von Maßnahmen häufig an der Erforderlichkeit orientiert und unbestimmte Rechtsbegriffe verwendet, die einen weiten Beurteilungsspielraum ermöglichen.[852] Dies macht eine effektive Kontrolle nahezu unmöglich. Somit ermöglicht dieses Mehrheitserfordernis keine echte Kontrolle. Eine solche kann nur durch die einfache Mehrheit erreicht werden.[853]

Damit obliegen dem Rat nur allgemeine Kontrollmöglichkeiten. Eine konkrete Einflussnahme auf die Tätigkeit Europols in Hinblick auf den Individualrechtsschutz ist in keinem der Übereinkommen zur Tätigkeit Europols vorgesehen. Angesichts dieser Erwägungen kann ein effektiver Rechtsschutz bzw. eine effektive Kontrolle durch den Rat nicht erwartet werden.

II. Nationale Ebene

Neben der Kontrolle auf europäischer Ebene kommt auch eine Kontrolle durch die Institutionen auf nationaler Ebene in Betracht.

1. Nationale Gerichte

a) Zuständigkeit der Gerichte

Damit vor einem nationalen Gericht Klage erhoben werden kann, muss dieses zuständig sein. Für die Kontrolle Europols soll vorrangig die Gemeinsame Kontrollinstanz zuständig sein. Es stellt sich daher die Frage, ob daneben nationale Gerichte überhaupt zuständig sein können.

aa) Datenverarbeitung und Analysetätigkeit

Eine ausdrückliche Eröffnung des nationalen Rechtsweges enthält das zur Umsetzung des Europol-Übereinkommens erlassene Europol-Gesetz nicht. Eine Rechtswegeröffnung könnte sich daher allenfalls aus Art. 19 Abs. 4 GG ergeben. Dieser soll einen Gerichtsschutz dort sicherstellen, wo sich der Einzelne in

---

852 Vgl. zu diesem Problemkreis bereits 1. Teil: A.I.1.a)aa)(1).

853 So im Ergebnis auch *Waechter*, ZRP 1996, S. 167/168 m.w.N.

einem Abhängigkeitsverhältnis zur Staatsgewalt befindet. Gemeint sind damit alle Akte der deutschen Staatsgewalt.[854] Hierzu zählen auch Akte deutscher Behörden mit Auslandsbezug oder im Vollzug befindliche völkerrechtliche Verträge.[855]

Voraussetzung für eine Rechtswegeröffnung der deutschen Verwaltungsgerichte ist also, dass die Datenspeicherung und Analysetätigkeit bei Europol auf die deutsche Hoheitsgewalt zurückgeführt werden kann. Dies ist zumindest so lange der Fall, wie Informationen in den Mitgliedstaaten erhoben und an Europol übermittelt werden. Erhoben werden diese Informationen von den innerstaatlichen Behörden, die zweifelsfrei der deutschen Hoheitsgewalt zuzuordnen sind. Über die nationale Stelle oder die Verbindungsbeamten gelangen diese Informationen an Europol.[856] Die nationalen Stellen, aber auch die Verbindungsbeamten üben, auch wenn letztere in Den Haag am Sitz von Europol tätig werden, nationale Hoheitsgewalt aus. Dafür spricht, dass sie nach Maßgabe des nationalen Rechts handeln, nationale Interessen vertreten sollen sowie von den Mitgliedstaaten selbst finanziert werden und damit fest in den nationalen Hoheitsapparat eingebunden sind.[857] Ihre Tätigkeit muss somit auch der Kontrolle nationaler Gerichte unterliegen. Eine solche Kontrolle kann mittels aller nach nationalem Recht vor dem jeweiligen Gericht zulässigen Klagen erfolgen.[858]

Anders sieht es dagegen bei den Europol-Bediensteten aus. Diese werden tätig, sobald die Daten in die Analysedateien Europols eingespeist, mit Zusätzen versehen oder gar mit anderen Datensätzen vermischt werden. Dazu werden sie vom Europol-Übereinkommen mit einer Reihe von Kompetenzen bezüglich der

---

854 *Kopp/Schenke*, VwGO § 40 Rn. 37.

855 Umfasst werden somit beispielsweise Auslieferungsbewilligungen (BVerfG, Beschluss vom 23.02.1983 - 1 BvR 1019/82 - BVerfGE 63, S. 215/225 f.), die Gewährung diplomatischen Schutzes (BVerfG, Beschluss vom 16.12.1980 – 2 BvR 419/80 - BVerfGE 55, S. 349/364 f.), die Anerkennung und Vollstreckung ausländischer Hoheitsakte durch deutsche Stellen (BVerfG, Beschluss vom 22.03.1983 – 2 BvR 475/78 - BVerfGE 63, S. 343/375 ff.) und die Amtshandlungen deutscher Stellen im internationalen Informationsverkehr (*Schmidt-Assmann*, in: Schoch/Schmidt-Assmann/Pietzner, VwGO, Einleitung Rn. 7).

856 Vgl. dazu Art. 4 Abs. 4, Art. 5 Abs. 3 Nr. 1 Europol-Übereinkommen.

857 Vgl. dazu Art. 4 Abs. 2, 6, Art. 5 Abs. 1, 2, 9 Europol-Übereinkommen.

858 Da der Rechtsweg zu den nationalen Gerichten bei einer Tätigkeit der nationalen Stellen sowie der Verbindungsbeamten eröffnet ist und damit eine gerichtliche Überprüfung dieser Tätigkeiten möglich ist, kann eine mittelbare Kontrolle über das Informationssystem von Europol ausgeübt werden. Stellt sich in einem Verfahren heraus, dass gewisse Daten falsch sind, so ist die eingabeberechtigte Stelle nach Art. 2 § 3 Abs. 1 Europol-Gesetz dazu verpflichtet, die Daten unverzüglich zu ändern, zu berichtigen oder zu löschen. Über Art. 7 Abs. 1 Europol-Übereinkommen gilt dies auch für das Informationssystem. Zwar ist dies nur hinsichtlich des Informationssystems möglich, doch erstreckt sich die Kontrollmöglichkeit damit über einen nicht unerheblichen Bereich (so auch *Schwach*, Europol, S. 192).

Datenverarbeitung ausgestattet.[859] Allerdings handelt es sich bei den Mitarbeitern Europols um Bedienstete einer internationalen Organisation.[860] Damit üben sie keine deutsche Staatsgewalt aus, ihr Handeln unterliegt daher auch nicht der deutschen Gerichtsbarkeit.[861] Insofern ist es in diesen Fällen für die nationalen Gerichte unerheblich, ob bereits eine Entscheidung der Gemeinsamen Kontrollinstanz vorliegt.[862]
Entsprechendes gilt auch für den präventiven Rechtsschutz gegen die Übermittlung von Daten an Drittstaaten bzw. -stellen. Da dieser Vorgang durch Europol-Bedienstete durchgeführt wird, fehlt es an einem Tätigwerden deutscher Hoheitsträger, so dass eine Überprüfung der Tätigkeit durch die nationalen Gerichte nicht in Betracht kommt.
Eine Klage gegen Europol vor einem deutschen Gericht ist daher lediglich im Hinblick auf die Tätigkeit der nationalen Stelle und der Verbindungsbeamten zulässig; im Übrigen ist sie mangels Hoheitsgewalt ausgeschlossen.[863]

bb) Schadensersatzklage

Durch das Europol-Übereinkommen wird für Schadensersatzklagen gegen Europol die Zuständigkeit ausdrücklich zugunsten der nationalen Gerichte geregelt.[864]
Trotz dieses ausdrücklichen Verweises wird aber teilweise die Ansicht vertreten, dass in Deutschland allein die Möglichkeit bestehe, zivilrechtliche Ansprüche aus Kauf-, Miet-, Werk- oder Dienstvertrag klageweise gegenüber Europol durchzusetzen.[865] Begründet wird diese Ansicht damit, dass zwar wegen der Anknüpfung von § 50 Abs. 1 ZPO an die Rechtsfähigkeit eines Verfahrensbetei-

---

859 Vgl. nur Art. 7 ff., 18 Europol-Übereinkommen.

860 Zur Charakterisierung von Europol als Internationale Organisation vgl. 2. Teil: C.IV.3.

861 So im Ergebnis auch *Gleß/Lüke*, Jura 2000, S. 400/405.

862 So aber *Degenhardt,* Europol, S. 264. Allenfalls wäre eine mittelbare Überprüfung der Datenverarbeitung durch die nationalen Gerichte denkbar. In Betracht käme diesbezüglich beispielsweise eine Ablehnung der Klageerhebung (vgl. §§ 203 ff. StPO) oder Beweisverwertungsverbote (vgl. z. B. für das strafrechtliche Verfahren § 100a, § 100c Abs. 1 Nr. 2 und 3). Allerdings stellen die Erkenntnisse von Europol für die nationalen Behörden bisher lediglich „Ermittlungsansätze" dar. Diese fliessen aber regelmäßig nicht in das formale strafrechtliche Verfahren ein (*Gleß*, NStZ 2001, S. 623/625).

863 So auch *Lindner,* BayVBl. 2001, S. 193/202; *Martinez Soria*, VerwArch. 1998, S. 400/435.

864 Vgl. hinsichtlich der außervertraglichen Haftung einschließlich der Ansprüche auf Widerruf und Unterlassung Art. 39 Europol-Übereinkommen, zur Zuständigkeit hinsichtlich einer unrichtigen Datenverwendung Art. 38 Abs. 1 Europol-Übereinkommen. Zur Frage, vor welchen Gerichten die Ansprüche geltend zu machen sind *Harings*, Grenzüberschreitende Zusammenarbeit, S. 333 ff.

865 So *Matz*, Europol, S. 278; wohl auch *Martinez Soria*, VerwArch. 1998, S. 400/436.

ligten, die Parteifähigkeit Europols bejaht werde,[866] § 13 GVG jedoch die Überprüfung von hoheitlichen Maßnahmen auf dem Zivilrechtsweg verbiete, weshalb eine Haftungsbeschränkung auf die oben genannten Bereiche bestehe.[867]
Die Vertreter dieser Ansicht übersehen jedoch, dass eine Überprüfung von hoheitlichen Maßnahmen durch Zivilgerichte durchaus möglich ist. So sind die Zivilgerichte nicht an eine hoheitliche Maßnahme gebunden, wenn sie in Fällen der Zivilprozesssachen kraft Zuweisung Gegenstand des Rechtsstreites werden.[868] Eine solche Zuweisungsnorm findet sich in § 40 Abs. 2 VwGO. Unter dem dort genannten ordentlichen Rechtsweg sind die Zivilgerichte zu verstehen.[869] Hängt daher beispielsweise die Entscheidung davon ab, ob das hoheitliche Handeln rechtswidrig war, so muss das Zivilgericht dies überprüfen können. Anderenfalls müsste der Betroffene vor einer Schadensersatzklage immer erst den Verwaltungsrechtsweg beschreiten. Die gesetzliche Zuweisung an die Zivilgerichte würde damit praktisch bedeutungslos.[870] Im Übrigen betrifft eine Schadensersatzklage auch immer einen anderen Streitgegenstand als eine Klage vor den Verwaltungsgerichten, die beispielsweise auf die Anfechtung oder Aufhebung einer hoheitlichen Maßnahme gerichtet ist. Wird nämlich dem Betroffenen auf Grund eines rechtswidrigen hoheitlichen Handelns ein Schadensersatzanspruch zugesprochen, so wird nicht dessen Existenz oder rechtliche Wirkung angegriffen, sondern gerade wegen dessen Vorhandenseins der Schadensanspruch zuerkannt.[871] Damit ist die obige Auffassung abzulehnen und eine Überprüfung auch der übrigen Ansprüche auf Schadenersatz durch die Zivilgerichte zu bejahen.[872]

---

866 *Martinez Soria*, VerwArch. 1998, S. 400/436. Die Rechtsfähigkeit von Europol folgt aus Art. 26 Abs. 2 Europol-Übereinkommen. Danach genießt Europol die weitest gehende Rechts- und Geschäftsfähigkeit, die juristischen Personen nach den Rechtsvorschriften des jeweiligen Mitgliedstaates zukommen kann.

867 *Matz*, Europol, S. 278.

868 *Kissel*, GVG, § 13 Rn. 46.

869 Vgl. nur *Sannwald*, in: Schmidt-Bleibtreu/Klein, GG Art. 34 Rn. 59.

870 Vgl. dazu nur BGH, Urteil vom 19.03.1953, Az. III ZR 271/51, BGHZ 9, 129/131 ff.; *Bachof*, JZ 1952, S. 211/213 f.

871 Vgl. BGH, Urteil vom 19.03.1953, Az. III ZR 271/51, BGHZ 9, 129/131 ff. Dies gilt jedoch nur, für einen Geldanspruch einschließlich der Verzugsschäden. Für Ansprüche auf Vornahme, Aufhebung oder Unterlassen eines hoheitlichen Handelns ist weiter der Verwaltungsrechtsweg zu beschreiten (vgl. *Rennert*, in: Eyermann/Fröhler, VwGO, § 40 Rn. 110 ff.).

872 Unabhängig davon kann der Betroffene jedoch aus rein praktischen Erwägungen dazu gezwungen sein, zunächst die Verwaltungsgerichte anzurufen. Hat es der Geschädigte nämlich schuldhaft unterlassen, den Schaden durch rechtzeitige Einlegung eines Rechtsmittels abzuwenden, ist darin ein Mitverschulden zu sehen, das über § 254 BGB über die Minderung bis hin zum völligen Ausschluss des Anspruchs führen kann (vgl. dazu *Sannwald*, in: Schmidt-Bleibtreu/Klein, GG Art. 34 Rn. 63). Im Übrigen ist eine allgemeine Geltung des Grundsatzes „dulde und lequidiere“ unter der Rechtsschutzga-

Unabhängig von dieser nationalen Frage der Zuständigkeit der Gerichte ist eine Überprüfung der hoheitlichen Maßnahmen durch die nationalen Gerichte ausgeschlossen, wenn die Gemeinsame Kontrollinstanz zuvor über die Rechtmäßigkeit der Datenverarbeitung durch Europol entschieden hat. Nur wenn die Gemeinsame Kontrollinstanz noch nicht entschieden hat, kann das nationale Gericht über die Rechtsmäßigkeit entscheiden.[873] Insofern ist es in seiner Entscheidungsfindung eingeschränkt.[874]

cc) Strafverfahren

Eine Kontrolle der Tätigkeit Europols kann auch in strafrechtlicher Weise erfolgen. Dabei sind im Strafverfahren zwei Wege denkbar: die unmittelbare und die mittelbare Kontrolle.

(1) Unmittelbare Kontrolle

Eine dieser Möglichkeiten ist die strafgerichtliche Verfolgung der Europol-Bediensteten. Es obliegt den Strafgerichten der Mitgliedstaaten als originäre Aufgabe ein rechtswidriges Verhalten, für das ihr Staat die Rechtsprechungsgewalt innehat, zu ahnden. Dabei ist unerheblich, ob dies auf Grund des Territorialprinzips oder aus einem anderen Grund geschieht.[875] Folge des Territorialprinzips ist, dass ein Strafanspruch auch gegen unrechtmäßige Handlungen fremder Hoheitsträger[876] besteht, soweit diese nicht als Exterritoriale davon ausgenommen sind.[877] Unter diese Gruppe von Exterritorialen fallen neben den Leitern

rantie des Grundgesetzes abzulehnen. Demnach ist vom Vorrang des Primärrechtsschutzes vor dem Sekundärrechtsschutz auszugehen (vgl. dazu *Schmidt-Assmann*, in: Maunz/Dürig, GG Art. 19 IV Rn. 28). Dies mag in anderen Staaten anders sein, doch richtet sich der Schadensersatzanspruch nach dem nationalen Recht.

873 Art. 24 Abs. 7 Europol-Übereinkommen.

874 Hierbei wird es in der Praxis jedoch zu erheblichen Problemen bei der Sachverhaltsaufklärung kommen. Dadurch wird das nationale Gerichtsverfahren erheblich eingeschränkt und ein effektiver Rechtsschutz durch die nationalen Gerichte ist nicht mehr möglich (so wohl auch *Frowein/Krisch*, JZ 1998, S. 589/591). Zwar besteht eine entsprechende Bindungswirkung auch in vergleichbaren nationalen Verfahren in Deutschland (*Sannwald*, in: Schmidt-Bleibtreu/Klein, GG Art. 34 Rn. 63), doch ergeben sich erhebliche Bedenken aus dem Verfahren vor der Gemeinsamen Kontrollinstanz. Entscheidend ist damit die Qualität der Entscheidung bzw. des Weges der Rechtsfindung, der zu dem bindenden Urteil geführt hat.

875 *Gleß*, EuR 1998, S. 748/763.

876 Anhand dieser Ausrichtung an einem umfassenden Rechtsgüterschutz innerhalb eines Staatsgebiets unterscheidet sich auch die strafrechtliche Kontrolle grundlegend von der verwaltungsgerichtlichen Kontrolle, welche sich an der rechtmäßigen Ausübung der eigenen Staatsgewalt orientiert.

877 *Pfeiffer*, in: KK, § 18 GVG Rn. 1, 5.

und Mitgliedern von anerkannten diplomatischen Missionen und konsularischen Vertretungen auch solche Personen, die mittels eines besonderen Gesetzes, nach allgemeinen Regeln des Völkerrechts oder eines Staatsvertrages von der örtlichen Gerichtsbarkeit befreit wurden.[878] Um ein solches Gesetz für Europol und seine Bediensteten handelt es sich beim Ratifikationsgesetz zum Europol-Immunitätsprotokoll. Danach dürfen die mitgliedstaatlichen Gerichte ihre Gerichtsbarkeit lediglich in dem durch das Europol-Immunitätsprotokoll nicht erfassten Bereich ausüben. Ob eine Handlung Europols als immunitätsgeschützte Amts- bzw. Diensthandlung zu bewerten ist, unterliegt dabei grundsätzlich nicht der Entscheidungskompetenz des Europäischen Polizeiamtes, sondern bemisst sich ausschließlich nach der Rechtsauffassung des jeweiligen national zuständigen Gerichts.[879] Jedoch wird dieser Rechtsauffassung durch Art 2 § 8 Europol-Gesetz ein enger, von den nationalen Gerichten zu beachtender Rahmen vorgegeben, durch den die Beurteilungsbefugnis der nationalen Gerichte erheblich eingeschränkt wird. Die daraus resultierende weit gehende Immunität Europols und seiner Bediensteten führt im Ergebnis dazu, dass in der Regel ein Strafverfahren erst nach vorheriger Aufhebung der Immunität möglich sein wird.[880] Eine wirksame Kontrolle ist dadurch nicht möglich.

(2) Mittelbare Kontrolle

Die andere Möglichkeit ist eine mittelbare Kontrolle der Tätigkeit Europols durch die Strafgerichte der Mitgliedstaaten. So sind diese befugt, Beweisverbote zu statuieren, wenn sie mit von Europol-Bediensteten erlangten Beweisen konfrontiert werden, die nachvollziehbar mittels einer rechtswidrigen Handlung gewonnen worden sind.[881] Als problematisch erweisen sich hierbei jedoch die unterschiedlichen Ansichten betreffend der Ausgestaltung von Beweisverwertungsverboten, welche in den Vertragsstaaten existieren.[882] Daneben wird sich in der Praxis auch der Nachweis einer rechtswidrigen Beweiserlangung auf Grund der Immunität der Europol-Bediensteten[883] und der Unverletzlichkeit der Europol-Archive[884] als problematisch erweisen.[885] Abgesehen von diesen praktischen

[878] *Eser*, in: Schönke/Schröder, Vorbemerkungen §§ 3-7 Rn. 38 ff.

[879] So auch *Kremer*, Europol, S. 407. Eine solche Entscheidung kann jedenfalls nicht als Verstoß gegen das durch die Immunität begründete Prozess- bzw. Verfolgungshindernis bewertet werden, da es sich lediglich um eine Vorfrage zum eigentlichen Streitgegenstand handelt *(Dahm*, in: FS-Nikisch, S. 153/175 ff.).

[880] Vgl. dazu 3. Teil: B.II.1.b)aa).

[881] Vgl. *Gleß*, EuR 1998, S. 748/764.

[882] *Gleß*, EuR 1998, S. 748/764.

[883] Vgl. dazu 3. Teil: B.II.1.b)aa)

[884] Vgl. dazu 3. Teil: B.II.1.b)bb)

[885] So auch *Frowein/Krisch*, JZ 1998, S. 589/591; *Harings*, Grenzüberschreitende Zusammenarbeit, S. 297 f.; wohl auch *Gleß*, EuR 1998, S. 748/764.

Erwägungen kann eine effektive Kontrolle durch Beweisverbote nicht erfolgen. So kann nur feststehen, dass eine Datenerhebung nach nationalem Recht nicht zulässig wäre. Eine Ausweitung auf die Tätigkeit Europols hat diese aber nicht zur Folge. Damit haben die nationalen Gerichte keine Möglichkeit, auf Europol dahingehend einzuwirken, dass es zu keinen Rechtsverletzungen des Betroffenen mehr kommt.

b) Auswirken der Immunität auf Verfahren vor nationalen Gerichten

Bei der Kontrolle Europols durch die nationalen Gerichte ist auch die Immunität zugunsten von Europol zu beachten. Durch diese kann, wie sogleich gezeigt wird, in vielfacher Weise Einfluss auf die Verfahren und deren Effektivität genommen werden

aa) Immunität der Beamten

Art. 8 Abs. 1 Europol-Immunitätsprotokoll gewährt den Mitgliedern der Organe und dem Personal Europols Immunität von jeglicher Gerichtsbarkeit hinsichtlich der von ihnen in Ausübung ihres Amtes vorgenommenen mündlichen und schriftlichen Äußerungen sowie ihrer Handlungen[886]. Diese gilt auch für die Zeit nach Beendigung ihrer Tätigkeit. Dabei soll die den Europol-Beamten gewährte Immunität allein dem Interesse des Europäischen Polizeiamtes dienen.[887] Aus diesem Grund hat der Direktor von Europol gemäß Art. 12 Abs. 2 Europol-Immunitätsprotokoll diese immer dann aufzuheben, wenn die Immunität verhindern würde, dass der Gerechtigkeit Genüge getan wird und dadurch die Interessen Europols nicht geschädigt werden. Somit entscheidet allein der Europol-Direktor darüber, ob ein Mitglied seiner Behörde eventuellen strafrechtlichen Sanktionen ausgesetzt wird. Ob er dies objektiv auszuführen vermag, darf bezweifelt werden. Dies gilt umso mehr, als die Aufhebungsvoraussetzungen sehr unbestimmt sind und daher Raum für eine weite Ermessensausübung bieten.[888] Daher wird es in der Praxis stets möglich sein, eine Schädigung der Interessen Europols und damit die Immunitätsgewährung zu bejahen.[889]

---

[886] Zur grundsätzlichen Kritik an der Immunitätsgewährung vgl. *Mayer,* Europol. S. 141 ff.; *Petri*, Europol, S. 29 f.; *Schwach,* Europol, S. 203 ff.; N.N., DRiZ 1998, S. 140 ff.; *Hailbronner*, JZ 1998, S. 283/285 ff.

[887] Art. 12 Abs. 1 Europol-Immunitätsprotokoll.

[888] Vgl. N.N., DRiZ 1998, S. 140/141; *Hirsch*, ZRP 1998, S. 10/13.

[889] So auch *Hirsch*, ZRP 1998, S: 10/13; N.N., DRiZ 1998, S. 140/142. Prantl kritisiert, dass keine Polizei in Europa einen vergleichbaren Status hat (*Prantl,* DRiZ 1997, S. 234/235). Kommt es zu Streitigkeiten über die Aufhebung der Immunität ist gemäß Art. 13 Europol-Immunitätsprotokoll der Rat damit zu befassen, der im Verfahren nach Titel VI EU über die Angelegenheit entscheidet (vgl. auch Art. 40 Europol-Übereinkommen). Erst wenn dieses Konsultationsverfahren vor dem Rat erfolgreich war, kann der Fall in

Angesichts dieses weiten Ermessens ist zu klären, ob nicht dem Europol-Übereinkommen an anderer Stelle Beschränkungen der Immunität zu entnehmen sind, wodurch die Gefahr des Rechtsmissbrauchs gemindert werden würde. Ausgehend von der Frage, welche Rechtsfolgen an die in Art. 8 Abs. 1 lit. a) Europol-Immunitätsprotokoll normierte Verweisung auf die Regelung des Art. 32 Europol-Übereinkommen knüpfen, könnte darin eine solche Beschränkung zu finden sein. Darüber bestehen unterschiedliche Ansichten:

(1) Eingeschränkte Immunitätsgewährung

Nach einer Auffassung ist der in Art. 8 Abs. 1 lit. a) Europol-Immunitätsprotokoll enthaltene Verweis als eine Ausnahme bzw. weitere Begrenzung der Immunität zu verstehen. Begeht danach ein Europol-Bediensteter eine Straftat i.S.d. Art. 32 Europol-Übereinkommen genießt er keine Immunität.[890]

(2) Volle Immunitätsgewährung

Dagegen wird zum Teil die Ansicht vertreten, dass eine strafrechtliche Ahndung immer die vorherige Aufhebung der Immunität voraussetzt.[891] Diese Folge ist das Ergebnis der Annahme, dass die in Art. 8 Abs. 1 lit. a) Europol-Immunitätsprotokoll enthaltene Verweisung auf Art. 32 Europol-Übereinkommen keine Beschränkung bzw. Ausnahme der Immunitätsgewährung begründet. So sei die Verweisung in Art. 8 Abs. 1 lit. a) Europol-Immunitätsprotokoll lediglich als eine die Tatbestandsebene betreffende Erweiterung der nationalen Strafvorschriften zu interpretieren. Dies entfalte keine Rechtsfolgen für die in Art. 41 Europol-Übereinkommen normierte Immunität,

---

den Mitgliedstaaten weiter verfolgt werden. Hierbei ist zu bedenken, dass es sich bei der Entscheidung des Rats weniger um eine rechtliche als eine politische Entscheidung handeln wird. Zwar mag dieser wegen der Tragweite einer solchen Entscheidung nicht unüberlegt handeln (so *Schwach*, Europol, S. 202), doch kommt dies nicht einer gebundenen Entscheidung gleich. Der Rat bleibt grundsätzlich in seiner Entscheidung frei, aber es ist stets zu befürchten, dass er im Zweifel Rücksicht auf die mitgliedstaatlichen Befindlichkeiten nehmen wird (so auch *Harings*, Grenzüberschreitende Zusammenarbeit, S. 272). Ein Anspruch des Bürgers auf eine positive Entscheidung besteht nicht. Auch eine gerichtliche Überprüfung der Entscheidung des Europol-Direktors über die Aufhebung der Immunität ist nicht vorgesehen (*Hölscheidt/Schotten*, NJW 1999, S. 2851/2852; *Gleß*, EuR 1998, S. 748/753).

890 *Hailbronner*, JZ 1998, S. 283/284; *Martinez Soria*, VerwArch. 1998, S. 400/436; N.N., DRiZ 1998, S. 141/142; *Gleß*, EuR 1998, S. 748/752 f., 763; *Hölscheidt/Schotten*, NJW 1999, S. 2851/2852.

891 Vgl. z. B. *Böse*, NJW 1999, S. 2416/2416; *Nachbaur*, KJ 1998, S. 231/234 ff.; Harings, Grenzüberschreitende Zusammenarbeit, S. 135; wohl auch *Ostendorf*, NJW 1997, S. 3418/3420.

da die Freistellung von der gerichtlichen Verantwortlichkeit nicht der Tatbestandsebene, sondern der Ebene der Strafverfolgungshindernisse zuzuordnen sei.[892]

(3) Stellungnahme

Nach Art. 8 Abs. 1 lit. a) Europol-Immunitätsprotokoll wird die Immunität unbeschadet von Art. 32 Europol-Übereinkommen gewährt. Der Begriff „unbeschadet“ könnte in diesem Zusammenhang dahingehend verstanden werden, dass die in Art. 32 Europol-Übereinkommen festgelegten Fälle nicht von der Immunität gedeckt sind.[893] Folge dessen wäre, dass eine Verantwortlichkeit nur hinsichtlich einer Verletzung der Verschwiegenheits- und Geheimhaltungspflicht nach Art. 32 Europol-Übereinkommen bestünde.[894] Dieses Ergebnis würde auch durch Art. 2 § 8 Europol-Gesetz belegt. Dort wird mit §§ 203 ff., 353b StGB die unbefugte Geheimnisweitergabe unter Strafe gestellt. Damit können sich Europol-Beamte demnach grundsätzlich nach nationalem Recht strafbar machen, wenn sie in Ausübung ihres Amtes personenbezogene Daten unbefugt weiterreichen.
Allerdings ist dem entgegen zu halten, dass die von deutscher Seite gewollte Ausnahme einer strafrechtlichen Immunität wegen Art. 41 Abs. 1 Europol-Übereinkommen ins Leere liefe. Aus Art. 41 Abs. 1 Europol-Übereinkommen folgt ausdrücklich, dass sich eine strafrechtliche Freistellung von der Immunität aus Art. 41 Abs. 1 Europol-Übereinkommen i.V.m. dem Europol-Immunitätsprotokoll ergibt. Die Sonderregelungen sind jedoch im Europol-Gesetz und nicht im Immunitätsprotokoll enthalten. Wenn also die in Art. 8 Europol-Gesetz enthaltenen Straftatbestände als Ausnahme von der Immunität gedacht gewesen sein sollten, hätte es nahegelegen, diese Sonderfälle zu den sonstigen Ausnahmen in Art. 9 Europol-Immunitätsprotokoll hinzuzufügen.[895]
Daneben bringt gerade die im Vergleich zum Begriff der „Ausnahme“ schwächere Formulierung „unbeschadet“ zum Ausdruck, dass der Regelungsinhalt beider Vorschriften gewahrt bleiben sollte.[896] Sollen aber beide Vorschriften

892 So ausdrücklich *Böse*, NJW 1999, S. 2416/2416.

893 So auch *Martinez Soria*, VerwArch. 1998, S. 400/436; *Hailbronner*, JZ 1998, S. 283/284; *Hölscheidt/Schotten*, NJW 1998, S. 2851/2852.

894 So auch *Kübler*, Einheitliche Grundrechte, S. 123.

895 So auch *Nachbaur*, KJ 1998, S. 231/234; *Böse*, NJW 1999, S. 2416/2416.

896 Dafür sprechen auch die Formulierungen in anderen Sprachfassungen des Art. 8 Abs. 1 lit. a) Europol-Immunitätsprotokoll. Vgl. z. B. die englische („without prejudice to“), die französische („sans préjudice de“), italienische („fatto salvo“) und niederländische („onverminderd“). Daraus folgen würde, dass einerseits mit Art. 32 Europol-Übereinkommen i.V.m. Art. 2 § 8 Europol-Gesetz die Straftatbestände auf die Europol-Bediensteten ausgediehnt werden würden, gleichzeitig aber durch Art. 41 Europol-

bestehen bleiben, bedeutet dies zwangsläufig, dass die Immunitätsgewährung in den Fällen des Art. 2 § 8 Europol-Gesetz nicht gänzlich zurück tritt, sondern z. B. im Sinne einer gesetzlichen Vermutung bestehen bleibt. Damit einher ginge eine Beeinträchtigung der Effektivität von erweiterten nationalen Straftatbeständen. Dies wiederum wäre als Ausfluss der Ratio einer Immunität zu werten, nämlich eine von nationalen Einflüssen (durch Strafverfolgung) unabhängige Amtsführung zu gewährleisten.[897]

Gegen eine beschränkte Immunität der Europol-Bediensteten spricht ferner die Art der gewährten Immunität. So handelt es sich dabei allein um eine prozessuale und keine materielle Immunität.[898] Sie schließt damit nicht die Ebene der Tatbestandsmäßigkeit, Rechtswidrigkeit und Schuld aus, sondern „nur" die Möglichkeit, die Tat auch zu verfolgen. Damit beschreibt aber Art. 2 § 8 Europol-Gesetz nichts anderes als das ohnehin schon Gegebene. Art. 2 § 8 Europol-Gesetz kann daher nicht als Ausnahme von der Immunität gesehen werden.[899]

Für die Annahme einer eingeschränkten Immunität könnte allerdings sprechen, dass diese nur im Rahmen der Ausübung einer Tätigkeit des Europol-Beamten gewährt wird. Ein solches Handeln könnte eng auszulegen sein und dann vorliegen, wenn der Beamte im Rahmen seiner Funktionen oder auf Grund eines besonderen Auftrages handelt.[900] Anderenfalls wäre er nicht durch die Immunität geschützt, so dass konsequenterweise von einer eingeschränkten Immunität auszugehen wäre. Dem muss jedoch entgegnet werden, dass der Begriff der Amtshandlung im Völkerrecht extensiv auszulegen ist. Folgerichtig erstreckt sich die Immunität auch auf solche Handlungen und Äußerungen, die in einem engen sachlichen Zusammenhang mit einer Amtshandlung stehen.[901] Dabei obliegt es nach herrschender Meinung den internationalen Organisationen selbst, den amtlichen Tätigkeitskreis generell oder im Einzelfall zu bestimmen.[902] Nicht erforderlich ist, dass der Amtsträger für die Bezugshandlung sachlich und örtlich zuständig ist.[903] Damit ist eine Rechtsverletzung des Bürgers auch über die Da-

---

Übereinkommen i.V.m. § 9 Immunitätsprotokoll die Europol-Bediensteten von davon unberührt bleiben sollen.

897 *Böse*, NJW 1999, S. 2416/2416; vgl. auch EuGH Beschluss vom 13.07.1990, Rs. C-2/88 - Zwartveld u.a. ./. Kommission, Slg. 1990, I-3365/3372 Rn. 19.

898 Vgl. zur Verdeutlichung die Regelungen des Art. 46 GG: Während Art. 46 Abs. 1 GG die Idemnität, also das Verbot eines zur Verantwortung ziehens, einer Person beschreibt, bestimmen Art. 46 Abs. 2 und 3 GG eine formelle Immunität. Dieser gleicht auch Art. 12 Europol-Immunitätsprotokoll, der eine prozessuale Strafverfolgung nach Genehmigung des Europol-Direktors zulässt.

899 *Degenhardt*, Europol, S. 213.

900 Vgl. entsprechend zum EG-Recht *Henrichs*, EuR 1987, S. 75/80.

901 *Folz/Soppe*, NStZ 1996, S. 576/578; *Hailbronner*, JZ 1998, S. 283/283.

902 Vgl. dazu *Seidl-Hohenveldern/Loibl*, IO, Rn. 1922.

903 So z. B. entsprechend für das EU-Bestechungsprotokoll, Denkschrift der Bundesregierung zum EU-Bestechungsprotokoll, BT-Drs. 13/10424, S. 13.

tenverarbeitung hinaus möglich. Träfe dies zu, so würden die in Art. 32 Europol-Übereinkommen enthaltenen Ausnahmen praktisch alle strafrechtlich relevanten Fälle von der Immunität ausnehmen. Damit stellt sich die Frage nach dem Sinn des Immunitätsprotokolls. Wenn ohnehin das Gros der Handlungen keine Immunität genießt, wäre auch ein eigenes Immunitätsprotokoll nicht nötig. Soll den Vertragspartnern nicht völlig die Fähigkeit abgesprochen werden, vernünftige Abkommen zu schließen, müsste man die Ansicht einer eingeschränkten Immunität daher ablehnen.

Angesichts einer weiten Auslegung ist allerdings fraglich, ob auch ein vorsätzlich begangenes strafrechtliches Verhalten von der Immunität erfasst werden kann. Dies wird beispielsweise von Henrichs, in Bezug auf den Immunitätsschutz von EG-Bediensteten, verneint.[904] Da Art. 8 Europol-Immunitätsprotokoll ihre Entsprechung im EG-Recht hat[905], könnte auch im Hinblick auf die Tätigkeit Europols von einer Verwirkung der Gerichtsfreiheit ausgegangen werden. Für eine solche Annahme könnte weiter sprechen, dass die Immunität gemäß Art. 12 Abs. 1 Europol-Immunitätsprotokoll nur im Sinne Europols und nicht zum persönlichen Vorteil gewährt werden soll. Dagegen spricht jedoch der Sinn einer Gewährung von Immunität, sollen doch dadurch international handelnde Beamte, die unmöglich jede nationale Norm in ihrem Tätigkeitsbereich kennen können, vor Strafverfolgung geschützt werden. Dies mag, solange es sich um ein fahrlässiges Verhalten handelt, für jeden einleuchtend sein. Lässt man sich jedoch erst einmal hierauf ein, so muss man sich die Frage stellen lassen, wann ein fahrlässiges Verhalten nicht mehr vorliegt und ein bedingter Vorsatz beginnt. Folge dieser Unterscheidung wäre eine kaum nachzuvollziehende Kasuistik. Eine Immunitätsgewährung für Europol-Bedienstete macht daher nur dann Sinn, wenn sie sich auch auf alle Handlungen bezieht. Anderenfalls hätte man dies ausdrücklich klarstellen müssen, wie es beispielsweise bei den Immunitätsregelungen von Europarat und WEU geschehen ist.[906]

Schließlich spricht für eine umfassende Immunität der Europol-Bediensteten, dass sie im Sinne eines diplomatischen Statutes zu betrachten ist.[907] Eine solche diplomatische Immunität erstreckt sich auch auf Amtshandlungen, die gegen das nationale Recht des Empfangsstaates verstoßen.[908] All dies spräche für eine

---

904 *Henrichs*, EuR 1987, S. 75/81.

905 Vgl. nur Art. 8 Abs. 3 Immunitätsprotokoll.

906 *Hirsch*, ZRP 1998, S. 10/13; dass es sich dabei nicht nur um ein Versehen handelte, zeigt sich im Entwurf des Europol-Immunitätsprotokolls vom 14.02.1996, der in Art. 11 Abs. 1 lit. b) explizit eine Beschränkung der Immunität auf diejenigen Handlungen und Äußerungen enthält, die von den Europol-Bediensteten „strikt im Rahmen ihrer Befugnisse vorgenommen“ werden. Vgl. dazu *Kremer*, Europol, S. 369.

907 *Prantl*, DRiZ 1997, S. 234/235.

908 BVerfG, Beschluss vom 10.06.1997, Az.: 2 BvR 1516/96, NJW 1998, S. 50/51 f. m.w.N; *Folz/Soppe*, NStZ 1996, S. 576/578.

umfassende Gewährung von Immunität zugunsten von Europol und seinen Bediensteten.
Im Übrigen könnte für die Ansicht einer beschränkten Immunität das Rechtsschutzbedürfnis des Bürgers sprechen. Europol wird in einem grundrechtssensiblen Bereich, in einer für die Ausübung staatlicher Hoheitsrechte charakteristischen Weise tätig.[909] Ein Verzicht auf den staatlichen Strafanspruch, wie z. B. durch die Gewährung von Immunität, könnte schon deshalb nicht hinnehmbar sein, da sowohl seine Befriedungsfunktion als auch die Verwirklichung materieller Gerechtigkeit, die durch das staatliche Strafen erreicht wird, für die Grundrechtssicherung und damit die Rechtsposition des Betroffenen unerlässlich sind.[910] Allerdings muss hier berücksichtigt werden, dass es sich bei der den Europol-Bediensteten gewährten Immunität um eine der prozessualen Art handelt. Diese schließt, im Gegensatz zur materiellen Immunität, den Strafanspruch gerade nicht aus. Ein Strafverfahren bleibt in diesen Fällen zumindest im Grundsatz erhalten. Indem „nur" die Eröffnung eines Verfahrens bis zur Aufhebung der Immunität ausgesetzt wird, ist daher diese Art der Immunitätsgewährung nicht als Ausschluss, sondern vielmehr als Verfahrenshemmung zu verstehen. Mag dies im Ergebnis dazu führen, dass der Betroffene seine Rechte nicht unmittelbar durchzusetzen vermag, darf doch nicht vergessen werden, dass ein Interessenausgleich, namentlich mit dem Interesse der Funktionstüchtigkeit Europols, erforderlich war. Dies gilt vor allem auch angesichts der begrenzten Reichweite des Art. 32 Europol-Übereinkommen. Dieser lässt an mehreren Stellen deutlich erkennen, dass es dort allein um den Schutz der Interessen Europols und gegebenenfalls der Mitgliedstaaten geht.[911] Der Schutz von Interessen Einzelner wird dagegen an keiner Stelle erwähnt. Angesichts dieser eingeschränkten Schutzrichtung des Art. 32 Europol-Übereinkommen macht aber eine, allein auf die in Art. 2 § 8 Europol-Gesetz bezogenen Fälle, Ausnahme von der Immunität keinen Sinn.[912] Daher ist von einer weit reichenden Immunitätsgewährung auszugehen.

bb) Unverletzlichkeit der Archive

Nach Art. 3 Europol-Immunitätsprotokoll sind die Archive Europols unverletzlich. Die Bedeutung dieser Regelung wird besonders in Fällen deutlich, in denen Europol auf Grund von Art. 19 Abs. 3 Europol-Übereinkommen die Auskunft verweigert. Die nationalen Gerichte haben hier nicht die Möglichkeit auf einem

---

909 *Nachbaur*, KJ 1998, S. 231/237.
910 *Hölscheidt/Schotten*, NJW 1999, S. 2851/2854; *Nachbaur*, KJ 1998, S. 231/237.
911 Vgl. z. B. Art. 32 Abs. 1: „die Bediensteten (...) haben sich (...) jeder Meinungsäußerung zu enthalten, die dem Ansehen von Europol schaden könnte"; Art. 32 Abs. 3 UAbs. 5: „Schutz vorrangiger Interessen von Europol oder eines Mitgliedstaates".
912 So auch *Böse*, NJW 1999, S. 2416/2417.

anderen Weg an die Informationen zu gelangen. Dabei ist insbesondere die fehlende Möglichkeit der Akteneinsicht zu nennen.[913] Wegen dieser Unverletzlichkeit der Archive kann Europol nicht zur Herausgabe der Akten verpflichtet werden.[914] Über Art. 8 Abs. 1 lit. b) Europol-Immunitätsprotokoll sind davon auch alle sonstigen amtlichen Papiere, Schriftstücke und Materialien der Organe und des Personals erfasst.

Darüber hinaus dürfen die nationalen Gerichte nicht über die Reichweite der Unverletzlichkeit der Archive entscheiden. Die Immunität kann gemäß Art. 12 Europol-Immunitätsprotokoll allein vom Europol-Direktor selbst aufgehoben werden. Bei einer Weigerung desselben muss sich das politische Organ Rat mit der Frage befassen. Ob es allerdings in der Praxis zu einer Aufhebung der Immunität kommt, ist angesichts der Bedeutung dieser Archive fraglich. So wird die Unverletzlichkeit der Archive und Dateien als eine fast absolute Sache angesehen.[915] Diese Behauptung wird auch durch das Schicksal des Vorentwurfs zum Europol-Immunitätsprotokoll vom 14.02.1996 untermauert. Art. 4 Satz 2 dieses Entwurfs sah die Möglichkeit einer Beschlagnahme von Schriftstücken Europols im Beisein des Direktors unter Wahrung der im Europol-Übereinkommen vorgesehenen Geheimhaltungsverpflichtungen vor, wenn dies von den Justizbehörden der Mitgliedstaaten angeordnet wurde. Dieser Vorschlag wurde ersatzlos gestrichen und verdeutlicht damit die Ansicht der Vertragsstaaten, den in den Archiven Europols enthaltenen Materialien einen möglichst weit gehenden, uneingeschränkten Schutz zu verleihen.

Auf Grund der Folgen der daraus resultierenden Unverletzlichkeit der Archive besitzen die nationalen Gerichte, im Gegensatz zur Gemeinsamen Kontrollinstanz, keine umfassenden Zugangs- und Informationsrechte gegenüber Europol. Kann den Gerichten die Herausgabe von Daten verweigert werden, ohne ihnen die Möglichkeit zu geben, auch beim Fehlen triftiger Gründe Europol zur Herausgabe dieser Informationen zu verpflichten, so sind die Möglichkeiten der nationalen Gerichte zur Sachverhaltsaufklärung sehr beschränkt und damit ungenügend. Die nationalen Gerichte sind damit nicht in der Lage eine effektive Kontrolle zu gewährleisten.[916]

---

913 *Frowein/Krisch*, JZ 1989, S. 589/594.

914 Vgl. dazu nur Art. 3 Immunitätsprotokoll.

915 BT-Innenausschuss-Prot. 13/75, S. 50.

916 So auch *Frowein/Krisch*, JZ 1998, S. 589/594. Zwar kennt auch das deutsche Recht die Möglichkeit der Beschränkung einer Aktenvorlage. Jedoch können die Gerichte in die einzelnen Akten einsehen, um so feststellen zu können, ob die Voraussetzungen für eine Herausgabeverweigerung vorliegen, vgl. z. B. § 99 Abs. 2 Satz 1 VwGO.

cc) Aussagebeschränkung von Europol-Beamten

Zum Nachweis einer Rechtsverletzung durch Europol ist neben dem Nachweis mittels Akten etc. auch eine Beweisführung durch Zeugenaussagen möglich. Hierbei ist insbesondere an Aussagen von Europol-Bediensteten zu denken. Dieser Art der Beweisführung könnte jedoch die Verpflichtung zur Verschwiegenheit und Geheimhaltung gemäß Art. 32 Europol-Übereinkommen entgegenstehen.

Danach haben sich die Organe, deren Mitglieder, die stellvertretenden Direktoren, die Bediensteten Europols und die nationalen Verbindungsbeamten jeder Handlung oder Meinungsäußerung zu enthalten, die geeignet ist, dem Ansehen Europols abträglich zu sein oder seiner Tätigkeit zu schaden. Demzufolge haben sie auch über alle Tatsachen und Angelegenheiten, von denen sie in Ausübung ihres Amtes oder im Rahmen ihrer Tätigkeit Kenntnis erlangen, gegenüber allen unbefugten Personen sowie der Öffentlichkeit Stillschweigen zu bewahren. Von dieser Verpflichtung kann nur abgewichen werden, wenn es um Tatsachen oder Angelegenheiten geht, die so unwichtig sind, dass sie keiner Geheimhaltung bedürfen.[917] Um welche Dinge es sich hierbei allerdings handelt, wird durch das Europol-Übereinkommen nicht weiter konkretisiert. Diese Verschwiegenheits- und Geheimhaltungspflicht besteht sowohl gegenüber gerichtlichen als auch außergerichtlichen Instanzen. Hier dürfen die Betroffenen ohne vorherige Benachrichtigung des Direktors bzw. des Verwaltungsrates weder Aussagen tätigen noch Erklärungen abgeben. Sofern es der Schutz vorrangiger Interessen Europols oder eines Mitgliedstaats erfordert und es nach dem jeweiligen nationalen Recht möglich ist, kann eine Mitteilung über Daten verweigert werden.[918] Wann ein solches vorrangiges Interesse vorliegt, ist dem Europol-Übereinkommen ebenfalls nicht zu entnehmen. Es wird aber zumindest in den Fällen bestehen, in denen auch die Auskunft gemäß Art. 19 Europol-Übereinkommen verweigert werden kann.[919]

Angesichts der Tatsache, dass erhebliche Ungenauigkeiten darüber bestehen, welche Umstände keiner Geheimhaltung bedürfen oder wann ein vorrangiges Interesse Europols vorliegt, bestehen erhebliche Defizite bei der Ausgestaltung der „Aussagebeschränkung“. Da Europol ein großes Interesse an einer effektiven Ausübung seiner Tätigkeit hat, ist zu befürchten, dass sie von der Aussageverweigerung großzügig Gebrauch machen wird. Dies könnte dazu führen, dass es den nationalen Gerichten erheblich erschwert wird, einen Sachverhalt ausreichend zu ermitteln.

---

917 Art. 32 Abs. 1, 2 Europol-Übereinkommen.

918 Art. 32 Abs. 3 UAbs. 5 Europol-Übereinkommen.

919 Zu den diesbezüglichen Bedenken vgl. 3. Teil: B.I.1.b)bb).

dd) Fehlende Vollstreckbarkeit durch Immunität

Einer Geltendmachung von Schadensersatzansprüchen vor den nationalen Gerichten könnte Art. 2 Abs. 1 Europol-Übereinkommen entgegenstehen. Danach genießt Europol Immunität in Bezug auf eine mögliche Haftung nach Art. 38 Abs. 1 Europol-Übereinkommen wegen unzulässiger oder unrichtiger Datenverarbeitung. Allerdings regelt Art. 38 Abs. 1 Europol-Übereinkommen nicht die Haftung Europols, sondern eines der Mitgliedstaaten. Soll Art. 2 Abs. 1 Europol-Immunitätsprotokoll aber Sinn machen, so wäre die Vorschrift dahingehend zu interpretieren, dass sie sich nur auf die unzulässige oder unrichtige Datenverarbeitung bezieht, was wiederum im Widerspruch zu Art. 39 Abs. 2 Europol-Übereinkommen stünde und daher nicht hinnehmbar ist. Insofern kann Art. 2 Abs. 1 Europol-Immunitätsprotokoll nur dahingehend ausgelegt werden, dass er die Immunität Europols für einen Fall festschreibt, der nach Art. 38 Abs. 1 Europol-Übereinkommen nicht eintreten kann. Nur so lässt sich eine Kohärenz zwischen Europol-Übereinkommen und Immunitätsprotokoll gewährleisten.[920]
Weiter besteht bei der Geltendmachung von Schadensersatzansprüchen ein erhebliches Problem bzgl. der Vollstreckbarkeit von Entscheidungen. Selbst wenn Europol durch ein nationales Gericht zur Leistung von Schadensersatz verurteilt würde, hieße dies nicht automatisch, dass der Geschädigte seinen Anspruch auch ausgezahlt bekommt. So garantiert Art. 2 Abs. 2 Europol-Immunitätsprotokoll Europol den Schutz vor Vollstreckungsmaßnahmen, indem alle Vermögensgegenstände und jegliches Guthaben von Europol vor jeder Form des Zugriffs geschützt werden. Selbst Zwangsmaßnahmen zur Durchsetzung eines nationalen Urteils hätten danach keine Aussicht auf Erfolg. Um eine Vollstreckung zu ermöglichen, müsste der Europol-Direktor gemäß Art. 12 Abs. 2 Europol-Immunitätsprotokoll zunächst die Immunität aufheben. Allerdings ergeben sich diesbezüglich erhebliche Bedenken, da hier der Chef Europols selbstständig darüber entscheidet, ob gegen seine eigene Behörde vollstreckt wird. Verweigert er die Vollstreckung, wird der Rat eine eher politisch motivierte Entscheidung treffen müssen.[921]

2. Nationale Kontrollinstanz

Aufgabe der Nationalen Kontrollinstanzen ist es nach Art. 23 Abs. 1 Europol-Übereinkommen, nach Maßgabe des jeweiligen nationalen Rechts die Zulässigkeit der Eingabe und des Abrufs personenbezogener Daten sowie jedweder Übermittlung dieser Daten an Europol durch den entsprechenden Entsendestaat zu überwachen und in Hinblick auf eine mögliche Verletzung von Rechten der

920 Vgl. dazu *Harings*, Grenzüberschreitende Zusammenarbeit, S. 271.
921 Vgl. dazu Art. 13 Europol-Immunitätsprotokoll.

Betroffenen zu überprüfen. Möglicherweise könnte dadurch eine Kontrolle der Tätigkeit des Europäischen Polizeiamtes erfolgen.
Keine Kompetenzen der nationalen Kontrollinstanz bestehen jedoch hinsichtlich der Verwendung dieser nationalen Daten durch andere Mitgliedstaaten. Lediglich die eigenen Übermittlungsstellen können durch die Nationalen Kontrollinstanzen untersucht werden. Dazu ist ihnen Zugriff zu den, vom Mitgliedstaat in das Informationssystem und Indexsystem, eingegebenen Daten zu gewähren. Auch die Diensträume und Akten der Verbindungsbeamten und nationalen Stellen dürfen von den jeweiligen Nationalen Kontrollinstanzen untersucht werden. Neben einem automatischen Tätigwerden der Nationalen Kontrollinstanz kann sich aber auch jeder Bürger mit der Bitte um Überprüfung der ihn betreffenden Daten an diese wenden.[922] Damit ähneln aus deutscher Sicht die Aufgabenbeschreibung und Befugnisse dieser nationalen Kontrollinstanz der Funktion der Datenschutzbeauftragten des Bundes und der Länder.[923]
Um ihre Aufgaben effektiv wahrnehmen zu können, muss die Nationale Kontrollinstanz einen umfassenden Überblick über die mitgliedstaatlichen Daten bei Europol besitzen. Maßgeblich für die Beurteilung dieser Frage sind daher die inhaltliche Ausgestaltung der im Europol-Übereinkommen normierten Protokollierungspflicht von Datenzugriffen sowie die Dauer der Speicherung dieser Protokolle.
Art. 16 Abs. 1 Europol-Übereinkommen bestimmt, dass die Datenabfragen im Informationssystem zu Kontrollzwecken umfassend automatisiert protokolliert werden müssen. Durch diese umfassende Verpflichtung wird es der Nationalen Kontrollinstanz ermöglicht, im Grundsatz jeden Datenverarbeitungsvorgang nachzuvollziehen. Aschmann kritisiert an dieser Regelung allerdings, dass lediglich die Datenabfrage protokolliert werde, nicht jedoch die Fertigung von Ausdrucken und deren weitere Verwendung.[924] Diese Kritik ist zwar berechtigt, doch wird sie der Praxis wenig gerecht. So wurde das Informationssystem geschaffen, um einen schnellen Informationsaustausch innerhalb weniger Stunden zu ermöglichen. Daher findet ein Informationsaustausch in der Regel nicht über Ausdrucke, sondern vielmehr via Internet statt. Die Möglichkeit einer Rechtsverletzung durch Ausdrucke ist daher per se gering. Im Übrigen würde die Protokollierung jedes Ausdruckes, selbst wenn er gleich wieder vernichtet werden würde, einen enormen Bürokratieaufwand bedeuten, der nicht nur die Arbeit des Europäischen Polizeiamtes lähmen würde. Auch für die Nationale Kontrollinstanz wäre dies ein enormer Mehraufwand. Dieser führt zwar vielleicht dazu, dass ein konkreter Fall umfassend aufgeklärt werden könnte, doch bestünde die

922 Art. 23 Abs. 2 Europol-Übereinkommen.
923 Vgl. dazu nur §§ 22 ff. BDSG. Wohl augrund dieser Sachnähe wurde gemäß Art. 2 § 6 Europol-Gesetz der Bundesbeauftragte für Datenschutz mit der Wahrnehmung der Aufgabe einer nationalen Kontrollinstanz betraut.
924 *Aschmann*, Europol, S. 179.

Gefahr, dass sie die Vorgänge in ihrer Gesamtheit nicht mehr effektiv erfassen und kontrollieren könnte. Eine solche Problematik stellt sich auch vor dem Hintergrund des rein faktischen Problems, dass die Personalstärke bei den Datenschutzbeauftragten nur gering ist[925]. Im Übrigen stellt sich die Frage, wie die Kontrolle über den Verbleib eines Ausdrucks ausgestaltet werden sollte. Muss der Beamte jede Vernichtung eines Ausdrucks niederschreiben und wie soll das nachvollzogen werden? Diesbezüglich eine umfassende Protokollierung vorzuschreiben, ist schlicht nicht möglich. Deshalb aber, wie Aschmann, die Effektivität abzulehnen, kommt einem Totschlagsargument gleich, denn dann dürften in der Konsequenz gar keine Daten mehr gespeichert werden. Daher ist die Kritik von Aschmann abzulehnen.
Nicht gefolgt werden kann auch der Kritik von Mayer, wonach die Kontrolle über die Datenschutzbeauftragten nicht ausreichend sei, da der Betroffene keinen Anspruch auf ein Tätigwerden habe.[926] Zwar sieht das BDSG als einschlägiges nationales Gesetz einen solchen Anspruch nicht vor. Jedoch ergibt sich ein solcher aus Art. 23 Abs. 2 Europol-Übereinkommen i.V.m. Art. 2 § 6 Europol-Gesetz.
Jedoch ist die Kontrolle der Daten im Informationssystem aus anderer Sicht problematisch. Während die Daten im Informationssystem unter Umständen über mehrere Jahre gespeichert werden können[927], sind die Protokollierungsdateien gemäß Art. 16 Satz 2 Europol-Übereinkommen bereits nach sechs Monaten zu löschen. Damit können die Nationalen Kontrollinstanzen die Datenabfrage nicht mehr umfassend nachvollziehen. Insofern kann die Kontrolle durch die nationalen Kontrollinstanzen nicht als effektiv bezeichnet werden.
Da im Übrigen das Kontrollrecht des Bundesbeauftragten für Datenschutz als deutsche Kontrollinstanz gemäß Art. 23 Abs. 2 Europol-Übereinkommen nach Maßgabe des nationalen Rechts ausgeübt wird, stehen diesem auch nur die in § 24 BDSG vorgesehenen Kontrollbefugnisse zur Verfügung.[928] Als notwendige Konsequenz aus einer unabhängigen Stellung[929] hat er lediglich die Möglichkeit, gemäß § 25 BDSG die entsprechende Maßnahme zu beanstanden. Eine solche verpflichtet den Adressaten jedoch nicht, den beanstandeten Zustand zu korrigieren oder eine beanstandete Handlung nicht zu wiederholen,[930] zumal eine Sicherheitsbehörde diese Beanstandung sogar zurückweisen kann[931]. Echte Weisungs- und Kontrollbefugnisse stehen ihm nicht zu.

---

925 *Mayer*, Europol, S. 312.
926 *Mayer*, Europol, S. 312.
927 Vgl. dazu 3. Teil: A.II.
928 So auch *Martinez Soria*, VerwArch. 1998, S. 400/430.
929 Vgl. dazu § 22 Abs. 4 Satz 2 BDSG.
930 *Gola/Schomerus*, BDSG, § 25 Rn. 7 f.
931 *Bäumler*, NVwZ 1988, S. 199/200.

Damit fehlt, zumindest aus deutscher Sicht, der Nationalen Kontrollinstanz die Möglichkeit die Sanktionen effektiv durchzusetzen.

3. Nationale Parlamente

In Betracht zu ziehen ist auch eine parlamentarische Kontrolle Europols durch die nationalen Parlamente[932]. Diese könnte insbesondere in den Fachausschüssen für Justiz, Inneres, Haushalt und Recht stattfinden.
Art. 34 Abs. 3 Europol-Übereinkommen sieht ausdrücklich vor, dass die Rechte der nationalen Parlamente von den Pflichten gegenüber Europol unberührt bleiben. Strittig ist jedoch, welche Kontrollmöglichkeiten der nationalen Parlamente vorgesehen sind und ob diese ausreichend sind. Teilweise werden die Rechte der nationalen Parlamente als äußerst minimal angesehen, da allenfalls der nationale Vertreter im Verwaltungsrat dem Bundestag verantwortlich sein soll und dieser sich auf seine Verschwiegenheits- und Geheimhaltungspflichten berufen könne.[933]
Dem ist insofern zuzustimmen, als der Vertreter im Verwaltungsrat nach Art. 32 Abs. 2 Europol-Übereinkommen tatsächlich einer Pflicht zur Verschwiegenheit und Geheimhaltung unterliegt. Ob dadurch allerdings den nationalen Parlamenten die Kontrollmöglichkeiten entzogen werden können, ist fraglich. Wie bereits dargestellt, bleiben die Rechte der nationalen Parlamente, einschließlich der Rechenschaftspflicht bzw. dem Auskunftsrecht gegenüber den nationalen Parlamenten, nach Art. 34 Abs. 3 Europol-Übereinkommen ausdrücklich unberührt. Dies spricht dafür, dass eine Geheimhaltungspflicht gegenüber den nationalen Parlamenten nicht gelte.
Dem steht auch Art. 32 Abs. 2 Europol-Übereinkommen nicht entgegen. Eine Geheimhaltung besteht nach Art. 34 Abs. 3 Europol-Übereinkommen nur gegenüber Nichtbefugten und der Öffentlichkeit. Die nationalen Parlamente als Nichtbefugte anzusehen, verbietet sich jedoch bereits aus dem demokratischen Grundverständnis. Problematischer verhält es sich jedoch mit dem Kriterium der Öffentlichkeit. Da in der Regel die Sitzungen öffentlich sind, erscheint es durchaus möglich, dass die Geheimhaltungspflicht diesbezüglich einschlägig werden könnte. Allerdings besteht auch bei der Arbeit der nationalen Parlamente die Möglichkeit der Geheimhaltung. Dies zeigt sich insbesondere in der Existenz einer Geheimschutzordnung des Bundestages[934], zu deren Beachtung die Abgeordneten des Bundestages verpflichtet sind. Außerdem könnte das Problem da-

---

932 Dabei soll nicht auf eine Kontrolle bezüglich der Ausgestaltung des Europol-Übereinkommens eingegangen werden. Maßgeblich sollen stattdessen allein die Möglichkeiten nach geltendem Recht sein.

933 So z. B. *Hirsch*, ZRP 1998, S. 10/12.

934 Vgl. nur § 17 GOBT i.V.m. Anlage 3. Eine Verletzung dieser Verpflichtung kann zu einer Bestrafung nach § 353b StGB führen (*Klein*, HdStR II, § 41 Rn. 23).

durch umgangen werden, dass diese Aufgaben durch spezielle Ausschüsse in den Parlamenten ausgeübt werden, die ihrerseits zur Verschwiegenheit verpflichtet sind. Dies wird bereits heute im Hinblick auf die nationalen Geheimdienste praktiziert.[935] Im Ergebnis sprechen daher die besseren Argumente dafür, eine Kontrollmöglichkeit der nationalen Parlamente über den Verwaltungsrat anzunehmen.

Entgegen der Ansicht von Hirsch erschöpfen sich die Befugnisse der nationalen Parlamente auch nicht auf die jeweiligen Mitglieder im Verwaltungsrat. Darüber hinaus ist auch das Mitglied der jeweiligen Regierung im Rat sowie der Vertreter im Haushaltsausschuss von Europol dem Parlament gegenüber verantwortlich.[936]

Ferner kann der deutsche Bundestag über die Gemeinsame Kontrollinstanz eine gewisse Kontrolle ermöglichen. Nach Art. 24 Abs. 1 Satz 3 Europol-Übereinkommen setzt sich die Gemeinsame Kontrollinstanz nämlich aus Mitgliedern der nationalen Kontrollinstanzen zusammen. Die Aufgaben der Nationalen Kontrollinstanz werden aus deutscher Sicht vom Bundesbeauftragten für Datenschutz wahrgenommen. Daher kann der Wortlaut des Art. 2 § 6 Abs. 1 Europol-Gesetz auch nur dahingehend verstanden werden, dass der Bundesbeauftragte für Datenschutz ein Mitglied aus der Nationalen Kontrollinstanz und damit ein Mitglied aus seiner Behörde vorschlägt, welches anschließend vom Bundesministerium des Inneren ernannt wird. Damit ist der Bundesbeauftragte für Datenschutz letztlich Mitglied der Gemeinsamen Kontrollinstanz. Er hat dem Deutschen Bundestag alle zwei Jahre einen Tätigkeitsbericht und gegebenenfalls auf Anforderung auch weitere Berichte vorzulegen. Auf Ersuchen des Deutschen Bundestages ist er darüber hinaus verpflichtet, Hinweisen auf Vorgänge und Angelegenheiten des Datenschutzes nachzugehen.[937] Über diese Verpflichtung des Datenschutzbeauftragten kann eine Überprüfung Europols über die Gemeinsame Kontrollinstanz vorgenommen werden.

Dabei darf jedoch nicht verkannt werden, dass es sich hierbei lediglich um eine mittelbare Kontrolle über Europol handelt, die darüber hinaus noch erheblich eingeschränkt ist. Dies zeigt sich insbesondere am Beispiel des Verwaltungsrats. Diesem kommt bei der Überprüfung eine nur untergeordnete Rolle zu.[938] Ähnliche Probleme stellen sich bei der Zusammenarbeit in der Gemeinsamen Kontrollinstanz, in der die Entscheidungen mehrheitlich getroffen werden. Die mitgliedstaatlichen Parlamente vermögen damit zwar Einfluss auf die Tätigkeit ihrer Vertreter bei Europol zu nehmen, eine Steuerung der Tätigkeit von Europol ist damit aber nicht möglich. Gerade an diesem Beispiel werden die Grenzen

---

[935] Vgl. nur die Kontrolle der deutschen Nachrichtendienste durch die Parlamentarische Kontrollkommission, dazu *Zeh*, HdStR II, § 43 Rn. 74 ff.

[936] *Mayer*, Europol, S. 159; *Baldus*, ZRP 1997, S. 286/289.

[937] *Baldus*, ZRP 1997, S. 286/289.

[938] Vgl. dazu Ausführungen unter 3. Teil: B.I.2.

einer von 25 mitgliedstaatlichen Parlamenten nur gemeinsam auszuübenden parlamentarischen Kontrolle deutlich.[939] Im Ergebnis kann damit eine effektive Kontrolle durch die nationalen Parlamente nicht stattfinden.

4. Nationale Staatsanwaltschaft

Nach § 152 b Abs. 1 StPO steht der Staatsanwaltschaft in Deutschland die alleinige Anklagebefugnis zu. Sie nimmt damit die Funktion als Anklagebehörde wahr. Dazu hat sie nach § 160 Abs. 1 StPO den Sachverhalt zu erforschen, um auf Grundlage dieser Ergebnisse die Entscheidung darüber zu treffen, ob sie öffentliche Klage erheben will. Zu diesem Zweck verleiht § 161 StPO der Staatsanwaltschaft sowohl ein Auskunftsrecht gegenüber allen öffentlichen Behörden als auch ein Weisungsrecht gegenüber den zuständigen Behörden, einschließlich der Polizei. Daher wird die Staatsanwaltschaft auch als Herrin des Ermittlungsverfahrens bezeichnet.[940] Die Polizisten werden in diesem Verfahren als Hilfsbeamte der Staatsanwaltschaft bezeichnet.[941] Aus der Rolle der Staatsanwaltschaft als Wächterin des Gesetzes ergibt sich auch die Befugnis, die notwendige Kontrolle über die Polizei auszuüben.[942] Fraglich ist jedoch, ob die Staatsanwaltschaft angesichts der Ausgestaltung des Europäischen Polizeiamtes diese Aufgabe noch wahrzunehmen vermag.

Art. 9 Abs. 1 Europol-Übereinkommen i.V.m. Art. 2 § 3 Abs. 1 Europol-Gesetz räumen sowohl dem BKA als auch den LKAs die Möglichkeit ein, Daten in das Informationssystem einzugeben bzw. abzurufen. Dagegen wird der Staatsanwaltschaft eine solche Befugnis nicht eingeräumt. Daher muss diese sich mit einer entsprechenden Bitte um Auskunft an das BKA bzw. das betreffende LKA wenden. Umgekehrt werden die Strafverfolgungsbehörden, also auch die Staatsanwaltschaft, gemäß Art. 2 § 2 Abs. 1 Europol-Gesetz vom BKA unverzüglich über die sie betreffenden Informationen und in Erfahrung gebrachten Zusammenhänge von Straftaten unterrichtet. Dabei wird ausdrücklich auf § 27 BKAG verwiesen.

Aus dieser Datenverarbeitung heraus befürchten Kritiker eine Aushöhlung der Sachleitungsbefugnis der Staatsanwaltschaft im bundesdeutschen Ermittlungsverfahren.[943] Durch den Informationsaustausch zwischen den Polizeibehörden über EDV erhielten diese einen Informationsvorsprung gegenüber den Staatsanwaltschaften. Dadurch werde der Einfluss der Staatsanwaltschaften auf der

---

939 So auch *Degenhardt*, Europol, S. 269.

940 Vgl. nur *Meyer-Goßner*, StPO § 163 Rn. 3.

941 Vgl. dazu § 152 GVG.

942 Diese Rolle der Staatsanwaltschaft entspricht der historischen Zielsetzung (vgl. dazu ausführlich *Ostendorf*, NJW 1997, S. 3418/3418).

943 So *Zieschang*, ZRP 1996, S. 427/429; *Weichert*, DuD 1995, S. 450/453; *Ostendorf*, NJW 1997, S. 3418/3419.

Ermittlungsebene weiter zurückgedrängt.[944] Damit ginge der staatsanwaltschaftliche Überbau Europols verloren, denn es drohe mit der Einrichtung von Europol eine Umkehr des Verhältnisses Staatsanwaltschaft – Polizei.[945]
Diese Kritik vermag nicht zu überzeugen. Natürlich hat die Staatsanwaltschaft keine Möglichkeit ihre Kontrollbefugnisse auszuüben, wenn ihr die Daten nicht übermittelt werden. Allerdings sind das BKA und die LKAs per Gesetz zur Übermittlung neuer Informationen verpflichtet. Diese Verpflichtung lässt ihnen keine Wahlmöglichkeit. Daher ist nicht nachzuvollziehen, wo diesbezüglich ein Kompetenzzuwachs und damit verbunden eine Umkehr des Verhältnisses Staatsanwaltschaft – Polizei anzunehmen ist, zumal die Übermittlung unverzüglich erfolgen muss. Der Informationsvorsprung beschränkt sich damit auf den Zeitraum zwischen der Kenntnisnahme des BKA bzw. des LKA und der Kenntnisnahme durch die Staatsanwaltschaft. Dieser Zeitraum ist jedoch in der Regel nicht so erheblich, dass man von einem Verlust der Sachleitungsbefugnis der Staatsanwaltschaft sprechen könnte.[946]
Mayer schließt ferner aus der Verweisung in § 27 BKAG, dass dem BKA ein eigener Ermessensspielraum gegenüber der Staatsanwaltschaft dahingehend eingeräumt wird, ob die Daten von Europol an die Staatsanwaltschaft weiterzugeben sind.[947] Als Beleg führt sie an, dass sich der Bundesrat nicht mit seiner Forderung durchsetzen konnte, in das Europol-Gesetz eine Klarstellung dahingehend einzufügen, dass die Staatsanwaltschaft Herrin des Verfahrens bleibt.[948]
Dem kann jedoch nicht gefolgt werden. Zwar enthält das Europol-Gesetz keinen diesbezüglichen Verweis, doch bedarf es eines solchen auch gar nicht. Art. 2 § 2 Abs. 1 Europol-Gesetz verweist auf den gesamten § 27 BKAG. Dort wird durch § 27 Satz 2 BKAG ausdrücklich klargestellt, dass der kritisierte § 27 Satz 1 Nr. 1 BKAG nicht für Übermittlungen an die Staatsanwaltschaft gilt. Daher ist hierin keine Beschränkung der Kontrolle durch die Staatsanwaltschaft zu sehen.
Allerdings ist zu beachten, dass die nationalen Staatsanwaltschaften ihre Kontrolle nur gegenüber nationalen Stellen und Beamten durchsetzen können. Eine entsprechende Befugnis gegenüber den Europol-Bediensteten wird weder durch das Europol-Übereinkommen noch durch das Europol-Gesetz eingeräumt. Insofern korrespondiert diese Funktion auch mit der Weisungsfreiheit gemäß Art. 30 Abs. 1 Europol-Übereinkommen. Europol entzieht sich somit einer Kontrolle seiner Tätigkeit durch die nationalen Staatsanwaltschaften.

---

944 Vgl. *Zieschang*, ZRP 1996, S. 427/429.

945 *Ostendorf*, NJW 1997, S. 3418/3419.

946 A.A. *Ostendorf*, NJW 1997, S. 3418/3419; *Zieschang*, ZRP 1996, S. 427/429; *Weichert*, DuD 1995, S. 1995, S. 450/453.

947 *Mayer*, Europol, S. 158.

948 *Mayer*, Europol, S. 157.

III. Bewertung

Die Möglichkeiten für den Bürger Rechtsschutz gegenüber Europol zu suchen erfolgt auf zwei Ebenen. Der primäre Rechtsschutz auf Auskunft über gespeicherte Daten sowie gegen eine unerlaubte Datenverwendung ist dergestalt ausgearbeitet worden, dass der Betroffene sich an die Gemeinsame Kontrollinstanz und dort speziell den Beschwerdeausschuss wenden wird.[949] Dies ist darauf zurückzuführen, dass der Antragsteller in der Antwort auf einen Auskunftsantrag über die ihn betreffenden und gespeicherten Informationen von Europol lediglich auf die Beschwerdemöglichkeit vor dem Beschwerdeausschuss hingewiesen wird.[950] Aus diesem Grund ist der Rechtsschutz vor den nationalen Gerichten, wenn auch nicht förmlich ausgeschlossen, so doch zumindest praktisch irrelevant.[951] Dazu kommt, dass nur die Gemeinsame Kontrollinstanz ein umfassendes Zugriffsrecht auf alle Daten und damit die Möglichkeit zu einer umfassenden Überprüfung hat[952]. Den nationalen Gerichten obliegt diese Möglichkeit auf Grund der Immunität von Europol-Bediensteten und Europol-Archiven nicht. Damit wurde ein weit gehend geschlossenes Rechtsschutzsystem in Bezug auf die Datensammel- und -auswertungstätigkeit durch Europol verwirklicht.[953] Dagegen ist sekundärer Rechtsschutz durch eine Klage auf Schadensersatz gemäß Art. 38 f. Europol-Übereinkommen vor den nationalen Gerichten zu suchen. Allerdings sind die nationalen Gerichte gemäß Art. 24 Abs. 7 Europol-Übereinkommen an die Beurteilung der Rechtmäßigkeit einer maßgeblichen Handlung Europols durch den Beschwerdeausschuss im Rahmen einer über die Primäransprüche gefällten Entscheidung gebunden. In diesem Fall können die nationalen Gerichte nicht mehr über die Rechtmäßigkeit des Handelns Europols, sondern nur noch über Kausalität und Höhe des Schadens entscheiden. Nur wenn der Beschwerdeausschuss zuvor nicht angerufen wurde, können sie autonom und umfassend entscheiden. Dabei sind jedoch die Immunität der Liegenschaften Europols vor Durchsuchung, Beschlagnahme, Einziehung und jeder

---

949 Art. 19 Abs. 6 Europol-Übereinkommen i.V.m. Art. 11 Abs. 1 DAAz.

950 Vgl. nur Art. 19 Abs. 6 Europol-Übereinkommen.

951 So auch *Grote*, in: Gleß/Grote/Heine, Bd. 2, S. 612.

952 Riegel kritisiert diesbezüglich, dass es bei der Gemeinsamen Kontrollinstanz von Schengen, die als Vorbild für die Gemeinsame Kontrollinstanz Europols diente, immer wieder zu erheblichen Schwierigkeiten bei der Ausübung einer echten ungehinderten Kontrolle kam. Er verweist dabei auf den diesbezüglichen Tätigkeitsbericht, der von verweigerten Auskünften und Versuchen, Klarheit über die unterschiedlichen Regelungen betreffend Datenschutz in den Mitgliedstaaten zu bekommen, spricht. Aber auch die Aufforderung der Franzosen, die Kontrollen einzustellen sowie die generellen Schwächen werden dort aufgeführt (vgl. dazu *Riegel*, ZRP 1998, S. 192). Allerdings kann dies nur als Indiz gewertet werden, handelt es sich hier doch um praktische Handhabungen, die bei Europol auch ganz anders durchgeführt werden können. Dies wird letztlich nur die Praxis zeigen können.

953 So auch *Grote*, in: Gleß/Grote/Heine, Bd. 2, S. 613.

sonstigen Form des Zugriffs, die Unverletzlichkeit der Archive, die Immunität sowie die Verschwiegenheits- und Geheimhaltungspflicht der Europol-Organe und Bediensteten durch die nationalen Gerichte zu beachten, durch die eine umfassende Sachverhaltsaufklärung und damit eine Überprüfung des Hergangs für die nationalen Gerichte praktisch unmöglich wird. Auch ist in diesem Zusammenhang zu berücksichtigen, dass bei einem Haftungsprozess nach nationalem Recht die Gefahr einer ungleichen Behandlung der Betroffenen besteht, die vom Ort der Geltendmachung des Anspruchs abhängt.[954]

Andere Möglichkeiten ausreichenden Rechtsschutz zu erlangen, bieten sich dem Betroffenen nicht. So kommt dem Verwaltungsrat bezüglich der Kontrollfunktion nur eine untergeordnete, beinahe zu vernachlässigende Bedeutung zu. Dieser bildet lediglich eine Art Aufsichtsrat.[955] So überprüft er lediglich den Europol-Direktor und seine Stellvertreter sowie den Finanzkontrolleur. Alle übrigen Amtshandlungen des Personals von Europol, wie z. B. die grundrechtsrelevante Datenverarbeitung, entziehen sich dagegen seiner Überprüfungsmöglichkeit. Auch Einzelweisungen zur Abänderung getroffener Maßnahmen aus Rechts- oder Zweckmäßigkeitsgründen kann er nicht treffen.[956] Zudem kann er keinen direkten Einfluss auf die Tätigkeit Europols ausüben. Ohnehin kann sich der Betroffene nicht mit dem Ersuchen einer Überprüfung der über ihn gespeicherten Daten an den Verwaltungsrat werden.

Auch die Möglichkeiten des EuGH zur Kontrolle und Rechtsschutzgewährung gegenüber Europol sind begrenzt, so dass er keine ausreichenden Kompetenzen besitzt, um im Einzelfall effektiv über die Rechtmäßigkeit einer Beschwerde entscheiden zu können. Dies wird auch vom ehemaligen Europol-Direktor Jürgen Storbeck so gesehen, der in diesem Zusammenhang von einer prinzipiell politischen, aber kaum praktischen Bedeutung spricht.[957] Zwar wurde ihm durch das Auslegungsprotokoll die Zuständigkeit zur Auslegung des Europol-Übereinkommens zuerkannt, doch haben nicht alle Mitgliedstaaten dieses Übereinkommen unterzeichnet. Dennoch stünde dies einer weit gehenden Homogenität bei der Auslegung nicht unbedingt entgegen, da die absolute Mehrzahl der Mitgliedstaaten die Auslegungskompetenz des EuGH anerkannt hat[958]. Problematisch ist aber, dass vorher der Rechtsweg zu den vorlageberechtigten nationalen Gerichten überhaupt eröffnet sein muss, damit der EuGH sich mit der Auslegung befassen kann. Auch wenn dies durch das Europol-Übereinkommen nicht ausgeschlossen ist, so erscheint es angesichts der rechtsverbindlichen Entscheidungen der Gemeinsamen Kontrollinstanz und dem Umstand, dass sich der

954 So auch *Petri*, KritV 1998, S. 441/458.
955 *Storbeck*, Aufgaben und Perspektiven von Europol, S. 117.
956 *Waechter*, ZRP 1996, S. 167/168.
957 *Storbeck*, Aufgaben und Perspektiven von Europol, S. 118.
958 So im Ergebnis auch *Schwach*, Europol, S. 180; a.A. *Petri*, KritV 1998, S. 441/458.

Bürger in der Regel zuerst an die Gemeinsame Kontrollinstanz wenden wird, zumindest fraglich.

Am schwersten wiegt jedoch, dass der Betroffene das Vorlageverfahren nicht selbst initiieren kann. Insofern ist er, wie auch beim Verfahren nach Art. 234 EG, von der Gunst und dem Vorlageermessen des nationalen Gerichts abhängig.[959] Hinzu kommt, dass der Betroffene im Unterschied zu Art. 230 Abs. 4 EG nicht die Möglichkeit einer direkten Klageerhebung beim EuGH hat, um so die Überprüfung der ihn unmittelbar betreffenden Handlungen Europols zu erreichen. Inwieweit der EuGH daher überhaupt die Möglichkeit hat, allein durch die mittelbare Überprüfung der Rechtmäßigkeit von Einzelakten im Wege der generellen Auslegung des Europol-Übereinkommens die Handlungen von Europol effektiv zu überprüfen, ist sehr fraglich.[960] Schließlich sieht das Europol-Übereinkommen auch keine Kompetenz des EuGH zur vollen Jurisdiktion über Menschenrechtsfragen vor. Dadurch ist es dem EuGH verwehrt, allgemeine Rechtsgrundsätze einzuführen und so wie ihm Rahmen des EG-Rechts einen Grundrechtsschutz zu etablieren.

Durch den Europol-Direktor findet ebenfalls keine ausreichende Kontrolle Europols statt, da er angesichts der großen Anzahl von Verarbeitungsvorgängen die tägliche Arbeit selbst nicht ausreichend kontrollieren kann. Da der Betroffene keine Möglichkeit hat, sich mit der Bitte um Überprüfung an den Europol-Direktor zu wenden, kann dieser auf diese Weise keine Kenntnis von fehlerhaften Vorgängen erlangen und entsprechend zu Gunsten des Betroffenen handeln. Somit bleibt ihm nur, die Möglichkeiten der Durchsetzung zu nutzen, um den Feststellungen anderer Einrichtungen eine größere Wirkung zu verschaffen. Dies ist allerdings auf Grund der Weisungsfreiheit Europols nicht sichergestellt.

Die Finanzkontrollbehörden Finanzkontrolleur, Haushaltsausschuss und gemeinsamer Prüfungsausschuss können ebenfalls keinen direkten Einfluss auf die Tätigkeit Europols ausüben. Indem sie aber maßgeblichen Einfluss auf die Frage der Finanzen ausüben, ist ihnen eine mittelbare Kontrollmöglichkeit nicht abzusprechen.[961] Ob allerdings durch die Erstellung eines Haushaltsplans bzw. der Rechnungsprüfung Einfluss auf einen konkreten Fall genommen werden kann, darf bezweifelt werden. Ohnehin hat der Betroffene keine Möglichkeiten sich an diese Institutionen zu wenden.

---

959 Zu den Möglichkeiten nationaler Gerichte, eine Frage vor dem EuGH im Verfahren nach Art. 234 EG nicht vorlegen zu müssen, vgl. mit je weiterführenden Nachweisen *Ehricke*, in: Streinz EUV/EGV, Art. 234 EGV Rn. 32 ff.; *Borchardt*, in: Lenz/Borchardt, EUV/EGV, Art. 234 Rn. 26 ff.; *Wegener*, in: Callies/Ruffert EUV/EGV, Art. 234 Rn. 14 ff.

960 So im Ergebnis auch *Gleß*, EuR 1998, S. 748/766; *Sule*, Europol, S. 45; Frowein/Krisch gehen sogar soweit, dass sie dem EuGH jegliche Möglichkeit zum Individualrechtsschutz absprechen, vgl. *Frowein/Krisch*, JZ 1998, S. 589/590; wohl auch *Petri*, KritV 1998, S. 441/458.

961 So auch *Gleß*, ZgesStrafW 2002, S. 636/638.

Auch über das Europäische Parlament kann keine wirksame Kontrolle Europols erfolgen, da es weder die für die Tätigkeit Europols entscheidenden Rechtsgrundlagen beeinflussen, noch auf die einzelnen Tätigkeiten Europols Einfluss nehmen kann.[962] So hat es zwar ein Anhörungsrecht gegenüber dem Rat, doch müssen die Einwendungen nicht berücksichtigt werden.
Eine Kontrolle durch eine europäische Staatsanwaltschaft existiert nicht. Zwar sollte mit Eurojust die Strafjustiz gestärkt werden, doch wurde Eurojust dergestalt konzipiert, dass es die Arbeit Europols unterstützt. Wegen dieser Konzeption ist eine Sachleitungsbefugnis und damit verbunden die Rolle von Eurojust als europäische Staatsanwaltschaft abzulehnen.
Dem Rat ist es ebenfalls nicht möglich einen effektiven Rechtsschutz gegenüber Europol zu gewähren. Zwar hat er die politische Gesamtkontrolle über Europol und kann die Organe kontrollieren, indem er z. B. den Europoldirektor gemäß Art. 29 Abs. 6 Europol-Übereinkommen entlässt, doch wird er es sich genau überlegen, ob er angesichts einiger weniger Fälle von diesem Recht Gebrauch macht und damit Konflikte zwischen den Mitgliedstaaten heraufbeschwört. Hinzu kommt, dass er für die Entlassung eine Mehrheit von Zweidrittel seiner Mitglieder benötigt, die aber angesichts der umfangreichen Auslegungsmöglichkeiten der Rechtsbegriffe, der Bedeutung einer Tätigkeit Europols und der unterschiedlichen Rechtsordnungen bzw. Ansichten nur schwer zu erreichen sein wird. Nicht zuletzt wird es dem Betroffenen schwer fallen, den Rat zu veranlassen, sich mit seinem Fall zu befassen.
Eine Kontrolle durch die Nationale Kontrollinstanz kann nur in einem beschränkten Maße stattfinden. So kann sie zwar alle nationalen Stellen, einschließlich der Verbindungsbeamten in Den Haag, auf Antrag eines Betroffenen überprüfen, doch entziehen sich die bei Europol gespeicherten Daten ihrer Kontrolle. Sollte sie trotz der kurzen Protokollierungsfrist von Datenabfragen dennoch einmal einen Verstoß feststellen, hat sie nur die Möglichkeit, gemäß § 25 BDSG die entsprechende Maßnahme zu beanstanden. Diese verpflichtet den Adressaten jedoch nicht zu einer Korrektur des beanstandeten Zustands oder dazu, eine beanstandete Handlung nicht zu wiederholen.[963] Hinzu kommt, dass Europol als Sicherheitsbehörde diese Beanstandung zurückweisen kann.[964] Effektive Weisungs- und Kontrollbefugnisse stehen der Nationalen Kontrollin-

962 So auch *Ostendorf,* NJW 1997, S. 3418/3420. Allerdings gelang es dem Europäischen Parlament, trotz seiner im Vergleich zu den traditionellen Palamentskontrollen schwachen institutionellen Stellung, in der Vergangenheit zahlreiche Diskussionen um Europolfragen anzuregen (vgl. dazu *Gleß,* EuR 1998, S. 748/761). Dabei handelt es sich jedoch eher um generelle Fragen. An den Mängeln bei der konkreten Kontrolle Europols ändert dies nichts.

963 *Gola/Schomerus*, BDSG, § 25 Rn. 7 f.

964 Vgl. *Bäumler*, NVwZ 1988, S. 199/200.

stanz somit nicht zu. Daher fehlt, zumindest aus deutscher Sicht, der Nationalen Kontrollinstanz die Möglichkeit, Sanktionen effektiv durchzusetzen.
Auch die Befugnisse der nationalen Parlamente zur effektiven Kontrolle Europols sind ungenügend. Neben dem praktischen Problem des Betroffenen, das Parlament dazu zu bewegen, sich mit seinem Anliegen, bei dem eine Rechtsverletzung noch gar nicht erwiesen ist, auseinander zu setzen, verfügen sie nicht über ausreichende Möglichkeiten, um auf Europol einzuwirken. Zwar haben die nationalen Parlamente über die nationalen Mitglieder im Verwaltungsrat, der nationalen Kontrollinstanz und damit auch der Gemeinsamen Kontrollinstanz Mitspracherechte bei Europol, doch haben diese Institutionen entweder selbst nicht die Möglichkeit, Europol effektiv zu kontrollieren, so dass eine Einflussnahme erfolglos bliebe oder die nationalen Mitglieder müssten erst die anderen Mitglieder ihrer Institution von einem Tätigwerden bzw. einer Sanktionierung überzeugen. Dies dürfte aus den bereits bei den Mehrheitsentscheidungen des Rates genannten Gründen aber fast unmöglich sein.
Eine Kontrolle Europols durch die nationale Staatsanwaltschaft scheidet ebenfalls wegen eines fehlenden Weisungsrechts und damit mangels Kontrollmöglichkeiten gegenüber Europol und seiner Bediensteten aus. Eine entsprechende Befugnis ergibt sich weder aus dem Europol-Übereinkommen noch aus dem Europol-Gesetz. Insofern korrespondiert diese Funktion mit der Weisungsfreiheit gemäß Art. 30 Abs. 1 Europol-Übereinkommen.
Zusammenfassend erfolgt der primäre Rechtsschutz gegenüber Europol somit durch den Beschwerdeausschuss der Gemeinsamen Kontrollinstanz, während sekundäre Ansprüche vor den nationalen Gerichten geltend zu machen sind. Damit steht dem Bürger ein Rechtsweg offen, doch wird mit dieser Feststellung nichts über dessen Qualität ausgesagt. Insoweit stellt sich die Frage nach dessen Vereinbarung mit den verschiedenen nationalen und internationalen Anforderungen.

4. Teil: Vereinbarkeit des Rechtsschutzes gegen Europol mit nationalen und internationalen Anforderungen

In den vorherigen Darstellungen sind Arbeitsweise, Funktion und Befugnisse der Europäischen Polizeibehörde dargestellt worden. Es wurde gezeigt, dass es dabei zu einer Reihe von Missständen kommt bzw. kommen kann. Im Folgenden stellt sich daher die Frage, ob der für Europol maßgebliche Rechtsweg den rechtstaatlichen Anforderungen genügt.

A. Mögliche Quellen von Anforderungen

Zunächst ist zu klären, welchen Mindestanforderungen des Rechtsschutzes die Beschwerdemöglichkeiten genügen müssen. Dazu werden im Folgenden zunächst diejenigen nationalen und internationalen Regelungen dargestellt, denen sich solche Anforderungen entnehmen lassen und die für die Arbeit Europols bedeutsam sein könnten.

I. Bereich des Völkerrechts

An der Zusammenarbeit im Rahmen von Europol sind eine Reihe verschiedener Staaten beteiligt, die zum Teil über sehr unterschiedliche Rechtstraditionen und Rechtsordnungen verfügen. Daher ist zunächst nach Anforderungen zu suchen, die allen Staaten gemein sind. Hierzu ist auf mögliche internationale Abkommen zurückzugreifen. Dies gilt schon deshalb, da sich die Europol-Vertragsstaaten gegebenenfalls auf völkerrechtlicher Ebene zu anderen Anforderungen verpflichtet haben.

1. EMRK

Die Europäische Menschenrechtskonvention (EMRK)[965] wurde am 4.11.1950 in Rom von den Mitgliedstaaten des Europarates[966] unterzeichnet und trat nach ihrer Ratifizierung durch zehn Mitgliedstaaten am 3.09.1953 in Kraft.[967] Bis heute wurde die EMRK durch elf Zusatzprotokolle ergänzt, die jedoch zum Teil nicht von allen Mitgliedstaaten des Europarates ratifiziert wurden. Zudem wurden bei der Unterzeichnung zum Teil Vorbehalte angemeldet, so dass unter Vorbehalt stehende Regelungen für den Vorbehalt anbringende Staaten nicht verbindlich sind.[968] Damit der EMRK Anforderungen für den Rechtsschutz von Europol entnommen werden können, muss diese überhaupt Geltung für Europol besitzen.

a) Direkte Bindung

Zunächst ist an eine direkte konventionsrechtliche Bindung Europols an die EMRK zu denken. Art. 59 Abs. 1 EMRK gestattet jedoch nur den Mitgliedern des Europarates der EMRK beizutreten. Als solche kommen nach Art. 4 und 5 der Satzung des Europarates nur Staaten in Betracht. Damit bleibt Internationa-

---

965 Konvention zum Schutze der Menschenrechte und Grundfreiheiten, abgedruckt in Sartorius II Nr. 130 ff.

966 Bei dem Europarat handelt es sich um eine von den europäischen Staaten im Jahre 1949 gebildete völkerrechtliche Organisation zur Förderung der Ideale und Grundsätze, die ihr gemeinsames Erbe bilden sowie zur Beförderung des wirtschaftlichen und sozialen Fortschritts. Die Bundesrepublik Deutschland ist seit 1951 Vollmitglied des Europarates (vgl. Sartorius II Nr. 110 Fn. 1) dem mit Stand 2006 41 Staaten Europas angehören.

967 Vgl. Sartorius II Nr. 130 Fn. 1.

968 *Ehlers,* Jura 2000, S. 372/373.

len Organisationen[969] wie Europol[970] der Weg zum Beitritt zur EMRK versperrt. In der Konsequenz ist eine Bindung von Europol aus formellen Gründen abzulehnen, da das Europäische Polizeiamt nicht Unterzeichner der EMRK ist.
Etwas anderes könnte sich nur dann ergeben, wenn es sich bei den Grundsätzen der EMRK um regionales Völkergewohnheitsrecht handeln würde und dieses auch für Internationale Organisationen verbindlich wäre. Für die Annahme der Entstehung eines solchen Völkergewohnheitsrechts muss neben der allgemeinen Praxis der Beobachtung bestimmter Verhaltensregeln durch Völkerrechtssubjekte auch eine gemeinsame Überzeugung dahingehend bestehen, dass eine Rechtspflicht zur Befolgung dieser Regel existiert.[971] Bestehen bereits hinsichtlich einer solchen völkergewohnheitsrechtlichen Praxis von Mitgliedern der EMRK erhebliche Bedenken[972], so fehlt es jedenfalls an einer gemeinsamen Überzeugung. Dafür spricht, dass dem Europol-Übereinkommen keine Bezüge zur EMRK zu entnehmen sind. So fehlt es beispielsweise an einer vergleichbaren Regelung zu Art. 6 Abs. 2 EU. Bestünde eine gemeinsame Überzeugung, dass die Rechte der EMRK gegenüber der Internationalen Organisation Europol gelten sollen, hätte es sicherlich einen entsprechenden Verweis gegeben. Dies gilt vor allem vor dem Hintergrund, dass in anderen Fällen auf internationale Abkommen verwiesen wurde.[973] Aus diesen Gründen ist eine direkte Bindung von Europol an die EMRK abzulehnen.

b) Indirekte Bindung

Allerdings könnte sich eine indirekte Bindung von Europol an die EMRK ergeben, denn die Europol-Vertragsstaaten sind auch Vertragsstaaten der EMRK. Sind die internationalen oder supranationalen Organisationen auch nicht Verpflichtungsadressaten der Konventionsrechte, so könnte sich eine Bindung daraus ergeben, dass den Konventionsstaaten eine „kollektive Verantwortlichkeit" zur Achtung der EMRK bei der Übertragung von Hoheitsrechten an internationale und supranationale Organisationen zukommt.[974]

---

969 Ein Beitritt der EU zur EMRK wäre nach einem Gutachten des EuGH zum Beitritt der EG auch nur nach einer Änderung der Gründungsverträge möglich (vgl. EuGH, Gutachten 2/94 vom 28.03.1996, Slg. 1996 I-1759 ff.).
970 Vgl. zur Rechtsnatur Europols 2. Teil: C.IV.3.
971 *Ipsen*, Völkerrecht, § 16 Rn. 2.
972 Ein Beleg hierfür findet sich insbesondere in der fehlenden einheitlichen Praxis der EMRK-Vertragstaaten bei der Umsetzung der Konvention (vgl. dazu ausführlich *Frank*, Verletzung der EMRK, S. 133 ff., insbesondere S. 135, 138).
973 Z. B. Art. 10 Abs. 1, Art. 14 Europol-Übereinkommen sowie der Anhang zu Art. 2.
974 *Ehlers*, Jura 2000, S. 372/377.

aa) Bindung von Europol über den EU-Vertrag

In Betracht kommen könnte zunächst eine indirekte Bindung Europols an die EMRK über Art. 6 Abs. 2 EU. Voraussetzung für eine solche Bindung wäre, dass sich die Verpflichtungen aus Art. 6 Abs. 2 EU auf die Tätigkeit Europols erstreckt.

Allerdings richtet sich Art. 6 Abs. 2 EU an die Europäische Union. Diese setzt sich jedoch nur aus den Mitgliedstaaten zusammen, nicht aber auch aus den Internationalen Organisationen, die im Rahmen dieser Zusammenarbeit geschaffen werden. Europol ist daher schon gar nicht Adressat des Art. 6 EU.

Für eine solche Bindung Europols spricht auch nicht der für die Schaffung von Europol früher relevante Art. K. 2 Abs. 1 EUV. Danach sollten die Angelegenheiten nach Art. K.1 EUV, zu denen auch der Aufbau Europols gehörte[975], unter Beachtung der EMRK behandelt werden. Aus der Formulierung „Angelegenheiten" wird ersichtlich, dass sich Art. K.2 EUV auf die Tätigkeitsfelder bezog. Nicht von Bedeutung sollte dagegen sein, wer agiert hat und welche Handlungsform gewählt wurde. Jedoch könnte sich aus der Streichung des Art. K.2 EUV im Amsterdamer Vertrag schließen lassen, dass eine solche Bindung nun nicht mehr gewollt sei.

Dem ist aber nicht so. Die Streichung erfolgte nicht zum Zwecke einer inhaltlichen Änderung. Vielmehr war man der Auffassung, dass diese Reglungen durch den neuen Art. 6 Abs. 2 EU vollständig erfasst würden und daher eine Wiederholung überflüssig sei.[976]

Allerdings nahm Art. K.2 EUV den Bereich der Aufrechterhaltung der öffentlichen Sicherheit und Ordnung ausdrücklich von dieser Regelung aus. Ging aber Art. K.2 EUV komplett im neuen Art. 6 Abs. 2 EU auf, so gilt auch diese Ausnahmeregelung weiter. Als Folge wäre Europol nicht über Art. 6 Abs. 2 EU an die EMRK gebunden.

Auch aus den übrigen Vorschriften des EU-Vertrages ergibt sich keine indirekte Bindung von Europol an die EMRK. Zwar bezieht sich das Europol-Übereinkommen in seiner Präambel ausdrücklich auf den EU-Vertrag vom 7.02.1992, in dem die Schaffung von Europol vorgesehen wurde. Darin könnte eine Verdeutlichung dahingehend gesehen werden, dass der EU-Vertrag als verfassungsrechtliche Basis zu verstehen ist. Somit ergäbe sich eine Grundrechtsgeltung der EMRK aus dem Vorrang des Unionsprimärrechts gegenüber dem Europol-Übereinkommen.[977] Allerdings ist das Europol-Übereinkommen ebenso wie der EU-Vertrag ein völkerrechtlicher Vertrag. Völkerrechtliche Verträge genießen jedoch grundsätzlich Gleichrangigkeit. Diese kann nur dann nicht mehr bestehen, wenn eine Hierarchie zwischen beiden Verträgen besteht, was

---

[975] Vgl. zum Maastrichter Vertrag Art. K.1 EUV, zum Amsterdamer Vertrag Art. 29 f. EU.

[976] *Bank/Krisch*, in: Gleß/Grote/Heine, Bd. 2, S. 18.

[977] So *Petri*, DuD 1998, S. 324/325; *Petri*, Europol, S. 118 f.

zumindest dann denkbar wäre, wenn der EU-Vertrag als verfassungsähnlich anerkannt würde. Angesichts der starken Abweichung von der gewöhnlichen völkerrechtlichen Gleichordnung der Verträge und den dazu eher ungenauen Aussagen des EU-Vertrages ist eine solche Stellung des EU-Vertrages jedoch wohl (noch) nicht bezweckt.[978] Eine Hierarchie besteht damit nicht. Da Europol trotz seiner Rechtsfähigkeit aber nicht Partei des EU-Vertrages ist, besteht keine Bindung von Europol an den EU-Vertrag und darüber hinaus an die EMRK.

bb) Bindung von Europol aus Sicht der EMRK

Eine Bindung Europols an die EMRK ergibt sich jedoch aus der Verpflichtung seiner Vertragstaaten, da diese allesamt Mitglieder des Europarates und damit Vertragsparteien der EMRK sind. Diese Bindungswirkung ergibt sich aus der Rechtsprechung von EKMR und EGMR zum Vorliegen einer kollektiven Verantwortlichkeit für die Einhaltung der EMRK.[979]
In der Entscheidung M & Co. ./. Deutschland[980] stellte die EKMR zunächst fest, dass die Vertragsstaaten durch die EMRK grundsätzlich nicht an der Übertragung von Hoheitsrechten auf Internationale Organisationen gehindert werden sollen. Allerdings sei ein solcher Staat, sollte er später völkerrechtliche Verpflichtungen eingehen, die gegen die Bestimmungen eines früheren Vertrages verstoßen, für jeden Bruch dieses Vertrages voll verantwortlich.[981] Dies wurde

978 So auch *Bank/Krisch*, in: Gleß/Grote/Heine, Bd. 2; S. 19.

979 Zwar wirken gemäß Art. 46 Abs. 1 EMRK die Urteile nur inter partes, d.h. die Verpflichtung zur Befolgung des Urteils gilt nur für den beklagten Staat, nicht aber für Dritt- oder gar nicht beteiligte Staaten. Jedoch werden diese durch Art. 1 EMRK zur Gewährleistung der Konventionsrechte verpflichtet. Die in der EMRK und deren Zusatzprotokollen festgeschriebenen Rechte sind so auszulegen, wie es in der Rechtsprechung der EMRK geschehen ist (*Meyer-Ladewig*, EMRK, Einführung Rn. 30 ff.; Art. 1 Rn. 11). Damit stellt die Rechtsprechung des EGMR ein Richterrecht dar, mit dem die EMRK fortentwickelt wird und das an der völkerrechtlichen Verbindlichkeit der Konvention teilhat. Eine Differenzierung zwischen dieser Rechtsprechung und der Konvention selbst ist nicht möglich. Deshalb wird zumindest bei der ständigen Rechtsprechung des EGMR eine Bindung nach Art. 1 EMRK anzunehmen sein (*Meyer-Ladewig*, EMRK, Art. 46 Rn. 5). Die Rechtsprechung des EGMR bekommt damit eine normative Leitfunktion, an der sich die Vertragsstaaten orientieren müssen (so auch BVerwG, Beschluss vom 30.07.2001, Az.: 4 BN 41/01, NVwZ 2002, S. 87).

980 EKMR, Entscheidung vom 9.02.1990, M & Co ./. Deutschland, abgedruckt, in: *Giegerich*, ZaöRV 1990, S. 836/865 ff.; in diesem Fall hatte die EKMR darüber zu entscheiden, ob die Bundesrepublik Deutschland nach der EMRK dafür verantwortlich gemacht werden kann, dass sie durch die Übertragung von Hoheitsrechten an die EWG es der Kommission ermöglichte der M & Co ein hohes Bußgeld aufzuerlegen, welches von den deutschen Behörden zu vollstrecken war. Dabei war zu klären, ob das Überprüfungsverfahren vor dem EuGH in verschiedener Hinsicht dem Art. 6 EMRK entsprach.

981 EKMR, Entscheidung M & Co. ./. Deutschland, Fn. 980, S. 865/867.

durch das Urteil des EGMR in der Rechtsache Matthews./.GB[982] bestätigt. Darin hob der EGMR hervor, dass jedem Mitgliedstaat der EMRK die Verantwortung dafür obliege, dass jede seiner Hoheitsgewalt unterstehende Person den Schutz der Grundrechte und Freiheiten der EMRK genießen kann. Diese Verantwortung der Vertragsstaaten bestehe auch dann, wenn die Kompetenzen auf eine internationale Organisation übertragen wurden.[983]
Dies ist damit zu begründen, dass die Mitgliedstaaten mit der Ratifikation der EMRK Verpflichtungen eingegangen sind, deren sie sich nicht durch die Übertragung von Hoheitsbefugnissen auf Internationale Organisationen entledigen können.[984] Anderenfalls könnten sie die Konventionsgarantien mutwillig begrenzen oder ausschließen und damit ihres zwingenden Charakters berauben, was nicht hinzunehmen ist. Die Errichtung einer internationalen Organisation mit konventionswidriger Grundrechtsordnung kann den EMRK-Vertragsstaaten somit direkt über den Errichtungsakt zugerechnet werden. Damit besteht die Verantwortung der Mitgliedstaaten für die konventionskonforme Ausübung der Hoheitsbefugnisse fort[985], so dass er für die Konsequenzen einer Übertragung von Hoheitsrechten einzustehen hat[986]. Der Mitgliedstaat hat insoweit eine Garantenstellung.[987] In der Folge bedeutet dies, dass die EMRK-Vertragsstaaten bei der Begründung neuer völkerrechtlicher Verpflichtungen stets deren Vereinbarkeit mit der EMRK zu überprüfen haben.
Die Annahme einer derartigen Garantie- oder Schutzverpflichtung begründet jedoch die Möglichkeit einer Kollision zwischen dem internationalen Recht einerseits und dem auch innerstaatlich geltenden Recht der EMRK andererseits. Diese Gefahr hat wohl auch die EKMR in ihrer Entscheidung im Fall M & Co. ./. Deutschland erkannt. Zur Lösung dieser Problematik vertrat die inzwischen

---

982 EGMR, Urteil vom 18.02.1999, Rs. 7/1998/910/1122 – Matthews ./. Vereintes Königreich, NJW 1999, 3107 ff.; in dieser Rechtssache ging es darum, dass die britische Staatsbürgerin Matthews mit Wohnsitz auf Gibraltar sich für die Wahlen zum Europäischen Parlament registrieren lassen wollte. Dies wurde ihr aber vom Vereinigten Königreich von Großbritannien und Nordirland verweigert. Der EGMR musste dabei die Frage beantworten, ob in der Verweigerung eine Verletzung des Rechts auf freie Wahlen aus Art. 3 des 1. Zusatzprotokolls vorlag.

983 EGMR, Urteil Matthews ./. Vereintes Königreich, Fn. 982, S. 3107/3108 Rn. 29, 32.

984 So auch Hilf, FS-Bernhardt, S. 1193/1198; Grabenwarter, EMRK, §17 Rn 9; *Blumenwitz*, EuGRZ 1975, S. 497.

985 Vgl. EGMR, Urteil vom 18.2.1999, Rs. Waite ./. Kennedy, EuGRZ 1999, S. 207ff, Ziff. 67.

986 Vgl. EGMR, Matthews ./. Vereintes Königreich, Fn. 982, S. 3107/3108 Rn. 32.

987 *Giegerich*, ZaöRV 1990, S. 836/848. Wegen dieser hat er entweder in der Internationalen Organisation auf die Einhaltung der EMRK hinzuwirken oder aber durch Kündigung des entsprechenden Vertrages bzw. Substitution des Defizits der Internationalen Organisation einen konventionskonformen Zustand herzustellen. Das kann in Form von Teilhaberechten durch Gewährung dieser Rechte im innerstaatlichen Recht erfolgen.

aufgelöste[988] EKMR die Auffassung, dass eine Beschwerde auf Grundlage der EMRK immer dann unzulässig sei, wenn innerhalb der internationalen oder supranationalen Organisationen die fundamentalen Rechte der EMRK wenigstens einen äquivalenten Schutz erfahren.[989] Dem hat sich der EGMR jedoch nicht angeschlossen. Seiner Ansicht nach müsse ein Mitgliedstaat die Konventionsrechte in vollem Umfang sichern. Der Grund für diese umfassende Gewährleistung liegt darin, dass die von der EMRK garantierten Rechte nicht „theoretical or illusory" sondern „practical and effective" gelten sollen.[990] Dem ist zuzustimmen. Zwar kann dies zu erheblichen Problemen der Mitgliedstaaten führen. Folgen sie dem nach Ansicht des EGMR konventionswidrigen völkerrechtlichen Abkommen, verletzen sie die EMRK. Erfüllen sie dagegen nicht die Verpflichtungen aus dem folgenden Abkommen, verhalten sie sich diesbezüglich völkerrechtswidrig. Dies vermag jedoch nicht auszureichen, einen Grundrechtschutz durch den EGMR zurückzunehmen, zumal diese Problematik durch eine entsprechende Ausarbeitung neuer internationaler Abkommen umgangen werden könnte.

Auf Europol bezogen bedeutete dies, dass die Europol-Vertragsstaaten das Europol-Übereinkommen so zu gestalten haben, dass hierdurch nicht gegen Bestimmungen der EMRK verstoßen wird. In Bezug auf die Rechtsschutzmöglichkeiten darf daher die Ausgestaltung im Rahmen der Zusammenarbeit von Europol nicht so aussehen, dass eine vergleichbare nationale Regelung eine Verletzung der EMRK zur Folge hätte. Eine indirekte Bindung von Europol an die EMRK über die Vertragsstaaten ist damit zu bejahen.[991]

2. Charta der Grundrechte der Europäischen Union[992]

Als weitere Quelle könnte die GRC in Betracht kommen. Konkrete Gestalt nahm diese auf der Tagung des Europäischen Rates in Köln vom 3./4.06.1999 an, nachdem die grobe Zusammensetzung des zur Bearbeitung beauftragten Gremiums, der Zeitrahmen sowie die zu kodifizierenden Grundrechtsarten beschlossen wurden. Im Dezember 1999 konnte das Gremium seine Arbeit aufnehmen. Am 7.12.2000 proklammierten die Präsidenten des Europäischen Par-

---

988 Durch das am 01.11.1998 in Kraft getretene 11. Zusatzprotokoll zur EMRK ist der zuvor sehr kompliziert und langwierig gestaltete Menschenrechtsschutz grundlegend reformiert und vereinfacht worden. Im Rahmen dieser Umstrukturierung wurde die EKMR aufgelöst. Der EGMR nimmt alleine die Aufgaben nunmehr als ständiger Gerichtshof wahr.

989 EKMR, Entscheidung M & Co. ./. Deutschland, Fn. 980, S. 865/867.

990 EGMR, Urteil Matthews ./. Vereintes Königreich, Fn. 982, S. 3107/3108 Rn. 32 ff.

991 So im Ergebnis auch *Petri,* Europol, S. 119 f.

992 Charta der Grundrechte der Europäischen Union, abgedruckt in Sartorius II, Nr. 146. Im Folgenden nur GRC.

lamentes, der Kommission und des Rates in Nizza die Grundrechtscharta der Europäischen Union.
Die GRC könnte insofern für die vorliegende Fragestellung interessant sein, da sie zahlreiche justiziell bedeutsame Vorschriften enthält. Das Kapitel VI (Art. 47 ff. GRC) enthält sogenannte justizielle Rechte. Art. 47 GRC gewährleistet zunächst einen Anspruch auf einen wirksamen Rechtsbehelf, wenn Rechte oder Freiheiten verletzt worden sind, die durch Unionsrecht garantiert werden. Ausreichend ist, wenn der Betroffene in vertretbarer Weise behauptet, in einem seiner Rechte verletzt worden zu sein. Dieser Anspruch ist vor einem Gericht geltend zu machen und entspricht damit den Anforderungen des EuGH, welche dieser vor dem Hintergrund von Art. 6 EMRK und Art. 13 EMRK für das Gemeinschaftsrecht aufgestellt hat.[993] Daneben gewährleistet Art. 47 Abs. 2, 3 GRC das Recht auf ein faires Verfahren vor einem unabhängigen und unparteilichen, auf Gesetz beruhenden Gericht. Damit nimmt er im Wesentlichen alle Garantien auf, die Art. 6 Abs. 1 EMRK enthält und die der EGMR auf dieser Grundlage präzisiert hat. Allerdings weist diese Regelung dennoch einige Unterschiede auf. So ist z. B. die Beschränkung des Schutzbereichs des Art. 6 EMRK auf zivilrechtliche Ansprüche und Verpflichtungen sowie auf Verfahren über die Stichhaltigkeit einer strafrechtlichen Anklage weggefallen. Damit ähnelt Art. 47 GRC vielmehr einer allgemeinen Rechtsweggarantie nach dem Vorbild des Art. 19 Abs. 4 GG.[994] Daneben wird durch Art. 48 Abs. 1 GRC die Unschuldsvermutung normiert; die Verteidigungsrechte regelt Art. 48 Abs. 2 GRC. Schließlich findet sich der Grundsatz des „nullum crimen sine lege“ in Art. 49 und der des „ne bis in indem“ in Art. 50 GRC wieder. Damit sind in der GRC die gleichen Rechte zu finden, wie in der EMRK.[995] Darüber hinaus enthält Art. 49 Abs. 3 GRC den allgemeinen Grundsatz der Verhältnismäßigkeit von Straftat und Strafmaß.
Nach Art. 51 Abs. 1 GRC soll die Charta zunächst die Organe und Einrichtungen der EU binden. Nähme man diese Formulierung wörtlich, so würde die GRC als Organe nur den Rat der Staats- und Regierungschefs binden. Dieser stellt derzeit das einzige echte Organ der EU dar. Alle anderen Organe sind solche der EG, welche der Union für die Bereiche der intergouvernementalen Zusammenarbeit geliehen werden. Danach würde die GRC für die Gemeinsame

993 EuGH, Urteil vom 15.05.1986, Rs. 222/84 – Johnston ./. Chief Constable of the Royal Ulster Constabulary, Slg. 1986, I-1651/1682 Rn. 13 ff.; Urteil vom 15.10.1987, Rs. 222/86 – UNECTEF ./. Heylens, Slg. 1987, I-4097/4117 Rn. 14 ff.; Urteil vom 3.12.1992, Rs. C- 97/91 – Oleificio Borelli SpA ./. Kommission, Slg. 1992, I-6313/6334 Rn. 14 ff. Darin liegt ein gravierender Unterschiede zur Rechtsprechung des EGMR, der nicht zwingend das Vorliegen eines Gerichtes vorsieht.
994 So auch *Grabenwarter*, DVBl. 2001, S. 1/8.
995 Vgl. dazu nur Art. 6 Abs. 2 und 3, Art. 7 EMRK sowie Art. 4 des 7. Zusatzprotokolls zur EMRK.

Außen- und Sicherheitspolitik sowie die polizeiliche und justizielle Zusammenarbeit in Strafsachen gar nicht gelten.[996]
Die Formulierung „Organe der EU“ kann aber auch dahingehend interpretiert werden, dass hierunter all jene Organe zu verstehen sind, die zwar nicht institutionell in der EU angesiedelt sind, jedoch für die EU tätig werden. Für eine solche Auslegung spricht, dass sich überall in der GRC der Begriff "Union" finden lässt. Da die Begriffe „Unionsrecht“ und „Union“ umfassende Oberbegriffe sind, welche das Gemeinschaftsrecht und die Gemeinschaften einschließen,[997] dürften unter den Begriff der Organe auch die in Art. 7 EG genannten fünf Organe der Gemeinschaft fallen. Für dieses Ergebnis spricht auch die Tatsache, dass von Anfang an unbestritten war, dass die GRC gerade die Hoheitsgewalt binden und begrenzen sollte. Dies sollte gerade auch für die grundrechtssensiblen Bereiche der Zweiten und Dritten Säule gelten.[998]
Dem steht nicht entgegen, dass dem EuGH nach Art. 68 EG und Art. 46 EU bisher keine bzw. nur eine begrenzte Jurisdiktion in diesen Bereichen obliegt[999]. Zwar fehlt es dadurch an einer effektiven und umfassenden Kontrolle der Einhaltung und damit auch der Durchsetzung der Grundrechte. Jedoch besteht immerhin eine Selbstkontrolle der Unionsgewalt und damit ein präventiver Rechtsschutz.[1000] Aus diesen Gründen ist der Begriff der Organe weit auszulegen und die Organe der EG sind mit einzubeziehen. Der so durchgehend verwendete Begriff Union zeigt einen souveränen Vorgriff auf zu erwartende künftige Rechtsentwicklungen.[1001]
Da unter den Begriff „Einrichtung der Union“ alle Instanzen fallen, die durch Gründungsverträge oder sekundäre Rechtsakte geschaffen wurden,[1002] ist auch das Europäische Polizeiamt Europol, welches durch die EU-Bestimmungen zur Dritten Säule etabliert worden ist, erfasst.
Daneben gilt nach Art. 51 Abs. 1 GRC die Charta auch für Mitgliedstaaten, soweit sie mit der Durchführung des Rechts der EU befasst sind. Unter einer Durchführung ist im Sinne eines umfassenden und einheitlichen Grundrechtsschutzes im Zusammenhang mit europarechtsbezogenen Tätigkeiten der Mitgliedstaaten nicht nur die Durchführung von EG-Richtlinien zu verstehen, sondern auch die Anwendung von EU-Verordnungen im innerstaatlichen Recht.[1003]

---

996 *Stein*, in: FS-Steinberger, S. 1425/1433; *Callies*, EuZW 2001, 261/266.
997 Vgl. dazu *Streinz*, Europarecht, Rn. 1.
998 *Borowsky*, in: Meyer, GRC Art. 51 Rn. 16.
999 *Callies*, EuZW 2001, S. 261/266.
1000 So auch *Borowsky*, in: Meyer, GRC Art. 51 Rn. 16.
1001 *Borowsky*, in: Meyer, GRC, Art. 51 Rn. 17.
1002 *Borowsky*, in: Meyer, GRC, Art. 51 Rn. 19.
1003 *Streinz*, Europarecht, Rn. 358a.

Durch die Proklamierung erlangte die Charta jedoch lediglich politische Verbindlichkeit.[1004] Im Falle eines positiven Beschlusses kann die rechtliche Verbindlichkeit durch ein Verfahren nach Art. 48 EU hergestellt werden.[1005] Für dieses Ergebnis spricht auch, dass die GRC durch den Vertrag von Nizza nicht neben die anderen in Art. 6 Abs. 2 EU genannten Grundrechtsquellen aufgenommen wurde. Mangels dieser Verbindlichkeit muss die GRC für die folgende Untersuchung außer Betracht bleiben. Sie wird jedoch mit dem Zeitpunkt ihrer Verbindlichkeit einen entscheidenden Einfluss nehmen.[1006]

3. Allgemeine Erklärung der Menschenrechte (AEMR)

Die Allgemeine Erklärung der Menschenrechte[1007] wurde am 10.12.1948 von der Generalversammlung der UNO ohne Gegenstimme, aber mit Stimmenthaltung der sozialistischen Staaten, Saudi-Arabiens und Südafrikas angenommen.[1008] Diese Allgemeine Erklärung enthält neben zahlreichen anderen Verbürgungen auch Anforderungen an ein rechtstaatliches Verfahren. Zu nennen wären hier das Erfordernis eines Rechtsstaates (Art. 8 AEMR), den Anspruch auf rechtliches Gehör (Art. 10 AEMR) sowie den nulla-poena-Grundsatz in Art. 11 AEMR. Allerdings ist die AEMR als solche nicht rechtsverbindlich. Grund hierfür ist zum einen, dass die Generalversammlung der UNO für den Erlass genereller Normen für ihre Mitglieder nicht zuständig ist.[1009] Zum anderen bezeichnet sich die AEMR selbst nur als ein von allen Völkern und Nationen anzustrebendes Ideal.[1010] Damit gibt die AEMR lediglich ein anzustrebendes Ziel vor und stellt programmatische Grundsätze auf. Eine Bindungswirkung ist daher nicht anzunehmen. Somit kann sie für die vorliegende Untersuchung nicht herangezogen werden.

1004 *Callies*, EuZW 2001, S. 261/267.

1005 *Streinz*, Europarecht, Rn. 358a.

1006 Dies zeigt sich auch daran, dass der EuGH bereits heute die GRC heranzieht, um ein nach Art. 6 Abs. 2 EU gefundendes Ergebnis zu bestätigen bzw. zu konkretisieren (vgl. *Callies*, EuZW 2001, S. 261/267; Grabenwarter, DVBl. 2001, S. 1/11).

1007 „Allgemeine Erklärung der Menschenrechte“ vom 10.12.1948, abgedruckt in Sartorius II, Nr. 19.

1008 *Verdross/Simma*, Universelles Völkerrecht, § 1234.

1009 *Verdross/Simma*, Universelles Völkerrecht, § 1234; *Ipsen*, Völkerrecht, § 7 Rn. 9; *Doehring*, Völkerrecht, Rn. 972; *Ehlers*, Jura 2000, S. 372/372; *Seidl-Hohenveldern/Stein*, Völkerrecht, Rn. 1585.

1010 *Verdross/Simma*, Universelles Völkerrecht, § 1234.

4. Internationaler Pakt über bürgerliche und politische Rechte

Der Internationale Pakt über bürgerliche und politische Rechte (IpbürR)[1011] wurde am 19.12.1966 im Rahmen der Vereinten Nationen verfasst, um die AEMR in geltendes Vertragsrecht zu verwandeln.[1012] In Kraft trat er allerdings erst am 23.03.1976. Auch die Bundesrepublik Deutschland ist diesem Übereinkommen beigetreten.[1013]
Er gewährt u.a. eine Reihe von Verfahrensgarantien. So sind bezüglich der hier in Frage stehenden Problematik insbesondere das Verbot einer willkürlichen Verhaftung[1014], das Verbot einer Verhaftung zur Erzwingung einer Vertragspflicht[1015] und das Recht auf ein billiges und öffentliches Verfahren vor einem unabhängigen und unparteiischen Gericht[1016] sowie das strafrechtliche Rückwirkungsverbot[1017] von großer Bedeutung. Insgesamt präzisiert dieser Vertrag die in der AEMR proklamierten Akte.[1018]
Im Gegensatz zur AEMR entfalten die Rechte in diesem Pakt auch völkerrechtliche Bindungswirkung. Die Verpflichtung der Mitgliedstaaten ergibt sich aus Art. 2 IPbürR. Dort wird ihnen durch Art. 2 Abs. 1 IPbürR auferlegt, dass sie die Rechte zu achten und sie allen in ihrem Gebiet befindlichen und ihrer Hoheitsgewalt unterstehenden Personen ohne Unterschied zu gewährleisten haben. Außerdem normiert Art. 2 Abs. 2 IPbürR die Verpflichtung der Mitgliedstaaten, durch gesetzgeberische oder sonstige Vorkehrungen dafür zu sorgen, dass den anerkannten Rechten Wirksamkeit verliehen werden kann. Im Übrigen sind die verankerten Rechte meist zumindest ebenso präzise gefasst wie in der EMRK und stimmen teilweise sogar wörtlich überein. So spricht auch dieser Umstand dafür, dass der IPbürR ebenso wie die EMRK unmittelbar im innerstaatlichen Bereich anzuwenden ist.[1019] Das IPbürR ist daher für die vorliegende Frage heranzuziehen.

5. Rechtsprechung des EuGH

Vorgaben für die Ausgestaltung des Rechtsschutzes gegenüber Europol könnten sich auch aus den europäischen Grundrechten ergeben. Problematisch ist hierbei

---

1011 „Internationaler Pakt über bürgerliche und politische Rechte" vom 19.12.1976, abgedruckt in: Sartorius II, Nr. 20.
1012 *Doehring*, Völkerrecht, Rn. 972.
1013 So ist der Internationale Pakt über bürgerliche und politische Rechte mit Ausnahme seines Art. 41 am 23.03.1976 für die Bundesrepublik in Kraft getreten (gemäß Bekanntgabe vom 14.06.1976, BGBl. 1976 II, S. 1068 (Sartorius II, Nr. 20 Fn. 1)).
1014 Art. 9 IPbürR.
1015 Art. 11 IPbürR.
1016 Art. 14 IPbürR.
1017 Art. 15 IPbürR.
1018 So auch *Seidl-Hohenveldern/Stein*, Völkerrecht, Rn. 1587.
1019 *Bleckmann*, Völkerrecht, Rn. 980.

allerdings, dass der EU-Vertrag derzeit keinen Grundrechtskatalog enthält, an den die Europol-Organe, die Bediensteten von Europol und die nationalen Verbindungsbeamten bei ihrer Tätigkeit gebunden sind[1020]. So lassen sich dem Unionsvertrag, abgesehen von einigen wenigen spezifischen Grundrechtsverbürgungen, keine ausdrücklichen Vorschriften zu Anforderungen an den Rechtsschutz entnehmen.[1021] Gleichwohl existieren Grundrechte, die sich aus der Rechtsprechung des EuGH herausgebildet haben.[1022]

Ausgangspunkt für diese Rechtsprechung ist heute Art. 6 Abs. 2 EU. Danach sind die Gemeinschaften an die Grundrechte gebunden, die im Wege einer wertenden Rechtsvergleichung unter Rückgriff auf die EMRK und die Verfassungsüberlieferungen der Mitgliedstaaten zu bestimmen und zu konkretisieren sind. Dabei orientiert er sich insbesondere an der EMRK. Grund hierfür ist ihre zentrale Bedeutung als einziger Grundrechtstext, in dem alle Mitgliedstaaten verbindlich erklärt haben, was sie gemeinsam als Grundrecht erachten.[1023]

In seiner sogenannten Johnston-Entscheidung[1024] aus dem Jahre 1986 erkannte der EuGH erstmals das Erfordernis eines effektiven Rechtsschutzes an. Gestützt wurde diese Anerkennung auf die gemeinsamen Verfassungstraditionen der Mitgliedstaaten sowie Art. 6 und 13 EMRK.[1025] In dieser Entscheidung sah der EuGH einen Verstoß gegen das Erfordernis des effektiven Rechtsschutzes, da der Klägerin keine Möglichkeit gegeben wurde, gegen die Entscheidung gerichtlich vorzugehen. Damit wurden erstmals nicht nur die Bereitstellung eines gerichtlichen Verfahrens und die abstrakte Einklagbarkeit von Rechten verlangt, sondern auch Anforderungen an die Effektivität gestellt.[1026]

1020 Allerdings unterstehen zumindest die nationalen Verbindungsbeamten bei ihrer Tätigkeit für Europol dem nationalen Recht des jeweiligen Mitgliedstaates. Angesichts der Tatsache, dass alle Mitgliedstaaten die EMRK ratifiziert haben, ergibt sich daraus die Pflicht der nationalen Verbindungsbeamten zur Beachtung der EMRK.

1021 Der Grund hierfür liegt darin, dass z. B. eine Vorschrift wie Art. 19 Abs. 4 GG im Gegensatz zum Unionsvertrag nicht der ursprünglichen gemeinsamen Verfassungstradition aller Mitgliedstaaten entspringt (vgl. entsprechend zu EG-Recht *Sack*, EuR 1985, S. 319/325 f.).

1022 Vgl. zur Entwicklung dieser Rechtsprechung bereits Fn. 790.

1023 *Pernice*, NJW 1990, S. 2409/2414.

1024 Vgl. EuGH, Urteil vom 15.05.1986, Rs. 222/84 – Marguerite Johnston ./. Chief Constable of the Royal Ulster Constabulary, Slg. 1986, I-1651 ff.

1025 EuGH, Johnston ./. Chief Constable, Fn. 1024, I-1651/1682 Rn. 18.

1026 In seinen späteren Entscheidungen bestätigte der EuGH seine Rechtsprechung im Johnston-Fall (vgl. EuGH, Urteil vom 15.10.1987, Rs. 222/86 – UNECTEF ./. Heylens u.a., Slg. 1987, I-4097 ff.; EuGH, Urteil vom 7.05.1991, Rs. C-340/89 – Vlassopoulou ./. Ministerium für Justiz, Bundes- und Europaangelegenheiten Baden-Württemberg, Slg. 1991, I-2357/2357; Urteil vom 7.05.1992, Rs. C-104/91 – Colegio Oficial de Agentes de la Propiedad Immobiliaria ./. Aguirre Borrell u.a., Slg. 1992, I-3003/3028 Rn. 12 ff.; EuGH, Urteil vom 31.03.1993, Rs. C-19/92 – Kraus ./. Land Baden-Württemberg, Slg. 1993, I-1663/1698 Rn. 40 ff.).

In seiner Heylens-Entscheidung stellte der EuGH fest, dass der Rechtsgrundsatz des effektiven Rechtsschutzes im Interesse der Wirksamkeit einer gerichtlichen Kontrolle zumindest die Rechtmäßigkeit der angefochtenen Entscheidung umfassen müsse und verlangte darum, dass eine ablehnende Verwaltungsentscheidung mit Gründen versehen werde und dem Betroffenen bekannt zu geben sei.[1027] Die Frage, ob sich aus dem Gebot des effektiven Rechtsschutzes auch eine Rechtsweggarantie herleiten ließe, wäre zumindest insofern zu bejahen, als dass ein effektiver Grundrechtsschutz immer nur so viel wert ist, wie auch entsprechende Verfahren, Verfahrensgarantien und ein lückenloses Gerichtssystem existieren, um eventuelle Verletzungen zu untersuchen und zu ahnden. Zwar wird dem kein vollkommen durchnormiertes System zu entnehmen sein, doch wird zumindest die Möglichkeit einer gerichtlichen Streitbeilegung durch Klärung der Sach- und Rechtsfragen anzunehmen sein.[1028] Weiter führte der EuGH führte aus, dass die Gewährleistung eines effektiven Grundrechtsschutzes durch den Vertrag auf gemeinschaftsrechtlicher Ebene dazu führen müsse, dass die Betroffenen ihre Rechte „unter den bestmöglichen Voraussetzungen geltend machen“ können, was insbesondere die Möglichkeit beinhalte, vor Gericht zu gehen.[1029]
Dafür spricht auch Art. 13 EMRK, auf den sich der EuGH ebenfalls bei der Herleitung des Grundsatzes auf einen effektiven Rechtsschutz gestützt hat und der eine Rechtsweggarantie normiert. Auf Grund der Nähe zwischen der EMRK als Quelle und der Rechtsprechung des EuGH liegt die Annahme nahe, dass auch das Erfordernis bestehe, einen Rechtsweg gegen belastendes Handeln zu garantieren. Außerdem wurde in diesem Urteil vom EuGH zugleich deutlich gemacht, dass die Ausstrahlungswirkung der Rechtsschutzgarantie sich auch auf das Verwaltungsverfahren erstreckt. Darüber hinaus lässt sich dem Urteil des EuGH zum Reinheitsgebot für Bier das Erfordernis entnehmen, ein leicht zugängliches Verfahren bereitzustellen, das innerhalb eines angemessenen Zeitraumes abgeschlossen werden kann.[1030]
In seiner Entscheidung Krombach ./. Bamberski stellte der EuGH fest, dass aus der EMRK und den Verfassungsüberlieferungen der Mitgliedstaaten das Recht eines Jeden auf einen fairen Prozess bestehe. Dieses werde auch durch Art. 6 Abs. 2 EU bestätigt.[1031] Dabei entspricht die Reichweite dieses Rechts im Wesentlichen der Gewährleistung von Art. 6 EMRK. Es unterscheidet sich jedoch in zweifacher Hinsicht. Einerseits ist dieses Gemeinschaftsgrundrecht nicht auf

---

1027 EuGH, UNECTEF ./. Heylens u.a., Fn. 1026, I-4097/4117 Rn. 15.

1028 So auch für das EG-Recht *Allkemper*, Rechtsschutz nach dem EG-Vertrag, S. 43.

1029 EuGH, UNECTEF ./. Heylens u.a., Fn. 1026, I-40974117 Rn. 15.

1030 EuGH, Urteil vom 12.03.1987, Rs. 178/84 - Kommission ./. Deutschland, Slg. I-1227/1274 Rn. 45.

1031 Vgl. EuGH, Urteil vom 28.03.2000, Rs. C-7/98 – Krombach ./. Bamberski, EuGRZ 2000, S. 160/161 Nr. 27.

zivilrechtliche und strafrechtliche Auseinandersetzungen beschränkt, sondern umfasst alle gerichtlichen Auseinandersetzungen. Andererseits kommt dem gemeinschaftsrechtlichen Grundrecht als Bestandteil des Gemeinschaftsrechts ein Anwendungsvorrang gegenüber entgegenstehendem nationalem Recht zu, während der Rang der EMRK in den einzelnen Mitgliedstaaten variiert.[1032]
Daneben hat der EuGH aber auch eine Reihe von Grundsätzen des Verwaltungsverfahrens entwickelt, welche für die vorliegende Arbeit insbesondere dort von Bedeutung sein könnten, wo sich der Betroffene an Europol wendet. So entschied der EuGH, dass der Grundsatz der Rechtmäßigkeit der Verwaltung, das Diskriminierungsverbot, der Verhältnismäßigkeitsgrundsatz und der Grundsatz auf rechtliches Gehör beachtet werden müssen.[1033]
Dem könnte jedoch entgegenstehen, dass die Grundrechte vom EuGH im Rahmen des Gemeinschaftsrechts entwickelt wurden, Europol jedoch als intergouvernementale Organisation Bestandteil der Dritten Säule ist. Insofern stellt sich die Frage, ob diese Grundrechte überhaupt für Europol relevant sind. Ausgangsnorm zur Beantwortung dieser Frage ist Art. 6 Abs. 2 EU. Aus dessen Formulierung „als allgemeine Grundsätze des Gemeinschaftsrechts" ließe sich der Schluss ziehen, dass die allgemeinen Grundsätze nur für das Gemeinschaftsrecht, nicht aber für das Unionsrecht gelten können. Eine solche Auslegung ließe aber den Verweis in Art. 6 Abs. 2 EU leer laufen, was schon in Anbetracht formaler Gesichtspunkte zur Normsetzung fraglich ist. So vermag eine solche Auslegung nicht zu erklären, warum eine Vorschrift im Unionsvertrag steht, wenn sie nur Wirkung für das Gemeinschaftsrecht haben soll. Zudem konnte es bis dato keine Grundsätze des Unionsrechts geben, da der EuGH mangels Kompetenz solche gar nicht schaffen konnte.[1034] Da sich Art. 6 Abs. 2 EU außerdem im allgemeinen Teil des EU-Vertrages befindet, gilt diese Vorschrift für alle Bereiche.
Etwas anderes kann nur gelten, wenn sich in einem anderen Teil eine speziellere Regelung zur Geltung der Grundrechte findet. Dies ist aber nicht der Fall. Für eine Bindung der EU an die Grundrechte spricht zunächst bereits der Grundsatz von der Einheit der Rechtsordnung. Dem steht auch nicht entgegen, dass dem EuGH nur eine begrenzte Möglichkeit zur Grundrechtswahrung für den Bereich der PJZS zukommt. Nach Art. 46 lit. d) EU obliegt ihm zwar die Überprüfung der Einhaltung der Grundrechte, doch besteht nach Art. 46 lit. b) EU für den Bereich PJZS eine speziellere Regelung, wonach der EuGH nur nach Maßgabe von Art. 35 EU tätig werden kann. Diese Regelung bezieht sich jedoch allein auf die Zuständigkeit des EuGH. An der Geltung der Grundrechte in der Dritten Säule vermag dies nichts zu ändern. Dafür spricht auch, dass im Rahmen der

---

1032 Vgl. auch *Pache*, NVwZ 2001, S. 1342/1343.

1033 Vgl. zur Rechtsprechung des EuGH zu den Grundsätzen des Verwaltungsverfahrens ausführlich *Haibach*, NVwZ 1998, S. 456 ff.

1034 *Kübler*, Einheitliche Grundrechte, S. 144.

Nichtigkeitsklage als Nichtigkeitsgrund der „Verletzung der Verträge" über Art. 46 lit. d) EU i.V.m. Art. 6 Abs. 2 EU auch die Verletzung von Grundrechten überprüft wird.[1035]
Im Ergebnis ist in Art. 6 Abs. 2 EU mehr als nur eine bloße politische Willensbekundung zu sehen. Vielmehr handelt es sich hierbei um eine umfassende Verpflichtung zur Beachtung des in der Ersten Säule entwickelten Grundrechtsstandards. Somit sind diese Grundrechte auch im Rahmen von sekundärem Unionsrecht und damit für die Tätigkeit Europols zu beachten.

II. Regelungen des Grundgesetzes

Neben den zahlreichen internationalen Übereinkünften sind hinsichtlich der Anforderungen an den Rechtsschutz auch die einschlägigen Anforderungen des Grundgesetzes zu beachten. Dies gilt insbesondere in Bezug auf das Europol-Gesetz, durch das die Vereinbarungen des Europol-Übereinkommens erst ihre innerstaatliche Wirkung entfalten können. Hierbei handelt es sich um einen rein innerstaatlichen Rechtsakt, auf den die internationale Gerichtsbarkeit keinen Einfluss hat und der somit an nationalem Recht zu messen ist.
So kann der EGMR im Falle einer erfolgreichen Individualbeschwerde lediglich feststellen, dass der betroffene Staat die Konvention verletzt hat. Eine kassatorische Wirkung entfalten seine Urteile nicht. Er ist damit nicht in der Lage die beanstandete Maßnahme aufzuheben.[1036] Auch eine entsprechende mittelbare Wirkung des Urteils besteht nicht. Zwar sind gemäß Art. 46 EMRK die Mitgliedstaaten gehalten, die Urteile des EGMR zu beachten. Daraus folgt eine Verpflichtung dahingehend, ihre nationale Gesetzgebung und sonstigen Rechtsakte in Übereinstimmung mit der Konvention zu bringen und konventionswidrige Einzelakte, wie z. B. Gerichtsurteile, zu beseitigen.[1037] Letztlich beruht die tatsächliche Umsetzung aber auf der Freiwilligkeit des verurteilten Staates.[1038] Dem EGMR ist es daher nicht möglich, das deutsche Europol-Gesetz zu verwerfen.
Ähnlich verhält es sich mit dem EuGH. Auch dieser hat keine Kompetenz, über die Frage der Normenkollision mit Nichtigkeitsfolge für das nationale Recht verbindlich zu entscheiden. Dies obliegt allein dem Vertragsstaat.[1039] Auch auf Art. 46 lit. b) EU i.V.m. Art. 35 EU kann nicht zurückgegriffen werden, da Art.

1035 *Böse*, in: Schwarze, EU-Kommentar, Art. 35 Rn. 10.

1036 Vgl. Art. 41 EMRK.

1037 Vgl. ausführlich zur Wirkung der Urteile des EGMR *Ress*, EuGRZ 1996, S. 350 ff.; *Bleckmann*, EuGRZ 1995, S. 387 ff.

1038 So auch *Wittinger*, NJW 2001, S. 1238/1238. Zu den jüngsten Schwierigkeiten bei der Umsetzung von Urteilen vgl. *Wittinger*, NJW 2001, S. 1238/1239 Fn. 7.

1039 EuGH, Urteil vom 7.02.1984, Rs. 273/82 – Jongeneel Kaas u.a. ./. Niederlande, Slg. 1984, I-483/500 Rn. 6; *Koenig/Pechstein/Sander*, EG-Prozeßrecht Rn. 753.

35 EU bezüglich der gerichtlichen Überprüfung von Europol-Maßnahmen nicht einschlägig ist. Dies wird nicht zuletzt durch Art. 35 Abs. 5 EU unterstrichen. Auch eine Entscheidung im Verfahren nach Art. 40 Abs. 1 Europol-Übereinkommen entwickelt keine solche Wirkung. In Art. 40 Abs. 1 Europol-Übereinkommen haben sich die Vertragsstaaten darauf geeinigt, Streitigkeiten zunächst im Rat im Verfahren nach Titel VI des Unionsvertrages zu beseitigen und bei Nichterfolg einvernehmliche Modalitäten zur Streitschlichtung zu suchen. Darüber hinaus wurde ein ratifizierungsbedürftiges Protokoll betreffend der Auslegung des Europol-Übereinkommens durch den EuGH im Wege der Vorabentscheidung beschlossen. Allerdings kann durch eine solche Entscheidung kein nationaler Rechtsakt für nichtig erklärt werden. Eine Nichtigkeitsklage scheidet darüber hinaus schon deswegen aus, da sie sich gegen Rahmenbeschlüsse und Beschlüsse des Rates einschließlich der hierzu ergangenen Durchführungsvorschriften richten muss.[1040] Beim Europol-Gesetz handelt es sich jedoch um keinen solchen Rechtsakt. Ohnehin hätte der EuGH mangels einer dem Art. 231 EG vergleichbaren Regelung nur die Möglichkeit der Feststellung der Nichtigkeit, nicht aber zum Verwerfen der Regelung.[1041]
Da es sich beim Europol-Gesetz um einen nationalen Hoheitsakt handelt, der keiner internationalen Gerichtsbarkeit unterliegt, sind diesbezüglich auch allein die nationalen Anforderungen entscheidend. Hinsichtlich der Vorschriften des Grundgesetzes, die Anforderungen an die Ausgestaltung des Rechtsschutzes stellen, sind insbesondere Art. 19 Abs. 4, 20 Abs. 3, 23, 24, 79 Abs. 3, 92, 97, 101, 103 GG zu beachten.

III. Konkurrenzen der Rechtsquellen zueinander

Angesichts der verschiedenen Rechtsquellen stellt sich die Frage, welche Anforderungen für Europol überhaupt maßgeblich sind. Zur Beantwortung dieser Frage ist zunächst auf das Verhältnis der einzelnen Abkommen untereinander sowie auf deren Verhältnis zum Grundgesetz abzustellen. Anschließend ist auf das Verhältnis zum Europol-Übereinkommen einzugehen.

1. Verhältnis der völkerrechtlichen Regelungen zueinander

Wie soeben gezeigt wurde sind bei der Ausgestaltung des Rechtsschutzes sowohl die EMRK als auch der Internationale Pakt über bürgerliche und politische Rechte und die aus der Rechtsprechung des EuGH entstandenen Grundrechte zu beachten.

1040 Vgl. dazu *Brechmann*, in: Callies/Ruffert, EUV/EGV, Art. 35 Rn. 6.
1041 *Brechmann*, in: Callies/Ruffert, EUV/EGV, Art. 35 Rn. 6.

Wegen der grundsätzlichen Gleichrangigkeit[1042] der völkerrechtlichen Verträge finden bei Kollisionen vertraglicher Verpflichtungen mit demselben persönlichen Geltungsbereich oder einem weiteren der späteren Norm, die Regeln lex posterior derogat legi priori und lex specialis derogat legi generali Anwendung. Etwas anderes gilt nur für den Fall, daß eine Vorrangklausel vorliegt oder es sich um sogenanntes ius cogens handelt.[1043]
Solche Normen könnten sich in Art. 53 EMRK bzw. Art. 5 Abs. 2 IPbürgR finden lassen. Dazu müssten diese Bestimmungen aber zunächst das jeweils andere Abkommen erfassen. Nach dem Wortlaut des Art. 53 EMRK dürfen Bestimmungen der Konvention nicht als Beschränkung von Menschenrechten und anderen grundsätzlichen Freiheiten in weiteren Vereinbarungen, an denen eine Partei beteiligt ist, ausgelegt werden. Streng genommen könnte aus der Formulierung „deren Vertragspartei sie ist" gefolgert werden, dass keine nachfolgenden Abkommen erfasst wären. Dies ist allerdings nicht mit den Zielen des Europarates nach einem umfassenden Menschenrechtsschutz vereinbar, so dass Art. 53 EMRK dahingehend auszulegen ist, dass auch später in Kraft getretene Übereinkommen von dieser Regelung erfasst werden sollen.[1044]
Gleiches gilt entsprechend auch für den IPbürgR, der in Art. 5 Abs. 2 von anerkannten und bestehenden Menschenrechten sowie von der Beschränkung und Derogation anerkannter oder bestehender Grundrechte durch diesen Pakt spricht. Der Begriff der Derogation stellt aber auf eine bereits existierende Norm ab. Schon deshalb musste die Verwendung einer futuren Form für das Verb ausscheiden. Da die EMRK vor dem IPbürgR in Kraft getreten ist, wird sie von Art 5 Abs. 2 IPbürgR erfasst.
Dabei werden auch alle genannten Rechte erfasst. Verstünde man nämlich die in beiden Klauseln verwendete Formulierung der grundlegenden Menschenrechte im Sinne nur solcher Grundrechte, die nicht derogierbar sind und damit einen zwingenden Charakter haben, wäre die Aufnahme dieses Begriffes in eine Klausel, welche die Einschränkung oder Derogation verhindern will, überflüssig.
Somit wird durch die einschlägigen Vorschriften das jeweils andere Abkommen erfasst. Damit handelt es sich bei Art. 53 EMRK und Art. 5 Abs. 2 IPbürgR also im Grundsatz um Vereinbarkeitsklauseln, die allerdings eine Besonderheit aufweisen. Es handelt sich hierbei jeweils um Mindeststandardklauseln.[1045] Da

[1042] Zum Teil wird allerdings versucht eine solche Hierarchie aus Art. 38 Abs. 1 IGH-Statut herzuleiten. Soweit die Vorschrift jedoch die allgemein anerkannten formellen Völkerrechtsquellen aufzählt, wird damit lediglich das Vorgehen bei der Rechtsfindung des Gerichtshofes wiedergegeben, nicht aber ein besonderes Rangverhältnis (vgl. dazu ausführlich *Wilting*, Wiener Vertragskonkurrenz im Völkerrecht, S. 45 ff.).

[1043] Vgl. zur Rangordnung der Völkerrechtsquellen *Verdross/Simma*, Universelles Völkerrecht, §§ 640 ff.

[1044] *Wilting*, Vertragskonkurrenz im Völkerrecht, S. 139.

[1045] Vgl. für Art. 53 EMRK die Formulierung „(...) ist nicht so auszulegen, als beschränke oder beeinträchtige sie Menschenrechte (...)"; vgl. für Art. 5 Abs. 2 IPbürgR die Formubeide Vorschriften aneinander anknüpfen, folgt daraus, dass weiter gehende Gewährleistungen im innerstaatlichen Recht eines Mitgliedstaates oder in völkerrechtlichen Verträgen durch die Abkommen nicht berührt werden.[1046] Soweit ein europäischer Staat, wie z. B. die Bundesrepublik Deutschland, sowohl Mitglied der EMRK als auch des IPbürgR ist, bestimmt sich der Umfang des Schutzes des jeweiligen Rechts nach dem Abkommen, welches den weiter gehenden Mindeststandard und damit den umfangreicheren Schutz gewährt. Art. 6 EMRK findet sein Pendant in Art. 14 IPbürgR. Beide sind inhaltlich nahezu identisch. Im Gegensatz zum IPbürgR enthält Art. 13 EMRK darüber hinaus auch das Recht auf eine wirksame Beschwerde. Schon deshalb geht die EMRK weiter als das IPbürgR. Aber auch wegen der Zusatzprotokolle und der Rechtsprechung des EGMR, durch welche die EMRK detaillierter und besser greifbar ist, soll für die zu Grunde liegende Untersuchung auf den Maßstab der EMRK abgestellt werden. Aber selbst wenn man der hier vertretenden Ansicht eines weiter gehenden Schutzes der EMRK nicht folgen will, so bräuchte man auf den IPbürgR erst einzugehen, wenn Europol den Anforderungen der EMRK genügt. Anderenfalls würde ein Verstoß gegen die EMRK auch einen Verstoß gegen das weiter gehendere Abkommen bedeuten.

Schwieriger stellt sich dagegen die Frage nach dem Rangverhältnis zwischen EMRK und den Grundrechten aus der Rechtsprechung des EuGH dar. Zu dieser Frage werden verschiedene Lösungsansätze vertreten. So wird zum Teil die Ansicht vertreten, die EMRK habe lediglich die Funktion als „Quelle der Inspiration".[1047] Andere wiederum vertreten die Ansicht, die EMRK gelte auch unmittelbar im Gemeinschaftsrecht.[1048] Die Problematik am Besten lösen dürfte aber ein vermittelnder Ansatz, der berücksichtigt, dass sich die Bedeutung der EMRK in der Rechtsprechung des EuGH gewandelt hat.

Hat der EuGH noch in seinen frühen Entscheidungen von Hinweisen gesprochen, die der EMRK zu entnehmen seien, so leitet er in seinen neueren Entscheidungen die allgemeinen Rechtsgrundsätze direkt aus den Vorgaben der EMRK ab.[1049] Durch diese Praxis der Ableitung allgemeiner Rechtsgrundsätze hat der EuGH immer mehr Rechtsgedanken der EMRK in das gemeinschafts-

---

lierung: „ (...) dürfen nicht unter dem Vorwand beschränkt oder außer Kraft gesetzt werden, daß dieser Pakt derartige Rechte nicht oder nur in einem geringeren Ausmaße kennt".

1046 Für die EMRK: *Frowein,* in: Frowein/Peukert, EMRK, Art. 60.

1047 *Oppermann*, Europarecht, Rn. 491.

1048 So zumindest andeutend *Schweitzer*, JA 1982, S. 174/177.

1049 Vgl. auch *Pernice*, NJW 1990, S. 2409/2414; vgl. zur Entwicklung der Rechtsprechung die Urteile EuGH, Urteil vom 28.10.1975, Rs. 36/75 – Rutili ./. Minister des Innern, Slg. 1975, I-1219/1232 Rn. 32; EuGH, Urteil vom 13.12.1979, Rs. 44/79 – Hauer ./. Land Rheinland-Pfalz, Slg.1979, I-3727/3744 f. Rn. 15 („könne Hinweise geben"); EuGH, Urteil vom 15.05.1986, Rs. 222/84 – Johnston ./. Chief Constable of the Royal Ulster Constabulary, Slg. 1986, I-1651/1682 Rn. 18.

rechtliche System integriert. Bestätigt wird diese Rechtsprechung nunmehr auch durch den EU-Vertrag selbst. So heißt es in Art. 6 Abs. 2 EU, dass die Union die Grundrechte achtet, die sich aus der EMRK ergeben. Aus diesem Umstand heraus ließe sich folgern, dass ein Vorrang der EMRK vor dem Gemeinschaftsrecht besteht. Konsequenz dessen wäre aber, dass die EMRK eine unmittelbare Wirkung im Gemeinschaftsrecht entfalte.[1050] Dagegen spräche allerdings der in Art. 6 Abs. 2 EU verwendete Begriff der Achtung, mit dem Gemeinschaftsorgane und Mitgliedstaaten der EU zum Ausdruck bringen wollten, dass sie sich ihrer Verantwortung zur Einhaltung der Grund- und Menschenrechte der EMRK bewusst sind. So gesehen handelt es sich hierbei um einen politisch-programmatisch verwendeten Begriff. Jedenfalls lässt sich aus der Formulierung „Achtung" noch keine unmittelbare Wirkung des Gemeinschaftsrechts ableiten. Daher handelt es sich bei den Grundrechten der EMRK um allgemeine Rechtsgrundsätze des Gemeinschaftsrechts. Folglich sind sie als Rechtserkenntnisquelle anzusehen.[1051] Diese Auffassung entspricht auch Art. 6 Abs. 2 EU, welcher die Grundrechte, wie sie sich aus den Verfassungsüberlieferungen der Mitgliedstaaten ergeben, in demselben Maße achten will. Zwar können sich durch diese Eigenschaft EMRK und Gemeinschaftsgrundrechte gegenseitig beeinflussen[1052], ein prinzipieller Vorrang einer dieser Rechtsquellen besteht aber nicht.

Ob aus dieser Parallelität der Grundrechtskataloge für den Grundrechtsschutz relevante Konflikte entstehen können, ist zweifelhaft. So sind Abweichungen in Einzelfragen ohnehin unschädlich, wenn sie sich sachlich rechtfertigen lassen.[1053] Aber auch unter dem Aspekt, dass die EMRK für den EuGH die wichtigste Rechtserkenntnisquelle ist und der EuGH schon deshalb um eine enge Anlehnung an die Rechtsprechung des EGMR bemüht sein wird[1054], erscheinen Konfliktsituationen äußerst fragwürdig. Dies wird auch dadurch untermauert, dass die Grundrechtscharta als Ausprägung der Verfassungsüberlieferungen der Mitgliedstaaten das Schutzniveau der EMRK als grundrechtlichen Mindeststandard festschreibt.[1055] Divergenzen erscheinen damit zwar nicht gänzlich ausgeschlossen, aber doch als eher unwahrscheinlich.[1056] Daneben ist zu bedenken, dass die EMRK nur einen verbindlichen Mindeststandard festlegt. Da dieser aber über Art. 6 Abs. 2 EU für die EU gilt und damit für den EuGH verbindlich ist, wird es diesbezüglich nur dann zu Widersprüchen kommen können, wenn der EuGH hinter den Anforderungen der EMRK zurückbleibt. Auf Grund deren

---

1050 So *Bleckmann*, DVBl. 1992, S. 335/336.

1051 *Ehlers*, Europäische Grundrechte und Grundfreiheiten, § 13 Rn. 13; *Pache*, NVwZ 2001, S. 1342/1346.

1052 Vgl. dazu *Ehlers*, Europäische Grundrechte und Grundfreiheiten, § 13 Rn. 13 f.

1053 *Kingreen*, in: Callies/Ruffert, EUV/EGV Art. 6 Rn. 92 a.

1054 *Eiffler*, JuS 1999, S. 1068/1071 f.

1055 Vgl. dazu nur Art. 52 Abs. 3, 53 GRC.

1056 So auch *Alber/Widmaier*, EuGRZ 2000, S. 497/502 f.

Rollen als wichtigste Rechtserkenntnisquelle ist ein solcher Konflikt aber nahezu ausgeschlossen. Aus diesen Gründen soll sich die Bearbeitung an dieser Stelle auch mit dem Aufwerfen des Problems begnügen und dessen Lösung auf Grund des Umfangs einer anderen Bearbeitung überlassen. Im Folgenden soll daher wegen der Bedeutung der EMRK für die Rechtsprechung des EuGH und der umfassenden Rechtsprechung des EGMR zu den Rechtsschutzvoraussetzungen allein auf die EMRK abgestellt werden.

2. Verhältnis von EMRK zum Grundgesetz

Nachdem soeben auf die EMRK als Maßstab für die folgende Untersuchung abgestellt wurde, stellt sich die Frage nach deren Verhältnis zum Grundgesetz. In Deutschland hat die EMRK den Rang eines einfachen Bundesgesetzes.[1057] Stellt ein Recht der EMRK aber zugleich auch eine allgemeine Regelung des Völkerrechts dar, so geht diese gemäß Art. 25 Satz 2 GG den Gesetzen vor. Als Folge darf sich der Gesetzgeber nicht über diese allgemeinen Grundsätze hinwegsetzen. Entgegenstehendes Bundesrecht ist zwar nicht nichtig, doch muss es außer Anwendung bleiben.[1058] Im Umkehrschluss bedeutet diese Rangfolge, dass der Bundesgesetzgeber grundsätzlich durch ein lex posterior von der EMRK abweichen darf. Voraussetzung dafür ist, dass das Gesetz im Einklang mit den völkerrechtlichen Verpflichtungen der Bundesrepublik Deutschland ausgelegt und angewendet wird, da dem Gesetzgeber nicht unterstellt werden kann, er wolle stets von völkerrechtlichen Verpflichtungen abweichen und die Verletzung derselben ermöglichen. Etwas anderes kann nur gelten, wenn dies vom Gesetzgeber ausdrücklich bekundet wird. Dies gilt auch für solche Gesetze, die erst nach dem völkerrechtlichen Vertrag erlassen worden sind.[1059]
Auf Grund des Ranges der EMRK als einfaches Bundesgesetz kann jedoch nicht sofort auf das Grundgesetz als alleinigen Maßstab hinsichtlich der zu stellenden Anforderungen geschlossen werden. Dies hätte zu Folge, dass völkerrechtliche Verträge nur dann abgeschlossen werden dürften, wenn diese in vollem Umfang mit dem Grundgesetz vereinbar wären. Konsequenz dessen wäre, dass es auf Grund der unterschiedlichen nationalen Rechtsordnungen in der Praxis zu keinen Vertragsschlüssen kommen würde. Die Bundesrepublik Deutschland wäre somit praktisch vertragsunfähig. Dies widerspräche jedoch den Art. 23, 24 und 59 GG, die einen Vertragsschluss ausdrücklich vorsehen. Gerade Art. 23 GG

1057 *Ehlers*, Europäische Grundrechte und Grundfreiheiten, § 2 Rn. 3. Dagegen genießt die EMRK in Österreich Verfassungsrang, in Frankreich, Belgien, den Niederlanden und Luxemburg einen Übergesetzesrang. In Irland und Norwegen ist sie hingegen innerstaatlich nicht verbindlich.

1058 *Streinz*, in: Sachs, GG, Art. 25 Rn. 93.

1059 Vgl. BVerfG, Beschluss vom 26.03.1987 – 2 BvR 589/79, 740/81 und 284/85 - BVerfGE 74, 358/370; *Geiger*, Grundgesetz und Völkerrecht, § 32 II 4.

verlangt lediglich einen im Wesentlichen gleichen Grundrechtsschutz. Deshalb sind bei der Auslegung des Grundgesetzes auch Inhalt und Entwicklungsstand der EMRK in Betracht zu ziehen, sofern dies nicht zu einer Einschränkung oder Minderung des Grundrechtsschutzes führt. Aus diesem Grund ist die Rechtsprechung des EGMR als Auslegungshilfe für die Bestimmung von Inhalt und Reichweite von Grundrechten und rechtstaatlichen Grundsätzen des Grundgesetzes heranzuziehen.[1060] Damit erhält die EMRK im innerstaatlichen Recht mittelbar einen quasi verfassungsrechtlichen Rang.[1061]
In der Praxis wird es demzufolge nur dann zu einer Konfliktsituation kommen und sich damit die Rangfrage aus deutscher Sicht stellen, wenn die Rechtsschutzmöglichkeiten gegenüber Europol nach der EMRK ausreichend sind, den Mindestanforderungen des Grundgesetzes jedoch nicht genügen. Gewährt dagegen das Grundgesetz gegenüber der EMRK den weiteren Grundrechtsschutz, entsteht keine Konfliktsituation. In diesem Fall gelten wegen des Günstigkeitsprinzips in Art. 53 EMRK die Regelungen des Grundgesetzes. Ähnlich verhält es sich in Fällen, in denen die europäischen Garantien über die des Grundgesetzes hinausgehen. Auf Grund der Auslegung des Grundgesetzes an der EMRK ist dies zumindest solange unschädlich, wie das deutsche Recht nichts Gegenteiliges anordnet.[1062] Damit dürften die Fälle eines Konflikts eher selten sein. Käme es dennoch zu einer solchen Situation stünde aus deutscher Sicht das Grundgesetz über der EMRK. Aus Sicht des EGMR wäre diese Divergenz aber wohl anders zu lösen. Dieser richtet sich ausschließlich nach der EMRK als Prüfungsmaßstab und gäbe der EMRK den Vorrang.[1063] Diese Frage muss jedoch nicht geklärt werden, wenn im Fall von Europol sowohl ein Verstoß gegen die Anforderungen des Grundgesetzes als auch die der EMRK vorliegt.[1064]

3. Verhältnis von EMRK zum Europol-Übereinkommen

Darüber hinaus könnte es zu einem Konflikt zwischen dem Europol-Übereinkommen und der EMRK kommen. Im Folgenden ist daher auf deren Verhältnis zueinander einzugehen.
Auf Grund der grundsätzlichen Gleichrangigkeit völkerrechtlicher Vertragspflichten mit demselben persönlichen Geltungsbereich oder einem weiteren, ist eine Kollision zweier Normen vom Grundsatz her inter partes nach der lex posterior- und lex specialis-Regel zu beurteilen.[1065] Allerdings stimmt der Kreis

---

1060 BVerfG, Beschluss vom 26.03.1987 – 2 BvR 589/79, 740/81 und 284/85 - BVerfGE 74, 358/370; *Kirchhof*, EuGRZ 1994, S. 16/31 ff.; *Bernhardt*, EuGRZ 1996, S. 339/339.
1061 *Ehlers*, Europäische Grundrechte und Grundfreiheiten, § 2 Rn. 3.
1062 *Bernhardt*, EuGRZ 1996, S. 339/340.
1063 *Bernhardt*, EuGRZ 1996, S. 229/341.
1064 Vgl. dazu 4. Teil: B.
1065 *Verdross/Simma*, Universelles Völkerrecht, § 640.

der Vertragsstaaten von EMRK und Europol-Übereinkommen nicht überein. Daher fänden diese Grundsätze vorliegend keine Anwendung. Anderenfalls würde man einen der beiden Verträge als höherrangig erachten. Abgesehen vom ius cogens gibt es solche Rangunterschiede aber nicht. Darüber hinaus läge damit ein Verstoß gegen den in Art. 26 WVRK normierten Grundsatz pacta sunt servanda vor. Im Ergebnis blieben somit beide Verträge bestehen. Es bleibt zur Problemlösung allein der Weg der politischen Lösung, bei dem der einzelne Staat durch Verhandlungen mit den Partnern dieser Verträge die Widersprüche beseitigt.[1066]
Eventuell könnte aber eine Lösung über Art. 30 Abs. 4 WVRK gefunden werden. Gehören danach nicht alle Vertragsparteien des früheren Vertrages auch zu denen des späteren, so ergeben sich die Rechte und Pflichten zwischen dem Staat, der nur einem der Abkommen angehört und dem Staat, der Mitglied beider Übereinkommen ist, nach dem Vertrag, dem beiden Staaten angehören. Soweit die Staaten jedoch Mitgliedstaaten beider Verträge sind, gilt der frühere Vertrag nur soweit, wie er mit dem späteren vereinbar ist. Im Falle des Europol-Übereinkommens würde dies bedeuten, dass die EMRK nur insoweit gilt, als keine Widersprüche zum Europol-Übereinkommen bestehen. Anderenfalls wäre die EMRK nicht zu berücksichtigen. Dem steht jedoch entgegen, dass Art. 30 Abs. 4 lit. b) WVRK eine Regelung zur Anwendung konkurrierender Verträge nur für die Fälle bestimmt, in denen sich diese in ein Bündel unabhängiger bilateraler Verpflichtungen zerlegen lassen. Ist dies aber nicht möglich, so läuft Art. 30 Abs. 4 lit. b) WVRK ins Leere. So verhält es sich auch hier. Den Vertragsstaaten der EMRK kann nicht unterstellt werden, dass sie bei Verabschiedung der EMRK die einzelnen Rechte dahingehend verstanden wissen wollten, dass diese je nach Belieben abgeändert werden dürfen. Der untrennbare Zusammenhang zwischen den einzelnen Rechten zeigt sich insbesondere zwischen den justiziellen und rechtstaatlichen Grundrechten einerseits und den übrigen Rechten andererseits. So würde es keinen Sinn machen, zum einen Abwehrrechte anzuerkennen und zum anderen nicht sicherzustellen, dass diese durch entsprechende Einrichtungen, die ihrerseits den Anforderungen der EMRK entsprechen, geschützt werden können. Beide Aspekte sind die sprichwörtlichen zwei Seiten derselben Medaille. Damit lässt sich auch über Art. 30 Abs. 4 WVRK keine Lösung des Konflikts herleiten. Somit bleibt es dem an beiden Verträgen beteiligten Staat überlassen, welchen er anwendet und dem von dieser Entscheidung betroffenen Staat, welche Reaktionsmöglichkeiten er daraufhin wählt.
Einer Entscheidung dieser Frage bedarf es jedoch nicht, wenn sich im Rahmen einer völkerrechtskonformen Auslegung herausstellen würde, dass der spätere Vertrag frühere Detailregelungen auf einem engeren Gebiet unberührt lassen wollte. Dem Europol-Übereinkommen lassen sich jedenfalls keine ausdrückli-

---

1066 *Seidl-Hohenveldern/Stein*, Völkerrecht, Rn. 439.

chen Hinweise dahingehend entnehmen, dass im Vergleich zur EMRK anderweitige Anforderungen bestehen sollen.
Im gesamten Europol-Übereinkommen werden lediglich diverse Rechtsschutzmöglichkeiten dargestellt. Dieser Darstellung von Rechtsschutzmöglichkeiten sind jedoch keinesfalls Hinweise auf Anforderungen an dergleichen zu entnehmen, wie dies z. B. bei Art. 6, 13 EMRK der Fall ist. Damit stehen die beiden Übereinkommen in keinem Konkurrenzverhältnis zueinander. Gegen eine Konkurrenz spricht auch die Präambel zum Europol-Übereinkommen, nach der dem Schutz der Rechte des Einzelnen besondere Aufmerksamkeit zuteil werden muss. Ist der Schutz des Einzelnen für die Vertragsparteien aber derart wichtig, wäre es unverständlich, wenn durch das Europol-Übereinkommen generell Grundrechte des Einzelnen ausgeschlossenen würden. Vielmehr liegt die Vermutung nahe, dass es an einem Verweis zu den Rechten der EMRK fehlt, da sich die Vertragsstaaten einer derartigen Betroffenheit der Einzelnen nicht bewusst waren. All dies führt zu dem Schluss, dass die Rechtsschutzinstanzen des Europol-Übereinkommens dem Schutz des Bürgers dienen sollten und damit demselben Zweck wie der EMRK.
Als Folge bleiben EMRK und Europol-Übereinkommen nebeneinander bestehen, wobei Europol über die Mitgliedstaaten an die EMRK gebunden ist.

4. Verhältnis von Grundgesetz zum Europol-Übereinkommen

Zum Verhältnis von Europol-Übereinkommen und Grundgesetz enthält letzteres keine ausdrückliche Regelung. Als Sitz einer Rangregel, welche durch Auslegung zu ermitteln ist, kommt Art. 59 Abs. 2 GG in Betracht. Nach herrschender Meinung richtet sich der Rang einer übernommenen vertraglichen Regelung nach dem Rang des Rechtsetzungsakts, der die Transformation bzw. den Vollzug des völkerrechtlichen Vertrages bewirkt.[1067] Das Europol-Gesetz, durch welches das Europol-Übereinkommen innerstaatlich seine Wirkung entfalten kann, besitzt den Rang eines einfachen Bundesgesetzes. Damit steht es in der Normhierarchie unter dem Grundgesetz. Es muss damit aus nationaler Sicht den Anforderungen des Grundgesetzes entsprechen.

B. Erfüllung der Rechtsschutzanforderungen durch Europol

Im Folgenden soll geklärt werden, inwieweit die Rechtsschutzmöglichkeiten gegenüber Europol den Anforderungen von EMRK und Grundgesetz gerecht werden. Zu differenzieren ist dabei zwischen der Durchsetzung datenschutzrechtlicher Ansprüche vor der Gemeinsamen Kontrollinstanz bzw. dem Beschwerdeausschuss einerseits und den Klagen betreffend der außervertraglichen

[1067] Vgl. statt aller *Geiger*, Grundgesetz und Völkerrecht, § 32 II 4.

Haftung, einschließlich der Ansprüche auf Unterlassung und Widerruf vor den nationalen Gerichten, andererseits.

I. Verfahren vor dem Beschwerdeausschuss

Da sich die Gewährung des Individualrechtsschutzes in primärer Hinsicht auf den Beschwerdeausschuss der Gemeinsamen Kontrollinstanz verdichtet und diese auch im Hinblick auf sekundäre Ansprüche von elementarer Rolle ist, soll sich die Fragestellung auf diesen Blickpunkt konzentrieren. Dabei umfasst die Prüfung sowohl die Gemeinsame Kontrollinstanz im Allgemeinen als auch den dort angesiedelten Beschwerdeausschuss.

1. Vereinbarkeit mit der EMRK

Auch wenn Europol als internationale Organisation selbst nicht an die EMRK gebunden ist, so haben die Mitgliedstaaten die Vorgaben der EMRK zu beachten und deren Anwendung zu sichern. Darüber hinaus würde sich die Entscheidung des EGMR in einem möglichen Verfahren an der EMRK orientieren. Daher soll im Folgenden untersucht werden, inwiefern Europol deren Anforderungen gerecht wird. Dabei ist auf die Art. 6, 8 und 13 EMRK abzustellen.

a) Vereinbarkeit mit Art. 6 EMRK

Durch Art. 6 Abs. 1 EMRK wird im Rahmen seines Geltungsbereichs ein faires, zügiges und öffentliches Verfahren gewährt. Der Anspruch auf ein faires Verfahren wird dabei durch die Gebote der Unparteilichkeit und Unabhängigkeit des entscheidenden Gerichts ergänzt, wobei letzteres auf einem Gesetz beruhen muss. Daneben enthalten Art. 6 Abs. 2 und 3 EMRK speziellere Anforderungen an das Strafverfahren, die jedoch nicht abschließender Natur sind[1068]. Damit orientiert sich Art. 6 Abs. 1 EMRK stark an Art. 10 AEMR.[1069] Zu beachten ist aber, dass ein Verstoß gegen Art. 6 EMRK nicht schon mit der Verletzung einzelner dort genannter Kriterien vorliegt, sondern erst wenn das Verfahren mittels einer Betrachtung des gesamten Verfahrens nicht mehr als fair angesehen werden kann.[1070]

aa) Anwendbarkeit von Art. 6 EMRK auf die Tätigkeit von Europol

Nach dem Wortlaut von Art. 6 Abs. 1 EMRK werden nur zivilrechtliche Streitigkeiten und strafrechtliche Anklagen von dieser Vorschrift erfasst. Insofern stellt sich die Frage, ob die Kontrolle datenschutzrechtlicher Individualansprü-

---

1068 *Peukert*, EuGRZ 1980, S. 247/248.
1069 *Meyer-Ladewig*, EMRK, Art. 6 Rn. 3.
1070 Vgl. *Matscher*, EuGRZ 1993, S. 449/449.

che gegen Europol überhaupt vom Schutzbereich des Art. 6 EMRK erfasst wird. Europol nimmt hoheitliche Aufgaben wahr, die somit eher dem Verwaltungsrecht zuzuordnen und damit dem Anwendungsbereich des Art. 6 EMRK entzogen sind.
Allerdings werden die hier relevanten Begriffe der strafrechtlichen Anklage und zivilrechtlichen Streitigkeit autonom ausgelegt, wobei die Zuständigkeit der nationalen Gerichte nur als Anhaltspunkt dient.[1071] In Folge dessen ist der Anwendungsbereich des Art. 6 EMRK erheblich weiter, als es der Wortlaut nahe legt. Daher stellt sich die Frage, ob auch die Streitigkeiten im Rahmen der Tätigkeit von Europol hierunter fallen.

(1) Strafrechtliche Anklage

Zunächst soll eine Anwendbarkeit dahingehend überprüft werden, ob die Informationssammlung und -verarbeitung unter den Begriff der strafrechtlichen Anklage subsumiert werden kann.
Nach der Rechtsprechung des EGMR ist die Anklage eine amtliche Mitteilung durch die zuständige Behörde, aus der hervorgeht, dass der Betroffene einer Straftat beschuldigt wird.[1072] Die Tätigkeit Europols dagegen erfolgt zum Zwecke der strafrechtlichen Verfolgung bzw. der Gefahrenabwehr. Es werden also entweder Straftaten verhindert oder aber die Einleitung eines Strafverfahrens vorbereitet. Im letzteren Fall handelt es sich damit nach nationalem Verständnis um ein Ermittlungsverfahren, indem untersucht wird, ob dem Betroffenen etwas vorgeworfen werden kann. Schon daher ist die Tätigkeit Europols nicht vom Begriff der strafrechtlichen Anklage erfasst.
Daneben findet für verwaltungsrechtliche Verfahren Art. 6 Abs. 1 Satz 1 Var. 2 EMRK nur dann Anwendung, wenn dort hinreichend schwere Verwaltungssanktionen mit restriktivem Charakter verhängt werden.[1073] Jedoch wird weder durch die Datensammlung und Verarbeitung, noch bei Gewährung von datenschutzrechtlichen Ansprüchen im Rahmen der Tätigkeit Europols eine Sanktion gegenüber dem Betroffenen verhängt. Zwar können auf Grund der Tätigkeit von Europol durch nationale Gerichte bzw. Behörden solche Maßnahmen getroffen werden, doch erfolgt dies durch eine andere Behörde. Für die dortigen Verfah-

[1071] *Peukert*, in: Frowein/Peukert, EMRK, Art. 6 Rn. 5; Roth, EuGRZ 1998, S. 495. Für den Begriff der strafrechtlichen Anklage folgt dies aus dem in der französischen Fassung gewählten Begriff „accusation", der nur einen sehr begrenzten Anwendungsbereich auf Schwurgerichtsverfahren eröffnet (vgl. dazu *Meyer-Ladewig*, EMRK, Art. 6 Rn. 13).

[1072] EGMR, Urteil vom 27.02.1980, Rs. Deweer ./. Belgien, EuGRZ 1980, S. 667/672 Nr. 46; EGMR, Urteil vom 10.12.1982, Rs. 4/1981/43/68-71 – Foti u.a. ./. Italien, EuGRZ 1985, S. 578/580 f. Nr. 52; EGMR Urteil vom 21.02.1984, Öztürk ./. Bundesrepublik Deutschland, EuGRZ 1985, S. 62/68 Rn. 55 m.w.N; *Peukert*, in: Frowein/Peukert, EMRK Art. 6 Rn. 48; Meyer-Ladewig, EMRK, Art. 6 Rn. 14.

[1073] Vgl. dazu *Tonne*, Effektiver Rechtsschutz, S. 151 ff.

ren wird die Anwendbarkeit in jedem Fall bestehen. Soweit es aber um die Kontrollmöglichkeiten vor der Gemeinsamen Kontrollinstanz geht, wird dort lediglich Europol ein bestimmtes Verhalten auferlegt; Sanktionen werden nicht verhängt. Damit ist Art. 6 EMRK diesbezüglich nicht anwendbar.[1074]

(2) Zivilrechtliche Streitigkeiten

Ein Inbetrachtkommen der Maßstäbe von Art. 6 EMRK könnte sich jedoch aus dem Vorliegen einer zivilrechtlichen Streitigkeit ergeben.
Nahm die EKMR ursprünglich die Abgrenzung nach der in den deutschsprachigen Ländern vorherrschenden Unterscheidung zwischen Privatrecht und öffentlichem Recht vor und verneinte daher die Anwendbarkeit von Art. 6 EMRK in allen öffentlichen Streitigkeiten[1075], wurde diese Praxis vom EGMR, der eine autonome Begriffsbildung im Rahmen der Konvention verlangte,[1076] nicht übernommen. Nunmehr liegt ein Verfahren über zivilrechtliche Ansprüche oder Verpflichtungen vor, wenn ein aus dem innerstaatlichen Recht abzuleitender Anspruch bzw. ein abzuleitendes Recht in Frage steht, ein echter Streit ernsthafter Natur vorliegt, dessen Ausgang für diesen Anspruch bzw. dieses Recht direkt entscheidend ist und der Anspruch bzw. das Recht zivilrechtlicher Natur ist.[1077]

(a) Bestehen eines Anspruchs

Die Begriffe „Anspruch" und „Recht" sind autonom und werden weit ausgelegt.[1078] Daher reicht es aus, wenn sie eine materiellrechtliche Grundlage in der nationalen Rechtsordnung haben. Einer ausdrücklichen Anerkennung bedarf es jedoch nicht.[1079] Auch muss der Anspruch bzw. das Recht nicht begründet sein. Dies soll ja gerade erst im Streitverfahren geklärt werden. Daher reicht es aus, wenn das Bestehen im innerstaatlichen Recht auf vertretbare Weise geltend gemacht wird.[1080] Im Falle von Europol sind die Rechte bzw. Ansprüche des Betroffenen ausdrücklich im Europol-Übereinkommen normiert. Im Wesentlichen lassen sie sich in die Kategorien Schadensersatzansprüche und Daten-

---

1074 So auch *Matz*, Europol, S. 146 f.

1075 *Kley-Struller*, Rechtsschutzgarantie Rn. 27.

1076 EGMR, Urteil vom 28.06.1978, Rs. König ./. Bundesrepublik Deutschland, EuGRZ 1978, S. 406/417 Rn. 89.

1077 *Callewaert*, EuGRZ 1996, S. 366/366 f. Die so erfolgte Erweiterung des Begriffs beruhte insbesondere aus der englischen (civil rights and obligations) und französischen (droits et obligations de caractère civil) Formulierung.

1078 *Meyer-Ladewig*, EMRK, Art. 6 Rn. 6.

1079 *Peukert*, in: Frowein/Peukert, EMRK, Art. 6 Rn. 7.

1080 *Meyer-Ladewig*, EMRK, Art. 6 Rn. 6; *Peukert*, in: Frowein/Peukert, EMRK Art. 6 Rn. 7.

schutzrechte unterteilen.[1081] Ein Anspruch i.S.d. Art. 6 Abs. 1 EMRK liegt somit vor.

(b) Ernsthafte Streitigkeit

Zur Bewertung einer Streitigkeit als ernsthaft ist es unerheblich, ob der Streit sich auf den Bestand des Rechts, seine Tragweite oder die Art und Weise seiner Ausübung bezieht. Ferner ist es unerheblich, ob tatsächliche oder rechtliche Fragen im Mittelpunkt stehen.[1082] Somit reicht es aus, wenn die Streitigkeit einer richterlichen Prüfung zugänglich ist. Gerade dieser Aspekt könnte im Falle von Europol in der Praxis häufig zu Komplikationen führen. Wie bereits oben dargelegt wurde, steht Europol in einer Reihe von Fällen ein erhebliches Ermessen bei seiner Tätigkeitsausführung zu.[1083] In solchen Fällen stellt sich die Frage, ob und in welchem Umfang ein subjektives öffentliches Recht auf eine fehlerfreie Ermessensentscheidung existiert. Nur wenn ein solches Recht existiert, kann von einem echten Streit i.S.d. Art. 6 EMRK gesprochen werden. Die bisherige Rechtsprechung der Konventionsorgane verlangte, dass das in Frage stehende Verwaltungsermessen nicht völlig unbegrenzt ist und der Beschwerdeführer nicht allein die Zweckmäßigkeit eines von ihm beanstandeten Verwaltungshandelns oder eines Verwaltungsaktes in Frage stellt, sondern seine Rechtmäßigkeit.[1084] Durch das Europol-Übereinkommen wurde Europol ein derart weites Ermessen eingeräumt, dass es fast unbegrenzt erscheint und sich nur an der Zweckmäßigkeit orientieren muss.[1085] Angesichts dieser Weite und Orientierung an der Effektivität wird sich der Betroffene in der Regel gar nicht an der Zweckmäßigkeit orientieren. Vielmehr dürften für ihn seine verletzten Rechte im Vordergrund stehen. Dass hier eine Reihe von Rechten betroffen sein könnten, wurde bereits gezeigt. Daher sind die Streitigkeiten regelmäßig auch ernsthafter Natur.

(c) Anspruch ziviler Natur

Ein Anspruch zivilrechtlicher Natur liegt immer dann vor, wenn sich das in Frage stehende Recht aus einem privatrechtlichen Rechtsverhältnis ableiten lässt.[1086] Soweit Europol auf Grund seiner Rechtsfähigkeit selbst Verträge ab-

---

1081 Vgl. zu den jeweiligen Rechten im Einzelnen 3. Teil: A.

1082 EGMR, Urteil vom 27.10.1987, Rs. 12/1986110/158 – Pudas ./. Schweden, EuGRZ 1988, 448/449 Rn. 31.

1083 Vgl. dazu z. B. Art. 8 Abs. 2 Nr. 5, Art. 10 Abs. 1, Art. 18 Abs. 1, Art. 21 Abs. 2 Europol-Übereinkommen.

1084 *Peukert*, in: Frowein/Peukert, EMRK, Art. 6 Rn. 12.

1085 Vgl. zu dieser Problematik bereits 3. Teil: A.I.3.

1086 *Peukert*, in: Frowein/Peukert, EMRK Art. 6 Rn. 15; *Callewaert*, EuGRZ 1996, S. 366/366.

schließt, beruhen die daraus resultierenden Schadensersatzansprüche nach Art. 39 Europol-Übereinkommen[1087] zweifelsfrei auf einem privatrechtlichen Rechtsverhältnis. Anders verhält es sich dagegen mit den Datenschutzrechten des Betroffenen. Hier beruht das Vorgehen von Europol auf einer hoheitlichen Tätigkeit, nämlich der Kriminalitätsbekämpfung. Zudem erfolgt diese meist ohne das Wissen des Betroffenen, so dass auch schon mangels Beteiligung zweier gleichberechtigter Parteien kein privatrechtliches Rechtsverhältnis vorliegen kann.
Liegt jedoch kein solches Rechtsverhältnis vor, richtet sich die Frage nach dem zivilrechtlichen Charakter nach den Umständen des Einzelfalls und einer Analyse des in Frage stehenden Rechts. Zur Beantwortung dieser Frage ist allein das Ergebnis des Verfahrens für zivilrechtliche Ansprüche und Verpflichtungen entscheidend.[1088] Nicht abzustellen ist dagegen auf die Stellung der Parteien, den Charakter der entscheidenden Rechtsvorschriften oder der zuständigen Entscheidungsinstanz.[1089] Daher muss das Verfahren u.a. zivilrechtliche Ansprüche und Verpflichtungen zum Gegenstand haben, so dass es für diese unmittelbare Auswirkungen hat. Ein nur loser Zusammenhang bzw. eine mittelbare Auswirkung reicht nicht aus.[1090]
Nach Matz ist im Hinblick auf die Datenschutzrechte der zivilrechtliche Charakter zu verneinen. Er begründet dies damit, dass es sich dabei um typischerweise gegenüber staatlichen Hoheitsträgern zu erhebende Ansprüche des öffentlichen Rechts handele.[1091] Dieser Argumentation kann jedoch nicht gefolgt werden. Er stellt dabei mit dem Charakter der entscheidenden Rechtsvorschriften auf ein Kriterium ab, das nach der Rechtsprechung des EGMR für die Beurteilung gerade unerheblich sein soll.
Stattdessen ergibt sich der zivilrechtliche Charakter aber aus der Bedeutung des Verfahrens für eventuelle spätere Schadensersatzprozesse. So werden Schadensersatzansprüche gegenüber einem Träger hoheitlicher Gewalt vom EGMR eine zivilrechtliche Natur bescheinigt, da sie einen vermögensrechtlichen Charakter aufweisen.[1092] Für den vorliegenden Fall besteht allerdings die Besonderheit, dass die datenschutzrechtlichen Ansprüche in einem Verfahren vor der Gemeinsamen Kontrollinstanz geltend gemacht, während die Schadensersatzansprüche nach Art. 38 Abs. 1, 39 Europol-Übereinkommen in einem neuen Verfahren vor

1087 Vgl. dazu 3. Teil: A.III.2.
1088 *Meyer-Ladewig*, Art. 6 Rn. 7; EGMR, Urteil vom 25.02.2000, Rs. 29357/95 – Gast und Popp ./. Deutschland, NJW 2001, S. 211 Ziff. 64 m.w.N.
1089 *Peukert*, in: Frowein/Peukert, EMRK, Art. 6 Rn. 15 f.
1090 EGMR, Urteil vom 23.06.1981, Rs. Le Compte u.a. ./. Belgien, EuGRZ 1981, S. 551/552 f. Rn. 47; *Peukert*, in: Frowein/Peukert, EMRK, Art. 6 Rn. 16.
1091 *Matz*, Europol, S. 150.
1092 *Callewaert*, EuGRZ 1996, S. 366/367; *Peukert*, in: Frowein/Peukert, EMRK, Art. 6 Rn. 22.

den nationalen Gerichten geltend zu machen sind. Insofern könnte es am Unmittelbarkeitserfordernis fehlen. Für das Vorliegen einer Unmittelbarkeit spricht jedoch, dass nach Art. 26 Abs. 7 Europol-Übereinkommen die Entscheidung der Gemeinsamen Kontrollinstanz für alle betroffenen Parteien rechtskräftig ist. Diese Bindung gilt auch im Rahmen von Schadensersatzansprüchen.[1093] Hat also die Gemeinsame Kontrollinstanz bereits über einen Fall entschieden, ist eine eigene Beurteilung der Rechtslage durch die nationalen Gerichte ausgeschlossen.

Eine solche Bindungswirkung wird jedoch von Matz abgelehnt. Zur Begründung führt er an, dass die Rechtswirkung nur gegenüber den beteiligten Rechtsparteien gelten solle. Während dies im Verfahren nach Art. 24 Abs. 7 Europol-Übereinkommen Europol und der Betroffene seien, handele es sich beim Schadensersatzverfahren dagegen um den Mitgliedstaat und den Betroffenen. Die Rechtskraft einer Entscheidung der Gemeinsamen Kontrollinstanz könne daher gegenüber dem Mitgliedstaat nicht erwachsen.[1094] Dabei verkennt er aber den klaren Wortlaut des Art. 24 Abs. 7 Europol-Übereinkommen, der gerade von allen betroffenen Parteien und nicht von beteiligten Parteien spricht. Damit sind im Falle eines Schadensersatzanspruches auch die Mitgliedstaaten betroffen, denn diese haben gemäß Art 38 Europol-Übereinkommen zunächst den Schadensersatz zu leisten, auch wenn die eigentliche Rechtsverletzung auf eine Tätigkeit Europols zurückzuführen ist. Wären darüber hinaus nur die am Verfahren beteiligten Parteien gemeint, hätte es näher gelegen, dies durch eine Formulierung wie „gegenüber den (am Verfahren beteiligten) Parteien“ deutlich zu machen. Eine solche Formulierung hätte auch den Bezug auf die vorherigen Ausführungen hergestellt, bei denen es zweifelsfrei um die verfahrensbeteiligten Parteien geht.[1095] Diese Möglichkeit wurde von den Vertragstaaten jedoch nicht gewählt, so dass ihnen unterstellt werden kann, dass sie hier von unterschiedlichen Gruppen ausgegangen sind.

Weiter begründet Matz seine Ansicht damit, dass im Allgemeinen nur Entscheidungen von Gerichten eine materielle Rechtskraft zukomme. Da die Gemeinsame Kontrollinstanz aber nur eine gerichtsähnliche Einrichtung sei, käme eine solche Wirkung hier nicht in Betracht.[1096] Dem ist jedoch zu entgegnen, dass es sich hierbei um eine nationalrechtlich orientierte Argumentation handelt, das Europol-Übereinkommen aber, wie auch Matz einräumt, autonom auszulegen ist. Es kommt daher allein auf den Wortlaut und den Inhalt des Europol-Übereinkommens an. Da man sich nicht auf eine Zuständigkeit des EuGH eini-

---

1093 So auch *Frowein/Krisch*, JZ 1998, S. 589/595; a.A. *Matz*, Europol, S. 153.

1094 *Matz*, Europol, S. 153.

1095 Vgl. z. B. Art. 24 Abs. 7 Satz 5 Europol-Übereinkommen: „Sofern sie dies verlangen, werden die Parteien, die auf Wunsch einen Berater hinzuziehen können, von diesem Ausschuss angehört.“

1096 *Matz*, Europol, S. 153.

gen konnte, sollte mit der Gemeinsamen Kontrollinstanz eine Einrichtung geschaffen werden, die über die Rechtmäßigkeit des Handelns von Europol urteilt. Auf Grund dieser Bedeutung und der Aufgaben der Gemeinsamen Kontrollinstanz liegt es nahe, ihren Entscheidungen eine solche Rechtskraft zukommen zu lassen. Im Übrigen ist es darüber hinaus logisch falsch in der Frage nach der Anwendbarkeit einer Vorschrift bereits Rückschlüsse auf spätere Anforderungen zu ziehen, um so die Anwendbarkeit gar nicht erst bejahen zu müssen. So ist die Frage, ob es bei der Gemeinsamen Kontrollinstanz bzw. dem Beschwerdeausschuss um ein Gericht handelt, eine Anforderung des Art. 6 EMRK, nicht jedoch Voraussetzung für dessen Anwendbarkeit.

Schließlich spricht gegen die Ansicht von Matz, dass ansonsten die Effektivität der Europoltätigkeit leiden würde. Würde man eine Bindungswirkung verneinen, könnten die nationalen Gerichte immer wieder die Arbeit im Rahmen von Europol und der Gemeinsamen Kontrollinstanz durch Anfragen zu Archivöffnungen etc. behindern. Dadurch würde aber die ständige Arbeit und damit die Effektivität leiden. Dies ist von den Vertragsstaaten aber nicht gewollt, wie sich an den zahlreichen Erfordernismerkmalen im Europol-Übereinkommen erkennen lässt. Daher liegt es nahe, die Bindungswirkung auch gegenüber den nationalen Gerichten anzuerkennen.

Zudem hätte eine solche Wirkung den Vorteil, dass dadurch der Rechtszersplitterung durch zahlreiche nationale Verfahren entgegengetreten werden könnte. Dass dies auch im Interesse der Vertragsstaaten liegt, zeigt sich bereits in der Bündelung von Aufgaben bei der Gemeinsamen Kontrollinstanz.[1097] Damit ist von einer Bindungswirkung der nationalen Gerichte an Entscheidungen der Gemeinsamen Kontrollinstanz auszugehen. Auf Grund dessen ist auch das Erfordernis der Unmittelbarkeit erfüllt.

Aus diesen Gründen ist daher das Vorliegen des Kriteriums eines zivilrechtlichen Anspruches zu bejahen. Dies gilt sowohl für eine unmittelbare Anwendung bei den Datenschutzansprüchen als auch für die indirekte Anwendung im Hinblick auf mögliche Schadensersatzansprüche. Daher ist, entgegen der Auffassung von Matz, auch für reine Datenschutzverfahren der Anwendungsbereich von Art. 6 EMRK eröffnet.

bb) Bestehen eines Gerichts i.S.d. Art. 6 EMRK

Art. 6 Abs. 1 EMRK verleiht im Rahmen seines Anwendungsbereichs dem Betroffenen das Recht auf Zugang zu einem Gericht. Davon umfasst wird neben der Befugnis, ein Verfahren bei Gericht anhängig zu machen, auch das Recht auf eine abschließende gerichtliche Entscheidung.[1098]

1097 Vgl. zur Rolle der Gemeinsamen Kontrollinstanz 3. Teil: A.I und 3. Teil: A.II.

1098 *Meyer-Ladewig*, EMRK, Art. 6 Rn. 18.

Der Begriff „Gericht“ folgt aus der Übersetzung des in Art. 6 Abs. 1 EMRK verwendeten Ausdrucks „tribunal“. Schon hieran zeigt sich, dass Gerichte im Sinne des Art. 6 EMRK nicht nur die ordentlichen Gerichte der Vertragsstaaten sind. Vielmehr sollen darüber hinaus alle justizförmigen, unabhängigen und unparteiischen Spruchkörper erfasst werden, die auf Grundlage eines geregelten, mit entsprechenden Garantien ausgestatteten Verfahrens über die in Art. 6 EMRK genannten Fälle entscheiden.[1099]

(1) Errichtung durch Gesetz

Zunächst verlangt Art. 6 EMRK ein auf Gesetz beruhendes Gericht. Dieser Errichtung durch Gesetz entspricht auf völkerrechtlicher Ebene die Errichtung auf Grund von völkerrechtlichen Normen.[1100] Daraus folgt, dass die Grundlagen für die Errichtung und Organisation sowie die Zuständigkeiten abstrakt vorbestimmt sein müssen.[1101] Unabhängig von der Reichweite im Einzelnen werden zumindest die wesentlichen Festlegungen über den Zugang zu Gericht und die Wirkungen der gerichtlichen Entscheidungen geregelt sein müssen.[1102] Durch Art. 19 Abs. 6, 20 Abs. 4 und 24 Abs. 4 Europol-Übereinkommen hat jede Person das Recht, die Gemeinsame Kontrollinstanz im Hinblick auf die Überprüfung der Verletzung eigener Rechte anzurufen. Darüber hinaus verleiht Art. 24 Abs. 7 Europol-Übereinkommen der Gemeinsamen Kontrollinstanz Befugnisse, um z. B. während des Verfahrens die Beschwerden in jeder geeigneten Weise zu überprüfen, Berater heranzuziehen und Anhörungen vorzunehmen. Auch sind danach die hier getroffenen Entscheidungen gegenüber allen Parteien bindend. Zusammenfassend enthält das Europol-Übereinkommen damit Vorgaben zu allen Mindestanforderungen. Damit werden von der Gemeinsamen Kontrollinstanz die durch Art. 6 EMRK gestellten Anforderungen an die Errichtung des Gerichts durch Gesetz erfüllt.

(2) Rechtsprechungstätigkeit

Als weiteres Kriterium verlangt Art. 6 EMRK zur Bejahung der Eigenschaft als Gericht die Ausführung einer Rechtsprechungstätigkeit. Welche Anforderungen hieran zu stellen sind, wird im Einzelnen durch die EMRK nicht festgelegt bzw. erst durch die Rechtsprechung des EGMR konkretisiert. Dieser fordert eine umfassende Kontrolle bezüglich der Tatsachenfeststellungen von Behörden und der dem Fall zugrundegelegten Rechtsauffassungen. Dem folgend verlangt der Begriff der Rechtsprechungstätigkeit, dass die Entscheidung von keiner dritten

---

1099 *Peukert*, in: Frowein/Peukert, EMRK, Art. 6 Rn. 122 m.w.N.
1100 Vgl. dazu BVerfG, Beschluss vom 10.11.1981 – 2 BvR 1058/79 - BVerfGE 59, 63/91.
1101 *Peukert*, in: Frowein/Peukert, EMRK, Art. 6 Rn. 122.
1102 *Mayer*, Europol, S. 150.

Instanz abgeändert werden kann. Außerdem erfüllen solche Gremien dieses Erfordernis nicht, die lediglich Empfehlungen abgeben können, selbst wenn sie ansonsten unabhängig sind.[1103]
Im Hinblick auf den Beschwerdeausschuss ist eine solche Rechtsprechungstätigkeit zu bejahen. Bezüglich der Tatsachenfeststellungen ergibt sich dies aus Art. 24 Abs. 7 Europol-Übereinkommen, wonach die Beschwerden in jeder Hinsicht überprüft werden dürfen. Zudem können die Verfahrensparteien vom Beschwerdeausschuss angehört werden. Aber auch in der GOGK lassen sich dieses Ergebnis stützende Hinweise finden. So kann der Ausschuss nach Art. 18 GOGK weitere Stellen am Verfahren beteiligen oder nach Art. 19 GOGK weitere Informationen von verschiedenen an der Europol-Zusammenarbeit beteiligten Stellen verlangen. Auch können nach Art. 19 Abs. 2 GOGK durch den Beschwerdeausschuss weitere Ermittlungen vor Ort veranlasst werden. Ferner kann er die Anhörung von Sachverständigen und Zeugen beschließen.[1104] All diese Befugnisse sind nur so zu verstehen, dass dem Beschwerdeausschuss Möglichkeiten gegeben werden sollen, mit denen dieser einen Sachverhalt überprüfen kann. Da er somit nicht an die Vorgaben der anderen Verfahrensbeteiligten gebunden ist, kann eine umfassende Kontrollbefugnis der Tatsachenfeststellungen einer Behörde seitens des Beschwerdeausschusses nur bejaht werden.
Darüber hinaus entscheidet der Beschwerdeausschuss anhand der Normen des Übereinkommens über das Verfahren. Seine Entscheidungen sind nach Art. 24 Abs. 7 Europol-Übereinkommen gegenüber allen Parteien rechtskräftig. Rechtsmittel dagegen sind nicht vorgesehen. Die hier getroffenen Entscheidungen können somit von keiner dritten Instanz abgeändert werden, so dass eine umfassende Kontrolle der Rechtsauffassungen durch den Beschwerdeausschuss zu bejahen ist.
Einer solchen Bewertung steht auch nicht die Bindung an mitgliedstaatliche Stellungnahmen, wie sie sich beispielsweise beim Auskunftsausspruch nach Art. 19 Europol-Übereinkommen finden lässt, entgegen. Nach Art. 19 Abs. 3 Europol-Übereinkommen richtet sich der Anspruch auf Auskunft nach Maßgabe des Mitgliedstaates, bei dem er erhoben wird, wobei sich jedoch in Art. 19 Abs. 3 UAbs. 2 bzw. Art. 19 Abs. 4 Europol-Übereinkommen Einschränkungen dieses Anspruchs finden lassen. Da nach Art. 19 Abs. 4 Europol-Übereinkommen die Mitteilung davon abhängt, ob der entsprechende Mitgliedstaat Einwände erhebt, könnte man der Auffassung sein, die Gemeinsame Kontrollinstanz sei an die Ablehnung des Mitgliedstaates gebunden.[1105] Dem hält Harings entgegen, dass die Stellungnahmen der Mitgliedstaaten lediglich den Umfang des Auskunftsanspruchs präzisieren, hinsichtlich der Beurteilung des Sachverhalts und der Rechtslage sei der Beschwerdeausschuss nicht an die Stellungnahme einer exe-

1103 *Harings*, Grenzüberschreitende Zusammenarbeit, S. 177 f. m.w.N.
1104 Art. 22 GOGK.
1105 So wohl *Werner*, CR 1997, S. 34/38.

kutiven Instanz gebunden. Er begründet dies damit, dass auf Grund der Auseinandersetzung um einen Auskunftsanspruch ein Kompromiss hätte gefunden werden müssen.[1106] Dem ist zuzustimmen. Diese Art der Auslegung ermöglicht es einerseits den einzelnen Mitgliedstaaten, in für sie entscheidenden Fällen nationale Interessen zu wahren, andererseits aber auch den Rechtsordnungen der anderen Staaten in einem gewissen Umfang gerecht zu werden. Zudem entspricht sie auch Art. 24 Abs. 7 Europol-Übereinkommen, wonach die getroffene Entscheidung gegenüber allen Parteien bindend sein soll.

Anders verhält es sich dagegen mit den nicht dem Beschwerdeausschuss angehörenden Mitgliedern der Gemeinsamen Kontrollinstanz. Diese sind zwar nach Art. 24 Abs. 1 Europol-Übereinkommen unabhängig und keinerlei Weisung unterworfen. Doch bestehen hinsichtlich der Kontrollbefugnis erhebliche Bedenken. Soweit die Gemeinsame Kontrollinstanz beispielsweise nach Art. 24 Abs. 3 Europol-Übereinkommen gutachterlich tätig wird, fehlt es bereits an einer Verbindlichkeit der hier getroffenen Entscheidungen.[1107] Aber auch die übrige Tätigkeit der Gemeinsamen Kontrollinstanz erfüllt nicht die Anforderungen an eine Rechtsprechungstätigkeit i.S.d. Art. 6 EMRK. Stellt beispielweise die Gemeinsame Kontrollinstanz eine Verletzung von Rechten eines Betroffenen durch die Europol-Tätigkeit fest, so kann sie dieser Verletzung nicht abhelfen. Ihr kommt nach Art. 24 Abs. 5 Europol-Übereinkommen nur die Befugnis zu, den Europol-Direktor darüber zu informieren und eine Stellungnahme einzuholen. Die Rechtsverletzung ist damit jedoch nicht beseitigt. Auch findet sich keine Verpflichtung des Direktors zur Beseitigung der Missstände. In schwierigen Fällen muss der Verwaltungsrat eingeschaltet werden, der eine Lösung finden soll. Damit sind die Entscheidungen der Gemeinsamen Kontrollinstanz nicht verbindlich.

Trotz dieser erheblichen Mängel halten Harings und Mayer an der Rechtsprechungstätigkeit fest. Nach ihrer Auffassung üben die Mitglieder der Gemeinsamen Kontrollinstanz keine Exekutivbefugnisse aus. Da sie somit nicht der Exekutive zugeordnet werden könnten und so der Schein einer Interessenverflechtung nicht bestehe, sei die Gemeinsame Kontrollinstanz, trotz Kombination von Aufsichts- und Judikativbefugnissen rechtsprechend tätig.[1108] Dem kann jedoch nicht gefolgt werden. Diese Argumentation zielt allein auf den Aspekt der Unabhängigkeit ab. Dieser ist aber von der Frage der Rechtsprechungstätigkeit zu trennen. Nur wenn diese bejaht werden kann, ist auch eine Kontrollbefugnis der Rechtsansichten zu bejahen. Dies ist bei den Entscheidungen der Gemeinsamen Kontrollinstanz aber wie soeben gezeigt wurde gerade nicht der Fall, weshalb keine Rechtsprechungstätigkeit vorliegt.

1106 *Harings*, Grenzüberschreitende Zusammenarbeit, S. 323.

1107 So auch *Harings*, Grenzüberschreitende Zusammenarbeit, S. 322; *Mayer*, Europol, S. 151.

1108 *Mayer*, Europol, S. 151; *Harings*, Grenzüberscheitende Zusammenarbeit, S. 322.

cc) Unabhängigkeit

Ferner muss den Anforderungen der EMRK im Hinblick auf die Unabhängigkeit Genüge getan werden. Dies betrifft sowohl die Unabhängigkeit der Richter als auch die der Gerichte selbst. Die Frage nach der Unabhängigkeit eines Gerichts hängt dabei im Wesentlichen von der Art und Weise der Ernennung und Dauer der Amtszeit der Mitglieder, dem Vorhandensein von Garantien gegen äußere Beeinflussungen und schließlich von der Frage, ob das Gericht dem äußeren Erscheinungsbild nach als unabhängig anzusehen ist, ab.[1109]

(1) Mangelnde Unabhängigkeit durch Art und Weise der Ernennung

Für die Ablehnung der Unabhängigkeit reicht die bloße Ernennung der Mitglieder eines Gerichts durch ein Exekutivorgan allein nicht aus. Voraussetzung ist jedoch, dass die Ernannten ihr richterliches Amt in ihrer individuellen Kapazität ausüben und gesetzlich festgelegt ist, dass sie keinen Weisungen unterliegen.[1110] In Bezug auf die Tätigkeit im Rahmen der Gemeinsamen Kontrollinstanz werden die entsprechenden Personen aus deutscher Sicht vom Bundesminister des Inneren, also einem Exekutivorgan, ernannt.[1111] Allerdings wird hinsichtlich der Weisungsfreiheit vom Europol-Übereinkommen bestimmt, dass die Gemeinsame Kontrollinstanz unabhängig ist und ihre Mitglieder jede Gewähr für Unabhängigkeit bieten sollen.[1112] Konkretisiert wird dies für den Beschwerdeausschuss zudem durch die GOGK, wonach dessen Mitglieder und ihre Vertreter bei der Wahrnehmung ihrer Pflichten unabhängig, unparteiisch sowie an Weisungen der Gemeinsamen Kontrollinstanz oder anderer nicht gebunden und nur dem Gesetz unterworfen sind.[1113] Damit wird durch die Vorgaben des Europol-Übereinkommens und der GOGK einer Sicherung der Weisungsfreiheit ausreichend Genüge getan. Somit steht die Art und Weise der Ernennung einer Unabhängigkeit der Gemeinsamen Kontrollinstanz und des Beschwerdeausschusses nicht entgegen.

(2) Mangelnde Unabhängigkeit auf Grund der Amtszeit

Einer Unabhängigkeit steht auch nicht etwa entgegen, dass die Mitglieder der Gemeinsamen Kontrollinstanz und des Beschwerdeausschusses nach Art. 24 Abs. 1 Europol-Übereinkommen nur für einen Zeitraum von fünf Jahren ernannt

---

1109 *Meyer-Ladewig,* EMRK, Art. 6 Rn. 29.
1110 *Peukert,* in: Frowein/Peukert, EMRK, Art. 6 Rn. 125.
1111 Art. 2 § 6 Abs. 2 Europol-Gesetz.
1112 Art. 24 Abs. 1 Satz 1, 4 Europol-Übereinkommen.
1113 Art. 13 Abs. 1 Satz 1 GOGK. Erfüllt ein Mitglied diese Anforderungen nicht, so hat es gemäß Art. 13 Abs. 2, 3 GOGK entweder selbst zurückzutreten oder kann auf Antrag einer Partei vom weiteren Verfahren ausgeschlossen werden.

werden. Eine Berufsrichterschaft verlangt die EMRK im Hinblick auf Art. 6 EMRK nicht. Entscheidend ist aber, dass der Richter in dieser Zeit von Gesetz wegen oder zumindest faktisch unabsetzbar ist.[1114] Dies ist vorliegend der Fall. Ausnahmen vom 5-Jahreszyklus lassen sich dem Europol-Übereinkommen nicht entnehmen. In der GOGK sind darüber hinaus für ein Ausscheiden aus dem Beschwerdeausschuss die Möglichkeiten des freiwilligen Rücktritts und des Ausscheidens aus der Gemeinsamen Kontrollinstanz angeführt.[1115] Ein Ausscheiden aus der Gemeinsamen Kontrollinstanz ist wiederum nur möglich, wenn der Betroffene freiwillig selbst ausscheidet bzw. er aus dem Dienst der Nationalen Kontrollinstanz ausscheidet.[1116] Das Ausscheiden aus der Nationalen Kontrollinstanz richtet sich gemäß Art. 4 Abs. 5 GOGK nach den jeweiligen nationalen Bestimmungen. Für die Bundesrepublik Deutschland findet sich eine diesbezügliche Regelung in Art. 2 § 6 Europol-Gesetz.
Danach kann das Mitglied der Gemeinsamen Kontrollinstanz und damit des Beschwerdeausschusses nur ausgeschlossen werden, wenn durch den Senat des Oberverwaltungsgerichts, an dem der Bundesbeauftragte für Datenschutz seinen Sitz hat, festgestellt wurde, dass ein Ausschließungsgrund gemäß § 21 VwGO vorliegt.[1117] Darüber hinaus beschränkt sich die Einflussnahme auf die Fälle, in denen die Unabhängigkeit nicht beeinflusst wird.[1118] Daraus ist ersichtlich, dass die Mitglieder des Beschwerdeausschusses keineswegs schutzlos sind. In jedem Fall können sie, zumindest aus deutscher Sicht, nicht einfach durch den Staat in Form der Exekutive ausgetauscht werden.
Dem wird von Matz entgegengehalten, dass die Ausgestaltung des Verfahrens zur Benennung und Abberufung der Mitglieder der Gemeinsamen Kontrollinstanz vom Belieben der einzelnen Mitgliedstaaten abhänge, die durch einfache Gesetzesänderung jenes Verfahren jederzeit abändern könnten. Folge sei, dass bereits die Veränderung politischer Mehrheitsverhältnisse zu einer Ersetzung des vormaligen Vertreters im Beschwerdeausschuss führen könne.[1119] Dieser Einwand vermag jedoch nicht zu überzeugen. Zwar ist es richtig, dass eine Änderung mangels europarechtlicher Vorgaben allein den Änderungen der Mitgliedstaaten unterliegt. Allerdings ist auch der Mitgliedstaat nicht völlig frei in seinen Änderungen. So hat auch er stets die verfassungsrechtlichen Anforderun-

---

[1114] *Peukert*, in: Frowein/Peukert, Art. 6 Rn. 126.
[1115] Art. 12 Abs. 4 GOGK.
[1116] Art. 4 Abs. 5 GOGK.
[1117] Zu beachten ist dabei, dass gemäß Art. 2 § 6 Euopol-Gesetz nur die §§ 21, 24 Abs. 1 Nr. 2, 4, Abs. 3 und Abs. 5 VwGO entsprechend anzuwenden sind.
[1118] Ob darüber hinaus andere Mitgliedstaaten in ähnlicher Weise durch das nationale Recht die Unabhängigkeit von exekutiver Einflussnahme gewährleisten, soll und kann hier nicht beurteilt werden. Im Endeffekt liegt aber die Verankerung der Unabhängigkeit im Aufgabenbereich der Mitgliedstaaten.
[1119] *Matz*, Europol, S. 293; ähnlich auch *Degenhardt*, Europol, S. 252.

gen zu beachten.[1120] Daher dürfte eine Gesetzesänderung zum Austausch einer einzelnen Person aus politischen Gründen wohl eher unwahrscheinlich sein.
Einzige Möglichkeit des vorzeitigen Ausscheidens ist somit neben dem freiwilligen Ausscheiden die Verurteilung durch ein Gericht. Dies reicht aus, um die faktische Unabsetzbarkeit und damit die Unabhängigkeit unter dem Aspekt der Dauer der Amtszeit zu bejahen.

(3) Mangelnde Befähigung zum Richteramt

Bedenken an der Unabhängigkeit der Richter könnten sich darüber hinaus aus dem Umstand ergeben, dass die Mitglieder der Gemeinsamen Kontrollinstanz und des Beschwerdeausschusses nach dem Europol-Übereinkommen keine Befähigung zum Richteramt aufweisen müssen.[1121] Die Unabhängigkeit der Richter verlangt neben der Weisungsfreiheit auch seine Bindung an das Gesetz.[1122] Um die Möglichkeit einer solchen Bindung gewährleisten zu können, könnte man einen rechtsgelehrten Richter als zwingende Voraussetzung betrachten, denn um an das Gesetz gebunden zu sein, muss man es zunächst einmal auch kennen. Dieser Argumentation ist jedoch zu entgegnen, dass die Bindung an das Gesetz zwar zunächst eine juristische Vorbildung voraussetzt und dies denjenigen, die eine Befähigung zum Richteramt besitzen, unterstellt werden kann. Allerdings reicht es dem Sinn und Zweck nach aus, wenn die juristischen Kenntnisse derart ausgeprägt sind, dass sie zu einer richterlichen Rechtsfindung in der Lage sind. Diese Fähigkeiten sind bei den Mitgliedern der Gemeinsamen Kontrollinstanz und des Beschwerdeausschusses vorhanden. So schreibt Art. 24 Abs. 1 Europol-Übereinkommen vor, dass die Mitglieder die nötige Befähigung zur Ausübung der Tätigkeit besitzen müssen. Dies wird durch Art. 12 Abs. 2 GOGK dahingehend präzisiert, dass dies auch die juristischen Fähigkeiten erfasst. Insofern kann unterstellt werden, dass die Mitglieder die nötigen Kenntnisse zur Rechtsfindung mitbringen.
Dagegen lässt sich eine fehlende Unabhängigkeit auf Grund der mangelnden Befähigung zum Richteramt nicht unter dem Aspekt der Weisungsfreiheit annehmen. Da die Weisungsfreiheit in Art. 24 Europol-Übereinkommen ausdrücklich festgeschrieben ist, wäre eine fehlende Unabhängigkeit nur dann anzunehmen, wenn sie auf Grund anderer Mängel nicht mehr gewährleistet wäre. Solche Mängel könnten sich allerdings nur aus der inneren Einstellung des Einzelnen

---

[1120] Dies betrifft in jedem Fall die rechtstaatlichen Anforderungen, die auch bei einer Übertragung von Hoheitsrechten auf eine zwischenstaatliche Institution nicht außer Acht gelassen werden dürfen. Im Hinblick auf die Ersetzung einer einzelnen Person gerät zudem der Aspekt einer Einzelfallgesetzgebung in den Mittelpunkt.

[1121] So z. B. N.N., WiB 1998, S. 9; *Matz*, Europol, S. 263; *Frowein/Krisch*, JZ 1998, S. 589/592.

[1122] Vgl. dazu ausführlich *Herzog*, in: Maunz/Dürig, GG, Art. 92 Rn. 77 ff.

ergeben. Sie lassen sich aber nicht durch einen Richterstatus gewährleisten. Im Übrigen stellt sich diese Frage zumindest aus deutscher Sicht nicht, denn Art. 2 § 6 Europol-Gesetz sieht für die deutschen Vertreter eine solche Verpflichtung vor. Somit ist unter diesem Gesichtspunkt nicht per se von einer fehlenden Unabhängigkeit auszugehen.

(4) Unabhängigkeit durch das Vorhandensein von Garantien gegen äußere Beeinflussungen und äußerer Schein der Unabhängigkeit

Wie bereits ausgeführt, sind die Mitglieder der Gemeinsamen Kontrollinstanz und des Beschwerdeausschusses von Weisungen jeglicher Behörden unabhängig. Dies gilt auch für die Tätigkeit in den nationalen Kontrollinstanzen.[1123] Diese Unabhängigkeit wird bereits äußerlich durch deren Stellung deutlich. Sie sind, wie sich aus Art. 27 Europol-Übereinkommen ergibt, kein Organ Europols. Darüber hinaus lassen sich dem Europol-Übereinkommen oder der GOGK keine disziplinarischen Beziehungen zu sonstigen Organen oder Einrichtungen Europols entnehmen. Der von der Gemeinsamen Kontrollinstanz nach Art. 24 Abs. 6 Europol-Übereinkommen anzufertigende Tätigkeitsbericht ist allein dem Rat vorzulegen. Der Verwaltungsrat erhält ihn nur, um diesbezüglich eine Stellungnahme abzugeben; Änderungen vermag er nicht vorzunehmen.[1124] Schließlich verfügt die Gemeinsame Kontrollinstanz über einen eigenen Haushaltsansatz für ihre Tätigkeit. Damit wurde die rechtliche Unabhängigkeit durch eine tatsächliche Bewegungsfreiheit untermauert.[1125] Daher ist auch dieses Kriterium zur Bejahung der Unabhängigkeit erfüllt.

(5) Mangelnde Unabhängigkeit auf Grund fehlender Immunität

Zweifel an der Unabhängigkeit der Gemeinsamen Kontrollinstanz werden jedoch von Harings wegen der fehlenden Immunität der dort tätigen Personen geäußert. So sei die persönliche Immunität von jeglicher mitgliedstaatlicher Gerichtsbarkeit ein geeignetes Mittel, um die Unabhängigkeit der richterlichen Amtsführung zu sichern. Dies sei nötig, damit die Richter ihrer Tätigkeit ohne Angst vor Sanktionen nachgehen könnten und da wegen der Letztverbindlichkeit der Entscheidung kein anderes Gericht ein Fehlverhalten feststellen dürfe.[1126]

Im Hinblick auf die Angst vor Sanktionen ist jedoch zu bedenken, dass auch ein optimaler rechtlicher Schutz richterlicher Unabhängigkeit allein die sachgerechte Amtsführung der Richter nicht sichern kann. Andererseits fehlt es z. B. in

1123 *Harings*, Grenzüberschreitende Zusammenarbeit, S. 324.
1124 Dies folgt aus Art. 24 Abs. 6 Europol-Übereinkommen.
1125 *Kalk*, DuD 1999, S. 442/443.
1126 *Harings*, Grenzüberschreitende Zusammenarbeit, S. 325.

klassischen Rechtsstaaten an Unabhängigkeitsgarantien, ohne dass tatsächliche Zweifel an deren Unabhängigkeit geäußert werden. Dem könnte aber entgegnet werden, dass es gerade bei neu errichteten Judikativorganen an einer solchen Tradition fehle, da die einzelnen Staaten den Richtern anderer Nationen kritischer gegenüber stünden als den eigenen. Vor allem wenn es um gewichtige Interessen eines Vertragsstaates gehe, sei die Gefährdungslage für Mitglieder einer internationalen Instanz besonders groß, da sie nicht den Schutz durch das jeweilige nationale Recht genössen.[1127]
Diese Argumentation vermag jedoch nur bedingt zu überzeugen. So stellt sich angesichts der immer enger werdenden Zusammenarbeit im Rahmen von Europol die ernsthafte Frage, ob die Staaten den Richtern in diesem Bereich wirklich kritischer gegenüberstehen, oder ob es sich hier nicht nur um eine bloße, empirisch nicht belegbare, Vermutung handelt. Darüber hinaus trifft die Aussage, die Richter würden nicht den Schutz der nationalen Vorschriften genießen, in dieser Allgemeinheit nicht zu. Zwar handelt es sich bei den Mitgliedern der Gemeinsamen Kontrollinstanz nicht um Richter im eigentlichen Sinne der deutschen Rechtsprechung, doch werden sie durch ihre Tätigkeit und Art. 2 § 6 Europol-Gesetz diesen faktisch gleich gestellt. Daher liegt es nahe, diese auch im Hinblick auf eine strafrechtliche Belangung den sonstigen Richtern gleichzustellen.[1128] Daraus ergibt sich, dass sie nur dann strafrechtlich belangt werden können, wenn sie sich gleichzeitig der Rechtsbeugung schuldig gemacht haben. Dies kommt in der normalen Staatspraxis jedoch so gut wie nie vor, so dass durch diese hohe Strafbarkeitsschwelle i.V.m. mit dem Spruchrichterprivileg des Art. 839 Abs. 2 BGB die richterliche Unabhängigkeit ausreichend geschützt werden kann.[1129]
Aus diesen Gründen kann eine mangelnde Unabhängigkeit auf Grund einer fehlenden Immunität, entgegen der Ansicht von Harings, nicht angenommen werden.

(6) Unabhängigkeit auf Grund der internationalen Zusammensetzung

Zum Teil wird unabhängig von der konkreten Ausgestaltung die Ansicht vertreten, dass gerade durch die Internationalität der Mitglieder eine objektive Überprüfung der Entscheidung Europols ermöglicht werde und daher die Unabhän-

---

1127 So *Harings*, Grenzüberschreitende Zusammenarbeit, S. 327.

1128 Die Rechte der Mitglieder des Beschwerdeausschusses ähneln wegen Art. 2 § 6 Europol-Gesetz denen der ehrenamtlichen Richter in Deutschland. Diese unterliegen ebenfalls der Unabhängigkeitsgarantie des Art. 97 GG und besitzen damit im Grundsatz dieselben Rechte wie die Berufsrichter (vgl. dazu *Kopp/Schenke*, VwGO § 19 Rn. 2). Wegen der Ähnlichkeit zu den ehrenamtlichen Richtern schlägt sich dies auch auf die Mitglieder des Beschwerdeausschusses nieder.

1129 Vgl. *Heyde*, HdVerfR, § 33 Rn. 82.

gigkeit zu bejahen sei.[1130] Dieser Argumentation kann in ihrer Allgemeinheit jedoch nicht gefolgt werden. Hinter ihr steht die Hoffnung, dass auf Grund der internationalen Zusammensetzung der Einfluss einzelner Mitgliedstaaten zurückgedrängt werde. Dem ist wegen der Mehrheitsentscheidungen in solchen Gremien im Grundsatz zuzustimmen. Ob dies jedoch ausreicht, um alle übrigen Mängel auszugleichen, ist fraglich. Im Ergebnis führt diese Argumentation nämlich dazu, dass jede lückenhafte Ausgestaltung der Unabhängigkeit einschlägiger Kontrollorgane mit dem bloßen Hinweis auf die Internationalität seiner Mitglieder gerechtfertigt werden könnte.[1131] Dies ist jedoch zu pauschal und aus rechtstaatlichen Gesichtspunkten nicht hinnehmbar.

(7) Mangelnde Unabhängigkeit durch Verbürgung mittels Verwaltungsvorschrift

Wie bereits dargestellt, verfügen die Mitglieder des Beschwerdeausschusses nicht nur über eine Weisungsfreiheit gegenüber anderen Stellen, sondern auch über eine umfassende Handlungsfreiheit. Sie sind dabei nur dem Gesetz unterworfen. Allerdings werden diese Verbürgungen im Europol-Übereinkommen selbst nur sehr vage umschrieben. So erlaubt etwa Art. 24 Abs. 1 Europol-Übereinkommen, dass die Mitglieder der Gemeinsamen Kontrollinstanz und damit des Beschwerdeausschusses jede Gewähr für Unabhängigkeit und die nötigen Fähigkeiten besitzen sollen. Was darunter genau zu verstehen ist bleibt offen und wird erst durch die GOGK näher bestimmt. Deren Inhalt wird durch die Gemeinsame Kontrollinstanz selbst festgeschrieben und muss lediglich vom Rat bestätigt werden. Daher wird von Degenhardt kritisiert, dass diese reinen Verwaltungsvorschriften jederzeit und ohne größere rechtliche Hürden geändert werden könnten und damit der unabhängige Status der einzelnen Mitglieder des Beschwerdeausschusses stets disponibel sei.[1132] Ob diese Änderungen allerdings wirklich so leicht vorzunehmen sind, wie dies von Degenhardt angenommen wird, ist fraglich. Denn nach Art. 24 Abs. 7 Europol-Übereinkommen i.V.m. Art. 32 GOGK besteht bei Änderung der Geschäftsordnung ein doppelter Einstimmigkeitsvorbehalt. Einerseits muss zunächst die Gemeinsame Kontrollinstanz selbst einen einstimmigen Beschluss fassen, der wiederum einstimmig durch den Rat gebilligt werden muss. Ob dies angesichts der zahlreichen zum Teil unterschiedlichen Auffassungen in den Vertragsstaaten so einfach zu bewerkstelligen sein wird, darf wegen der Streitigkeiten um die Arbeitsaufnahme Europols und den übrigen Erfahrungen mit der Einstimmigkeit in der europäischen Zusammenarbeit bezweifelt werden. Damit besteht, entgegen der Auffassung von Degenhardt, sehr wohl ein ausreichender Schutz der Unabhängigkeit.

[1130] *Martinez Soria*, VerwArch. 1998, S. 400/432; *Sule*, Europol, S. 88.

[1131] So auch *Matz*, Europol, S. 284.

[1132] *Degenhardt*, Europol, S. 252.

dd) Unparteilichkeit

Die Unparteilichkeit steht in einem funktionalen Zusammenhang mit der Unabhängigkeit. Ohne die Unabhängigkeit kann es eine Unparteilichkeit nicht geben.[1133] Dabei bezieht sich der Begriff der Unparteilichkeit zum einen auf die subjektive Einstellung der Richter.[1134] Diese erfordert im Grundsatz, dass die Richter über den Parteien stehen und ihre Entscheidungen ohne Rücksicht auf die Person nach bestem Wissen und Gewissen fällen[1135] und wird bis zum Beweis des Gegenteils vermutet.[1136] Zum anderen enthält die Frage der Unparteilichkeit aber auch ein objektives Element. Es dürfen nämlich im Vorfeld des Hauptverfahrens keine Amtshandlungen vorgenommen werden, die eine Meinung zu der Rechtsfrage voraussetzen bzw. erkennen lassen.[1137] Somit kann es an der Unparteilichkeit fehlen, wenn Richter mit derselben Sache mehrmals bzw. in unterschiedlichen Funktionen befasst sind. So ist die Unabhängigkeit dann nicht mehr gewahrt, wenn beratende und rechtsprechende Funktion sich in der Weise vermengen, dass dieselben Personen hinsichtlich eines entscheidungsrelevanten Rechtsaktes sowohl beratend als auch rechtsprechend tätig sind. In einem solchen Fall ist nicht mehr zu gewährleisten, dass diese Personen sich an ihre früheren Stellungnahmen nicht mehr gebunden fühlen.[1138] An die Unparteilichkeit sind besonders strenge Anforderungen zu stellen.[1139]

(1) Fehlende Unparteilichkeit wegen Beratungstätigkeit

Zweifel an der Unparteilichkeit von Mitgliedern der Gemeinsamen Kontrollinstanz und damit auch des Beschwerdeausschusses können sich daher aus einer vorherigen Beratungstätigkeit ergeben.[1140] Diese Bedenken verdichten sich auf die Verbundenheit von Gemeinsamer Kontrollinstanz und Beschwerdeausschuss. So setzt sich der Beschwerdeausschuss aus den Mitgliedern der Gemeinsamen Kontrollinstanz zusammen.[1141] Dies erscheint bedenklich, da der Beschwerdeausschuss einerseits rechtskräftig über die Rechtshilfegesuche der An-

---

1133 *Peukert,* in: Frowein/Peukert, EMRK, Art. 6 Rn. 129.

1134 *Callewaert,* EuGRZ 1996, S. 366/368.

1135 Vgl. EGMR, Urteil vom 23.06.1981, Rs. Le Compte u.a. ./. Belgien, EuGRZ 1981, S. 551/554 Ziff. 58.

1136 *Meyer-Ladewig*, EMRK, Art. 6 Rn. 30.

1137 Vgl. zum Strafverfahren *Callewaert*, EuGRZ 1996, S. 366/368. Da es aber für die Unparteilichkeit keinen Unterschied machen kann, ob es sich um ein Strafverfahren oder ein zivilrechtliches Verfahren handelt, sind diese Anforderungen auch auf das Verfahren über zivilrechtliche Ansprüche anzuwenden.

1138 So auch *Bank/Krisch,* in: Gleß/Grote/Heine, Bd. 2, S. 85.

1139 *Bank/Krisch*, in: Gleß/Grote/Heine, Bd. 2, S. 34.

1140 Vgl. dazu Art. 12 Abs. 1, Art. 18 Abs. 2, Art. 24 Abs. 3 Europol-Übereinkommen.

1141 Vgl. nur Art. 24 Abs. 7 Europol-Übereinkommen i.V.m. Art. 11 Abs. 1 GOGK; Art. 12 Europol-Übereinkommen.

tragsteller entscheidet, andererseits die Gemeinsame Kontrollinstanz etwa auf Grund von Art. 12 Abs. 1 Europol-Übereinkommen an der Errichtung von Analysedateien beteiligt war. Der Einwand von Matz, wonach die Stellungnahme unverbindlich sei,[1142] ist in diesem Zusammenhang unerheblich, denn auch eine Stellungnahme gibt einen Rat bzw. eine Rechtsauffassung der Gemeinsamen Kontrollinstanz wieder. Ob sie bei der Einrichtung berücksichtig wird, mag dahinstehen. In jedem Fall kann sie aber später in einer Entscheidung über deren Rechtmäßigkeit wieder auftauchen. Es liegt dort also eine Vermischung von administrativen und quasi-richterlichen Funktionen vor. Problematisch daran ist, dass gerade diese administrative Tätigkeit von entscheidender Bedeutung für das spätere Verfahren ist, hängt doch die Frage der Rechtmäßigkeit der Datenspeicherung von der Frage der Rechtmäßigkeit der Errichtungsanordnung ab, an deren Erstellung die Gemeinsame Kontrollinstanz selbst mitgewirkt hat. Somit müsste die Kontrollkommission indirekt auch ihre eigenen Handlungen überprüfen. Somit erscheint es schon aus objektiver Sichtweise heraus als unsicher, dass sich Mitglieder von Gemeinsamer Kontrollinstanz und Beschwerdeausschuss nicht mehr an ihre vorherigen Stellungnahmen gebunden fühlen. Es besteht die Gefahr einer faktischen Bindung an die zuvor getroffenen Entscheidungen.[1143]
Dem könnte man entgegen halten, dass der Beschwerdeausschuss abweichend von einer früher getroffenen rechtlichen Wertung der Gemeinsamen Kontrollinstanz entscheiden kann. Ob dies allerdings in der Praxis erfolgt, dürfte fraglich sein. Mag dies beim Hinzukommen neuer Umstände, die eine neue Bewertung rechtfertigen, noch denkbar sein, wird dies ansonsten nicht der Fall sein. Warum sollte ein und dieselbe Person im selben Fall auf einmal anders entscheiden, wenn sich an den Umständen nichts geändert hat? Schließlich wird den Mitgliedern im Regelfall zu unterstellen sein, dass sie sich ausführlich mit einem Sachverhalt auseinandergesetzt haben und sich auf Grund dessen eine eigene Rechtsauffassung gebildet haben.
Ferner könnte der Verdacht einer fehlenden Unparteilichkeit durch Art. 13 GOGK widerlegt werden. Allerdings darf nach dessen Abs. 1 das Mitglied nur während seiner Tätigkeit im Beschwerdeausschuss keine mit der Tätigkeit unvereinbaren Aufgaben wahrnehmen. Zu der Zeit vor seiner Tätigkeit im Beschwerdeausschuss enthält er dagegen keine Hinweise. Des Weiteren enthält die Vorschrift eine Vereinbarkeitsklausel lediglich im Hinblick auf die Tätigkeit bei der Nationalen Kontrollinstanz. Erfasst werden aber keine Tätigkeiten bei der Gemeinsamen Kontrollinstanz. Diesbezüglich schreibt jedoch Art. 13 Abs. 2 GOGK vor, dass in Fällen, in denen ein Mitglied derart beteiligt war, dass seine Unparteilichkeit ernstlich in Frage gestellt ist oder die Entscheidung beeinträchtigt sein könnte, dieses den Konflikt offen zu legen und zurückzutreten hat. Da-

1142 *Matz*, Europol, S. 291.
1143 Deshalb sieht z. B. § 23 StPO eine entsprechende Ausschlussregelung vor.

durch soll die in Art. 13 Abs. 1 GOGK bestehende Lücke geschlossen werden. Jedoch weist diese Regelung verschieden Schwachstellen auf. So bestehen durch das Prinzip der Selbstanzeige immer auch Unwegsamkeiten, da es dem betroffenen Mitglied des Beschwerdeausschuss unter Umständen an der Einsichtsfähigkeit fehlt. Dieses wird durch die in Art. 13 Abs. 3 GOGK vorgesehene Ablehnungsmöglichkeit nur unzureichend kompensiert, denn auf Grund der sich im verborgenen abspielenden Tätigkeit Europols wird es den Parteien, hier vor allem der Betroffenenseite, in der Regel unmöglich sein, eine vorherige Beteiligung und damit Parteilichkeit ausreichend darzulegen. Mag man dies noch als generelles Problem abtun, verstärkt sich das Problem doch angesichts der potentiellen Möglichkeit einer Befangenheit. Gerade da sich der Beschwerdeausschuss nur aus Mitgliedern der Gemeinsamen Kontrollinstanz zusammensetzt, ist die Gefahr, dass ein oder mehrere Mitglieder des Beschwerdeausschusses bereits mit der Materie befasst waren, relativ hoch.

Nicht zuletzt auch wegen der strengen Anforderungen sprechen im Ergebnis die besseren Argumente dafür, die Unparteilichkeit in Frage zu stellen.[1144] Dieser Mangel wirkt dabei umso schwerer, als die Entscheidungen nach Art. 24 Abs. 7 Satz 5 Europol-Übereinkommen nicht mehr mit Rechtsmitteln angegriffen werden können.

(2) Fehlende Unparteilichkeit wegen mangelndem Richterstatus

Konflikte hinsichtlich der Unparteilichkeit könnten sich auch aus der Tatsache ergeben, dass die Mitglieder von Gemeinsamer Kontrollinstanz und Beschwerdeausschuss nicht unbedingt aus Personen mit der Befähigung zum Richteramt bestehen müssen.

So verlangt Art. 24 Abs. 1 Satz 4 Europol-Übereinkommen lediglich die nötige Befähigung. Daraus lässt sich schließen, dass es sich nicht notwendigerweise um ausgebildete Juristen handeln muss.[1145] Darin jedoch per se einen Mangel an Unparteilichkeit zu sehen, geht zu weit. So garantiert eine juristische Ausbildung allein nicht, dass eine Person unparteiisch ist. Stattdessen ist es allein eine

---

1144 So im Ergebnis aber undifferenziert auch *Degenhardt*, Europol, S. 252 f.; *Petri*, DuD 1998, S. 324/328; *Frowein/Krisch*, JZ 1998, S. 589/592; *van Outrive*, DuD 2000, S. 23/25; *Kübler*, Einheitliche Grundrechte, S. 120; *Gleß*, ZgesStrafW 2002, S. 636/640. Petri schlägt daher vor, diese funktionale Aufspaltung provisorisch abzumildern, indem die Mitglieder der Beschwerdekommission nicht an den Beratungsgesprächen Europols teilnehmen dürfen. Erstens existiert dafür aber, wie auch Petri anerkennt, keine institutionelle Garantie, zweitens wäre dadurch auch nicht gewährleistet, dass nach einer Wiederwahl ein Mitglied der Gemeinsamen Kontrollinstanz nicht in den Beschwerdeausschuss berufen wird. In jedem Fall ist Petri aber dahingehend zuzustimmen, dass die Verpflichtung zur Offenlegung von Interessenkonflikten das Problem nicht hinreichend löst (vgl. dazu *Petri*, Europol, S. 34).

1145 *Matz*, Europol, S. 263.

Frage der inneren Einstellung, die nicht vom Status der Mitglieder abhängig ist. Es grenzt an pure Spekulation, dass Nichtjuristen keine Unparteilichkeit aufweisen könnten. Andererseits wird durch die GOGK festgelegt, dass zur Befähigung u.a. auch juristische Fachkompetenz und die Eignung zur Lösung von Konflikten gehört. Dies kommt dem Bild eines Juristen bzw. Richters schon sehr nahe. Die Annahme einer Unparteilichkeit unter diesem Aspekt ist damit nicht zu bemängeln.[1146]

ee) Verstoß gegen den Fair-Trial-Grundsatz

Die verschiedenen Verfahrensgarantien des Art. 6 EMRK ergeben in der Zusammenschau einen Anspruch auf rechtliches Gehör oder „fair trial“, wie der Inhalt des Rechts in der englischen Terminologie bezeichnet wird.
Wesentliches Merkmal des Grundsatzes vom „fair trial“ ist es, dass der Beteiligte kein bloßes Objekt in einem gerichtlichen Verfahren sein darf, sondern als Subjekt angesehen werden und angemessene Mitwirkungsrechte haben muss.[1147] Dies hat zur Folge, dass es den Parteien ermöglicht werden muss, ausreichende und gleiche Gelegenheit zur Stellungnahme in tatsächlicher und rechtlicher Hinsicht zu haben und dass eine Partei gegenüber einer anderen nicht benachteiligt wird.[1148] Darin kommt ein Anspruch des Bürgers auf ein kohärentes Rechtsschutzsystem, das einen fairen Ausgleich zwischen den Interessen der Behörde einerseits und denen des betroffenen Bürgers andererseits gewährleistet, zum Ausdruck.[1149] Ob dabei das Verfahren als fair bezeichnet werden kann, hängt von der Berücksichtigung aller Umstände des Verfahrens einschließlich der Rechtsmittelinstanz ab.[1150] Daher können einzelne Defizite im Verfahren unbeachtlich sein, weil die Verurteilung nicht auf ihnen beruht.[1151]

(1) Waffengleichheit

Das Prinzip der Waffen- oder Chancengleichheit basiert auf dem Grundsatz „audiatur et altera pars“ und stellt ein wesentliches Element des Rechts auf „fair trial“ dar. Der dem zugrunde liegende Gleichheitsgedanke ist mit dem des Diskriminierungsverbots in Art. 14 EMRK zu vergleichen[1152]
Bedenken ergeben sich diesbezüglich aus der im Europol-Übereinkommen niedergelegten Regelung über die Ablehnung eines Auskunftsanspruchs durch

---

1146 A.A. aber scheinbar *Gleß*, ZgesStrafW 2002, S. 636/641.
1147 *Meyer-Ladewig*, EMRK, Art. 6 Rn. 35.
1148 *Peukert*, EuGRZ 1980, S. 247/254.
1149 *Harings*, Grenzüberschreitende Zusammenarbeit, S. 179.
1150 *Meyer-Ladewig*, EMRK, Art. 6 Rn. 36; *Peukert*, in: Frowein/Peukert, EMRK, Art. 6 Rn. 71.
1151 *Bank/Krisch*, in: Gleß/Grote/Heine, Bd. 2, S. 66 f.
1152 *Peukert*, in: Frowein/Peukert, Art. 6 Rn. 83.

Europol oder einen Mitgliedstaat. Art. 19 Abs. 7 Europol-Übereinkommen legt diesbezüglich fest, dass die Gemeinsame Kontrollinstanz eine entsprechende Ablehnung nicht mit einfacher Mehrheit, sondern nur mit einer Zweidrittelmehrheit überwinden kann.[1153] Im Hinblick auf die Waffengleichheit hat dies zur Folge, dass dem Beschwerdeführer die Last aufgebürdet wird, erheblich mehr Richter von seiner Auffassung zu überzeugen, um eine für ihn positive Entscheidung zu erreichen, als dies von Europol als Hoheitsträger verlangt wird.[1154] Dadurch steht der Beschwerdeführer schon durch die formale Ausgestaltung des Verfahrens der Verwaltung nicht als gleiche Partei gegenüber.
Allerdings ist in diesem Zusammenhang auch zu bedenken, dass es sich bei der Zusammenarbeit von Europol um einen höchst wichtigen und sensiblen Bereich handelt. Wegen der Gefährlichkeit der Organisierten Kriminalität und der Schwierigkeiten bei der Durchführung der Ermittlungen könnte Europol daher ein berechtigtes Interesse an der Geheimhaltung haben. Darin könnte eine Rechtfertigung zur Einschränkung des Grundsatzes der Waffengleichheit liegen.[1155]
Dem ist jedoch zu entgegnen, dass es sich beim Verfahren vor der Gemeinsamen Kontrollinstanz um die einzig wirklich Erfolg versprechende Möglichkeit des Betroffenen handelt, sein Recht durchzusetzen. Andere Möglichkeiten, insbesondere ein Vorgehen vor nationalen Gerichten, sind dagegen wenig Erfolg versprechend.[1156] Auch muss berücksichtigt werden, dass die von Europol gesammelten Daten sehr umfangreich sind, intensiv in Rechtspositionen des Betroffenen eingreifen und dass dies alles im Geheimen stattfindet.[1157] Diese Umstände sprechen dafür, in einer Interessenabwägung das Interesse des Betroffenen zu bevorzugen, zumal der Schutz der Ermittlungen auch durch eine Beschränkung der gerichtlichen Kontrolldichte, wie sie der europäischen Rechtstradition vertraut ist, erreicht werden könnte[1158]. Dies hätte zur Folge, dass es nicht erforderlich wäre, die formale Gleichstellung vor dem Richter aufzugeben. Zwingende Gründe für eine derartige Einschränkung der Waffengleichheit bestehen damit jedenfalls nicht.
Im Ergebnis ist eine solche Benachteiligung nicht mehr mit dem Grundsatz der Waffengleichheit zu vereinbaren; ein Verstoß gegen den Fair-Trial-Grundsatz ist

1153 Dagegen lässt sich im deutschen Recht das Erfordernis einer qualifizierten Mehrheit nur für den Fall finden, in dem es um den Schutz des Individuums geht und eine besondere Gewissheit des Richterkollegiums verlangt wird, vgl. z. B. § 263 Abs. 1 StPO. Im Gegensatz zu der hier vorliegenden Regelung existiert ein solches Erfordernis nur zum Schutz des Betroffenen.

1154 So auch *Frowein/Krisch*, JZ 1998, S. 589/593.

1155 Vgl. zur Möglichkeit der Einschränkung *Bank/Krisch*, in: Gleß/Grote/Heine, Bd. 2, S. 86 f.

1156 Vgl. dazu zusammenfassend 3. Teil: B.III.

1157 Vgl. dazu nur 2. Teil: C.IV.4.a) und 2. Teil: C.IV.4.c).

1158 *Frowein/Krisch*, JZ 1998, S. 589/593.

damit zu bejahen.[1159] Allerdings gilt dies nur hinsichtlich des Verfahrens über einen Auskunftsanspruch. In Art. 20 Europol-Übereinkommen oder der GOGK findet sich keine entsprechende Regelung für die Berichtigungs- oder Löschungsansprüche. Über sie ist daher gemäß Art. 25 Abs. 2 GOGK mit einfacher Mehrheit zu entscheiden, so dass dort diese Problematik nicht besteht.

(2) Recht auf Gehör

Das Recht auf Gehör beinhaltet als Ergebnis der Garantie eines fairen Verfahrens den Anspruch darauf, sich in gerichtlichen Verfahren zu allen erheblichen Tatsachen und rechtlichen Fragen ausreichend zu äußern und Beweise einbringen zu können. Daraus ergibt sich zugleich das Recht, von allen anderen Beweisen, gleich welcher Art, Kenntnis zu erlangen.[1160]

(a) Einbringen von Beweisen und Äußerungsrecht

Dem Betroffenen wird durch das Europol-Übereinkommen und die GOGK die Möglichkeit eingeräumt, sich ausreichend zu äußern und eigene Beweise einzubringen. So hat der Antragsteller in seinem Antrag bereits die Gelegenheit, seine Sicht der Dinge darzustellen und durch Belege zu untermauern.[1161] Darüber hinaus hat er die Möglichkeit über Vorschläge zur Beweiserhebung und das Stellen von Beweisanträgen auf das Verfahren einzuwirken.[1162] Zusätzlich können die Beteiligten auch die Anhörung von Zeugen beantragen und mit Erlaubnis des Beschwerdeausschusses eigene Fragen stellen.[1163] Damit besteht für den Betroffenen die grundsätzliche Möglichkeit, alle aus seiner Sicht erforderlichen Beweise in das Verfahren einzubringen. Allein die Tatsache, dass die letztendliche Entscheidung über die Anhörung dem Beschwerdeausschuss obliegt[1164], steht einem fairen Prozess nicht entgegen, denn der Richter ist in der Würdigung der ihm angebotenen Beweise frei. Damit reicht der bloße Hinweis, ein bestimmtes Beweismittel sei vom Richter nicht angenommen worden, nicht aus, um einen Verstoß gegen den Fair-Trial-Grundsatz anzunehmen.[1165] Anderenfalls bestünde wiederum die Gefahr, dass zu Ungunsten des Verfahrensgegners das Verfahrensrecht verletzt würde. Zudem muss dem Richter die Möglichkeit obliegen, einer Prozessverzögerung durch die Stellung unergiebiger Beweisangebote entgegenwirken zu können. Bedenken könnten sich aber aus der Tatsache

---

1159 So auch *Frowein/Krisch*, JZ 1998, S. 589/593; *Gleß*, ZgesStrafW 2002, S. 636/640 f.

1160 *Meyer-Ladewig*, EMRK, Art. 6 Rn. 38.

1161 Vgl. nur Art. 17 Abs. 2 GOGK.

1162 Vgl. dazu Art. 19 Abs. 1 GOGK.

1163 Art. 22 Abs. 1, 3 GOGK.

1164 Art. 22 Abs. 1 GOGK. Die Entscheidungsmöglichkeit des Beschwerdeausschusses ergibt sich aus der Formulierung „Der Ausschuss kann".

1165 So auch *Peukert*, EuGRZ 190, S. 247/257.

ergeben, dass das gesamte Verfahren grundsätzlich schriftlich abläuft.[1166] Allerdings ist eine persönliche Beteiligung der Parteien im Verfahren über zivilrechtliche Ansprüche und Verpflichtungen für die Vereinbarkeit mit Art. 6 EMRK nicht unbedingt erforderlich.[1167] Stattdessen reicht die Möglichkeit der Stellungnahme im schriftlichen Verfahren aus.[1168] Eine solche Möglichkeit besteht, wie eben gesehen, in einem ausreichenden Maße. Sollte eine Partei diese Möglichkeiten dennoch nicht für ausreichend erachten, so kann sie immer noch ihr Recht auf Anhörung geltend machen, so dass im Verfahren die Parteien anwesend sind.[1169]
Daraus ergibt sich im Ergebnis, dass eine Verletzung des Fair-Trial-Grundsatzes unter dem Gesichtspunkt des Äußerungsrechts und der Beweiserhebung in der Regel nicht in Betracht kommt.

(b) Kenntniserlangung von Beweisen

Neben dem Recht auf Einbringung eigener Beweise und dem Recht sich zu äußern, umfasst das Recht auf Gehör auch ein Recht auf Kenntniserlangung von Beweisen. Dies folgt aus einem Umkehrschluss. So kann sich der Betroffene nur zu Beweisen äußern, von denen er auch Kenntnis hat, ansonsten würde das Äußerungsrecht leer laufen. Aus diesem Grund ist das Recht auf Kenntniserlangung von Beweisen in Anlehnung an das Akteneinsichtrecht auch als Ausfluss des Rechts auf ein faires Verfahren zu werten.[1170]
Daher wird dem Beschwerdeführer nach Art. 20 Abs. 1 GOGK ein Zugangsrecht zu den Verfahrensrechten eingeräumt. Dieses Zugangsrecht unterliegt jedoch zahlreichen Beschränkungen, mittels derer der Zugang zu den Verfahrensakten abgelehnt werden kann.[1171] Vergleicht man diese mit den Verweigerungsrechten nach Art. 19 Abs. 3 Europol-Übereinkommen, so zeigt sich, dass die gleichen Gründe, die zur Auskunftsverweigerung und damit zum Beschwerdeverfahren führten, auch hier herangezogen werden können, um den Zugang zu

---

1166 Dies ist zwar weder im Europol-Übereinkommen noch in der GOGK explizit normiert, ergibt sich aber aus einem Umkehrschluss von Art. 21 GOGK. Dort wird in Abs. 1 ein mündliches Anhörungsrecht nur auf Antrag gewährt. Dieser ausdrücklichen Normierung bedürfte es aber gar nicht, wenn das Verfahren nicht grundsätzlich schriftlich durchzuführen wäre.

1167 *Peukert,* in: Frowein/Peukert, EMRK, Art. 6 Rn. 97.

1168 *Peukert,* EuGRZ 1980, S. 247/255 f.

1169 Diese Art des Verfahrens bietet für die Beteiligten wohl insbesondere den Vorteil, dass sie nicht extra anreisen müssen. Angesichts der möglichen Entfernungen zwischen Wohnort des Klägers und dem Verletzerstaat wäre dies bei der internationalen Datenverarbeitung eine nicht zu unterschätzende Belastung für die Parteien, insbesondere des betroffenen Bürgers.

1170 Vgl. BVerfG, Beschluss vom 11.07.1994, Az.: 2 BvR 777/94, NStZ 1994, S. 551/552.

1171 Vgl. zu den Ausnahmen Art. 20 Abs. 1 Satz 2 GOGK.

den Verfahrensakten zu versagen. Schon aus diesem Grund erscheinen die Erfolgsaussichten des Betroffenen, seinen Auskunftsanspruch im Rahmen des Beschwerdeverfahrens durchsetzen zu können, als äußerst gering.[1172] Auch hier ist zu berücksichtigen, dass die Verweigerungsgründe extrem weit gefasst sind. Gerade der Verweis auf die effektive Aufgabenwahrnehmung durch Europol dürfte es dem Beschwerdeausschuss nur in geringem Umfang ermöglichen, die Interessenabwägung zugunsten des Betroffenen zu fällen. Daher wird das Recht des Betroffenen auf Zugang zu den Verfahrensakten extrem beschnitten.
Damit nicht genug sind diese Beschränkungen nicht auf den Auskunftsanspruch beschränkt, sondern gelten für alle Verfahren. Auch hier dürfte es daher dem Betroffenen aus den gleichen Gründen nicht möglich sein, ausreichende Kenntnis über die relevanten Verfahrensakten zu bekommen.
Auch die in Art. 20 GOGK vorgesehene Möglichkeit, dass sich der Beschwerdeausschuss über eine solche Entscheidung Europols hinwegsetzt, kann diesen Mangel nicht ausreichend neutralisieren. Art. 20 Abs. 2 GOGK verlangt eine einstimmige Entscheidung des Beschwerdeausschusses, um sich über die Auskunftsverweigerung Europols hinwegzusetzen. Eine solche Entscheidung wird in der Praxis aber nur in offensichtlich unzulässigen Fällen einer Auskunftsverweigerung erreicht werden können. Damit ist zu befürchten, dass der Betroffene in seinem Verfahren nicht ausreichend mit den ihn belastenden Informationen versorgt wird und sich dementsprechend dazu nicht äußern kann.
Ferner wird der Bürger im Falle einer Ablehnung seines Antrags über die entscheidungsrelevanten Gründe im Unklaren gelassen. Damit verfügt er über keinerlei Kenntnis bezüglich der Verfahrenseinzelheiten, sondern kann allenfalls Vermutungen anstellen. Entzieht man dem Beschwerdeführer aber das Zugangsrecht, so fehlt ihm jedwede Möglichkeit, seine Rechte wirksam geltend zu machen.[1173]
Auf der anderen Seite ist auch hier zu bedenken, dass durch die Kenntnisnahme der Informationen durch den Betroffenen die Arbeit Europols erheblich eingeschränkt werden kann. Um dieses Defizit auszugleichen und einen interessengerechten Ausgleich zu schaffen, kann der Beschwerdeausschuss jedoch verlangen, dass dem Beschwerdeführer eine Zusammenfassung der Verfahrensakten oder zumindest bestimmte Unterlagen zur Verfügung gestellt werden.[1174]
Dies reicht jedoch nicht aus. Eine Zusammenfassung oder gar nur Auszüge aus der Akte vermögen den Betroffenen nicht in die Lage zu versetzen, sich umfassend über die Umstände der Datenerhebung zu informieren und sich entsprechend zu wehren. Darüber hinaus ist zu bedenken, dass die Datenverarbeitung bei Europol im Hintergrund und damit für den Betroffenen kaum wahrnehmbar verläuft. Auch die Ablehnungsentscheidung Europols über den Anspruch muss

1172 So im Ergebnis auch *Degenhardt*, Europol, S. 256.
1173 *Degenhardt*, Europol, S. 256.
1174 Art. 20 Abs. 2 Satz 5 GOGK.

bzw. darf keine Begründung und damit Hinweise enthalten.[1175] Er wird daher kaum eine Möglichkeit haben, Kenntnis von den gespeicherten Informationen zu erlangen. Darüber hinaus hat der Beschwerdeausschuss Letztentscheidungskompetenz[1176], dem Beschwerdeführer stehen also keine anderen Möglichkeiten zur Verfügung, um seine Rechte durchzusetzen. Auch aus diesem Grund ist der umfassende Zugang zu den Verfahrensakten ein absolutes Erfordernis.

Vor diesem Hintergrund ist im Ergebnis die Ausgestaltung des Rechts auf Kenntniserlangung von Beweisen nicht gewahrt worden. Damit ist letztlich eine Verletzung des Fair-Trial-Grundsatzes zu bejahen.

(3) Begründung der Urteile

Art. 6 Abs. 1 EMRK verlangt zur Gewährleistung eines fairen Verfahrens die Begründung eines Urteils, gegen das ein Rechtsmittel eingelegt werden kann, da anderenfalls eine Überprüfung nicht möglich ist[1177]. Diese Begründung muss sich mit allen Argumenten befassen, die nach Meinung des Gerichts für die Entscheidung erheblich waren. Dies gilt vor allem dann, wenn die Entscheidung auf einer unbestimmten Norm basiert.[1178]

Nach Art. 25 Abs. 4 GOGK muss die Entscheidung des Beschwerdeausschusses neben den Namen der Ausschussmitglieder und dem Datum der Entscheidungsverkündung auch einen Entscheidungstenor, eine kurze Sachverhaltsdarstellung und eine Begründung der Entscheidung enthalten.[1179]

Problematisch an dieser Regelung ist, dass sie im Widerspruch zum Auskunftsanspruch des Art. 19 Abs. 7 Europol-Übereinkommen steht. Danach ist dem Beschwerdeführer nach Ablehnung des Anspruchs eine Mitteilung zu übermitteln, aus der nicht ersichtlich ist, ob Daten über seine Person vorliegen. Die entsprechende Entscheidung wird nach Art. 11 Abs. 1 GOGK vom Beschwerdeausschuss getroffen. Hat dieser aber die Entscheidung zu begründen, so lassen sich in der Regel Ausführungen in der Begründung zum Umfang der zu speichernden Daten nicht vermeiden. Ein Widerspruch ist vorprogrammiert, so dass sich die Frage nach einer Lösung stellt.

Die GOGK hat ihre Rechtsgrundlage in Art. 24 Abs. 7 Europol-Übereinkommen. Daher darf sie, auf Grund der Rangfolge zwischen Europol-Übereinkommen und GOGK, im Umfang nicht über die durch das Europol-Übereinkommen gewährten Rechte hinausgehen. Das bedeutet, dass die GOGK entsprechend ausgelegt werden muss. Somit darf eine Begründung nur insofern

---

1175 Art. 19 Abs. 4 Europol-Übereinkommen.

1176 Dies folgt aus Art. 24 Abs. 7 Satz 6 Europol-Übereinkommen.

1177 *Peukert*, EuGRZ 1980, S. 247/267.

1178 *Peukert*, in: Frowein/Peukert, EMRK, Art. 6 Rn. 114.

1179 Art. 25 Abs. 4 GOGK.

gegeben werden, als sichergestellt wird, dass dadurch der Umfang der gespeicherten Daten nicht bekannt wird. Da dies in der Praxis aber kaum möglich sein dürfte, wird es meist an einer aussagekräftigen Begründung fehlen. In diesem Zusammenhang ist aber zu berücksichtigen, dass der Beschwerdeausschuss verbindliche Entscheidungen trifft, gegen die es kein Rechtsmittel gibt.[1180] Bei solchen Entscheidungen verlangt die EMRK keine eingehenden Begründungen.[1181] Dem Grundsatz der Fairness ist somit unter dem Blickwinkel der Begründungspflicht Genüge getan worden.

(4) Verstoß gegen den Grundsatz der Öffentlichkeit

Der öffentliche Charakter eines Verfahrens vor gerichtlichen Entscheidungsorganen soll die Verfahrenbeteiligten gegen eine der öffentlichen Kontrolle entzogenen Geheimjustiz schützen sowie das Vertrauen in die Justiz stärken und zu einem fairen Prozess beitragen.[1182] Gegen diesen Grundsatz könnte im Hinblick auf das Verfahren vor dem Beschwerdeausschuss verstoßen werden, da es grundsätzlich schriftlich und ohne Durchführung einer mündlichen Verhandlung erfolgt.[1183] Doch haben die Parteien nach Art. 21 Abs. 1 GOGK die Möglichkeit, durch einen entsprechenden Antrag statt eines schriftlichen Verfahrens eine mündliche Anhörung zu bewirken. Letztere sind nach Art. 21 Abs. 2 GOGK grundsätzlich öffentlich. Dennoch wird die Öffentlichkeit in einer solchen Verhandlung nur eingeschränkt zugelassen, denn Art. 21 Abs. 2 GOGK sieht verschiedene Ausschlussgründe vor, die sehr weit reichend formuliert worden sind. Ein Verstoß ist hierin aber nicht zu sehen, da Art. 6 EMRK selbst Gründe vorsieht, in denen vom Grundsatz der Öffentlichkeit abgewichen werden kann und die Ausschlussgründe der GOGK denen des Art. 6 Abs. 1 EMRK ähneln.[1184]
Als problematisch ist aber die Regelung des Art. 21 Abs. 2 Satz 2 GOGK zu bewerten. Danach kann der Antrag eines Mitgliedstaates oder Europols über den Ausschluss der Öffentlichkeit nur dann vom Beschwerdeausschuss abgelehnt werden, wenn dieser einstimmig dagegen votiert. Diese Entscheidung des Ausschusses darf darüber hinaus nur getroffen werden, wenn einer der in Art. 21 Abs. 2 Satz 1 GOGK genannten Ausschlussgründe nicht vorliegt. Angesichts

1180 Vgl. Art. 24 Abs. 7 Satz 6 Europol-Übereinkommen.
1181 *Peukert,* in: Frowein/Peukert, EMRK, Art. 6 Rn. 114.
1182 *Peukert,* in: Frowein/Peukert, EMRK, Art. 6 Rn. 117.
1183 Dies ergibt sich aus Art. 21 GOGK, vgl. dazu 4. Teil: B.I.1.a)ee)(2)(a).
1184 So ähnelt der in Art. 21 Abs. 2 GOGK enthaltene Grund der öffentlichen Sicherheit stark der in Art. 6 EMRK vorhandenen Formulierung der Öffentlichen Ordnung und Nationalen Sicherheit. Ebenso ähnelt der in Art. 21 Abs. 2 GOGK enthaltene Ausschluss wegen der Gefahr der Beeinträchtigung einer ordnungsgemäßen Entscheidung der in Art. 6 EMRK gewählten Formulierung einer Beeinträchtigung von Interessen der Rechtspflege. Der Ausschluss wegen des Schutzes der Privatsphäre der Prozessbeteiligten lässt sich ebenfalls in beiden Vorschriften finden.

der Weite der Ausschlussgründe wird in der Praxis eine einstimmige Entscheidung nur die Ausnahme und nur bei offensichtlich unbegründeten Anträgen zu erreichen sein. Daher liegt es vor allem in der Hand der beteiligten Mitgliedstaaten und Europols, als Verfahrensbeteiligte über die Zulassung der Öffentlichkeit zu entscheiden.[1185] Dies erscheint unter dem Erfordernis einer öffentlichen Verhandlung jedoch als höchst bedenklich.

(5) Angemessene Frist

Ferner gibt Art. 6 EMRK dem Betroffenen ein Recht zur Entscheidung in angemessener Frist an die Hand. Dabei richtet sich die Frage der Angemessenheit nicht nach einer bestimmten Zeitgrenze, deren Überschreiten per se eine Verletzung dieses Rechts darstellt, sondern orientiert sich stattdessen an den jeweiligen Umständen des Einzelfalls.[1186] Als wesentliche Kriterien zur Beurteilung der Angemessenheit einer Frist werden der Umfang und die Schwierigkeit des Falles, die Behandlung des Falles durch die mit dem Verfahren befassten Behörden und Gerichte sowie das Verhalten des Beschwerdeführers herangezogen.[1187] Ferner richtet sich der Fristbeginn in der Regel nach der Klageerhebung in Verfahren über zivilrechtliche Ansprüche und Verpflichtungen bzw. nach der offiziellen Mitteilung oder sonstigen Inkenntnissetzung über den Verdacht der Begehung einer Straftat.[1188]
Für das Verfahren bei Europol beginnt somit die Frist mit Einlegung einer Beschwerde bei der Gemeinsamen Kontrollinstanz zu laufen, da eine strafrechtliche Anklage hier nicht in Betracht kommt.[1189] Die Frist endet mit der endgültigen Entscheidung der letztinstanzlichen Entscheidung im ordentlichen Rechtsweg[1190], im Falle von Europol also mit der Entscheidung des Beschwerdeausschusses. Da sich die Angemessenheit am konkreten Fall orientiert, lassen sich diesbezüglich keine allgemeinen Ergebnisse im Hinblick auf das Verfahren vor dem Beschwerdeausschuss treffen. Eine Bewertung bleibt daher der späteren Praxis des Einzelfalles überlassen.

b) Vereinbarkeit mit Art. 8 i.V.m. Art. 13 EMRK

Nur soweit man die Streitigkeiten im Rahmen von Europol und deren Schlichtung durch den Beschwerdeausschuss nicht unter Art. 6 EMRK fassen will,

---

1185 Dabei ist zu berücksichtigen, dass diese in der Regel ein erhebliches Interesse an einer Geheimhaltung haben werden. So auch *Matz,* Europol, S. 269 f.

1186 *Peukert*, EuGRZ 1979, S. 261/271.

1187 EGMR, Urteil vom 28.06.1978, Rs. König ./. Bundesrepublik Deutschland, EuGRZ 1978, S. 406/417 Rn. 99.

1188 *Peukert*, in: Frowein/Peukert, EMRK, Art. 6 Rn. 137 f.

1189 Vgl. 4. Teil: B.I.1.a)aa)(1).

1190 *Peukert,* in: Frowein/Peukert, EMRK, Art. 6 Rn. 140.

entfaltet die Garantie des Art. 13 EMRK seine Wirkung. Art. 6 EMRK beinhaltet weiter gehende Garantien als Art. 13 EMRK und ist damit viel spezieller als Art 13 EMRK. Dies hat zur Folge, dass Art. 13 EMRK auf Grund dieser Spezialität überlagert wird, womit ein Weg zu einem Gericht durch die Konvention garantiert ist. Art. 13 EMRK ist daneben nicht anwendbar.[1191] Damit ist Art. 13 EMRK nur in den Fällen maßgeblich, in denen die verwaltungsrechtlichen Streitigkeiten aus dem Schutzbereich des Art. 6 EMRK herausfallen. Da nach der hier vertretenen Ansicht jedoch Art. 6 EMRK einschlägig ist und damit für eine Anwendbarkeit von Art. 13 EMRK kein Raum ist, wird nicht auf eine Vereinbarkeit mit Art. 8 i.V.m. Art. 13 EMRK eingegangen.[1192]

2. Vereinbarkeit mit den Anforderungen des Grundgesetzes

Im Folgenden soll der Frage nachgegangen werden, ob die im Europol-Übereinkommen und den dazugehörigen Ausführungsakten normierte Rechtsschutzgewährung den Anforderungen des deutschen Verfassungsrechts genügt. Dabei stellt sich zunächst die Frage nach dem Umfang der Anforderungen.

a) Keine unmittelbare Anwendbarkeit von Art. 19 Abs. 4 GG

In seinem Volkszählungsurteil stellte das Bundesverfassungsgericht fest, dass sich die Frage nach den Anforderungen an verfahrensrechtliche Vorkehrungen zum Schutz des Betroffenen nach Art und Umfang sowie den denkbaren Verwendungen der erhobenen Daten und der Gefahr ihres Missbrauchs richtet.[1193] Dabei kommt dem durch Art. 19 Abs. 4 GG verankerten Justizgewährungsanspruch eine tragende Rolle zu, da er nicht nur das formelle Recht und die Möglichkeit des Anrufens eines Gerichts enthält, sondern auch die Effektivität desselben verlangt.[1194] Allerdings beziehen sich diese Aussagen auf einen rein nationalen Sachverhalt. Daher stellt sich die Frage, inwieweit diese Aussagen gelten, wenn es um die Datenverarbeitung einer internationalen Organisation wie Europol geht. Damit verbunden stellt sich die Frage nach dem Rechtsschutz gegen nichtdeutsche Hoheitsakte mit Inlandsbezug.

Nach ganz überwiegender Ansicht erfasst Art. 19 Abs. 4 GG nur die deutsche hoheitliche Gewalt, nicht aber die anderer Staaten oder zwischenstaatlicher Ein-

---

1191 Zum Verhältnis von Art. 6 zu Art. 13 EMRK siehe *Frowein*, in: Frowein/Peukert, Art. 13 Rn. 7.

1192 So aber *Matz*, Europol, S. 108 ff.

1193 BVerfG, Urteil vom 15.12.1983 – 1 BvR 209, 269, 362, 420, 440, 484/83 - BVerfGE 65, S. 1/46.

1194 BVerfG, Urteil vom 15.12.1983 – 1 BvR 209, 269, 362, 420, 440, 484/83 - BVerfGE 65, S. 1/70 m.w.N.

richtungen.[1195] Ausgehend von der Rechtsprechung des Bundesverfassungsgerichts im Maastricht-Urteil[1196] tendieren jedoch manche Stimmen dazu, eine erweiterte Auslegung des Art. 19 Abs. 4 GG in Betracht zu ziehen und gelegentlich Akte der europäischen Gewalt denen der deutschen öffentlichen Gewalt gleichzustellen.[1197]
Sie sehen in der Aussage des Bundesverfassungsgerichts – auch die Tätigkeit einer supranationalen Organisation berühre die Gewährleistungen des Grundgesetzes und die Aufgaben des Bundesverfassungsgerichts zum Grundrechtsschutz in Deutschland – eine Abkehr von der bisherigen Haltung.[1198] Folge einer solchen Deutung ist, dass nicht mehr nur Akte der deutschen öffentlichen Gewalt am Maßstab des Grundgesetzes überprüft werden, sondern generell Akte öffentlicher Gewalt in Deutschland.[1199] Damit wäre auch das Handeln Europols bzw. der Rechtsschutz gegenüber Europol an die Anforderungen des Art. 19 Abs. 4 GG gebunden.
Dem kann jedoch nicht gefolgt werden. Durch Art. 23, 24 GG wird der Verzicht Deutschlands auf die ausschließliche Ausübung der Hoheitsgewalt auf dem eigenen Staatsgebiet[1200] und eine Befreiung der Bindung von zwischenstaatlichen Einrichtungen an das Grundgesetz festgeschrieben[1201]. Folge dessen ist, dass die Anwendbarkeit von Art. 19 Abs. 4 GG grundsätzlich durch den Vertrag bestimmt wird. Sinn und Zweck der Ermächtigung des Art. 24 Abs. 1 GG ist es, die Übertragung von Hoheitsrechten auf zwischenstaatliche Einrichtungen zu ermöglichen. Es wird der ausschließliche Herrschaftsanspruch des Grundgesetzes zurückgenommen und der Anwendung eines anderen Rechts Raum gelassen. Dadurch soll die Beteiligung an zwischenstaatlichen Einrichtungen ermöglicht werden. Diese Möglichkeit wäre aber stark eingeschränkt, wenn Deutschland sich nur an solchen Einrichtungen beteiligen könnte, die einen gänzlich entspre-

---

1195 BVerfG, Beschluss vom 23.06.1981 – 2 BvR 1107, 1124/77 und 195/79 - BVerfGE 58, S. 1/26 ff.; BVerfG, Beschluss vom 10.11.1981 – 2 BvR 1058/79 – BVerfGE 59, S. 63/85 ff.; *Krebs*, in: v.Münch/Kunig, GG, Art. 19 Rn. 53, *Randelzhofer*, in: Maunz/Dürig, GG, Art. 24 Rn. 151, *Schmidt-Assmann*, in: Maunz/Dürig, GG, Art. 19 IV Rn. 47 f.; *Papier*, HdStR VI, § 154 Rn. 23; *Huber*, in: v. Mangoldt/Klein/Starck, GG, Art. 19 IV Rn. 431 ff.

1196 BVerfG, Urteil vom 12.10.1993 – 2 BvR 2134, 2159/92 - BVerfGE 89, S. 155 ff.

1197 Vgl dazu ausführlich *Harings*, Grenzüberschreitende Zusammenarbeit, S. 229 ff.; zurückhaltener *Schmidt-Assmann*, in: FS-Bernhardt, S. 1283/1303; ders. in: Schoch/Schmidt-Assmann/Pietzner, VwGO, Einleitung Rn. 9; *Tietje*, JuS 1994, S. 197/199 f.; *Horn*, DVBl. 1995, S. 89/93 ff.

1198 Vgl. nur *Harings*, Grenzüberschreitende Zusammenarbeit, S. 227; *Schröder*, DVBl. 1994, S. 316/322.

1199 *Odendahl*, JA 2000, S. 219/222.

1200 BVerfG, Beschluss vom 29.05.1974 – 2 BvL 52/71 - BVerfGE 37, 271/280; BVerfG, Beschluss vom 23.06.1981 – 2 BvR 1107, 1124/77 und 195/79 - BVerfGE 58, S. 1/28; BVerfG, Beschluss vom 22.10.1986 – 2 BvR 197/83 – BVerfGE 73, 339/374.

1201 *Randelzhofer*, in: Maunz/Dürig, GG, Art. 24 I Rn. 137 f.

chenden Grundrechtsstandard haben. Angesichts der Interessen der anderen Vertragspartner dürfte eine solche Einrichtung aber wohl kaum bestehen. Daneben wäre bei einer vollständigen Übernahme einer Rechtsordnung eines jeden Mitgliedstaates auch die Funktionsfähigkeit der zwischenstaatlichen Einrichtung erheblich beeinträchtigt, denn es würde die Gefahr eines ungleichmäßigen Rechtsschutzes in den einzelnen Mitgliedstaaten bestehen.[1202]
Außerdem würde die Annahme, Akte einer zwischenstaatlichen Einrichtung unterlägen dem Geltungsbereich deutscher Grundrechte, bedeuten, dass es sich gleichsam nicht nur um öffentliche Gewalt i.S.v. Art. 19 Abs. 4, 93 Abs. 1 Nr. 4a GG sondern auch um grundrechtsgebundene öffentliche Gewalt i.S.d. Art. 1 Abs. 3 GG handelt. Eine solche Ausweitung ist jedoch nur über die verfassungsrechtliche Übertragung von Hoheitsrechten nach Art. 24 Abs. 1 bzw. Art. 23 Abs. 1 GG möglich.[1203] Die Ansicht, dass Hoheitsakte zwischenstaatlicher Einrichtungen von Art. 19 Abs. 4 GG erfasst würden, stößt gerade vor dem Hintergrund, dass eine Übertragung von Hoheitsrechten nur nach Art. 23 Abs. 1 bzw. Art. 24 Abs. 1 GG erfolgen kann, auf erhebliche Bedenken. Die noch in den „Solange-Entscheidungen" notwendige Herleitung einer Überprüfungskompetenz mit Hilfe einer Rechtskonstruktion wäre nach dieser Auffassung überflüssig, so dass hier in einem erheblichen Maße Rechtsfortbildung betrieben würde. Dass eine Rechtsfortbildung aber soweit gehen kann, dass Rechtsakte der nichtdeutschen öffentlichen Gewalt rechtsverbindlich zu überprüfen sind, indem nicht mehr nur auf die Herkunft, sondern auch auf den Wirkungsort abgestellt wird, ist unter rechtsstaatlichen Gesichtspunkten nicht mehr vertretbar.[1204]
Letztlich würde die Gegenansicht dazu führen, dass die deutschen Gerichte immer dann herangezogen werden könnten, wenn auf einem anderen Weg, im Fall von Europol vor der Gemeinsamen Kontrollinstanz, dem Begehren nicht entsprochen wurde. Auch dies wird nicht durch Art. 19 Abs. 4 GG verlangt, da eine subsidiäre Gerichtsbarkeit deutscher Gerichte von Art. 19 Abs. 4 GG nicht vor-

1202 BVerfG, Beschluss vom 23.06.1981 – 2 BvR 1107, 1124/77 und 195/79 - BVerfGE 58, S. 1/27 f.

1203 *Odendahl,* JA 2000, S. 219/222 f. Etwas anderes könnte nur angenommen werden, wenn man der Hypothekentheorie folgend davon ausginge, dass schon aus Art. 24 Abs. 1 GG eine Grundrechtsbindung folge (vgl. hierzu insbesondere *Küchenhoff,* DÖV 1963, S. 161/166.). Ergebnis dieser Annahme wäre, dass auch zwischenstaatliches Handeln am Grundgesetz und damit an nationalen Verfassungen zu messen ist, was dazu führen würde, dass eine Vielzahl von divergierenden Anforderungen bestünde (*Odendahl,* JA 2000, S. 219/223). Dies wiederum wäre mit den Zielen der Integration kaum zu vereinbaren. Wohl deshalb konnte sich diese Ansicht wegen ihrer Integrationsfeindlichkeit nicht durchsetzen (vgl. dazu *Horn,* DVBl. 1995, S. 89/94). Art. 24 Abs. 1 GG muss daher als Integrationsschranke angesehen werden (so schon *Hilf,* EuGRZ 1987, S. 1/5; *Randelzhofer*, in: Maunz/Dürig, GG, Art. 24 I Rn. 131).

1204 Vgl. auch *Horn*, DVBl. 1995, S. 92 f.; *Odendahl,* JA 2000, S. 219/222.

gesehen ist.[1205] Dies wurde vom Bundesverfassungsgericht auch noch einmal in seinem Maastricht-Urteil ausdrücklich klargestellt, als es feststellte, dass es solange keine Gerichtsbarkeit ausüben und am Maßstab der Grundrechte des Grundgesetzes überprüfen werde, als ein wirksamer Schutz der als unabdingbar geltenden Grundrechte verbürgt wird.[1206] Aus diesen Gründen ist die Frage, ob der bezüglich des Verhaltens einer zwischenstaatlichen Organisation vorgesehene Rechtsschutz ausreichend ist, nicht an den Gewährleistungen des Art. 19 Abs. 4 GG zu messen, sondern richtet sich nach den Anforderungen des Art. 24 Abs. 1 GG.

b) (Mindest-) Anforderungen der Verfassung

Da sich der Umfang der Anforderungen an ein Verfahren nach Art. 24 Abs. 1 GG richtet, stellt sich die Frage nach dessen Inhalt.

Art. 24 Abs. 1 GG räumt dem Gesetzgeber ein weites Ermessen zur Entscheidung darüber ein, ob und in welchem Umfang er einer zwischenstaatlichen Einrichtung Hoheitsrechte übertragen will. Dies umfasst auch die Einrichtung von Rechtsschutzeinrichtungen, die Entscheidungen über die Handlungen der zwischenstaatlichen Einrichtung treffen.[1207] Allerdings ist Art. 24 Abs. 1 GG nicht dahingehend zu verstehen, dass er den Gesetzgeber dazu ermächtigt, eine zwischenstaatliche Einrichtung mit der Übertragung von Hoheitsrechten von der Bindung an Grundrechte gänzlich freizustellen. Vielmehr hat er einen grundrechtlichen Mindeststandard zu wahren.[1208] Dies ergibt sich schon aus Art. 79 Abs. 3 GG. Auch wenn diese Vorschrift nicht unmittelbar in Art. 24 Abs. 1 GG als Grenze genannt wird, so ergibt sich eine solche doch aus dem Umstand, dass jede Übertragung von Hoheitsrechten inhaltlich eine Verfassungsänderung bedeutet[1209] und Art. 79 Abs. 3 GG gerade vor einer Aushöhlung der tragenden Strukturprinzipien des Grundgesetzes durch Verfassungsänderungen schützen

1205 Vgl. *Schmidt-Assmann*, in: Maunz/Dürig, GG, Art. 19 IV, Rn. 47; BVerfG, Beschluss vom 10.11.1981 – 2 BvR 1058/79 - BVerfGE 59, S. 63/86.

1206 Vgl. entsprechend zum Gemeinschaftsrecht BVerfG, Beschluss vom 22.10.1986 – 2 BvR 197/83 – BVerfGE 73, 339/340.

1207 BVerfG, Beschluss vom 23.06.1981 – 2 BvR 1107, 1124/77 und 195/79 - BVerfGE, 58, S. 1/28.

1208 *Rojahn*, in: v. Münch/Kunig, GG, Art. 24 Rn. 66; BVerfG, Beschluss vom 10.11.1981 – 2 BvR 1058/79 – BVerfGE 59, S. 63/86.

1209 BVerfG, Beschluss vom 23.06.1981 – 2 BvR 1107, 1124/77 und 195/79 – BVerfGE 58, S. 1/36.

soll.[1210] Daher vermag Art. 24 Abs. 1 GG den Grundrechtsteil des Grundgesetzes nicht vorbehaltlos zu relativieren.[1211]

Auf Grund seiner überragenden Bedeutung im Verfassungsgefüge des Grundgesetzes muss der in Art. 19 Abs. 4 GG gewährleistete lückenlose Rechtsschutz des Einzelnen bei der Übertragung von Hoheitsrechten auf eine zwischenstaatliche Organisation beachtet werden.[1212] Entsprechendes gilt aber auch für alle sonstigen rechtsstaatlichen Grunderfordernisse des Rechtsschutzes.[1213] Daraus ist aber nicht zu schließen, dass ein Rechtsschutzsystem verlangt wird, das in Umfang und Wirksamkeit in jeder Hinsicht den Anforderungen des Grundgesetzes gleichkommt, denn dies wiederum widerspräche der in Art. 24 Abs. 1 GG enthaltenen Verfassungsentscheidung für eine internationale Zusammenarbeit[1214]. Vielmehr reicht es daher aus, wenn eine Grundrechtsgeltung gewährleistet wird, die nach Inhalt und Wirksamkeit dem unabdingbaren Grundrechtsschutz des Grundgesetzes im Wesentlichen entspricht.[1215]

Im Hinblick auf die Ausgestaltung des Verfahrens verlangt das Grundgesetz die Gewährleistung eines effektiven Rechtsschutzes. Dieser setzt ein rechtlich geordnetes Verfahren, die Unabhängigkeit und Unparteilichkeit der Richter, den allgemeinen Zugang zum Gericht und die prozessuale Gleichheit der am Verfahren Beteiligten voraus.[1216] Ob es sich bei dem Begriff des Gerichts allerdings um ein förmliches Gericht i.S.d. Art. 92 GG handeln muss, oder ob es sich auch um andere Kontrollinstanzen handeln kann, ist bisher nicht eindeutig geklärt.[1217] Fest steht allerdings, dass auch dann, wenn das Rechtsstaatsprinzip in Sonderfäl-

---

1210 *Brockmeyer*, in: Schmidt-Bleibtreu/Klein, GG, Art. 24 Rn. 2b; vgl. zum Streit über den konkreten Umfang der immanenten Grenzen *Randelzhofer*, in: Maunz/Dürig, GG, Art. 24 I Rn. 84 ff.

1211 So auch BVerfG, Beschluss vom 22.10.1986 – 2 BvR 197/83 – BVerfGE 73, S. 339/376; BVerfG, Beschluss vom 23.06.1981 – 2 BvR 1107, 1124/77 und 195/79 – BVerfGE 58, S. 1/40; *Limbach*, NJW 2001, S. 2913/2915.

1212 BVerfG, Beschluss vom 22.10.1986 – 2 BvR 197/83 – BVerfGE 73, S. 339/376; BVerfG, Beschluss vom 23.06.1981 – 2 BvR 1107, 1124/77 und 195/79 – BVerfGE 58, S. 1/40.

1213 BVerfG, Beschluss vom 23.06.1981 – 2 BvR 1107, 1124/77 und 195/79 - BVerfGE 58, S. 1/40 f.

1214 BVerfG, Beschluss vom 23.06.1981 – 2 BvR 1107, 1124/77 und 195/79 - BVerfGE 58, S. 1/41.

1215 BVerfG, Beschluss vom 22.10.1986 – 2 BvR 197/83 – BVerfGE 73, S. 339/376; BVerfG, Beschluss vom 23.06.1981 – 2 BvR 1107, 1124/77 und 195/79 – BVerfGE 58, S. 1/30; BVerfG, Beschluss vom 29.05.1974 – 2 BvL 52/71 – BVerfGE 37, S. 271/280; *Jarass/Pieroth*, GG, Art. 24 Rn. 9 ff.

1216 BVerfG, Beschluss vom 22.10.1986 – 2 BvR 197/83 – BVerfGE 73, S. 339/376; *Voß*, in: Gleß/Grote/Heine, Bd. 1, S. 152.

1217 *Frowein/Krisch*, JZ 1998, S. 589/592.

len unabhängige nichtgerichtliche Kontrollinstanzen erlaubt[1218], es im Regelfall doch Rechtsschutz durch Gerichte verlangt.[1219] Die Klärung dieser Frage kann jedoch dahinstehen, wenn es dem Beschwerdeausschuss bereits an der Erfüllung notwendiger Voraussetzungen mangelt.

c) Vereinbarkeit mit (Mindest-) Anforderungen

Da geklärt wurde, welche Anforderungen das Grundgesetz an den Rechtsschutz gegenüber zwischenstaatlichen Einrichtungen stellt, ist im Folgenden zu prüfen, ob der Rechtsschutz im Rahmen der Europol-Zusammenarbeit diese erfüllt.

aa) Allgemeiner Zugang zum Gericht

Unter einem allgemeinen Zugang zum Gericht i.S.d. Art. 19 Abs. 4 GG ist gemeinhin die institutionelle Garantie einer staatlichen Gerichtsbarkeit in Verwaltungssachen und mittelbar die Existenz einer ordentlichen Gerichtsbarkeit zu verstehen.[1220] Dem Betroffenen muss also für jede Form des Eingriffs in seinen Rechtskreis eine Beschwerdemöglichkeit offen stehen.
Sofern es um die Beschwerdemöglichkeit gegen die Datenverarbeitung geht, steht dem Betroffenen der Weg zu den nationalen Kontrollinstanzen bzw. der Gemeinsamen Kontrollinstanz offen. Sekundäransprüche aus Art. 38 f. Europol-Übereinkommen können vor den nationalen Gerichten geltend gemacht werden. Soweit man davon ausgeht, dass der Bürger nur in dieser Form betroffen werden kann, ist ein allgemeiner Zugang zu den Gerichten zu bejahen.
Geht man aber, wie nach der hier vertretenen Auffassung, davon aus, dass auch weitere Konstellationen möglich sind, erscheint dies fraglich. So können sich die Europol-Bediensteten auch der mittelbaren Täterschaft bzgl. zahlreicher Straftatbestände schuldig machen.[1221] Eine diesbezügliche Beschwerdemöglichkeit lässt sich dem Europol-Übereinkommen nicht entnehmen. Somit besteht nur die Möglichkeit eines Rückgriffs auf die nationalen Gerichte. Da die Europol-Bediensteten nach derzeitigem Stand lediglich bei Europol vor Ort tätig werden, dürfte eine Klage nur in den Niederlanden in Betracht kommen. Da Europol-Bedienstete jedoch eine umfassende Immunität besitzen, wird dieser Weg in der Praxis verstellt sein. Zwar ist die Immunität eine übliche Einschränkung. Ob diese allerdings bei der Zusammenarbeit von Europol sinnvoll und vertretbar ist,

---

[1218] So BVerfG, Urteil vom 15.12.1970 – 2 BvF 1/69, 2 BvR 629/68 und 308/69 - BVerfGE 30, S. 1/25.

[1219] BVerfG, Beschluss vom 22.10.1986 – 2 BvR 197/83 – BVerfGE 73, S. 339/376; BVerfG, Urteil vom 15.12.1970 – 2 BvF 1/69, 2 BvR 629/68 und 308/69 – BVerfGE 30, S. 1/27 f.

[1220] *Schulze-Fielitz*, in: Dreier, GG, Art. 19 IV Rn. 90; *Papier*, HdStR VI § 154 Rn. 49 ff.; *Krebs*, in: v. Münch/Kunig, GG, Art. 19 Rn. 67.

[1221] Vgl. hierzu bereits 2. Teil: C.IV.4.e).

darf bezweifelt werden.[1222] Ob darüber hinaus auch bei der internationalen Zusammenarbeit förmliche Gerichte zwingend vorgeschrieben sind, kann, wie bereits dargestellt, dahingestellt bleiben, wenn bereits die anderen Voraussetzungen nicht erfüllt werden.

bb) Unabhängigkeit

Stellt der Beschwerdeausschuss auch kein förmliches Gericht i.S.d. Art. 92 GG dar, so muss er doch, wie zuvor dargelegt wurde, unabhängig sein, um den unabdingbaren Anforderungen des deutschen Verfassungsrechts gerecht zu werden. Durch Art. 97 Abs. 1 GG wird der Status der Richter dahingehend gekennzeichnet, dass sie unabhängig und nur dem Gesetz unterworfen sind. Durch Art. 97 Abs. 1 GG wird die bereits aus Art. 92 GG folgende Eigenständigkeit der dritten Gewalt konkretisiert.[1223] Als Komponenten der richterlichen Unabhängigkeit werden die sachliche und persönliche Unabhängigkeit genannt.

(1) Sachliche Unabhängigkeit

Unter der Garantie der sachlichen Unabhängigkeit wird gemeinhin die Unabhängigkeit von Weisungen verstanden.[1224] Der Richter ist also allein an das Gesetz gebunden. Jedwede nicht gesetzlich legitimierte Einwirkung auf einen Richter außerhalb der dafür vorgesehenen prozessualen Möglichkeiten ist verboten.[1225] Zudem wird zur Sicherung der sachlichen Unabhängigkeit auch eine weit gehende Freiheit von strafrechtlicher, zivilrechtlicher und dienstrechtlicher Verantwortung für die richterliche Tätigkeit verlangt.[1226]

(a) Weisungsfreiheit

Die Mitglieder des Beschwerdeausschusses dürfen von keiner Seite Weisungen entgegen nehmen und sind allein dem Gesetz verpflichtet.[1227] Damit weisen sie zumindest eine formale Unabhängigkeit gegenüber einer möglichen Einflussnahme von Außen auf.[1228] Eine solche Ausgestaltung reicht zur Bejahung einer

---

1222 Vgl. zur Immunität: 3. Teil: B.II.1.b).

1223 *Barbey*, HdStR III, § 74 Rn. 27 ff.

1224 BVerfG, Urteil vom 17.12.1953 – 1 BvR 335/51 - BVerfGE 3, S. 213/224; BVerfG, Beschluss vom 24.01.1961 – 2 BvR 74/60 - BVerfGE 12, S. 81/88; BVerfG, Beschluss vom 8.07.1992 – 2 BvL 27, 31/91 –BVerfGE 87, S. 68/85; *Barbey*, HdStR III, § 74 Rn. 31; *Wolf*, Gerichtsverfassungsrecht, S. 189.

1225 BVerfG, Beschluss vom 24.01.1961 – 2 BvR 74/60 - BVerfGE 12, S. 81/88; BVerfG, Beschluss vom 4.06.1969 – 2 BvR 33, 387/66 - BVerfGE 26, S. 79/93 f.; *Classen*, in: v. Mangoldt/Klein/Starck, Art. 97 Rn. 18.

1226 *Schaffer*, BayVBl. 1991, S. 641/645 f.

1227 Art. 13 Abs. 1 GOGK.

1228 Vgl. zur Weisungsfreiheit entsprechend 4. Teil: B.I.1.a)cc)(1).

sachlichen Unabhängigkeit aus. Da sich die innere Unabhängigkeit eines Richters einer direkten rechtlichen Regelung entzieht und damit eine Geisteshaltung i.S. einer moralischen Herausforderung ist,[1229] können hieran keine weiteren Anforderungen gestellt werden.

(b) Immunität

Auch das Erfordernis einer weit gehenden Freiheit von strafrechtlicher, zivilrechtlicher und dienstrechtlicher Verantwortung wird im Rahmen der Arbeit der Gemeinsamen Kontrollinstanz gewahrt. Zwar genießen die dort tätigen Mitglieder keine Immunität, doch ist dies zur Bejahung der Unabhängigkeit auch gar nicht nötig, da ihnen genügend andere Möglichkeiten bleiben, sich gegen eine Einflussnahme zu wehren. Insofern kann auf die entsprechenden Ausführungen verwiesen werden.[1230]

(c) Zusammensetzung

Zweifel an der sachlichen Unabhängigkeit der Richter könnten sich aus dem Umstand ergeben, dass die Mitglieder des Beschwerdeausschusses nicht zwingend die Befähigung zum Richteramt aufweisen müssen.[1231] Diese Zweifel beruhen auf dem Umstand, dass nach deutschem Verfassungsrecht, der Richter nicht nur frei von Weisungen sein muss, sondern zudem an das Gesetz gebunden ist[1232]. Dass eine solche Gefahr der Ungebundenheit bei den Mitgliedern des Beschwerdeausschusses aber gerade nicht besteht, wurde bereits eingehend dargelegt, so dass auf die Ausführungen ebenfalls entsprechend verwiesen werden kann.[1233]

(d) Einbindung in die Arbeit von Europol

Anders als die EMRK verlangt Art. 20 Abs. 2 GG, dass die rechtsprechende Gewalt durch besondere Organe ausgeübt wird. Daraus folgt, dass die „Gerichte“ organisatorisch und personell hinreichend von Verwaltungsbehörden getrennt sein müssen.[1234] Daher dürfen sie nicht in das Organisationsgefüge der Verwaltung eingegliedert sein.[1235] An einer solchen Trennung fehlt es jedenfalls

---

1229 Vgl. dazu *Faller*, DVBl. 1995, S. 985/991; *Schaffer*, BayVBl. 1991, S. 641/648; *Sendler*, NJW 1995, S. 2464/2468 f.

1230 Vgl. zur Frage der Unabhängigkeit wegen fehlender Immunität 4. Teil: B.I.1.a)cc)(5).

1231 WiB 1998, S. 9; *Matz*, Europol, S. 263; *Frowein/Krisch*, JZ 1998, S. 589/592.

1232 Vgl. dazu *Herzog*, in: Maunz/Dürig, GG, Art. 92 Rn. 77 ff.

1233 Vgl. 4. Teil: B.I.1.a)cc)(3).

1234 BVerfG, Beschluss vom 30.05.1978 – 2 BvR 685/77 - BVerfGE 48, S. 300/316.

1235 *Schmidt-Assmann*, EuGRZ 1988, S. 577/581.

dann, wenn in der Verwaltung tätige Personen Richter an Verwaltungsgerichten sind.[1236]
Im Hinblick auf den Beschwerdeausschuss kann eine personelle Verflochtenheit nicht angenommen werden kann. Er setzt sich aus Mitgliedern der Gemeinsamen Kontrollinstanz zusammen. Die Gemeinsame Kontrollinstanz selbst setzt sich nicht aus Mitgliedern Europols zusammen, sondern besteht aus solchen der nationalen Kontrollinstanzen.[1237]
Schwieriger verhält es sich dagegen bei der Frage der organisatorischen Trennung von Gemeinsamer Kontrollinstanz und Beschwerdeausschuss einerseits sowie von Europol andererseits. Zwar entscheidet allein der Beschwerdeausschuss und nicht die Gemeinsame Kontrollinstanz über die Beschwerden. Da dieser sich jedoch wie bereits dargestellt aus Mitgliedern der Gemeinsamen Kontrollinstanz zusammen setzt, sind auch dortige Defizite zu berücksichtigen, da sie sich auch auf die Arbeit des Beschwerdeausschusses durchschlagen können. Für eine organisatorische Trennung spräche, dass die Gemeinsame Kontrollinstanz vom Europol-Übereinkommen nicht als ein Organ Europols angesehen wird.[1238] Andererseits wirkt sie aber u.a. bei der Errichtung von Dateien mit, die personenbezogene Daten enthalten und berät zudem Europol in Auslegungs- und Anwendungsfragen.[1239] Damit nimmt letztlich eine Institution die Funktion des Rechtsschutzorgans wahr, die zuvor an der Einführung der streitgegenständlichen Maßnahme mitgewirkt hat.
Allerdings ist in diesem Zusammenhang auf den Zweck einer sachlichen Unabhängigkeit, nämlich der Gewährleistung einer Weisungsfreiheit, abzustellen. Daher kann die Einbindung der Gemeinsamen Kontrollinstanz unter dem Aspekt der sachlichen Unabhängigkeit nur dann zu bemängeln sein, wenn gerade dadurch die Weisungsfreiheit nicht mehr gewährleistet wird. Dies ist vorliegend nicht der Fall. Betrachtet man beispielsweise die Mitwirkung bei der Einrichtung von Dateien in Form einer Mitarbeit an der Errichtungsanordnung, so zeigt sich bereits bei einer ersten Lektüre der Vorschrift des Art. 12 Abs. 1 Europol-Übereinkommen, dass eine Einflussnahme Europols nicht vorliegt. So ist die Gemeinsame Kontrollinstanz zwar über die Absichten zu unterrichten und mit allen Materialien zu versorgen, die sie für eine Stellungnahme braucht, Hinweise auf eine Einwirkungsmöglichkeit auf deren Entscheidung lassen sich jedoch weder im Europol-Übereinkommen selbst, noch in der GOGK finden. Stattdessen spricht die Formulierung „die sie für erforderlich hält" eher dafür, dass die Gemeinsame Kontrollinstanz völlig frei agieren kann. Ähnlich verhält es sich mit der Mitwirkung bei Auslegungs- und Anwendungsfragen. So findet sich

1236 BVerfG, Beschluss vom 17.11.1959 – 1 BvR 88/56, 59/57, 212/59 - BVerfGE 10, S. 200/216.
1237 Art. 24 Abs. 1 Satz 3 Europol-Übereinkommen.
1238 Vgl. Art. 27 Europol-Übereinkommen.
1239 Art. 12 Abs. 1, Art. 24 Abs. 3 Europol-Übereinkommen.

diesbezüglich in Art. 24 Abs. 5 Europol-Übereinkommen eine Regelung, nach der die Gemeinsame Kontrollinstanz die „von ihr als notwendig angesehenen Bemerkungen“ weiterleiten kann. Diese Beispiele sprechen eher dafür eine organisatorische Unabhängigkeit zu bejahen. Daher ist die Tätigkeit der Gemeinsamen Kontrollinstanz im Rahmen des Europol-Übereinkommens unter dem Aspekt der sachlichen Unabhängigkeit nicht zu beanstanden.

(e) Verbürgung der Unabhängigkeit durch Verwaltungsvorschriften

Eine weitere Gefahr für die Unabhängigkeit der Mitglieder von Gemeinsamer Kontrollinstanz und Beschwerdeausschuss könnte sich schließlich aus der Tatsache ergeben, dass die Gewährleistung der Unabhängigkeit nur durch bloße Verwaltungsvorschriften gewährleistet wird, die jederzeit geändert werden könnten. Dass dem aber nicht so ist, wurde bereits in Bezug auf die EMRK ausführlich dargestellt, so dass diesbezüglich entsprechend auf die obigen Ausführungen verwiesen werden kann.[1240]

(2) Persönliche Unabhängigkeit

Die persönliche Unabhängigkeit der Richter sichert ergänzend die sachliche Unabhängigkeit. Durch sie soll der Richter während seiner Amtszeit soweit wie möglich in seinem amtsrechtlichen Status von vermeidbaren Einflussnahmen verschont bleiben.[1241] Daher bedeutet persönliche Unabhängigkeit in erster Linie Schutz vor Absetzung und Versetzung.[1242]
Allerdings begrenzt Art. 97 Abs. 2 GG diesen besonderen Schutz auf die hauptamtlich und planmäßig endgültig angestellten Richter. Hauptamtlich und planmäßig angestellt ist ein Richter, wenn er keine andere Haupttätigkeit als die des Richters ausübt und auf eine Planstelle berufen worden ist.[1243] Eine Endgültigkeit der Anstellung i.S.v. Art. 97 Abs. 2 GG setzt keine Ernennung auf Lebenszeit voraus, sondern erfasst auch solche Verhältnisse, in denen Richter von vornherein nur für eine befristete Amtszeit angestellt werden und nach Zeitablauf wieder ausscheiden. Daher gelten auch Richter auf Zeit als endgültig angestellt i.S.d. Art. 97 GG.[1244]
Bei den Mitgliedern des Beschwerdeausschusses handelt es sich um Richter i.S.d. Art. 97 GG. Sie werden für eine Amtszeit von fünf Jahren als Richter ernannt und scheiden danach ohne eine Neuernennung aus.[1245] Damit sind sie als

---

[1240] Vgl. dazu 4. Teil: B.I.1.a)cc)(7).
[1241] *Schulze-Fielitz*, in: Dreier, GG, Art. 97 Rn. 45.
[1242] *Stern*, Staatsrecht II, S. 911.
[1243] *Detterbeck*; in: Sachs, GG, Art. 97 Rn. 23.
[1244] *Detterbeck*, in: Sachs, GG, Art. 97 Rn. 26.
[1245] Art. 24 Abs. 1 Europol-Übereinkommen i.V.m. Art. 12 Abs. 1 GOGK.

endgültig benannt i.S.d. Art. 97 GG anzusehen. Zudem schreibt das Europol-Übereinkommen für jeden Mitgliedstaat vor, eine bestimmte Anzahl von Personen für die Arbeit in der Gemeinsamen Kontrollinstanz und des Beschwerdeausschusses abzustellen.[1246] Dabei handelt es sich um eine absolute Vertragspflicht, die nicht im Ermessen des Vertragsstaates liegt. Insofern ist eine solche Situation mit der einer Planstelle zu vergleichen. Aus der Verpflichtung, dass die Mitglieder keine Tätigkeiten aufnehmen dürfen, die mit der erforderlichen Verfügbarkeit unvereinbar sind, lässt sich schließen, dass es sich hierbei auch um eine Haupttätigkeit handelt. Somit sind alle Voraussetzungen für die Geltung einer persönlichen Unabhängigkeit i.S.d. Art. 97 Abs. 2 GG gegeben.

(a) Unvereinbarkeit wegen begrenzter Amtszeit

Fraglich ist daher, ob die persönliche Unabhängigkeit bei der Zusammenarbeit Europols gewahrt ist. Für die durch Art. 97 Abs. 2 GG geschützten Richter gilt grundsätzlich das Verbot der Amtsenthebung und Versetzung gegen den Willen des betroffenen Richters. Ferner darf das Ende seiner Amtsausübung nicht von einer Entscheidung der Exekutive abhängen.[1247] Etwas anderes ist daher gemäß Art. 97 Abs. 2 GG nur Kraft einer richterlichen Entscheidung nach Maßgabe gesetzlicher Ausnahmebestimmungen möglich.

Nach Art. 24 Abs. 1 Europol-Übereinkommen beträgt die Amtszeit grundsätzlich fünf Jahre. Auch wenn dies nicht ausdrücklich hervorgehoben ist, so kann doch davon ausgegangen werden, dass die Mitglieder der Gemeinsamen Kontrollinstanz bzw. des Beschwerdeausschusses in dieser Zeit unabsetzbar sind. Diese Vermutung wird durch die GOGK gestützt.

Gemäß Art. 12 Abs. 4 GOGK endet die Mitgliedschaft mit dem Rücktritt des Betroffenen oder dessen Ausscheiden aus der Gemeinsamen Kontrollinstanz. Da der Rücktritt in der Regel freiwillig erfolgen wird, braucht darauf nicht weiter eingegangen zu werden. Die Mitgliedschaft in der Gemeinsamen Kontrollinstanz endet ebenfalls durch Rücktritt oder Ausscheiden aus der Nationalen Kontrollinstanz. Allerdings darf der Widerruf der Ernennung in der Nationalen Kontrollinstanz und damit in der Gemeinsamen Kontrollinstanz nur nach Maßgabe des nationalen Rechts erfolgen.[1248]

Entscheidend für die Frage der Unabhängigkeit der Mitglieder der Gemeinsamen Kontrollinstanz und des Beschwerdeausschusses ist auf Grund dieser Rückkoppelung daher, ob die Mitgliedschaft von einer Entscheidung der Exekutive abhängt. Aus dem Europol-Gesetz geht hervor, dass ein betroffener Richter nur dann gegen seinen Willen von einer Tätigkeit entbunden werden kann, wenn

1246 Vgl. dazu Art. 23 Abs. 1 Europol-Übereinkommen.
1247 *Jarass/Pieroth*, GG, Art. 97 Rn. 6.
1248 Art. 4 Abs. 5 GOGK.

zuvor eine entsprechende Entscheidung durch ein Gericht getroffen wurde.[1249] Die dafür notwendigen gesetzlichen Bestimmungen lassen sich, ebenso wie die Festlegung von Altersgrenzen im Deutschen Richtergesetz und in den Landesrichtergesetzen finden. Da die Exekutive damit keinen Einfluss auf das Ende der Tätigkeit hat, liegt diesbezüglich kein Verstoß gegen Art. 97 Abs. 2 GG vor.

(b) Zusammensetzung aus Mitgliedern der Nationalen Kontrollinstanzen

Ferner könnten sich nach Martinez Soria Bedenken an der Unabhängigkeit aus dem Umstand ergeben, dass sich die Gemeinsame Kontrollinstanz und damit auch der Beschwerdeausschuss aus Mitgliedern der Nationalen Kontrollinstanzen zusammensetzt.[1250] Eine Begründung dafür liefert er allerdings nicht. In die gleiche Richtung geht Petri, wenn er die Unabhängigkeit anzweifelt, da die Mitglieder der Gemeinsamen Kontrollinstanz nach Beendigung ihrer Tätigkeit als Verwaltungsbeamte wieder den Weisungen ihrer Vorgesetzten unterlägen.[1251] Der dahinter stehende Gedanke, dass sich das Mitglied der Gemeinsamen Kontrollinstanz aus Angst vor späteren Repressalien durch seinen Vorgesetzten beeinflussen ließe, vermag jedoch nicht zu überzeugen.
Zwar kann die Möglichkeit der Beeinflussung nicht per se verneint werden, doch erscheint die Wahrscheinlichkeit eher gering. So unterliegen die Beratungen und damit das Ergebnis über eine Entscheidung nach Art. 25 Abs. 3 GOGK der Geheimhaltung, so dass es dem späteren Vorgesetzten schwer fallen dürfte, herauszubekommen, ob sein Untergebener gegen seine Interessen gehandelt hat. Dies gilt vor allem auch vor dem Hintergrund, dass es sich bei den Entscheidungen um Mehrheitsentscheidungen handelt.[1252] Es wird daher in der Regel nicht möglich sein, herauszufinden, wer wofür gestimmt hat.
Daher ist die Zusammensetzung der Gemeinsamen Kontrollinstanz im Hinblick auf die Unabhängigkeit nicht zu beanstanden.

cc) Unparteilichkeit

Durch die persönliche und sachliche Unabhängigkeit des Richters soll garantiert werden, dass er unvoreingenommen und unparteilich die ihm zugetragenen Fälle entscheidet. Die Neutralität bezeichnet somit die Einstellung des Richters zu seiner Tätigkeit.[1253] Anders als in Art. 6 EMRK ist das Gebot der richterlichen Neutralität im Grundgesetz nicht ausdrücklich erwähnt. Das Erfordernis einer solchen Neutralität der richterlichen Tätigkeit über die in Art. 97 GG angeordne-

---

[1249] Art. 2 § 6 Abs. 3 Satz 4 Europol-Gesetz.
[1250] So z. B. *Martinez Soria*, VerwArch. 1998, S. 400/432.
[1251] *Petri*, DuD 1998, S. 324/328.
[1252] Vgl. dazu Art. 25 Abs. 2 GOGK.
[1253] *Barbey*, HdStR III, § 74 Rn. 40.

te Unabhängigkeit hinaus ist jedoch allgemein anerkannt. Hierfür spricht schon das Gebot des gesetzlichen Richters aus Art. 101 Abs. 1 Satz 2 GG. Danach ist ein System der normativen Vorausbestimmung zu schaffen, das die Neutralität des Gerichts sichert.[1254] Daneben ergibt sich die Verankerung der Unparteilichkeit aus dem Rechtsstaatsgebot des Art. 20 Abs. 3 GG. Dies hat zur Folge, dass sie der Unabänderlichkeitsklausel des Art. 79 Abs. 3 GG unterliegt.[1255] Daher stellt die Unparteilichkeit nach deutschem Recht ein ungeschriebenes Merkmal des Rechtsstaatsgebots dar, das mit der Vorstellung vom Richter und Gericht unmittelbar verknüpft ist.[1256] Wesentliches Merkmal der richterlichen Tätigkeit ist es also auch, dass sie von einem nichtbeteiligten Dritten ausgeübt wird.[1257] Daraus ergibt sich, dass sich die Anforderungen des Grundgesetzes mit denen der EMRK insgesamt decken. Insofern kann auf die entsprechenden Ausführungen verwiesen werden.[1258] Deshalb ist eine Unparteilichkeit vor dem Hintergrund des fehlenden Richterstatuses nicht zu befürchten. Anders verhält es sich jedoch unter dem Aspekt der vorherigen Beratungstätigkeit. Da nicht sichergestellt ist, dass die Mitglieder des Beschwerdeausschusses im Rahmen ihrer Tätigkeit mit Entscheidungen aus ihrer vorherigen Tätigkeit in der Gemeinsamen Kontrollinstanz konfrontiert werden und damit über ihre eigene Tätigkeit entscheiden müssten, ist die Unparteilichkeit nicht gewährleistet.

dd) Rechtlich geordnetes Verfahren

Ferner gehört ein rechtlich geordnetes Verfahren zu den unabdingbaren Voraussetzungen des Grundgesetzes. Dieses muss dem Betroffenen angemessene Angriffs- und Verteidigungsmittel sowie frei gewählten und kundigen Beistand ermöglichen. Schließlich muss die in einem solchen Verfahren getroffene Entscheidung auch in der Lage sein, die Verletzung der Rechte des Betroffenen sachgerecht und wirksam zu sanktionieren.[1259]

(1) Rechtlicher Beistand

Das Erfordernis der Wahlmöglichkeit eines frei gewählten und kundigen Beistands ist im Verfahren vor dem Beschwerdeausschuss ohne Zweifel gegeben. So legt Art. 24 Abs. 7 Satz 5 Europol-Übereinkommen ausdrücklich fest, dass

---

1254 Vgl. nur *Pfeiffer*, ZRP 2000, S. 378/379.

1255 *Schilken*, Gerichtsverfassungsrecht, Rn. 487; *Leibholz/Rinck/Hesselberger*, GG, Art. 20 Rn. 1186; BVerfG, Beschluss vom 29.04.1954 – 1 BvR 382/52, BVerfGE 3, S. 377/381.

1256 BVerfG, Beschluss vom 24.03.1982 – 2 BvH 1, 2/82, 2 BvR 233/82 - BVerfGE 60, S. 175/214 m.w.N.

1257 BVerfG, Beschluss vom 9.11.1955 – 1 BvL 13/52, 1 BvL 21/52 - BVerfGE 4, S. 331/346.

1258 Vgl. schon 4. Teil: B.I.1.a)dd).

1259 BVerfG, Beschluss vom 22.10.1986 – 2 BvR 197/83 – BVerfGE 73, S. 339/376.

sich die Parteien auf eigenen Wunsch einen Berater hinzuziehen können. Nach Art. 15 GOGK ist es unerheblich, ob es sich hierbei um einen Rechtsanwalt oder sonstigen Berater handelt. Auch hinsichtlich der Gemeinsamen Kontrollinstanz ist, wenn ein solcher Fall auch weniger relevant sein dürfte, dies weder durch das Europol-Übereinkommen selbst, noch durch die GOGK ausgeschlossen. Damit bestehen unter diesem Aspekt keine Bedenken an einem geordneten Verfahren.

(2) Angemessene Angriffs- und Verteidigungsmittel

Ferner müsste das Verfahren dem Betroffenen angemessene Angriffs- und Verteidigungsmittel an die Hand geben, um seine Rechte durchsetzen zu können.
Wie bereits im Hinblick auf die EMRK ausführlich dargestellt wurde, hat der Betroffene eine Reihe von Möglichkeiten, durch Anträge auf Zeugen- und Sachverständigenbestellung, Beweiseinbringung etc. aktiv auf das Verfahren einzuwirken. Er kann damit zu Vorwürfen Stellung nehmen bzw. sie durch Gegenbeweise entkräften. Insofern stehen ihm angemessene Angriffs- und Verteidigungsmittel zur Verfügung.[1260]
Voraussetzung für die effektive Nutzung dieser Rechte ist aber, dass der Betroffene über alle relevanten Informationen verfügt bzw. sich informieren kann. Bedenken hieran könnten sich jedoch aus dem Erfordernis einer Zweidrittelmehrheit bzw. des Einstimmigkeitserfordernisses im Falle einer gegenteiligen Entscheidung Europols im Hinblick auf die Auskunft entsprechender Informationen ergeben. Wird dem Betroffenen beispielsweise die Offenlegung der über ihn verfügbaren Informationen verweigert, so kann der Beschwerdeausschuss bei einer anhaltenden Weigerung Europols bzw. der Vertragsstaaten dem Betroffenen nur helfen, wenn im Falle eines Auskunftsbeschwerdeverfahren eine Zweidrittelmehrheit seiner Mitglieder, in allen anderen Fällen einstimmig, dem Begehren stattgibt.[1261] Zur faktischen Unmöglichkeit einer solchen Entscheidung und anderer Kritikpunkte kann auf die entsprechenden Ausführungen im Rahmen der EMRK verwiesen werden.[1262] Insofern kann angesichts der fehlenden Informationen von einem Vorhandensein angemessener Verteidigungs- und Angriffsmitteln keine Rede sein.

(3) Rechtliches Gehör

Der in Art. 103 Abs. 1 GG verankerte Grundsatz auf rechtliches Gehör weist einen unmittelbaren Bezug zum Menschenwürdeschutz des Art. 1 Abs. 1 GG

1260 Vgl. 4. Teil: B.I.1.a)ee)(2)(a).
1261 Vgl. zur Zweidrittelmehrheit des Auskunftsanspruchs bereits 3. Teil: A.I.
1262 Vgl. 4. Teil: B.I.1.a)ee)(2)(b).

auf[1263] und ist „das" prozessuale Grundrecht des Menschen.[1264]. Es garantiert dem Bürger die Möglichkeit im Verfahren zu Wort zu kommen, namentlich sich zu dem einer gerichtlichen Entscheidung zu Grunde liegenden Sachverhalt und zur Rechtslage zu äußern[1265], Anträge zu stellen und Ausführungen zu machen[1266]. Dem entspricht die grundsätzliche Pflicht des Gerichts die Ausführungen der Prozessbeteiligten zur Kenntnis zu nehmen und in Erwägung zu ziehen.[1267]

(a) Recht auf Information

Voraussetzung für jede wirksame Wahrnehmung des Anspruchs auf rechtliches Gehör ist die Information der Verfahrensbeteiligten über Einleitung und Hauptinhalt sowie Stand und Fortgang des Verfahrens. Erst diese Informationen ermöglichen es den Parteien, sich zum Prozess zu äußern.[1268] Daher obliegt jedem Gericht die Verpflichtung, den Beteiligten Zugang zu allen ihm vorliegenden Informationen zu gewähren. Nur dann sind sie für die gerichtliche Entscheidung verwertbar.[1269] Allerdings ist die notwendige Unterrichtung der Beteiligten nicht zwingend vom Gericht selbst vorzunehmen. Es muss jedoch sichergestellt sein, dass die Beteiligten die erforderlichen Informationen erlangen können.[1270]
Gerade dies ist aber im Verfahren vor dem Beschwerdeausschuss nicht gewährleistet. Durch die in Art. 20 GOGK enthaltenen weiten Auskunftsverweigerungstatbestände und das Erfordernis eines einstimmigen Beschlusses des Beschwerdeausschusses, um sich über eine gegenteilige Entscheidung Europols hinwegsetzen zu können, besteht die Gefahr, dass der Betroffene nicht an die erforderlichen Verfahrensinformationen gelangen kann. Ein Verstoß gegen das Recht auf Gehör ist damit zu bejahen.[1271]

1263 BVerfG, Beschluss vom 9.07.1980 – 2 BvR 701/80 - BVerfGE 55, S. 1/5 f.; *Wassermann*, DRiZ 1984, 425/425.

1264 BVerfG, Beschluss vom 9.07.1980 – 2 BvR 701/80 - BVerfGE 55, S. 1/6.

1265 BVerfG, Beschluss vom 24.03.1982 – 2 BvH 1, 2/82, 2 BvR 233/82 - BVerfGE 60, S. 175/210.

1266 BVerfG, Beschluss vom 8.10.1956 – 1 BvR 190/56 - BVerfGE 6, S. 19/20; BVerfG, Beschluss vom 7.03.1963 – 2 BvR 629, 637/62 – BVerfGE 15, S. 303/307; BVerfG, Beschluss vom 9.10.1973 – 2 BvR 482/72 – BVerfGE 36, S. 85/87.

1267 BVerfG, Beschluss vom 20.04.1982 – 1 BvR 1429/81 - BVerfGE 60, S. 250/252.

1268 *Degenhardt*, HdStR III, § 76 Rn. 19.

1269 BVerfG, Beschluss vom 17.05.1983 – 2 BvR 731/80 - BVerfGE 64, S. 135/144.

1270 *Schmidt-Assmann*, in: Maunz/Dürig, GG, Art. 103 I Rn. 70.

1271 Vgl. hierzu bzgl. der EMRK 4. Teil: B.I.1.a)ee)(2).

(b) Äußerungsrecht

Auf dem Informationsrecht aufbauend folgt als Kern des rechtlichen Gehörs das Äußerungsrecht der Beteiligten. Hierdurch erlangt der Betroffene das Recht, nicht aber die Pflicht, sich zu äußern.[1272] Allerdings besteht kein Anspruch auf eine mündliche Verhandlung oder eine persönliche Anhörung. Stattdessen kann das Gehör auch schriftlich gewährt werden.[1273] Wie bereits im Hinblick auf die Vereinbarkeit mit der EMRK ausführlich dargelegt wurde, haben die betroffenen Verfahrensparteien zahlreiche Möglichkeiten sich zu äußern und eigene Beweise einzubringen.[1274] Insofern bestehen unter diesem Aspekt keine Bedenken hinsichtlich einer Vereinbarkeit mit dem Anspruch auf rechtliches Gehör.[1275]

(c) Berücksichtigung durch das Gericht

Auf Grund der mit dem Äußerungsrecht korrespondierenden Beachtenspflicht, muss das Gericht die Äußerungen der Beteiligten zur Kenntnis nehmen und in Erwägung ziehen.[1276] Die Kenntnisnahme setzt Aufnahmefähigkeit und Aufnahmebereitschaft des Gerichts voraus, wovon allerdings im Regelfall auszugehen ist.[1277] Auch im Hinblick auf die Tätigkeit der Gemeinsamen Kontrollinstanz bzw. des Beschwerdeausschusses ist eine derartige Gefahr nicht per se ersichtlich. Daher ist das rechtliche Gehör unter dem Aspekt der Kenntnisnahme nicht zu beanstanden.

Schließlich könnte sich ein Verstoß aus der Erwägenspflicht ergeben. Diese verlangt vom Gericht, das Vorbringen der Beteiligten in rechtlicher und tatsächlicher Hinsicht zu würdigen.[1278] Dabei muss sich das Gericht allerdings nicht mit allen Details des Vorbringens auseinandersetzen. Stattdessen ist es ausreichend, wenn es sich mit den Hauptargumenten der Beteiligten auseinandersetzt.[1279] Um

---

1272 *Schmidt-Assmann*, in: Maunz/Dürig, GG, Art. 103 I Rn. 80 f.

1273 *Kunig*, in: v. Münch/Kunig, GG, Art. 103 Rn. 13; BVerfG, Beschluss vom 24.03.1982 – 2 BvH 1, 2/82, 2 BvR 233/82 - BVerfGE 60, S. 175/210 f.

1274 Vgl. dazu 4. Teil: B.I.1.a)ee)(2)(a).

1275 Allerdings ist hierbei zu bedenken, dass sich die Betroffenen nur zu solchen Punkten äußern können, von denen sie Kenntnis erlangt haben. Insofern wirkt sich hier die mangelnde Informationsmöglichkeit gravierend aus.

1276 *Schmidt-Assmann*, in: Maunz/Dürig, GG, Art. 103 I Rn. 94 ff.; *Pieroth/Schlink*, Staatsrecht II, Rn. 1076; BVerfG, Beschluss vom 30.10.1990 – 2 BvR 562/88 - BVerfGE 83, S. 24/35; BVerfG, Urteil vom 8.07.1997 – 1 BvR 1621/94 – BVerfGE 96, S. 205/216.

1277 Hieran kann es beispielsweise bei einem schlafenden oder blinden Richter fehlen (vgl. *Zierlein*, in: Umbach/Clemens, GG, Art. 103 Rn. 85).

1278 *Schmidt-Assmann*, in: Maunz/Dürig, GG, Art. 103 I Rn. 97.

1279 *Kneymeyer*, HdStR VI, § 155 Rn. 32; vgl. BVerfG, Beschluss vom 19.05.1992 – 1 BvR 986/91 - BVerfGE 86, S. 133/145 f.; für den Zivilprozess BVerfG, Beschluss vom 21.04.1982 – 2 BvR 810/81 - BVerfGE 60, S. 305/312.

allerdings den Verfahrensbeteiligen zu belegen, dass es seine Anhörungspflicht ernst genommen hat, folgt aus der Erwägungspflicht auch eine Pflicht zur Begründung.[1280] Da eine solche Begründungspflicht im Hinblick auf den Auskunftsanspruch aber de facto nicht besteht[1281], ist dem Anspruch auf rechtliches Gehör auch unter diesem Aspekt nicht Genüge getan.

ee) Waffengleichheit

Schließlich gehört zu den verfassungsrechtlich geforderten Verfahrensgarantien auch das Prinzip der Waffengleichheit. Dieses leitet sich aus dem Rechtsstaatsprinzip und dem Gleichheitsgrundsatz ab.[1282] Auch wenn es über den Umfang in der konkreten Ausgestaltung unterschiedliche Auffassungen zu geben scheint, so ist doch zumindest der Kern dieses Grundsatzes, die Gleichstellung der Verfahrensbeteiligten vor dem Richter, allgemein anerkannt.[1283] Er ist einer der tragenden Grundsätze des Rechts auf ein faires Verfahren.[1284]
Bedenken an der Waffengleichheit ergeben sich auf Grund der für Entscheidungen der Gemeinsamen Kontrollinstanz erforderlichen qualifizierten Mehrheit. Während die Gemeinsame Kontrollinstanz sich im Rahmen eines Auskunftsverfahrens nur mit einer Zweidrittelmehrheit über eine gegenteilige Auffassung Europols hinwegsetzen kann, gilt für die übrigen Verfahren sogar das Einstimmigkeitserfordernis.[1285] Durch diese qualifizierten Mehrheitserfordernisse muss der Betroffene im Streitfall deutlich mehr Richter von seiner Rechtsaufassung überzeugen, als Europol. Damit wird Europol im Verfahren vor dem Beschwerdeausschuss von vornherein ein Vorteil gegenüber dem Betroffenen eingeräumt. Eine prozessuale Gleichstellung, wie sie das Gebot der Waffengleichheit erfordert, ist damit nicht mehr gewährleistet.

1280 *Schmidt-Assmann*, in: Maunz-Dürig, GG, Art. 103 I Rn. 99; *Degenhardt*, in: Sachs, GG, Art. 103 Rn. 10; *Pieroth/Schlink*, Staatsrecht II, Rn. 1077; BVerfG, Beschluss vom 19.05.1992 – 1 BvR 986/91 - BVerfGE 86, S. 133/145 f.; BVerfG, Beschluss vom 15.04.1980 – 2 BvR 827/79 – BVerfGE 54, S. 86/91 f.

1281 Vgl. dazu ausführlich 4. Teil: B.I.1.a)ee)(3).

1282 *Frowein/Krisch*, JZ 1998, S. 589/593.

1283 Vgl. dazu nur *Sachs*, HdStR V, § 127 Rn. 78; BVerfG, Beschluss vom 25.07.1979 – 2 BvR 878/74 - BVerfGE 52, S. 131/156 m.w.N.

1284 *Frowein/Krisch*, JZ 1998, S. 589/593; *Peukert*, EuGRZ 1980, S. 247/254. Das Recht auf ein faires Vefahren ist in Art. 6 EMRK ausdrücklich normiert und wurde über die EMRK schließlich zum Menschenrecht ausgestaltet (*Degenhardt*, Europol, S. 135). Für das deutsche Recht wird es dem Grundgesetz aus Art. 2 Abs. 1 GG i.V.m. dem Rechtsstaatsprinzip entnommen (BVerfG, Beschluss vom 11.10.1994 – 1 BvR 1398/93 – BVerfGE 91, S. 176/180; BVerfG, Beschluss vom 21.01.1976 – 2 BvR 941/75 – BVerfGE 41, S. 246/249; BVerfG, Beschluss vom 8.04.1975 – 2 BvR 207/75, BVerfGE 39, S. 238/243).

1285 Vgl. bzgl. der EMRK 4. Teil: B.I.1.a)ee)(1).

Allerdings ist hier auf die Besonderheiten der Tätigkeiten Europols zu verweisen. Europol ist für den Erfolg seiner Tätigkeit auf die Geheimhaltung von Informationen angewiesen, um die Ermittlungen nicht zu gefährden. Darin läge zweifelsfrei ein gerechtfertigtes Geheimhaltungsinteresse, das es rechtfertigen könnte, den Grundsatz der Waffengleichheit einzuschränken.[1286] Allerdings könnte, wie bereits oben dargestellt wurde, dem Geheimhaltungsinteresse auch anderweitig Genüge getan werden, ohne die prozessuale Gleichstellung der Beteiligten im Verfahren anzutasten.[1287] Daher ist auf Grund des Erfordernisses der qualifizierten Mehrheiten im Ergebnis von einem Verstoß gegen die Waffengleichheit auszugehen.

d) Zwischenergebnis

Das Verfahren zur Erlangung von Primärschutz vor dem Beschwerdeausschuss ist nicht mit den Anforderungen der EMRK zu vereinbaren, denn die Ausgestaltung des hierfür vorgesehenen Verfahrens entspricht nicht den Kriterien des Art. 6 EMRK.

Diese sind trotz der eigentlich hoheitlichen Tätigkeit Europols anzuwenden, da es letztlich um einen zivilrechtlichen Anspruch i.S.d. Art. 6 EMRK geht. Diese Einordnung der Tätigkeit resultiert aus der Tatsache, dass die Frage einer Rechtsverletzung eine zwingende und unmittelbare Bedeutung für die Möglichkeit der Geltendmachung eines Schadensersatzanspruches durch den Betroffenen hat und solche Schadensersatzansprüche typischerweise zivilrechtlicher Natur sind.

Eine erste Unvereinbarkeit mit Art. 6 EMRK ergibt sich im Hinblick auf die Gerichtsqualität der Gemeinsamen Kontrollinstanz. Sie übt selbst keine Rechtsprechungstätigkeit aus, da sie keine bindenden Entscheidungen treffen sondern nur Anregungen geben kann. Anders verhält es sich dagegen mit dem Beschwerdeausschuss, der umfassende Möglichkeiten zur Sachverhaltsaufklärung hat und dessen Entscheidungen für alle Parteien bindend sind. Insgesamt ist daher die Rechtsprechungstätigkeit des Beschwerdeausschusses zu bejahen. Im Gegensatz zur Gemeinsamen Kontrollinstanz fingiert er damit nicht als interne Kontrollinstanz sondern als echte Beschwerdeinstanz.

Des Weiteren ist die Beratungstätigkeit der Gemeinsamen Kontrollinstanz verbunden mit der Tatsache, dass sich der Beschwerdeausschuss aus Mitgliedern der Gemeinsamen Kontrollinstanz zusammensetzt, nicht mit den Anforderungen der EMRK an die Unparteilichkeit zu vereinbaren. Durch diese Zusammensetzung kann nicht ausgeschlossen werden, dass jemand mehrmals, aber in unterschiedlichen Funktionen, mit ein und derselben Sache befasst wird, denn der Beschwerdeausschuss muss unter Umständen z. B. über die Rechtmäßigkeit

[1286] Zur Zulässigkeit einer solchen Einschränkung BVerfGE 74, S. 78/95.
[1287] Vgl. bereits 4. Teil: B.I.1.a)ee)(1).

einer Errichtungsanordnung entscheiden an der die Gemeinsame Kontrollinstanz durch eine Stellungnahme zur rechtlichen Vereinbarkeit bereits im Vorfeld beteiligt war. Dadurch ist zu befürchten, dass sich beim Mitglied zum Zeitpunkt der Entscheidung bereits eine Meinung gebildet hat und es somit nicht mehr unvoreingenommen eine Entscheidung fällen kann.
Nicht zu bemängeln ist die Unparteilichkeit dagegen unter dem Aspekt der mangelnden Befähigung zum Richteramt, da die Frage der Unparteilichkeit, ebenso wie die der Unabhängigkeit, von der inneren Einstellung, nicht aber vom Status oder der Ausbildung abhängt.
Wegen der Mehrheitserfordernisse im Zusammenhang mit dem Auskunftsanspruch, dem Zugang zu Verfahrensakten und einem Ausschluss der Öffentlichkeit wird aber unter dem Blickwinkel des „fair trial" in einem weiteren Punkt gegen die Anforderungen der EMRK verstoßen. Dabei wird dieser Grundsatz sowohl unter dem Aspekt der Waffengleichheit der Parteien als auch der Einhaltung des Grundsatzes des rechtlichen Gehörs und dem Grundsatz der Öffentlichkeit verletzt.
Die Waffengleichheit ist schon deshalb nicht gewahrt, weil der Betroffene beim Einspruch gegen eine Ablehnung seines Auskunftsanspruchs eine Mehrheit von Zweidrittel der Mitglieder des Beschwerdeausschusses überzeugen muss, um zu seinem Recht zu kommen. Damit befindet er sich gegenüber Europol in einer schwächeren Verfahrensposition. Diese ist auch nicht mit der Aufgabe Europols zur Verbrechensbekämpfung zu rechtfertigen, da es mit dem in-camera-Verfahren eine Möglichkeit gibt, dieser gerecht zu werden, ohne derart einschneidend in die Rechte des Betroffenen einzugreifen. Von dieser Möglichkeit wäre gerade angesichts der Bedeutung des Auskunftsanspruchs als Ausgangspunkt für jede weitere Rechtsausübung Gebrauch zu machen gewesen.
Auch der Grundsatz des rechtlichen Gehörs wird hierdurch nicht ausreichend gewahrt. Nicht zu bemängeln sind dabei allerdings die Möglichkeiten des Betroffenen, auf das Verfahren einzuwirken und angehört zu werden. Ihm werden durch Europol-Übereinkommen und GOGK ausreichende Möglichkeiten zur Verfügung gestellt. Ein Verstoß ist vielmehr auf die fehlende Möglichkeit der Kenntniserlangung von Beweisen zurückzuführen. Hat der Betroffene zunächst noch ein entsprechendes Zugangsrecht, wird dieses gleichzeitig durch eine Reihe von weit gefassten Ausnahmetatbeständen, wie sie schon bei der Akteneinsicht bestehen, ausgehöhlt. Der Beschwerdeausschuss hat zwar die Möglichkeit, sich über eine Weigerung Europols bzw. eines Mitgliedstaates hinwegzusetzen, doch ist dafür eine einstimmige Entscheidung gegen Europol erforderlich. Dies wird angesichts der Unbestimmtheit der Ausnahmetatbestände in der Praxis nur selten zu erreichen sein. Der Beschwerdeausschuss kann sich damit nicht gegenüber Europol durchsetzen und dem Betroffenen dadurch die Verfahrensakten zur Verfügung stellen. Somit fehlt diesem die Möglichkeit, Kenntnis von den

ihn belastenden Beweisen zu erlangen und so effektiv von seinem Recht auf rechtliches Gehör Gebrauch zu machen, um sich entsprechend zu verteidigen.
Daneben liegt in der Ausgestaltung der Mehrheitsanforderungen ein Verstoß gegen den im Fair-Trial-Grundsatz enthaltenen Grundsatz der Öffentlichkeit. Wurde beispielsweise vom Betroffenen eine Anhörung beantragt, bei der die Öffentlichkeit zugelassen ist, kann Europol oder der Mitgliedstaat den Ausschluss der Öffentlichkeit verlangen. Der Beschwerdeausschuss kann sich nur mit einem einstimmigen Beschluss über einen solchen hinwegsetzen. Ein solcher Beschluss erscheint aber auch hier angesichts der Weite der Ausschlussgründe als fast unmöglich. Damit wird aber der Grundgedanke des Öffentlichkeitsgrundsatzes, nämlich der Schutz des Betroffenen vor einer Geheimjustiz, praktisch gegenstandslos, zumal auch das übrige Verfahren nur schriftlich abläuft.
Keine Verletzung des Fair-Trial-Grundsatzes ist dagegen im Hinblick auf die Begründung der Entscheidungen des Beschwerdeausschusses zu sehen. So muss jede Entscheidung eine ausführliche Begründung enthalten. Auch wenn man im Hinblick auf Art. 24 Abs. 7 Europol-Übereinkommen eine Ausnahme hiervon wird machen müssen, da dieser vorschreibt, dass sich aus der Begründung keine Rückschlüsse auf das Vorhandensein von gespeicherten Daten ziehen lassen dürfen, liegt dennoch kein Verstoß gegen die Begründungspflicht vor, denn es handelt sich bei den Entscheidungen des Beschwerdeausschusses um eine letztinstanzliche Entscheidung. Bei diesen Entscheidungen verlangt die EMRK keine Begründung.
Ein Verstoß gegen den Fair-Trial-Grundsatz wird zudem in der Regel nicht in einer zu langen Verfahrensdauer zu finden sein. Zwar ist eine solche stets möglich, so dass auf den jeweiligen Einzelfall abzustellen ist, doch enthalten weder Europol-Übereinkommen noch GOGK Regelungen, die darauf hindeuten, dass eine Verschleppung des Verfahrens beabsichtigt oder auch nur wahrscheinlich ist.
Auch verstößt die Ausgestaltung des Verfahrens vor dem Beschwerdeausschuss nicht gegen den Grundsatz der Unabhängigkeit. Allerdings stellt die Tatsache der internationalen Zusammensetzung allein keine ausreichende Gewährleistung für die Unabhängigkeit der Mitglieder dar. Zwar kann auf diese Weise der Einfluss einzelner Mitgliedstaaten auf Europol eingeschränkt werden, was letzten Endes auch der Unabhängigkeit zu Gute käme. Allerdings kann dadurch nicht die Unabhängigkeit der einzelnen Mitglieder gewährleistet werden. Auch hier ist auf den jeweiligen Einzelfall abzustellen. Daher kann die Zusammensetzung allenfalls als Indiz für eine Unabhängigkeit gelten.
Jedoch ist auch die Unabhängigkeit der einzelnen Mitglieder in einem ausreichenden Maße gewährleistet. Dem steht nicht entgegen, dass die dem Ausschuss angehörenden Mitglieder nicht die Befähigung zum Richteramt aufweisen müssen. Die Befähigung allein ist per se kein Garant für die Unabhängigkeit; im

Umkehrschluss kann daher nicht allgemein behauptet werden, dass jemand ohne eine solche Befähigung stets abhängig ist. Dies hängt vielmehr vom jeweiligen Einzelfall ab.
Auch aus der Art und Weise der Ernennung lassen sich keine Bedenken herleiten, denn unabhängig von den einzelnen Möglichkeiten wird durch das Europol-Übereinkommen die Weisungsfreiheit ausdrücklich festgeschrieben. Zudem entspricht es dem Verfahren, welches auch gegen die nationalen Richter eingeleitet werden müsste. Damit ist ausreichend sichergestellt, dass die Amtszeit der Mitglieder im Beschwerdeausschuss nicht im Belieben einer außen stehenden Stelle liegt, die dadurch versucht Einfluss auf diese zu nehmen. So genügt die Ausgestaltung der Amtszeit den von der EMRK aufgestellten Anforderungen, da zumindest aus deutscher Sicht ein Mitglied des Beschwerdeausschusses nur in einem entsprechenden Absetzungsverfahren gegen seinen Willen aus dem Dienst entlassen werden kann.
Des Weiteren kann die fehlende Unabhängigkeit auch nicht mit der mangelnden Immunität der Mitglieder begründet werden. Aus deutscher Sicht sind die Mitglieder des Beschwerdeausschusses den nationalen Richtern weit gehend gleichgestellt. Auch sie unterliegen dem Spruchrichterprivileg. Einen weiter gehenden Schutz benötigen sie nicht, denn Immunität soll keine Freistellung von strafrechtlicher Verantwortung bedeuten dürfen.
Schließlich lässt sich die Unabhängigkeit auch nicht mit dem Argument ablehnen, diese sei nur durch bloße Verwaltungsvorschriften gesichert und könne jederzeit geändert werden, da eine Änderung der GOGK unter einem doppelten Einstimmigkeitsvorbehalt steht. Da ein solcher Beschluss aller Vertragsstaaten nur schwer werden erreicht kann, ist die Unabhängigkeit ausreichend vor willkürlichen Änderungen geschützt.
Ähnlich verhält es sich hinsichtlich der Vereinbarkeit mit den Anforderungen des Grundgesetzes. Der Anforderungsgrad richtet sich dabei ausschließlich nach Art. 24 GG. Eine gegenteilige Ansicht, die Art. 19 Abs. 4 GG als Maßstab heranziehen will, ist weder dogmatisch haltbar, noch lässt sich diese aus der Solange-Rechtsprechung des Bundesverfassungsgerichts herauslesen. Art. 24 GG räumt dem Gesetzgeber einen weiten Ermessensspielraum bei der Gestaltung zwischenstaatlicher Einrichtungen ein. Seine Grenzen finden sich lediglich in der Ewigkeitsgarantie des Art. 79 Abs. 3 GG sowie im Art. 24 GG selbst. Der dort angeführte im Wesentlichen gleiche Grundrechtsschutz verlangt ein rechtlich geordnetes Verfahren, die Unabhängigkeit und Unparteilichkeit der Richter, den allgemeinen Zugang zu einem Gericht sowie die prozessuale Gleichheit der Verfahrensbeteiligten. Diese Grundsätze werden durch das Verfahren vor dem Beschwerdeausschuss jedoch nicht erfüllt.
So fehlt es bereits an einer lückenlosen Ausgestaltung des Rechts auf Zugang zu einem Gericht. Weder das Europol-Übereinkommen noch ein anderes Abkommen regeln das Recht der Betroffenen, vor einem Gericht ein anderes Recht als

die Verletzung von Datenschutzrechten und daraus resultierenden Schadensersatzansprüchen geltend zu machen. Da sich die Europol-Bediensteten aber auch anderer Vergehen in Form der mittelbaren Täterschaft strafbar machen können, ist der Rechtsschutz insofern lückenhaft. Diese Lücke kann wegen der Immunität der Europol-Beamten auch nicht durch ein Verfahren vor den niederländischen Gerichten geschlossen werden.
Eine weitere Unvereinbarkeit mit den Anforderungen des Grundgesetzes ergibt sich aus der Beratungstätigkeit der Gemeinsamen Kontrollinstanz. Diese führt dazu, dass die Unparteilichkeit gefährdet ist, denn durch diese Tätigkeit in Verbindung mit der Zusammensetzung des Beschwerdeausschusses aus Mitgliedern der Gemeinsamen Kontrollinstanz ist nicht mehr sichergestellt, dass sich ein Mitglied im Rahmen eines erneuten Befassens mit einer Materie nicht an eine frühere Entscheidung gebunden fühlt. Insofern ist auf die Ausführungen zur Vereinbarkeit mit den Anforderungen der EMRK entsprechend zu verweisen. Dagegen ist, wie schon bei der Prüfung einer Vereinbarkeit mit den Anforderungen der EMRK dargestellt, die Unparteilichkeit nicht unter dem Aspekt der fehlenden Befähigung zum Richteramt zu bemängeln. Wegen der Ähnlichkeit der Anforderungen kann auch insoweit auf die dortigen Ausführungen entsprechend verwiesen werden.
Ferner wird auch gegen das Recht auf ein geordnetes Verfahren verstoßen, da dem Betroffenen keine angemessenen Angriffs- und Verteidigungsmittel zur Verfügung stehen. Zwar hat der Betroffene auf den ersten Blick umfassende Möglichkeiten sich zu verteidigen, doch besteht die Gefahr, dass er diese auf Grund fehlender Kenntnis der über ihn gespeicherten Daten nicht ausüben kann. Darin liegt ein Verstoß gegen den Grundsatz des rechtlichen Gehörs und dem darin enthaltenen Recht auf Information. Letzteres verlangt die Sicherstellung des Erhalts der für eine Verteidigung erforderlichen Informationen. Angesichts der Ausgestaltung des Auskunftsrechts und der Möglichkeit der Kenntniserlangung von Beweisen hat der Betroffene jedoch keine entsprechenden Möglichkeiten. So muss der Betroffene Zweidrittel bzw. sogar alle Mitglieder des Beschwerdeausschusses von seiner Auffassung überzeugen, um zu seinem Recht zu kommen. Dies dürfte aber, wie bereits im Zusammenhang mit der EMRK dargelegt wurde, angesichts der weiten Verweigerungsgründe faktisch unmöglich sein. Kann der Betroffene daher nicht die erforderliche Mehrheit überzeugen, gelangt er nicht an diese Informationen und kann sich nicht entsprechend verteidigen.
Keine Bedenken hinsichtlich der Vereinbarkeit mit dem Grundsatz des rechtlichen Gehörs ergeben sich dagegen hinsichtlich des Äußerungsrechts, denn der Betroffene hat umfangreiche Möglichkeiten, sich zu äußern und Beweise einzubringen.
Problematisch ist dagegen wiederum die dritte Komponente des Grundsatzes vom rechtlichen Gehör, die Berücksichtigung durch das Gericht. Diese spiegelt

sich in der Entscheidungsbegründung wider. Zwar wird eine Berücksichtigung der Regelfall sein, doch besteht diesbezüglich beim Auskunftsverfahren ein wesentlicher Unterschied. So verlangt die GOGK eine solche Begründung und steht damit im Widerspruch zum Europol-Übereinkommen, das verlangt, dass der Begründung nicht zu entnehmen sein soll, ob Daten gespeichert worden sind oder nicht. Da die GOGK aber nicht weiter gehen kann als das Europol-Übereinkommen selbst, dürfte die Begründung folglich unter diesem Aspekt nicht ergiebig sein. Eine dem rechtlichen Gehör entsprechende Begründung seiner Entscheidung kann der Beschwerdeausschuss damit nicht schaffen.
Schließlich verstoßen die Mehrheitserfordernisse, wie auch im Fall der EMRK, gegen den im Grundgesetz enthaltenen Grundsatz der Waffengleichheit, da sich der Betroffene in einer schwächeren prozessualen Stellung als Europol befindet. Wegen der Ähnlichkeit der Anforderungen kann auf die dortigen Ausführungen entsprechend verwiesen werden.
Diese Verstöße gegen das Recht des Betroffenen auf ein geordnetes Verfahren sind auch nicht mit der Tätigkeit Europols zur Wahrung der inneren Sicherheit zu rechtfertigen, da durch das in camera-Verfahren Möglichkeiten bestehen, diesem Interesse gerecht zu werden, ohne derart intensiv in die Rechte des Betroffenen einzugreifen.
Nicht zu beanstanden ist das Verfahren dagegen unter dem Aspekt des Rechts auf rechtlichen Beistand, da dieses in Art. 24 Abs. 7 Satz 5 Europol-Übereinkommen ausdrücklich festgeschrieben ist.
Auch die Anforderungen des Grundgesetzes an die Unabhängigkeit werden durch das Verfahren ausreichend gewährt. Dies gilt sowohl für die persönliche als auch die sachliche Unabhängigkeit in Form des Schutzes vor Absetzung und Versetzung. Entsprechende Rückschlüsse lassen sich jedoch nicht aus der internationalen Zusammensetzung des Beschwerdeausschusses herleiten, da dies stets eine Frage des Einzelfalls sein muss. Ansonsten könnten mit dieser Begründung stets erhebliche Mängel ausgeglichen werden. Insofern gilt auch hier nichts anderes als bei der Vereinbarkeit mit der EMRK.
Zudem werden die Mitglieder für einen Zeitraum von fünf Jahren gewählt und können gegen ihren Willen nur nach Durchführung eines gerichtlichen Verfahrens und eines entsprechenden Urteils von ihren Tätigkeiten entbunden werden. Die Exekutive hat damit keine Möglichkeit, den Betroffenen nach Belieben von seinen Tätigkeiten zu entbinden.
Auch die Zusammensetzung des Beschwerdeausschusses aus Mitgliedern der Nationalen Kontrollinstanzen steht der persönlichen Unabhängigkeit nicht entgegen. Insofern kann ebenfalls auf die Ausführungen im Zusammenhang mit den Anforderungen an die EMRK entsprechend verwiesen werden.
Eine fehlende Unabhängigkeit der Mitglieder aus Angst vor Repressalien des ehemaligen Vorgesetzten nach ihrer Rückkehr in die frühere Tätigkeit kann ebenfalls nicht unterstellt werden. Grund hierfür ist, dass die Beratungen und

Abstimmungsverhältnisse geheim bleiben, so dass der Vorgesetzte, so man ihm eine entsprechende Intention unterstellen will, gar nicht wissen kann, wie sein Untergebender gehandelt hat.

Die sachliche Unabhängigkeit ist nicht verletzt. Dies beruht zum einen auf einer im Europol-Übereinkommen verankerten Weisungsfreiheit für Europol-Bedienstete, die ausreicht, um die Unabhängigkeit zu sichern. Zum anderen sind die Mitglieder ausreichend gegen Einflussnahmen von außen geschützt, so dass es keiner Immunität für die Mitglieder bedarf. Insofern kann ebenfalls auf die Ausführungen im Rahmen der Vereinbarkeit mit der EMRK verwiesen werden. Auch ist das Vorliegen der Unabhängigkeit nicht abzulehnen, weil sie durch Verwaltungsvorschriften gewährt wird. Eine solche Behauptung ist nicht haltbar, da die Weisungsfreiheit selbst im Europol-Übereinkommen verankert ist und dieses nur einstimmig geändert werden kann. Die Gefahr einer Änderung der Vorschriften zur Unabhängigkeit je nach Belieben der Mitgliedstaaten besteht daher nicht. Schließlich ist der Beschwerdeausschuss auch nicht derart in die Tätigkeit von Europol eingebunden, dass sich daraus Bedenken an der sachlichen Unabhängigkeit ergeben könnten. So sind bei Europol und dem Beschwerdeausschuss unterschiedliche Personen tätig, so dass nicht von einer Verflechtung von Verwaltung und Judikative ausgegangen werden kann. Auch unter dem Aspekt der beratenden Tätigkeit ist die sachliche Unabhängigkeit nicht zu bemängeln. Sinn und Zweck der sachlichen Unabhängigkeit ist es, die Weisungsfreiheit zu gewährleisten. Diese wird durch die beratende Tätigkeit des Beschwerdeausschusses jedoch nicht beeinträchtigt, da Europol keinen Einfluss auf die Art und das Ergebnis der Beratungen des Beschwerdeausschusses ausüben kann.

Im Ergebnis entspricht das primärrechtliche Verfahren vor dem Beschwerdeausschuss wegen der Beratungstätigkeit potentieller Mitglieder des Beschwerdeausschusses im Rahmen einer Tätigkeit in der Gemeinsamen Kontrollinstanz und der verschiedenen ungleichen Mehrheitserfordernisse in den verschiedenen Verfahrensstadien weder den Anforderungen der EMRK noch denen des Grundgesetzes an die Unparteilichkeit, das rechtliche Gehör und die Waffengleichheit. Daneben erfüllt es wegen der fehlenden Begründung seiner Entscheidung nicht den Anforderungen des Grundgesetzes an das rechtliche Gehör und wegen der Gestaltung der Mehrheitserfordernisse beim Ausschluss der Öffentlichkeit nicht den Anforderungen der EMRK. Auch wird das durch das Grundgesetz gewährleistete Recht auf lückenlosen Zugang zum Gericht verletzt.

II. Verfahren vor den nationalen Gerichten

Während die datenrechtlichen Ansprüche in der Regel vor der Gemeinsamen Kontrollinstanz bzw. dem Beschwerdeausschuss geltend gemacht werden[1288], verweisen Art. 38 f. Europol-Übereinkommen den Betroffenen im Hinblick auf Schadensersatzfragen ausdrücklich an die nationalen Gerichte. Insofern ist im Folgenden auch auf diese Form des Rechtsschutzes einzugehen.

1. Vereinbarkeit mit der EMRK

Zunächst soll auch dieses Verfahren unter dem Aspekt der Vereinbarkeit mit der EMRK untersucht werden. Auf Grund des in Art. 38 f. Europol-Übereinkommen enthaltenen Verweises an die nationalen Gerichte werden die Entscheidungen über das Bestehen eines Schadensersatzanspruchs nach den jeweiligen innerstaatlichen Verfahren getroffen. Dabei geht die Bearbeitung davon aus, dass die bestehenden nationalen Verfahren zunächst den Anforderungen der EMRK genügen. Dieser Schluss wird aus der Tatsache gezogen, dass alle Europol-Vertragsstaaten Mitglied der EMRK sind und davon ausgegangen werden kann, dass eventuelle Mängel nach Verfahren vor dem EGMR ausgeräumt wurden. Allerdings wirkt sich das Verfahren vor dem Beschwerdeausschuss in erheblichem Umfang auf die nationalen Entscheidungen aus, da dort getroffene Entscheidungen für die nationalen Gerichte bindend sind. Dies darf nicht unberücksichtigt bleiben, denn ansonsten könnten die Mitgliedstaaten die Anforderungen der EMRK auf diesem Wege umgehen. Insofern stellt sich die Frage, inwieweit sich dortige Verfahrensmängel auf die Bewertung des nationalen Verfahrens auswirken. Dabei soll nur auf die oben aufgedeckten Probleme und deren Auswirkungen auf das nationale Verfahren eingegangen werden.

a) Anwendbarkeit von Art. 6 EMRK auf die Tätigkeit Europols

Art. 6 EMRK ist auf Verfahren nach Art. 38 f. Europol-Übereinkommen anwendbar. Es geht bei diesem Verfahren um die Frage von Schadensersatzansprüchen. Solche sind unstreitig als zivilrechtliche Streitigkeiten i.S.d. Art. 6 EMRK anzusehen.[1289]

b) Vorliegen eines Gerichts i.S.d. Art. 6 EMRK

Daher muss es sich bei den nationalen Gerichten um Gerichte i.S.d. Art. 6 EMRK handeln. Aus deutscher Sicht ist für die vorliegenden vermögensrechtli-

---

[1288] Vgl. dazu das Ergebnis der Untersuchung der Rechtsschutzmöglichkeiten unter 3. Teil: B.III.

[1289] Vgl. zu diesem Punkt 4. Teil: B.I.1.a)aa)(2)(c). Damit entfällt auch auf Grund der Spezialität in jedem Fall eine Anwendung von Art. 8 i.V.m. 13 EMRK.

chen Ansprüche nach § 40 Abs. 2 VwGO der ordentliche Gerichtsweg eröffnet. Dieser besteht gemäß § 12 GVG aus Amts- und Landgerichten sowie dem Bundesgerichtshof.

aa) Errichtung durch Gesetz

Zunächst verlangt Art. 6 EMRK ein auf Gesetz beruhendes Gericht. Daraus folgt, dass die Grundlagen für die Errichtung und Organisation sowie die Zuständigkeiten abstrakt vorbestimmt sein müssen.[1290] Diese Anforderungen werden durch das Gerichtsverfassungsgesetz erfüllt. Es enthält detaillierte Angaben über den organisatorischen Aufbau[1291], die Zuständigkeiten der einzelnen Gerichtsbarkeiten[1292] sowie die sachliche und örtliche Zuständigkeit[1293]. Auch die wesentlichen Festlegungen über den Zugang zu Gericht und die Wirkungen der gerichtlichen Entscheidungen sind geregelt. Insofern ist auf die entsprechenden Vorschriften in der Verwaltungsgerichtsordnung, dem Gerichtsverfassungsgesetz und der Zivilprozessordnung zu verweisen. Aus deutscher Sicht erfüllen die nationalen Gerichte damit dieses Erfordernis.

bb) Rechtsprechungstätigkeit

Ferner müssen die nationalen Gerichte eine Rechtsprechungstätigkeit ausüben. Der EGMR fordert diesbezüglich zumindest eine umfassende Kontrolle bezüglich der Tatsachenfeststellungen von Behörden und der dem Fall zugrundgelegten Rechtsauffassungen.[1294] Eine solche Möglichkeit der nationalen Gerichte ist angesichts der Immunität Europols zu verneinen. Wendet sich der Betroffene direkt an die nationalen Gerichte, besteht für diese wegen der Unverletzlichkeit der Archive keine ausreichende Möglichkeit an die erforderlichen Unterlagen bei Europol heranzukommen und so den Sachverhalt aufzuklären.[1295] Daneben unterliegen die Bediensteten Europols nach Art. 32 Europol-Übereinkommen einer Geheimhaltungspflicht. Angesichts der damit verbundenen Ungenauigkeiten und den Möglichkeiten einer Aussageverweigerung bestehen daher auch unter diesem Gesichtspunkt erhebliche Bedenken hinsichtlich der Möglichkeit der Sachverhaltsaufklärung.[1296] Die Kontrolle der Tatsachenfeststellungen ist wegen dieser Probleme kaum möglich.[1297] Auf Grund dieser gravierenden Män-

---

1290 *Peukert*, in: Frowein/Peukert, EMRK, Art. 6 Rn. 122.
1291 Vgl. z. B. §§ 22 ff., 59 ff., 115 ff., 123 ff. GVG.
1292 Vgl. z. B. §§ 12 ff. GVG.
1293 Vgl. z. B. §§ 23 ff., 71 ff., 119 ff., 133 ff. GVG.
1294 *Harings*, Grenzüberschreitende Zusammenarbeit, S. 177 f. m.w.N.
1295 Vgl. dazu ausführlich 3. Teil: B.II.1.b)bb).
1296 Vgl. dazu 3. Teil: B.II.1.b)cc).
1297 So auch *Degenhardt*, Europol, S. 263; *Frowein/Krisch*, JZ 1998, S. 589/591.

gel ist eine den Anforderungen von Art. 6 EMRK genügende Rechtsprechungstätigkeit für die deutschen Gerichte unmöglich.

c) Unabhängigkeit

Bedenken an der Möglichkeit nationaler Gerichte über eine Frage unabhängig zu entscheiden, könnten sich aus dem Umstand ergeben, dass sie bei ihrer Entscheidung an eine gegebene Entscheidung der Gemeinsamen Kontrollinstanz gebunden sind.[1298] Diese Bindung käme in ihrer Wirkung einer Weisung gleich. Dem nationalen Gericht wurde die Überprüfung einer Vorfrage, namentlich die Frage über das Vorliegen einer Rechtsverletzung, von der Gemeinsamen Kontrollinstanz zwingend abgenommen. Wie der EGMR in seiner Entscheidung Obermeier ./. Österreich festgestellt hat, ist eine bindende Vorentscheidung mit Art. 6 Abs. 1 EMRK nur dann zu vereinbaren, wenn das Verfahren, in dem eine solche Entscheidung getroffen wurde, selbst den Anforderungen des Art. 6 Abs. 1 EMRK entspricht.[1299] Zwar bezog sich der Fall damals auf die Bindung an eine Verwaltungsentscheidung, doch lassen sich die Grundgedanken auch auf den vorliegenden Fall übertragen. Danach soll es dem Gesetzgeber nicht ermöglicht werden, durch die Einführung einer bindenden Vorfrage den Betroffenen seiner durch Art. 6 EMRK gewährten Rechte zu berauben. Diese Gefahr bestünde aber nicht nur bei Verwaltungsentscheidungen, sondern bei jeder Instanz, die eine solche bindende Entscheidung trifft. Daher ist zwar grundsätzlich die Bindung eines Gerichts an die Entscheidung eines anderen Gerichts zulässig, doch dürfen dadurch die Wertungen von Art. 6 EMRK nicht unterlaufen werden.[1300] Diese Gefahr besteht im Fall von Europol aber wegen der Mängel des Verfahrens vor dem Beschwerdeausschuss.[1301] Diese wirken sich wegen der Bindungswirkung auf das Schadensersatzverfahren aus. Weist daher bereits eine Entscheidung über die Grundfrage, ob überhaupt eine Rechtsverletzung vorliegt, einen Verstoß gegen diesen Grundsatz auf, so wirkt sich dieser Mangel auf das Schadensersatzverfahren aus, in dem über die Folgen eines Verstoßes entschieden wird.[1302] Letztlich führen diese Defizite dazu, dass die von Europol getrof-

---

1298 Eine solche Bindungswirkung folgt aus Art. 24 Abs. 7 Europol-Übereinkommen, wonach die Entscheidungen der Gemeinsamen Kontrollinstanz gegenüber allen Pateien rechtskräftig sind.

1299 So hinsichtlich der Bindung an eine Entscheidung der Verwaltung ausdrücklich EGMR, Urteil vom 28.06.1990, Rs. 6/1989/166/222 – Obermeier ./. Österreich, EuGRZ 1990, S. 209/210 Ziff. 70.

1300 *Peukert*, in: Frowein/Peukert, EMRK, Art. 6 Abs. 1 Rn. 124.

1301 Vgl. dazu 4. Teil: B.I.

1302 Andererseits bestünde die Gefahr, dass dieser Mangel unter dem Verweis auf das rechtmäßige Verfahren zur Erlangung von Sekundärrechtsschutz als weniger beachtlich gelten würde und so der Rechtsschutz insgesamt als ausreichend erachtet werden würde. Es würde praktisch eine Heilung dieser gravierenden Verfahrensmängel bedeuten. Dies ist

fenen Entscheidungen nicht effektiv durch die Gerichte überprüft werden können. Daher vermag der Rechtsweg vor den nationalen Gerichten nicht den Anforderungen von Art. 6 Abs. 1 EMRK an die Unabhängigkeit zu genügen.

d) Unparteilichkeit

Probleme der Unparteilichkeit ergeben sich aus der Einbindung der Gemeinsamen Kontrollinstanz bzw. des Beschwerdeausschusses in die Tätigkeit Europols. An dessen Unparteilichkeit bestehen angesichts der Gefahr einer vorherigen Tätigkeit seiner Mitglieder, wie z. B. der Errichtung von Analysedateien, erhebliche Bedenken.[1303] Zwar werden die Entscheidungen über einen Schadenersatzanspruch durch die nationalen Gerichte getroffen, doch sind diese auf Grund der Bindungskraft von Entscheidungen des Beschwerdeausschusses nicht in der Lage, anders über die grundlegende Frage einer Rechtsverletzung zu entscheiden. Dies wiegt umso schwerer, als dass eine vorherige Entscheidung des Beschwerdeausschusses auf Grund der mangelnden Aufklärungsmöglichkeiten der nationalen Gerichte die Regel sein wird.[1304] Da ansonsten die Gefahr des Unterlaufens der Anforderungen von Art. 6 EMRK bestünde, muss diesem Umstand bei der Beurteilung der Unparteilichkeit des nationalen Verfahrens ausreichend Rechnung getragen werden. Dazu sind alle Elemente des Verfahrens, einschließlich des Teils vor der Gemeinsamen Kontrollinstanz bzw. dem Beschwerdeausschuss bis hin zur Entscheidung der nationalen Gerichte in die Beurteilung einzubeziehen. Mängel bei einer Entscheidung über Vorfragen müssen daher voll in dem später zu beurteilenden Verfahren durchschlagen.
Fehlt es aber bereits bei elementaren Fragen des Schadensersatzanspruches, wie dem Vorliegen einer Rechtsverletzung, an der Unparteilichkeit, so muss dies im Rahmen einer Gesamtbetrachtung auch für das Schadensersatzverfahren vor den nationalen Gerichten gelten. Dies gilt umso mehr als die Mängel nicht korrigiert werden können. Wegen der gravierenden Mängel des Verfahrens vor dem Beschwerdeausschuss ist im Ergebnis daher auch das Verfahren vor den nationalen Gerichten nicht als unparteilich i.S.d. Art. 6 EMRK anzusehen.

e) Verstoß gegen den Fair-Trial-Grundsatz

Schließlich ist das Verfahren vor den nationalen Gerichten auch an den Maßstäben des Fair-Trial-Grundsatzes zu messen.

---

vor allem unter dem Gesichtspunkt maßgeblich, dass in anderen europäischen Staaten die Bedeutung von Schadensersatzansprüchen zur Erlangung von Rechtsschutz einen höheren Stellenwert hat, als es z. B. in Deutschland der Fall ist (vgl. hierzu Harings, Grenzüberschreitende Zusammenarbeit, S. 184 f.). In diesen Staaten würde man daher von einem ausreichenden Rechtsschutz gegenüber Europol ausgehen.

1303 Vgl. 4. Teil: B.I.1.a)dd).

1304 Vgl. dazu umfassend 3. Teil: B.II.1.b)bb) und 3. Teil: B.II.1.b)cc).

aa) Waffengleichheit

Zu denken wäre hier zunächst an einen Verstoß gegen das in Art. 6 Abs. 1 EMRK enthaltene Prinzip der Waffengleichheit. Diesbezügliche Bedenken ergeben sich im Hinblick auf den Auskunftsanspruch und die Rolle des Beschwerdeausschusses. Angesichts des Erfordernisses einer Zweidrittelmehrheit zur Gewährung einer Auskunft durch Europol befindet sich der Betroffene in einer formal schwächeren prozessualen Stellung.[1305] Da die Entscheidung bindend für die nationalen Gerichte ist, wirkt sich dieses Manko auch auf den Schadensersatzprozess aus. Ein Ausgleich hierfür wurde nicht eingeführt.[1306] Aus einer Gesamtbetrachtung des Verfahrens ergeben sich daher erhebliche Bedenken an der Vereinbarkeit des Verfahrens mit dem Prinzip der Waffengleichheit. Um auch hier die Wertungen des Art. 6 EMRK nicht zu unterlaufen, ist daher von einem Verstoß des Schadensersatzverfahrens gegen das Prinzip der Waffengleichheit auszugehen.

Des Weiteren könnte der Grundsatz der Waffengleichheit durch die Immunität Europols verletzt sein. Dies gilt zumindest dann, wenn der Betroffene versucht, direkt über die nationalen Gerichte seine Ansprüche geltend zu machen. Da Europol wegen der in Art. 3 Immunitätsprotokoll normierten Unverletzlichkeit der Archive über eine umfassende Immunität genießt, die auch gegenüber den nationalen Gerichten gilt, können weder der Betroffene noch die nationalen Gerichte Zugriff auf die dort gesammelten Informationen bekommen.[1307] Die Aufhebung der Immunität ist für den Betroffenen aber von besonderer Bedeutung, da er nur durch diese Informationen seine Rechte ausreichend verteidigen bzw. vielfach überhaupt erst belegen kann. Da es aber vom Verfahrensgegner abhängt, ob ihm dies ermöglicht wird, unterliegt der Betroffene dem Willen seines Gegners. Er befindet sich damit in einer unterlegenen Verfahrensposition. Der Grundsatz der Waffengleichheit ist daher unter diesem Aspekt als verletzt anzusehen.

1305 Vgl. zur Vereinbarkeit des Verfahrens vor dem Beschwerdeausschuss mit dem Prinzip der Waffengleichheit ausführlich 4. Teil: B.I.1.a)ee)(1).

1306 Einen solchen zu finden dürfte auch schwierig werden. Zu denken wäre zwar daran, dass den nationalen Gerichten eine Überprüfung der Entscheidung zugebilligt wird, doch ist der Nutzen angesichts der Gefahr einer Rechtszersplitterung und -unsicherheit durch gegenteilige Entscheidungen in ein und derselben Sache eher fraglich. Abgesehen davon dürfte es den nationalen Gerichten wegen der Immunität von Europol sehr schwer fallen, den Sachverhalt derart aufzuklären, dass sie eine sachgerechte Entscheidung fallen können.

1307 Vgl. zur Problematik der Immunität gegenüber den nationalen Gerichten ausführlich 3. Teil: B.II.1.b).

bb) Recht auf Gehör

Ein Verstoß gegen den Grundsatz auf rechtliches Gehör ist hinsichtlich der Einbringung von Beweisen und dem Äußerungsrecht einerseits und der Kenntniserlangung andererseits denkbar. Dabei ist insbesondere die Rolle des Beschwerdeausschusses zu bedenken.

(1) Einbringen von Beweisen und Äußerungsrecht

Da sich die Geltendmachung von Schadensersatzansprüchen nach den nationalen Rechtsordnungen richtet, stehen dem Betroffenen alle Möglichkeiten zur Äußerung und Beweiseinbringung zu, die ihm auch in einem rein innerstaatlichen Verfahren zustehen würden. Auf Grund der umfassenden Möglichkeiten hierzu, kann unterstellt werden, dass unter diesem Aspekt kein Verstoß gegen den Grundsatz des rechtlichen Gehörs vorliegt.

Dies gilt mittelbar auch für die Verfahren vor dem Beschwerdeausschuss. Angesichts der umfassenden Möglichkeiten zur Beweiseinbringung und Äußerung sind diese unter dem Aspekt des rechtlichen Gehörs nicht zu beanstanden. Ein diesbezüglicher Mangel der Entscheidung über eine Rechtsverletzung seitens des Beschwerdeausschusses ist daher nicht zu erwarten.[1308] Damit besteht auch keine Gefahr, dass sich ein solcher Mangel auf das nationale Schadensersatzverfahren niederschlägt. Ein Verstoß des Verfahrens auf Schadensersatz gegen den Grundsatz des rechtlichen Gehörs ist unter diesem Aspekt nicht zu befürchten.

(2) Kenntniserlangung von Beweisen

Da ein Verstoß gegen den Grundsatz auf rechtliches Gehör auf Grund mangelnder Möglichkeit zur Äußerung und dem Einbringen von Beweisen ausscheidet, bleibt noch der Fall eines Verstoßes wegen einer fehlenden Möglichkeit der ausreichenden Kenntniserlangung von Beweisen zu prüfen.[1309]

Auch hier liegen die Mängel weniger in den nationalen Verfahren, als im Verfahren vor dem Beschwerdeausschuss. So ergeben sich einerseits Bedenken an der Vereinbarkeit der Europol-Tätigkeit unter dem Aspekt des Grundsatzes auf rechtliches Gehör aus den Zugangsrechten des Betroffenen zu den Akten im Rahmen des Verfahrens vor dem Beschwerdeausschuss und andererseits aus der Immunität der Europol-Archive gegenüber den nationalen Gerichten.

1308 Vgl. dazu ausführlich 4. Teil: B.I.1.a)ee)(2)(a).

1309 Dabei ist zunächst die große Bedeutung einer Möglichkeit der Kenntniserlangung zu beachten. So kann sich der Betroffene nur zu Beweisen äußern, von denen er auch Kenntnis hat. Ansonsten würde das Äußerungsrecht leer laufen. Aus diesem Grund wird das Recht auf Kenntniserlangung von Beweisen in Anlehnung an das Akteneinsichtsrecht auch als Ausfluss des Rechts auf ein faires Verfahren bezeichnet (vgl. BVerfG, NStZ 1994, S. 552).

Wie bereits ausführlich dargelegt, sind die Zugangsrechte des Betroffenen zu den Verfahrensakten nur unzureichend ausgestaltet worden, so dass das Verfahren vor dem Beschwerdeausschuss nicht mehr als mit dem Grundsatz auf rechtliches Gehör vereinbar angesehen werden kann.[1310] Um die Wertungen des Art. 6 EMRK nicht zu unterlaufen, ist angesichts der Bindungswirkung und der Bedeutung einer Entscheidung des Beschwerdeausschusses das nationale Verfahren unter diesem Aspekt nicht mehr mit dem Grundsatz auf rechtliches Gehör zu vereinen.

Ferner ergeben sich Bedenken hinsichtlich der Immunität Europols gegenüber den nationalen Gerichten. Wegen der, nicht zuletzt durch das Immunitätsprotokoll verliehenen, umfangreichen Immunität Europols, haben die nationalen Gerichte praktisch keine Möglichkeiten, an die Verfahrensunterlagen zu gelangen. Dies beruht zum einen auf der Unverletzlichkeit der Archive und zum anderen auf dem Umstand, dass die nationalen Gerichte selbst keinen Zugang zu den Informationen haben, geschweige denn über den Umfang bzw. den Bedarf der Immunität entscheiden dürfen.[1311] Kann der Betroffene aber weder durch die Offenlegung der Informationen seine Behauptungen belegen noch den vollen Umfang der Rechtsverletzung durch die Europäische Polizeibehörde erkennen, ist hierin eine Verletzung des Grundsatzes auf rechtliches Gehör zu sehen, da sich der Betroffene nur dann ausreichend zu den Vorwürfen äußern und so von seinem Recht auf rechtliches Gehör Gebrauch machen kann, wenn er die Vorwürfe und den zu Grunde liegenden Sachverhalt in allen Einzelheiten kennt. Diese Möglichkeit hat er aber nicht, wenn Europol den Zugang verweigert und die nationalen Gerichte dies nicht überprüfen können.

Dies kann auch nicht etwa mit dem Geheimhaltungsinteresse gerechtfertigt werden, da mit dem sogenannten „in-camera"-Verfahren ein Mittel zur Geheimhaltung existiert, welches die Interessen Europols ausreichend berücksichtigt, gleichzeitig aber weniger intensiv in die Rechtspositionen des Betroffenen eingreift. Im Hinblick auf die Verfahren vor den nationalen Gerichten liegt in der Europol gewährten Immunität ein Verstoß gegen den Grundsatz auf rechtliches Gehör.

2. Vereinbarkeit mit den Anforderungen des Grundgesetzes

Da die Ansprüche auf Schadensersatz vor den nationalen Gerichten geltend zu machen sind und sich auch nach dem Recht des jeweiligen Staates richten[1312], muss die Vereinbarkeit des Verfahrens mit den jeweiligen Anforderungen der Verfassung überprüft werden. Auf Grund dieses Verweises auf einen rein inner-

---

[1310] Vgl. hierzu die Ausführungen unter 4. Teil: B.I.1.a)ee)(2)(b).

[1311] Vgl. zur Immunität gegenüber den nationalen Gerichten 3. Teil: B.II.1.b).

[1312] Vgl. dazu Art. 38 Abs. 1 Satz 2 und 3 Europol-Übereinkommen bzw. Art. 39 Abs. 1 i.V.m Abs. 4 Europol-Übereinkommen.

staatlichen Rechtsweg, ist aus deutscher Sicht auf Art. 19 Abs. 4 i.V.m. Art. 92, 97, 101 ff. GG abzustellen.

a) Allgemeiner Zugang zum Gericht

Da die Sekundäransprüche aus Art. 38 f. Europol-Übereinkommen nur vor den nationalen Gerichten geltend gemacht werden können, steht dem Betroffenen für diese Form des Eingriffs in seinen Rechtskreis eine Beschwerdemöglichkeit offen.[1313] Diese allein ist jedoch nicht ausreichend. Ein häufiges Problem bei internationalen Abkommen ist die Klarheit und Bestimmtheit von Rechtswegen, welche ein unabdingbares Erfordernis einer rechtstaatlichen Ordnung und somit Bestandteil von Art. 19 Abs. 4 GG sind.[1314]

Diesen Anforderungen wird durch das Europol-Übereinkommen Genüge getan. Durch den in Art. 38 Abs. 1 Europol-Übereinkommen enthaltenen Verweis auf die nach dem nationalen Recht zuständigen Gerichte wird auf die innerstaatliche Kompetenzzuweisung verwiesen. Dort verweist § 40 Abs. 2 VwGO alle vermögensrechtlichen Ansprüche auf den ordentlichen Rechtsweg. Damit ist für den Betroffenen klar, welchen Rechtsweg er einzuschlagen hat. Deutlicher wird dies in den Fällen des Art. 39 Europol-Übereinkommen, in denen das zuständige Gericht ausdrücklich bestimmt werden muss.[1315] Das Gebot der Rechtswegklarheit ist damit erfüllt. Unter anderen Aspekten, wie etwaigen Zulassungsbeschränkungen[1316], erscheint die Zugänglichkeit des Rechtswegs als unproblematisch. Das Erfordernis eines allgemeinen Zugangs ist somit erfüllt.

b) Unabhängigkeit

Aus deutscher Sicht wird die Unabhängigkeit durch Art. 97 Abs. 1 GG verbürgt, der besagt, dass Richter unabhängig und nur dem Gesetz unterworfen sind. Diese Unabhängigkeit gilt sowohl in sachlicher als auch in personeller Hinsicht.

1313 Vgl. zu den Schadensersatzansprüchen 3. Teil: A.III.

1314 BVerfG, Beschluss vom 25.03.1981 – 2 BvR 1258/79 - BVerfGE 57, S. 9/21 f.; BVerfG, Beschluss vom 11.06.1980 – 1 PbvU 1/79 - BVerfGE 54, S. 277/292 f.; *Schmidt-Assmann*, in: Maunz/Dürig, GG, Art. 19 IV Rn. 231.

1315 Art. 39 Abs. 4 Europol-Übereinkommen.

1316 Z. B. der Verwirkung prozessualer Befugnisse, prozessualer Ausschlussfristen, bestandskräftiger Verwaltungsentscheidungen etc. (vgl. dazu *Schmidt-Assmann*, in: Maunz/Dürig, GG, Art. 19 IV Rn. 233 ff.).

aa) Sachliche Unabhängigkeit

Auch aus deutscher Sicht wird unter einer Garantie der sachlichen Unabhängigkeit gemeinhin die Unabhängigkeit von Weisungen verstanden.[1317] Der Richter ist allein an das Gesetz gebunden; jedwede nicht gesetzlich legitimierte Einwirkung auf einen Richter außerhalb der dafür vorgesehenen prozessualen Möglichkeiten ist verboten.[1318] Zudem wird zur Sicherung der sachlichen Unabhängigkeit auch eine weit gehende Freiheit von strafrechtlicher, zivilrechtlicher und dienstrechtlicher Verantwortung für die richterliche Tätigkeit verlangt.[1319]

An der Unabhängigkeit der Gerichte bestehen keine Bedenken, wenn der Betroffene direkt Rechtsschutz über die nationalen Gerichte sucht.

Etwas anderes gilt jedoch, wenn zuvor der Beschwerdeausschuss angerufen wurde. Hier steht die Tatsache, dass die nationalen Gerichte nach Art. 24 Abs. 7 Europol-Übereinkommen an die Entscheidungen des Beschwerdeausschusses gebunden sind, einer Bejahung der Unabhängigkeit entgegen. So kann eine solche Bindung an eine bestehende Entscheidung durchaus als Weisung verstanden werden, da Art. 97 GG eine sachliche Unabhängigkeit der Richter auch gegenüber der rechtsprechenden Gewalt vorsieht.[1320] Diese Unabhängigkeit gilt sowohl im Verhältnis von „gleichrangigen" als auch im Verhältnis zu „höherrangigen" Spruchkörpern.[1321] Damit können Richter eine Entscheidung auf Grund ihrer eigenen Rechtsauffassungen treffen und auch von anderen Gerichten abweichen.[1322] Sie dürfen dabei auch ihre bisherige Rechtsprechung ändern oder aufgeben.[1323] Um dennoch eine gewisse Rechtsprechungskonsistenz und Rechtssicherheit zu erreichen, existieren rechtliche Bindungswirkungen von einzelnen Gerichtsentscheidungen, wie etwa die Tatbestandswirkung, die Feststellungswirkung, die Rechtskraft oder sonstige Bindungswirkungen von gerichtlichen Entscheidungen.[1324] Solche Durchbrechungen der sachlichen Unabhängigkeit

---

[1317] BVerfG, Beschluss vom 17.12.1953 – 1 BvR 335/51 - BVerfGE 3, S. 213/224; BVerfG, Beschluss vom 8.07.1992 – 2 BvL 27, 31/91 – BVerfGE 87, S. 68/85; *Barbey*, HbStR III, § 74 Rn. 31; *Wolf*, Gerichtsverfassungsrecht, S. 189.

[1318] Vgl. zum Umfang der Unabhängigkeit ausführlich BVerfG, Beschluss vom 24.01.1961 – 2 BvR 74/60 - BVerfGE 12, S. 81/88; vgl. auch BVerfG, Beschluss vom 4.06.1969 – 2 BvR 33, 387/66 – BVerfGE 26, S. 79/93; *Classen*, in: v. Mangoldt/Klein/Starck, Art. 97 Rn. 18.

[1319] *Schaffer*, BayVBl. 1991, S. 641/645 f.

[1320] Vgl. dazu BVerfG, Beschluss vom 29.02.1996 – 2 BvR 136/96 - NJW 1996, S. 2149/2150 f.; *Jarass/Pieroth*, GG, Art. 97 Rn. 5; *Detterbeck*, in: Sachs, GG, Art. 97 Rn. 14; *Herzog*, in: Maunz/Dürig, GG, Art. 97 Rn. 34; *Ipsen*, Staatsrecht I, Rn. 810 f.

[1321] *Herzog*, in: Maunz/Dürig, GG, Art. 97 Rn. 34.

[1322] BVerfG, Beschluss vom 3.11.1992 – 1 BvR 1243/88 - BVerfGE 87, S. 273/278; BVerfG, Beschluss vom 8.04.1998 – 1 BvR 1680/93, 183, 1580/94 – BVerfGE 98, S. 17/48; *Stern*, Staatsrecht II, S. 913.

[1323] BVerwG, Beschluss vom 28.02.1995 – 4 B 214/94 - NJW 1996, S. 867.

[1324] *Herzog*, in: Maunz/Dürig, GG, Art. 97 Rn. 35 ff.

gehören zu den üblichen Funktionsbedingungen der rechtssprechenden Gewalt[1325] und sind daher mit der sachlichen Unabhängigkeit vereinbar.
Eine solche Durchbrechung der sachlichen Unabhängigkeit stellt auch die Bindungswirkung nach Art. 24 Abs. 7 Europol-Übereinkommen dar. In ihrer Wirkung ist sie im Schadensersatzverfahren mit der Rechtskraft von Gerichtsentscheidungen zu vergleichen. Sie verbietet keine neue Entscheidung im gleichen Fall, bindet aber das erneut entscheidende Gericht dahingehend, dass es keine inhaltlich abweichende neue Entscheidung treffen darf und relativiert damit die sachliche Unabhängigkeit.[1326] Daher wäre in der Bindungswirkung kein Verstoß gegen die sachliche Unabhängigkeit der Gerichte anzunehmen.
Allerdings ist die Unabhängigkeit nach Art. 97 GG elementare Voraussetzung für die Gewährung eines effektiven Rechtsschutzes i.S.d. Art. 19 Abs. 4 GG[1327] bzw. des allgemeinen Justizgewährungsanspruchs[1328]. Daher richtet sich Art. 97 GG gegen alle Versuche der Staatsgewalten, direkt oder indirekt auf die Entscheidungen Einfluss zu nehmen oder eine solche Einflussnahme zu ermöglichen.[1329] Wegen dieses Zusammenhangs lässt sich eine unzulässige Einflussnahme immer bejahen, wenn die Gewährung eines effektiven Rechtsschutzes zu Lasten des Betroffenen eingeschränkt wird. Eine solche Einschränkung liegt vor, wenn die Bindungswirkung auf einem Verfahren beruht, das selbst nicht den Anforderungen des Grundgesetzes genügt. In einem solchen Verfahren wäre das nationale Gericht nicht mehr in der Lage, dem Bürger zu seinem Recht zu verhelfen und ihm somit effektiven Rechtsschutz zu gewähren.
Im Falle eines Verfahrens bzgl. des Schadensersatzanspruches nach Art. 38 f. Europol-Übereinkommen bedeutet dies, dass die Entscheidung des Beschwerdeausschusses den Anforderungen des Grundgesetzes genügen muss. Ansonsten wäre die Weisungsfreiheit in unzulässiger Form betroffen. Wie aber bereits dargelegt wurde, ist dies nicht der Fall.[1330] Daher liegt eine Verletzung der sachlichen Unabhängigkeit vor.

bb) Persönliche Unabhängigkeit

Die persönliche Unabhängigkeit der Richter sichert ergänzend die sachliche Unabhängigkeit. Durch sie soll der Richter während seiner Amtszeit soweit wie möglich in seinem amtsrechtlichen Status von vermeidbaren Einflussnahmen verschont bleiben.[1331] Daher bedeutet persönliche Unabhängigkeit in erster Linie

---

1325 Vgl. *Jarass/Pieroth,* GG, Art. 97 Rn. 5.
1326 Vgl. zur Rechtkraft von Gerichtsentscheidungen *Herzog*, in: Maunz/Dürig, GG, Art. 97 Rn. 36.
1327 *Detterbeck,* in: Sachs GG, Art. 97 Rn. 1; *Papier,* NJW 1990, S. 8/9 f.
1328 So *Jarass/Pieroth,* GG, Art. 97 Rn. 1.
1329 *Wolf,* Gerichtsverfassungsrecht, S. 187; *Detterbeck,* in: Sachs, GG, Art. 97 Rn. 2.
1330 Vgl. dazu 4. Teil: B.I.2.
1331 *Schulze-Fielitz,* in: Dreier, GG, Art. 97 Rn. 45.

Schutz vor Absetzung und Versetzung.[1332] Die in Deutschland für die Schadenersatzprozesse zuständigen Richter unterliegen dem Schutz des Deutschen Richtergesetzes und der Landesrichtergesetze[1333]. Nur in den dort angeführten Fällen und durch Beschluss des zuständigen Dienstgerichtes kann ein Richter in Deutschland seines Amtes enthoben werden. Andere Stellen haben keinen Einfluss auf den amtsrechtlichen Status des Richters. Auch das Europol-Übereinkommen ändert daran nichts. Damit sind die von Art. 97 Abs. 2 GG garantierten Minimalanforderungen an die persönliche Unabhängigkeit garantiert.[1334]

Da auch der Beschwerdeausschuss unter dem Aspekt der persönlichen Unabhängigkeit nicht zu beanstanden ist[1335], kann ein dort ansässiger Mangel nicht auf das nationale Verfahren durchschlagen. Somit sind die Voraussetzungen für die Bejahung einer persönlichen Unabhängigkeit i.S.d. Art. 97 Abs. 2 GG erfüllt.

c) Unparteilichkeit

Durch die persönliche und sachliche Unabhängigkeit des Richters soll garantiert werden, dass er unvoreingenommen und unparteilich über die ihm zugetragenen Fälle entscheidet. Die Neutralität bezeichnet somit die Einstellung des Richters zu seiner Tätigkeit.[1336]

Den deutschen Richtern, die anhand der nationalen Vorschriften über die Schadensersatzansprüche der Betroffenen zu entscheiden haben, kann die Unparteilichkeit unterstellt werden. Zum einen finden sich weder im Europol-Übereinkommen noch im Europol-Gesetz Bestimmungen dahingehend, dass die Richter in irgendeiner Weise in die Tätigkeit Europols eingebunden sind. Zum anderen wird die Unparteilichkeit durch die Inkompatibilitätsvorschrift des § 4 DRiG sowie durch die Ausschließungs- und Ablehnungsgründe des Prozessrechts[1337] abgesichert. Daher ist die Unparteilichkeit zu bejahen, wenn man sich die nationalen Gerichte isoliert betrachtet.

Anders stellt es sich dagegen dar, wenn zuvor der Beschwerdeausschuss beteiligt war. Das dortige Verfahren genügt nicht den Anforderungen des Grundgesetzes an die Unparteilichkeit.[1338] Dies ist aber für das Verfahren über die Gewährung von Schadensersatzansprüchen schon deshalb beachtlich, da in diesem Verfahren Entscheidungen über elementare Fragen für das Verfahren vor den

---

1332 *Stern*, Staatsrecht II, S. 911.

1333 Vgl. z. B. §§ 21 ff., 30, 62, 76 DRiG sowie §§ 49 ff., 72, 85 HRiG.

1334 Vgl. zu den Minimalanforderungen *Meyer*, in: v. Münch/Kunig, GG, Art. 97 Rn. 29.

1335 Vgl. zur persönlichen Unabhängigkeit 4. Teil: B.I.2.c)bb)(2).

1336 *Barbey*, HdStR III, § 74 Rn. 40.

1337 Vgl. nur für das Zivilverfahrensrecht die §§ 41 ff. ZPO.

1338 Vgl. dazu ausführlich 4. Teil: B.I.2.c)cc).

nationalen Gerichten, nämlich über das Vorliegen einer Rechtsverletzung, getroffen werden. Da die nationalen Gerichte an diese Entscheidung gebunden sind, müssen die für eine Entscheidung relevanten Fragen in einem Verfahren erörtert werden, das den Anforderungen des Grundgesetzes entspricht. Ansonsten bestünde die Gefahr der Aushöhlung dieser Mindestanforderungen. Aus einem Umkehrschluss ergibt sich dann, dass ein Verfahren, welches auf Entscheidungen zurückgreift, die selbst nicht den Anforderungen an die Unparteilichkeit entsprechen, ebenfalls nicht als unparteilich gelten kann.
Damit bleibt im Ergebnis festzuhalten, dass in einem Prozess, gerichtet auf Schadensersatz, die Unparteilichkeit abzulehnen ist, wenn zunächst der Beschwerdeausschuss angerufen wurde und das nationale Gericht an die dort gefallene Entscheidung gebunden ist.

d) Rechtlich geordnetes Verfahren

Um mit dem Grundgesetz vereinbar zu sein, muss das nationale Verfahren auch den Anforderungen an ein rechtlich geordnetes Verfahren genügen.

aa) Rechtlicher Beistand

Das Erfordernis eines rechtlichen Beistandes für das nationale Verfahren in Deutschland stößt auf keine Bedenken. So können die Parteien nach § 79 ZPO jede prozessfähige Person heranziehen, um sich durch diese beraten oder vertreten zu lassen. Darüber hinaus gilt für Rechtsstreitigkeiten vor Landgerichten, bei denen die Schadensersatzprozesse anhängig sein werden sogar gemäß § 78 ZPO ein Anwaltszwang. Aber auch wenn zuvor der Beschwerdeausschuss angerufen wurde, bestehen keinerlei Bedenken, die sich auf den Schadensersatzprozess vor den nationalen Gerichten auswirken könnten.[1339]

bb) Angemessene Angriffs- und Verteidigungsmittel

Daneben müssen auch im Verfahren vor den nationalen Gerichten den Parteien angemessene Angriffs- und Verteidigungsmittel zur Hand gegeben werden, damit diese ihre Rechte durchsetzen können. Bei der Beurteilung dieser Frage ist zu unterscheiden, ob der Betroffene sich zunächst an den Beschwerdeausschuss gewandt hat, oder direkt über die nationalen Gerichte vorgeht.
Hat sich der Betroffene zunächst an den Beschwerdeausschuss gewandt, ist zu beachten, dass er hinsichtlich der dort behandelten Fragen über umfangreiche Angriffs- und Verteidigungsmittel verfügt.[1340] Diese Möglichkeiten werden jedoch dadurch eingeschränkt, dass es dem Betroffenen sehr schwer fallen dürf-

1339 Vgl. dazu 4. Teil: B.I.2.c)dd)(1).
1340 Vgl. bzgl. der Möglichkeiten 4. Teil: B.I.1.a)ee)(2)(a).

te, sich die für seine Verteidigung notwendigen Informationen zu verschaffen. Grund hierfür ist die Zweidrittelmehrheit im Auskunftsbeschwerdeverfahren, bzw. das Einstimmigkeitserfordernis in allen anderen Verfahren, welche Entscheidungen des Beschwerdeausschusses aufweisen müssen, um sich über eine diesbezügliche Ablehnung Europols hinwegzusetzen und dem Betroffenen die Informationen zu verschaffen.[1341] Dieser Umstand wirkt sich auch auf das nationale Verfahren aus, da hier eine der elementaren Fragen des Schadensersatzanspruches verbindlich geklärt wird und anderenfalls, wie bereits dargestellt, eine Umgehung dieser Anforderungen zu befürchten wäre. Insofern ist die Wahrung des Erfordernisses von angemessenen Angriffs- und Verteidigungsmitteln nicht gegeben.
Etwas anders stellt sich die Problematik dar, wenn der Betroffene sich direkt an die nationalen Gerichte wendet. In Verfahren vor deutschen Gerichten stehen den Parteien alle Mittel zur Verfügung, die ihnen auch in einem rein innerstaatlichen Verfahren zustehen würden.[1342] Allerdings genießt Europol gegenüber den nationalen Gerichten Immunität und kann selbstständig über deren Umfang entscheiden.[1343] Insofern steht zu befürchten, dass z. B. ein Beweis durch Augenschein nach § 371 ZPO bzgl. der bei Europol gespeicherten Daten daran scheitert, dass sich Europol auf die Unverletzlichkeit der Archive gemäß § 3 Immunitäts-Protokoll beruft. Ein anderes Beispiel wiederum wäre, dass auf Grund des Erfordernisses der Aussagegenehmigung nach Art. 32 Abs. 3 Europol-Übereinkommen die Zeugenvernehmung nach § 373 ZPO eingeschränkt wird. Insofern bleibt festzuhalten, dass dem Betroffenen im nationalen Verfahren zwar eine Reihe von Angriffs- und Verteidigungsmitteln zur Verfügung steht, diese Mittel in ihrer Wirkung aber durch die bestehende Immunität etc. stark eingeschränkt sind. Insofern kann nicht von einem Vorliegen angemessener Angriffs- und Verteidigungsmitteln ausgegangen werden.

cc) Rechtliches Gehör

Auch der Grundsatz des rechtlichen Gehörs wird im nationalen Verfahren gegen Europol nicht gewahrt. Soweit zunächst der Beschwerdeausschuss angerufen wurde, greifen die dortigen Verfahrensmängel[1344] auf das nationale Verfahren durch. Grund hierfür ist auch hier, dass das dort gefundene Ergebnis auf Grund der Bindungswirkung Voraussetzung dafür ist, ob ein Prozess vor den nationa-

---

1341 Vgl. dazu nur Art. 19 Abs. 7 UAbs. 2 Europol-Übereinkommen bzw. Art. 20 GOGK.

1342 So z. B. der Beweis durch Augenschein nach §§ 371 ff. ZPO; den Zeugenbeweis nach §§ 373 ff. ZPO; den Beweis durch Sachverständige nach §§ 402 ff. ZPO; den Beweis durch Urkunden nach §§ 415 ff. ZPO; Beweis durch Parteivernehmung nach §§ 445 ff. ZPO und das selbstständige Beweisverfahren nach §§ 485 ff. ZPO.

1343 Vgl. zur Immunität vor den nationalen Gerichten 3. Teil: B.II.1.b).

1344 Vgl. dazu bereits 4. Teil: B.I.1.a)ee)(2).

len Gerichten überhaupt angestrengt werden kann. Es wird bereits dort über die Frage des Vorliegens einer Rechtsverletzung verbindlich entschieden. Daneben ist zu bedenken, dass im Verfahren über den Auskunftsanspruch die Entscheidungen nicht zu begründen sind. Auch hierin liegt ein Verstoß gegen den Grundsatz auf rechtliches Gehör.[1345] Ein anderes Ergebnis würde auch hier dazu führen, dass der Grundsatz auf rechtliches Gehör in unzulässiger Weise ausgehöhlt werden würde.

Berücksichtigt man dagegen allein das nationale Verfahren, so ergeben sich keine Bedenken hinsichtlich des Anspruchs auf rechtliches Gehör. Zwar wird ein solches Recht in der Zivilprozessordnung nicht ausdrücklich genannt, doch als selbstverständliche Grundregel vorausgesetzt und durch eine Reihe von Vorschriften konkretisiert.[1346] So werden die notwendigen Verfahrensinformationen durch Schriftsätze an die anderen Beteiligten weitergeleitet,[1347] die gegnerische Partei kann sich daraufhin äußern.[1348] Darüber hinaus wird der Grundsatz auf rechtliches Gehör dadurch geschützt, dass ein Gericht nur solche tatsächlichen und rechtlichen Gesichtspunkte seiner Entscheidung zugrunde legen darf, zu denen die Beteiligten ausreichend Stellung nehmen konnten.[1349] Hält sich das Gericht nicht daran, so liegt ein wesentlicher Verfahrensmangel vor.[1350]

Darüber hinaus muss das Urteil nach § 313 Abs. 1 Nr. 6 ZPO begründet werden. Diese Urteilsbegründung muss die entscheidungserheblichen Erwägungen des Gerichts wiedergeben und dabei so präzise und ausführlich sein, dass die Parteien die maßgebenden Erwägungen verstehen und nachvollziehen können.[1351] Damit erfüllt das nationale Verfahren alle Voraussetzungen des Grundsatzes auf rechtliches Gehör.

Im Ergebnis bleibt somit festzuhalten, dass ein nationales Verfahren, in dem auf eine Entscheidung des Beschwerdeausschusses zurückzugreifen ist, nicht den Anforderungen des rechtlichen Gehörs entspricht. Anders verhält es sich jedoch,

---

1345 Vgl. dazu ausführlich 4. Teil: B.I.1.a)ee)(3).

1346 Siehe nur § 99 Abs. 2 Satz 3; § 118 Abs. 1 Satz 1, § 136 Abs. 3, § 139, § 225 Abs. 2 ZPO.

1347 Dies folgt beispielsweise aus § 133 ZPO, wonach die Parteien die erforderliche Anzahl von Schriftsätzen bei Gericht einreichen müssen, damit diese vom Gericht an die anderen Beteiligten weitergereicht werden können. Dadurch bleiben die Beteiligten stets auf dem aktuellen Stand des Verfahrens.

1348 Die Präklusionsnormen der §§ 296, 528 ZPO stellen dabei eine zulässige Einschränkung des rechtlichen Gehörs dar. Zwar liegt hierin eine Beschränkung der Wahrheitsfindung, doch lässt sie sich mit dem Erfordernis eines rechtzeitigen Rechtsschutzes rechtfertigen (vgl. dazu ausführlich *Degenhardt*, HdStR III, § 76 Rn. 16).

1349 Vgl. z. B. *Hartmann*, in: Baumbach/Lauterbach/Albers/Hartmann, ZPO, Grdz. § 128 Rn. 42.

1350 BVerfG, Beschluss vom 5.10.1976 – 2 BvR 558/75 - BVerfGE 42, S. 364/373.

1351 Vgl. z. B. *Hartmann*, in: Baumbach/Lauterbach/Albers/Hartmann, ZPO, § 313 Rn. 32 f.

wenn der Betroffene sich direkt mit seinem Anspruch auf Schadensersatz an die nationalen Gerichte wendet. Hier ist die Vereinbarkeit gegeben.

e) Waffengleichheit

Schließlich muss das Verfahren auf Schadensersatz vor den nationalen Gerichten auch dem Gebot der Waffengleichheit entsprechen. Das aus dem Rechtsstaatsprinzip und dem Gleichheitsgrundsatz hergeleitete Prinzip[1352] wird in der Zivilprozessordnung zwar nicht explizit erwähnt, doch ist es teilweise in den Vorschriften enthalten.[1353]

In Fällen, in denen zuvor der Beschwerdeausschuss mit einer der entscheidungsrelevanten Fragen befasst wurde, ist auf das dortige Verfahren abzustellen, um zu verhindern, dass auf diese Weise die Rechte des Betroffenen beschnitten und das Prinzip der Waffengleichheit ausgehöhlt werden. Dies hat zur Folge, dass in solchen Fällen der Grundsatz der Waffengleichheit in den Schadensersatzprozessen vor den nationalen Gerichten nicht gewahrt wird. Der Grund hierfür liegt in den Mehrheitserfordernissen, die das Europol-Übereinkommen und die GOGK aufstellen. Wegen der dort festgelegten Zweidrittelmehrheit ist der von der Arbeit Europols Betroffene benachteiligt. Darin liegt eine Ungleichbehandlung, die mit einer durch das Gebot der Waffengleichheit geforderten ausgeglichenen Stellung der Parteien nichts mehr gemein hat.[1354]

Aber auch wenn sich der Betroffene direkt an die nationalen Gerichte wendet, ist der Grundsatz der Waffengleichheit nicht gewahrt. Zwar finden die Mehrheitsverhältnisse hier keine Anwendung, doch bestehen Bedenken wegen der Immunität Europols. So hat weder der Betroffene selbst, noch das Gericht die Möglichkeit gegen den Willen Europols an die entsprechenden Informationen zu kommen. Grund hierfür ist einerseits die Unverletzlichkeit der Archive nach Art. 3 Immunitäts-Protokoll, andererseits die Verpflichtung zur Geheimhaltung nach Art. 32 Abs. 3 Europol-Übereinkommen. Dadurch wird die Sachverhaltsaufklärung faktisch unmöglich.[1355] Da der Europol-Direktor selbst und damit der Verfahrensgegner über die Aufhebung der Immunität entscheidet[1356], hängt der Erfolg einer Klage des Betroffenen maßgeblich von dessen Verhalten ab. Der Betroffene gerät damit in eine unterlegene Verfahrensposition. Dies ist nicht mehr mit dem Gebot der Waffengleichheit zu vereinen, ein Verstoß ist somit zu bejahen.

1352 *Frowein/Krisch*, JZ 1998, S. 589/593.

1353 Vgl z. B. § 121 ZPO.

1354 Vgl. dazu ausführlich 4. Teil: B.I.2.c)ee).

1355 Vgl. zu diesem Aspekt bereits die umfassenden Ausführungen unter 3. Teil: B.II.1.b).

1356 Vgl. nur Art. 32 Abs. 3 Europol-Übereinkommen, Art. 12 Abs. 2 Immunitätsprotokoll.

3. Zwischenergebnis

Zusammenfassend ist daher festzuhalten, dass auch das nationale Verfahren zur Geltendmachung von Sekundäransprüchen weder den Anforderungen der EMRK noch denen des Grundgesetzes genügt.
Wendet sich der Betroffene direkt an die nationalen Gerichte, so besteht eine Unvereinbarkeit mit den Anforderungen des Art. 6 EMRK beim Merkmal des Gerichts. Dessen Maßgeblichkeit ergibt sich aus der Eigenschaft von Schadensersatzstreitigkeiten als zivilrechtliche Streitigkeit i.S.d. Art. 6 EMRK. Zwar werden in Deutschland die Gerichte durch das Gerichtsverfassungsgesetz und damit durch Gesetz errichtet, doch vermögen sie in diesem Fall nicht den Anforderungen der EMRK an eine Rechtsprechungstätigkeit zu genügen. Wegen vielfacher Aussageverweigerungsgründe von Europol-Bediensteten und der Unverletzlichkeit der Archive Europols sind die Gerichte nicht in der Lage, eine umfassende Kontrolle bezüglich der Tatsachenfeststellungen von Behörden und der dem Fall zugrundgelegten Rechtsauffassungen durchzuführen. Dies gilt vor allem vor dem Hintergrund, dass Europol durch seinen Direktor selbst über die Frage der Immunität und eine Aussagegenehmigung entscheidet. Eine gerichtliche Überprüfung dieser Entscheidung besteht nicht.
Aus den gleichen Gründen führen Immunität und Aussageverweigerungsrechte der Europol-Bediensteten unter dem Aspekt der Waffengleichheit zu einer Unvereinbarkeit mit der EMRK, da sich der Betroffene wegen der fehlenden Informationen nicht umfassend verteidigen bzw. seine Rechte geltend machen kann und sich daher in einer schwächeren Position als Europol befindet, das über alle notwendigen Informationen verfügt. Aber auch das Recht auf rechtliches Gehör ist beeinträchtigt, da der Betroffene durch die Immunität nicht in der Lage ist, Kenntnis von den Informationen zu erlangen. Wegen der Ähnlichkeit der Anforderungen von EMRK und Grundgesetz gilt dies trotz des Erfordernisses einer jeweils autonomen Auslegung entsprechend auch für die verfahrensrechtlichen Anforderungen des Grundgesetzes.
Aber auch wenn sich der Betroffene zunächst an den Beschwerdeausschuss wendet, erfüllt das Verfahren nicht die Anforderungen von Art. 6 EMRK. Der Grund hierfür liegt insbesondere in der mangelhaften Ausgestaltung des Verfahrens vor dem Beschwerdeausschuss in dem über die Frage der Rechtsverletzung verbindlich entschieden wird. Da ansonsten die Gefahr einer Umgehung der hier maßgeblichen Garantien des Art. 6 EMRK besteht, ist das Verfahren vor dem Beschwerdeausschuss bei der Beurteilung des Verfahrens vor den nationalen Gerichten zu berücksichtigen.
Im Hinblick auf die Unabhängigkeit ist zu bedenken, dass die Bindungswirkung der Entscheidungen des Beschwerdeausschusses in ihrer Wirkung einer Weisung gleich steht. Dem nationalen Gericht wird die Überprüfung einer Vorfrage, namentlich die Frage über das Vorliegen einer Rechtsverletzung, vom Beschwerdeausschuss zwingend abgenommen. Da das Verfahren vor dem Be-

schwerdeausschuss selbst nicht die Anforderungen der EMRK an ein unabhängiges Verfahren erfüllt, können wegen der daher unzulässigen Bindung auch die Verfahren vor den nationalen Gerichten nicht mehr als unabhängig i.S.d. Art. 6 EMRK angesehen werden.
Aber auch die Unparteilichkeit im nationalen Verfahren wird nicht gewährleistet. Auf Grund der Bindungswirkung von Entscheidungen des Beschwerdeausschusses und der damit verbundenen Gefahr einer nicht hinzunehmenden Umgehung der EMRK wirkt sich der dortige Mangel an Unparteilichkeit wegen einer möglichen Beratungstätigkeit seiner Mitglieder auf das nationale Verfahren aus. Entsprechend kann auch das Verfahren vor den nationalen Gerichten in diesen Fällen nicht mehr als unparteilich gelten.
Auch im Hinblick auf die verschiedenen Mehrheitserfordernisse entspricht das Verfahren vor dem Beschwerdeausschuss nicht den Anforderungen des Art. 6 EMRK. Wegen der Bindungswirkung und der Umgehungsgefahr wirken sich dortige Mängel auch auf das nationale Verfahren aus, da sie dort nicht mehr ausgeglichen werden können. Daher wird durch die Gestaltung der Mehrheitserfordernisse auch im Verfahren vor den nationalen Gerichten gegen die Grundsätze der Waffengleichheit und des rechtlichen Gehörs verstoßen.
Ursache für Bedenken an einer Vereinbarkeit mit dem Recht auf rechtliches Gehör ist, dass der Betroffene zwar umfassende Möglichkeiten hat, sich im Verfahren zu äußern und eigene Beweise einzubringen, er kann jedoch nicht die dafür erforderlichen Informationen erlangen. Dabei ergeben sich die Bedenken weniger aus den nationalen Verfahren selbst, als aus der Rolle des Beschwerdeausschusses und der Bindungswirkung seiner Entscheidungen. Wegen der im dortigen Verfahren auf Grund des Mehrheitserfordernisses mangelhaft ausgestalteten Zugangsrechte zu den Verfahrensakten wird der Betroffene in der Praxis häufig nicht an die erforderlichen Informationen gelangen, um sein Vorbringen zu untermauern bzw. um entsprechende Gegenmaßnahmen einzuleiten und so seine Rechte geltend machen zu können.
Wegen der Zweidrittelmehrheit beim Auskunftsanspruch befindet sich der Betroffene auf Grund der Bindungswirkung einer Entscheidung der Gemeinsamen Kontrollinstanz in einer formell prozessualen Schwächerstellung, da er deutlich mehr Mitglieder des Beschwerdeausschusses von seiner Auffassung überzeugen muss als Europol. Darin liegt ein Verstoß gegen das in Art. 6 EMRK enthaltene Prinzip der Waffengleichheit. Schließlich ist der Grundsatz der Waffengleichheit unter dem Aspekt der Immunität als verletzt anzusehen. So kann in einem Verfahren vor den nationalen Gerichten weder der Betroffene noch das nationale Gericht, wegen der in Art. 3 Immunitätsprotokoll normierten Unverletzlichkeit der Archive, Zugriff auf die dort gesammelten Informationen bekommen. Es hängt stattdessen vom Verfahrensgegner ab, ob dem Betroffenen Informationen zu Teil werden; dieser befindet sich damit in einer unterlegenen Verfahrensposition.

Auch die Anforderungen des Grundgesetzes werden in dieser Konstellation nicht erfüllt. Zwar wird das Verfahren dem Erfordernis einer klaren Rechtswegzuweisung gerecht, Bedenken ergeben sich aber hinsichtlich der sachlichen Unabhängigkeit der Parteien. Wendet sich der Betroffene direkt an den Beschwerdeausschuss, so ergeben sich bereits generelle Bedenken wegen der Bindungswirkung einer Entscheidung des Beschwerdeausschusses. Auch wenn eine Bindung an vorherige Entscheidungen eines Gerichts den Anforderungen des Grundgesetzes nicht per se widerspricht und die Entscheidungen des Beschwerdeausschusses in ihrer Wirkung denen eines Gerichts gleichstehen, kann eine Vereinbarkeit mit der Unabhängigkeit dennoch nicht angenommen werden, da es sich beim Beschwerdeausschuss eben nicht um ein förmliches Gericht i.S.d. Art. 97 GG handelt. Zum anderen ist zu berücksichtigen, dass die Entscheidungen des Beschwerdeausschusses selbst nicht den Anforderungen des Grundgesetzes genügen. Um nicht die Möglichkeit der Umgehung von Anforderungen des Grundgesetzes an den effektiven Rechtsschutz zu schaffen, muss auch dieser Umstand berücksichtigt werden. Daher müssen sich dortige Defizite auf spätere Verfahren durchschlagen, so dass insgesamt das nationale Verfahren unter dem Aspekt der sachlichen Unabhängigkeit zu bemängeln ist. Dagegen ist die persönliche Unabhängigkeit nicht zu beanstanden. Dies gilt sowohl für die persönliche Unabhängigkeit der nationalen Richter selbst, als auch für ihre Unabhängigkeit unter Berücksichtigung der Bindungswirkung von Entscheidungen des Beschwerdeausschuss.
Die Ausgestaltung der Unparteilichkeit genügt ebenfalls nicht den Anforderungen des Grundgesetzes. Dabei ist sie, betrachtet man das nationale Verfahren separat, durch § 4 DRiG und die Ausschließungs- und Ablehnungsgründe des Prozessrechts ausreichend abgesichert. Etwas anderes lässt sich auch nicht dem Europol-Übereinkommen oder dem Europol-Gesetz entnehmen. Bedenken bestehen allerdings in Fällen, in denen der Beschwerdeausschuss zuvor beteiligt gewesen ist und damit über relevante Fragen verbindlich entschieden wurde. Die dortigen Bedenken an der Unparteilichkeit wegen einer möglichen vorherigen Beratungstätigkeit müssen wegen der Umgehungsgefahr von Anforderungen des Grundgesetzes auch im Verfahren vor den nationalen Gerichten berücksichtigt werden. Da solche Mängel im nationalen Verfahren nicht neutralisiert werden können, ist auch hier die Unparteilichkeit nicht gewährleistet.
Eine weitere Unvereinbarkeit mit den Anforderungen des Grundgesetzes an ein rechtlich geordnetes Verfahren ergibt sich unter dem Aspekt der angemessenen Angriffs- und Verteidigungsmittel, wenn zuvor der Beschwerdeausschuss beteiligt gewesen ist. Wegen der Bedeutung einer durch den Beschwerdeausschuss gefassten Entscheidung müssen dortige Mängel auch voll auf das nationale Verfahren durchgreifen, um zu verhindern, dass die Anforderungen des Grundgesetzes unterlaufen werden.

Solch gravierende Bedenken bestehen, wie schon im Zusammenhang mit der Vereinbarkeit mit den Anforderungen der EMRK erörtert wurde, im Hinblick auf die Mehrheitserfordernisse. So verstößt beispielsweise das Erfordernis einer Zweidrittelmehrheit zur Auskunftserlangung gegen das auch im Grundgesetz enthaltene Prinzip der Waffengleichheit, da der Betroffene mehr Richter von seiner Rechtsaufassung überzeugen muss und sich damit in einer schwächeren Verfahrensposition befindet.
Durch die Mehrheitsverhältnisse zur Erlangung von Informationen Europols im Beschwerdeverfahren wird zudem gegen das Recht auf rechtliches Gehör verstoßen, wenn zuvor der Beschwerdeausschuss beteiligt gewesen ist. Da es für den Betroffenen in der Praxis nahezu unmöglich sein dürfte, einen einstimmigen Beschluss des Beschwerdeausschusses zu seinen Gunsten zu erhalten, wird er nicht Kenntnis von den notwendigen Informationen erhalten und dadurch seine Rechte nicht geltend machen können.
Nicht zu beanstanden ist das Verfahren vor den nationalen Gerichten dagegen unter dem Aspekt des rechtlichen Beistandes.
Damit leidet das Verfahren vor den nationalen Gerichten vor allem an den Defiziten des Verfahrens vor dem Beschwerdeausschuss. Dabei stechen vor allem die Unvereinbarkeiten mit den Prinzipien der Waffengleichheit und des rechtlichen Gehörs wegen der für den Betroffenen ungünstigen Mehrheitsvoraussetzungen hervor. Aber auch die Immunität Europols und die Möglichkeit einer fehlenden Unparteilichkeit der Beschwerdeausschussmitglieder stehen einer positiven Bewertung des nationalen Verfahrens entgegen. Wegen der Immunität ist das Verfahren zur Erlangung von Schadensersatz aber auch dann unzureichend, wenn sich der Betroffene direkt an die nationalen Gerichte wendet.

5. Teil: Fazit

Die Tätigkeitsaufnahme Europols im Oktober 1998 ist das Ergebnis der immer enger werdenden internationalen polizeilichen Zusammenarbeit in Europa während der letzten 35 Jahre. In ihr spiegeln sich die Entwicklungen von TREVI und Schengen wider. Was Mitte der 70er Jahre mit der TREVI-Kooperation noch als lose Zusammenarbeit begann, entwickelte sich in den folgenden Jahren angesichts des wachsenden Drucks und der damit verbundenen Gefahren durch die internationale Kriminalität sowie dem Wegfall der Grenzen immer weiter und verfestigte sich. Ergebnis dieser Entwicklung, die unter dem Deckmantel der Waffengleichheit mit der internationalen Kriminalität stand, ist die Schaffung einer Polizeiarbeit von völlig neuer Qualität, die sich nicht auf einen Zusammenschluss der verschiedenen bi- und multilateralen Formen der grenzüberschreitenden Zusammenarbeit beschränkt.

Die besondere Bedeutung Europols, die sich nicht zuletzt durch ihre Eigenschaft als erste internationale Organisation im Rahmen der Dritten Säule verdeutlicht, liegt in der Aufgabe, eine koordinierende Zusammenführung und Auswertung der in den einzelnen Mitgliedstaaten vorhandenen Informationen über bestimmte Kernbereiche der Organisierten Kriminalität zu gewährleisten. Hierfür spielt der als Herzstück[1357] bezeichnete Informationsaustausch eine überragende Rolle. Dabei geht die Informationsverarbeitung im Rahmen von Europol über alles bisher Dagewesene weit hinaus, denn mit Europol bekam erstmals eine internationale Zusammenarbeit im Polizeibereich eigene, gemeinsame und selbst verwaltete Datenbestände. So ist der Umfang der darin zu speichernden Daten um ein Vielfaches höher, als dies beispielsweise beim SIS der Fall war.

Kehrseite dieser engen und neuartigen Zusammenarbeit ist eine erheblich gesteigerte Möglichkeit von Rechtsverletzungen zu Lasten der Bürger, denn jeder Verarbeitungsvorgang stellt zugleich auch einen Eingriff in deren Rechte dar. Stärker als im Informationssystem stellt sich diese Problematik im Analysesystem dar. Dort ist der Personenkreis, über den Informationen zur Analyse gespeichert werden dürfen, kaum eingrenzbar, so dass annähernd jeder Gefahr läuft, zu Analysezwecken datenmäßig erfasst zu werden. Es besteht die Gefahr einer möglichen Ausforschung ganzer Personengruppen.[1358] Hinzu kommt, dass im Analysesystem auch die sogenannten weichen und damit höchstpersönliche und sensible Daten gespeichert werden dürfen. Im Hinblick auf diese weichen Daten ergeben sich neben quantitativen auch qualitative Bedenken. So erfolgt die Bewertung der noch nicht ausermittelten Daten durch Europol, das selbst über keine Hintergrundinformationen verfügt und die nationalen Polizeien haben keine Möglichkeit korrigierend auf die Analyse einzuwirken. Selbst erhebliche Bedenken der nationalen Stellen führen nicht zu einem Verwertungsverbot. Daneben eröffnen unbestimmte Rechtsbegriffe, die verschiedene Interpretationsmöglichkeiten darüber erlauben, was zur Identifizierung erforderlich ist, weitere Möglichkeiten zur Datenspeicherung. Auf Grund dieser Tatsachen besteht die Gefahr einer Erstellung weit gehender Charakter- und Persönlichkeitsprofile von Betroffenen und deren Gewohnheiten, die beim Analysesystem noch um ein Vielfaches höher ist, als beim Informationssystem. Es drängt sich das Bild vom gläsernen Menschen auf.

Dieser schon an sich problematische Umstand wird durch die Gefahr verstärkt, dass angesichts der unterschiedlichen Befugnisse zur Datenerhebung und des Fehlens von Regelungen über den Datenabruf, Mitgliedstaaten an Informationen gelangen, die sie nach ihrer nationalen Rechtsordnung selbst gar nicht hätten erheben dürfen. Zusammen mit den Bedenken, dass das Informationssystem, ebenso wie sein Vorbild das deutsche INPOL-System, diesen Datenmengen

---

1357 So z. B. *Pitschas*, ZRP 1993, S. 174/175.

1358 So auch *Matz*, Europol, S. 199.

nicht gewachsen ist und dadurch der Überblick über die gespeicherten Daten verloren geht, münden diese Aspekte in einer unüberschaubaren Internationalisierung der Daten zum Nachteil der Betroffenen.
Weitere Gefahren für eine Rechtsverletzung entstehen durch die Möglichkeit einer Übermittlung dieser Daten, einschließlich der höchstpersönlichen und äußerst sensiblen, an einen Drittstaat oder -stelle. Zu bemängeln daran ist insbesondere, dass nicht festgelegt ist, was in den hierzu abgeschlossenen Abkommen unter dem Begriff eines angemessenen Datenschutzes zu verstehen ist.
Schließlich wird Europol in weitest gehender Form operativ bzw. operationell unterstützend tätig. Dabei geht diese Bearbeitung von einem Verständnis der operativen Tätigkeit als planvoll lenkende bzw. strategische Informationsbeschaffung aus. Auf Grund einer proaktiven Analysetätigkeit Europols, d.h. Analytiker holen sich die nötigen Informationen von den nationalen Zentralstellen und stehen mit diesen im ständigen Kontakt, folgt, dass Europol zumindest partiell eigene Ermittlungsbefugnisse mit Eingriffscharakter ausübt. So vermag Europol durch die gezielte Übermittlung von Informationen die nationalen Polizeien – wegen deren Pflicht bei Verdacht zu ermitteln – zu steuern. Diese Tätigkeiten sind zumindest nicht in vollem Umfang durch das Europol-Übereinkommen oder den EU-Vertrag gedeckt und stellen damit einen Eingriff in die Rechte des Betroffenen dar.
Angesichts dieser Tätigkeit Europols besteht ein beträchtliches Gefährdungspotential für die Rechtspositionen des Betroffenen. Da andererseits die effektive Bekämpfung der Organisierten Kriminalität ein sehr wichtiges Ziel darstellt und dafür eine umfassende Zusammenarbeit bei der Informationssammlung erforderlich ist, dürfte bei der Ausgestaltung dieser Tätigkeit nur wenig Spielraum für Änderungen bestehen. Hinzu kommt, dass dem Gesetzgeber bei der Beurteilung der Effektivität einer Maßnahme ein erheblicher Ermessensspielraum zukommt. Umso wichtiger ist daher die effektive Ausgestaltung der Rechte und Möglichkeiten des Betroffenen, gegen eine zu Unrecht erfolgte Speicherung der ihn betreffenden Daten vorzugehen. Eine solche effektive Ausgestaltung der Rechtsschutzmöglichkeiten ist bei Europol jedoch nicht erfolgt.
Dies zeigt sich schon beim Auskunftsanspruch nach Art. 19 Europol-Übereinkommen, der für jedes weitere Vorgehen des Betroffenen von erheblicher Bedeutung ist. Trotz einiger guter Ansätze[1359] wird das Recht durch die in Art. 19 Abs. 3 Europol-Übereinkommen weit gefassten Vetogründe Europols

1359 Positiv ist zu bewerten, dass Europol durch Art. 19 Abs. 2 Europol-Übereinkommen eine Frist von drei Monaten zur Antragsbearbeitung auferlegt wird. Dem Betroffenen wird dadurch ermöglicht, relativ zeitnah zu klären, ob über ihn Informationen bei Europol gespeichert sind. Daneben wird der Betroffene durch sein Wahlrecht zur Geltendmachung des Anspruchs nicht durch Sprachbarrieren, große Entfernungen oder völlig unbekannte rechtliche Voraussetzungen an der Wahrnehmung seines Auskunftsrechts gehindert.

und der Mitgliedstaaten beschnitten, wenn nicht gar ausgehöhlt. Grund hierfür ist zum einen die Verwendung unbestimmter Rechtsbegriffe, die einen weiten Auslegungsspielraum bei den Versagungsgründen eröffnen und zum anderen eine strikte Orientierung am Grundsatz der Effektivität einer Tätigkeit Europols. Durch die derart extensiv normierte Befugnis zur Auskunftsverweigerung wird eine so dehnbare Interpretationsmöglichkeit geschaffen, dass die Befugnis zur Auskunftsversagung einer Blankovollmacht gleichkommt, welche den Auskunftsanspruch praktisch aushöhlt.

Auch an der Effektivität der Ausgestaltung des Anspruchs auf Berichtigung und Löschung bestehen erhebliche Bedenken. Zwar wird hinsichtlich der Daten im Informationssystem der Mitgliedstaat falsche und rechtswidrige Daten auf Grund seiner datenschutzrechtlichen Verantwortung ohne weiteres löschen können, anders stellt sich die Situation dagegen dar, wenn es sich um Informationen aus dem Analysesystem handelt. Wegen der fehlenden Bestimmtheit des Art. 21 Abs. 4 Europol-Übereinkommen bleibt einerseits unklar, was unter Erkenntnissen, die über diejenigen der Mitgliedstaaten hinausgehen, konkret zu verstehen ist. Dies wird auch durch Art. 7 Abs. 2 DAAz. nicht wirksam konkretisiert. Andererseits wird Europol, da dort die Informationen aller Mitgliedstaaten zusammen fließen und verarbeitet werden, in der Regel immer über weiter gehende Informationen verfügen als der einzelne Mitgliedstaat und so eine weitere Speicherung begründen können. Damit wird das, was als Ausnahmeregelung gedacht war, zur Regel. Somit besteht die Gefahr einer Aushöhlung der Datenlöschung von Daten in den Analysedateien.[1360]

Darüber hinaus wird durch die Speicherfristen des Art. 21 Europol-Übereinkommen nicht ausreichend sichergestellt, dass die Daten tatsächlich gelöscht werden. So enthält das Europol-Übereinkommen keine Regelung darüber, was mit den Daten geschehen soll, die als erforderlich für die Tätigkeit Europols i.S.d. Art. 21 Abs. 1 Europol-Übereinkommen eingestuft wurden. Kommen keine weiteren Daten zur bestehenden Datei hinzu, so ist eine erneute Überprüfung nicht vorgesehen und eine unbeschränkte Speicherung der Daten möglich.

Des Weiteren werden durch das Europol-Übereinkommen tatferne Personengruppen benachteiligt, denn die grundsätzlich positiv zu bewertende[1361] alljährliche Überprüfungsfrist gemäß Art. 21 Abs. 3 Europol-Übereinkommen gilt allein für Daten von (potentiellen) Straftätern. Wenn aber schon Daten tatnaher Personen einer Höchstgrenze unterliegen, so müsste dies erst recht für Daten der tatfernen Personengruppen gelten. Zweifelsohne ist nämlich die Speicherung hoch-

---

1360 So wohl im Ergebnis auch *Kübler*, Einheitliche Grundrechte, S. 119.

1361 Dadurch wird eine zeitnahe Überprüfung sichergestellt, bei der Europol einem gewissen Rechtfertigungsdruck obliegt, da dokumentiert werden muss, ob und warum die Daten weiterhin gespeichert bleiben. Allenfalls ist er daher als Abminderung der Aushöhlungsgefahr zu werten.

sensibler Informationen von tatfernen Personen unter dem Aspekt der öffentlichen Sicherheit oder zur Verhütung einer Straftat einem größeren Rechtfertigungszwang ausgesetzt als die tatnaher Personengruppen.[1362]
Ohnehin ist die bestehende dreijährige Höchstgrenze zur Speicherung von Daten keine absolute. Vielmehr kann diese Frist durch die Neuaufnahme von Informationen nahezu unbegrenzt verlängert werden. Damit besteht die Gefahr der Aushöhlung von Speicherungsfristen.
Auch die Ausgestaltung des Schadensersatzanspruchs ist nicht unproblematisch. So kann der Gefahr einer Rechtszersplitterung[1363] bei der Geltendmachung eines Anspruchs aus Art. 38 f. Europol-Übereinkommen auch durch Vorlage an den EuGH nicht ausreichend begegnet werden, da nicht alle Mitgliedstaaten das Auslegungsprotokoll unterschrieben haben und somit nicht zur Vorlage verpflichtet sind. Die Problematik der Rechtszersplitterung stellt sich vornehmlich beim Anspruch nach Art. 38 Europol-Übereinkommen, denn in den Fällen des Art. 39 Europol-Übereinkommen liegt mit dessen Abs. 2 eine eigene Anspruchsgrundlage vor, die einen Rückgriff auf nationales Recht entbehrlich macht.
Gravierende Probleme treten hingegen immer dann auf, wenn Daten an Drittstaaten übermittelt werden und der Schaden nicht in einem Mitgliedstaat der EU eintritt. Art. 38 Abs. 1 Europol-Übereinkommen findet hier keine Anwendung. Zwar könnte ein Bezug auf das Handeln eines Mitgliedstaates oder Europols hergestellt werden, doch bleibt das Problem bestehen, dass in keinem Mitgliedstaat ein Schaden eingetreten ist. Der letztendliche Fehler liegt jedoch bei Europol, das keiner direkten Haftung nach Art. 38 Europol-Übereinkommen dem Betroffenen gegenüber unterliegt.[1364] Somit besteht im Falle eines Schadenseintrittes in einem Drittstaat eine Lücke im Rechtsschutzsystem. Hinzu kommen weitere praktische Probleme, wie z. B. Hindernisse bei der gerichtlichen Sachverhaltsaufklärung auf Grund einer Unverletzlichkeit der Archive Europols sowie der Immunität von Europol-Bediensteten.
Schließlich leidet die Geltendmachung der Ansprüche nach Art. 38 f. Europol-Übereinkommen an der mangelhaften Ausgestaltung des Auskunftsrechts, da die Kenntnis des Betroffenen von einer Verletzung stets Voraussetzung für die Geltendmachung eines Anspruchs ist.

1362 So auch *Matz*, Europol, S. 210.

1363 Dies ist die Kehrseite der durchaus bürgerfreundlichen Regelung, dass der Bürger in dem Staat den Anspruch geltend machen muss, in dem der Schaden eingetreten ist und so nicht dem Problem ausgesetzt ist, den Verursacher zu finden.

1364 Dem Betroffenen bliebe nur die Möglichkeit, eine Rechtsverletzung vor den Gerichten des Landes einzuklagen, in dem der Schaden eingetreten ist. Inwiefern der Betroffene hier allerdings einen entsprechenden Schutz erfährt ist angesichts der höchst unterschiedlichen Gestaltungen der Rechtssysteme völlig offen.

Weist damit bereits die Ausgestaltung der Betroffenenrechte deutliche Mängel auf, setzen sich diese Defizite in der Ausgestaltung des Verfahrens zur Geltendmachung dieser Ansprüche fort. Dabei ist zunächst festzuhalten, dass sich die Möglichkeiten des Betroffenen seine Rechte gegenüber Europol geltend zu machen, auf zwei Ebenen erstrecken. So erfolgt der primäre Rechtsschutz auf Auskunft über gespeicherte Daten sowie gegen eine unerlaubte Datenverwendung in der Regel über den Beschwerdeausschuss. Grund hierfür ist, dass der Betroffene bezüglich einer Beschwerdemöglichkeit an diesen verwiesen wird und der Rechtsschutz vor den nationalen Gerichten, wenn er auch nicht förmlich ausgeschlossen ist, so doch zumindest praktisch irrelevant sein wird. Hinzu kommt, dass der Beschwerdeausschuss, im Gegensatz zu den übrigen Institutionen, über ein unfassendes Zugriffsrecht auf alle Daten und damit die Möglichkeit zu einer umfassenden Überprüfung hat.
Dagegen sind sekundäre Ansprüche gemäß Art. 38 f. Europol-Übereinkommen allein durch eine Klage auf Schadensersatz vor den nationalen Gerichten geltend zu machen. Allerdings sind die nationalen Gerichte gemäß Art. 24 Abs. 7 Europol-Übereinkommen an die Beurteilung der Rechtmäßigkeit einer maßgeblichen Handlung von Europol durch den Beschwerdeausschuss im Rahmen einer über die Primäransprüche gefällten Entscheidung gebunden.
Andere Möglichkeiten Rechtsschutz zu erlangen bieten sich dem Betroffenen nicht. So entzieht sich die grundrechtsrelevante Datenverarbeitung den Überprüfungsmöglichkeiten des Verwaltungsrates, da dieser keinen direkten Einfluss auf die Tätigkeit von Europol ausüben kann.
Auch die Möglichkeiten des EuGH zur Rechtsschutzgewährung gegenüber Europol sind begrenzt. Dies beruht insbesondere auf dem Umstand, dass die Möglichkeit einer Entscheidung angesichts der rechtsverbindlichen Entscheidungen des Beschwerdeausschusses nicht besteht. Daneben hat der Betroffene keine Möglichkeit der direkten Klageerhebung, sondern ist vom Vorlage-Ermessen des nationalen Gerichts abhängig.
Des Weiteren kann keine ausreichende Kontrolle Europols durch den Europol-Direktor erfolgen, denn weder kann er in der Praxis die tägliche Arbeit ausreichend kontrollieren, noch kann sich ein Betroffener mit der Bitte um Überprüfung an ihn wenden.
Die Finanzkontrollbehörden Finanzkontrolleur, Haushaltsausschuss und gemeinsamer Prüfungsausschuss können ebenfalls keinen direkten Einfluss auf Europol ausüben. Selbst wenn man eine Steuerung über die Versorgung mit finanziellen Mitteln annähme, könnte dem Betroffenen damit in einem konkreten Fall nicht geholfen werden, da die Finanzmittel bereits im Vorfeld verbindlich festgelegt werden. Ohnehin kann sich der Betroffene auch hier nicht direkt an die Institutionen wenden.
Auch über das Europäische Parlament wird eine wirksame Kontrolle Europols nicht erfolgen können, da es weder die für die Tätigkeit von Europol entschei-

denden Rechtsgrundlagen beeinflussen, noch auf die einzelnen Tätigkeiten Europols Einfluss nehmen kann.
Eine Kontrolle durch Eurojust scheidet ebenfalls aus, denn es soll die Arbeit von Europol unterstützen und damit dessen Effektivität erhöhen, weshalb eine Kontrolle durch eine Sachleitungsbefugnis und die damit verbundene Rolle als europäische Staatsanwaltschaft abzulehnen ist.
Auch durch den Rat, dem die politische Gesamtkontrolle über Europol obliegt, kann eine ausreichende Kontrolle Europols nicht erfolgen. Zwar kann er den Europol-Direktor entlassen und damit in Fällen eines Verstoßes ein Signal setzen. Allerdings benötigt er für eine solche Entlassung eine Mehrheit von Zweidrittel seiner Mitglieder. Ob er eine solche Mehrheit zusammenbekommt ist fraglich, da eine solche Entscheidung auch immer die Gefahr von Streitigkeiten zwischen den Mitgliedstaaten birgt. Dies gilt vor allem dann, wenn es sich nur um einige wenige Fälle handelt. Zudem dürfte es dem Betroffenen schwer fallen, dafür zu sorgen, dass sich der Rat mit seinem Fall befasst.
Die Nationalen Kontrollinstanzen können zwar alle nationalen Stellen, einschließlich der Verbindungsbeamten in Den Haag, auf Antrag eines Betroffenen überprüfen, doch entziehen sich die bei Europol gespeicherten Daten ihrer Kontrolle. Hinzu kommt, dass eine Beanstandung nach § 25 BDSG den Adressaten nicht dazu verpflichtet, den beanstandeten Zustand zu korrigieren oder eine beanstandete Handlung nicht zu wiederholen, zumal Europol als Sicherheitsbehörde diese Beanstandung sogar zurückweisen kann, so dass ihnen effektive Weisungs- und Kontrollbefugnisse nicht zustehen.
Eine Kontrolle durch die nationalen Parlamente scheitert zum einen am praktischen Problem des Betroffenen das Parlament dazu zu bewegen, sich mit seinem Anliegen auseinander zu setzen und zum anderen daran, dass sie auf Grund der Internationalität nicht über ausreichende Möglichkeiten verfügen, über die nationalen Mitglieder in Verwaltungsrat, Nationaler Kontrollinstanz und damit auch der Gemeinsamen Kontrollinstanz Europol effektiv zu kontrollieren.
Weiterhin scheitern die Kontrollmöglichkeiten der nationalen Staatsanwaltschaft an der fehlenden Weisungs- und Kontrollbefugnis gegenüber den Europol-Bediensteten, die gemäß Art. 30 Abs. 1 Europol-Übereinkommen Weisungsfreiheit genießen.
Somit verbleiben als Beschwerdeinstanzen allein der Beschwerdeausschuss und die nationalen Gerichte. Allerdings entsprechen deren Verfahren nicht den Anforderungen, die EMRK und Grundgesetz an ein rechtlich geordnetes Verfahren stellen. Die Anforderungen lassen sich Art. 6 EMRK, der als lex specialis die Kriterien der Art. 8, 13 EMRK verdrängt, und Art. 24 GG entnehmen. Letzterer wird durch Art. 79 III GG sowie die Anforderung eines im Wesentlichen gleichen Grundrechtsschutzes eingeschränkt.
Bezüglich des Verfahrens vor dem Beschwerdeausschuss ist aus Sicht der EMRK die Gerichtsqualität nicht zu beanstanden, denn er verfügt über umfas-

sende Möglichkeiten zur Sachverhaltsaufklärung und seine Entscheidungen sind für alle bindend.
Darüber hinaus ist weder nach der EMRK noch nach dem Grundgesetz das Verfahren vor dem Beschwerdeausschuss unter dem Aspekt der Unabhängigkeit zu beanstanden. So ist die vielfach bemängelte fehlende Befähigung zum Richteramt kein Garant für eine Unabhängigkeit, ist diese doch vielmehr eine Frage der inneren Einstellung und daher stets vom Einzelnen abhängig. Auch im Hinblick auf die Art und Weise der Ernennung und die Ausgestaltung der Amtszeit lassen sich keine Bedenken an der Unabhängigkeit herleiten. Dies gilt vor allem vor dem Hintergrund, dass aus deutscher Sicht eine Absetzung gegen den Willen des Mitgliedes nur in einem entsprechenden Absetzungsverfahren, welchem auch die nationalen Richter unterliegen, möglich ist. So ist ausreichend sichergestellt, dass deren Amtszeit nicht im Belieben einer außen stehenden Stelle liegt, die dadurch versucht, Einfluss auf das jeweilige Mitglied zu nehmen. Auch eine fehlende Immunität der Mitglieder steht der Unabhängigkeit nicht entgegen, da zumindest die deutschen Mitglieder den nationalen Richtern weit gehend gleichgestellt sind und somit ebenfalls dem Spruchrichterprivileg unterliegen. Einen weiter gehenden Schutz benötigen sie nicht, denn die Immunität soll keine Freistellung von strafrechtlicher Verantwortung bedeuten. Der Unabhängigkeit steht auch die Zusammensetzung des Beschwerdeausschusses aus Mitgliedern der Nationalen Kontrollinstanzen und damit eine mögliche Abhängigkeit aus Angst vor Repressalien des früheren Vorgesetzten nach Rückkehr in die ehemalige Tätigkeit nicht entgegen, denn die Vorgesetzten können, eine entsprechende Intention vorausgesetzt, wegen der Geheimhaltung nicht erfahren, wie das einzelne Mitglied gehandelt hat. Schließlich lässt sich die Unabhängigkeit auch nicht mit dem Argument ablehnen, diese sei nur durch Verwaltungsvorschriften festgelegt. Dem steht der doppelte Einstimmigkeitsvorbehalt einer Entscheidung von Gemeinsamer Kontrollinstanz und Rat entgegen. Umgekehrt stellt aber auch die internationale Zusammensetzung keine ausreichende Gewährleistung für die Unabhängigkeit dar, da diese vom Einzelnen abhängt, so dass die Zusammensetzung nur als Indiz für eine Unabhängigkeit gelten kann.
Damit endet aber bereits die Vereinbarkeit mit den Anforderungen von EMRK und Grundgesetz. So verstößt die Beratungstätigkeit der Gemeinsamen Kontrollinstanz verbunden mit der Tatsache, dass sich der Beschwerdeausschuss aus Mitgliedern der Gemeinsamen Kontrollinstanz zusammensetzt, gegen den Grundsatz der Unparteilichkeit, da nicht ausgeschlossen werden kann, dass jemand mehrmals, aber in unterschiedlichen Funktionen, mit ein und derselben Sache befasst wird. Dagegen ist diese nicht unter dem Aspekt der mangelnden Befähigung zum Richteramt zu bemängeln, denn diese Frage hängt ebenso wie die Unabhängigkeit von der inneren Einstellung, nicht aber vom Status oder der Ausbildung ab.

Neben diesem Defizit ist die Ausgestaltung der verschiedenen Mehrheitsverhältnisse unter dem Aspekt des „fair trial“, namentlich der Waffengleichheit der Parteien und der Einhaltung des Grundsatzes des rechtlichen Gehörs bzw. des Rechts auf ein rechtlich geordnetes Verfahren, zu beanstanden. So ist die Waffengleichheit schon deshalb nicht gewahrt, weil der Betroffene beim Einspruch gegen eine Ablehnung seines Auskunftsanspruchs eine Mehrheit von Zweidrittel der Mitglieder des Beschwerdeausschusses überzeugen muss, um zu seinem Recht zu kommen und sich damit gegenüber dem Verfahrensgegner Europol in einer schwächeren Stellung befindet. Ebenso weist die Möglichkeit der Kenntniserlangung von Beweisen erhebliche Mängel auf. Zwar liegt grundsätzlich ein entsprechendes Zugangsrecht des Betroffenen vor, doch wird dieses durch weit gefasste Ausnahmetatbestände ausgehöhlt. Über eine diesbezügliche Weigerung Europols kann sich der Beschwerdeausschuss nur mit einer einstimmigen Entscheidung hinwegsetzen, die in der Praxis aber nur selten zu erreichen ist. Da der Betroffene somit alle Mitglieder überzeugen muss, befindet er sich auch hier in einer schwächeren Position. Darüber hinaus fehlt dem Betroffenen wegen dieser faktischen Unmöglichkeit aber auch die Chance, Kenntnis von den ihn belastenden Beweisen bzw. Auskunft über die ihn betreffenden Informationen zu erlangen und sich daraufhin entsprechend zu verteidigen. Daher liegt darin zugleich auch eine Verletzung des Grundsatzes vom rechtlichen Gehör.
Diese Verletzung ist auch nicht mit der Aufgabe der Verbrechensbekämpfung zu rechtfertigen, da es andere Möglichkeiten, wie z. B. das in-camera-Verfahren gibt, um dem Zweck der Verbrechensbekämpfung gerecht zu werden, ohne derart massiv in die Rechte des Betroffenen einzugreifen. Ein solches Verfahren würde eine unabhängige Überprüfung der Zulässigkeit einer Zugangsverweigerung durch das Gericht anhand aller Unterlagen ermöglichen, ohne dass der Betroffene zu dieser Zeit Einblick in die Akten erhält. Erst wenn das Gericht die Verweigerung verwirft, kann der Betroffene Einblick nehmen. Eine solche Vorgehensweise wäre auch deshalb erforderlich, da der Auskunftsanspruch den Ausgangspunkt für jede weitere Rechtsausübung darstellt.
Ein weiterer Verstoß gegen das Prinzip der Waffengleichheit ergibt sich bei der Möglichkeit des Ausschlusses der Öffentlichkeit, da der Beschwerdeausschuss einen entsprechenden Antrag Europols nur mit einem einstimmigen Beschluss ablehnen kann, was aber auch hier, angesichts der Weite der Ausschlussgründe, nur selten der Fall sein dürfte. Schon deshalb befindet sich der Betroffene in einer schwächeren Position. Darüber hinaus wird dadurch auch der Grundgedanke des Öffentlichkeitsgrundsatzes, nämlich der Schutz des Betroffenen vor einer Geheimjustiz, praktisch gegenstandslos, da das übrige Verfahren nur schriftlich abläuft.
Aber auch das für einen Schadensersatzanspruch zu bestreitende nationale Verfahren entspricht wegen der Bindung nationaler Gerichte an Entscheidungen des Beschwerdeausschusses nicht den Anforderungen des auf zivilrechtliche Strei-

tigkeiten anzuwendenden Art. 6 EMRK und den Anforderungen des Grundgesetzes. Dies ist einerseits auf die Mängel des Verfahrens vor dem Beschwerdeausschuss zurückzuführen, die sich auf das nationale Verfahren auswirken müssen, um nicht die Möglichkeit einer Umgehung der Anforderungen von EMRK und Grundgesetz zu eröffnen, sind aber andererseits auch auf die Befugnisse der nationalen Gerichte gegenüber Europol selbst zurückzuführen.
Diesbezüglich ist zunächst zu kritisieren, dass die nationalen Gerichte im Falle einer direkten Befassung mit der Materie ohne vorherige Anrufung des Beschwerdeausschusses kein Gericht i.S.d. Art. 6 EMRK oder des Grundgesetzes darstellen können, da sie nicht die Anforderungen an eine Rechtsprechungstätigkeit erfüllen. So sind sie auf Grund der vielfachen Aussageverweigerungsgründe und der Immunität von Europols Archiven nicht in der Lage, eine umfassende Kontrolle bezüglich der Tatsachenfeststellungen von Behörden und der dem Fall zugrundgelegten Rechtsauffassungen durchzuführen. Damit wird den nationalen Gerichten die Grundlage für eine ordnungsgemäße Rechtsprechung verwährt.
Wendet sich der Betroffene direkt an die nationalen Gerichte, kann das Verfahren darüber hinaus auch nicht die Grundsätze der Waffengleichheit und des rechtlichen Gehörs erfüllen. Wegen der in Art. 3 Immunitätsprotokoll normierten Unverletzlichkeit der Archive kann in einem Verfahren vor den nationalen Gerichten weder der Betroffene noch das nationale Gericht Zugriff auf die dort gesammelten Informationen bekommen. Es hängt stattdessen vom Verfahrensgegner ab, ob dem Betroffenen Informationen zu Teil werden. Daraus ist ersichtlich, dass sich der Betroffene im Gegensatz zu Europol in einer unterlegenen Verfahrensposition befindet. Darüber hinaus ist es ihm zugleich nicht möglich, an die zur Geltendmachung seiner Ansprüche bzw. zur Verteidigung erforderlichen Informationen zu gelangen, so dass darin neben der Verletzung der Waffengleichheit auch ein Verstoß gegen den Grundsatz des rechtlichen Gehörs vorliegt.
Aber auch wenn sich der Betroffene zunächst an den Beschwerdeausschuss gewandt hat, entspricht das Verfahren vor den nationalen Gerichten nicht den Anforderungen von EMRK und Grundgesetz. Diesbezügliche Bedenken ergeben sich zunächst im Hinblick auf die Unabhängigkeit der nationalen Gerichte. Da das Verfahren vor dem Beschwerdeausschuss auf erhebliche verfahrensrechtliche Bedenken stößt, kann eine Weisungsgebundenheit der nationalen Gerichte nicht hingenommen werden. Anderenfalls bestünde die Gefahr einer Umgehung der Anforderungen der EMRK. Indem eine solche Weisungsgebundenheit dennoch besteht, ist die Unabhängigkeit der nationalen Gerichte nicht gegeben.
Aus dem gleichen Grund müssen sich die Mängel an der Unparteilichkeit im Verfahren vor dem Beschwerdeausschuss wegen einer möglichen vorherigen Befassung mit der Materie in einer anderen Funktion durch die Beratungstätigkeit der Gemeinsamen Kontrollinstanz, aus deren Mitgliedern sich der Be-

schwerdeausschuss zusammensetzt, auch auf das nationale Verfahren durchschlagen. Daher kann selbst bei einer Unparteilichkeit der nationalen Richter das Verfahren insgesamt nicht als unparteilich angesehen werden.
Entsprechendes gilt auch für die Mehrheitsverhältnisse im Verfahren vor dem Beschwerdeausschuss unter dem Aspekt der Waffengleichheit und des Grundsatzes auf rechtliches Gehör. Wegen der dortigen prozessualen Schwächerstellung des Betroffenen auf Grund der für diesen ungünstigen Mehrheitserfordernisse und der Gefahr der Umgehung der Wertungen von Art. 6 EMRK und Grundgesetz sind diese Mängel auch im nationalen Verfahren zu berücksichtigen und begründen somit einen Verstoß gegen das Prinzip der Waffengleichheit und des Grundsatzes auf rechtliches Gehör.
Auch hier können diese Einschränkungen keinesfalls mit dem Geheimhaltungsinteresse Europols gerechtfertigt werden, da mit dem in-camera-Verfahren eine Möglichkeit der Überprüfung zur Verfügung stellt, die weniger in die Rechte des Betroffenen eingreift, zugleich aber dem Geheimhaltungsinteresse Europols ausreichend Beachtung schenkt.
Schließlich liegt in beiden Fällen, also sowohl mit als auch ohne vorherige Beteiligung des Beschwerdeausschusses, keine ausreichende Ausgestaltung des Rechts auf Zugang zu einem Gericht vor, denn durch die mögliche Begehung von Vergehen in Form der mittelbaren Täterschaft durch Europol-Bedienstete, für die kein Rechtsweg vorgesehen ist, ist der Rechtsschutz insofern lückenhaft. Diese Lücke kann wegen der Immunität der Europol-Beamten auch nicht durch ein Verfahren vor den niederländischen Gerichten geschlossen werden.
Insgesamt bleibt damit festzuhalten, dass dem staatlichen Strafverfolgungsinteresse Vorrang vor den Persönlichkeitsrechten des Betroffenen gewährt worden ist. Die erforderliche sorgfältige Abwägung der kollidierenden Interessen zwischen Staat und Betroffenen ist nicht erfolgt.
Dem kann nur durch eine grundlegende Reform der Rechtsschutzmöglichkeiten des Betroffenen begegnet werden. Dabei ist neben den Interessen des Betroffenen auch das Interesse Europols an einer effektiven Verbrechensbekämpfung zu berücksichtigen, welches nicht etwa durch leichtfertige Informationspreisgabe beeinträchtigt werden darf.
Hierfür gäbe es im Wesentlichen zwei Ansatzpunkte: zum einen die Übertragung dieser Aufgabe auf eine andere, den Anforderungen entsprechende Institution und zum anderen eine entsprechende Veränderung der bestehenden Einrichtungen.
Hinsichtlich der ersten Möglichkeit würde sich eine Übertragung der Aufgaben einer Beschwerdeinstanz an den EuGH bzw. an das EuG anbieten. Mit diesem stünde eine bei den Mitgliedstaaten anerkannte und Achtung genießende Institution bereit, die den nationalen und internationalen Anforderungen an einen effektiven Rechtsschutz genügt.

Allerdings müsste dazu auch das Europol-Übereinkommen dahingehend geändert werden, dass sich Europol gegenüber dem EuGH bzw. EuG nicht auf seine Weisungsfreiheit nach Art. 30 Europol-Übereinkommen berufen darf. Ansonsten bestünde für den EuGH bzw. das EuG keine Möglichkeit, seine Entscheidungen gegenüber Europol durchzusetzen. Vor allem aber müsste die Immunität Europols abgeschafft werden, da ansonsten der EuGH bzw. das EuG, ähnlich wie derzeit die nationalen Gerichte, keine Möglichkeiten hätten den Sachverhalt aufzuklären. Damit wäre aber eine Beschwerde praktisch zwecklos.
Ob dies allerdings politisch durchsetzbar ist, erscheint derzeit fraglich. So dürften bei den Mitgliedstaaten, wie sich an der Einführung der Immunität - vor allem aber deren Beibehaltung trotz bestehender Kritik - zeigt, die Befürchtung existiert, die Effektivität der Zusammenarbeit könnte durch andere Mitgliedstaaten beeinträchtigt werden. Vor allem aber würde eine Überprüfung durch den EuGH bzw. das EuG auch zu einer zumindest indirekten Überprüfung von Maßnahmen der nationalen Polizeibehörden führen, da es nicht vorstellbar erscheint, dass die Feststellung einer unzulässigen Datenverarbeitung bei Europol ohne Folgen für die Zulässigkeit der darauf erfolgten nationalen Maßnahme bliebe. Eine solche Überprüfung aber stünde im ausdrücklichen Widerspruch zu Art. 35 Abs. 5 EU, der somit ebenfalls geändert werden müsste. Ob die Mitgliedstaaten dazu allerdings bereit wären, erscheint angesichts der bestehenden nationalen Vorbehalte, wie sie sich bereits bei der Errichtung Europols zeigten sowie den strafrechtlichen und prozessualen Unterschieden in den Mitgliedstaaten, mehr als fraglich. Daher wird sich diese Möglichkeit in der Praxis wohl nicht durchsetzen lassen.
Die Alternative zur Aufgabenübertragung auf eine andere Einrichtung wäre eine Reform der bestehenden Beschwerdeeinrichtungen. Eine solche müsste in erster Linie eine Abschaffung der für den Betroffenen erforderlichen ungünstigen Mehrheiten enthalten. Diese sind Ursache für die Kritik an der fehlenden Waffengleichheit und dem fehlenden rechtlichen Gehör. Zwar dürfte eine solche Änderung auf Bedenken hinsichtlich einer Beeinträchtigung der Tätigkeit Europols stoßen, doch könnte diesen durch die Einführung von Ausgleichsmaßnahmen begegnet werden. So könnte z. B. vor dem Beschwerdeausschuss bei der Frage nach dem Zugang zu den Verfahrensakten das Einstimmigkeitserfordernis durch das bereits erwähnte in-camera-Verfahren ohne besondere Mehrheitsverhältnisse eingeführt werden. Dadurch würde es einerseits dem Betroffenen erleichtert, an die ihn betreffenden Verfahrensakten zu gelangen, da er nunmehr nicht mehr alle Mitglieder überzeugen muss. Andererseits bliebe aber auch das Geheimhaltungsinteresse Europols ausreichend gewahrt. So könnte der Beschwerdeausschuss die Unterlagen dahingehend überprüfen, ob ein Zugangsverweigerungsgrund wegen des Geheimhaltungserfordernisses vorliegt. Besteht ein solcher zu Recht, so wird dem Betroffenen der Zugang verweigert, ohne dass dieser Kenntnis von den Informationen erlangt hat.

Aber auch das Zweidrittelmehrheitserfordernis beim Auskunftsanspruch ist nicht notwendig. Der Grund für die Einführung dürfte darin liegen, dass der Betroffene nicht vorschnell Kenntnis über die ihn betreffenden und bei Europol gespeicherten Informationen erlangt. Dabei stellt dieses Mehrheitserfordernis keinen wirksamen Schutzmechanismus dar. So sind die Verweigerungsgründe Europols die am Ende des Verfahrens zum Zweidrittelmehrheitserfordernis führen, nahezu identisch mit denen, die Europol zur Versagung des Zugangs zu den Verfahrensakten geltend machen kann. Hat aber der Beschwerdeausschuss bereits während des Verfahrens einstimmig festgestellt, dass eine Zugangsbeschränkung nicht in Betracht kommt, so stellt sich die Frage, warum die Mehrheit bei der Entscheidung der gleichen Frage nicht mehr bestehen sollte, denn mit Zugang zu den Verfahrensakten wird der Betroffene in der Regel Einblick in alle ihn betreffenden Informationen erhalten.
Bedenklich ist auch die Möglichkeit der fehlenden Unparteilichkeit wegen der Gefahr eines früheren Befassens mit der Materie in einer anderen Funktion. Allerdings ist die davon ausgehende Gefahr für ein gerechtes Beschwerdeverfahren wohl als eher gering zu bewerten. Zum einen müsste ein solcher Fall erst einmal eintreten und zum anderen müssten derart viele Mitglieder des Beschwerdeausschusses davon betroffen sein, dass sich dies auch bei den 25 Mitgliedern auswirkt. Zumindest nach der EMRK dürfte das Verfahren solange als vereinbar mit den Anforderungen des Art. 6 EMRK gelten, wie nur einige wenige Mitglieder bereits mit einer Materie beschäftigt waren, im Übrigen aber keine weiteren Defizite vorliegen. So führt bei der EMRK nicht jeder Verstoß gegen ein Merkmal automatisch zu einer Unvereinbarkeit mit Art. 6 EMRK. Dies ist erst dann der Fall, wenn in einer Gesamtschau das Verfahren nicht mehr als mit Art. 6 EMRK vereinbar angesehen werden kann. Sind nur einige wenige Mitglieder des Beschwerdeausschusses zuvor mit der Materie befasst gewesen, so ist die fehlende Unparteilichkeit nicht so gravierend, dass ohne weitere Defizite das Verfahren als mit Art. 6 EMRK unvereinbar angesehen werden kann. Dies ist jedoch der Fall, wenn eine entsprechend große Mitgliederanzahl betroffen ist. In diesem Fall ist die Unparteilichkeit derart beeinträchtigt, dass dies auch im Rahmen einer Gesamtschau nicht mehr ausgeglichen werden kann. Da dies aber nach dem Grundgesetz anders ist, wie sich z. B. an der Aufgabe der vorherigen Beratungstätigkeit des Bundesverfassungsgerichts zeigt, sollte davon Abstand genommen werden. Dies wäre entweder durch eine Aufgabe der Beratungstätigkeit durch die Gemeinsame Kontrollinstanz oder durch eine direkte Benennung der Mitglieder aus den Reihen der Nationalen Kontrollinstanzen, ohne vorherige Mitgliedschaft in der Gemeinsamen Kontrollinstanz oder eine umfassende Unvereinbarkeitsklausel möglich.
Durch diese Änderungen würden zugleich auch die Bedenken hinsichtlich des Verfahrens vor den nationalen Gerichten für die Fälle der Datenverarbeitung

beseitigt, in denen sich der Betroffene zunächst an den Beschwerdeausschuss gewandt hat.
Für die Fälle, in denen sich der Betroffene zwecks eines Schadensersatzanspruches direkt an die nationalen Gerichte wendet, können die auf Grund der Immunitätsregelung bestehenden Defizite in Bezug auf die Gerichtsqualität, Waffengleichheit und das rechtliche Gehör nur durch eine Abschaffung derselben beseitigt werden.
Schließlich ist bei einer Überarbeitung zu berücksichtigen, dass bei einer Übermittlung von Daten an Drittstaaten keine Zuständigkeit der nationalen Gerichte gegeben ist. Dem könnte z. B. dadurch Rechnung getragen werden, dass in diesen Fällen nicht an den Ort des Schadeneintritts, sondern an den Handlungsort angeknüpft wird. Zuständig wären dann in der Regel die niederländischen Gerichte. Dadurch würden die Niederlande auch nicht benachteiligt, da Europol nach Art. 38 Abs. 2 Europol-Übereinkommen zum Ausgleich des Schadens verpflichtet ist. Sehr viel problematischer stellt sich dagegen die Schließung der Strafbarkeitslücken dar, die durch eine mittelbare Begehung der Europolbeamten entstehen können. Einer Verfolgung steht dabei zunächst die Immunität der Europol-Beamten entgegen. Da sich in keinem Mitgliedstaat eine Immunität der Polizei vor Strafverfolgung bei einer typischen Aufgabenwahrnehmung rechtfertigen ließe, darf diese auch für Europol-Bedienstete nicht gelten und muss daher abgeschafft werden. Damit wäre zumindest die Gerichtsbarkeit vor den niederländischen Gerichten eröffnet.
Es besteht daher dringender Handlungsbedarf, um nicht den Kritikern eines vereinten Europas durch eine den fundamentalen Rechten widersprechende internationale Zusammenarbeit Auftrieb zu geben und dadurch die Idee eines Raumes der Freiheit, der Sicherheit und des Rechts zu zerstören.

Schriften zum internationalen und zum öffentlichen Recht

Herausgegeben von Gilbert Gornig

Band 1 Michael Waldstein: Das Asylgrundrecht im europäischen Kontext. Wege einer europäischen Harmonisierung des Asyl- und Flüchtlingsrechts. 1993.

Band 2 Axel Linneweber: Einführung in das US-amerikanische Verwaltungsrecht. Kompetenzen, Funktionen und Strukturen der "Agencies" im US-amerikanischen Verwaltungsrecht. 1994.

Band 3 Tai-Nam Chi: Das Herrschaftssystem Nordkoreas unter besonderer Berücksichtigung der Wiedervereinigungsproblematik. 1994.

Band 4 Jörg Rösing: Beamtenstatut und Europäische Gemeinschaften. Eine Untersuchung zu den gemeinschaftsrechtlichen Anforderungen an die Freizügigkeit der Arbeitnehmer im Bereich des öffentlichen Dienstes. 1994.

Band 5 Wolfgang Wegel: Presse und Rundfunk im Datenschutzrecht. Zur Regelung des journalistischen Umgangs mit personenbezogenen Daten. 1994.

Band 6 Sven Brandt: Eigentumsschutz in europäischen Völkerrechtsvereinbarungen. EMRK, Europäisches Gemeinschaftsrecht, KSZE – unter Berücksichtigung der historischen Entwicklung. 1995.

Band 7 Alejandro Alvarez: Die verfassunggebende Gewalt des Volkes unter besonderer Berücksichtigung des deutschen und chilenischen Grundgesetzes. 1995.

Band 8 Martin Thies: Zur Situation der gemeindlichen Selbstverwaltung im europäischen Einigungsprozeß. Unter besonderer Berücksichtigung der Vorschriften des EG-Vertrages über staatliche Beihilfen und der EG-Umweltpolitik. 1995.

Band 9 Rolf-Oliver Schwemer: Die Bindung des Gemeinschaftsgesetzgebers an die Grundfreiheiten. 1995.

Band 10 Holger Kremser: "Soft Law" der UNESCO und Grundgesetz. Dargestellt am Beispiel der Mediendeklaration. 1996.

Band 11 Michael Silagi: Staatsuntergang und Staatennachfolge: mit besonderer Berücksichtigung des Endes der DDR. 1996.

Band 12 Reinhard Franke: Der gerichtliche Vergleich im Verwaltungsprozeß. Auch ein Beitrag zum verwaltungsrechtlichen Vertrag. 1996.

Band 13 Christoph Eichhorn: Altlasten im Konkurs. 1996.

Band 14 Dietrich Ostertun: Gewohnheitsrecht in der Europäischen Union. Eine Untersuchung der normativen Geltung und der Funktion von Gewohnheitsrecht im Recht der Europäischen Union. 1996.

Band 15 Ulrike Pieper: Neutralität von Staaten. 1997.

Band 16 Harald Endemann: Kollektive Zwangsmaßnahmen zur Durchsetzung humanitärer Normen. Ein Beitrag zum Recht der humanitären Intervention. 1997.

Band 17 Jochen Anweiler: Die Auslegungsmethoden des Gerichtshofs der Europäischen Gemeinschaften. 1997.

Band 18 Henrik Ahlers: Grenzbereich zwischen Gefahrenabwehr und Strafverfolgung. 1998.

Band 19 Heinrich Hahn: Der italienische Verwaltungsakt im Lichte des Verwaltungsverfahrensgesetzes vom 7. August 1990 (Nr. 241/90). Eine rechtsvergleichende Darstellung. 1998.

Band 20 Christoph Deutsch: Elektromagnetische Strahlung und Öffentliches Recht. 1998.

Band 21 Cordula Fitzpatrick: Künstliche Inseln und Anlagen auf See. Der völkerrechtliche Rahmen für die Errichtung und den Betrieb künstlicher Inseln und Anlagen. 1998.

Band 22 Hans-Tjabert Conring: Korporative Religionsfreiheit in Europa. Eine rechtsvergleichende Betrachtung. Zugleich ein Beitrag zu Art. 9 EMRK. 1998.

Band 23 Jörg Karenfort: Die Hilfsorganisation im bewaffneten Konflikt. Rolle und Status unparteiischer humanitärer Organisationen im humanitären Völkerrecht. 1999.

Band 24 Matthias Schote: Die Rundfunkkompetenz des Bundes als Beispiel bundesstaatlicher Kulturkompetenz in der Bundesrepublik Deutschland. Eine Untersuchung unter besonderer Berücksichtigung natürlicher Kompetenzen und der neueren Entwicklung im Recht der Europäischen Union. 1999.

Band 25 Hermann Rothfuchs: Die traditionellen Personenverkehrsfreiheiten des EG-Vertrages und das Aufenthaltsrecht der Unionsbürger. Eine Gegenüberstellung der vertraglichen Gewährleistungen. 1999.

Band 26 Frank Alpert: Zur Beteiligung am Verwaltungsverfahren nach dem Verwaltungsverfahrensgesetz des Bundes. Die Beteiligtenstellung des § 13 Abs. 1 VwVfG. 1999.

Band 27 Matthias Reichart: Umweltschutz durch völkerrechtliches Strafrecht. 1999.

Band 28 Nikolas von Wrangell: Globalisierungstendenzen im internationalen Luftverkehr. Entwicklung der Regulierung und Liberalisierung unter Berücksichtigung strategischer Allianzen und des Code-Sharing. 1999.

Band 29 Marietta Hovehne: Ein demokratisches Verfahren für die Wahlen zum Europäischen Parlament. Legitimation gemeinschaftlicher Entscheidungsstrukturen im europäischen Integrationsprozeß. 1999.

Band 30 Nina Kaden: Der amerikanische Clean Air Act und das deutsche Luftreinhalterecht. Eine rechtsvergleichende Untersuchung. 1999.

Band 31 Brigitte Daum: Grenzverletzungen und Völkerrecht. Eine Untersuchung der Rechtsfolgen von Grenzverletzungen in der Staatenpraxis und Folgerungen für das Projekt der International Law Commission zur Kodifizierung des Rechts der Staatenverantwortlichkeit. 1999.

Band 32 Andreas Fürst: Die bildungspolitischen Kompetenzen der Europäischen Gemeinschaft. Umfang und Entwicklungsmöglichkeiten. 1999.

Band 33 Gilles Despeux: Die Anwendung des völkerrechtlichen Minderheitenrechts in Frankreich. 1999.

Band 34 Michael Reckhard: Die rechtlichen Rahmenbedingungen der Sanktionierung von Beitragsverweigerung im System der Vereinten Nationen. 1999.

Band 35 Carsten Pagels: Schutz- und förderpflichtrechtliche Aspekte der Religionsfreiheit. Zugleich ein Beitrag zur Auslegung eines speziellen Freiheitsrechts. 1999.

Band 36 Bernhard Mehner: Die grenzüberschreitende Wirkung direktempfangbaren Satellitenfernsehens aus völkerrechtlicher Sicht. 2000.

Band 37 Karl-Josef Ulmen: Pharmakologische Manipulationen (Doping) im Leistungssport der DDR. Eine juristische Untersuchung. 2000.

Band 38 Jochen Starke: Die verfassungsgerichtliche Normenkontrolle durch den Conseil constitutionnel. Zum Kompetenztitel des Art. 61 der französischen Verfassung. 2000.

Band 39 Marco Herzog: Rechtliche Probleme einer Inhaltsbeschränkung im Internet. 2000.

Band 40 Gilles Despeux: Droit de la délimitation maritime. Commentaire de quelques décisions plutoniennes. 2000.

Band 41 Christina Hackel: Der Untergang des Landes Braunschweig und der Anspruch auf Restitution nach der Wiedervereinigung Deutschlands. 2000.

Band 42 Peter Aertker: Europäisches Zulassungsrecht für Industrieanlagen. Die Richtlinie über die integrierte Vermeidung und Verminderung der Umweltverschmutzung und ihre Auswirkungen auf das Anlagenzulassungsrecht der Bundesrepublik Deutschland. 2000.

Band 43 Karsten Bertram: Die Gesetzgebung zur Neuregelung des Grundeigentums in der ersten Phase der Französischen Revolution (bis 1793) und deren Bedeutung für die deutsche Eigentumsdogmatik der Gegenwart. 2000.

Band 44 Ulrike Hartmann: Die Entwicklung im internationalen Umwelthaftungsrecht unter besonderer Berücksichtigung von *erga omnes*-Normen. 2000.

Band 45 Thomas Jesch: Die Wirtschaftsverfassung der Sonderverwaltungsregion Hongkong. Eine Darstellung vor dem Hintergrund der Wiedereingliederung in die Souveränität der Volksrepublik China. 2001.

Band 46 Sven Gottschalkson: Der Ausschluß des Zivilrechtsweges bei Eigentumsverlusten an Immobilien in der ehemaligen DDR. 2002.

Band 47 Gilbert Hanno Gornig/Gilles Despeux: Seeabgrenzungsrecht in der Ostsee. Eine Darstellung des völkerrechtlichen Seeabgrenzungsrechts unter besonderer Berücksichtigung der Praxis der Ostseestaaten. 2002.

Band 48 Andreas Zühlsdorff: Rechtsverordnungsersetzende Verträge unter besonderer Berücksichtigung des Umweltrechts. 2003.

Band 49 Katja Schmitz: Durchgriffswirkung von Maßnahmen der UN und ihrer Sonderorganisationen unter besonderer Berücksichtigung von Resolutionen des UN-Sicherheitsrates - Die Entwicklung supranationaler Strukturen. 2003.

Band 50 Stefanie Rothenberger: Die angemessene Nutzung gemeinschaftlicher Ressourcen am Beispiel von Flüssen und speziellen Ökosystemen. Eine vergleichende Betrachtung zum modernen Verständnis eines klassischen völkerrechtlichen Nutzungsprinzips. 2003.

Band 51 Christoph von Burgsdorff: Die Umsetzung der EG-Datenschutzrichtlinie im nicht-öffentlichen Bereich. Möglichkeit einer zukunftsorientierten Konzeption des Datenschutzes in der Privatwirtschaft unter besonderer Berücksichtigung des BDSG. 2003.

Band 52 Frank Reinhardt: Powerline. Verfassungs-, verwaltungs- und telekommunikationsrechtliche Probleme. 2003.

Band 53 Chie Sato: Immunität Internationaler Organisationen. 2004.

Band 54 Johannes Thoma: EU-Recht und Schranken hoheitlicher Staatstätigkeit. 2004.

Band 55 Wolf Peterhoff: Rechtsansprüche enteigneter Volksgruppen und ihre Durchsetzbarkeit. 2004.

Band 56 Do-Hyub Kim: Das deutsche parlamentarische Regierungssystem als mögliches Modell für Korea. 2004.

Band 57 Alexander Koberg: Die Exilregierung im Völkerrecht. Eine Untersuchung ihrer rechtlichen Klassifikation. 2005.

Band 58 Nils Christian Carstensen: Das Verhältnis des Seerechtsübereinkommens der Vereinten Nationen von 1982 zu fischereirechtlichen Übereinkommen und deren Streitbeilegungsvorschriften. 2005.

Band 59 Oliver Franz: Osttimor und das Recht auf Selbstbestimmung. Eine Untersuchung zur Anwendung des Selbstbestimmungsrechts der Völker am Beispiel Osttimors. 2005.

Band 60 Michael Kadgien: Das Habsburgergesetz. 2005.

Band 61 Felix Wolf: Terrorversicherungen und europäisches Wettbewerbsrecht. Verschiedene Modelle staatlicher Beteiligung an einer Terrorversicherung für Wirtschaftsbetriebe und ihre Vereinbarkeit mit dem europäischen Wettbewerbsrecht. 2005.

Band 62 Heiko Bertelmann: Die Europäisierung des Staatshaftungsrechts. Eine Untersuchung zum Einfluss des Europäischen Gemeinschaftsrechts auf das deutsche Staatshaftungsrecht unter besonderer Berücksichtigung der Haftung für judikatives Unrecht. 2005.

Band 63 Cedric Christian Meyer: Konkretisierung unbestimmter Rechtsbegriffe im deutschen und französischen Anlagenzulassungsrecht. 2005.

Band 64 Philippe Gréciano: Die Gerichtsbarkeit der Europäischen Gemeinschaften. Rechtsprechung und Rechtssprache Europas aus französischer Perspektive. Mit einem Vorwort von Theodor Öhlinger. 2006.

Band 65 Anne-Louise Schümer: Die Stellung des Ministerpräsidenten in den Bundesländern im Vergleich. 2006.

Band 66 Helen Ghebrewebet: Identifying Units of Statehood and Determining International Boundaries. A Revised Look at the Doctrine of *Uti Possidetis* and the Principle of Self-Determination. 2006.

Band 67 Arne Hertel: Beihilfen an kleine und mittlere Unternehmen. 2006.

Band 68 Markus Günther: Europol. Rechtsschutzmöglichkeiten und deren Vereinbarkeit mit nationalen und internationalen Anforderungen. 2006.

www.peterlang.de

Vera Korrell

Europol

Polizei ohne rechtsstaatliche Bindungen?

Frankfurt am Main, Berlin, Bern, Bruxelles, New York, Oxford, Wien, 2005.
XV, 338 S.
Schriften zum Europa- und Völkerrecht und zur Rechtsvergleichung.
Herausgegeben von Manfred Zuleeg. Bd. 15
ISBN 3-631-53615-1 · br. € 56.50*

Während die wirtschaftliche Integration Europas vergleichsweise widerstandslos bewirkt werden konnte, ist die Integration bei der Gewährleistung von Sicherheit nach innen und außen ungleich schwerer. Ein Ausdruck des erreichten Integrationsfortschritts ist das Europäische Polizeiamt Europol. Die Arbeit widmet sich der Vereinbarkeit der Rechtsgrundlagen Europols mit rechtsstaatlichen Grundsätzen des deutschen Grundgesetzes. Der Schwerpunkt liegt im Bereich der justiziellen Einbindung Europols. Die Untersuchung zeigt, dass rechtsstaatliche Grundsätze gewahrt werden und die Befürchtung unbegründet ist, es komme vor dem Hintergrund einer effektiven Kriminalitätsbekämpfung zur einer Erosion rechtsstaatlicher Grundsätze.

Aus dem Inhalt: Entwicklung der polizeilichen und justiziellen Zusammenarbeit in Europa · Vorgaben des Grundgesetzes für das europäische Polizeiamt Europol · Einzelne Elemente justizieller Einbindung der Polizei · Perspektiven für die polizeiliche und justizielle Zusammenarbeit in Europa

FSC
www.fsc.org
MIX
Papier | Fördert gute Waldnutzung
FSC® C083411

Kolibri 360 GmbH
Ferdinand-Jühlke-Straße 7
99095 Erfurt, Deutschland
produktsicherheit@kolibri360.de

Druck:
CPI Druckdienstleistungen GmbH
im Auftrag der
Kolibri 360 GmbH
Ferdinand-Jühlke-Str. 7
99095 Erfurt